Günther Anders

Über Heidegger

Günther Anders

Über Heidegger

Herausgegeben von Gerhard Oberschlick
in Verbindung mit Werner Reimann als Übersetzer
Mit einem Nachwort von Dieter Thomä

Verlag C.H.Beck München

Die Deutsche Bibliothek – CIP-Einheitsaufnahme

Anders, Günther:
Über Heidegger / Günther Anders. Hrsg. von Gerhard Oberschlick.
Mit einem Nachw. von Dieter Thomä. – München : Beck, 2001
ISBN 3-406-48259-7

ISBN 3 406 48259 7

Satz: Fotosatz Janß, Pfungstadt
Druck und Bindung: Friedrich Pustet, Regensburg
Gedruckt auf säurefreiem, alterungsbeständigem Papier
(hergestellt aus chlorfrei gebleichtem Zellstoff.)
Printed in Germany

www.beck.de

Inhalt

Aus dem Englischen rückübersetzt von Werner Reimann

Heidegger und Geschichte des Nihilismus
Zu Heidegger und Philosophische Anthropologie

Heidegger-Erinnerung
März 1984

Persönlich habe ich Heidegger kaum gekannt. Einmal hab' ich in Marburg – wie es dazu kam, ist mir entfallen – bei H.s übernachtet. Die Unterhaltung ließ sich nach dem sehr einfachen Nudel-Abendessen ganz gut an. Denn ich zitierte, erst einmal ohne den Autor zu nennen, Voltaires herrliches Wort: „*Es genügt nicht zu schreien, man muß auch Unrecht haben*", das sogar ihn, den total Humorlosen, amüsierte. Als ich aber erklärte, daß das Wort von Voltaire stamme, machte zuerst *sie*, daraufhin auch er ein schiefes Gesicht. Völlig war der Abend aber dadurch verdorben, daß ich in harmlosestem Tone fortfuhr, natürlich gelte symmetrisch auch das Wort: „*Es genügt nicht zu murmeln, man muß auch recht haben.*" Während sie natürlich überhaupt nichts verstand, blickte er mich einen Moment lang haßerfüllt an. Er fühlte sich durchschaut. Denn es war ja seine tägliche Taktik, durch nahezu unhörbares Murmeln eine totale Stille im Saal zu erzwingen und dadurch den Hörern einzureden, daß alles, was sie mindestens akustisch mitkriegten, auch „unverborgen", also wahr, nein: *die* Wahrheit, sein müßte.

Bild der gegenwärtigen Deutschen Philosophie und ihrer Vorgeschichte

Vortrag, gehalten bei Gabriel Marcel (1933)

I.

Entschuldigen sie bitte, wenn ich hier französisch spreche. Denn es sind nicht nur die prinzipiellen Übersetzungsschwierigkeiten, die ich hier zu überwinden haben werde oder nicht überwinden werde. Handelte es sich lediglich um diese, so wären wir durch die Schwierigkeiten selbst schon an der Pforte der Philosophie, die wir hier gemeinsam behandeln wollen. Denn es ist nicht zuletzt der Unterschied der Sprachen, ihre verschiedene Nähe und Ferne, die verschiedene Not und Lust am Problematischen, an denen methodisch der Unterschied der Philosophien abgelesen werden kann und die verständlich machen, weshalb bestimmte Probleme hier auftauchen, dort aber, wenn nicht falsch, so doch unbegreiflich ausschauen. Und es sind nicht zuletzt die Sprachen, die die verschiedenen Welten anzeigen und formulieren, in denen philosophiert wird. Denn die Welt bietet soviel Probleme an, als die Sprache Lücken, Elastizitäten, Neuschaffungsmöglichkeiten bereitstellt. Und die Sprache gibt soviel an Formulierungen, als die Welt noch unfertig, ungeformt, aber noch – zu formen ist. Denn man sieht nicht mit den Augen, sondern das Auge sieht mit den Formen der Sprache. Und man tut nicht die Möglichkeiten, die man sieht, sondern man sieht die, die man tun kann, die man zu tun nötig hat. Man hat, was man nötig hat. Und der philosophischen Frage nach der Bedingung der Möglichkeit liegt die Bedingung der *Nötigkeit* zuvor.

Man kann nicht Not importieren, wie man Hosen importiert. Man kann nicht Hosen importieren. Zumeist muß man erst das Bedürfnis nach Hosen fabrizieren. Ob es lohnt, das Bedürfnis nach einer – nicht-genuinen – Philosophie einzuführen, ist selbst eine Frage. Denn die Philosophie, besonders die philosophische Anthropologie, d. h. die Frage „Was ist der Mensch?", kann als Symptom, als Anzeige einer Krise verstanden werden. So fragt nur, wer nicht weiß, was er ist, wer nicht weiß, was er hier soll. Dieses Faktum des embarras, bekannt in der kapitalen Formulierung Kants „Was sollen wir tun?", hat seine lange Vorgeschichte, die wir nachher, jedenfalls von Lessing an, andeuten wollen. Daß die Grundsituation dieser Philosophie – und ich sprach so allgemein, daß sich hier die Philosophien Husserls, Heideggers, Schelers, Jaspers', Klages' in einem fassen und die sich gegenüberliegenden Heerlager als eine große Zeltstadt zusammenrükken lassen – daß die Grundsituation dieser Philosophie ein embarras ist, beweisen fast alle Formulierungen, in denen man die *ti esti*-Frage[1] zu beantworten suchte. Stets taucht als Antwort ein *problematisches* Wesen auf, ein zweideutiges, ein exponiertes, mit Plotin: *tous podas eis hydor echōn, tō d'allo sōmati huperechōn.*[2] Es ist, als hätte der aus embarras auf der recherche du moi perdu befindliche Mensch eben diesen *suchenden* Menschen gefunden und sich mit der Suche als Antwort zufrieden gegeben.[3] Da kommen, mit nicht geringem Recht, die Barbaren des Resultats und sagen, warum ihr sucht, ist mir gleich. Wie ihr sucht, ist uns vielleicht methodisch wichtig. Was ihr gefunden habt: zeigt es her. Wir wollen sehen, was es taugt. Was geht es uns an, aus welchen Gründen Euklid die Lehrsätze fand; sie gelten. Er macht keine Umstände und erzählt von keiner Not. Ihr aber rechnet die Voraussetzung, die Motive Eurer Philosophie mit in Eure Philosophie. Fragt ihr nach dem Menschen und was er eigentlich ist, so antwortet ihr: er ist das Wesen, das nach sich fragen kann und „Sein" meinen kann, abgesehen von jedem Seienden. Fragt ihr nach dem Menschen, so bietet Ihr Philosophen – die zweideutigen, die das Leben nur dazu benutzen, um Gelegenheit zu haben und Zeit, über das Leben nachzudenken – Euch als die eigentlichen Menschen an. Und Fragen und Ontologie-Treiben macht ihr zum menschlichen Wesensmerkmal. Fort damit! Erstens generalisiert ihr hemmungslos. Sind *so die* Menschen? Ihr verwechselt Voraussetzung und Behauptungen. Welch Philosophie!

Die Identität von Sprache und Welt, von der wir einleitend gesprochen hatten, enthält in sich bereits einen Weltbegriff, der typisch ist für diese Philosophie. Diese Welt nämlich ist weder einfach die physische Welt, noch die psychische, sondern ein drittes; dasjenige, als was das Leben, das in dieser Welt lebt, die Welt meint. Wo finden wir eine solche Welt? Wo finden wir ein solches Leben? Vorerst einmal als Geschichte. Meint: Also ist es doch etwas Psychisches; nein: denn wie das Leben die Welt meint, so behandelt es die Welt, so stellt es die Welt her, so wandelt es die Welt um. Sie hat – um die kantischen Ausdrücke zu gebrauchen – „ideale Realität" und „reale Idealität". Wie das Leben die Welt behandelt: Wollen wir diese Behandlung der Welt verstehen, so dürfen wir keine Theorie *über* die Welt machen, so dürfen wir nicht die Gaben des Geistes benützen, um *über* sie etwas auszusagen – etwa im Sinne einer naturwissenschaftlichen These –, sondern wir haben gewissermaßen den Geist dazu zu bringen, zu wissen, was er tut, was er meint, wenn er unreflektiert „in Gang ist": die Natur des theoretischen Geistes, die gewöhnt ist, die Welt zu entfremden, soll sich gewissermaßen dazu bequemen, mit seiner vortheoretischen Erscheinungsform, ohne höhere Prätentionen, noch einmal mitzugehen, um dessen natürliche Ambitionen nachzuvollziehen. Von wem sprechen wir? Von Heideggers Analyse der Alltäglichkeit, in der – gewissermaßen blind – die Existenz dahinlebt, aber schon in „Seins-" und „Selbstverständnis"? Von Husserls Rückgriff auf das, was er „natürliche Einstellung"[4] als Eingang zur Phänomenologie nennt, von dem Rückgang, der bewußt ausschalten soll Aussagen über die Existenz oder Nichtexistenz von Welt und die Prätention einzelwissenschaftlicher Aussagen? Von Hegels Rückgang auf die vorwissenschaftlichen Geistformen, diese paradoxe Fähigkeit des philosophischen Geistes, seine Vorformen, in denen er „natürlich“ lebt, noch einmal nachzuvollziehen, damit der Geist wisse, wer er sei und so zu sich selbst komme? Von Kants Reflexion auf dies kritikbedürftige, zur Spekulation sich verirrende Funktionieren der Vernunft, die sich richtigstellen will, indem sie sich ihre ihr eigenen Funktionsgrenzen vorführt? Wir reden vom Generalnenner der deutschen Philosophie, von einem Generalnenner in einer Tradition, die freilich ihr selbst durchaus nicht bewußt ist. Sie ist *eine* Philosophie. Und die Grundpaniken, die sie in sich selbst mitaufgenommen hat, sind *eine*. Um sie zu verstehen, ist man gezwungen, die Philosophiegeschichte der letzten 150 Jahre noch einmal sehr rasch, wenn auch nach äußerst ungewohnten Gesichtspunkten, durchzuartikulieren. Und zwar nach folgenden Gesichtspunkten:

1. Die Geschichte war eine konstante Oszillation zwischen Vermenschlichung der Welt und Verweltlichung des Menschen.

2. Sie war metaphysische Aufklärung nicht nur der Religion, sondern religiös oder metaphysisch gebliebene Aufklärung.

II.

Beides kann man zugleich behandeln: Lessing in der „Erziehung des Menschengeschlechts“[5] findet die Vernunft des Menschen vor. Er interpretiert diese Vernunft, also das von Autorität- (der Religion) -frei-Sein als ein von der Autorität-freigelassen-Sein: Gott hat uns, die wir unmündig waren, solange erzogen, bis wir wir selbst sind. *Der Zustand der Aufklärung ist also eine Gottesgabe.* Was wir vorher waren, dem ist zu mißtrauen; die Bibel, die wir brauchten, brauchten wir, um sie nicht mehr brauchen zu müssen. Kurz: Aufklärung ist ein Zustand des Menschen = Erwachsenheit. Dieses Mißtrauen gegen das eigene „Kindischsein“ des Geistes, die Furcht, daß er das *nicht* sei, was er sei, übernimmt Kant.

Die Vernunft hält er für kritikbedürftig. Sie ist von Natur über sich im Irrtum. Das Geschäft der Vernunft ist: sich selbst aufzuklären, „eigentlich" zu werden, sich zu etwas anderem zu machen. Die Aufklärung ist nicht zynisch, sondern moralisch. Sie ist die Aufgabe der Autonomie: sie ist nur da, wo die Vernunft die eigene Vernunft-Illusion zerstört. Philosophie, Philosophieren ist Bewegung, ist bereits Selbstvernichtung, Geschichte (wenn auch nicht „unendlicher Prozeß" im nachkantischen Sinne). Philosophie ist Aktion; denn die Vernunft, die sich zu Recht mißtraut hatte, erfährt, daß sie eigentlich praktische sei. Die Elemente der Praxis: Formungsbegriffe finden sich nun in der Erkenntnis selbst. In gewissem Sinne formt also der Geist die Welt. Aber da er sie nicht schafft im actus originarius, da er nicht Gott ist – sondern nur nach seinem Ebenbilde – , schafft er sie nur *gleichsam*.

Nein, er schafft sie wirklich: in der geschichtlichen Existenz. Denn seine Welt sind die geschichtlichen Dokumente. An ihnen ist der Geist und seine Entwicklung abzulesen, wenn er wissen will, was er ist, denn er kennt sich nicht, mißtraut sich grundsätzlich und muß zu sich kommen. Hegel. Also wird die Bewegung des Geistes zu sich selbst nun dem Gang der geschichtlichen Welt zugerechnet. Der Geschichte des Ich, der Geschichte überhaupt. Was bei Kant Aktion (wenn auch relativ unwirksame) gewesen war, wird hier zum wirklichen Ereignis, zur Entwicklung gemacht. Die Phasen der Selbstaufklärung, von der Empfindung an aufwärts, geschehen gewissermaßen von selbst – und der Mensch ist plötzlich nur noch ein seiendes Stück dieses Prozesses, er leitet ihn nicht mehr. Das spezifische Sein des Menschen: *zu sich selbst kommen zu können*, ist ein Geschehen geworden, ein Weltgeschehen, ist neutralisiert. Die Vermenschlichung der Welt endete mit dem Überwert der Welt; der Mensch, Ding unter Dingen, muß von der echten Aufklärung wiederum zurückerobert werden. Die begonnene Revolution schließt in einer Gegenrevolution. Sie braucht eine zweite. Der Mensch, der sich frei gemacht hatte von der

Geschichte, in der Mündigwerdung, wird wieder zur Geschichte – sie selbst ist die Phasenreihe der Aufklärung. – Da kommt Feuerbach: er zerschlägt das späte, großartig und metaphysisch entstellte Gemälde und verlangt den Menschen zurück. Was der Mensch sei?, fragt er; illusionslos, wie er sich zu sehen hat; er ist Sinnlichkeit. Und die Transzendenzen, in die die Aufklärung sich verbrämt hatte, fallen. Wer sich selbst kennen will, muß sich nackt kennen: seinen Dokumenten, seinen Göttern mißtrauen. Gott wird zu Mensch gemacht; die Puppe der Angst; und die Ideen magern ab zu Idolen. – Das nennst Du Aufklärung?, fragte Marx. Das ist Metaphysik der Sinnlichkeit. Wo blieb die Einsicht, daß der Mensch seine Geschichte ist, die richtig war bei Hegel? Wo das Verständnis, daß Selbstbewußtsein Aktion ist? Geschichtliche Aktion? Und daß die einzelne Aufklärung nicht genügt, sondern nur die geschichtliche Aktion, in der der Mensch sich befreit von den eines „freien" und „erwachsenen" Menschen unwürdigen Verdüsterungen und Verdinglichungen durch die Geschichte? Aber auch diese Aufklärung und das Mißtrauen dagegen, daß der Mensch wirklich das sei, was er zu sein habe, wurde zur Orthodoxie. So geht das fort: und als Konstante bleibt: der Geist mißversteht sich selbst, er muß zu sich selbst kommen, sich desillusionieren. Sich desillusionieren! Ja, das heißt nun sehr Verschiedenes. Z. B. sich entschließen zu sehen, daß er gar nicht Geist ist, sondern physische Aktion. D. h. sich seine Selbstausbildung zerstören. Sich als fremdes, z. B. als Interessevehikel betrachten. Das heißt: sich als Machtmittel verstehen, so bei Nietzsche. Und durch diese Desillusionierung, d. h. den Entschluß, den Geist und seinen Anspruch ebenso zu entthronen, wie der Geist die Autorität Gottes entthront hatte, fällt nun die Aufklärung in eine sonderbare Paradoxie. Denn nun glaubt der Geist allen Wissenschaften, die er treibt, aber sich selbst nicht. Er hält sich für ein bloßes psychisches Geschehen. Für ein Ereignis. Reagierend, wie Chemikalien auf bestimmte Reize. Er hält sich für eine ausgebildete tierische Funktion. Stets begeht er, um illusionslos und frei über sich im klaren zu sein, eine *metabasis eis allo genos*[6]. Und der Mensch, blind beschäftigt mit seinen geistigen Leistungen, den positiven Wissenschaften, in denen er sich desillusionieren wollte, um zur Wahrheit zu kommen, zerfleischt sich damit gewissermaßen selbst. Sich selbst sieht er überhaupt nicht mehr. Er kam zu sich? Wohin geriet er?

III.

Wohlgemerkt: diese Vorgeschichte ist nur eine unter anderen. Und die *Detektivgeschichte, in der der Mörder der Aufklärung die Aufklärung selbst ist, kann anders erzählt werden*. Außerhalb der Wissenschaftsgeschichte. Ein ganz anderes Kapitel; ich deute sie nur an.

Grundfrage: Was ist der Mensch? Das fragt er nur, wenn er keine bestimmte Sitte hat, die ihn fest mit der Welt verkettet, und keine Gebräuche. Wenn er nicht gewohnt ist, dazusein. Deutschland hatte keine Tradition, keine traditionstragende Klasse. Der Mangel an materialer Sitte sublimiert sich zu einer *formalen* Sittlichkeitslehre. Wo Materiales auftaucht – sinnvoll nur im Faktum der Sitte –, wird es sofort apriorisiert: traditionslos werden die in der Geschichte dargebotenen Werte: Edel, heilig, gut etc. aneinander gemessen und hierarchisch geordnet; und die Geltung der *historischen* Daten wird in *unhistorischer* Wesenschau evident gemacht und sanktioniert. So in Schelers materialer Wertethik.

IV.

Eine andere Vorgeschichte. *Die metabaseis eis allē genē*[7], von denen wir vorhin sprachen, waren ja nicht nur theoretische Irrwege. Sie waren – was äußerst wichtig ist – Realitäten. Die Spezialisierung der wissenschaftlichen Berufe (wie alles andere in industriellen Ländern) machte den einen zum Psychologen, den anderen, zum Biologen, den dritten zum organischen Chemiker. Jeder behandelte den Menschen.

Zerfiel er nicht unter den vielen Händen in einen Kreuzpunkt vieler *genē*? Er war mehr? Metaphysik. Wir aber sind aufgeklärt. Weiter: War denn der Mensch – im aktuellen Vollzug – noch Mensch? War er nicht, *als* Arzt, *als* Chemiker (nicht nur durch die Augen des Arztes, Chemikers), d. h. durch die extreme Ausschärfung des Spezialistentums, Gespenst geworden? Oder waren nicht durch das faktische Übermächtigwerden der Wirtschaft der Bürger, das Militär, der Proletarier zu Wirtschaftsfiguren geworden; d. h. zu Gegenständen eines *allo genos*? Hatte nicht eine geschichtliche veritable *metabasis*, nicht nur die harmlose theoretische stattgefunden? Was war der Mensch? Wo war er? Außen fand er sich nicht wirklich, durch die Schichten dieses So-Seins, da er ernst nahm die Dinge, mit denen er umging, und außer ihnen nichts war, und sich zum Dinge unter den selbstgeschaffenen Dingen machte? Sich zum Opfer der durch Freiheit selbstgeschaffenen Welt erniedrigte?

„Zurück zum Menschen" hieß es da. Und dieses Zurück, das heute in Deutschland so unselig mißverstanden wird; teils weil die Aktion durch einen Appell gelingen zu können glaubt, teils weil sie zu weit zurückgeht: zurück zur Natur – und nicht: zurück zu den echten Motiven der Aufklärung, teils weil sie sich in ein Zurück zu Tradition, zu Autorität, zu Glauben verwandelt (Begriffe, von denen sich der Rückruf Kants nicht anders als der Ruf Rousseaus ja gerade distanzierte); dieses „Zurück zum Menschen und sehen wir, was er ist" bot folgendes – nicht ungroßartiges – philosophisches Bild:

V.

Es begann wiederum als Aufklärung der zur Orthodoxie gewordenen Aufklärung: und es ist nicht ohne Komik, zu sehen, daß diese echte Aufklärung – diejenige Husserls nämlich – auf Grund bestimmter Termini „Schau, Wesen etc." als Mystik und Metaphysik rasch verschrien wurde. Was tat Husserl? Er hatte das berechtigte Mißtrauen, die legitime Vermutung, daß der Geist durch seine Gabe, durch die Wissenschaft, daß die Aufklärung durch die Desillusionierungstätigkeit sich nicht zu sich brachte, sondern sich fürchterlich von sich entfernt habe. Und er begann eine Aktion, eine Vertrauenskundgebung. *Er ließ den Menschen selbst sprechen.* Und er sah auf das, was der Mensch meinte, wenn er etwas sagte. War Kants Kritik aus Mißtrauen gegen die Metaphysik entstanden, die er erst einmal ausschaltet, so Husserl aus Mißtrauen gegen die Einzelwissenschaften, die er erst einmal ausklammert. Konkret vollzog sich Husserls Kampf z. B. in der berühmten Polemik, die er zu Anfang des Jahrhunderts gegen die Psychologie, insbesondere gegen den Psychologismus führte. Was geschah in der Psychologie? Ein Akt, etwa des Denkens, war ein Naturvorgang geworden, zu einer Funktion wie Verdauung, zu einem Zustand wie die Melancholie – wo aber blieb das Gedachte, das Gemeinte? Da meint man: Cäsar war ein Feldherr. Das Gemeinte? antwortete der Psychologe, Cäsar? Soll der etwa in der Seele aufgefunden werden? Ich sehe nur das Meinen. Cäsar gehört in die Geschichte. – Wenn ich dem *Meinen* nicht trauen darf, antwortete Husserl, so glaube ich, er meinte *etwas.* Die Melancholie meint nicht etwas; sie ist da. Dem „etwas“ muß ich nachgehen. Inhäriert es nicht dem *„Meinen“*? Ist es nicht seine Sache, auf die es aus ist? Gehört es nicht zu ihm in einer sehr sonderbaren Weise, da es faktisch nicht aufgefunden werden kann als Teil des Meinens, wie die Verdauung als Teil des Stoffwechsels aufgefunden werden kann. Ich traue dem; ich mache vorerst keine Theorie darüber. Ich wiederhole bescheiden die Aktion des Geistigen. Die nicht unbewußt ist, sondern sich als Thema oder wie ein Ding zum Thema hat. Ich ertappe das Bewußtsein in flagranti; wie groß – bei aller Stilunähnlichkeit – die Ähnlichkeit beider Philosophien: Hegels und Husserls, wiewohl Husserl Hegel für den Unphilosophen schlechthin hält. Die sogenannte Realität ist mir gleich. Selbst wenn ich einen Centauren denke, ist dieser Centaur da; nicht psychisch. Der Centaur ist kein psychischer Zustand und kein Akt. Er ist etwas. Aber ein Etwas eines Aktes, ein intentionaler Gegenstand. –

Sie sehen: trotz aller Formalität kam bei dieser Husserlschen Analyse etwas höchst Erstaunliches heraus: ein Etwas außerhalb des Physischen und Psychischen. Wie dieses Gebiet zu nennen ist, ist eine andere Frage.

Diese, von Husserl tausendmal wiederholte, Aktion der Entdeckung der Intentionalität[8] als wesentlicher (nicht empirischer) Bestandteil des Aktes, ist grenzenlos mißverstanden worden. Im besten Falle wurde die Tatsache – außerhalb des engen phänomenologischen Kreises – für eine nicht sehr belangvolle, wenn vielleicht auch richtige Tatsache gehalten. Aber diese Entdeckung war dennoch fundamental und es ist durchaus nicht zufällig und durchaus nicht absurd, wenn die Metaphysiker nach Husserl: Scheler und Heidegger, auf ihn sich beriefen.

Denn das *allo genos* war verlassen. Die Tätigkeit des Bewußtseins nahm man – ohne Ursachenforschung – beim Wort. Was meint das Ich, wenn es „ich" sagt? Ein Bündel von Vorstellungen? Keineswegs. Fort von den Theorien! Zu den Sachen! Was meint es, wenn es „Welt" sagt? Ein astronomisches System? Keineswegs. Eine Vorstellung, einen psychologischen Akt? Keineswegs. Welch unbekanntes Gebiet! Die Wegweiser hielten wir für Stücke Holz. Sie *meinen* etwas. Gehen wir der Richtung nach. Nicht in die Welt in einzelwissenschaftlichem Verstande. Zu wissen, wie er es meint und was die gemeinte Welt ist. (Beispiel: sind die Zahlen Denkakte? Nein? Gehen wir dem Meinen des Zählers nach: wir kommen in eine Gegend, einzelwissenschaftlich unbenennbar, andeutbar auf Platonisch: das „3 x 3 ist neun" hat ideale Existenz – so alles Gemeinte.)

Ich habe die Logik reformiert, spricht Husserl. Und ich spreche nicht vom Leben; ich enthalte mich jedes Urteils; ich rede nicht „über" das Bewußtsein, ich sehe nicht „hinter" das Bewußtsein; ich mache es nicht zum Ding; ich mache nur die Aktion, in der das Bewußtsein auf Dinge aus ist, ohne diese seine Tätigkeit zu kennen, noch einmal mit. Ich bin Nachvollzieher, Begleiter, Testamentsvollstrecker. Aber was tut Ihr?"

„Ich nehme Deine Theorie beim Wort“, sagt Heidegger. „Das Bewußtsein weiß nicht, was es tut. Es ist nicht bei sich? So ist es blind? Wohin fällt es, daß es sich selbst ausweicht. Ist es blind, so ist es nicht *eigentlich*. Es ist in Versuchung, es fällt, wie Adam im Sündenfall. Es ist also wieder herzustellen. Es hält sich für eine Sache? Es soll sich korrigieren. Es hält die Welt für ein Ding, zu dem hinzukommt die Erkenntnistheorie, die Wege für unmöglich oder kompliziert hält? Hängt sie nicht, diese Welt, das Leben so ein, wie das intentionale Objekt den Akt, meint das Leben nicht dauernd Welt? Sein Sein ist eo ipso „in der Welt Sein“. Kurz: Und ist ein an die *Welt* sich Verlieren, also ein *sich*-Verlieren. Wirklich ist nur das Sein, das sich nicht an etwas anderes verliert – kurz: das – mit Kant – autonom ist. Philosophieren – ja das ist gewissermaßen Wiedergutmachung des Selbstmißverständnisses, ist ein sich-Aufklären, sich in den Stand Versetzen, wo die Eigentümlichkeit der Seinsart des Lebens dem Leben selbst bewußt ist – aber es ist keine Lehre.“

„Ich spreche nicht vom Menschen“, sagt Heidegger, „ich spreche vom Leben. Das ist Ontologie. Denn die Anthropologie faßt sich nicht bei sich selbst, sondern sucht den Menschen, wenn auch heraushebend, mit anderen Lebewesen zu vergleichen. Der Mensch ist eine Art des Lebens, eine Seinsart, gewissermaßen die Verkörperung und Verstreuung in Exemplaren, nicht aber eine species von Seienden, die einer Welt von auch Seienden gleichgeordnet wäre. Ich spreche ontologisch, nicht ontisch. Von der Seinsart des Menschen, nicht von einer besonderen Art seiender Dinge, genannt Mensch.“

Wo setzt Heidegger an? An Erlebnissen. (Was ein Erlebnis ist, wird später sich herausstellen.) Also wieder – wie Hegel – an der Fülle der konkreten seelischen Phänomene. Erklärt er, wie sie zustande kommen? Niemals. Er geht ihren Intentionen nach, der Angst, der Sorge, der Langeweile etc. Er „interpretiert“ sie. Denn die Erlebnisse sprechen nicht selbst. Sie werden zur Sprache gebracht. Sie werden aufgeklärt. Bleibt es dabei? Begnügt er sich mit „reinen Deskriptionen“?

Niemals. Sondern er benützt, wenn man so sagen darf, die Erlebnisse für eine „ontologische Symptomatik". *Daß* es so etwas wie Langeweile gibt, so etwas wie Angst u. s. w., besagt für den Menschen ganz Bestimmtes. Langeweile z. B. ein bestimmtes negatives Verhältnis zur Welt, das Welt-verlieren-Können. So werden in der „Hermeneutik des Daseins", wie er es nennt, soviele Charaktere sichtbar, daß plötzlich ein Bild vom Menschen entsteht. Leider *ein* Bild – seine Lehre und Metaphysik des Menschen –, denn die Auswahl, Wahl dieser Möglichkeiten, die er von den Menschen aussagt, ist von Heidegger selbst nicht mitaufgeklärt.

Husserl ließ die Akte des Bewußtseins *selbst* sprechen. Heidegger nicht nur das Bewußtsein, sondern die Fülle der Lebensarten und Erlebnisse. Daß diese einzelne sind, *nicht* allgemeine, interessierte ihn anfangs wenig: denn er sagte ja nicht, das Erlebnis der Angst haben *alle* Menschen. Sondern *daß* Menschen Angst haben können, besagt das und das. Besagt z. B.: Daß das Sein des Menschen Sein-zum-Tode ist. In der Tat ist eine Interpretation des Exzeptionellen ebenso erlaubt wie die des „Normalen"; insbesondere, wenn das Faktum der Seltenheit *mitinterpretiert* wird. Nichts liegt Heidegger ferner als eine Psychologie des Normalen. Ja, das Exzeptionelle spielt in der gegenwärtigen Existenzphilosophie eine *besondere* Rolle, nicht unähnlich der Philosophie Plotins, obwohl dieser das *henōthēnai*, die Unifikatio mit dem Eins, eingestandenermaßen, wie Porphyrius berichtet, nur ein oder zwei Mal erfahren hat.[9] Und zwar spielen diese Erlebnisse (die „hohen Augenblicke") diese Rolle aus folgenden drei Gründen:

1. Das *Erlebnis* und seine Rolle ist ein säkularisierter Rest des Christentums: es ist *Gnade ohne Gott*. Da, etwa für Heidegger – nicht anders als für Kant – das Leben gewöhnlich sich auf abschüssiger Bahn bewegt, sich mißversteht und herunterkommt, von Grund aus schlecht ist, findet es nur in seltenem Augenblick zur eigentlichen Existenz. Bei Heidegger sind diese Erlebnisse das Philosophieren selbst. Diese Augenblicke (die Schleiermacher und unabhängig von ihm

Jaspers „große Augenblicke" nennt) sind die Augenblicke des Nicht-blind-Seins des Daseins; in ihm enthüllt sich das Dasein. Die Seltenheit der Augenblicke besagt hier also nichts gegen die Theorie; vielmehr ist das Faktum, daß die Augenblicke, in denen das Leben sich selbst erfährt und nicht zudeckt, in der es sich selbst exponiert, so selten sind, ein Skandal des *Lebens* selbst.

2. Die Wurzel für die Erlebnisphilosophie ist untheoretisch: die gesamte säkularisierte Welt gab als „Besonderes" nicht mehr eine Transzendenz, sondern etwa (so in der Musik) Erhebungen des Lebens aus seinem Alltagsniveau. Im Alltag kam man nicht zu sich. In der Erhebung erst glaubt man sein eigenes Sein zu erfahren.

Drittens war *für* Erlebnis die ganze weiche und wolkige Front dessen, was sich als Vorkämpfer des Irrationalismus bezeichnete. Sie sahen recht – gewissermaßen in einer Front mit den echt aufklärerischen Tendenzen –, daß das Bewußtsein, das Leben sich in der positiven Wissenschaft falsch und inadäquat behandelte. Anstatt wie Husserl mit der spezifischen Bewegung des Bewußtseins sich schlicht noch einmal *gemein zu machen*, um es zu verstehen, blieben sie gewissermaßen außerhalb des Verstehens wie die positiven Wissenschaften selbst und riefen aus: Erlebt, erlebt! Es ist *doch* nichts erkennbar. Und sie wurden so einerseits Vorkämpfer eines Agnostizismus, andererseits aber riefen sie ja auf, sie behaupteten ja nicht einfach, das Leben sei sich genug, solange es blind lebe. Da sie also aufriefen, ausdrücklich zu erleben – so in der Jugendbewegung – gaben sie dem Leben selbst eine Verdoppelung ohne Geist, eine Art aktivistische Schärfe ohne Klarheit, eine paradoxe blinde Stoßkraft. Die Stoßkraft dessen, der doktrinär, aber unreflektiert ist. Und es entstanden diejenigen Theoretiker, die als Ideologen das heutige Deutschland begleiten.

Ihr bester und getreuester Vertreter, obwohl auch Geistzerstörer, weil der Geist eine Krankheit sei, ist Klages. Er schlug genau die dem Husserl'schen Weg entgegengesetzte Richtung ein. Während Husserl mit den Akten mitging, um das sujet ihrer Intention mitzumachen, nicht um den *prononcés* zu folgen, nahm Klages das – im Motiv wiederum wahrhaft aufklärerische – Mißtrauens-Motiv Nietzsches auf, der Mensch verberge sich, er lüge, man müsse ihm auf den Zahn fühlen, man dürfe nicht glauben, was er sagt. Um zu wissen, was er meint, hat man seine Tätigkeit als Mimik, als Expression zu deuten, da er sich verrate. Damit wird das gesamte Gebiet des Geistigen zu Verbal-Physiognomischem gemacht. Nun gibt es kein intentionales Objekt mehr, nur ein exprimierendes Subjekt. Jede Rede wird zur *Aus*rede. Daß der Mensch überhaupt etwas redet, wird noch einmal charakterologisch gewertet, als ein für den Menschen typisches Mittel, sich selbst und seine Schwächen zu verbergen. Während bei Heidegger selbst das vortheoretische Leben zur Sprache erhoben wird, wird hier selbst das Theoretische zum Ausdruck rückgebildet: es entsteht ebenfalls ein ganzes System der Deutung; auch hier soll der Mensch *verstanden* werden, aber verstanden als ein Tier, dessen Ausdrucksbedeutung man deutet. Das Logische wird entlogisiert und das Motiv der Aufklärung endet im Dunkel einer Exegese des Lebens als Ungeist.

Das waren meine Beispiele. Das Feld ist groß. Was ich als ein großes Lager zusammenbehandelte, ist dabei taktisch eine Schlacht aller gegen alle. Aber sie verständigen sich nicht, weil sie *eine* Sprache sprechen.

[Zusammenfassender Vorbegriff zu Heidegger] (1937)

[Rezension von:] Fischer, Alois: Die Existenzphilosophie Martin Heideggers. Felix Meiner. Leipzig 1935.

Während es modernen Interpreten scheint, als stelle Heideggers Existentialphilosophie eine Art Gegenreformation innerhalb des von seinen theologischen Bindungen befreiten Idealismus dar (so durch Betonung der „Endlichkeit" des Menschen anstelle seiner „Autonomie"), ist für *Fischer* Heidegger gerade der Säkularisator. Biographisch mag F. damit sogar recht haben; vieles am Pathos in „Sein und Zeit" mag auf das Konto der bewußten Häresie gesetzt werden. Aber was die Ausschärfung der Säkularisierung[1] angeht, so ist das Buch vollkommen verspätet, es erschien in einer Zeit, in der Atheismus schon nicht mehr den Makel der Häresie an sich trug und schon als Sache der Väter galt. Was so viele der modernen deutschen Jugend zu Heidegger hinzog, war nicht der Atheismus, sondern umgekehrt das Religiöse, das Häresie als solcher immer noch innewohnt. F. argumentiert, Heidegger definiere den Menschen durch eine Formel, die allein für das „suum esse", für Gott gelten könne: durch die Hineinnahme der „Existenz" in den Essenzbegriff.[2] Damit ist die Existenzphilosophie für ihn im Grunde erledigt. Heidegger hat eben versehentlich oder hybriderweise zwei Dinge, Gott und Mensch, verwechselt.[3]

Es ist deutlich, daß F. damit den Heideggerschen Existenzbegriff, also das Kernstück der Lehre vollkommen verfehlt. Denn „Existenz" bedeutet bei Heidegger eben durchaus nicht bloßes Existieren, sondern „Erschlossenheit", das heißt das Faktum des Offenseins des Menschen für Seiendes, sein „In-der-Welt-sein", das wenig zu tun hat mit seinem

Existieren unter anderen existierenden Objekten, dagegen sehr viel mit dem, was man in der herkömmlichen Philosophie als „Subjekt“ zu bezeichnen pflegt. Im Grunde also polemisiert F. gegen diesen Subjektbegriff, und was er gegen Heidegger sagt, betrifft Kant nicht weniger: beide trifft es freilich gar nicht.

Aber sehen wir ab von diesem sachlichen Mißverständnis. Wesentlicher als dieses ist die allgemeine Charakterisierung Heideggers als des großen Hybriden. Wie steht es damit?

Wenn Heidegger einerseits die „Geschichtlichkeit“, andererseits das „Sichvorweg-sein“ des Menschen (in der „Sorge“) zu tragenden Begriffen macht und dennoch beide – die zusammen politisch würden – nicht verbindet; wenn er das Phänomen der „Verdinglichung des Menschen“ zwar sieht (im „man“), es aber so apriorisiert und ihre jeweiligen empirisch-geschichtlichen Ursachen so wenig ins Auge faßt, daß ihre effektive Beseitigung nicht in Frage kommt; wenn er das „Mit-anderen-sein“ des Menschen als fundamentale Bestimmung seines Wesens zugesteht, diesen Charakter aber so allgemein (d. h. so unverbindlich) läßt, daß jede Gemeinschaftsform oder Gemeinschaftsideologie auf ihn sich berufen kann; wenn er die Eingebautheit des Erkennens in die Praxis wohl sieht, niemals aber, wie praktisch und für wen praktisch Erkenntnisformen sein können; wenn er das Problem des „Seins des Seienden“ zwar aufwirft, aber nicht als Problem der „Praktischen Vernunft“, die über das *to be or not to be*, also über das „Sein oder Nichtsein eines Seienden“, eines Dinges, einer Person, einer Situation zu entscheiden hat; wenn er das Feld des „Ich“ zwar im Vergleich zur Transzendentalphilosophie bereichert, aber nur durch Hineinnahme des Emotionalen, dem der Mensch *unterworfen* ist, also genau durch Hineinnahme der Passivität des Menschen; wenn er – und hier schließt sich der Kreis – die Seinsfrage gerade aus den extremsten Formen dieser Passivität entspringen läßt: aus Angst und Langeweile, in denen menschlicher Wille und Entscheidung effektiv gelähmt sind und in denen das Sein nun tatsächlich zum „Nichts“ wird, dann scheint es sehr zweifelhaft, ob Heideggers Philosophie wirklich so mutig ist, wie es der Titel „Hybris“ glauben machen müßte; aber über allen Zweifel erhaben, daß Heideggers Idealismus nur ein „*Idealismus der Unfreiheit*“ ist.

Gewiß, noch nie hat sich eine reaktionäre Lehre ein so umstürzlerisches Gewand angetan. Die Parallele zu gleichzeitigen nichtphilosophischen Bewegungen ist schlagend. Aber gerade deshalb hat auch F. mit seiner Warnung vor Heideggers Hybridität völlig unrecht. Denn auch noch nie hat ein Idealismus eine praktisch so ungefährliche Form gehabt. Noch nie ist aus einem Idealismus so wenig abzulesen gewesen, wie der Mensch „sein Schicksal selbst in die Hand nehmen“ solle. H.s ganz innerlich bleibender Radikalismus wird in der Außenwelt nichts ändern, weit weniger ändern als Kants Idealismus es unmittelbar und mittelbar durch seinen Autonomiebegriff getan hat. Sein Idealismus ist gleichschaltbar. Und er war es.

Günther Stern (New York).

Gestern fand ich die beiliegenden, vor 45 Jahren geschriebenen, Seiten, die aufs erschreckendste beweisen, wie unerschütterlich Heidegger, als er seine „eigensten“ Formeln erfand, auf die philosophiegeschichtliche Ignoranz seiner Zeitgenossen spekuliert hat.

Günther Anders, Wien, 24. 12. 80

Unterschlagene Ahnen (Paris 1935)

„Es gilt die Bestimmungen zu finden, die in dem Seienden sein müssen, damit das Seiende ein Seiendes und nicht ein Nichtseiendes sei“ heißt es in einem zu Unrecht unbekannten Buche „Grundzüge der Metaphysik“. Und in einer gleichfalls zu tief vergrabenen „Logik“ eines Schülers dieses Unbekannten lesen wir: „Die „blinde Faktizität drückt“ und in seiner „Metaphysik“ fragt der selbe Autor, „worin es eigentlich liegt und wie es zugeht oder gemacht wird, daß überhaupt etwas ist und nicht lieber nichts ...“

Der zitierte Lehrer hieß Christian H. *Weisse*[1], und der Name des Schülers war *Lotze*. Und beim Lesen dieser drei Stellen hat man das Gefühl, die Autoren wären vielleicht korrekter gewesen, hätten sie antizipierend den Schluß von *Heideggers* „Was ist Metaphysik?“[2] zitiert. – Daß, mindestens in der Fragestellung, das ontologische Problem damals unmaskiert formuliert wurde, wird niemand leugnen können. Daß es gefragt werden konnte, hatte grundsätzlich mit der Schwächung der theistischen Position zu tun. Denn von dieser Schwächung waren eben nicht nur Linkshegelianer und Naturalisten betroffen worden, sondern auch die Universitätsphilosophieen, die heute, nach der Re-akademisierung der programmatisch nicht-akademischen Philosophen der Nach-Hegelzeit, auf den Universitäten vergessen sind. Auch die Universitätsphilosophen: sonst hätten sie nicht aus dem „creatus mundus“ eine „blinde Faktizität“ machen können; und nicht die, früher nur auf einen Teil der Welt bezogene, Warumfrage (die Theodizee-Frage „cur malum?“) auf das Seiende als Ganzes („cur mundus?“) ausdehnen können. In gewissem Sinne hatte das freilich schon Leibniz getan, denn seine Theodizee ist ja nicht nur eine Rechtfertigung des Übels *in* der Welt, sondern eine Rechtfertigung dieser Welt (mit ihren Übeln), die unter unendlich vielen möglichen, also als wirkliche, auch ihm bereits einen Kontingenzschock einjagte. Die Antwort auf seine Frage ist bei Leibniz freilich noch direkt theologisch. Und auch Weisses und Lotzes Antworten sind nicht so un-theistisch wie ihre Fragen. Aber wo wäre eine Antwort je auf der Höhe ihrer Frage gewesen? Und welche Antwort in der Geschichte der Philosophie wäre je ein wirklicher Zeitgenosse der Frage gewesen? – Wie dem auch sei, daß ein grundsätzliches Verhältnis zwischen der neuen ontologischen Fragestellung und dem geschwächten Theismus bestand, ist deutlich. Aber ebenso deutlich, daß dieses Verhältnis einer der entscheidenden Charakterzüge des vorigen Jahrhunderts war: denn selbst Lotzes „Metaphysik“, das modernste der drei genannten Bücher, ist vor 75 Jahren geschrieben worden.

Die von den beiden Philosophen aufgeworfene Frage geht offensichtlich nicht mehr auf das Problem der „Essenz“ oder der „Substanz“ der Welt. Sie ist vielmehr eine – man kann dies eben nur theologisch ausdrücken – „Justifikationsfrage“, der gegenüber die Unterschiede zwischen „Substanz“, „Attribut“, „Funktion“, „Objekt“, „Subjekt“ u. s. w. völlig verlöschen: denn – um mit Aristoteles zu sprechen – „irgendwie seiend“ sind alle von ihnen; und alle gleichermaßen von der Justifikationsfrage betroffen. Daß freilich diese Frage in Form einer „Frage“ formuliert wurde, ist höchst problematisch: Denn um eine Frage handelt es sich eigentlich nicht, weil der Horizont ihrer möglichen Beantwortung vollkommen obskur bleibt. Sie steigt erst in demjenigen Augenblicke auf, in dem sie grundsätzlich nicht beantwortet werden kann. Sie ist vielmehr eine Stupor-Erscheinung, die man in Frage-Form übersetzt, um durch diese vertraute Sprachform den Schreck-Charakter aufzulösen: denn die Frage steht zum Stupor wie die Antwort zur Frage. –

Moderne Ontologie ist ja hier in Paris bekannt genug. Aber ihre Vorgeschichte zu wenig. Ich habe den Finger auf die Vorgeschichte gelegt (und zwar auf einen vernachlässigten Ausschnitt aus der Vorgeschichte), weil sie deutlich macht, daß mit diesen Fragen die „Substanz" bereits zu einem Problem zweiten Grades gemacht ist – und nicht nur „Substanz" im Sinne von *hypokeimenon*. (Dieser griechische Ausdruck übersetzt ja das lateinische substantia, obwohl es *ousia* meint, was reichlich Verwirrung verursacht hat.) Vielmehr geht die Frage, statt auf „Substanz", auf „Ursprung", auf *archē*, die es „macht" daß etwas dasei. Das Wort „macht" muß dabei in seiner Bedeutung völlig offengelassen werden, denn es ist ja gerade der verlorene Glaube an das „Machen", das „creare", das die Fragen in Schwung gebracht hat. Was aber immer „Machen" hier bedeuten mag – es ist meine These, daß der Substanzbegriff selbst bereits eine Scheinantwort auf die Ursprungs-Frage darstellt; ja, daß er, um Cassirers Unterscheidung, freilich polemisch, zu benutzen, bereits ein Funktionsbegriff ist, der falsch antwortet, um den unerträglichen Brand der wahren Frage auszulöschen.

Wesen und Eigentlichkeit, namentlich bei Heidegger (1936)

Es ist eines der Hauptkriterien der Pseudorevolution, daß sie Vokabeln weiterverwendet, deren unausgesprochener Gehalt den satzmäßig ausgedrückten Lehrgehalt dementiert. Charakteristisch in diesem Sinne ist Heideggers Beibehaltung der Vokabel „Wesen". Dieses Wort impliziert – was seine geschichtliche Mitgift betrifft – so viel, daß alles, was ein einzelner Philosoph an nominaldefinitorischen Dekreten dazufügt, im Vergleich dazu belanglos bleibt.

Der mit dem Terminus „Wesen" angezeigte Sachverhalt ist der einer Zerfällung: Die Welt *ist* nicht nur; außerdem hat sie ein „*Wesen*". Dieses Wesen spielt, wo es auftritt, stets, roh gesprochen, die Rolle des „Wichtigeren". Mit ihm verglichen ist die Welt *nur* Welt.

Es gibt kaum eine Kategorie, die uns natürlicher geworden wäre als diese. Und es erfordert eine nicht geringe Anstrengung gegen den Begriff, sich die Absonderlichkeit dieser „Zerfällung" in ihrer ganzen Kraßheit zum Bewußtsein zu bringen.

Welche Motive sind nun in der Geschichte des Geistes verantwortlich für die Aufspaltung der Welt in einen „in Betracht kommenden Teil" und in einen Rest?

Die Geschichte liefert uns zwei, bereits in der Antike durcheinandergemischte Frage- bzw. Denkmotive: Die Fragen nach dem *hothen* [Woher] und die nach dem *agathon* [Guten]. Ihre Verbindung ergab den höchst befremdlichen Wesensbegriff. Es wird sich nun herausstellen, daß gerade diese beiden, für den „Wesens"-Ansatz verantwortlichen Motive: Ursprungsfrage und *agathon*, in der Heideggerschen Philosophie abgeschnitten worden sind. Wie weit H. unter diesen veränderten Umständen noch das Recht hat, den Wesensbegriff als zentralen Begriff weiterzuverwenden; ja ob der Begriff unter diesen Umständen überhaupt noch einen Sinn hat, das ist mindestens problematisch.

Wenn irgendwo die Was-Frage genuin und glaubwürdig ist, dann dort, wo sie gegenüber einem Neuen, momentan Beunruhigenden auftaucht, das man zu identifizieren und einzuordnen wünscht. Die Frage lautet dann nicht: „Was ist ein …?“, sondern: „Was ist das?“ – Diese Frage zerteilt den befragten Gegenstand nicht in zwei Teile. Vielmehr treibt der Gegenstand als unvertrauter einen Keil in die vertraute Welt. Die Was-Frage hat keine andere Absicht als die, durch Einordnung des Gegenstandes die Welt wieder vertraut und kalkulabel zu machen. Im Vergleich zu dieser Frage ist die auf ein Bekanntes abzielende Was-Frage geradezu unverständlich. „Was ist ein Löwe?“ oder „Was ist ein Mensch?“ sind unverständliche Fragen, weil sie nicht erkennen lassen, auf welche Art von Antwort sie überhaupt aus sind. Und weil sie gewissermaßen die Antworten „Löwe“ oder „Mensch“ bereits enthalten.

Wenn überhaupt etwas fragwürdig an etwas ist, dann, *wozu* dieses oder jenes (zum Beispiel man selbst) gut ist oder da ist. Denn seine Bestimmung steht dem Dasein nicht auf der Stirn geschrieben. Freilich ist die Situation, in der wirklich die sokratische *agathon*-Frage geboren wird, bei weitem spezieller. Das Wozu bezieht sich offenbar auf menschliche Zielsetzung. Was jeder in der primitiven Sozietät zu tun hat und wozu jeder Handgriff dient, ist gewissermaßen *vor* jeder individuellen Entscheidung bereits festgelegt. Erst wenn die Autorität einer Funktion fragwürdig wird, wenn man z. B. nicht mehr weiß, *was* der Bürger der *polis* zu tun hat, dann versucht man (sofern die neue Funktion nicht einfach dekretorisch festgelegt wird) in der Ziel-losigkeit eine bloße Ziel-Unbekanntheit zu sehen. Wenn Sokrates versuchte, die Gerechtigkeit oder den Staatsmann oder dgl. in ihrem „Wesen“ zu fassen, so deshalb, weil die soziale Funktion dieser Aktivitäten effektiv fragwürdig geworden war.

Falsch wäre es zu glauben, daß die sokratische Frage die

Fragwürdigkeit einer Sache erst entdeckte. Umgekehrt treibt die Fragwürdigkeit der Sache die sokratische Frage erst hervor; diese Frage, die, im Unterschiede zu ihrer sophistischen Schwester, höchst sonderbarer- und vielleicht reaktionärerweise voraussetzt, daß es mit der „Sache selbst", dem *pragma* (Gerechtigkeit des Staatsmannes) völlig in Ordnung sei; daß eben nur *wir* nicht Bescheid wissen. Die einzigartige sokratische Verbindung von Zutrauen und Agnostizismus hat hier ihre Wurzel. Daß trotz aller *doxai* [(bloße) Meinungen, Vorurteile] das Wesen des Staatsmannes festliegt, scheint Sokrates keinen Augenblick lang zu bezweifeln. Denn er interpretiert das Phänomen der „Frage" selbst noch optimistisch. Diese beweise gewissermaßen das Dasein des (von allen Diskutierenden „irgendwie gemeinten") *Wesens.* Satt eine neue Definition in der politischen Praxis zu installieren, *sucht* Sokrates nach ihr, so als sei sie *„da". Er sucht zu entdecken, was allein erfunden werden* kann. Das Erfinden überschreitet gewiß *ta onta* [die seienden Dinge]. Die Überschreitung macht der Sokratismus, aber als Aktion der theoretischen Vernunft, mit – und überläßt die wirkliche Politik den Anderen. *„Entdeckung" von Wesen ist Konformismus mit den Gesetzen von morgen.*

Die Frage nach dem „Was ist?" ist also in diesem Falle eine theoretische Verkleidung der Frage „Was soll ich tun?"

* * *

Die zweite Wurzel der Wesensfrage ist gewissermaßen noch tiefer vergraben. *Der Frage nach dem Wesen liegt nämlich die Frage nach dem Ursprung zugrunde.*

„Was" die Welt sei, ist eine schlechthin unverständliche Frage – unverständlich in dem oben bestimmten Sinne. Wohl verständlich ist dagegen die Ursprungsfrage: woher das alles komme.

Ein ganzes Heer von Vokabeln belegt, daß die „Wesensfrage" ursprünglich Ursprungsfrage ist. Das „Wesentliche" entstammt den „genuinen", „originären", „primären" Wurzeln, dem Fundamente, das einer Sache „zugrundeliegt". In der Tat gibt es, sofern das „Wesen" einer Sache nicht durch deren *agathon* [Güte, Zweck] definiert wird, keine Wesensvokabel, die sich nicht bei genauerer Prüfung als eine getarnte Ursprungsvokabel herausstellte.

Wir waren vorhin über die sonderbare, aus der Wesensfrage resultierende Zerfällung der Welt in „Wesen" und „Wirklichkeit" erstaunt gewesen. Diese Zerfällung ist vollkommen verständlich als Folge der Ursprungsfrage: Die Frage: „Woher kommen die pragmata?" [Erzeugnisse] setzt bereits eine andere „Vor-Dimension" voraus, eine Dimension, die als „zurückliegende" bereits *mehr* ist und mehr *ist* als ihr Erzeugnis, das pragma. Es ist nun das Schicksal der westlichen Kultur – sofern sie nicht Erbin der jüdisch-christlichen Quellen ist –, daß sie diese Vorwelt nicht als jenseitig, sondern als welthaft ansieht – so selbst Anaximander trotz der völligen Unbestimmtheit seines Urstoffs. Das besagt – und die frühen griechischen Zyklentheorien, nach denen Ursprungs- und Individuationsäonen alternieren, beweisen das –, daß von vornherein Ursprung und Entsprungenes zusammengesehen wurden – wie die Erde und ihre Früchte. Aber gerade *da* beides zusammengesehen wird, tritt nun in dem zu befragenden Seienden ein sonderbarer Riß auf. Es zerfällt in das, was es ursprünglich ist, und einen (philosophisch niemals aufgeklärten, offenbar unursprünglichen, dazugekommenen, zufälligen) Rest. Heideggers Philosophie ist voll von derartigen Ursprungsvokabeln. Leben ist zum Beispiel „von Haus aus" so oder anders. Was bei einem Leben, das angeblich „geworfen", das sozusagen „aus dem Hause geworfen" und herkunftlos ist, ein „von Haus aus" bedeuten kann, ist unerfindlich. Eben so wenig begreiflich ist, was eine apriorische Struktur des Daseins besagen mag. Denn bei Heidegger ist die Individuation des Daseins bereits so weit überschärft, daß der Ursprung eben nicht nur, wie in den üblichen Individuationen, verlassen, sondern abgestritten ist. Er hat seine Sache, um das Stirnersche Motto zu zitieren, „auf Nichts gestellt". Diese Entwurzelung wäre von bewunderungswerter Radikalität, wenn nicht eben das ganze Vokabular diesem Ansatz widerspräche, wenn nicht alle Ursprungswörter bei ihm fröhliche Auferstehung feiern würden: Denn genau so wie er den Tod ins Leben hineinnimmt, nimmt er nun die Geburt ins Leben: Er übernimmt ein „Erselbst-Werden" als eigene Aufgabe *nach* der Geburt. Sein sehr zu Unrecht zitiertes Pindar- bzw. Goethewort „Werde der du bist" bedeutet bei ihm nichts anderes als „Gebier dich selbst!"

Eine Philosophie, die eine im Laufe des Lebens stattfindende Geburt benötigt, hat ad hoc dem Leben eine bestimmte Anfangs-Situation zuzuerteilen, eine Anfangssituation, die gewissermaßen einen pränatalen Zustand darstellt. Das ist nun bei Heidegger wirklich der Fall. Die als angeblich existenz-soziologische Beschreibung berühmt gewordene Analyse des „man" ist nichts anderes. Im Anfang, so heißt es bei Heidegger, ist das Ich nicht es selbst. Es ist verfangen, an anderes verloren, die Frage des „wer des Daseins" ist noch nicht entschieden. Ob es sich überhaupt schon um diesen oder jenen handelt, ist noch unausgemacht, die existentiale Nabelschnur ist gewissermaßen noch nicht endgültig gerissen. Diese Beschreibung des dahinlebenden Daseins hat nicht etwa die „Kindheit" oder den Naiven im Auge. Weit gefehlt. Das Heideggersche Dasein kennt keine Altersstufen. Was gemeint ist, ist ein Zustand der Korruption, der endlos anhalten kann, zumeist auch endlos anhält und nicht von selber aufhört, sondern nur durch den Akt der Selbstwahl behoben werden kann. Durch diesen Akt bringt sich das Dasein nachträglich selbst zur Welt. Zuvor war es eben noch nicht *als* es selbst, also noch nicht *eigentlich* gewesen. Offensichtlich ist Heideggers „Dasein", mehr noch als ein ständiges Leben zum Tode, eine dauernde Geburt: Dauernd ist es in Gefahr, zurückzufallen, wieder „uneigentlich" zu werden, nämlich „sich gehen" oder fortgehen zu lassen und sich von neuem an die Welt zu verlieren. So hat es dauernd Aufgaben zu erledigen, die nicht so sehr die Welt betreffen, sondern seine eigene Existenz: Es hat sich sein Leben lang selbst „das Leben zu schenken". Daß, wie H. behauptet, erst in dieser

Attitüde die wirklich ernsten Weltaufgaben sich stellen, ist eine Beteuerung, die in gar keiner Weise durch den Zusammenhang bekräftigt wird.

Mit dieser Selbstwahl versucht H. also den Skandal der „Geworfenheit“ zu reparieren. Obwohl der Mensch als geworfenes Dasein nicht eigentlich ist, ist offenbar nicht alles verloren. Die Geburt zum eigentlichen Dasein ist ihm als *seine* Aufgabe belassen, und da die Eigentlichkeit in nichts anderem besteht, als darin, daß sie eigene Leistung ist, so spricht sich das Dasein zu: Werde du selber.

* * *

Die Theorie dieser Geburt, dieses „zum Licht Kommen“ hat die große Chance, von den Motiven der Aufklärung Gebrauch machen zu können. Denn „Aufklärung“ bedeutet ja ursprünglich jene Aktion, durch die der unmündige, bisher vom Vater geführte Mensch sich majorenn macht; oder die Aktion, durch die die naturhaft gebundene und irregeführte Vernunft „zur Vernunft kommt“. Durch Einarbeitung dieser Motive stellt sich Heidegger in die Tradition des Deutschen Idealismus.

Die Konzeption des Mündigwerdens, wie wir sie in den verschiedensten Dokumenten der deutschen Aufklärung finden, steht am Kreuzweg. Einerseits enthält sie noch alle Merkmale des Begriffes der „Wiedergeburt“ (also Abschneidung des früheren Lebens als ungültigen, Eintritt in einen neuen, den Heilszustand) in sich. Der Schritt ist also noch religiös. Andererseits führt er ausdrücklich in ein nicht religiöses Gebiet, in ein Gebiet, in dem der Mensch ausdrücklich Gottes nicht mehr bedarf.[1]

Wie ambivalent aber die Aktion der Aufklärung ursprünglich auch gewesen sein mag – *was* in der Aufklärung geklärt, *was* durch das „Zu-sich-Kommen“ des Geistes aus dem „Uneigentlichen“ ins „Eigentliche“ gehoben werden sollte, ist stets klar erkennbar. Kant: Der Mensch als Metaphysiker hatte seiner Vernunft metaphysische Leistungen zugetraut, denen sie prinzipiell nicht gewachsen war. Sie hatte also ideologisch philosophiert; als eine, die sie nicht war. Die Aktion der Selbstaufklärung der Vernunft machte die Vernunft erst „eigentlich": nun da sie weiß, was sie ist, kann sie Wissenschaft treiben. – Oder Marx: Ohne Klassenbewußtsein spricht oder handelt ein Proletarier nicht *als* Proletarier. Nun, durch Klassenbewußtsein, wird er erst eigentlich das, was er ist: nämlich Proletarier. – In beiden Fällen setzt die Aktion der Aufklärung deshalb ein, weil die Grundsituation schlecht ist. Bei Heidegger ist lediglich das formale Schema des Aufklärungsprozesses übriggeblieben. Das aufzuhebende Dasein hat bei Heidegger eigentlich keinen anderen Mangel, als daß es vom Dasein selbst nicht geschaffen ist; und *der neue Stand, in den das Dasein sich bei Heidegger versetzt, ist nicht etwa deshalb einzunehmen, weil er der wahrere ist, sondern er gilt deshalb als der wahre, weil er vom Dasein selbst eingenommen wird.* Das heißt: Heidegger benutzt in seiner Empörung über den Skandal der Unfreiheit (über das Geboren- bzw. Geworfensein, über die Faktizität des Daseins) den Mechanismus der Aufklärung und hofft durch diesen zu sich selbst zu kommen. Aber „er selbst" und seine „Eigentlichkeit" bleiben vollkommen leer. Die Eigentlichkeit ist eben nichts anderes als das Zu-sich-selbst-Kommen. Daß er *selber* kommt, ist ihm wichtiger als *wohin* er kommt. Oder das *Selbst-tun* ist für ihn bereits das „*Wohin*". Der selfmade man als Mystiker.

Nihilismus und Existenz
(1946)

Vereinzelung – das Kind des Terrors

Daß heute, obwohl das Zeitalter des Individualismus weit hinter uns zu liegen scheint, die Existenzphilosophie, also die Philosophie der absoluten Vereinzelung, einen so ungeheuren, ja geradezu modischen Aufschwung nehmen konnte, scheint verblüffend. Es scheint nur. Denn die Vereinzelung ist das Kind des Terrors.

Im neunzehnten Jahrhundert war sie noch eine Derivatform der Freiheit gewesen; gewissermaßen die melancholische Kehrseite der (wirklichen oder nur vorgeblichen) Autonomie des Individuums – gleich ob sich diese, mit Kant, als moralische Selbstgesetzgebung oder, mit Hegel, als „Eigentum", also als wirtschaftliche Selbständigkeit verstand. Noch Stirner, der verbockte Monopolist seiner selbst, zeigte in seiner Vereinzelung den, wenn auch kleinbürgerlich verzerrten, Abglanz der bürgerlichen Freiheit.

Die heutige Vereinzelung aber entstammt der Diktatur; der Diktatur, die alle, nicht von oben her zusammengezwungenen mitmenschlichen Gruppierungen auseinandersprengte und im Zuge der Totalisierung dialektischerweise gerade jenen sozialen Atomismus vollkommen herstellte, der, von Hobbes [1651, 99] an, als die anarchische Grundlage der bürgerlichen Gesellschaft gegolten hatte.

Eine Periode liegt hinter Europa, in der niemand dem Nachbarn über den Weg traute; in der jeder im anderen, ja in sich selbst, den virtuellen Geheimagenten der Gewalt zu erkennen fürchtete; in der jedes Schaf und jeder Wolf im anderen den Wolf im Schafspelz oder das Schaf im Wolfspelz witterte; eine Periode, in der erst keiner mehr sprach, was er zu sprechen hatte, und dann, da er nichts mehr zu sprechen hatte, schwieg oder mitschrie; eine Periode, in der die Kinder die Eltern bespitzelten und die Eltern die Kinder denunzierten; eine Periode, in der jeder des anderen Todfeind war, weil der andere, jeder andere, statt eines Mitmenschen eine *Falle* sein konnte; eine Periode, in der jeder jedem anderen zuvorzukommen suchte, also entweder sich in das Fallensystem miteinschaltete oder über jeden in die Falle Gefallenen froh war, weil der Tod des anderen oder Tod gar en masse bedeutete, daß es eine oder viele virtuelle Fallen weniger gab. Kurz: *hinter uns liegt eine Periode, in der Mißtrauen die einzige Verkehrsform war.* Daß in dieser Periode, oder in der ihr folgenden (da die Stellen, wo die Ketten gedrückt hatten, noch schmerzen), daß gestern und noch heute *man selbst* die einzige Zuflucht war und ist; man selbst „die Wahrheit"; man selbst sein einziger moralischer Partner, das ist zwar begreiflich; wenn es auch alles andere als wünschenswert ist, daß es eine Philosophie gebe, die dieses grauenhafte Resultat des Terrors als ein Apriori besiegelt. –

Auf Frankreich trifft zwar, was für Deutschland gilt, mutatis mutandis auch zu. Aber es gab ein Ereignis, das es begreiflich macht, daß die Philosophie der Vereinzelung dort die paradoxe Form einer Massenmode annehmen konnte:

Die Résistance-Bewegung hatte Hunderttausenden die erstmalige und einmalige Erfahrung einer totalen Solidarisierung gebracht. Wir sagen „total": denn wo sich eine Anti-Diktatur-Solidarität überhaupt kristallisieren kann, da bezieht sie ihre Stärke und Breite von der Stärke und Breite des diktatorialen Druckes. Wie weit es möglich ist, eine solche Solidarität, die ihre Existenz einem ungewöhnlichen, von außen eingebrochenen Ereignis verdankt, über diese Situation hinaus am Leben zu erhalten, ist schwer abzusehen. So desperat auch im Moment des Schreibens die Lage in Frankreich noch aussehen mag, der Druck der Besatzung ist vorbei; eine halbe Alltäglichkeit hat eingesetzt; die Unterirdischen wurden wieder irdisch, die Citoyens wieder Bürger oder Arbeiter; an die Stelle der Aufgaben, die sich täglich und nächtlich als Antworten auf Schläge oder als Verhinderungen von Schlägen ergeben hatten, rückten wieder die Aufgaben des normalen Lebens. Die Spannung vorher war die Spannung einer vorrevolutionären Situation gewesen; als das Land schließlich (und nicht nur durch die Résistance-Bewegung) „frei" war, schien das Ziel erreicht; aber die Befreitheit eines völlig entkräfteten, sozial nicht grundsätzlich veränderten Landes ist, gemessen an den investierten Beträgen von Anstrengungen, Opfermut und Blut, nicht gerade ein ermutigendes Ergebnis. Die täglichen Aufgaben, besonders in einem hungrigen Lande, treiben jeden seinem Brote nach: der marché noir löst die existence obscure des Maquis ab. Kurz: der Zerfall der Solidarisierung ist im Gange oder schon weit vorgeschritten – also wiederum ein Motiv für Vereinzelung, wiederum eine Chance für eine Philosophie der Vereinzelung. Gerade jene Kreise aber, denen früher jede Solidarisierung unvertraut gewesen war und bei denen nunmehr eine Fortführung der Solidarisierung im Widerspruch stände mit den eigenen oder den Gruppeninteressen, fallen zurück. Das gilt zum großen Teil natürlich von den Intellektuellen. Freilich hat man nicht den Mut vor sich oder den anderen, aus dem blutigen Ernst, den Terror und Maquis dargestellt hatten, in übliche vorgestrige Escapismen zurückzufallen; einfach in die Kunst oder in die Literatur oder in den Vorkriegsbetrieb. Sich einer Religion anzuschließen, ist den meisten Intellektuellen Frankreichs natürlich nicht mehr gegeben. So hatten sie ein Escapismus-Feld zu finden, das angeblich ernster ist als Leben und Welt; sie finden es im „furchtbaren Ernst der eigenen Existenz"; im Existenzialismus, der eine *Flucht aus den ernsten Aufgaben der Zeit in den Ernst als Aufgabe* darstellt.

Geburtskonstellation

Nicht in dieser Zeit entstand die Existenzphilosophie. Sie ist ein Produkt der deutschen Nachkriegsperiode: der Zeit der Verzweiflung des Bürgertums, besonders des Mittelstandes, der Zeit des Vis-à-vis-de-rien-Stehens, der Zeit der aus dem Kriege Heimkehrenden, die sozial nirgendwohin zurückfinden konnten, aber „da zu sein“[1] entschlossen waren, ihr Leben nicht versäumen und endlich „sie selbst“[2] sein wollten. Es war gleichzeitig, kulturell, die Zeit des bürgerlichen Nihilismus: die Ethik der bürgerlichen Philosophie war zweifelhaft geworden, da sie keine sanktionierende Instanz mehr kannte („Gott ist tot“ – Nietzsche [3]), und da ihre Autonomie- und Würdevokabeln mit der Wirklichkeit des ohnmächtigen Menschen nichts mehr zu tun zu haben schienen. Schon vorher hatte der Historismus die letzten Spuren der „Absolutheit der Werte“ fortgewischt. Das *Leben* als solches war das einzig Zweifellose und wurde nun in der sogenannten „Lebensphilosophie“ heiliggesprochen; das heißt: es war nicht mehr „für etwas“ da; war also „zu nichts“ da; in der Jugendbewegung hatte sich dieses Nichts-als-leben-Wollen, dieses Für-nichts-Bestimmtes-Leben in programmatischen Enthusiasmus verwandelt; in der Lehre vom „Geist“ als Widersacher der „Seele“ wurde der ratio, die als Überbau vom Marxismus bereits vorher beargwöhnt worden war, abgeschworen. Heilslehren schossen auf wie Pilze. Einige wenige, in limitiertesten Gebieten Gewißheit verbürgende Doktrinen lockten die verzweifelte Jugend: so trotz ihrer Nüchternheit die Phänomenologie Husserls. Alle diese Elemente gehören zur Geburtskonstellation von „Sein und Zeit“: Heidegger war Heimkehrer, nicht zurückfindender kleinbürgerlicher Heimkehrer, stand vis-à-vis de rien, nachdem er während des Krieges vis-à-vis de la mort gestanden hatte. *Da sein* wollte er und endlich *er selbst* sein – die beiden Worte wurden in der Tat seine Hauptvokabeln –, und er erhoffte festen Halt in der Phänomenologie Husserls, der ihn jahrelang förderte[4]; schließlich entwirft er die „Heilslehre“, die neben derjenigen Hitlers und noch nach dessen Sturz Europa erobert hat. „La deuxième invasion allemande“ nennt sie eine französische Zeitschrift. – Was *nicht* in seine Philosophie einging, war die Tatsache der Industrialisierung, der Demokratie, der Weite der heutigen Welt, der Arbeiterbewegung

– denn Heidegger ist provinzieller Mittelständler. Was dagegen zusätzlich dem Ganzen seine eigentümliche Düsterkeit und Feierlichkeit verleiht, ist Heideggers Herkunft aus der katholischen Theologie, die seiner atheistischen Lehre die Farbe einer Religion mitteilt. – Dies die Geburtskonstellation: *die Bewegung wurde geboren im Schatten des ersten Nachkrieges; um europäisches Ereignis zu werden in den Trümmerstätten des zweiten.*

Negativer Wegweiser

Was Existenzphilosophie ist, in wenigen Worten mitteilen zu wollen; zu referieren, was das unsäglich komplizierte, 1927 veröffentlichte Hauptwerk Heideggers „Sein und Zeit" darstellt, ist aus vielen Gründen ein beinahe unmögliches Unternehmen. Einmal, weil für Heidegger die Philosophie kein Lehrgebäude darstellt, sondern eine Aktion: die Aktion der Selbstaufklärung des Daseins; weil Heideggers Gegenstand nicht der klassische Gegenstand der Philosophie: der Kosmos ist, den er in klassischer Systemform darstellte, sondern das „Dasein" des Menschen selbst; weil er dieses „Dasein" in gar keiner Weise „weltlich" beschreibt, also nicht mit Ding- oder Gegenstands-Kategorien: denn nach ihm hat gerade die universelle Verwendung solcher Ding-Kategorien die Erfassung des nicht-dinglichen Daseins verhindert; weil er für die Erfassung dieses Feldes „Dasein" (bereits ein dinglicher Ausdruck!) ein völlig eigentümliches, ja eigenmächtiges Vokabular erfunden hat, das hier nicht vorausgesetzt, aber auch nicht völlig vermieden werden kann, da eben das alltägliche, auch das Bildungs- und Wissenschafts-Vokabular, dasjenige „verdeckt", was Heidegger aufzeigen will; weil Heideggers philosophisches Unternehmen selbst vieldeutig ist: Ontologie einerseits, also Untersuchung dessen, was „Sein", besonders das „Dasein" bedeutet; andererseits unmerklich in etwas völlig anderes hinüberwechselt, in etwas, was eher eine *Anweisung für eine Askese-Technik* als eine Philosophie darstellt; weil die historischen Voraussetzungen, und zwar sowohl die von ihm zitierten, wie die ihm selbst nicht bewußten, von Anaximander bis Spengler, zu diesem Zwecke immer neu vor Augen geführt werden müßten; weil das von ihm verarbeitete Erbe gerade aus solchen Motiven besteht, die dem im Sinne des neunzehnten und zwanzigsten Jahrhunderts „Gebildeten" fremd sind: nämlich aus religiösen Motiven. Schließlich ist der Zugang deshalb so ungeheuer schwer, weil Heidegger den Begriff des unverbindlichen Bildungsgutes, das zu verstehen wir gewohnt sind, als unexistenziell, also unverbindlich abweist; also sein Unternehmen als solches gar nicht verstanden wissen will – so wenig ein Prediger als Rhetor bewundert zu werden wünscht, sondern eine völlig andere Art von Bereitschaft erfordern zu dürfen glaubt.

Was wir in dem nachstehenden Referat geben können, ist daher alles andere als ein Stadtplan mit allen Details des Geländes der Existenzphilosophie, höchstens ein Wegweiser. Und sogar nur ein *negativer Wegweiser*: denn wir wollen nur zeigen, in welcher Richtung die Existenzphilosophie liegt, um den Zeitgenossen zu verhindern, in sie hineinzugeraten.

„Sein und Zeit" setzt in einer Zeit epigonaler Metaphysik ein mit der, wie Heidegger behauptet, seit der Antike total verschütteten Frage, was *„Sein"*, im Unterschiede zum *„Seienden"*, bedeute. Das heißt: er beginnt mit dem stolzen Pathos, die verlorengegangene Fundamentalfrage der frühen Philosophie, die ontologische, ohne deren Erledigung die ganze Rede von der Renaissance der Metaphysik Geschwätz sei, wieder ausgegraben zu haben und neu in Gang zu bringen, sie zu „wiederholen".

Sein und Seiendes? wird man hier fragen. Ist diese Unterscheidung nicht Haarspalterei?

„*Daß* wir hier stehn und sitzen, wer kann's beklommen fassen?" fragt der junge Werfel[5]. Dieses *„daß"* zeigt mit dem Finger auf das *Sein*. Nicht auf Seiendes. Es setzt voraus, daß Nicht-Sein möglich wäre. Aber was bedeutet dieses Sein? Hat es „Bedeutung"? Haben nicht nur seiende *Wesen* Bedeutung? Es hat, antwortet Heidegger; wenn auch nichts dunkler ist, als was es bedeutet. Besagt es nicht völlig Verschiedenes in den Sätzen: „Da ist ein Stuhl", und „ich bin"? Was heißt „*bin*"? Ein *ist*? Bedeutet es wirklich nur, das Ich sei vorhanden, so wie der Stuhl vorhanden ist? Etwas völlig anderes, antwortet Heidegger. Seine Philosophie unternimmt es, das „bin" aufzuklären. Das „*bin*" – also die Existenz. Daher der Name Existenzphilosophie. –

Wie läßt sich aber dem „*bin*", dem „Dasein"[6] beikommen? Was läßt sich über es aussagen? Was macht ein Seiendes zu einem „Da-seienden"? Eigenschaften wie Farbe oder Gewicht oder dergleichen? Charaktere völlig anderer Natur, „*Seinsweisen*" genannt. Z. B. die Tatsache, daß Dasein „*jemeiniges*" ist, also gewissermaßen nicht einfach herrenlos herumliegt, sondern sich selbst gehört; ferner, daß es ihm „um es selbst geht", also daß es leben will; ferner daß es *Da*-sein ist, d. h. nicht einfach in seiner blinden Vorhandenheit herumliegt, sondern für sich selbst da ist, sich selbst in Sicht ist, oder in Heideggers, an das „Lumen naturale" anklingenden Worten, „seine eigene Lichtung" und die der Welt ist. Aber der Ausdruck „in Sicht" fälscht bereits: denn „da" ist sich das Dasein nicht, indem es desinteressiert auf sich hinblickt, wie man etwa auf Daten der Naturwissenschaft hinblickt, sondern indem es sich versteht. Was heißt „Verstehen"? Eine Sache verstehen heißt: sie beherrschen. Man versteht sich auf etwas: man kann sie. Man kann umgehen mit etwas, mit Welt und Menschen. „Umgehen" heißt aber: die Dinge um sich nicht nur anblicken, sondern sie „besorgen"; und nur in diesem „*Besorgen*" (im Kochen, Bauen etc.) kommt das Verstehen in Gang, das Verstehen, dessen rein theoretische Ausformung ein bloßer Restbestand ist. Dasein ist daher[7] – das ist die Heideggersche Hauptkategorie (oder wie er es nennt „Existenzial") – „*Sorge*". Was man aber „besorgend" versteht, sind nicht starre Daten, die angeblichen Gegenstände der sensualistischen Erkenntnistheorie, sondern die „Bewandtnisse" der Dinge, sozusagen was es mit ihnen auf sich hat. Als besorgendes ist aber, nach Heidegger, das Dasein nicht (wie die Erkenntnis der konventionellen Erkenntnistheorie), an *einem* Ufer eingepflanzt, und die Welt im *anderen* – Dasein ist viel mehr von vorne herein „*In-der-Welt-sein*" – eine These, die ungeheuren Eindruck gemacht hat, weil sie angeblich das nicht-endende komplizierte Diskussionsthema der Erkenntnistheorie: wie kommt man von dem einen zum anderen Ufer? als gegenstandslos entlarvt hat.

„In-der-Welt-sein", „Sorge", „Verstehen" – alle diese sogenannten „Existenzialien" besagen, daß Dasein nicht einfach ein starres Vorhandensein sei, sondern ein „*Können*". Aber wenn es ein „Können" ist, dann ist es sich selbst „vorweg": denn Können heißt ja stets: in der Möglichkeit einer Sache sein, die noch nicht da ist. Es ist sich vorweg: also ist Dasein *Zeit.* Also ist die Zukunft der fundamentale Zeitmodus. Und nun verstehen wir auch den Titel des Buches: „*Sein und Zeit*".

Philosophien sind keine Einbahnstraßen. Eher Strahlenbündel. Es ist nötig, noch einmal zu einem bereits verlassenen Punkt zurückzugehen; und von dort in eine andere Richtung vorzustoßen.

„Dasein", hatten wir gesagt, liegt nicht einfach herrenlos am Wege: es ist „je-meiniges". Wirklich *meines*? Ja und nein. Wie bin ich zu meinem Dasein gekommen? Durch mich gewiß nicht. Bin ich nicht gewissermaßen von außen, ohne ein Eintrittsbillet zum eigenen Dasein erstanden zu haben, hineingestoßen worden? „*Geworfen-sein*"[8] nennt Heidegger diese Tatsache der „Faktizität" des Daseins, die Tatsache, *daß* ich bin ... eine Seinsart, die mit dem „Dasein" selbst offensichtlich nicht identisch ist. Und die Wurfkraft dieser Geworfenheit: „*Daß* ich bin" bleibt gewissermaßen als Fluch im Dasein hängen. Als Fluch: denn *daß* ich bin, und daß ich *ich* bin (ausgerechnet ich), ist, gemessen an der eigenen Freiheit, zufällig; unerträglich zufällig. Es ist gewissermaßen der Krankheitskeim des Nicht-ich-seins, der in mir stecken bleibt; und der seine Folgen hat. Denn obwohl Dasein sich von Vorhandenem dadurch unterscheidet, daß es „je-meiniges" ist, ist doch das Dasein nicht sofort ein „Selbst": es steckt bis zu den Schultern in dem, was „*man*" sagt, tut, nicht tut, in der „Durchschnittlichkeit", im „Geschwätz": in diesem Zustand ist das Dasein kein „Ich", keine Person, kein Individuum oder dergl. Oder, wie Heidegger es ausdrückt: das „Wer" des Daseins ist das *„man"*. Daher das Bemühen Heideggers, erst einmal das Dasein nicht personhaft zu formulieren: denn als „man" ist eben die Personalität des Daseins höchst vag und vieldeutig. – Oder, wie Heidegger, in Anlehnung an den „Sündenfall" es ausdrückt: das Dasein ist, sofern es „man-haft" ist, *„verfallen"* an die Welt. –

Bis hierher scheint Heideggers Philosophie aus einem Guß. Sie ist Bericht des Forschungsreisenden über das, wie er glaubt, übersehene Land „Dasein". Nun aber hebt etwas Neues an:

Das „Dasein" bekommt Angst. Und zwar Angst davor, nicht es selbst zu sein. Nicht es selbst, da es „geworfen" ist; nicht es selbst, da es nur Schaum ist auf den Wellen des „man". Es ängstet sich – nämlich um sein Selbstsein, das es versäumen würde, wenn es in der Durchschnittlichkeit des „man" verbliebe. An sich scheint diese Angst gar keinen individuellen Angstgegenstand zu haben: aber gerade das ängstet.[9] Das „Nichts". Nein, nicht eigentlich „das" Nichts, sondern das Unvertrautwerden der vertrauten Welt: denn eigentümlich „anders", „unheimlich" wird die in der Alltäglichkeit so bekannte Welt in der Angst. Also nicht das Nichts ängstet, sondern das Nichtigwerden der Welt, ihre „Nichtung".[10] Das klingt wie eine bloß psychologische oder psychopathologische Beschreibung. Was hat sie mit Philosophie zu tun? „Bloß psychologisch?" würde Heidegger zurückfragen. Wo steht, daß das Psychologische *nur* psychologisch ist? Geschieht nicht dem Dasein etwas Eigenartiges in der Angst, etwas, was zum Verständnis des Daseins nicht einfach ausgelassen werden kann? Wo steht, daß die Teilung der Wissenschaften, die diesen Gegenstand der Psychologie, jenen der Philosophie zuweist, philosophisch legitim ist? Kurz: Heidegger hat eine *Philosophie* der Stimmungen. „Stimmung" ist nämlich für ihn eine kognitiv fundamentale

Erscheinung. Sie *macht* sehen. Sie ist das Mittel, durch das das Dasein spürt, wie es ihm selbst zumute ist. Aber es ist nicht nur Erkenntnismittel (oder besser: „Verstehensmittel") – es ist zugleich der Gegenstand des Verstehens: durch die Angst, die Langeweile, versteht das Dasein seine eigene Gestimmtheit. Die Stimmung ist also gewissermaßen das, was Schelling als den Identitätspunkt, in dem Subjekt und Objekt sich decken, bezeichnet hat: das Auge, das sich selbst sieht. Diese Feststellungen, die der sinnlichen Wahrnehmung ihre Jahrhunderte alte Vorrangstellung zu nehmen versuchen, begründen in der Tat bei Heidegger ein weiteres „Existenzial": Dasein ist *„gestimmt"*, d. h. es liegt nicht einfach taub oder nur einfach als „da" festgestellt herum, es hat jeweils eine „Tonart"[11], und diese Tonart ist zugleich Spüren und Gespürtes.

Jede Stimmung läßt also etwas sehen, jede „sagt" etwas. Was sagt die Angst? Sie sagt: *Die Welt ist fremd; nicht, wie es im Nietzscheschen Gedicht heißt: Die Welt ist tief.*[12] Sie ist fremd, und ich ihr fremd. Ich sollte ihr nicht verfallen sein, spricht sie; denn was wird aus *mir*, wenn ich mit der Zunge der Welt rede, mit der Feder der Welt schreibe? Kurz: die Angst ist eine Mahnung, sie ist eine Vorform des Gewissens, sie ruft. Sie ruft auf, nicht Welt, sondern man selbst zu sein, nicht der Welt „zu eigen" zu sein, sondern *„eigentlich"* zu werden. Warum (im moralischen Sinne) man „eigentlich" sein solle, wird nicht noch einmal begründet. „Man ‚soll' es auch gar nicht im Sinne eines moralischen Postulats", würde Heidegger behaupten. „Das Dasein wird eben dazu aufgerufen." Was diese sonderbare, zwischen Beschreibung und Postulat schillernde Darstellung auch immer bedeuten mag – und sie bedeutet wohl bereits Nihilismus –, der Ruf kann akzeptiert oder überhört werden. Und sofern er akzeptiert wird, beginnt die *Verwandlung des uneigentlichen Daseins ins eigentliche.* Die Beschreibung des unbekannten Landes „Dasein" ist abgeschlossen; was anhebt, ist die Formulierung einer *Askesetechnik*, einer Technik der Ablösung von der Welt zum Zwecke des Selbst-werdens.

Die ausführliche, noch immer als Ontologie verbrämte, Askesetechnik kann hier nicht in extenso nachvollzogen werden. Es ist ein Weg der Rechtfertigung und *Erlösung*, aber der Erlösung ohne Gott, in der Erlöser und Erlöste identisch sind: beide sind „Dasein", denn Heidegger hat keinen Gott neben ihm. Es ist ein furchtbarer Weg ins Nichts: denn das was den „Eigentlichen" ganz eigentlich und ganz vereinzelt macht, ist das schlechthin Unvertretbare: der Tod, oder richtiger: das Sterben. Das Sterben wird der Leitstern des Lebens, und das Dasein ein „Sein *zum Tode*". Die Welt, an die es verfallen war, ist nun von ihm abgefallen, er ist allein mit den leeren Möglichkeiten seiner selbst und marschiert kühn dem Tode entgegen („Entschlossenheit", „Vorlauf zum Tode"), der gewissermaßen als ständig gegenwärtiger das Leben zu einem lebenslänglichen Sterben macht. Wozu das Dasein entschlossen ist? Zu keiner bestimmten Aufgabe. Zu keiner Funktion. Die wäre ja von der Welt bestimmt. Aber auch nicht zum Selbstmord. Also zu nichts? Einzig und allein zu sich selbst, das heißt, zu dem Geworfenen, das es nun einmal ist, ohne sich selbst gemacht zu haben; zu den „eigensten Möglichkeiten", die es nun aber übernimmt und „wählt", als seien sie doch sein eigenes Produkt. In diesem inhaltslosen, gesellschaftslosen, lebenslänglichen Akte von amor fati besteht nun das Dasein und ist „eigentlich".

Mit der Beschreibung dieser düsteren nihilistischen Trotztechnik schließen wir den Bericht. Obwohl noch wesentliche weitere Gedankengänge folgen. Aber er hat uns zu jenem Punkte geführt, wo die Identität von Existenzphilosophie und Nihilismus in die Augen springt; und da es unsere Aufgabe ist, zu zeigen, daß, was als Neubeginn positiver Metaphysik sich anpreist, die letzte, verbrämte Ausformung jenes Nihilismus ist, der, offen oder versteckt, in allem, und nicht nur in den philosophischen Manifestationen der letzten hundertfünfzig Jahre gesteckt hatte, steigen wir an dieser Stelle an festeres Ufer.

Noch einmal ein kurzer Rückblick

Jede Philosophie wirkt in sich vollständig. Auch wo sie keine architektonischen Systemwände aufrichtet, scheint sie die Assoziationen an anderes, in ihr nicht Vorkommendes, abzudecken. Darum schließen wir für einen Augenblick die Augen und fragen uns: „Was kommt *nicht* vor?“ und blicken noch einmal zurück.

„Das Dasein“ hat keine Eltern, denn es ist „geworfen“; es zerfällt nicht in Geschlechter; es zeugt nicht weiter; es hat keinen Leib. Weder ist es beherrscht noch herrscht es; es ist unpolitisch; es kennt keine Rechte, keine Pflichten; weder Kultur noch Natur; es freut sich nicht; es liebt niemanden und nichts; mit keiner Gruppe solidarisiert es sich; es hat keinen Freund, kurz: es ist ein hoffnungslos amputiertes Dasein, das die wirklichen Fragen, d. h. die wirklichen Schwierigkeiten unseres Daseins schon deshalb nicht beantworten kann, weil es sie gar nicht fragt.

Der Homunkulus-Komplex

Beginnen wir mit dem Ausdruck „Geworfensein“, also mit dem Skandal, daß wir uns einfach als „da“ vorfinden. Es ist ein wirklicher Ausgangspunkt: er repräsentiert keine Theorie oder These, sondern einen Schreck: daß wir da sind.

> „I thought not to be born; nor love the state
> To which that birth has brought me.“
> (Byron, Cain)[13]

Dieser Schreck jagt seine Wirkungen bis in die äußersten Nervenenden des Systems. Denn die ganze Heilstechnik des Eigentlichwerdens ist ja nichts anderes als eine Heiltechnik, um des Schrecks Herr zu werden. Welche, Heidegger selbst unsichtbaren, Hintergründe verbirgt dieser Schreck?

Erst einmal steht im Hintergrunde, antijüdisch, antichristlich: Wir sind nicht geschaffen. Aber das ist uns nicht so neu. Die letzten Generationen sind aufgewachsen in dem vagen

Bewußtsein, nicht geschaffen, sondern „geworden" zu sein (Deszendenztheorie). Aber von „Gewordenheit" findet sich in der „Geworfenheit" nichts. „Geworfen" ist man von nirgendwoher. Aus dem Nichts. Mit dem Nihilismus des Ursprungs beginnt also der Heideggersche Nihilismus. Aus dem Nichts? Das klingt vertraut. Ex nihilo schuf Gott die Welt. Das Geworfensein bezeichnet also einen negativen Schöpfungsmythos. Einen negativen, aber noch einen antinaturalistischen. Denn im Unterschiede zu uns, Erben des neunzehnten Jahrhunderts, die wir schon in säkularisierten Meinungen und Theorien aufgewachsen sind, ist Heidegger, der noch aus dem Katholizismus kommt, echter Häretiker: er holt die Säkularisierung mit religiösen Termini noch einmal nach. Er verneint noch, gegen was das neunzehnte Jahrhundert schon indifferent gewesen war.

Aber das ist bei weitem nicht alles, was der Begriff der „Geworfenheit" heimlich verneint. Geworfen sind wir? Also sind wir *nicht geboren.* Wir haben keinen Vater und keine Mutter. Wir sind ahnungslos und anonym. Also gehören wir nicht in diese Welt. Die Welt ist „entfremdet", nicht mehr unsere. Von wem spricht Heidegger? Von wem spricht er, ohne es zu wissen? Vom *stammbaumlosen* bürgerlichen Individuum, das im Unterschiede zu denen, die einen Namen haben, die „gemachte" Leute sind, nun in diese Welt unbestellt, unangemeldet, ungemacht hineingestoßen wird. Und nun namenlos (als „man") da ist. Kein Adliger wird behaupten, er sei in die Welt „geworfen": er weiß, woher er kommt, nämlich aus gutem Hause; er hat die Vergangenheit nicht abgeschnitten; sie bestimmt ihn; er ist stolz auf sie.

Aber warum ist diese Geworfenheit ein Skandal? Warum muß sie revidiert oder entkräftet werden?

Ein Skandal ist die Tatsache des einfach Daseins für das bürgerliche Individuum, weil sein Freiheitsdurst (mindestens in jenen Ländern, in denen die politische Freiheit des Bürgertums gelähmt blieb) schon zu Beginn des neunzehnten Jahrhunderts Extremformen angenommen hatte. „Der Eigendünkel des Menschen", schrieb Schelling, „sträubt sich gegen ... Ursprung aus dem Grunde."[14] Im Unterschiede zum „gemachten Mann", der „gemacht" geboren wird, hat sich der Bürger *selbst zu machen*: nicht zufällig nennt er sich selbst einen „*Selfmademan*" – ein Ausdruck, der gewissermaßen eine soziale Variante des Homunkulus bezeichnet. „Selbst ist der Mann", spricht er, und seine Freiheit verbietet ihm, etwas zu sein, was er nicht selbst gemacht hat. Und das Heideggersche „Die Existenz ist ein Selbst" ist das Echo der Devise des autonomen Selfmademan.

Dieser Begriff des „Machens" – woher kommt er? Aus der französischen Revolution; die dasjenige, was zuvor durch Autorität bestanden hatte, durch eine *gemachte* oder „gesetzte" Gesellschaft ersetzen wollte (contrat, gesetzgebende Versammlung)[15]; und die jedem Menschen sein Recht gab, er selbst zu sein, sich zu gehören, ganz gleich woher er kam: also die *Herkunft* und die Geburt (als Quelle von Vorrechten) ausstrich.

Diese revolutionäre Bewegung hatte nun aber in der Philosophie ihr Echo. Am lautesten hören wir es aus der Wissenschaftslehre Fichtes. Das notorische „Das Ich setzt sich selbst" ist als metaphysische Aussage völlig unbegreiflich. Nicht dagegen gesellschaftlich. „Mochte doch ihm", schreibt Fichtes Sohn über seinen Vater, „oft der Unterschied sich aufgedrängt haben, dessen bevorrechtete Geburt ohne Verdienst sich erfreut."[16] Freilich ist Fichtes Ausdruck „Setzen" sehr vieldeutig: er ist der traditionellen Logik entnommen; aber er vermittelt eben durchaus nicht nur die Assoziation „Satz", sondern zugleich die von „Gesetzgebung" und „Einsetzung"; ja schließlich sogar die Assoziation des Schöpfungsaktes. D. h.: Fichtes bürgerliches Ich benimmt sich, als wäre es nicht dagewesen oder noch nicht als es selbst dagewesen, bevor es sich nicht selbst einsetzte – so wie Heideggers Dasein kein „es selbst" ist, bevor es sich nicht selbst in die Hand genommen und in den Stand seiner „Eigentlichkeit" heraufgezogen hat – nur daß eben Fichte unter dem Ich nicht nur sich selbst, sondern die Gemeinschaft aller freien Iche, d. h. die Gesellschaft versteht, die sich macht oder setzt, indem sie sich ihre eigene Verfassung gibt. Die idealistische Philosophie ist daher ihrem eigentlichen Motiv nach nicht subjektivistisch, etwa wie der englische Sensualismus, sondern, wenn man so sagen darf, „subjektisch". Die Konstituierung des Ichs und der Welt durch das Ich meint alles andere als etwa ihre Auflösung in Empfindungsdata: sie ist vielmehr spekulative Umschreibung der Einsetzung der bürgerlichen Gesellschaft als *seiner*, von ihm selbst regierten und besessenen Welt; zugleich eine Umschreibung der Herstellung des (nicht geerbten, sondern vom Selfmademan gemachten) Eigentums.[17] Das alles findet, wie gesagt, in der deutschen Philosophie einen spekulativen Ausdruck, da eben in Deutschland die bürgerliche Revolution als politisches Ereignis unwirklich blieb. Als sie sich dort freilich wirtschaftlich doch durchsetzte, nahm die Homunkulus-Idee eine neue Färbung an: die im philosophischen Ansatz des deutschen Idealismus investierten Forderungen brauchten nicht mehr gefordert zu werden, und nur die faktisch unterprivilegierten Gesellschaftsgruppen hatten die Tradition aufrechtzuerhalten. Wenn Marx in seiner Analyse der kapitalistischen Welt den Menschen als seinen eigenen Produzenten und als sein eigenes Produkt bezeichnet, klingt, gerade weil er die Produktion eines anderen Typ Mensch durch den Menschen fordert, das Homunkulus-Postulat der bürgerlichen Freiheits-Philosophie noch durch.[18] Komisch dagegen wird die Homunkulus-Idee, wo sie bereits innerhalb der bürgerlichen Welt vom Kleinbürger formuliert wird: bei Stirner, der sich, mangels massiveren Eigentums, als sein schlechthinniger Alleineigentümer und Schöpfergott geriert.

In der Tat ist Stirners rohes Buch, in dem die Welt als sein Eigentum dargestellt wird, ein Schlüssel, um den geheimen Eigentumsbegriff in der, niveaumäßig Stirner turmhoch überragenden, idealistischen Transzendentalphilosophie aufzuschließen. Das Absurde in Stirners Ansatz aber besteht darin, daß er sich selbst und die Welt gar nicht mehr als *wirkliches* Eigentum postuliert oder „behauptet" (im Sinne von „Verteidigen"), sondern nur „behauptet" im Sinne von „Beteuern". Die Attitude ist die des vom mächtigen Bürgertum bereits überholten und nicht konkurrenzfähigen Kleinbürgers; des Mannes, der, in Heideggers Worten, freilich in sehr viel konkreterem Sinne, in der „Angst um seine eigene Existenz" vor dem „Nichts" steht. Besitzlos wie er ist, bescheidet und tröstet er sich nun mit dem zweideutigen Possessivpronomen „mein" und gibt *sein* Sehen, *sein* Hören, *sein* Fühlen, *seinen* Hunger, kurz: alles als Eigentum aus, während andere in einem wirklicheren Sinne Eigentümer sind. „Wie du in jedem Augenblicke bist, bist du dein Geschöpf." Den „stolzen Eigentümer seines Nicht-Eigentums" nannte ihn Marx daher mit Recht. „Wenn er Hungers stürbe, stürbe er nicht durch Mangel an Lebensmitteln, sondern durch sein Eigentum: das Verhungernkönnen" – ein Wort, das nun auf Heidegger, dessen Dasein Inhaber seiner Selbst, ja Stockholder seines eigenen Todes ist, mit gleicher Schärfe zutrifft.

Lob der Desolidarisierung

In ähnlicher, nur unvergleichlich düstererer Lage entsteht nun der Heideggersche Nihilismus: in der Situation des vollkommenen Verfalls des deutschen Kleinbürgertums nach dem ersten Weltkriege. Der „kleine Mann" kommt aus dem Nichts. Aber nun nicht mehr, um stolz in seine selbstgesetzten Rechte und die von ihm selbst gemachte und verwaltete und ihm gehörige Gesellschaft hineinspringen zu können. Kleiner Mann, was nun? Aus dem Nichts angekommen, findet er sich in etwas Nichtigem: in dem anonymen, mit Meinungen, Geschwätz, Unfreiheit und unrealisierbaren Maximen erfüllten Brei des „man"; und will heraus. Woher freilich die als „man" bezeichnete Masse kommt; welche Produktionsweisen die Masse mitproduziert haben; welche Eigentumsverhältnisse es mit verursacht haben, daß das „man", beliefert mit warenartigen Prinzipien, Meinungen und Gefühlen, seiner eigenen Möglichkeiten „enteignet" ist

– das alles fragt Heidegger nicht. Denn für ihn ist das „man" kein Ergebnis eines geschichtlichen Verlaufs, sondern ein apriorisches „Wer des Daseins"; es ist also nicht durch etwas verschuldet, höchstens selbst eine Schuld. Ja, wirklich *die* Schuld. Er will heraus. Wie er sagt: heraus aus der Schuld. Sich befreien. Wovon befreien? Von den Mächten, die die Uneigentlichkeit des „man" hergestellt hatten? Nein. Wie der Gefangene in „Tausend und eine Nacht" befreit er sich nicht von den Kerkermeistern, sondern von den Mitgefangenen. Denn die Anonymität derer, die das anonyme „man", gewiß unversehens, mitverschuldet haben, sieht er nicht; oder er sieht ihnen nicht in die Augen.

Aber wohin befreit sich das Dasein aus dem „man"? Ist das eine wirkliche Befreiungsaktion? Wohin bricht es aus? Zu sich selbst, dem Einzelnen.[19] Er befreit sich, indem er in das Gefängnis seiner eigenen Existenz hineinrennt („vorläuft", wie er es nennt), die Tür zuschlägt, ankündigt: „Nun nichts als meine eigensten Möglichkeiten!" und sich schließlich für diesen Akt öffentlich anstellen läßt. Welch ein revolutionärer Akt! Mit keiner Gruppe ist er durch seine Rechtsanmeldung irgendwie in Konflikt geraten.

Das ist also aus den großen Idealen der Freiheit und der Autonomie am Vorabend der Zerstörung der bürgerlichen Freiheiten durch Hitler geworden. Was früher handelndes Subjekt gewesen war, verzichtet nun auf Aktion, auf die Welt, in der es agieren könnte, auf Rechte in der Welt, auf Gleichheit der Rechte der Personen; wirft seine ganze Energie leidenschaftlich auf die Innerlichkeit und verwandelt seine Kraft in eine Kraft, sich selbst zu taufen oder zu rechtfertigen. Die Außerweltlichkeit dieses Aktes ist nichts anderes als die Tatsache, daß er nirgends an die realen Mächte der Welt „anstößt".

Da diese Ersatzaktion mit unsäglichem Aufwand an Beharrlichkeit und Unerbittlichkeit durchgeführt wird; und da im Verlaufe der Aktion eine Fülle unleugbar profunder Daseinbeschreibungen mitproduziert werden, vermittelt die Aktion die Stimmung von etwas schlechthin Verbindlichem und den Eindruck von voller Existenz – obwohl diese mit nichts und niemandem „verbunden“ ist, und obwohl Angst und Gewissen ausschließlich dazu aufrufen, Verbindungen abzuschneiden. Dieses inhumane Trotzritual als moralischen Nihilismus darzustellen, hat Heidegger niemals den Mut gehabt. Die extreme Verzweiflungsfrage des Nihilismus, an die nicht nur Nietzsche, sondern auch die russischen Nihilisten nahe herangekommen waren: „*Warum soll man sollen?*“ kommt bei ihm niemals vor. Das Ekrasit präsentiert sich als dickwandiges Gebäude; aber da es sich in einer Pseudoform präsentiert, ist seine Neutralisierung, in der heutigen inhumanen Situation Europas, um so notwendiger.

Versäumnispanik

Was steht außerdem, was steht psychologisch, hinter der Trotztechnik? – Eine große Rolle in Heideggers Untersuchungen spielt die sehr sonderbare Frage nach der sogenannten „*Gänze*“ das Daseins; die Frage: wann und wie das, sich um sich selbst so ängstende Dasein sich *ganz* habe ... da es doch als zeitliches immer nur auf dem Wege sei; und sich auf keiner Wegstelle in flagranti seines Ganz-daseins ertappen könne. Darum spielt der Tod die entscheidende Rolle für das Eigentlichwerden: Denn erst mit dem Tode ist ja das Dasein gewissermaßen „ganz“. Also muß der „ganzmachende“ Tod ins Leben hineingenommen werden, einverleibt werden – Stirnerisch ausgedrückt – „angeeignet“ werden, damit das Leben „sich haben“, sich in seiner Gänze haben könne. Was also psychologisch hinter dem Trotzritual steht, ist *Versäumnispanik;* die Versäumnispanik dessen, dessen Leben keine andere Aufgabe kennt als dieses Leben selbst. Ob er nicht effektiv sein Leben mit dessen programmatischer Aneignung versäumt, ist eine andere Frage.

Geschichtliche Analogie

„Gott ist tot" für Heidegger. Er ist bewußter, fast programmatischer Atheist. Aber er erlöst sich. Vom Geworfen-sein und vom „man". Diese sonderbare Kombination von Unglaube und Ritual hat es vorher in der Geschichte der Menschheit nur ein einziges Mal gegeben: im Buddhismus. Denn dieser, angefüllt mit der ganzen Fülle der Skepsis des siebenten vorchristlichen Jahrhunderts Indiens, bildete schroff atheistisch eine Technik der Weltablösung aus – wie die Existenzphilosophie. Tat dies vornehmlich für die Intellektuellen – wie die Existenzphilosophie. Tat dies nur für das Heil des Einzelnen, also ohne caritas – wie die Existenzphilosophie. Übte trotz Skepsis und Nihilismus religionsartige Attraktionskraft aus – wie die Existenzphilosophie. In gewissem Sinne ist also die Existenzphilosophie ein Buddhismus des XX. Jahrhunderts.

Ende der Moral

Nicht man selbst zu sein, ist, nach Heidegger, die Schuld des Daseins. Mit diesem Schuldbegriff liefert Heidegger wirklich ein Novum; aber eben ein Novum nur in dem Sinne, daß er der verschämten Praxis der Epoche, die er abschließt, nachträglich die absolvierende theoretische Formel schenkt: durch Heiligung der Selbstsucht. Kaum eine der im Laufe des vorigen Jahrhunderts publizierten professoralen Ethiken war mit dem Stande des Wirtschafts-Individualismus synchronisiert gewesen; vielmehr hatten die Ethiken zumeist die Funktion gehabt, die Realität zu verdecken; irgendwie liefen alle stets auf einen vagen Altruismus hinaus.

In der Tat besteht, seit der Begriff der Schuld existiert, Schuld gerade im *Selbstsein*: nämlich im Herausfallen aus einem Ganzen, in der sogenannten „Individuation". Ob es sich um Anaximanders Einzelwesen handelt, die für ihren Fall aus dem Ganzen „Strafe zu zahlen" haben, ob um die moralische Ablehnung der „Introverts" im heutigen Amerika – immer liegt Schuld darin, daß das Individuum Ausnahme-*Fall*, ein Fall aus der Gruppe ist: individuatio sive negatio. Historisch gesehen, ist durch Heideggers Lehre von Schuld und Gewissen etwas Erstmaliges geschehen: während bisher das individuelle Gewissen nur das Vehikel gewesen war, um das mehr-als-individuelle „Gut“ oder „Böse“ sich vorsagen zu lassen, ist nunmehr das individuelle Selbst die Forderung des Gewissens. Man wird einwenden, Heideggers Gewissen rufe das Selbst ja aus gar keiner wirklichen und verbindlichen Gemeinschaft heraus, sondern eben nur aus dem „man“, das sich „überall“ und „nirgends“ (oder wie schon Seneca sagte, „nusquam et ubique“[20]) bewege. Das ist ganz richtig. Aber daß Heidegger allein das „man“ als Folie für die Existenz des Menschen sieht; daß er nicht sieht, daß eine dem Menschen angemessene eigentliche Welt zu schaffen auch die Aufgabe des Menschen sein könnte – das ist eben bereits die Schuld Heideggers.

Beliebigkeit des Eigentlichkeitsbegriffes

Heidegger hatte seine Idee der Eigentlichkeit in einem Charakter des uneigentlichen Daseins verankert: Auch das uneigentliche Dasein sei nämlich bereits ein solches, „dem es um sein Sein geht“. Weil dem so sei, argumentiert Heidegger, könne Dasein sich zu einem eigentlichen machen. Im Grunde genommen legt also das existenziale Ritual einen Weg zurück, dessen Richtung durch das uneigentliche Sein als möglich bereits vorgezeichnet war. Was Heidegger mit dieser, wie wir sehen werden, nicht falschen, aber beliebigen Grundlegung philosophisch durchsetzen will, ist deutlich: er wünscht seinem Dasein jene monistische Konsistenz zu verbürgen, die für naturalistische Anthropologien natürlich ist; und den, der Theologie und der religiös verankerten Moralphilosophie selbstverständlichen, Dualismus zu vermeiden. Was einmalig und erstmalig an dem existenzialen Monismus ist, ist wiederum, daß er mit religiösen, das heißt mit Dualismus behafteten, Kategorien arbeitet.

Wenn wir die Fundierung der Eigentlichkeit in dem Charakter „Es geht dem Sein um es selbst“ beliebig nannten, so meinten wir damit, daß es ad libitum möglich wäre, andere Ideen von „eigentlichem“ Dasein gleichermaßen aus dem alltäglichen Dasein zu entwickeln. So könnte man zum Beispiel mit dem gleichen Recht folgendermaßen argumentieren: es gehöre zum durchschnittlichen Dasein, daß es sich nicht mit der Welt, wie sie nun einmal da sei, mit ihrem status quo begnüge, sondern daß es sich seine eigene Welt mit Haus und Küche, Bett und Tisch herstelle, weil es zur Natur des Daseins gehöre, erst dann „zu Hause“ zu sein, wenn es in seinem „selbstgebauten Hause“ lebe. Ebensowenig begnüge sich das alltägliche Leben mit der vagen Tatsache seines „Gesellschaftlich-seins überhaupt“, sondern bewege sich immer schon in einer bestimmten mensch-gemachten Gesellschaft, d. h. in einer durch Sitte und Gesetz artikulierten, weil die künstliche Gesellschaft allein die dem Dasein natürliche sei und in diesem Rahmen allein das Dasein leben könne. Aber das Dasein stoße überall an Ecken und Kanten dieses selbstgemachten Gehäuses; die ursprüngliche Absicht, sich eine Welt nach Maß zu schneidern, habe ihr Gegenteil erreicht: das Dasein werde von seiner eigenen Welt im Sein behindert, entfremdet, vergewaltigt, umgebracht. Das eigentliche Dasein nehme nun das ursprüngliche Motiv: „In der ihm angemessenen Welt zu leben“, wieder auf; das sei nur möglich durch Veränderung der Welt – kurz: „eigentlich“ sei der Mensch nur in der ihm zugehörigen Welt; oder vielleicht in seiner Anstrengung, eine solche wieder herzustellen – und damit wäre die Eigentlichkeit des *politischen* Menschen begründet.

War Ontologie wirklich vergessen?

Schöpfen wir für einen Augenblick Atem. Haben wir nicht wesentliche Stücke von Heideggers Philosophie ausgelassen? Haben wir überhaupt den Anspruch Heideggers berührt, die von dem Geröll der Jahrhunderte verdeckte Ontologie wieder freigelegt zu haben? Haben wir seinen Weltbegriff untersucht? Seine Lehre von der „Sorge“? Greifen wir also noch einmal zurück. Denn mit der Behauptung, seit der Antike sei die ontologische Frage nach dem Sinn vom *Sein*, im Unterschiede zum *Seienden*, verschüttet gewesen, und mit dem reformatorischen Anspruch, diese Kapitalfrage als erster wieder in Gang zu bringen, setzt sein Buch ein.

War die Seinsfrage verschüttet? Gewiß nicht. Nur ihre Formulierung in dem, von Heidegger wieder aufgenommenen, antiken Stile. Was in der großen Philosophie der bürgerlichen Freiheitsbewegungen, besonders bei Kant, vorliegt, ist, nur in anderen Worten, die Unterscheidung zwischen „Dasein“ und „Seiendem“. Wenn Kant nach dem „Ding an sich“ fragt, so fragt er nach demjenigen Dinge, das unbedingt, also nicht dinghaft sei; wenn man will: dasjenige Sein sei, für das Dinge überhaupt erst Dinge sind. Und die Antwort auf diese Frage hieß theoretisch: Subjekt; praktisch: Freiheit. In der Tat ist Freiheit bei Kant diejenige Art von Sein, die nicht natural, nicht ontisch, also ontologisch ist; und auf die Kantische Unterscheidung von „Natur“ und „Freiheit“ läuft die Heideggers von „ontisch“ und „ontologisch“ heraus. Nur mit dem Unterschiede, daß Kant sehr genau wußte, daß der Mensch nicht nur Freiheit ist, sondern auch Natur. („Bürger zweier Welten ...“) Was Heidegger verdunkelt. Und mit dem Unterschiede, daß Kant sich für dasjenige interessiert, *wofür* der Mensch frei ist: nämlich für eine Gesellschaft, der Heideggers existenziell gewordenes Dasein den Rücken kehrt. Damit ist aber auch gesagt, daß Kants freies Subjekt auch „in der Welt sein“ war; wie hätte ihm sonst „Handeln“ überhaupt zugemutet werden können? Erstaunlich wirkte Heideggers „Entdeckung“ des „In-der-Welt-seins“ nur in einer Periode, in der das Problem „Welt“ ausschließlich als erkenntnistheoretisches Problem behandelt wurde.

Ein Singular wird beargwöhnt

Das Dasein. Welch sonderbarer Singular! Meint es *einen* Menschen? Oder die Menschheit? Oder nur die Art, wie Menschen da sind? Das bleibt völlig vag, so vag wie es „*der* Mensch“, der Heros der philosophischen Anthropologie gewesen war, der kurz vor Heideggers „Dasein“, gleichfalls als Singular, auf dem Thron der deutschen Philosophie gesessen hatte. (So Scheler: „Die Stellung *des* Menschen im Kosmos“.) Was wird hinter dem Singular verborgen? Die Tatsache, daß der Mensch – *Menschen* ist? Nicht ganz. Denn diese Tatsache der Geselligkeit hat Heidegger, wenn auch nur von Aristoteles, gelernt; und sogar als Neuerung formuliert: Dasein sei immer schon „Mit-sein“. Nein, was unterschlagen wird, ist etwas anderes: der Antagonismus, das Dasein des Kampfes und der Kampf ums Dasein zwischen Gruppen. Denn diese Antagonismen – in Wahrheit die sozialen Kämpfe seiner Zeit – hat Heidegger auf dem steilen Wege zum Gipfel seines Selbst weit hinter sich gelassen, um diese Neutralität als „Eigentlichkeit“ zu genießen. Daß er im Augenblicke nach den Kämpfen, da die siegreiche Macht ihr Dasein plausibel machte, seine Neutralität aufgab, spricht nicht gegen, sondern für seine Neutralität: denn im Dritten Reiche hätte fortgesetzte Neutralität eine Stellungnahme, Opposition, kurz: Neutralitätsaufgabe bedeutet.

Gerade wegen dieser, im Singular der Daseins-Vokabel versteckten Neutralität ist die Existenzphilosophie heute so gefährlich. Schon der Begriff „Dasein“ ist eine Flucht.

Daß Hegels berühmte Darstellung vom „Herrn und Knecht“ (in der „Phänomenologie des Geistes“) die Bewegtheit des Daseins unvergleichlich viel konkreter darstellt, als Heideggers Philosophie es tut, weil sie das antagonistische Verhältnis vom Dasein im Plural, also von Gruppen, beschreibt, das liegt auf der Hand. Deshalb ist Hegel noch immer aktueller als Heidegger. Und nicht nur aktueller, sondern auch artikulierter. Denn die Neutralisierung des Daseins im Singular hat zugleich zur Folge, daß das Dasein völlig undialektisch ist, keinen Fortgang von Spruch zu Widerspruch, also *keine* prozedierende *Geschichte* kennt. (Nur sogenannte „Geschichtlichkeit“ als Qualität des vergangenheitsbeladenen Daseins.) Die Dialektiklosigkeit macht natürlich nicht nur das Leben des Daseins unartikuliert, sondern auch den modus operandi des Philosophierens. *Wie* Heidegger von einem Fund zum anderen kommt, bleibt, im Unterschied zu Hegel, methodisch völlig ungeklärt.

Der unterschlagene Hunger

Aber mindestens ist doch Heideggers Philosophie ein neuer Realismus. Dasein ist doch „in der Welt …“, in *seiner* Welt. So, im Sinne des einfachen Realismus, ist Heidegger verstanden worden, so zu seinem Schrecken verstanden worden. Zu seinem Schrecken: denn was er meint, ist nicht, daß das Dasein in der Welt sei, sondern *daß „Welt“ als Charakterzug zum Dasein gehöre.* Dasein wirft gewissermaßen etwas um sich, in dem es ist; „In-sein“ ist eine seiner Eigentümlichkeiten. Und dieses „Worin“ heißt „Welt“. „Wenn kein Dasein existiert, ist auch keine Welt da.“[21] Auch wenn dieser absichtlich provozierende Satz nicht den Sinn der Nichtexistenz der Welt ohne uns hat, und nur meint: Der Ausdruck „Welt“ bedeute eben unsere Welt – so nimmt doch dieser Satz deutlich genug die ganze Ontologie in den Idealismus zurück.

Aber ist dieser Vorwurf gerecht? Betont Heidegger nicht gerade, daß die Welt und die Dinge sich in den ganz praktischen Akten des Umgangs mit der Welt erschließen? Ist für ihn nicht das „Besorgen“ der Motor des Daseins? Ist nicht seine These, daß bloß theoretische Erkenntnis ein Derivat des mehr als theoretischen Umgangs mit der Welt sei, geradezu eine akademische Bestätigung der positivistischen, marxistischen und pragmatistischen Theorien von dem Primat der Praxis über die Theorie? Seine Beschreibung der Welt als „Zeugwelt“ klingt so ungeheuer handfest. In der Tat hat Heidegger alles an nicht-theoretischem Verkehr mit der

Welt in das Dasein selbst aufgenommen. Verglichen mit dem „Bewußtsein“ der epigonalen Transzendentalphilosophien, besonders Husserls, hat das Dasein einen ganz phantastischen Reichtum.[22] Aber der gesamte Reichtum ist eben in Hegelschem Sinne „aufgehoben“. Das Dasein ist zwar sehr beschäftigt: es hämmert und schustert herum und „versteht“ in dieser Sorge seine Leisten.[23] Aber *warum* es sich herumsorgt: die Quelle der Sorge erwähnt er höchstens beiläufig und ohne philosophische Konsequenzen daraus zu ziehen, da sie eben kein „Können“ des Daseins ist. Denn in Wahrheit ist das Dasein „Sorge“, weil es *Hunger* ist. Das heißt: trotz aller Heideggerschen Beteuerungen ist der Mensch so ontisch, daß er sich Ontisches einverleiben muß, um ontologisch, nämlich „*da*“ zu sein. Ein *Sein* ist der Hunger nicht; er ist „Substanzlosigkeit an ihm selbst“.[24] Er zeigt im Gegenteil etwas an, was ich *nicht* bin und *nicht* habe. Er zeugt dafür, daß das Lebendige, wie jedes nach Essen schreiende Kind beweist, weltbedürftig ist; und nur durch ständige Befriedigung, d. h. durch Verarbeitung von Welt sein Dasein fristen kann. Daß das Dasein Bedürfnis „habe“, ist ein rein grammatischer, aber kein philosophischer Satz. Denn das Bedürfnis bedeutet gerade, daß ich nicht habe, was ich haben sollte.[25] Daß freilich dem Bedürfnis ein Beschaffen und Verarbeiten entspricht, also ein „*Können*“, das ist genau so wahr; aber das Können isoliert zu sehen, ist unerlaubt. Wäre Heidegger diesem Gedankengange weiter nachgegangen, so wäre er auf Motive gestoßen, die er auf keinen Fall wahr haben durfte. Es gibt Themengrenzen für jede anständige Universitäts-Philosophie. Bei Heidegger verläuft sie hart vor der Schwelle des Hungers; hätte er die Schwelle übertreten, hätte er den Hunger als Motor des Daseins anerkannt, so wäre er in Verdacht geraten, irgend etwas mit Materialismus zu tun zu haben. So ließ er lieber seine ganze Sorgetheorie, die ohne eine Theorie des Bedürfnisses in der Luft hängt, wirklich in der Luft hängen – und war die Sorge los.

Erst durch die Rektifizierung der höchst vieldeutigen „Sorge“ als „Bedürfnis“ wird nun auch das in „Sein und

Zeit“ trotz profunder Untersuchung letztlich doch dunkel bleibende Zeitproblem mit einem Schlage eindeutig. In Heideggers Buch bleibt es nämlich in der Tat undeutlich, ob das Dasein in der Zeit „gründe“ oder die Zeit im Dasein. Aber schließlich stößt man eben doch auf die Formel, daß die „Sorge in der Zeitlichkeit gründe“. Die Umkehrung ist die Wahrheit: denn das Bedürfnis stiftet die „Zeit“.

Was heißt das?

Um da zu sein, muß das lebendige Wesen Welt einverleiben. Primär ist Welt nicht der Horizont des *Vorstellens*, sondern des *Nachstellens.* Denn das Wesen ist von seinem Futter entfernt, die Begier muß dem Begehrten nachjagen. D. h.: das Wesen hat eine Distanz zurückzulegen, bis das Begehrte gegenwärtig, und das Bedürfnis schließlich gestillt ist. Die Jagd, das Nachsetzen, die Konsumtion der Distanz konstituiert die Zeit: sie besteht aus den Momenten: ich habe das Begehrte nicht; noch nicht; immer noch nicht; gleich; jetzt. Ist im Jetzt das Bedürfnis gestillt, so hört auch die Zeit auf, die ursprünglich kein Kontinuum ist, sondern gewissermaßen nur in akuten Attacken ausbricht, und die nur so lange währt wie die Jagd selber. Mit dem Schlaf nach der Mahlzeit schläft auch die Zeit. Damit ist gesagt: Zeit ist der Weg der Beischaffung des Bedarfs. Nicht Sorge gründet in der Zeitlichkeit; vielmehr Zeit in der Sorge; und die Sorge im Bedürfnis.

Münchhausen

Das Dasein hat keinen Hunger. Es hat keinen Leib. Seine Moral hat keinen Gesellschaftsrahmen. Sein Ursprung ist ahnenlos.

Aber es hat „Sinn“.

Das jedenfalls beteuert die Existenzphilosophie. Und da es dieses Wort „Sinn“ gewesen war, das die Jugend der zwanziger Jahre fasziniert hatte und das heutige Nachkriegseuropa fasziniert, haben wir den Hintergrund der Heideggerschen Frage nach dem „Sinn von Sein“ zu erhellen.

Daß das Leben keinen Sinn oder keinen Sinn mehr habe, nicht etwa, daß es schlecht oder voller Leiden sei, ist die tausendfache nihilistische Klage des 19. und 20. Jahrhunderts. Von ihr aus allein sind die kläglichen Versuche der epigonalen Philosophie zu verstehen, die sog. „Werte" zu systematisieren und ihren Sinn wieder herzustellen; die hundert Versuche, alte Heilslehren in – zumeist auch alten – Schläuchen zu servieren; und schließlich der Versuch der Lebensphilosophie, den Sinn des Lebens in das Leben selbst zurückzuverlegen.

Die Rede vom „Sinn des Lebens" entstammt dem Bedürfnis oder dem Zwang, dem Leben selbst die gleiche Funktion zuzuerteilen, die im Leben selbst jeder Gegenstand oder jede Handlung einnimmt: *für etwas dazusein.* Damit ist aber eine schlechthin paradoxe Forderung bezeichnet: einerseits scheint das Leben, das „keinen Sinn" hat, wertlos zu sein; andererseits aber ist ja gerade dort, wo das Leben „sinnvoll" ist, dieses Leben selbst als Wertquelle *geleugnet*: es hat ja Sinn *für* etwas (den Heilsplan, die Weltordnung und dergl.), das mehr oder größer als das Leben ist. Dieses, in dieser Form freilich selten formulierte Paradox ist eine der Grundlagen des modernen Nihilismus.

Historisch gesehen, bedeutet dieses Paradox Folgendes: im Augenblick, da die Freiheit des Individuums von autoritären Bindungen proklamiert war, lebte der Mensch nicht mehr für ..., wußte also nicht mehr, wofür er lebt. Die Bedeutung des Wortes „Sinn" entpuppt sich als „Bindung".[26] Was der Mensch für die anderen zu tun hat, wird inhaltlich dann unbezeichenbar; daher rein formal: dies ist der Hintergrund der berühmten Formalität des Kantischen Imperativs. – Aber dieser Umschlag aus Freiheit in Nihilismus ist natürlich kein Produkt der Philosophie, sondern das Ergebnis der bürgerlichen Revolution. Das 19. Jahrhundert, das Jahrhundert des Individuums, das für nichts und niemanden arbeitet als für sich bzw. sein Unternehmen, ist zugleich das Jahrhundert der verzweifelten Suche nach dem „Sinn des Lebens". Die Suche ist natürlich vergeblich: denn wirtschaftlich ist der

Bürger eben *nicht für* die Welt da, sondern die Welt für ihn. Das sich selbst zugesprochene Individuum erkauft sich seine Selbständigkeit mit Verzweiflung. Daß die Identität von Individualismus und Nihilismus innerhalb der bürgerlichen Welt selbst undeutlich blieb; daß vielmehr die Ausdrücke „Freiheit“ und „Sinn des Lebens“ ad libitum verkoppelt wurden, das haben wir noch alle selber miterlebt.

Auf den ersten Blick scheint es freilich widersinnig, den Nihilismus als die Kehrseite der bürgerlichen Freiheit zu verstehen. Aber wenn man einmal durchdenkt, daß die Sinnlosigkeit des Lebens darin besteht, daß man nicht „für etwas lebt“, und daß andererseits nach Kant die Person, sofern sie Würde hat, niemals als Mittel *für ...* benutzt werden dürfe, dann ist der Zusammenhang plausibel. Bei Kant selbst erscheint zwar die Frage: „Wozu bin ich denn da?“ noch nicht unter den im „Kanon der reinen Vernunft“ genannten drei kardinalen Fragen. Aber sie begleitet als melancholische oder verzweifelte Musik, als „Unglückliches Bewußtsein“ von der Romantik an das ganze Jahrhundert. Bewiesen aber wird diese Identität von bürgerlicher Freiheit und Nihilismus durch die nihilistische Würdelehre Nietzsches, der die Würde des (völlig unabhängigen) Übermenschen gerade darein setzt, daß dieser im Nichts stehen und stehenbleiben kann. So kühn freilich wie Nietzsches Übermensch hat sich das bürgerliche Individuum nicht aufgeführt. Da es nicht mehr für einen Heilsplan lebte, da es durch keine Providenz vorgesehen war, setzte es einen verweltlichten Heilsplan in die Welt selbst: den Glauben an die Providenz ersetzte es durch seinen Glauben an den Progreß; sich selbst, den nur für sich Arbeitenden, sah es als den heimlichen Motor und Promotor der ständigen Aufwärtsbewegung der Menschenwelt als ganzer, der er am Besten damit diente, daß er sich selbst diente.

Dieses Hilfsgerüst, der Progreßbegriff, der von Nietzsche bereits als mürbe erkannt worden war, war nun durch den ersten Weltkrieg für einen großen Teil der Menschheit, jedenfalls der Besiegten, völlig zusammengebrochen. Von neuem tat sich gähnend die Wozu-Frage auf. In diese Situation, die in Spenglers ausgeführter Regreß-Theorie ihre zugespitzteste Formulierung gefunden hatte, kam nun Heideggers Versprechen, die Frage nach dem Sinn von Sein doch zu beantworten. Eine Welt, *in* der oder *für* die Dasein Sinn hätte, konnte er, da der Sinn von Welt (Fortschritt) zusammengebrochen war, nicht bieten. An eine andere Welt, die dem Dasein Sinn verliehe, glaubte er nicht mehr. Daher mußte der Sinn des Wortes „Sinn" völlig verändert werden: dasjenige, worin das Dasein Sinn haben konnte, konnte nur das Dasein selbst sein. Also mußte sich das Dasein selbst in etwas anderes verwandeln, das nunmehr den Sinn des Daseins abgab: Dieses andere war die Eigentlichkeit oder die „Existenz" – ein Vorgang, zu dem Münchhausen Modell stand, als er sich selbst aus dem Graben am Zopfe herauszog.

Sozialgrenze des Nihilismus

Der verzweifelte Nihilismus, dessen letzter trotziger Anhänger das existenzialistische Selbst ist, ist nun freilich bereits seit hundert Jahren durch eine Verzweiflung anderer Art überholt: nämlich durch die Verzweiflung derer, die als wirtschaftliche Opfer der bürgerlichen Welt und mißbrauchter bürgerlicher Freiheiten niemals die wirklichen Chancen der Freiheit, also auch nicht die Gefahren des Nihilismus kannten, da sie de facto *für etwas* lebten, nämlich für die Zielsetzungen mächtigerer Gruppen. Die Verzweiflung der Freiheit ist, in ontologisiertem Gewande, in die Existenzphilosophie eingegangen; aber die Verzweiflung der Unfreien, obwohl ein mehr als hundertjähriges Faktum, war nicht fein genug, um von Heidegger ontologisiert zu werden. Dabei hätte er unschwer aufweisen können, daß das Dasein des Proletariers „uneigentlich" ist, weil er als fleischgewordene Arbeitszeit anderem Dasein zu eigen ist; er hätte ohne Schwierigkeiten sehen können, daß ihr Befreiungskampf darauf abzielt, „Eigentlichkeit" und „Selbstheit" zu gewinnen. Aber das hat Heidegger jemandem überlassen, der achtzig Jahre vor ihm, in seinen „Ökonomisch-philosophischen Manuskripten" und in der „Deutschen Ideologie“ diese Begriffe der Eigentlichkeit erörtert hat, und dessen Ziel darin bestand, die Einsicht in Uneigentlichkeit in etwas anderes als ein Ritual umschlagen zu lassen. Das Ende der bürgerlichen Philosophie: die Existenzphilosophie, kam achtzig Jahre nach dem Beginn der Nicht-mehr-bürgerlichen. Und nichts ist welthistorisch komischer als der Zeitpunkt, an dem Heidegger mit melancholischem Paukenschlag die bürgerliche Philosophie abschloß: Das nächste Stück im Programm hatte längst schon begonnen.

Noch und schon

The funeral baked meats
did coldly furnish forth
the marriage tables.
HAMLET

Wenn dieses Unternehmen Heideggers als ein Neubeginn mißverstanden wurde, obwohl es das systematische Leichenbegängnis der Epoche darstellt, so konnte dieses Mißverständnis nur dadurch zu Stande kommen, daß die Synchronisiertheit der Epoche mit sich selbst nicht vollkommen ist. Damit ist folgendes gemeint: Heidegger ist in einer Zeit, deren Kultur bereits seit mehr als hundert Jahren religiös indifferent gewesen war, in einer Zeit, da für den Positivismus die Nicht-Existenz Gottes schon nicht mehr zur Debatte stand, noch ein *echter Häretiker*: er hat persönlich, durch den Zufall seiner Herkunft, den ganzen Prozeß der längst abgeschlossenen und für viele bereits uninteressant gewordenen Säkularisierung noch einmal zurücklegen müssen; noch einmal hat er Luthers Reformation durchgemacht, noch einmal die Autorität des individuellen Gewissens entdeckt; noch einmal sich auf die Beine seines Fichtischen Ichs gestellt; noch einmal wie Feuerbach oder Nietzsche die Erbsünde geleugnet; noch einmal, mangels besseren Kapitals, sich selbst „angeeignet“ wie Stirner – und dies alles zu einer

Zeit, da alle diese Schritte, die zum religiös neutralisierten Weltbilde des 20. Jahrhunderts geführt hatten, bereits halb vergessen waren – sofern sie überhaupt intensiv von der Mehrzahl der Menschen mitgemacht worden waren: denn mitgemacht werden nur Resultate.

Die orientierungslos gewordene Mitwelt, die sich, bereits unbefriedigt von ihrem eigenen Positivismus, bereits mißtrauisch gegen ihre eigene Moral, bereits gelangweilt von der eigenen Kultur gierig nach „Ernsterem" umsah, *mißverstand die religiösen Reste des gerade noch mit religiösen Worten redenden Nihilisten als die ersten Stücke einer neuen Religiosität.* Und da die Unerbittlichkeit seines Tons den Eindruck erregte, er wisse, worum es gehe; und da er dennoch aufrief zur Flucht, war man glücklich, mit ihm zu fliehen: wie wir schon zu Beginn gesagt hatten, zu fliehen aus den ernsten Problemen in den Ernst als Beruf. Heute aber, da nichts verderblicher ist als das Sich-zurückziehen und die Desolidarisierung; da durch furchtbare Verschuldung selbst das durchschnittlichste Dasein vor dem Nichts steht; da die Besten und die Schlechtesten zwischen den Trümmern weltlos umherirren; und da das „Primat der Zukunft" kein philosophisches Problem, sondern eine eminent praktische Aufgabe ist – heute kann diese unselige und unhumane Philosophie wohl nur von jenen propagiert werden, die, aus welchen Gründen auch immer, am Aufbau und Aufkommen einer neuen gemeinsamen humanen Welt nicht primär interessiert sind.

Heidegger und Hitler. Solipsistisches und nationales Eigentlichwerden

Zum Schluß noch einige Bemerkungen über das Verhältnis Heideggers zum Nationalsozialismus. Als die Macht 1933 als Gewalt aus der Anonymität heraustrat und selbst von den Daseins-Philosophen nicht mehr übersehen werden konnte, hatte er nichts Eiligeres zu tun, als sich ihr an den geharnischten Hals zu werfen. Die im Jahre 1933 in Freiburg verkaufte Ansichtspostkarte: der von der Partei eingesetzte

Rektor der Universität Freiburg an der Spitze der Freiburger SA[27] zeigt die Macht des Geistes als Vorspann für den Geist der Macht. –

Besagt nun aber die Gleichschaltung auch, daß es Beziehungen zwischen der Philosophie des Nationalsozialismus und der Daseinsphilosophie gebe? Wir glauben wohl. Trotz der Tatsache, daß Heideggers Philosophie eine Technik der Selbstbehandlung, die Hitlers eine der Massenbehandlung ist. Beide treffen sich erst einmal im *anti-demokratischen Affekt*, der in beiden Fällen nicht der aus der Geschichte bekannte Aristokraten-Affekt, sondern der Emporkömmlings-Affekt ist. Seine theoretische Untermauerung für diesen Affekt holte sich Heidegger bei Plato: seine Unterscheidung zwischen dem verachteten „man" und dem „Selbst" ist in der Tat die über das Theoretische hinaus erweiterte platonische Unterscheidung zwischen Doxa und Episteme. Jene platonischen Dialoge, die Heidegger am meisten liebt: der „Sophist" und der „Staatsmann", sind voll von den politisch anti-demokratischen Konsequenzen dieser Unterscheidung. Da für Plato im „Staatsmann" das Gesetz nur das kleinste Übel, der „Führer" aber das Ideal ist, konnte Heidegger seine Gleichschaltung mit dem Führer gewissermaßen altphilologisch besiegeln.

Beide Philosophien sind ferner *Okkupations-Doktrinen*: beide machen die Welt, in der sie leben, zum Attribut der eigenen Existenz – die eine mit Tanks und Bomben, die andere mit spekulativen Mitteln.

Beide sind *skrupellos*: das nationale oder das existentielle „Selbstsein" sind die einzigen Ziele, an denen gemessen jede andere humane Rücksicht gegenstandslos wird.

In beiden Metaphysiken wird der *Tod* zugleich verherrlicht und bagatellisiert; in der nationalsozialistischen durch Erziehung zum Kriege, der das eigentliche Dasein Deutschlands verwirkliche: „Wir sind zum Sterben geboren"; in der Existenz-Philosophie durch Verwandlung des Todes in das angeblich mit dem Eigentlichsein identische „Sein zum Tode".

Beide Philosophien sind *Anti-Zivilisationstheorien.* Und beide sind *gegen jede Art von Universalien* (wie Menschheit, Internationale, Katholizität), da es beiden eben nur auf das entschlossene, d. h. aber verschlossene Selbst ankommt, also auf den Ausschluß anderer oder auf den Ausschluß der eigenen Person aus einer gemeinsamen Welt.

Diese Parallelen zeigen bereits, daß das Modell des Eigentlichwerdens in beiden Fällen sehr ähnlich ist. Die nationale Erhebung war gewissermaßen der national-rituale Akt, durch den sich die formlose deutsche Bevölkerung („uneigentlich" geworden durch Parlamentarismus, Judentum etc.) in die Eigentlichkeit des Volkes oder des Reichs zusammenraffte. Daß nun freilich auf die Dauer das, in privatem Maßstabe gepredigte, Eigentlichwerden und der private Nihilismus neben dem angeblichen Eigentlichwerden des Volkes und neben dem Kollektiv-Nihilismus nicht geduldet werden konnten, davon zeugt der sehr polemische Artikel „Heidegger" in Meyers Konversationslexikon von 1934. Heidegger hat sich offensichtlich erfolglos angebiedert – was aber die Schuld seiner Gleichschaltung nicht vermindert. Kein Wunder, daß er bereits (in französischen Interviews) seine berühmte Verherrlichung der nationalen Erhebung (Rektoratsrede 1933) als quantité négligeable behandelt. Für uns gehört sie freilich weiter, und mit ihr die Revozierung, zu seiner Existenz; oder wenn man so will, zu seiner Uneigentlichkeit.

Die Schein-Konkretheit von Heideggers Philosophie (1948)

I. Heidegger steht quer zur Alternative „Naturalismus–Supranaturalismus“

Wenn es eine Formel gibt, die den Ort von Heideggers Existenzphilosophie bestimmen und den Grund für ihre Schwerverständlichkeit und ihre Attraktionskraft erklären kann, so lautet sie: *Heideggers Philosophie steht quer zur traditionellen Alternative „Naturalismus–Supranaturalismus“*. Daß in Heideggers Arbeiten keine solche Charakterisierung vorkommt, ist kaum von Belang. Was meinen wir mit „querstehen“?

Von Intermezzos abgesehen, war die Geschichte der modernen Philosophie, besonders der nachhegelschen, eine Geschichte der „Naturalisierungen“ gewesen – der Naturalisierung des Menschen, der Moral, des Staates u. s. f. Die der christlichen Philosophie abgewonnenen Provinzen waren automatisch dem Gebiet „Natur“ zugewachsen. „Atheismus“ und „Naturalismus“ waren noch im vorigen Jahrhundert auswechselbare Begriffe gewesen.

Nicht so für Heidegger. Zwar erbte er vom Naturalismus, besonders des neunzehnten Jahrhunderts, den Atheismus, aber er hält Distanz zum Naturalismus – eine Distanz, die kaum kleiner ist als die Kluft, die zwischen christlicher Anthropologie und Materialismus besteht. Das „Dasein“[1] – der Gegenstand der Heideggerschen Philosophie – ist zwar „hiesig“, gehört zu *toutō tō kosmō*[2], aber es ist nicht „Natur“, geschweige denn „Leben“ im biologischen Sinne: denn der Ausdruck „Natur“ bezeichnet in Heideggers Philosophie bereits eine „Seinsweise“, d. h. einen *modus existendi* unter anderen *modi*, und Natur „ist“ nur „für“ ein „Dasein“.[3]

Aber ist auch das „Dasein“ nicht Natur, so ist es doch auch nichts „Supranaturales“: „Jenseitiges“ kommt in Heideggers Philosophie ebenso wenig vor wie in der modernen Naturwissenschaft oder wie im historischen Materialismus. Noch nicht einmal in jener getarnten Form, die die Philosophie der bürgerlichen Gesellschaft erfunden hatte: in der Form des „Sollens“ oder als „Werte-Welt“ dringt das „Jenseitige“ in Heideggers „Dasein“ ein. Er scheint damit eine neue Dimension anzuvisieren – eine Dimension, die einen neuen Zugang, ein neues Vokabular, neue Kategorien erfordert.

Geben wir von Beginn an zu: Der philosophische „Tiefgang“ und die Wirkungen seiner „außerhalb der üblichen Alternativen“ stehenden Philosophie sind höchst ernst zu nehmen. Heideggers Philosophie darf nicht mit jenen bloß verbalen „Synthesen“, diesen ganzen „Real-Idealismen“ oder „Ideal-Realismen“, verglichen werden, die im Laufe des vorigen Jahrhunderts zuhauf entstanden waren.

Erst einmal, rein logisch gesehen, hat seine „Neutralität“ ihre Vorzüge. Wird eine Seite einer logischen Alternative aufgegeben, so kann ihre Gegenseite, die ihren Sinn gerade ihrer Gegenstellung verdankt, auch keinen Sinn mehr beanspruchen. Fällt der Begriff des „Supra-Naturalen“, so kann auch derjenige des „Naturalen“ nicht unberührt bleiben. Diese notwendige Konsequenz hatten die Philosophen des vorigen Jahrhunderts offensichtlich nicht gezogen. Indem sie den „Naturalismus“ vertraten, bewahrten sie eine Begrifflichkeit, die noch von dem Gegenbegriff abhing, den sie aufgehoben hatten.

Unnötig zu sagen, daß Heideggers Schritt heraus aus der Alternative kein erster Schritt schlechthin war. Er hatte seine Vorgeschichte, oder vielmehr: seine Vorgeschichten sehr verschiedener Abkunft.

Der eine Versuch, „außerhalb“ der Alternative anzusetzen, war die nachhegelsche „Philosophie des Geistes“ (Beispiel: Dilthey), laut der das Leben des „Geistes“ oder die „Geschichte“ nicht mehr von Providenz geleitet seien, obwohl sie aber auch nicht als zur „Natur“ gehörig zugestanden wurden. Rickert hatte in seinem bereits gründlich vergessenen Buche über die *Grenzen der naturwissenschaftlichen Begriffsbildung* auf ganz epigonale und unzulängliche Weise versucht, diese Dimension begrifflich zu artikulieren.

Ferner hatte es Husserl in allen seinen phänomenologischen Arbeiten unternommen, eine „Region“ „außerhalb“ der Alternative zu erforschen: als er, nach seiner Polemik gegen den „Psychologismus“, also den Naturalismus in der Psychologie und der Logik, die sogenannten „intentionalen Strukturen“ zu beschreiben begann, zielte er weder auf eine „Metaphysik des Geistes“ (obwohl sein Unternehmen zeitweise, sogar von ihm selbst, als eine Art neuer Platonismus mißverstanden wurde) noch auf eine Psychologie ab, sondern, wie hinlänglich bekannt, auf eine gewisse „neutrale“ Provinz, die er zu Recht mit einem neuen Namen belegte, nämlich „Phänomenologie“. Husserl war schließlich von der Mathematik ausgegangen, deren Gegenstände, obwohl nicht supranatural, doch auch nicht der Natur zugehören. Er war völlig konsequent gewesen, als er von seinen Lesern unermüdlich eine ungewohnte Einstellung (allzu oft fälschlich als „Mystizismus“ vorgestellt) verlangte, ohne die sie ganz außerstande seien, seine Gegenstände in Sicht zu bekommen oder die Wahrheit seiner Beschreibungen zu überprüfen. Die sonderbare Tatsache, daß trotz der programmatischen Nüchternheit und der Fadheit ihrer Themen („Meinen“, „Wahrnehmung“, „Erinnerung“ etc.) Husserls Phänomenologie eine solche Faszination auf seine philosophierenden Zeitgenossen ausüben konnte, erklärt sich leicht eben dadurch, daß er einen Bereich jenseits der Metaphysik wie auch jenseits der empirischen Forschung eröffnete: das „Leben“ oder der „Strom“ des Bewußtseins, den er in seinen Analysen der „ihre Gegenstände meinenden oder habenden Akte“ beschrieb, war so neutral, daß er glaubte, er könne seine Beschreibungen methodisch durch die *epochē* sichern, also durch Suspension der Frage, ob seine Gegenstände „sind oder nicht sind“.

Diese Betonung der *epochē* kann den Eindruck erwecken, daß Husserl die ontologische Frage völlig abgeschnitten habe und der Sprung von Husserl zu Heidegger ein reines Wunder sei – ein Eindruck, der jedoch nur entsteht, wenn man unter „Sein“ („being“) ausschließlich Realität im Sinne der Naturwissenschaft versteht. Auch wenn er seinen „Gegenstandsbereich“, den „Bereich der intentionalen Gegenstände“, durch die *epochē* sicherte, als Phantome meinte er seine Gegenstände gewiß nicht. Irgendwie meinte er seine Gegenstände als *onta* [Seiende], um mit Platos Parmenides zu sprechen. Aber was hieß hier *„on“* [Seiendes]?

Es war Heideggers Aufgabe, oder besser: eine seiner Aufgaben, darauf eine Antwort zu geben, mindestens die Frage nach dem „Seins-Sinn“ und der Bedeutung des „Seins“ in den intentionalen Akten zu formulieren. In der Tat war trotz der radikal anderen „Stimmung“ und Abzweckung der Heideggerschen Philosophie sein „Themenfeld“ schon weitgehend von Husserl beackert worden: Denn das „Dasein“[4], das Heidegger dem „Vorhandensein“[5] (das schon von Husserl durch die *epochē* in Klammern gesetzt worden war) entgegensetzt, wird von ihm als *„Sorge“*[6] definiert. Da nun „Sorge“ „Aus-Sein auf etwas“ bedeutet und von diesem „etwas“ so verschieden ist, wie der Husserlsche „intentionale Akt“ von seinem „Objekt“ verschieden war, stellt sie bis zu einem gewissen Grad den gemeinsamen Nenner von Husserls und Heideggers Philosophie dar. So sonderbar es klingen mag, aber englische Leser können den Schritt von Husserl zu Heidegger vielleicht leichter begreifen als deutsche Leser, für die das Wort „Intentionalität“ die Konnotationen „Tendenz“ oder „Absicht“ heraufbeschwört. Als Husserl den berühmten Terminus benutzte, hatte er damit aber nichts, aber auch gar nichts verbunden, was mit „Tendenz“ oder „Absicht“ zu tun gehabt hätte – und dies um so weniger, als die Modellakte, deren er sich zur Charakterisierung der „Intentionalität“ bediente (wie die der herkömmlichen Psychologie entliehenen „Wahrnehmungs-“, „Erinnerungs-“ oder „Denkakte“), die „Beziehung“ zwischen dem „Akt“ und seinem

„Gegenstand" als rein „strukturell" und völlig unpragmatisch zeigen.

Hätte Husserl den Hunger als Modell „intentionaler Akte" gewählt – eine, in Anbetracht seiner Stellung in der Wissenschaftsgeschichte und seiner „polemischen Abhängigkeit" von der Sinnes- und Erinnerungspsychologie um 1895, natürlich rein akademische Annahme –, würde die Phänomenologie ganz anders ausgesehen haben. Hätte er statt der „Vorstellung" und ihrer „Adäquation" oder „Erfüllung" den „Hunger" und seine „Adäquation" (oder besser: „Stillung") als „Modellakt" gewählt, so wäre er gezwungen gewesen, sich auf die Diskussion strikt „ontologischer" Probleme einzulassen, statt sich der Beschreibung des „reinen" und „in Klammern stehenden" Flusses oder Kontextes von „intentionalen Beziehungen" zuzuwenden, in denen er seit seinem Werke *Ideen* das Feld seiner Forschung sah; er wäre gezwungen gewesen, folgende Fragen zu stellen: „Ist die *epochē* noch erlaubt angesichts eines intentionalen Aktes wie ‚Hunger', der (auch wenn er seinen ‚immanenten' Gegenstand *strukturell ‚enthält'*) ist, was er ist, weil er seinen Gegenstand (Nahrung) gerade *nicht enthält?* Ist die ontologische Neutralität des dem intentionalen Akt ‚immanenten' Gegenstands eine genuine ‚Immanenz' und ‚Neutralität'? Zeigt ‚Neutralität' nicht vielmehr das ‚Nicht-haben' an? Kann die epochē angesichts eines Aktes aufrechterhalten werden, dessen ‚Agent' (das Lebewesen oder der Mensch) kein anderes Interesse hat, als seinen Gegenstand wirklich zu ergreifen und buchstäblich zu verzehren? Kann sie angesichts eines ‚Aktes' aufrechterhalten werden, dessen ‚Agent' es nicht ertragen kann, ohne diesen Gegenstand zu leben, oder ohne ihn nicht leben kann?"

Natürlich waren das nicht Husserls Fragen. Hätte er sich auf dieses Problem des „Ohne", das Problem des wirklichen „*Bedürfnisses*" und der „*Einverleibung*" konzentriert, hätten sie ihn aus der transzendentalen Sphäre herausgerissen; sie hätten ihn gezwungen, zu untersuchen, was „Sein" angesichts des erst „abwesenden" und dann, im materialistischen

Sinne, „immanenten“ Gegenstands bedeutet, und schließlich zu interpretieren, was „Sein“ angesichts des „Agenten“ des Aktes: des Hungrigen, für den das Objekt (Nahrung) eine Frage von „Sein“ oder „Nichtsein“ ist, bedeutet. Kurz: Husserl wäre gezwungen gewesen, das klassische Problem des „Bedürfnisses“ oder „Bedürftigseins“ neu aufzunehmen, dessen Diskussion von keinen geringeren Idealisten als Plato (in seinem *Philebos*) und Hegel (von seiner „Jenenser Logik“ an) tiefgründig vorbereitet worden war.

Wir geben zu, daß Husserl jene Fragen gar nicht stellen konnte; letztlich konzentrierte sich sein Interesse – genauso wie bereits das neukantianische – doch auf theoretische Strukturen; es waren theoretische Akte, die er als Modelle seiner Theorie der Akte im allgemeinen benutzte, und als Philosoph kam er von der Wissenschaftstheorie her. In diesen „Defekt“, in diese Kerbe schlug Heidegger seine Axt, aber – das sei von vornherein unterstrichen – er hütete sich, den Stamm zu spalten: Heidegger griff an der Gebietsgrenze Husserls ein, ohne zu dem eben skizzierten Problem, in dem die „Schlacht der Bücher“, die Auseinandersetzung zwischen Idealismus und Materialismus wirklich akut wird, tatsächlich vorzustoßen oder auch nur vorstoßen zu wollen. Wir werden später sehen, daß er wußte, was er tat, als er einen großen Anlauf nahm, aber nur einen kleinen Sprung tat, mit dem er bloß auf dem Boden des Existentialismus landete.

Aber greifen wir nicht vor. Heidegger empfand zu Recht, daß die ausschließliche Beschäftigung mit theoretischen Akten eine unerträgliche Beengung der philosophischen Aufgabe darstellte. Unleugbar wurde er nicht von akademischen „Problemen“, sondern von sehr elementaren philosophischen Schrecken in das Philosophieren hineingezogen; außerdem war er seit seiner Studentenzeit genährt mit den breiten Problemen der klassischen Philosophie und Theologie, die weit mehr umfaßten als Probleme des „Meinens“, der „Wahrnehmung“ und „Evidenz“. Als er die Husserlsche „Intentionalität“ erkannte, diese eigentümliche Form einer

„lebendigen Beziehung", mußte er sie also als viel breiter, gar universal anwendbare Struktur verstehen; mußte er sie aus der Dimension herausheben, die Husserl traditionell noch als „Bewußtsein" etikettiert hatte. Zwar war ihm Scheler vorangegangen, als er nicht-theoretische Akte (wie jene „wertenden" oder jene der „Sympathiegefühle") untersuchte; aber trotz unleugbar tiefer Einsichten hatte Scheler eben doch nur andere „Arten" von Akten behandelt; auch wenn er seine Untersuchungsergebnisse für seine „Metaphysik" verwandte, hatte er auf Grund seiner Funde seinen Begriff des „Seins" gewiß nicht revidiert. An diesem Punkt unterscheidet sich Heidegger von ihm.

In der Tat sah Heidegger die Struktur der „Intentionalität" in der Gesamtheit des „vortheoretischen Lebens", in der gesamten praxis, im „Herstellen" von Dingen, im „Umgang" mit ihnen, im Benutzen – und nicht nur im „Vorstellen" oder „Meinen" oder „Wahrnehmen" von Dingen; und es wäre auf eine totale Sprengung der „Bedeutung" des Begriffs „Bewußtsein" hinausgelaufen, wenn er „Herstellen" oder „Umgehen mit" als „Bewußtseinsakte" klassifiziert hätte.[7] Durch die berechtigte Universalisierung der Husserlschen „Intentionalität" fand er sich plötzlich abgesetzt auf *terra incognita:* was er beschrieb, war, wie *„man in der Welt da ist"* – aber eben nicht oder nicht ausschließlich in Akten des Bewußtseins[8], sondern überhaupt in jenen „Akten" des alltäglichen Lebens, die gewöhnlich philosophisch nicht salonfähig, höchstens hie und da von dieser oder jener Wissenschaft beiläufig gestreift werden. Kurz: er fand sich in jener Provinz, die er „Dasein" nannte. Da jedoch dieses, nicht mehr als Bewußtsein klassifizierbare „Dasein" sich durch die „Intentionalität" auszeichnete, also als ein „Sein"[9], das durch sein „Aus-sein-auf-etwas" charakterisiert war – auf etwas, was es selbst *nicht* ist –, wurde „Welt" für Heidegger gewissermaßen zum ontologischen Merkmal des „Daseins". Während „Natur" (sofern es so etwas wie „Natur" in Heideggers Philosophie gibt) nur „ist", sozusagen bloß dumpf zu sein verurteilt ist, ist „Dasein" eine Art „In-der-Welt-sein", das sich als „Sorge“ und „Besorgnis“ realisiert, d. h. in zahllosen Akten des Umgehens mit der Welt. Aber, so würde Heidegger argumentieren, die Tatsache des „In-der-Welt-seins“ verdankt sich nicht dem Weltbezug unserer Akte (des Tuns, Umgehens, Mitteilens, Sorgens für ..., Wahrnehmens ...), sondern umgekehrt: nur weil unser „Sein“, im Unterschied zu bloß Vorhandenem, „In-der-Welt-sein“ oder „Sorge“ ist, zielen unsere Akte auf „Welt“. Die Untersuchung dieses „Dasein“ genannten „Seins“, also die „Hermeneutik des Daseins“ ist die Aufgabe seiner – oder wie er meint – der Philosophie *tout simple.* Warum soll gerade diese Art von „Sein“ untersucht werden? Weil, so könnte Heidegger antworten, *wir* diese Art von „Sein“ *sind;* womit sich herausstellen könnte, daß jede andere Seinsart nur *sub specie* Dasein, nur „für“ das Dasein ist, was sie ist. Gerade weil, so könnte er fortfahren, Dasein eine Art „In-sein“ ist, ist es andererseits so ausschließlich auf das Feld, „worin“ es sich bewegt (Welt, Gegenstände etc.) zugeschnitten und eingestellt, daß es gegen seine eigene spezifische Differenz irgendwie verblendet ist – genauso wie das Auge, das alles sieht, nicht dafür gemacht ist, das Objekt „Sehen“ zu sehen. Da aber „Dasein“ nicht nur „ist“, sondern „da ist“, „anwesend ist“; da es sagt „Hier bin ich“ oder „Ich bin da“; da es im Lichte dieses „Ich bin“ lebt und nicht einfach unauffällig und unerwähnt *herumexistiert*, wird der früher „Bewußtsein“ geheißene Faktor nun zum *specificum* dieses *modus existendi;* auf eine traditionelle und zugegebenermaßen noch unzulängliche Weise ausgedrückt: Bewußtsein wird von Heidegger ins Sein eingebettet.[10]

Indem Heidegger allen praktischen Umgang in den Horizont von Intentionalität, genannt „Sorge“, einbezog, geriet er deutlich in die Nachbarschaft naturalistischer Theorien – des Pragmatismus, Operationalismus, historischen Materialismus. Aber, wie vorhin angedeutet, seine gesamten Beziehungen zum Naturalismus sind irgendwie zweideutig. Wo immer Heidegger eine quasi-pragmatische Konkretheit einführt, bleibt er gleich am Anfang stecken. Tatsächlich beginnt er mit einer detaillierten Beschreibung der Beziehung des „Daseins" zu seinem „Zeug", d. h. den Geräten, mit denen es den Haushalt seiner Welt führt. Und er ist immer noch auf dem richtigen Weg, wenn ihm solch praktischer Umgang als wahrheitsfördernd oder „wahrheitserschließend" gilt: nicht durch Anglotzen wissen wir, was ein Hammer ist, sondern durch Hämmern. Und nur in Akten der „Sorge" „erschließt sich" die Welt. So weit, so gut. Das klingt sehr konkret. Aber wie steht es mit der Anwendung dieser Erkenntnis auf heutige Geräte? „Erschließen" sich moderne Maschinen wirklich durch ihre Bedienung? Ist ihr Produkt ihr Zweck? Ist nicht ihr Zweck nur zu sehen, wenn man weit mehr durchsichtig macht als die Maschinen selbst? Liegt Heideggers These nicht eine illegitime Idee von Unmittelbarkeit zugrunde? In Wirklichkeit ereignet sich das Sich-Aufschließen des „Zeug" nur in solchen Akten, deren „Vermittlung" höchst einfach ist, wo also der Produzent und das Produkt, der „Benutzer" und das „Benutzte", der Verbraucher und das Gut eine simple, übersehbare Funktionseinheit bilden, wie etwa beim Schustern oder Apfelessen. Die Bedienung einer modernen Maschine erschließt diese durchaus nicht; ihre „Entfremdung" ist in die gegenwärtige Gesellschaft und ihre Arbeitsteilung offensichtlich miteinkalkuliert. Schon dies erste Beispiel beweist, daß dort, wo Heidegger anscheinend „konkret" oder „pragmatisch" wird, er ganz altertümlich ist, sozusagen eine maschinenstürmerische Haltung zeigt, denn seine ganzen Beispiele stammen aus der ländlichen Schusterwerkstatt. Die Entfremdung, die gerade durch die angeblich „aufschließenden" Geräte produziert wird, ist ihm fremd. Um so verwirrender ist es, daß in gewisser Hinsicht „Entfremdung" eine grundlegende Rolle in seinen Erfahrungen spielt; aber wo sie auch auftaucht, tut sie es in einer harmlosen Verbrämung, als eine „metaphysische Entfremdung", z. B. als sogenanntes „Nichten" der Welt.[11]

II. Die Tatsache des „Hungers“. Zeit als „Gefälle“ zwischen Nicht-haben und Haben. Das Problem der „Konstitution“.

Weit wichtiger jedoch als das Inumlaufsetzen des „sich entfremdenden“ Zeuges, dessen Zusammenhang unsere Welt bildet, ist die Zweideutigkeit des Begriffs „Sorge“ selbst, ein Begriff, der Heideggers Philosophie ihre besondere Konkretheit verleihen soll.

Wir hatten „Sorge“ die zentrale Heideggersche Kategorie des „Daseins“ genannt. Damit meinen wir, daß „Sorge“ zweierlei bezeichnet: sowohl das „Verhältnis des Daseins zu sich selbst“: es ist ein „Sein“, „dem es um es selbst geht“ (ein „*modus existendi*, dem es um es selbst geht“), als auch sein Verhältnis zu seiner „Umgangswelt“. Damit ist „*Interesse*“ im weitesten Sinne des Wortes zum Grundzug des „Daseins“ gemacht. Es ist sicher kein Zufall, daß das „In-der-Welt-sein“ oder „In-sein“ eine fast wörtliche Übersetzung des lateinischen Ausdrucks „inter-esse“ ist. Wir sagten „Interesse im weitesten Sinne“, denn was Heidegger meint, ist weder jenes „Interesse“, das Marx, sich einsetzend für die Interessen einer entrechteten Klasse, als Motor der Geschichte betrachtete, noch das Interesse für die „moralische Situation“, die Kierkegaards einziges Thema war, noch einfach das biologische „Interesse“ des Lebewesens an Selbsterhaltung. Während in den Werken von Marx oder Kierkegaard der Terminus „Interesse“ ihr aktuelles Interesse an ihrer aktuellen „Sache“ bezeichnet, ist Heideggers originelle Gleichsetzung von „Dasein“ und „Interesse“ erst einmal nur eine ziemlich desinteressierte ontologische Feststellung, die weder im rein moralischen noch bloß wirtschaftlichen Sinne gemeint war. Besonders ihre wirtschaftliche Bedeutung bleibt völlig vage. *Die simple Frage, warum das Dasein sich in tausend Besorgungen stürzt, warum es Tag und Nacht herumsorgt, diese Frage,* die nicht die „Bedingung der Möglichkeit“, sondern „die Bedingung der Nötigkeit“ (der Sorge) betrifft, *wird einfach unterschlagen.* Kein Wunder, denn diese Frage hätte Heidegger aus der angeblich konkreten Analyse des praktischen „Umgangs“ in eine Analyse von Hunger und Bedürfnis, also in materialistische Probleme, hineingezogen.

Das scheint ein ziemlich scharfer Vorwurf. Sind wir dazu berechtigt? Spricht denn Heidegger seinem „Dasein“ nicht jegliche hegelsche Absolutheit ab? Beschränkt er das Dasein nicht nüchtern auf dessen *proportio humana?* Ist seine Philosophie nicht eine kantianisierende „Kritik“ der „Daseins-*Grenzen*“?

Ja und nein. Warum nein? Weil, wo immer er die Grenzen des Menschen beschreibt, er es auf die harmlose Weise tut, ihm göttliche Eigenschaften abzusprechen. Das „Dasein“ ist zwar endlich – also nicht ewig: seine Erfahrung ist kein *intuitus originarius*, also nicht schöpferisch. Nach der Tatsache aber, daß das „Dasein“ hungrig ist oder, sagen wir ruhig, daß *die Menschen hungrig sind*, suchen wir vergebens.[12] Als Husserl den „Hunger“ nicht thematisierte, hatte er in seinem bewußt eingegrenzten Forschungsbereich recht. Heidegger hat es nicht, denn seine ganze Kritik der Philosophie kreist um dieses Problem. Husserl stand außerhalb desselben. Heidegger unterschlägt es, obwohl er sich ständig in dessen Nachbarschaft bewegt, und läßt dadurch sein ganzes Gebäude ohne Fundament sein; denn „Hunger“ oder „Bedürfnis“ im weitesten Sinne von *Angewiesensein* auf Welt, von *„Hunger nach Welt“* – das bestimmt wirklich die Endlichkeit des „Daseins“. In der Tat ist es nicht nur die „Sorge“, die durch diese Unterschlagung unverständlich bleibt, sondern mit ihr viele andere Grundzüge von Heideggers „Dasein“. Um nur einige zu nennen: „Intentionalität“ (= Verfolgen des Beutestücks), das „Nichts“ (= *vis-à-vis de rien* stehen) – sie „wurzeln“ zweifelsohne im Hunger. Selbst der logos des Menschen muß uns ein Rätsel bleiben, solange wir es unterlassen, auf die ihm vorausliegende *conditio sine qua non* zurückzugehen, das „Bedürfnis“: denn zuerst ist die „Allgemeinheit des Begriffs“ das Korrelat des „Hungers“ (oder „Bedürfnisses“ oder „Bedürftigseins“). Offensichtlich ist das intentionale Objekt des Hungers ein „solches“ (nicht *hoc*, sondern *tale*); Hunger „meint“ Essen *überhaupt*, Trank *überhaupt*. Das „dieses“ *(hoc)* wird zum „solchen“ nicht durch den *logos* oder die *logos*-artikulierte Wahrnehmung, nicht durch das „*Etwas als etwas ansprechen*“, wie Heidegger es nennt, sondern im Ablauf des hungergetriebenen Prozesses von Jagd, Erbeutung und Konsumption. Heidegger erweitert zwar den Begriff der „Intentionalität“, wandelt ihn in den der „Sorge“ um, aber er führt die „Sorge“ nicht auf ihren untersten Grund oder die elementare Basislosigkeit des Lebewesens zurück. Hätte er das getan, wäre er zur wirklichen Genealogie des *legein* [Sammeln, Zählen, Sprechen] aus dem Bedürfnis hingeführt worden, zu einer Art „naturalistischen Logik“ oder „idealistischen Materialismus“ – also zu einem Schritt, von dem ihn tausend soziale Rücksichten zurückhalten mußten.[13]

Obwohl also Heidegger die Abhängigkeit des Begriffs der „Welt“ oder des „Zeuges“ von der *praxis* durchschaute, nannte er das Kind nicht beim Namen; weder nannte er den Motor der „Sorge“, „Hunger“, noch die vom Menschen gemachten „Sorge-Instrumente“ von heute, die Wirtschaftssysteme, die Industrie, die Maschinen beim Namen. Der Bereich von Heideggers Konkretheit beginnt hinter dem Hunger und hört vor der Wirtschaft und der Maschine auf: in der Mitte sitzt das „Dasein“ herum, hämmert sein „Zeug“ und beweist dadurch „Sorge“ und den Neubeginn der Ontologie.

* * *

Es besteht ein sehr enger Zusammenhang zwischen Heideggers Unterschlagung des „Bedürfnisses“ und der Verschlungenheit seiner Philosophie der Zeit. Heideggers Hauptwerk heißt bekanntlich „Sein und Zeit“. „Zeit“ spielt in der Tat völlig zu Recht eine solch wichtige Rolle in seiner Ontologie, daß sie einfach nur durch ein „und“ mit „Sein“ verbunden im Titel auftauchen konnte. „Zeit“ ist daher nicht, wie in vielen Spielarten der Transzendentalphilosophie, nur einfach dem „Raum“ koordiniert, sondern besitzt eine ganz andere ontologische Schwerkraft.

Um so beklemmender ist es, daß (trotz profunder Detailuntersuchungen, die fast alles überragen, was seit Hegel über „Zeit“ geschrieben worden ist) das Verhältnis von „Sein“ und „Zeit“, d. h. ihr gegenseitiges Fundierungsverhältnis, fast das ganze Buch hindurch undurchsichtig bleibt.

Diese Undurchsichtigkeit ist aber die Konsequenz seiner unentschlossenen Analyse der „Sorge“, d. h. der Tatsache, daß das Problem des „Bedürfnisses“ unter der „Sorge“ versteckt bleibt. Der Entwurf einer „Genealogie der Zeit“ (wenn diese paradoxe Redefigur erlaubt ist), die Deduktion der „Zeit“ aus der Tatsache des „Bedürftigseins“ wäre nicht so schwierig gewesen. Eine solche Deduktion hätte ungefähr folgenden Gang nehmen müssen:

Insoweit ein Wesen „bedürftig“ ist (und das ist es ständig, da es auf Welt angewiesen ist), hat es *nicht*, was es haben *müßte.* Manche Dinge, deren es „bedürftig“ ist, stehen ihm zwar unmittelbar zur Verfügung: Luft zum Beispiel. Andere Dinge aber sind abwesend oder durch eine gewisse *Distanz* von ihm getrennt. *Indem nun das Benötigen darauf drängt, sein „Objekt“ zu haben, drängt es darauf, die Distanz zu annullieren.* Das Lebewesen stellt seiner Beute *nach*, um sie zu *haben*, zu verzehren und also weiterzuleben. („Es stellt dem vorgestellten Gegenstande nach.“) Dies „Nachstellen“, dieser Akt der Verfolgung hat notwendigerweise eine gewisse *Ausdehnung*, d. h. die Ausdehnung, die der Distanz zwischen „Nicht-haben“ und dem Moment des „Habens“ oder „Erbeutens“ gleicht.[14] Es ist diese Ausdehnung, die *„Zeit“* heißt. Es verwundert nicht, daß diejenigen Aktionen, die in unmittelbarer (distanzloser) Beschaffung des Benötigten bestehen (wie etwa das Atmen), keine Zeit „konstituieren“, sondern nur diejenigen Aktionen, die Distanz vom Beuteobjekt überwinden müssen.[15] Dann vergeht, oder wie es auch heißt: „verläuft“ „Zeit“. Aber nicht wir sind es, die mit ihr laufen (wie es im lustigen Reim von W. Busch heißt), sondern die Zeit läuft mit uns. Ist das benötigte Objekt erreicht, hört die Zeit auf zu vergehen: das gestillte Baby schläft und ist „zeitlos“. *Dem Glücklichen schlägt keine Stunde. Dies ist das Grundmodell der Genealogie der Zeit aus dem Bedürfnis,* eine Genealogie, die in Heideggers Deduktionen dunkel bleiben muß, weil die Ableitung des *ontologischen* Charakters „Zeit“ aus der *ontischen* Unzulänglichkeit des Lebewesens (oder des Menschen als Lebewesens) den Primat und die Selbstgenügsamkeit der ontologischen Sphäre zerschlagen hätte. Unnötig zu betonen, daß unsere Ableitung nur ein erster Schritt ist. In ihr ist der Unterschied der tierischen von der menschlichen Zeit noch nicht berücksichtigt; ebensowenig die Frage, wie die Kontinuität der Zeit aus dieser Primitivform heraus entsteht, in der Zeit sozusagen in akuten Attacken ausbricht, um dann wieder stillzustehen.[16] Hier ist jedoch nicht der Ort, um diese Fragen weiterzuverfolgen.

Ebensowenig wie Heidegger, auch wenn er „Zeit“ mit „Sorge“ verbindet, die Tatsache erklärt, daß *„Zeit“ das „Gefälle“ zwischen Bedürfnis und Befriedigung* ist, klärt er über die Grenze des Begriffs „Dasein“ auf. Wiederum trotz „Sorge“ findet man nirgends den geringsten Hinweis darauf, daß der *ontische* Zustand des Menschen, richtiger: sein *ontischer Defekt*, die „Bedingung der Möglichkeit“ seines „Ontologisch“-seins sein könnte.[17] Nirgends wird erwähnt, daß Dasein einen Leib hat (oder einer ist); nirgends, daß ihm – wie es in der mehr als zweitausendjährigen Geschichte der Philosophie hieß – eine Doppelnatur zukomme. Trotz seiner unmittelbaren Nachbarschaft zu naturalistischen Theorien geht Heidegger über all das mit Stillschweigen hinweg.

Wir hatten eingangs behauptet, daß Heidegger, auch wenn er alles Supranaturalistische vermeide, niemals zur „Natur“ gelange. Diese These scheint jetzt völlig bestätigt. Sein Dasein kennt in der Tat keine *concupiscentia*, keine Instinkte, keine Zahnschmerzen. Schon bald werden wir sehen, daß es ebensowenig *caritas* oder Freundlichkeit oder Pflichten oder den Staat kennt. Verurteilt zu diesem doppelt versehrten Zustand, ist das Dasein keine gerade beneidenswerte Spezies. Man ist versucht, das bekannte französische Wort „Ni homme, ni femme, c'est un capucin" zu variieren: „Ni homme, ni capucin, c'est un Dasein."

* * *

Da „In-der-Welt-sein" ein Charakter des „Daseins" ist, ist „Welt", plump gesprochen, ein Element des „In-der-Welt-seins" – dadurch ist aber das gesamte System der pragmatischen „Sorge", das „In-der-Welt-sein", gewissermaßen die transzendentale Bedingung der Welt. Diese seltsam klingende These besagt, daß das „Dasein" an die Stelle des transzendentalen Bewußtseins gerückt ist, das – wie wir wissen – seine Gegenstände „konstituieren" sollte. In der Tat hat Heidegger den Bewußtseinsbegriff durch seine pragmatischen Patronen gesprengt, um das Sprengresultat wieder zu einer Art von „Bewußtsein" zu machen. Freilich könnte man nicht so weit gehen, zu behaupten, Heideggers „Dasein" *konstituiere* seine Welt. Das tut es nicht; weder im Wortsinne Kants, noch in dem Fichtes, Cohens oder Husserls. Das „Konstitutionsverhältnis", wie es hundertfünfzig Jahre lang mit Metaphern wie „gründen", „setzen", „schaffen" oder „konstituieren" beschrieben wurde, hat seinen Aktionscharakter in Heideggers Philosophie eingebüßt. Dessen ungeachtet beginnt er aber auch nicht mit der Anerkennung der „Welt" – es ist das „In-der-Welt-sein", das seine Basis ist. Wieder steht seine Philosophie quer zur gewöhnlichen Alternative. Diesmal quer zu derjenigen zwischen „Realismus" und „Idealismus".

Aber warum setzte er die idealistische Idee der „Konstitution" nicht fort? Warum beraubte er das immer noch irgendwie „transzendentale" Verhältnis von „Dasein" und „Welt" seines aktionistischen Charakters? Tat er es aus rein philosophischen Gründen? Wohl kaum.

Wenn laut Fichte das „Ich" sich selbst „setzt", dann stellte dieser seltsame Akt der Selbstkonstitution, oder vielmehr dieser Begriff, die Übersetzung einer nicht-spekulativen Aktion in spekulative Sprache dar: indem sich das Ich selbst „setzte", setzte es sich als freien Gesetzgeber („setzt sich als

Gesetzgeber“); indem es das Nicht-Ich „setzte“, setzte oder schuf es „seine“ Welt, nämlich seinen selbstgemachten bürgerlichen Staat, dessen „Verfassung“, dessen „Satzung“.[18] Wenn Fichtes seltsames „Setzen“ sogar die „Natur“ einbezieht (und nicht nur die Verfassung der Gesellschaft), so stellt diese philosophische „Übertreibung“ ein Beispiel harmloser und akademischer „Universalisierung“ dar, die eintreten mußte, weil eben das partikulare Ziel (die politische „Setzung“) dazu verurteilt war, rein akademisch zu bleiben. Wer nicht dazu zugelassen ist, sich als politisch aktiver *citoyen* zu „setzen“ oder eine „Verfassung“ zu entwerfen, sinnt auf Rache durch „Schaffung“ der Natur und durch theoretische Selbsternennung zum Gott. Stirner, der in so vielen Punkten Heidegger vorwegnahm, ist ein karikaturistisches Beispiel solch harmloser Radikalisierung.

Aber wenn auch Heideggers „Dasein“ seine Welt nicht setzt, setzt oder konstituiert es eindeutig sich selbst. Sein Sich-selbst-machen und Sich-für-sich-selbst-verantwortlichmachen tritt an die Stelle der „gesetzten Satzung“ (der von den „Subjekten“ gemachten „Verfassung“ der Gesellschaft). Das heißt, daß das Interesse an moralischer oder politischer Beteiligung oder Aktion (das im Begriff des „Setzens“ verkörpert gewesen war) in Heideggers Philosophie erloschen ist. Das einzige, was das „Dasein“ in die Hand nimmt, ist das *Dasein* selbst; jeder Einzelne nimmt sich selbst in die Hand – trotz der Welt. Diese Tatsache, daß das „Dasein“ nicht mehr die Welt, sondern einzig und allein das „Selbst“ setzt, ist leicht zu verstehen. Der politische Optimismus des vor hundertfünfzig Jahren aufsteigenden Bürgertums, das gehofft hatte, sich seine Welt aufbauen zu können, war dem Kleinbürgertum um 1920 völlig unbekannt. Gegen „Verfassungen“ war es unwillig. „Demokratie“ verkörperte für es anscheinend erst das Prinzip der deutschen Niederlage, dann den Schandfleck auf der deutschen Ehre; deshalb kam „Welt“ nicht länger die Rolle eines „Produktes des Lebens“ zu, sondern diejenige eines irgendwie neutralen Korrelats des Lebens. Als einziges Produkt bleibt – zumindest virtuell

– das „Selbst“ übrig, d. h. das menschliche Lebewesen, das sich aus der Anonymität des „man“ herausreißt, um als ein einsamer und trotziger Selfmademan „verwegen“ ein *Dasein* im gesellschaftlichen Nichts zu wagen.

Was von Heidegger gilt, gilt übrigens in gewisser Hinsicht auch von der ganzen vielgerühmten Rückkehr zum Realismus und zur Metaphysik (also zum „Sein“), die sich in Deutschland in den Jahren zwischen dem Zusammenbruch von 1918 und dem von 1933 vollzogen hat. Diese Entwicklung kann von der Tatsache abgeleitet werden, daß die Philosophen die Elementarkategorie der bürgerlichen Revolution: „Machen“, die die Beteiligung an der Herstellung einer Gesellschaft freier Subjekte durch freie Subjekte („des Volkes, durch das Volk“) umschrieben hatte, aufgegeben hatten.[19] Entweder ließen sie nun den „Dingen“ ihren Lauf, oder sie waren bereit, „Macht“ oder die Welt der Macht, die nicht von ihnen gemacht wurde, anzuerkennen. Beide Haltungen eignen sich vorzüglich zur Übersetzung in „Realismus“.[20] Die diversen Varianten der Metaphysik jener Epoche spiegeln teils bürgerlichen Defätismus, teils Machtverherrlichung. Das Pathos des Neukantianismus, nach dem die „Welt“ kein „datum“, sondern ein „dandum“ (kein „Gegebenes“, sondern ein „Aufgegebenes“) ist, war jämmerlich dünn geworden; in der Tat wurde es nur von zwei oder drei kantianisierenden „Kulturphilosophen“ aufgebracht, die Vertreter der im ganzen nicht-repräsentativen „Deutschen Demokratischen Partei“ waren und dem kurzlebigen Pseudo-Optimismus in Deutschland um 1927 bestenfalls assoziiert waren.[21]

III. Indicativus und Conjunctivus. Das Freiheitsproblem. Der akosmistische Selfmademan

„Habeo, non habeor"
(Aristippos)

Wir sagten, Heidegger frage nicht nach der *„Bedingung der Nötigkeit"*, sondern nur nach der *„Bedingung der Möglichkeit"*.[22] Es ist in der Tat ein entscheidendes Charakteristikum des *Idealismus* (letztlich ein Erbstück des Stoizismus), daß er *jedes „muß" in ein „kann" ummünzt*, jeden Zug der Existenz in einen Freiheitscharakter; daß er den Menschen als *frei seiend* beteuert, weil (ganz gleich wie die wirklichen Umstände aussehen) er *frei sein könnte;* daß er den ontischen *conjunctivus* der Freiheit für einen ontologischen *indicativus* ausgibt. Es ist alles andere als Zufall, daß in der nachkantischen Phase des deutschen Idealismus Kants moralischer und politischer Begriff der „Freiheit" sozusagen „entmenschlicht", d. h. seiner ausschließlich anthropologischen und moralischen Bedeutung beraubt wurde; daß Freiheit in eine Art „Sein" verwandelt wurde – in (natürliche) „Potenz" bei Schelling, in „Geschichte" bei Hegel. Schelling formulierte geradeheraus, daß „Freiheit" „Seyn" sei im Unterschied zu „Seyendem".[23]

Wenn Heidegger das „Können" zum Grundbegriff des „Daseins" macht, findet er sich in respektabler Gesellschaft, obwohl eben in einer Tradition, die durch „Ontologisierung" der Freiheit auf die Idee einer effektiven Befreiung der Menschen verzichtet hat.

Man könnte nun leicht vermuten, daß Heidegger dem „Können" einen schmaleren Spielraum einräumen würde als die nachkantischen Philosophen, die aus der Freiheit ein kosmologisches, mindestens ein universales Prinzip gemacht und durch diese Erweiterung des Begriffs ihn seiner effektiven moralischen Stoßkraft beraubt hatten. Schließlich gibt es in Heideggers Philosophie nichts, was Hegels sich in Richtung Freiheit entfaltendem *Weltgeist*, noch Schellings *natura naturans* verwandt ist.

Diese Vermutung aber täuscht. Zwar ist es nur das „Dasein", das „kann" (nicht Natur oder Geschichte); aber was es auch tut, seine Taten gelten nur als Beweis seiner Potentialität; was immer dem „Dasein" passiert, läßt es scheinbar selbst passieren. *Heideggers Trick besteht in der Tat darin, jede possibilitas in potestas, jede Möglichkeit in Macht, umzumünzen.* Der ganze Prozeß des Selbst-werdens (der das Kernstück der Heideggerschen Philosophie und zweifellos die ausschließliche Pflicht jeder besseren Klasse von „Dasein" ausmacht) setzt sich aus einer Serie von „Besitzergreifungen" zusammen; das ganze erscheint als eine *„occupatio fati"*, wenn wir die klassische Redefigur „amor fati" dementsprechend entstellen dürfen.[24] Es ist wirklich sehr bezeichnend, daß die Wörter „Eigentum" und „Eigentlichsein" die gleiche Sprachwurzel haben. Das „Dasein", das sich, nach Heidegger, erst einmal als herrenloses Gut („in die Welt geworfen") vorfindet, wird eigentlich, indem es sich zu seinem eigenen Eigentümer macht.

Man übersehe nicht die in einem solchen Prozeß totaler Selbstaneignung verleugneten Charaktere: jede Art von „Zugehören" (zur Welt, zu Gruppen, Pflichten, Freunden) scheint, wenn auch stillschweigend, ausgeschlossen. Dennoch besteht kein Zweifel, daß Heidegger diese Beschreibung der Selbstergreifung als seine *Moral*philosophie versteht, auch wenn er den moralischen Philosophieteil nicht von seiner theoretischen Ontologie abtrennt. So läßt er es – zweifellos absichtlich – offen, ob die Selbstverwandlung des „Daseins" in „Existenz" eine ontologische *Tatsache* oder ein „Soll" darstellen soll. Anscheinend stehen wir hier einer neuen Neutralisierung oder richtiger: einer neuen Vieldeutigkeit gegenüber.

Die Selbstaneignung beginnt in Indignation: als Antwort auf den metaphysischen Skandal der „Faktizität"; das heißt als Antwort auf den Skandal, daß das „Dasein" sich als daseiend (sozusagen nicht von sich selbst bestellt) und als ausgerechnet X oder Y vorfindet – eine Tatsache, die das „Dasein" nicht umhin kann anzuerkennen. Wir sagen, es „kann nicht". Also ist der ursprüngliche Zustand des „Daseins" durch einen völligen Mangel an Freiheit gekennzeichnet. In gewisser Hinsicht stellt das ganze nun folgende Leben einen ausgedehnten Racheakt dar. Nachdem das „Dasein" dem ursprünglichen Skandal getrotzt hat, „kann" es nun alles, wenn es nur will, da alles, was es will, nur darin besteht, ein Selbst, oder es selbst zu werden, oder niemals aufzuhören, sich selbst, sein eigenes „Selbst" zu übertreffen. Es nimmt nun seine zufällige „Faktizität" (sein Da-sein, in das es sich nicht selbst geschickt hat) auf sich, beschließt, so zu existieren, als ob es aus freiem Willen dagewesen wäre, nimmt seine Möglichkeiten in die Hand und wird gewissermaßen sein eigener Vater.[25] Dies Unternehmen gelingt teils mit Trotz, teils mit einem ontologischen *Wortspiel*[26]; denn nun verwandelt Dasein, die „Wurfkraft" der „Geworfenheit" benutzend, „Geworfenheit" in einen „Entwurf": indem es den Schwung seines „In-die-Welt-geworfen-seins" ausnutzt, „wirft es sich in die Lebensplanung". Diese Beschreibung ist im großen und ganzen eine triviale Wahrheit: Nur weil wir da sind, können wir das Leben selbst in die Hand nehmen. Man sollte aber festhalten, daß Heideggers Beschreibung anscheinend voraussetzt, daß das „Dasein" als ein Niemand zur Welt kommt und daß das, was ihm passiert, von niemand anderem als ihm selbst abhängt – kurz: sie gilt für den historischen Typ des Selfmademans, nicht für den Menschen im allgemeinen – wenn auch für einen Selfmademan, der keine Gelegenheit mehr hat, in der Welt aufzusteigen, also für einen *akosmistischen Selfmademan.*[27]

Doch nicht nur die „Faktizität" seines Da-seins, sondern auch der „locus", in den es geworfen war, macht das „Dasein" zum Skandal. Es fand sich als amorphes Wesen, ertränkt im Brei dessen, was *man* sagt, was *man* gewöhnlich tut, was *man* gewöhnlich verlangt, kurz: versunken in das, was Heidegger das „*man*" nennt. Positiver ausgedrückt, man findet sich von anonymen anderen getragen, nicht dazu verurteilt, alles selbst zu tun, zu entscheiden, zu übernehmen. Für Heidegger aber, der keiner Gruppe angehört, bringt die Tatsache, daß man nicht nur man selbst ist, überhaupt nichts Tröstendes mit sich. Die anderen, die Doxa, das Vorurteil, die Sitten sind nichts als der Lehm, der am Fuße des Selbst klebt und sein Selbstsein hindert. Aus diesem Lehm des „Man" muß sich das „Dasein" herausziehen, wie sich Münchhausen selbst am Zopf herauszog. Nur falls und wenn ihm diese Veranstaltung gelingt, ist es „Existenz" geworden, nur dann hat es jenen Status der „Unbedingtheit", des Nicht-Bedingtseins-durch, erreicht, in dem „Dasein" die Verwirklichung seiner eigenen Möglichkeiten ist.

Wenn wir die Schilderung dieser Aktion aus dem ontologischen Idiom in die Alltagssprache übersetzen, erweist es sich, daß ganz vertraute Phänomene umschrieben werden: *Emanzipation* und *gesellschaftlicher Aufstieg* – Emanzipation von jener gesellschaftlichen Anonymität, in der man geboren wurde, und Aufstieg zu einer anderen –, mit der Ausnahme aber, daß Heideggers „Dasein" seinen Ursprung als solch unauslöschlichen Makel empfindet, daß es ihn ganz verbergen muß. Nicht geboren, sondern „geworfen", kommt es (wie ein Niemand) von nirgendwo her und bleibt ein Niemand, solange es ihm nicht gelingt, sich selbst den Titel „Existenz" zu verleihen.

Aber nicht nur die „Geworfenheit" und das „Man" beschränkt den Drang des „Daseins" nach totaler Freiheit. Da *Sterblichkeit* seine andere Schranke ist, muß der Tod gleichfalls angeeignet oder besetzt werden. Laut Heidegger besteht deshalb „Existenz" darin, den Tod zu usurpieren, aus ihm ein „momentum" des Lebens zu machen, ein „*Sein zum Tode*" zu werden – eine Selbstverwandlung, durch die in gewisser Hinsicht der Tod trotz seiner allgegenwärtigen Drohung ziemlich verharmlost wird, denn nun wird er ein Eigentum oder ein Charakter des Lebens selbst. So scheinen also die Schranken der Freiheit des „Daseins" ausschließlich an den beiden Enden des Lebens zu liegen, an seiner Ankunft und an seinem Abgang, und beide scheinen das „Dasein" nur deswegen zu beschränken, damit das Selbst sie erfolgreich überwinden und in Besitz nehmen kann. *Jene Mächte aber, die im Laufe des wirklichen Lebens das „Dasein" seiner Freiheit berauben: die realen Machtverhältnisse, sind in Heideggers Philosophie nicht der Rede wert.* Nicht ein einziges Mal wird auf sie angespielt. Und als sie wirklich den Schauplatz betraten, versuchte Heidegger nicht, sie wie die „Geworfenheit" oder den „Tod" zu bekämpfen, sondern machte Kotau vor ihnen. Welch eine Freiheitsphilosophie! Keine Rede davon, eine Welt aufzubauen oder zu „konstituieren", keine Krume bleibt vom politischen Begriff der „Freiheit", wie ihn die großen Theoretiker der bürgerlichen Revolution formuliert hatten. „Autonomie" ist in bloßen Trotz umgeschlagen, ist zu jenem asozialen Anschein von „Freiheit" geworden, seinen eigenen Ursprung und seinen eigenen Tod zu besitzen. Zwar kann nicht geleugnet werden, daß die Düsterkeit dieses „Seins zum Tode" sehr eindrucksvoll dargestellt ist, aber Düsterkeit ist weder ein Verdienst noch ein Wahrheitsbeweis. Wenn Heidegger seine Identifizierung von „Selbstsein" und „Sein zum Tode" damit begründet, daß der Tod die *einzige* Situation sei, die jede mögliche Vertretung durch irgendjemand anderen völlig ausschließe (und deshalb gewissermaßen „meiniger" sei als irgendetwas anderes), so ist diese Verflechtung dubios: In jedem lebendigen menschlichen Verhältnis zu Anderen ist Vertretung ebensowenig möglich. Überdies ist es keine Tatsache, sondern das Vorurteil des völlig Desolidarisierten, „Ersetzbarkeit" als ein notwendig negatives Merkmal zu betrachten. Selbst wenn schon nichts „meiniger" ist als mein eigener Tod, *verwandelt Heidegger das grammatische Possessivpronomen noch in einen wirklichen Besitztitel*, der ihn auf dieselbe Weise trösten soll wie den *moriturus* aus „Tausendundeine Nacht", der, „Mein Scharfrichter!" ausrufend, diesen plötzlich durch die eigenartige Macht des hervorgestoßenen Possessivpronomens als seinen Sklaven besaß.

Wir sehen: Heideggers „Sein zum Tode" ist trotz seines

makaberen Klangs ein neuer Pseudo-Radikalismus, letztlich sogar eine Art Eskapismus. Den Tod fürchtend, flieht er in die Scheinfreiheit des „Sterbenkönnens" *(potestas moriendi)* als „eigenster Möglichkeit". Was für eine jämmerliche, was für eine verzweifelte Form von Freiheit, in Richtung Tod zu leben, statt gern zu leben oder für eine Sache zu leben. Gegen solch eine Desperado-Situation etwas von einem gegebenen Wertesystem aus zu sagen, wäre natürlich müßig. Das Selbst, dessen Leben für nichts lebt („ins Nichts hineingehalten", wie Heidegger es in anderem Zusammenhang ausdrückt), ist mit der Desperado-Situation schon genug gestraft. Aber auch Strafe ist weder Verdienst noch Wahrheitsbeweis. Unvergleichlich wahrer und würdiger scheint das zu sein, was die klassische Philosophie über hoffnungslose Situationen zu sagen hatte. Die Stoiker betonten unermüdlich, daß der letzte und der letzte tröstende Akt der Freiheit der Selbstmord sei. Wenn der nihilistische Philosoph trotz allem weiterlebt und wenn er sogar Justifikationstheorien aufstellt, dann sollte er zugeben, daß er trotz allem *gern lebt* oder – da er allgemeine Aussagen bevorzugt – daß *das Leben gleichwohl lebenswert ist* – was immer dies Wort „lebenswert" bedeute. Dann sollte er diese Aussage „lebenswert" als entscheidendes Element in seine Analyse des „Daseins" einfügen. Obwohl die Tatsache seines „Weiterlebens" beweist, daß das Leben lebenswert ist, kann sich der professionell ernste Existentialist zu dieser fundamentalen Aussage aber nicht durchringen: sie erschiene ihm zu leichtfertig, mindestens zu oberflächlich. Also muß er etwas zwischen Leben und Selbstmord finden oder erfinden. Und genau das tut Heideggers „Selbst": *es stellt das Leben selbst als eine Art Selbstmord dar.* Indem es freiwillig und pausenlos seinen Tod auf sich nimmt, begeht Heideggers „Existenz" *lebenslangen Selbstmord*, ein erbärmlicher Tod, der freilich trotzdem, da er so lange wie das Leben selbst dauert, gewisse unleugbare Vorteile bietet.

Das freie Subjekt, das in der Epoche von Kant und Fichte am Aufbau einer Gesellschaft freier Bürger hatte mitwirken wollen, hat sich also zum Stockholder seines eigenen Endes degradiert. Die Kulisse der moralisch-politischen Hoffnungen, die den Hintergrund des sich-setzenden Ichs abgegeben hatte, ist abmontiert (denn die Geschichte selbst hatte diese Hoffnung bereits abmontiert); da ist kein Ziel, keine Glücksvorstellung, die man als den Motor der Heideggerschen Aktion finden könnte. Auch ist das Ich nicht mit Kants moralischen „Handlungen" oder Hegels „Wirklichkeit des Geistes" beschäftigt – sondern einzig und allein mit sich selbst. Da „Dasein" sich immer noch als „Können" interpretiert, also als dynamisch, da es andererseits nicht mehr handelt, reduziert sich seine Aktivität auf eine bloße moralische *Selbstbehandlung*, auf die beständige Aufrechterhaltung seines existentiellen Zustands. *Sein kategorischer Imperativ* (ihm inhärent, wenn auch von Heidegger nicht formuliert) begänne nicht mehr mit dem Kantischen Wort „Handle" oder „Tu" – welch Scheinheiligkeit!, er *würde sich auf das nackte „Sei!", höchstens auf ein „Sei Du selbst!" beschränken;* ein harmloser Befehl, den das Leben befolgen kann, während es am Schreibtisch sitzt. In gewisser Hinsicht besteht die Befolgung dieses Imperativs gerade in Philosophieren, da Philosophie *alētheuein*, also Selbstoffenbarung des „Daseins" als ein Selbst ist; und da „Philosophie" und „Dasein" denselben Gegenstand teilen: „Wesen" – denn „Existenz ist das Wesen des Daseins". Nun verstehen wir endlich ganz, daß Heideggers Philosophie theoretische *und* praktische Philosophie zugleich ist. Da sie also gleichzeitig beides ist, ist er wie ein Anarchist, der es sich zum Grundsatz gemacht hat, sein Arbeitszimmer nicht zu verlassen, und der in seinem Philosophieren beschließt – nein, nicht dieses oder jenes zu tun, sondern zu *sein*, entschlossen zu sein. Der angeblich kühne Sprung aus der „Allgemeinheit" der Theorie in die Konkretheit der Existenz endet als eine rein theoretische Existenz, als reine „*Stimmung*" der „Entschlossenheit überhaupt" („vivere pericolosamente"), also trotz Heideggers schroff anti-ästhetischen Pathos als ein rein *ästhetisches* Phänomen. Wenn seine Philosophie den Eindruck erweckt, ungeheuer „aktivistisch“ zu sein, wenn Philosophie in aktives Leben rückverwandelt scheint – so ist das bloßer Schein, denn außer dieser philosophischen gibt es keine Aktivität, zu der die Existenz bestimmt oder aufgerufen ist. *Seine Philosophie ist so aktiv, weil alle Aktion Philosophie geworden ist* – wie Hegels „Geist“ so konkret ist, weil alles Konkrete „Geist“ geworden ist. Die aktivistische Heftigkeit seines Philosophierens ist lediglich die Kehrseite der Tatsache, daß er nicht die mindeste moralische oder politische Aktion in dieser Welt postuliert noch beansprucht, die Kehrseite der Tatsache, daß er (wie die Majorität des deutschen Kleinbürgertums) einen moralischen und politischen Sitzstreik durchführte. Kaum verwunderlich, daß er überhaupt kein Prinzip, kein Gesellschaftsideal, kurz: *Nichts* hatte, als die Trompete des Nationalsozialismus in sein moralisches Vakuum hineinzudröhnen begann: er wurde ein Nazi.

IV. Heideggers Unsynchronisiertheit. Der Begriff der „Geschichtlichkeit“

Dies schändliche Ende der moralischen Prätentionen des „Existenzphilosophen“ ist jedoch weit von den ursprünglichen Motiven seiner Philosophie entfernt. Wenn wir von seinen unverhüllt opportunistischen Gründen absehen, so ist Heideggers versuchte Gleichschaltung, sein Konformismus nur aus der Tatsache zu verstehen, daß er ungewöhnlich und vehement non-konformistisch begonnen hatte; denn als Heidegger an „Sein und Zeit“ schrieb, befand er sich in der eigenartigen Situation, *noch Häretiker zu sein – in einer Periode, in der die Säkularisierung* sowohl des inneren als des äußeren Lebens *seit Generationen bereits selbstverständlich gewesen war.* Er ist eine vorzügliche Illustration der Tatsache, *wie wenig Geschichte mit sich „synchronisiert“ ist.* Er wuchs provinziell auf – nicht umgeben vom „modernen Leben“, von gesellschaftlichen Problemen, von der Industrialisation. Seine erste „Bildungswelt“ war das Christentum und die griechisch-christliche Ontologie – während seine Zeitgenossen in höchst diversen Säkularisationsdimensionen, in einer von Technik und Naturwissenschaft artikulierten Welt lebten.[28] Er mußte Gott noch einmal leugnen – zu einer Zeit, da niemand an seine Indifferenz in Glaubensdingen überhaupt noch dachte; er mußte sich von dem Begriff einer „erschaffenen" Welt freimachen, zu einer Zeit, da selbst der Begriff einer *werdenden* Welt bereits uninteressant geworden war – und er tat das, indem er den negativen Begriff der „Geworfenheit" erfand, der keinen „Werfenden" (irgendjemand, der den Menschen in die Welt warf) impliziert. Wenn auch alles Übernatürliche ausschließend, verwirft dieser Begriff deutlich ebenso natürliche „Deszendenz". Unsere erste These, laut der Heideggers Philosophie quer zur Alternative „Natural–Supranatural" steht, findet sich erneut bestätigt. Er hatte noch einmal den Schritt Luthers nachzuholen, der in seinem Leben die gleiche vehemente, gar befreiende Rolle spielte, die für viele seiner Zeitgenossen welthistorische Ereignisse ihrer Tage gespielt haben mögen. Kein Wunder, daß Heidegger den echten Zugang zur „Geschichte" als „Wiederholen" bezeichnet – ein Wort, das, wenn man es auf der ersten Silbe betont, „wieder holen" [„re-covering"; eigentlich „Nachholen"] bedeutet, und „wiederholen" [„repeating"], wenn man es auf der dritten betont. Nicht von der Gegenwart aus, mit der er so mangelhaft synchronisiert war, führte ihn sein geschichtlicher Gang zu diesem oder jenem *locus historicus* – vielmehr *arbeitete er sich aus der Vergangenheit*, in der er weit mehr zuhause war, durch die diversen Etagen der Geschichte bis zum Dach der Gegenwart hinauf, nur um sich wieder zu unterscheiden, diesmal von den Dachbewohnern, die dort oben ohne wirkliche Kenntnis der unteren Etagen lebten. Was immer er aus den vergessenen Etagen heraufbrachte, hielten sie für etwas Neues: z. B. die theologischen Reste seines Atheismus, die in ihren Augen die Keime einer kommenden Metaphysik zu sein schienen; oder das vollkommene Ineins von Philosophie und Anthropologie[29], das, von Feuerbach hundert Jahre zuvor formuliert, inzwischen wieder unter anderen Philosophieschichten begraben worden war. Kurz: Sein anachronistischer Ursprung war der Anlaß *seiner Reise in Richtung Gegenwart*, wo er sich aufgrund seiner Reiseerfahrungen wieder als ein anachronistisches und einsames Wesen vorfand.

So weit ist, biographisch, sein Zugang zur Geschichte plausibel und konsequent. Unbeantwortet aber bleibt die, wenn man dies unmoderne Wort verwenden darf, „erkenntnistheoretische" Frage, *ob Wiederholung möglich sei.* In der Tat ist der Umkreis „wiederholbarer" Dinge beschränkt, es sei denn, wir wären bereit, die kompakte Realität des Vergangenen (mit dem wir offensichtlich nicht identisch sind) in etwas zu verdünnen, was „eigene Existenz" werden kann.

Wir hatten nun wiederholt Gelegenheit gehabt zu sehen, daß Heideggers Anstrengung auf „*Besitzen*" aus ist, darauf, selbst das absolut außerhalb unserer Macht liegende Ereignis: den Tod anzueignen und zu besitzen, indem er ihn in ein „Sein zum Tode" verwandelt. Auf ganz ähnliche Weise eignet sich Heidegger die „Geschichte" an. Sozusagen als „*Daseins-Monist*", der nichts als „Dasein" sieht, verdünnt er die „Vergangenheit" zur „Gewesenheit", die vergangenen Ereignisse zu „Dasein, das gewesen ist", zu *verwirklichten Möglichkeiten* des „Daseins", und beraubt dadurch das Kontinuum „ontischer" Ereignisse, politischer Systeme etc. seines unleugbaren Gewichts zugunsten des „Daseins, das gewesen ist". Der Interpretationsschlüssel verrät deutlich hegelsche Machart, wenn auch mit den zwei grundsätzlichen Unterschieden, daß Heidegger jeglichen „objektiven Geist" ausläßt und daß er das Fortschrittsprinzip der Möglichkeiten neutralisiert, ja, derart umkehrt, daß er manchmal die *Geschichte* wie die *Geschichte ihres eigenen Verfalls* oder ihrer eigenen „Verschüttungen" aussehen läßt, kurz: wie einen *Regreß.*[30] Die beabsichtigte Vagheit des Terminus „Dasein" und das Versäumnis, ihm eine bestimmte Hypostase zu geben, erlaubt Heidegger nun, beides: sich selbst und die Geschichte „Dasein" zu nennen. Plump ausgedrückt, beides ist aus derselben ontologischen *hylē* [Materie] gemacht. Da er selbst „Dasein", „geschichtliches Dasein" ist, kann er die Geschichte „wiederholen". Das berühmte Goethe-Wort „Wär' nicht das Auge sonnenhaft ..." könnte variiert werden: „Wär' Dasein nicht geschichtehaft ..." Dadurch, daß sie seine wird, verliert die Geschichte aber ihre kompakte Realität und wird zur bloßen Tonart des „Daseins": „Geschichtlichkeit".[31]

Demnach könnte man von Heidegger leicht eine universalistische hegelsche Bereitschaft und Empfänglichkeit für alles Menschliche, was gewesen ist, ist oder sein könnte, erwarten. Diese Erwartung wird wiederum enttäuscht. Heidegger wiederholt nur diejenige Geschichte, die ihn gemacht oder angeblich gemacht hat, nichts anderes als seine eigene Ahnenreihe. Da er nur das eine Interesse hat, seine *„Geworfenheit" zu annihilieren, verwandelt er sie zurück in ein natum esse.* Indem er den ununterschriebenen Scheck seiner eigenen Faktizität in das Hartgeld seiner Ahnen einwechselt, versucht er, Geschichte zu „erwerben", um sie zu „besitzen", um sie zu sein. („Was du ererbt von deinen Vätern hast, erwirb es, um es zu besitzen.") So ist Geschichte für ihn *eo ipso* „meine Geschichte", wobei das Possessivpronomen „mein" wieder die Uneinlösbarkeit anzeigt, auf die wir oben aufmerksam gemacht haben. *Es zeigt sowohl Dinge an, die mich besitzen, als auch Dinge, die ich besitze. Heidegger münzt stets die erste Bedeutung in die zweite um.* Genauer: Heidegger schränkt das geschichtliche „Dasein", mit dem er sich identifiziert, auf die griechisch-christlich-europäische Geschichte ein, und nur auf ihren „geistesgeschichtlichen" Sektor. Seine Haltung ist absichtliche *Selbst-Provinzialisierung*, weitestgehend entfernt von jeder philosophischen Seefahrer-Haltung. Nur in den Tiefen der Geschichte nimmt er seine Lotungen vor. Geschichte kann ihm niemand wegnehmen. Überhaupt kein Interesse führt ihn in *ökumenische Weiten, in die „eine Welt"*, in die „Fremde", geschweige denn in primitive Kulturen. Seiner Ansicht nach seien diese nur Objekte der Neugierde und gingen uns nichts an. Offensichtlich stimmt diese Abriegelung zusammen mit dem

Rückzug Deutschlands in sich selbst nach der Niederlage, dem Verlust seiner Flotte und seiner Kolonien 1918. Sie geht einher mit Mißtrauen und Fremdenhaß, die später Heideggers Gleichschaltung mit dem Nationalsozialismus förderten.

Die Position Heideggers ist also eminent verschlungen. Einerseits wird die Geschichte in eine Daseinsmöglichkeit zurückverwandelt, und zwar so, daß der Mensch, da er gleichfalls „Dasein" ist, sie wieder als seine eigene „Möglichkeit" nachvollziehen kann. Andererseits anerkennt der Mensch, da er Geschichte, aber einzig seine eigene Geschichte ist, nur seine eigene Vorgeschichte als Geschichte. Diese doppelte oder wechselseitige Vertäuung von „Geschichte" und „Dasein" bewirkt offensichtlich eine zweifache Verengung des Geschichtsbegriffs.

Indem Heidegger „Vergangenheit" in „Gewesensein" rückübersetzt, läßt er die Menschheit wiederum „freier" erscheinen, als sie wirklich ist. Er übergeht mit Stillschweigen die entscheidende Tatsache, daß historische Situationen (zwar nicht alle, aber mindestens die Mehrzahl) nicht unmittelbar positive Möglichkeiten der Menschen darstellen, sondern höchst vermittelte Antworten der Menschen auf objektive Welt- oder Gesellschaftszustände. Diese Zustände sind weit davon entfernt, von der „menschlichen Natur" (wenn es so etwas gibt) vorgesehen zu sein; die „menschliche Natur" kann vielen sogar überhaupt nicht gemäß leben, sie sich nicht zu eigen machen. Es wäre – gelinde gesagt – sinnlos, die faschistische Welt (Beispiel 1), gewiß ein historisches Phänomen, als eine genuine Möglichkeit des „Daseins" zu interpretieren. Meistens weiß das „Dasein" nicht, wie es diese, doch menschengemachte Welt meistern soll, und *wenn es ein ihr entsprechendes „Dasein" gibt, dann ist diese Art des „Daseins" strenggenommen kein „mögliches Dasein", sondern häufig die erzwungene Antwort des „Daseins" auf sein eigenes Produkt, ein Produkt, das größer geworden ist als sein Produzent.* Kurz: sowenig Heidegger „Natur" (den nicht-menschlichen Faktor im Menschen) berücksichtigt, sowenig gibt er Geschichte als ein *medium transcendens proportionem humanam*, als *objektiven Geist* oder *Un-geist* zu. Der einzige, diese „proportio" überschreitende Charakter, den er behandelt, ist das „man" (die durchschnittliche Öffentlichkeit aus jedermann und niemand), das aber ein rein negatives Muster ist: Staat, Wirtschaft, Sklaverei, Recht – nichts davon wird auch nur erwähnt in Heideggers Philosophie der Geschichte.

Wie wir eben gesagt haben, ist Heideggers Interpretation von „Geschichte" als „Gewesensein" eng mit seiner angedeuteten Theorie der Freiheit verknüpft. Die Tatsache, daß der Großteil der Geschichte Geschichte der *Macht* ist, also Geschichte der Unfreien, den Menschen *aufgebürdete* Geschichte, wird völlig unterschlagen. Diese Unterschlagung hat nun die wichtigsten Konsequenzen für den Begriff der „Wiederholung". Wenn eine geschichtliche Situation nicht nur vom „Dasein" bestimmt wird, sondern von objektiven Faktoren, die dem Menschen aufgebürdet sind, dann reicht die alleinige Tatsache, daß ich „Dasein" bin, nicht aus, ermöglicht mir nicht, die Situation zu wiederholen. *„Gewesenheit" hat nicht,* wie Heidegger anzudeuten scheint, *notwendig mit dem „Wesen" des „Daseins" zu tun.* In der Tat hatte die Behandlung der Wörter „Wesen" und „Gewesen" als Zwillingswörter, wie wir das immer wieder in der deutschen Metaphysik finden, stets einen konservativen Akzent (Beispiel 2). Ist es zum Beispiel möglich, die Art von „Gewesenheit", wie sie etwa in Kants Begriff der „Autonomie" angelegt ist, zu wiederholen? Es ist nicht nötig, die triviale Wahrheit zu betonen, daß „Autonomie" nicht einfach eine Emanation des „Daseins" war, mindestens war sie auch das Echo des „Daseins" auf eine unwiderruflich vergangene Welt, auf jene des aufsteigenden Bürgertums. Die Antwort auf unsere Frage ist, wenn auch indirekt, von Heidegger selbst gegeben worden, denn er hat – wie wir oben betont haben – die der bürgerlich-revolutionären Philosophie inhärenten „Citoyen-Motive" *nicht* wiederholt. Da er in einer völlig veränderten Welt lebte, in der „Republik" und „Niederlage“ dasselbe zu sein schienen, konnte er eben den Begriff der „Welt“, der in dem Kantischen Terminus impliziert war, nicht wiederholen. Und gerade weil solche Wiederholung unmöglich war, löst sich Heideggers Unternehmen in völligen Nihilismus auf. Unser Beispiel „Autonomie“ war kein zufälliges. Wie wir wissen, war auch Heidegger in gewisser Hinsicht von einer Art „Autonomie“ oder „Emanzipation“ (z. B. vom „Glauben“) ausgegangen. Da es aber in der Welt einer zerfallenden Gesellschaft nicht in Frage kam, in die Richtung fortzuschreiten, in die die Theoretiker der Emanzipation des *troisième état* einst gewiesen hatten, schlägt Heideggers vor-säkulare Position wie ein Kurzschlußfunke direkt in die nihilistische um, *ohne moralistische oder politische Zwischenstadien zu durchlaufen, ohne an säkularisierten Zwischenstationen sich aufzuhalten.* Wollte er „er selbst“ sein (d. h. frei von Autoritäten und seinem zufälligen Ursprung), wollte er in der „Wahrheit“ sein (statt in der „doxa“ und im „man“ zu versinken), so konnten Freiheit und Wahrheit, wie sie in der politisch-philosophischen Ethik des deutschen Idealismus gemeint waren, überhaupt keinen positiven Sinn für ihn haben. Zwar befreite er sich, aber nur *aus* einer Knechtschaft, nicht in einen anderen Zustand hinein. Während das Kantische und Fichtische „Subjekt“ im Namen von Gruppen gesprochen hatte, sprach Heidegger für keine Gruppe, es sei denn, wir anerkennen ihn als das Mundstück der zugegeben beachtlichen Anzahl von Deutschen nach 1918, deren Gruppenbewußtsein zweideutig oder gar imaginär geworden war. Selbst angenommen, er sprach für sie, tat er es so, wie Fieber für Krankheit spricht: *typisch mag er für sie gewesen sein, aber er tat nichts für sie*, stellte keine positive Moral oder politischen Pläne oder Postulate *„für“* sie auf. Da er Geschichte oder „Gewesensein“ zu „wiederholen“ sucht, statt, wie wahre Philosophen es getan hatten, die moralische Devise seiner Zeit auszugeben, besteht ein systematischer Zusammenhang zwischen seiner Geschichtsphilosophie und der Leerheit seines moralischen Rigorismus.

V. Lebensfeindliche Lebensphilosophie. Existenz – verschämte Ewigkeit

Wenn man drei Typen von „Moralität" unterscheidet: (1) Moralisch sein in der gegebenen anerkannten Welt, (2) Eine „moralische Welt" aufbauen, (3) Sich, ohne Ansehen der Welt, moralisch machen – so gehört Heidegger eindeutig dem dritten Typ an. Da der Mitmensch in seinen Prozeß des „Selbstwerdens" nicht einkalkuliert ist (weder als „Nächster" noch als „Fremder", weder als Partner in der Liebe noch in der Pflicht, noch in der Politik), bleibt als einziges Ziel übrig, ein *homo novus*[32] zu werden, wenn auch einer, dem sowohl *caritas* als auch soziale Verantwortung fehlen. Solch ein Fehlen „Auslassung" zu nennen, ist untertrieben. Der Begriff der „Individualität" ist so zugespitzt, daß sie zum ausschließlich verbindlichen Inhalt geworden ist, während sie früher, in der Form des Gewissens, nur die letzte und verbindliche Stimme gewesen war. Genauer: Die Stimme des Gewissens spielt eine kaum geringere Rolle als im Christentum oder im Kantianismus, nur daß es *die Stimme des Selbst* ist, *die das Selbst (oder das „Dasein") zu seinem Selbstsein ermahnt.* Indem Heidegger das Selbst zum „Dasein" sprechen läßt, erhält er so durchweg den Dualismus des Christentums aufrecht, auch wenn Gott oder göttlicher Geist in ihrer üblichen Bedeutung ausgeschlossen sind. Es ist kaum nötig, den Leser noch einmal an die Formel unseres Eröffnungsabschnitts zu erinnern. Wiederum steht Heidegger quer zur Alternative „Natural–Supranatural".

Wir hatten gesagt, daß das „Selbstsein" der einzige Inhalt der Ermahnung des Selbst sei. Zwar werden „Mit-sein" (mit anderen sein) und „Fürsorge" (für andere sorgen) in „Sein und Zeit" erwähnt; aber sie sind kaum mehr als Reminiszenzen an Aristoteles (*zōon politikon, symbouleuein*), die nicht mit dem vehementen Pathos des „Selbst-werdens" konkurrieren können. Sie bleiben trockene Fußnoten seines Systems. Das heißt, daß für Heideggers „Dasein" das eigene *„Leben"* (*qua* Existenz) *„der Güter höchstes"* (*summum bonum)* ist. Aber während gewöhnlich (mindestens bis zum Ersten Weltkrieg) die Devise „Das Leben ist der Güter höchstes" entweder etwas Utilitaristisches oder Epikureisches oder Dionysisches („Pralles Leben", „Denn alle Lust will Ewigkeit") ausdrückte, ist bei Heidegger das Leben, obwohl einziges Gut, weit davon entfernt, sich zu vergnügen. *In der Tat ist seine Philosophie das erste und einzige Exemplar der Gattung „Lebensfeindliche Lebensphilosophie"*. Sein „Dasein" leidet noch immer unter dem christlichen schlechten Gewissen, ja unter dem zusätzlichen schlechten Gewissen, den christlichen Sündenbegriff doch über Bord geworfen zu haben. Dieses doppelt schlechte Gewissen macht das Dasein so schlecht, daß es sich selbst jede Freude mißgönnt. Wenn Heidegger weder *Mißgunst* noch *Trotz* als „Existenzialien" einsetzte, so kann diese Auslassung nur dadurch erklärt werden, daß er trotz seiner leidenschaftlichen Suche nach *alētheia* [„Unverborgenheit"] die Motive seines Philosophierens eben überhaupt unterschlug. *Kein Mensch könnte seinen Mitmenschen schlechter behandeln als Heideggers „Dasein" sich selbst.* Ob die Behandlung sadistisch oder masochistisch ist, ist schwer zu entscheiden, da die Beteiligten Siamesische Zwillinge sind. Schläft das „Dasein", so weckt es sich auf; will es Zeitung lesen, so reißt es sich dieses „Instrument der Mittelmäßigkeit und des Durchschnittslebens" aus den Händen. Es schließt sich von Muße, Freundschaft, Freundlichkeit, kurz: von Kultur aus. Seine *exercitia* dauern 24 Stunden täglich, seine Fron, dem Tod entgegenzumarschieren, dauert das ganze Leben. Wenn es einmal sein Ziel erreicht hat, wird das „Dasein" vielleicht sagen: „Ich hab's doch geschafft"; dann mag es des Lebens satt sein, aber es wird gewiß nicht „lebenssatt" sein, so wie es von den Urvätern erzählt wird, die sich satt lebten. Durch das doppelt schlechte Gewissen herrscht in seiner Philosophie ein so tierischer Ernst, ein solcher Mangel an sokratischer Ironie, eine solche Unfähigkeit zu „fröhlicher Wissenschaft", daß *die* *bloße Tatsache eines einzigen Gelächters die Allgemeingültigkeit seiner Analyse des „Daseins“ Lügen strafen würde.*

Trotz des völligen Mangels an *caritas* hat der nihilistische Prozeß, in dem das „Daseins“ „Existenz“ wird, eine christliche, genauer: eine paulinische Struktur, denn das einzige, worauf es ankommt, worum es geht, ist das *Seelenheil*, also ein *status des Seins*, und nicht „Gesetz“ oder „Handlung“. Das heißt, der paulinische Begriff des „Glaubens“ kehrt in Heideggers Philosophie wieder, wenn auch *modo diabolico* und mit dem Etikett „Existenz“.

Bekanntlich ist im Paulinismus „Glaube“ als der status gemeint, der dem Menschen die Erfüllung des Gesetzes ermöglicht. So ist „Glaube“ dem Gehorsam und den Handlungen, die dem Glauben entfließen, übergeordnet. In Heideggers entchristianisierter Theologie bleibt der Glaubensstatus den Handlungen übergeordnet, nur wird der christliche Glaube nun ersetzt durch den Glauben an sich selbst als den Heiland des „Daseins“ und als den Erlöser vom Tod. Während Pauli Glaube besagte, daß der Glaube die Kommandierung guter Handlungen überflüssig mache, weil diese von selbst dem Glauben entflössen, werden in Heideggers Philosophie (wenn auch natürlich nicht *expressis verbis*) gute Handlungen selbst überflüssig, sobald der Zustand der „Existenz“ erreicht ist – mindestens erhalten wir an keiner Stelle von ihnen Kenntnis.

Es ist nicht so einfach, einem nichtreligiösen Menschen das Wort „Blasphemie“ aus dem Munde zu locken. Ich wüßte aber nicht, wie diese völlige Verkehrung des ursprünglichen Sinnes des Paulinismus anders charakterisiert werden könnte.

* * *

Als wir von der Mißhandlung des „Daseins“ durch das „Selbst“ sprachen, sahen wir, daß die Jagd des Selbst nach sich selbst ein äußerst qualvolles Unternehmen ist. Da, wie der Titel „Sein und Zeit“ anzeigt, das „Dasein“ zeitlich ist, hat es „Extension“: wann immer also das durch die Zeit reisende und von Versäumnispanik ergriffene „Dasein“ versucht, sich selbst in flagranti seines Ganzseins zu packen, wird ihm die Beute immer entschlüpfen; stattdessen wird es nur einen Moment von sich einfangen, immer nur diese oder jene zufällige Durchreisestation seiner ununterbrochenen Reise, niemals deren ganze Strecke. Da es sich also in seiner extensiven „Gänze" („Gänze des Daseins") nicht packen oder selbst nicht sein kann, muß es eine *intensive* Weise des Ganzseins finden oder erfinden. In der Tat ist diese *Versäumnispanik* eines der Hauptmotive für Heidegger, den Begriff der „Existenz" einzuführen, die die intensive Gänze des „Daseins" ist. Besser als von irgendeinem anderen Punkt aus verstehen wir von hier die Funktion des Todes für die „Existenz". Da es gewissermaßen der Tod ist, der die Extension des Lebens begrenzt oder bestimmt[33], um es ganz zu machen, verpflichtet Heidegger ihn sich und befiehlt ihm, die intensive Gänze des Lebens zu machen. Heideggers wunderliche Frage nach der „Gänze des Daseins" ist die Desperadofrage desjenigen, der tödliche Angst hat, ständig das einzige Kapital in seiner Hand, sein „Dasein", zu versäumen, weil dies „Dasein", da es zeitlich ist, fortwährend zu etwas Unbesetzbarem und Unhaltbarem zerrinnt.[34] *Das höchste, wenn auch niemals eingestandene Ziel von „Sein und Zeit" ist also die Eroberung des eigenen Seins trotz dessen Zeit oder die Zersetzung der Zeit in das „Intensivum" des existentiellen Zustandes des Daseins, das, unter diesem Blickwinkel betrachtet, „Daseinsewigkeit" genannt werden könnte.* In gewisser Hinsicht erhärtet Heideggers Wort von der „Existenz als dem Wesen des Daseins" diese Interpretation: hatte doch der Begriff „Wesen" in der Geschichte des europäischen Denkens seit Plato stets die Konnotation von Zeitlosigkeit inbegriffen. Freilich vermeidet Heidegger, sich zu diesem Erbstück der griechischen und der christlichen Metaphysik zu bekennen oder es beim Namen zu nennen. Als Anti-Supranaturalist *„schämt"* er sich gewissermaßen *„der Ewigkeit"*.

Es ist klar, daß diese Idee der „Ewigkeit", mindestens der Neutralisierung der Zeit, kein völliges *novum* in der modernen Philosophie ist: der hegelsche Begriff eines „Endes der Philosophie“; die marxistische These, laut der Geschichte nur die Vorgeschichte eines außer-geschichtlichen Zustandes sei; Nietzsches Idee der „ewigen Wiederkunft“ – sie alle sind Versuche, gerade weil „Zeit“ in einem weit höheren Maß als jemals in der Antike zur Achse des philosophischen Denkens geworden war, eine Art von *„Ewigkeit“ in der Zeit* zu etablieren.

Auch wenn *Heidegger* in einer breiten Tradition steht, steht er wiederum abseits dadurch, daß er seine *„Ewigkeit“* (d. h. seine „Existenz“, die die Gänze des Lebens und den Tod einschließt) zu einer *vollkommen privaten Angelegenheit* macht, wodurch sie zu einer absonderlichen Variante wird. *Seine „Existenz“ ist nur eine im Individuum verschlossene lebenslängliche Ewigkeit.* Da sie ferner eine Ewigkeit ist, die von Gott, von einem Reich der „Werthaftigkeit“, von „Ideen“, von Natur- oder Sittengesetzen, von Glück oder einer sozialen *aetas aurea* entblößt ist, kurz: aller Zusätze und Inhalte beraubt ist, die im Laufe der Religions- und Philosophiegeschichte den Ewigkeitsbegriff aufgefüllt hatten, ist sie wiederum ein Nichts, nur der leere Gegenstand des fanatischen Wunsches, nicht in dem fließenden Element zu ertrinken, dem Leben, der einzige Besitz, der ihm blieb.[35] Es ist unnötig, wieder zu betonen, daß wir keine Einwendungen machen können gegen die Tatsache, daß für Heidegger die Gültigkeit aller früher mit „Ewigkeit“ verbundenen Inhalte verdunstet war. Sobald die seit langem gärende nihilistische Situation akut wird, kommt es natürlich nicht in Frage, einfach Werte in Reih und Glied zurückzukommandieren. Unannehmbar erscheint uns vielmehr sein Versuch, die nihilistische Natur seines Nihilismus zu verheimlichen, die Tatsache, daß er ihn als „Ontologie“ vorstellt und trotz der völligen Annihilation der Werte versucht, eine Art „Verewigungs-Ritual“ aufzuführen.

VI. Isolierung – Die Bedingung der Ontologie

Obwohl es auf den ersten Blick verblüffen mag, daß Heidegger sein „Trotz-Ritual" als Ontologie darstellt, ist die Verbindung ganz und gar nicht zufällig.

Wie gesehen, hatte seine Elementaraktion darin bestanden, aus der zufälligen Situation, in die er sich geworfen fühlte, auszubrechen; dieser Akt bedeutete keinerlei positiven Schritt, denn Heideggers einziges Ziel war, sein Selbst wiederzugewinnen. Deshalb mußte ihn seine Aktion mit Notwendigkeit in völlige Isolation bringen, in eine Situation, in der er vor dem blanken „Ich bin" stand und in der er nicht länger „dies" oder „jenes" war („dies" oder „jenes" stets als sozial anerkannte Funktionen), sondern einfach *„da"*. In der Tat *ist völlige Isoliertheit die Conditio sine qua non der Entdeckung von „Sein" im Unterschiede zu „Seiendem"* (*einai* im Unterschiede zu *on*) und also die Bedingung dessen, was Heidegger in den Eröffnungsparagraphen von „Sein und Zeit" als epochale Wiederaufnahme der Platonisch-parmenideischen Unterscheidung angekündigt hat. *Der ontologische Schrecken über den „Umstand", daß es dies oder jenes „gibt"*, daß es so etwas wie ein „Es gibt etwas" gibt, vermag nicht jeden zu ergreifen; er *kann nur das völlig von der Welt isolierte Wesen alarmieren*, das Wesen, für das die Existenz der Welt nicht selbstverständlich ist, *für das ihre Nicht-Existenz „denkbar" ist.*[36] Die Unterscheidung zwischen „Dingen, die sind" und dem „Sein von Dingen" entsteht nur, falls und wenn die existierende Welt zufällig und fremd geworden ist; also falls und wenn ich ihr nicht länger verbunden bin. Das gilt für das eigene „Dasein" genauso wie für das „Sein" überhaupt. Nur der hoffnungslos von der Welt Abgeschnittene ist verblüfft darüber, *daß* es ihn gibt – eine eingehendere Analyse würde zeigen, daß *Ontologie eher eine Theorie dieses „Schreckens-Daß" als eine Theorie des „Seins" ist.* Man könnte zwar einwenden, daß diese „Ableitung" der ontologischen Betrachtungsweise ohne Bedeutung für die *Wahrheit* der Ontologie sei; daß doch jede Entdeckung einer bestimmten Situation bedürfe, ohne die sie niemals gemacht werden könnte; daß die Quelle eines Flusses nicht dessen Mündung widerlege. Generell gesprochen, mag diese Beobachtung richtig sein. Nicht aber, wo es um Entdeckungen im Lande des „Daseins" geht, *denn gerade der Akt des Philosophierens über „Dasein" ist ein Symptom einer speziellen Art von „Dasein" – abgesehen von seiner verändernden Wirkung auf das „Dasein"*. Darum entdeckt der Existenzphilosoph nicht das „Dasein", sondern das „Dasein" des Existenzphilosophen. *Sua res agitur. Sola sua.*

VII. Selbstverstümmelung

Wie dem auch sei, hat Heidegger recht, wenn er behauptet, die epochenlang verschüttete ontologische Frage als erster freigelegt zu haben?

Wenn auch gewiß Parmenides', Platos und Aristoteles' Stil, ontologische Fragen zu stellen, seit Jahrhunderten aufgegeben wurde, so ist es fraglich, ob das für die Ontologie insgesamt gilt. Die Ontologie der Moderne gab sich einen anderen Namen, nämlich „Transzendentalphilosophie". Daß Kant oder Fichte das Subjekt nicht als „Erscheinung" oder einfach als seiendes Objekt unter *onta* klassifizierten, ist eine triviale Wahrheit, die nicht betont zu werden braucht. Die zahllosen Metaphern, in denen das Subjekt als „Spontaneität" oder als „Quelle der Kausalität" oder als „unbedingt" umschrieben wurde, beweisen, daß, um Heideggers Ausdruck zu benutzen, die „Seinsart", die *species existendi* der „Subjektivität" das ausschließliche Thema der Transzendentalphilosophie gewesen war. Es war Heidegger selbst, der in seiner zugestandenermaßen profunden Kant-Interpretation den Zusammenhang dargestellt hat – nur daß er eben das Verhältnis auf den Kopf stellte. *Die Transzendentalphilosophie (d. h. die Philosophie der Freiheit) ist nicht, wie es laut Heidegger den Anschein hat, eine Ontologie, die sich noch nicht recht versteht; vielmehr ist „Ontologie des Daseins" eine Freiheitsphilosophie, die sich nicht mehr versteht, nämlich eine Freiheitsphilosophie ohne Freiheit.* Auch wenn wir dieses Problem schon gestreift hatten, als wir die Kategorien „possibilitas" und „potestas" diskutierten, müssen wir es noch einmal aufnehmen.

Im selben Augenblick, in dem das „freie Subjekt" trotz seiner ganzen „Verwegenheit" (Heideggers Wort!) darauf verzichtet, seine Freiheit effektiv zu benutzen; im selben Augenblick, in dem es sie nicht als Freiheit des Handelns verwendet, oder nicht verwenden will oder kann, entdeckt es sich als eine Art *einai.* Analog dem Lessingschen „Raffael ohne Hände" ist der Existenzphilosoph ein freier Mensch ohne Hände, aber einer, der sich selbst verstümmelt hat, und der nunmehr seinen intensiven Schmerz im amputierten Gliede und seinen noch immer lebendigen Handlungs- und Freiheitsimpuls als eine Art „Sein" registriert. Daß solch eine Philosophie in einer Periode völliger Passivität (nach der Niederlage 1918) entstehen mußte, daß sie Ausdruck einer Gruppe war, die paralysiert war, und daß sie das Werk eines Mannes war, der es verächtlich ablehnte, sich mit welcher Sache auch immer zu solidarisieren, wird immer verständlicher. Und immer verständlicher, daß das „Dasein", nachdem es auf seine wahre Berufung, „Freiheit", verzichtet hatte, irgendwie dazu bestimmt war, sie trotzdem zu verwirklichen: es mußte *skrupellos* werden. Wir benutzen absichtlich dies Wort, da es die Konnotation eines Anarchisten der Philosophie hervorruft, denn das ist es, was das „Selbst" wirklich ist – abgesehen davon, daß es völlig akademisch und zahm bleibt, daß es seine Aversion gegen Autoritäten oder moralischen Obligationen nicht wie der verzweifelte und wirklich verwegene russische Nihilist des vorigen Jahrhunderts durch physischen Terror oder Vernichtung bezeugt, sondern nur durch „Nichtung" (ein Ausdruck Heideggers, den es im Deutschen nicht gibt). Das „Selbst" ist ein unblutiger, weder sich selbst noch die Welt gefährdender Anarchist. Wenn sein Anwalt seinen Universitätslehrstuhl von eben der Welt erwarb, die er doch so verachtete, dann als Belohnung für die Unblutigkeit seiner Aktion.

VIII. Zweifelnder Christ und christlicher Zweifler

„Dasein ist ein Sein, dem es um es selbst geht ...“[37] „Es ist eine *species existendi*, die durch das Interesse, das sie an sich selbst nimmt, charakterisiert ist ...“ oder genauer: „die charakterisiert ist dadurch, daß sie für sich selbst auf dem Spiel steht.“ Diese Formel ist gewissermaßen der gemeinsame Nenner der ganzen Heideggerschen Philosophie, denn sie gilt sowohl für das uneigentliche Dasein („man“) als auch für das eigentliche („Selbst“). Denn gerade dadurch, daß das „Dasein“ dieses Prinzip ernst nimmt, macht es sich „eigentlich“.

Es ist ganz deutlich, daß diese Formel den Leser auf den Vater der Existenzphilosophie rückverweisen soll, auf Kierkegaard[38], der als erster den Ausdruck „Existenz“ benutzte und dessen Leitbegriff „Interesse“ war. Die Kontinuität wird also deutlich von Heidegger gewahrt. Aber widerspricht dem nicht, daß „Existenz“ oder „Interesse“ Teil von so etwas Ähnlichem wie einem philosophischen System werden soll? Hatte Kierkegaard seine Kategorien nicht als Waffen gerade gegen die Idee einer systematischen Philosophie benutzt? Hat Heidegger nicht dadurch, daß er eine systemähnliche Existenzphilosophie herstellte, trotz seiner freimütigen Suspendierung aller religiösen Fragen aus Kierkegaards religiösem Unternehmen etwas Theologisches gemacht?

Bekanntlich geht Kierkegaards Angriff auf Hegel etwa wie folgt: Philosophie (als System des „Seins“ oder „Werdens“) lasse notwendig *mich, meam rem*, meine unvertauschbare Situation aus; Kierkegaard attackiert gewissermaßen, daß Philosophie (d. h. Hegels System) auf ein ungeheures und ungeheuer kompliziertes Netz hinauslaufe, das zwar das Ganze bedecke, aber jedes Einzelding oder jede Einzelsituation, also auch mich, durchschlüpfen lasse.

„*Mich*" bezeichnet aber weder die „Ichheit" der Transzendentalphilosophie noch „mich" im empirischen Sinne; vielmehr die unentrinnbare moralische Situation, mit der ich zufällig identisch bin und in der ich nicht umhin kann, Entscheidungen zu treffen; oder, in mehr christlichen Begriffen, mich, der ich Gott gegenübertrete, oder dem Gott gegenübertritt – also mich im Hinblick auf mein Seelenheil, das laut Christentum das ausschließliche „Interesse" des Selbst ist. Keine Philosophie, die diese Situation, die ich bin, übergeht, kann laut Kierkegaard beanspruchen, Philosophie zu heißen. Es ist deutlich, daß also Kierkegaard Philosophie gewissermaßen im „Sein" rückverankert und daß er versucht, das „Interesse" in die Theorie zurückzuzwängen, auch wenn, wie er ganz genau wußte, das Hauptmerkmal von Theorie gerade in der „Suspension des Interesses", genannt „*Objektivität*", bestanden hatte.[39]

Kierkegaard wird nun gewöhnlich als derjenige angesehen, der mit dem Begriff der „Existenz", der das Ungeneralisierbare (Je-meinige) im Gegensatz zum Allgemeinsten zum alleinigen Gegenstand oder Problem der Philosophie mache, einen völlig neuen Begriff des „Seins" inauguriert habe. Diese Version ist, gelinde gesagt, fragwürdig. Wenn das „eigene Sein" von Kierkegaard in einem weit rigoroseren Ton als je zuvor formuliert wurde, so ist der Grund für diesen Rigorismus seine Verzweiflung; Verzweiflung darüber, daß der traditionelle „status", in dem es um nichts als „man selbst" oder das eigene Seelenheil geht: *Glaube,* sich in einer tödlichen Krise befand. Seinen anti-begrifflichen Existenzbegriff hatte er nicht nur gegen die Folie des „Systems" (Hegel) formuliert; nicht nur gegen die des aufkommenden Positivismus, der niemandem mehr etwas über sich selbst sagte; nicht nur gegen die Urteilslosigkeit und Meinungslosigkeit der Presse; noch nur gegen die kleinbürgerliche Vermanschung des Menschen, der nichts mehr noch authentisch verstehen könne, da er als „Publikum" ohnehin immer schon alles wisse: *sein Unternehmen ist* mindestens im selben Grade *der Angriff des christlichen Glaubens auf das „Wissen"*;

oder der philosophische Versuch eines nicht mehr fest an sein eigenes Glauben Glaubenden, *„sich zum Glauben zurückzuphilosophieren"*, eine Art „dubito ergo sum", der Versuch eines bereits Zweifelnden, gerade seinen Zweifel zum „pièce de résistance" seiner religiösen Situation zu machen; ein Angriff – wenn auch durch einen Mann, der die Waffen seiner Feinde anlegt, der die Sprache der Philosophie benutzt –, der mit einem Maximum an philosophischem Furor vorgetragen und mit den aphoristischen Fetzen der Verzweiflung und des Paradoxes verkappt ist. Unter diesem Blickwinkel betrachtet, stellt sein Existentialismus ein Rettungsmittel neuen Stils dar, das ihm durch die sich immer weiter verschärfende Krise der Kirche und das Verschwinden der Religion, die (als „absolutes Wissen") von Hegels Philosophie eingesogen und verschlungen worden war, aufgezwungen wurde. *Kierkegaards Originalität bestand also nicht so sehr in der Sache, die er vertrat, als in der* (wenn man das Wort im weitesten Sinne versteht) *Methode, die er anwenden mußte, um eine alte oder,* wie er ohne Scham zugesteht, *„ewige" Sache am Leben zu halten.*[40] Daher hat Kierkegaard weit mehr von einem Reformator als von einem Neuerer oder Revolutionär der Philosophie an sich – was man im neunzehnten Jahrhundert nicht richtig anerkennen konnte, da der Begriff des „Fortschritts" gerade dem Verständnis dieser historischen Kategorie „Reform" notwendig in die Quere kam. Seine „Methode" war „Existenz"; seine Sache: das Seelenheil, so alt wie das Christentum selbst. Kierkegaard war also nicht aus hauptsächlich ontologischen Gründen am „Ich bin" interessiert; bestenfalls aus „negativ-ontologischen" Gründen: um die Omnipotenz des Seinsbegriffs der Philosophie zu sistieren – letztlich aber aus rein christlichen Motiven. Der letzte Christ, erschlagen von der Wucht der gleichfalls letzten, der hegelschen Metaphysik, formuliert seine bedrohte Position mit dem Instrumentarium des Feindes: des Philosophen, um dessen Inkompetenz für seine Position: den Glauben, nachzuweisen. *Er philosophiert gegen Philosophie.* Leidenschaftlich, und höchstwahrscheinlich erfolgreich hätte sich Kierkegaard gegen das Lob seiner „Neuheit" verteidigt. Neu ist sein Versuch schon, seine Polemik gegen Philosophie in das Gebiet der Philosophie selbst zu transferieren, ein Unternehmen, das aber nicht ganz allein dastand, denn in gewissem Sinne setzte sich die gesamte nachhegelsche Philosophie aus Kritiken der Kompetenz der Philosophie zusammen: jede einzelne davon war eine philosophisch formulierte Antiphilosophie. Daß Kierkegaards großartiges Unternehmen für Heidegger entscheidend werden mußte, ist offensichtlich. Das ist nur dann nicht plausibel, wenn man Heidegger als Nachfolger Husserls einführt, wie wir es aus anderen Gründen getan hatten. Heideggers Affinität mit Kierkegaard beruht auf folgenden Tatsachen:

(1) Da Kierkegaard sich als „Korrektiv gegen die Zeit" und als letzten Christen fühlte, mußte er in einem Vakuum leben, das nicht so verschieden ist von dem, in dem Heideggers „Selbst" zu leben verurteilt ist; und mußte dieselben mit Vereinsamung verbundenen Stimmungen (wie Angst) durchstehen, die Heidegger beschreibt.

(2) Während Kierkegaard ein *zweifelnder Christ* ist, der sogar noch seine Zweifel für seine christlichen Zwecke aufarbeitet, *ist Heidegger ein christlicher Zweifler*, der selbst seine christliche Mitgift (wie „Schuld" etc.) für seinen nicht-religiösen Zweck verbraucht. Beide stehen in einer doppeldeutigen Situation (wenn sich die zwei Situationen nicht tatsächlich miteinander decken), aber sie interpretieren sie gegensätzlich. Beide Philosophen bieten eine Philosophie des Seelenheils, doch Kierkegaard hängt noch einem durch Tradition überlieferten Begriff des Seelenheils an, während Heidegger einen neuen erfindet. Beide aber konzentrieren sich nur auf die Einwirkung der Krise auf das Individuum – während Bewegungen weit größeren Ausmaßes versuchten, die Krise zu lösen, oder versprachen, sie zu lösen. In der Tat ist die Erfindung des Begriffs der „Existenz" nur die Antwort auf die Tatsache, daß „Dinge" und Institutionen den Menschen überwältigt und ihn des „Seins" beraubt hatten.

IX. Farcierter Nihilismus

Wir hatten Ahnen verschiedenster Provenienz aufgewiesen: griechische Ontologie, Christentum, Phänomenologie, Pragmatismus, Transzendentalphilosophie, Kierkegaard – und man hätte viele andere anschließen können, wie etwa Dilthey, Nietzsche, Bergson. Diese Ahnenfülle ist in der Tat erstaunlich. Nicht zuletzt ist sie der Grund dafür, daß Heidegger zur Quelle einer unleugbaren Faszination geworden ist. In der Tat hat er einen größeren Teil der europäischen Geistesgeschichte in sich verarbeitet als irgendeine Philosophie seit Hegel. Haben wir vorhin Heideggers Existentialismus als das einzige Exemplar der Gattung „Lebensfeindliche Lebensphilosophie" bezeichnet, so können wir jetzt hinzufügen, daß er das einzige Exemplar der Gattung *„Farcierter Nihilismus"* ist, womit wir meinen, daß er trotz seiner nihilistischen Tendenz mit den gesamten Motiven der Geschichte vollgefüllt ist. Diese „Füllung" aber ist nicht einfach ein ästhetisches Phänomen, wie es die Fülle in der Romantik gewesen war; sie ist vielmehr das Ergebnis des Machtwillens des „Selbst", seiner omnivoren Sucht, sich alles anzueignen. Nietzsches Worte: „Wenn es einen Gott gäbe, wie hielte ich's aus, nicht Gott zu sein?" scheinen verwandelt zu: „Wenn es Geschichte gibt, wie hielte ich's aus, nicht Geschichte zu sein?"

Die verzweifelte Devise aller handelnden Desperados „Alles oder Nichts" veränderte sich beim existentialistischen Desperado unter der Hand in ein „Alles und Nichts", das völlig begreiflich macht, daß das Buch, das sein Werk fortsetzt, nicht *„Sein oder Nichtsein"* heißt, sondern *„Être et Néant"*.

Günther Stern (Anders), New York City

Trotz-Philosophie: „Sein und Zeit“ (USA 1936–1950)

Heidegger und Geschichte des Nihilismus
Zu Heidegger und Philosophische Anthropologie

Einleitung

Die „Ordnung“, die mit Hilfe des primitivsten noch einmal neu aufgezäumten Substanzbegriffes: der Rasse, die Menschen wenn nicht zusammengehalten, aber zusammengekettet hatte, ist zerbrochen. Keine „Welt“ – nicht die der Bildung, nicht die der Kultur, nicht die der Kirchen, nicht der Parteien – steht so selbstverständlich da, daß sich der Überlebende „an ihr“ ein Leben fände. Also findet sich jeder „Vor dem Nichts“. Im wahrsten Sinne. Und ist nichts als ein Selbst. Wenn er da etwas findet.

Die Worte „vor dem Nichts ein Selbst“ sind die Stichworte Kierkegaards. Aber Kierkegaard, selbst verzweifelt vereinzelt, selbst Prophet der „Auflösung der Welt“, stand doch eben mit einem Bein in der Welt, deren Auflösung er mit- und vorformulierte. Und nahm gerade die Verzweiflung zum Sprungbrett in das Absolute: den Glauben. Das ist heute den meisten nicht möglich.

Zum Vorwort

Zu nichts und zu nichte machte der Faschismus die Menschen schon vor dem Kriege. Die übrigblieben, stehen vor den Resten der vernichteten Welt. Nichts bleibt den meisten, als gerade abzuwarten, wie das Leben weitergehe; den meisten kommt’s auf nichts mehr an. Nichts hindert sie mehr, hemmt sie mehr im Umgang mit den Mitmenschen, denn nichts ist da, das als Maßstab feststünde. Erschöpft von den Jahren der Sklaverei und Skrupellosigkeit will man erst einmal nichts tun. Außer der Sicherung von Bett und Brot gilt nichts.

Diese wenigen Sätze reichen schon, um denen, die unter Trümmern philosophieren, einen Nihilismus einzuhämmern; und der Blick über die verwüsteten Dächer ist philosophisch wirkungsvoller, als irgend ein Gespenst von ewigen Werten.

In diese Situation bricht nun, um das Maß vollzumachen, das Wissen von der Waffe, die so vernichtend ist, daß es nun wirklich im apokalyptischen Sinne auf nichts mehr anzukommen scheint; weil die Ankunft, nämlich die des Endes, bevorzustehen scheint.

Apokalyptische Zeiten hat es auch früher schon gegeben. Und ein Vergnügen war es gewiß nicht, in der Erwartung des jeden Augenblick, vielleicht im nächsten Augenblick einbrechenden Endes zu leben als „Sein zum Tode". Aber diese Angst war damals nicht nur eingebaut in die alltägliche Philosophie des Menschen, sie war deren Folge. Diesmal hat die Endangst mit dem Zeitalter als solchem nur wenig zu tun. Als Faktum ist das Ende zwar vorstellbar. Denn was die letzten Jahre gebracht hatten, war dessen Vorgeschmack. Aber innerlich vorbereitet ist der heutige Mensch durchaus nicht. „Wozu auch noch vorbereiten?" wird der Feinhörige fragen.

Zum ersten Male in der Weltgeschichte ist die Apokalypse eine vom Menschen selbst gemachte: Als solche wird sie auch verstanden. Wenn sie wirklich wird, „bricht" sie nicht „ein", sie käme als unser eigenes Produkt; als kollektiver Selbstmord mit Mitteln, auf die wir stolz sein dürfen.

„Wo die Gefahr wächst, wächst das Rettende auch" – an dieses Hölderlinwort[1] glaubt zwar heute niemand mehr. Aber wo die Gefahr wächst, wächst ungeheuerlich die Aufgabe. Wozu ihr nachkommen, fragt der Nihilist bereits. Vielleicht aus keinem moralischen Grunde. Was „moralisch" ist, wissen wir nicht mehr oder noch nicht; sondern einfach weil wir Lust haben, zu leben: eine solche Aussage ist zwar akademisch schwer klassifizierbar; aber nur deshalb, weil was sie meint, durch Jahrhunderte als selbstverständlich galt. Sie muß erst mit solcher plumpen Ausdrücklichkeit formuliert werden im Zeitalter des Nihilismus; sie ist ein dem Nein nachkommendes Ja.

Der Gedanke, daß die Menschen, freilich nur ein Bruchteil von ihnen, es in der Hand haben, „ob es weitergeht oder nicht“, ist nicht nur Schrecken erregend, sondern, wenn man in der Zeit der Vergasung und Atomzertrümmerung dieses pathetische Wort verwenden darf, „erhaben“. Niemals haben Menschen vor einer auch nur ähnlichen Aufgabe gestanden. „Sein oder Nichtsein“ schien uns schon tragisch, wenn das Spiel um einen Einzelnen ging, der über sich selbst zu befinden hatte. Aber hier geht es um alle.

Religion im neunzehnten Jahrhundert

Eine weitere Chance für die Existenzphilosophie besteht darin, daß sie in eine Situation hineingerät, die durch ihren Katastrophencharakter für einen Neuausbruch von Religiosität prädestiniert zu sein scheint. Nun sind aber die von der Katastrophe getroffenen Menschen durch mehrere Wellen antireligiöser Strömungen mindestens von den positiven Religionen fortgetragen worden. Die gegenwärtige Situation unterscheidet sich von allen früheren grundsätzlich dadurch, daß heute nicht nur diese oder jene Klasse oder Gruppe, sondern jede Gruppe von einer dieser antireligiösen Wellen einmal getroffen worden ist. Anti- oder A-Religiosität ist zum ersten Male eine, durch alle Gesellschaftsetagen Deutschlands durchgehende, also *sozial neutrale* Erscheinung geworden. Daß Bourgeoisie und Proletariat durch die Ideologie der bürgerlichen Revolution, durch den Marxismus, durch Industrialisierung, Naturalismus und so weiter im Laufe des neunzehnten Jahrhunderts mindestens religionsindifferent geworden waren, ist eine triviale Wahrheit. Ebenso erübrigt sich eine historische Darstellung der (zum Beispiel für Amerika befremdlichen) Alliance der demokratischen und antireligiösen Strömungen[2], wie sie in Deutschland natürlich war, da eben die Kirchen eo ipso anti-demokratische Politik stützten. Entscheidend ist, daß nun heute, durch die nationalsozialistische Vergottung des Reiches, einem unübersehbaren Sektor des ehemaligen Kleinbürgertums alles Supranationale als „Unfug" erscheint. Diese letzte antireligiöse Welle war aber in gewissem Sinne die folgenreichste. Während nämlich, theologisch ausgedrückt, die dem Faschismus vorausliegenden antireligiösen Bewegungen die Idee des Supranaturalen, beziehungsweise der Transzendenz Gottes, der „Caritas" zuliebe aufgegeben hatten[3], das heißt: die Idee des aus seiner Misere zu erlösenden oder zu befreienden Menschen im Vordergrunde gestanden hatte, hat der Nationalsozialismus die Idee der Caritas mit der Gottes aufgegeben; oder korrekter: Religion nur zu dem Zwecke bekämpft, um die Idee der Menschenliebe, die im Christentum eben supranatural verankert gewesen war, auszurotten. Die Motive für Antireligiosität in der revolutionär-bürgerlichen und sozialistischen Tradition einerseits und der faschistischen andererseits sind also nicht nur verschieden, sondern entgegengesetzt. Wer sie in einen Topf wirft, fälscht.

Noch das neunzehnte Jahrhundert hatte versucht, die diversen Formen des areligiös werdenden Lebens nachträglich, wenn das Wort erlaubt ist, „rückzureligiosifizieren": Versuche, die parallel liefen mit der nach dem Zusammenbruch Napoleons einsetzenden Restauration Europas. Hegels Unternehmen, die sich selbst „aufklärende" Vernunft mit der „Selbstoffenbarung Gottes" in Deckung zu bringen, ist nur einer von vielen, zweifellos der großartigste Versuch. In Frankreich steht hinter dieser Bewegung de Maistre, der die naturwissenschaftlichen Forschungen D'Alemberts oder die „Raison" der Aufklärung, wo sie mit moralischen oder antireligiösen Prätentionen auftreten, für absolut verderblich erklärt; und der dem aufklärerischen Zerfall die „*Synthèse*" der katholischen Religion gegenüberstellt, die Metaphysik und Moralphilosophie zugleich sei. Diese Deutung der Religion als Organisationsprinzips, nämlich als Synthèse, wird das Stichwort für die folgende Philosophengeneration: sie ist das Gegenstück zum deutschen Begriff der „Weltanschauung“. Größte Partien des Comte'schen Werkes sind zum Beispiel ausschließlich zu erklären als Bemühungen, das von de Maistre geforderte „synthetische“ System herzustellen – aber im Element der positiven Wissenschaften selbst. Das „vous-y comprenez la physique comme la morale“ ist das Leitmotiv seines Werkes. Kurz: er versuchte, Aufklärung und Restauration, D'Alembert und de Maistre, die er beide in höchsten Tönen preist, zu verbinden.[4]

Der Versuch der „Rereligiosifizierung“ ist ferner zu beobachten in den zahlreichen, die Comtesche Verspieltheit vorwegnehmenden, Varietäten der Freimaurerei; schließlich in den verschiedenen vorwissenschaftlichen Sozialismen. So gipfelt der Saint-Simonismus, trotz seines programmatischen Ausgangs von Wissenschaft und Industrie und trotz seines Benthamschen Glücksbegriffs, in einem, wenn auch rituslosen, Neo-Urchristentum. Das Gleiche gilt von dem bereits erwähnten Comte, dessen Apotheose von Erfahrung und Naturgesetz alles Religiöse auszuschalten scheint, der aber dennoch glaubt, Gott durch das „Grand Être“ (die Menschheit) ersetzen zu können, und der sich in seinem „Catéchisme Positiviste“ einen bis ins letzte Kalenderdetail durchgeführten Kultus ausknobelt. Gleich charakteristisch ist Richard Wagner, der den antireligiösen Naturalismus der Sinnlichkeit Feuerbachs in die Sinnlichkeit seiner Musik übersetzt und aus diesem Element Weihefestspiele, aus der Brunst Seligkeit herstellt. Daß auch Nietzsche in diesen Zusammenhang gehört, bedarf keiner weiteren Erklärung. Die Beispiele könnten ad libitum vermehrt werden. Sie sind die Stigmata des neunzehnten Jahrhunderts. Alle diese, zum Teil tragikomischen Versuche sind zusammengebrochen, weil die wirklichen gesellschaftlichen Bewegungen und Gruppierungen des Jahrhunderts über die, von Religion oder Weltanschauung verlangten, Gemeindebildungen einfach hinweggingen; oder weil diese Weltanschauungen das von de Maistre verlangte Organisationsprinzip der Synthèse eben nur literarisch verwirklichten, so daß aus den Systemen, die ursprünglich durchweg politisch gemeint gewesen waren, bloße Kunstwerke wurden, gewissermaßen zu Genußmitteln verharmloste Staats-Themata.

Bis der Nationalsozialismus kam und mit dem, von de Maistre als „Organisation" gefaßten, Begriff der Religion schrecklichen Ernst machte, nämlich den organisierten Totalitarianismus kultisch aufzog. Es ist kein Zufall, daß der Katechismus dieser, den Menschen eingeschrieenen und eingeprügelten, Weltanschauung dem, beinahe ein Jahrhundert zuvor formulierten, Katechismus Comtes frappant ähnelt. Der Appell an den Arbeiter ist ihnen gemein: das heißt, der Appell an die zu Unterdrückenden; die Integrierung der Gesundheitspflege in den Kult; die Betonung von Gehorsam und Disziplin; die Vergötterung von Menschen; die Scheinrevolutionierung des Bestehenden durch Ankleben neuer Nomenklatur; der Totalitarianismus („destiné ... à discipliner systématiquement toutes les forces humaines" pge. XXIX [Comte 1852, 42]); die leere Altruismusbeteuerung („Vivre pour autrui" = „Gemeinnutz geht vor Eigennutz" [48]); die Ewigkeit („Le Dogme fondamental de la religion consiste dans l'existence constatée d'un ordre immuable", pge. 14 [66] = „Tausendjähriges Reich"). Diese frappante Ähnlichkeit ist kein Zufall, denn Comte, der Schüler Saint Simons, ist eben der erste Mussolini-artige Convertit, der die Herrschaft der Bourgeoisie durch Aufhebung ihrer jakobinisch-demokratischen Prinzipienreste verewigen will; der sich, scheinbar progressiv, auf die Ewigkeit der Natur- und Sozialgesetze beruft, nur um die „unerhörte" Theorie von der Veränderbarkeit der Welt durch den Menschen zu „widerlegen"; der schließlich (die Inkonsequenz ist nicht unsere) die bürgerliche Welt ummontieren will, um sie ein für alle Male, trotz allem erwünschten Fortschritt, stationär zu machen. *Verändern, um zu erhalten*, könnte als Motto sowohl über dem Comte'schen wie über dem nationalsozialistischen System stehen. Und wenn Comte (pge. XVI [35]) im Jahre

1852 die „glückliche Krise“ begrüßt, „Qui vient d'abolir le régime parlementaire et d'instituer la république dictatoriale“, glaubt man die Gleichschaltungsrede eines deutschen Professors im Jahre 1933 zu lesen.

Die Tatsache des Comte'schen Systems und die Ähnlichkeit dieses Systems mit dem faschistischen gibt uns nun aber einen Hinweis auf die *Geheimmission philosophischer Systeme* überhaupt, jedenfalls solcher, die, mit dem Worte Comtes, „la moral comme la physique“ zusammenfassen. Sofern diese eben auch den Menschen eine bestimmte Funktion zudiktieren, sind solche Systeme Antizipationen der Diktatur. Platos „Politeia“, mehr noch seine „Nomoi“ sind klassische Beispiele. Die Gegensätze, die sich auf dem Papier schmerzlos synthetisieren lassen, müssen in der Wirklichkeit freilich zusammengezwungen werden. So ist das System die, im harmlosen Medium der Sprache vorweggenommene, Form des Terrors.

Freilich kann man nicht ausdrücklich genug betonen, daß diese Geheimmission nicht allen Systemspielarten zukommt. Nicht zum Beispiel den Systemen der Transzendentalphilosophie, da deren Systemäste aus einem einzigen Punkt, nämlich der „Freiheit des Subjekts“ abzweigen. Daß Kants Philosophie nicht im gleichen Sinne ein System ist wie etwa das der Nomoi oder das Comtes, ist deutlich. Ebensowenig kommt etwa der Marxschen Theorie diese Funktion zu, da Marxens System ja vielmehr im Nachweis eines Systems bestand, nämlich in dem Nachweis, daß der Kapitalismus ein politisches, mit allen Keimen möglicher Diktatur geladenes, darum aufzuhebendes Herrschafts-System sei. Diktaturmodell ist System nur dort, wo festgestellt wird, daß die Botmäßigkeit der Naturgesetze sich auch auf das gesellschaftliche Leben selbst erstreckt, so daß sich ein „fest-gestelltes“, das heißt stationäres Gesellschaftssystem (die „immuabilité“ Comtes) und als Tugend dieses Systems der Gehorsam von selbst verstehen.

Es war daher völlig legitim, daß die nachhegelschen, die Freiheitsbewegung begleitenden, Philosophien anti-, mindestens asystematisch waren; das heißt, um auf das de Maistre'sche Schlagwort zurückzukommen, der Idee der Synthèse nicht folgten.[5] Wo aber der Systemgedanke, im Sinne des „Plans", in den Freiheitsbewegungen eine Rolle spielt, hat er eine völlig neue Funktion; nicht etwa die Funktion, einer einzigen Menschengruppe die Freiheit zu geben, die übrigen Menschen aus Profitgründen zu verdinglichen; sondern umgekehrt die Funktion, die Bedingung für die Freiheit aller herzustellen. Wenn es sich herausstellt, daß dafür diktatoriale Maßnahmen erforderlich sind, so haben diese mit dem Ziel so viel und so wenig zu tun, wie der Gewaltmarsch des Wanderers mit der Ruhe im Gasthaus zu tun hat, um derentwillen er marschiert. Der Weg der Christianisierung der Welt war ebenfalls mit Hekatomben gepflastert ...

Dieser historische Rückblick war nötig, um die Erscheinungen „Re-Religiosifizierung" und „System" zu verstehen. Wenn der Materialist Marx von der Aufhebung der Philosophie sprach, so hatte er das Hegelsche System nicht nur als „*spirituelles*" System, sondern als „spirituelles *System*" im Auge; und Hegel war selbst davon überzeugt gewesen, daß die systematische Wirklichkeit des Preussischen Staates das „System" verkörpere, also „System" als Philosophie-Typ überflüssig gemacht habe.

Was damals freilich als Inbegriff von System gegolten hatte, ist inzwischen durch ein unvergleichlich vollkommeneres und schrecklicheres, durch das des Dritten Reiches, beschämt worden; durch ein System, das selbst dem Blindesten den, noch vor 20 Jahren schwer durchschaubaren, Gedanken der Aufhebung der Philosophie durch die Wirklichkeit vordemonstriert hat. In der Tat hat das nationalsozialistische System alle nur literarischen Systemtischler, sofern sie sich nicht zur Paraphrasierung des bestehenden politischen Grundrisses verstanden, „aufgehoben". Der Akt der Gleichschaltung der Wissenschaften, das heißt die Tatsache, daß sie, wie alles andere bis zum Menschen hinunter, nur *benutzt* wurden, war die wirkliche Fleischwerdung des Systemprinzips.

Dieses System ist nun zusammengebrochen. Zwar wird es, in getarnter Form, gewiß ein posthumes Leben führen; besonders in den Herzen jener Generation, die niemals ein anderes Leben gekannt hat als das im System. Das System wird also gewissermaßen aus dem Fleische wieder zurücksinken in die vorwirkliche, pseudophilosophische oder pseudoreligiöse Etage – ein Prozeß, der mit allen Mitteln unterbunden werden muß, da eine Philosophie, die einmal katastrophale Wirklichkeit hat werden können, solange wieder Wirklichkeit werden könnte, als ihr gestattet ist, in weltanschaulicher oder religiöser Verpuppung fortzuleben.[6] Für Hunderttausende, die seit mehr als einem Jahrzehnt als Systemwesen gelebt haben, ist damit das Prinzip „System als solches“ zerfallen.[7] In diesem Augenblick irgend ein anderes philosophisches System zu akzeptieren, diese Idee muß den Schuldnern, Helfershelfern und Zeugen des Zusammenbruches als läppische Zumutung erscheinen, weil eben ein solches System, verglichen mit der Machtwirklichkeit des nationalsozialistischen Systems, nur ausgedachter „Humbug“ wäre. Kein Mensch weiß heute, in welchem Zusammenhang, für wen, wofür er oder der andere da ist, welcher Platz, welche Bindung, welche Pflicht seine ist – sofern nicht sogar diese, irgendwie sozialen Zusammenhang schon voraussetzenden, Worte längst als saure Reste gestriger Speisen vom Diskussionstisch hinuntergefegt wurden. Jene Einzelnen, die sich vielleicht noch auf eine religiöse Ordnung zurückorientieren, sind zu wenig charakteristisch, als daß sie mitentschieden. Was bleibt, oder richtiger: was allein zu bleiben scheint, ist also die eigene vereinzelte Existenz. Eine Philosophie solcher Vereinzelung lag nun aber vor – zwar durchaus nicht ausdrücklich gemacht für den, aus dem Nationalsozialismus und der Kriegskatastrophe sich ergebenden, Zerfall in Einzelne; sondern als Ergebnis eines sonderbaren sit down Streiks, eines trotzigen kleinbürgerlichen Selbstausschlusses aus der Welt der Macht, einer Flucht aus dem Ernst der Welt (die nämlich ernst ist, weil in ihr das Bessere vom Schlechteren abhängt) in den angeblich viel ernsteren Ernst des Daseins.

Heute ist nun die, zuvor nur literarisch-philosophische, Flucht vor der Welt im höllischen Sinne Wirklichkeit geworden. Die Zeit der Proben im Freiburger Philosophischen Seminar ist vorbei. Die Aufführung findet auf den Landstraßen Europas statt. Daß, mit Heidegger, das „Ontische", „Zeug" und „Umwelt", an die man „verfallen" war, nichts tauge, scheinen die Ruinen zu lehren. Wohin man flieht, ist unbekannt: nur der Tod als Ziel steht vor Augen. Man ist „hineingeworfen" in seine Welt und rennt in Wurfrichtung weiter. Nur *daß* man da ist, die „Faktizität" scheint noch sicher – kurz: alle „Existenzialien" der Heideggerschen Philosophie scheinen sich plötzlich zu bestätigen, aber eben zu bestätigen in einer Welt des Unterganges oder des Interregnums der Anarchie.

So systematisch die Durchführung des Heideggerschen Ansatzes ist, so ist sein Ansatz selbst der absolute Gegensatz zum System. Denn zum Begriff des Systems im klassischen Sinne gehört eben die Einordnung des Menschen in die Welt, gleich, ob diese nun die Welt der Natur oder die der Gesellschaft oder Moral ist, oder ob „la physique et la morale" zusammen behandelt werden. Da aber das Feld des existentialistischen Philosophierens das *Dasein* ist, das die Welt nur als ihr Kleid trägt, da es hier nur die Frage nach der Rolle der Welt für das Dasein, nicht die nach der Rolle des Daseins für die Welt gibt; da fernerhin die Existenzphilosophie sich nur ganz vermittelnd auf den Mitmenschen, primär aber auf die „Existenz des Selbst" und auf dessen Heil bezieht, sind die Bausteine, aus denen ein System allein gebaut werden kann, einfach nicht vorhanden. Das sagt an sich philosophisch noch nichts gegen die Existenzphilosophie, aber es besagt, daß eine solche Philosophie, in der das Dasein, wenn es baut, nur aus sich selbst und in sich selbst baut, grundsätzlich nur *erbaulich* sein kann – wenn man dabei diese etwas in Verruf geratene Metapher ernst nimmt; diese setzt nämlich voraus, daß das Dasein sich in irgendwie zerrüttetem Zustande vorfindet und sich nunmehr selber errichten müsse.

Die Metapher „System“, wie wir sie heutzutage gewöhnlich benutzen, hat eine, vom Modell der klassischen Mechanik hergenommene *architektonische* Nuance. Daß diese Nuance nicht, was System überhaupt sein könnte und in der Geschichte der Philosophie gewesen ist, erschöpft, ist deutlich. Es gibt andere Ordnungsmodelle als die des mechanischen Universums. Zum Beispiel den Begriff des Organismus, der etwa in den Metaphern von den „Stämmen“ Kant[8] vorgeschwebt hat; oder die Einheit des biographischen Lebens, die von den frühesten theologischen Geschichtsspekulationen bis zu Hegel und Comte lebendig gewesen sind. Sie alle – das Soziale, Mechanische, Organologische, Biographische – vermischen sich in der modernen Philosophie, deutlich auch bei Heidegger, ohne daß auch nur einmal die Frage nach der Rechtmäßigkeit der Metapher eigens gestellt worden wäre, ohne daß die im Gebrauch der Metapher vorausgesetzte Metaphysik eigens behandelt worden wäre. Daß die philosophische Sprache auf die vorphilosophische angewiesen ist und immer, gerade wo sie über common sense und common language hinausgehen will, mehr oder minder die Sprachgeräte des common sense benutzen muß, ist nicht abzuleugnen: das macht gewissermaßen die grundsätzliche Desperatheit des Philosophierens aus. Aber die Metapher rächt sich stets; sie wird im Gebrauch unversehens aus einem regulativen zu einem spekulativen Gerät; und der Weisheitsschluß ist oft, daß der Staat eine Pflanze und die Pflanze ein Staat ist – kurz: daß die Metaphern und Metaphernfelder einfach ausgetauscht werden. Trotz ihrer durch Vokabular und Fundierungsprätentionen scheinbar durchgeführten Systematik gehört doch die Existenzphilosophie nicht den Systemen im eigentlichen Sinne zu. Denn „System“ ist eo ipso Welt- oder Gesellschaftskonstruktion – und das Wesentliche am Ansatz Heideggers ist eben, daß er weder von Welt noch von Gesellschaft spricht, sondern nur von dem, was zuvor das *Loch* in allen Systemen gewesen war: von der *Freiheit*; aber daß er diese nun aus einer Aktionsquelle in ein „Gebiet“ rückverwandelt, in ein Gebiet, in das, wie wir gezeigt hatten, die Welt (das heißt die Unfreiheit) zwar durch die Tatsache des eigenen Existierens (der „Geworfenheit") hineinragt; wo aber sonst Bedingung und Kausalität (als rein ontische Charaktere) nicht vorkommen. Die Existenzphilosophie behauptet zwar, die Anwendung ontischer Kategorien auf das ontologische Dasein sei eine Mißdeutung; und das von Heidegger aufgezeigte Dasein besteht gewissermaßen aus nichts anderem, als daraus, sich aus einem ontischen Selbstmißverständnis ins rein Ontologische „vorzuleben". Aber was von ihm als „Mißinterpretation" mißinterpretiert wird, ist vielmehr das faktische Mißgeschick des Menschen: die Tatsache, daß er nämlich „bedingt" ist, stündlich und minütlich; und als, durch Produktionsprozeß, Herrschafts- und Eigentumsverhältnisse bedingter, zum „Ding", also zu etwas „Ontischem" wird; daß er schließlich, als Eigentum oder als Opfer der Mächte, an die er „verdingt" ist, in einen Tod getrieben wird, der alles andere als der seine ist. Aber die Befreiung von diesem Ontischsein, die nur als tatsächliche Befreiungsaktion gelingen kann, wird bei ihm zu einer rein innerlichen Aktion, zu einer Aktion, die einerseits ideal war für jeden, der sich äußerlich gleichschaltete mit den Mächten, die ihn „dingten"[9]; die aber heute ideal ist für jeden, der in der vom Menschen selbst hergestellten Welt „seine Welt", also eine menschliche Welt nicht mehr wiedererkennen kann und der, statt den Prügler abzuwehren, sich auf die eigene Geprügeltheit und die innere Überwindung der Prügel zu verlegen gesonnen ist.

Eine Heilslehre, die keine Weltlehre einbegreift; die keine bestimmte Ordnung der Gesellschaft anvisiert, die die Vereinzelung der zerrütteten Bevölkerung Europas besiegelt; die kein Übersinnliches für ihre Heilsaktion benötigt, ist wie gemacht für heute. Sie ist Religionsersatz, mindestens für die Gebildeten, die ihr Nicht-mehr-mitmachen-Wollen in etwas Positives umformen wollen. Dieser Ersatz ist freilich etwas in der europäischen Kultur Neues, denn er enthält nicht mehr den Begriff der Gemeinde und hat alles, was an Caritas erinnert, völlig ausgeschieden; etwas Neues, denn er ist nicht mehr „Kulturreligion“ – im Gegenteil: vor dem existentiellen Anspruch des Selbst zerfällt der Anspruch der Kultur wie früher vor dem Anspruch Gottes: er ist ein rein nihilistisches *Ritual*, wie wir es, und zwar gleichfalls als Praxis für die Gebildeten, nur von einem einzigen geschichtlichen Beispiel her kennen: vom Buddhismus.

Exkurs über Bedürfnis oder Idee. Die Geburt des Begriffs aus dem Bedürfnis

Es muß einer gesonderten Arbeit vorbehalten bleiben, nachzuweisen, daß „Bedürfnis“ Konstitutions-Grund nicht nur der „Zeit“ ist, sondern der *psychē* und des *logos*; und um zu zeigen, daß der vulgäre Materialismus, der Seelisches für inexistent, weil physisch inexistent erklärt, ebenso sinnlos ist, wie jener vulgäre Idealismus, der das Seelische gewissermaßen als eigenes Gebiet dem Körperlichen parallel setzt oder gar das Physische als Produkt durch Seelisches konstituieren läßt. Die ganze Sackgasse, in die sich die Diskussion über Materialismus und Idealismus, Leib und Körper verrannt hat, wird abmontiert werden müssen.

Bedürftig-sein bedeutet: nicht von sich aus leben können; abhängen; aber abhängen von etwas, was man nicht hat, also Aus-sein auf die Welt, hungern nach der Welt. Daß der Hunger selbst ein physisches Objekt sei, könnte der bornierteste Materialist nicht behaupten. Er ist nicht der Magen, sondern gewissermaßen das Loch im Magen. Er ist nicht Welt, sondern ist gerade eine Art *mē on*, nämlich Anzeige der akuten Abhängigkeit von der Welt; im Falle des Verhungerns: Anzeige der Gefahr, das heißt: des möglichen Nichtseins. In der Tat bestehen die einfachsten Lebewesen, die Einzeller, aus „etwas und einem Loch“, das sowohl Mund wie After ist. Die Idee der fensterlosen Monade ist völlig sinnlos: denn gerade das Leben besteht in der „Jagd“ (Pascals „Chasse“[10]), also gerade im Einnehmen, Verarbeiten und Ausscheiden von Welt. Wenn aber Hunger auf das ausgeht, was man nicht, noch nicht hat, was man noch nicht ist, so ist er ein

Meinen, ein *Sichvorstellen* dessen, dem man *nachstellt*, ein im ursprünglichen Sinne *intentionaler* Akt.[11] Nur wer Bedürfnisse hat, das heißt wer abhängig ist, „meint". „Meinen" ist also nicht die Ehre, sondern gewissermaßen die Schande des endlichen Wesens: es ist der Index seiner Bedürftigkeit. Wollte man diesen Gedanken theologisch ausdrücken, so lautete er: Gott braucht nicht zu „meinen", da er unbedürftig ist; so wie das gestillte Kind traumlos schläft, weil es hat, wessen es bedarf. Mit dieser Ableitung, die freilich die Fülle des sogenannten Seelenlebens oder gar die Tatsache des Denkens nicht erschöpft, ist dennoch bereits etwas Entscheidendes geleistet: nämlich das sogenannte Psychische verstanden, wenn auch gerade nicht verstanden als ein Parallelphänomen zum Physischen (die ganze Begriffsalternative müßte aufgegeben werden) sondern als das *„Nicht-Sein am Seienden"*.[12] Freilich ist eben dieses Nicht-Sein *auch* ein Sein: denn das abhängige Wesen ist seiner Bedürftigkeit eben „gewachsen", es hungert nicht nur, es erhält sich durch Einnahme von selbst – aber die Kraft, diesen „Stoffwechsel" (wie Marx diesen Grundvorgang genannt hat) durchzuführen, ist selbst wiederum beschränkt: Bedürftigkeit und Sterblichkeit sind eines.

Hier kann nur mit wenigen Fingerzeigen angedeutet werden, was einer anderen Arbeit vorbehalten ist, nämlich die Ableitung des *logos* aus dem Bedürfnis: es gehört zum Wesen des Bedürfnisses, daß es nicht auf dieses oder jenes Existierende aus ist, sondern auf ein „Überhaupt". Der Hunger geht nicht auf diese oder jene Suppe, sondern auf Fraß überhaupt. Die Frage, ob dieses Generelle nur ein Nomen sei, ist eindeutig mit nein zu beantworten, denn die Allgemeinheit ist keinem Akt des „nominare" oder gar des Generalisierens entsprungen, sondern eben dem Hunger des Hungrigen, der *„solches"* sich vorstellt, *„solchem"* nachstellt, um das *„Solche"* in einem, als *„Solchem"* erkannten *„Diesem"* zu finden: dies ist der Ursprung des Husserlschen Phänomens der Deckung von Intention und Anschauung. Freilich ist der Nachweis dieses Ursprungs des Generellen aus dem Bedürfnis (statt aus dem Logos) nur der erste formale Anfang. Denn entscheidend ist die zweite Tatsache, daß kein Gefundenes dem Vorgestellten völlig entspricht. Der Fuchs, der dem Hasen nachsetzt, meint nicht des Hasen Fell, sondern sein Fleisch. Das heißt, in der Konsumtion vollzieht sich die Deckung zugleich als *diairesis*. Dem Atmen entspricht das Ausatmen. Das Hasenfell bleibt übrig, oder das Unverdauliche wird ausgeschieden. Diese Scheidung der Sache selbst von dem Rest, der ihr nur anhängt, liegt der im Urteil ausgebildeten Trennung von Subjekt und Prädikat zugrunde. Wenn diese beiden Scheidungsaktionen (die in der Konsumtion und die im Urteil stattfindende) noch unendlich weit auseinander zu liegen scheinen, dann wird der Ausdruck „etwas als etwas nehmen“ weiterhelfen. Daß das Lebewesen nicht darauf gefaßt ist, das vom Hunger Verlangte in Idealform zu finden; sondern auf eine Differenz gefaßt ist, die er durch Ausscheidung aus der Welt schaffen muß, das zu betonen ist notwendig. Denn das Leben besteht nicht im Finden, sondern im „etwas aus etwas machen“.[13]

Daß der Ausdruck „Hungern“ hier nicht im engen Sinne [verwendet wird], sondern als Inbegriff aller akuten Bedürftigkeit, die auf Einverleibung von Welt aus ist, braucht keine weitere Rechtfertigung. Die Bedürftigkeit des Menschen vereindeutigt sich zwar in einige besonders deutliche Richtungen („Triebe“ genannt) – aber sie ist als ganze, das heißt als Zustand, so lange wie das Leben selbst da, temporär unterbrochen durch „Stillungen“. Was Heidegger als den „Aus-Stand“ oder die Transzendenz des Daseins immer wieder, und zwar mit Recht beschreibt, ist (wenn auch von ihm nicht erkannt) nichts anderes als das Bedürfnis. Und was als sogenanntes „Innenleben“ gilt, ist weitgehend, wenn nicht ausschließlich das „Aussein auf …“ als solches, das, obwohl eigentlich ein Negativum, durch seine Ständigkeit selbst ein Seiendes sui generis wird, und zwar ein philosophisch so schwierig faßbares *genos*, daß es höchst natürlicher Weise eines der Hauptmotive und einer der Hauptgegenstände der Philosophie wurde. Die Nichtgestilltheit des Bedürfnisses ist beim Menschen deshalb ein konstantes Phänomen, weil er bereits von vornherein eine Welt beansprucht, eine Welt „nachfragt", die durch das „Angebot" der Welt, wie sie ist, nicht befriedigt werden kann.[14] Die Welt, die er benötigt, ist eben nicht „da"; sie ist auch keine bestimmte („nicht da seiende") Welt, sondern eine jeweils andere, eine, die er selbst erst herstellen muß. Das heißt: *Bedürfnis und Produktion* sind bei ihm von vornherein gekoppelt, nicht nur Bedürfnis und Jagd.

Diese Tatsache aber, daß die Welt, wie sie ist, niemals schon „seine" ist, also ständig unzulänglich und verarbeitungsbedürftig ist, hält den Menschen, wohl im Unterschiede zu anderen Lebewesen, in der *Konstanz* des Bedürfnisses; und diese Konstanz macht es möglich, daß das, was sich bei andern Lebewesen nur auf jeweilige und vorübergehende Intentionen zwecks Stillung akuter Bedürfnisse beschränkt, beim Menschen als ständiges intentionales Gewebe da ist: damit hat der Mensch auch die Möglichkeit des Zeitkontinuums, das nur im Zustande völliger Gestilltheit, im Schlaf, wirklich durchbrochen wird.

Bedürfnis macht den Menschen endlich

Wenn etwas die „Endlichkeit des Daseins", auf die Heidegger im Unterschied zu aller „in Nomine Domini" sprechenden Philosophie soviel Wert legt, philosophisch verifizierbar machen kann, so nur das *Bedürfnis.* Kant hat die Zusammengehörigkeit deutlich ausgesprochen. Wenn er vom Glücksstreben des Menschen sagt, es sei „ein durch seine endliche Natur selbst ihm aufgedrungenes Problem, weil er bedürftig ist" – so ist damit in der Tat der Zusammenhang von Endlichkeit, „Begehrungsvermögen" und Bedürfnis deutlich gemacht.[15] Um die Begrenztheit des Menschen zu charakterisieren, ist der Titel Endlichkeit nicht geeignet: er artikuliert das „Sein" viel zu einseitig von der Zeit her. Das Grundlegende an der Begrenztheit und Endlichkeit des Menschen ist nicht seine Zeitlichkeit, sondern seine Angewiesenheit auf ...

Diese Angewiesenheit auf ... kommt zwar bei Heidegger vor, und zwar als Charakterisierung der menschlichen Anschauung (im Unterschiede zum Grenzbegriff des göttlichen intuitus originarius); aber die Angewiesenheit der Wahrnehmung ist selbst bereits ein abgeleitetes Phänomen: das Grundphänomen ist der *Hunger*. Das Dasein bei Heidegger aber ist nicht hungrig, sondern autark: es ähnelt der Schlange, die von sich selbst lebt, und sich vom Schwanze an auffrißt. Was bei dieser eigentümlichen Operation übrig bleibt, ist dann das Selbst, das Nichts oder der Tod – aber nicht das, was wir im normalen Leben einen Menschen nennen.

Anmerkung zum Begriff des Bedürfnisses

Dieser Gedanke, daß die „Intentionalität“ kein unmotiviertes Bewußtsein-haben-von-etwas sei, sondern eo ipso bedeute, daß der Intendierende das Intendierte *benötige*, ist kein an den Haaren herbeigezogener materialistischer Kniff; die Deutung war in der klassischen, und zwar der, allem Materialismus abholden, neuplatonischen Philosophie durchaus bekannt. Wenn Plotin im Unterschied zu Aristoteles Gott jede Tätigkeit, damit auch jedes Denken abspricht, so weil Gott der gedachten Gegenstände nicht bedürfe: „*Eti ei to agathon haploun kai anendeës dei einai, oud' an tou noein deoito.*“ – Auf deutsch: „Wenn das Gute einfach und unbedürftig ist, bedarf es nicht des Denkens.“ [16]

Ähnliche Argumente berauben im Timäus das vollkommene Lebewesen des Kosmos jener Glieder, die die unvollkommenen Geschöpfe deshalb haben, weil sie sie brauchen.[17]

Der Besitzbegriff. Immanenz als Sicherheit

Was dem Dasein alles passieren „kann“.

Passieren kann dem Dasein nichts. Was ihm geschieht, tut es sich, nach Heidegger, grundsätzlich selber an; und wenn etwas auf das Dasein losschlägt – so beweist dies nur seine

„eigenste Möglichkeit“[18] des „Sich schlagen lassen Könnens“. Es benimmt sich wie der Mann aus Tausend und eine Nacht, der behauptet, er *habe* bereits seinen Feind, denn als „sein“ Feind sei er ja „seiner“; oder wie das Dienstmädchen, das „meine Herrschaft“ sagt und daraufhin glaubt, die Herrschaft zu besitzen. Diese Art der Aneignung und der Eroberung ist aber nicht nur ungewöhnlich, sondern auch höchst unreell. Sie ist ein Betrugsmanöver des absolut freiheitssüchtigen Selbst; ein Versuch, seine Ohnmacht und seine Freiheitslosigkeit mit Worten fortzuargumentieren, statt die wirkliche, und zwar gemachte und daher abschaffbare, Unfreiheit zu überwinden. Marx hat in seinem „Heiligen Max“, das heißt in seiner Analyse der Philosophie Stirners[19], diese Form der Aneignung tödlich verhöhnt; und alles, was er gegen den Heiligen Max vor mehr als 100 Jahren vorgebracht hat, klingt heute wie eine prophylaktische Vorkritik Heideggers.[20]

Das Erwerbsmittel, mit dem Heidegger sich alles, sogar die absolute Grenze der eigenen Macht: den Tod, einhandelt, ist das magische Wort „Möglichkeit“. Alles was dem Dasein geschieht, so argumentiert er, könnte seinem Dasein gar nicht geschehen, wenn nicht das Dasein „von sich aus“ dafür bereit wäre. Die Kantische „Bedingung der Moglichkeit der Erfahrung“ wird maßlos erweitert zur *Bedingung der Möglichkeit des Widerfahrenden.* Der ganze Bereich der Passivität des Daseins wird dadurch, freilich nur verbal, aktiviert; während die wirklichen Aktionsmöglichkeiten des Subjekts ganz und gar lahm gelegt werden, da ja die Welt, in die hinein man handeln kann, von vornherein nur als ein Attribut des Daseins selbst gilt. Daß, was Heidegger als Möglichkeit bezeichnet, weitgehend gerade Exponiertheit bedeutet, gerade bedeutet, daß das menschliche Dasein zu schwach ist, der Übermacht der anderen oder der Welt Widerstand zu leisten, das verschweigt er, trotz seiner Betonung der Endlichkeit des Daseins, vollkommen.[21] „Ich kann arm werden“, bedeutet bei ihm: „Ich habe die eigenste Möglichkeit der Armut“; obwohl es im Ernst nur bedeuten kann: die Armut hat die

Möglichkeit über mich; oder das Elend kann mich haben. Was es nicht will, das man ihm tu, fügt sich bei ihm das Dasein selber zu. Kurz: der Möglichkeitsbegriff wird benutzt, um die Wirklichkeit der Ohnmacht oder der Unfreiheit zu bagatellisieren. Nachdem Heidegger im Interesse der absoluten Freiheit des Daseins diese leichthandhabbare magische Formel gefunden hatte, hat er sich mit der Fortzauberung von solchen Bagatellen wie wirtschaftlichen oder politischen Machtlosigkeiten von Menschen erst gar nicht abgegeben. Was ihn allein interessiert, was allein abzuschaffen verlohnt, ist das Sterbenmüssen. Das freilich schafft er nicht rein verbal ab, sondern mit Hilfe eines Rituals: nämlich durch das bewußte Sich-Einstellen auf dieses, von niemandem vertretbare, dieses angeblich einzige unvertretbare Geschehen. „Sich einstellen" ist freilich ein höchst unzulänglicher Ausdruck: das unvertretbare Sterben gibt dem Dasein die Anleitung, seine eigene unvertretbare Möglichkeit, also sein Selbst zu werden. Das heißt: der Tod wird so absolut vom Dasein verschlungen, so angeeignet, daß nunmehr dieses „Sein zum Tode" identisch mit „Eigentlich" sein wird. So fürchterlich ernst dieser Ausdruck „Sein zum Tode" klingen mag, so ist er doch gleichzeitig eben eine Aufhebung der Unerbittlichkeit des Todes, nämlich eine Konservation des Todes im Dasein – und damit im besten Falle eine ontologische Verbrämung des carpe diem, bei dem der Mensch seine Zeit ausschließlich damit verbringt, er selbst zu sein. Dieses „Er selbst sein" zeigt nicht etwa Aufgaben an, die er in der Welt für die Welt zu erfüllen hätte; es bezeichnet keine Chance; sondern es *ist* bereits die Chance: nämlich die Chance, der Schuld des nicht-man-selbst-Seins entronnen, also *erlöst* zu sein.[22]

Und weil das Selbst der Erlösungsstand ist, in den das Dasein sich selbst durch Einverleibung der Todespille bringt, nennen wir die Aktion eine rituale.[23]

Aber diese Darstellung enthält doch noch eine Reihe von Punkten, die äußerst befremden und eine weitere Durchleuchtung erfordern.

Wo im Laufe der Geschichte Supranaturales aufgehoben wurde, geschah dies stets auf dem Umwege der Kultur, der Moral, der Natur oder der Politik: aus der Erhebung zu Gott wurde das ziellose ästhetische Erhobensein durch die Kunst; aus Gottes Stimme die Stimme des Gewissens; aus der Offenbarung die Selbstoffenbarung des Menschengeschlechtes in seiner Geschichte; aus dem versprochenen Himmel die selbst zu schaffende glückliche Gesellschaft des Sozialismus. Aber all diese Ersatzformen: Kultur, Moral, Glück waren im Laufe des 19. Jahrhunderts und des Ersten Weltkrieges selbst fragwürdig geworden: Wer mit der Säkularisierung erst nach dem Ersten Weltkriege beginnt, der findet kein säkulares Feld mehr, an das er glaubt, in das er Supranaturales verwandeln könnte – außer dem Dasein selbst; das, da dem Dasein sein Gott und seine Welt abhanden gekommen war, das Vorbild von Sein überhaupt wird. Tatsächlich existiert in der Gespensterwelt Heideggers weder Kultur noch Moral noch Natur noch Politik. Solange der Prozeß der Säkularisierung ein Prozeß der wirklichen Geschichte gewesen war, also Begleiterscheinung der „Geschichte der Freiheit“ (Hegel), Begleiterscheinung der Unabhängigkeitsbewegungen von Gruppen, die im Kampf gegen Autoritäten sich unabhängig *ihre* Welt und *ihre* Gesetze zu geben trachteten, solange hatte die Säkularisierung des Supranaturalen ihre vernünftigen Grenzen gehabt.[24] Völlig maßlos wird sie erst dort, wo die Säkularisierung zwar im Negativen selbstverständlich ist, wo aber das bestimmte Bild eines Säkulums bereits selber verfallen ist. Erst da sehen wir das absonderliche Ereignis, das seit dem bisher einmaligen großen Phänomen des Buddhismus sich niemals wiederholt hat: *die atheistische Selbsterlösung des Menschen*, die mit dem geleugneten Gott auch die bisherigen Säkularisierungsmedien mitleugnet, mit dem Nachleben nach dem Tode auch den Tod tötet – also das Kind mit dem Bade ausschüttet.[[25]]

Heidegger bestimmte die Eigentlichkeit des Daseins als denjenigen „Stand“, in dem das Dasein seine eigenen Möglichkeiten, die es auch verfallen lassen oder verspielen könnte, als die „seinen“ sich aneignet und sie „wird“.[26] Diese Bestimmung ist weder neu noch falsch. Sie erinnert an Goethes „Werde was Du bist“; aber die Ähnlichkeit ist doch nur sehr entfernt: Goethes Wort bedeutete nämlich die Selbstausbildung der Persönlichkeit, die bewußte Ausreifung von Anlagen, den Versuch, sich selbst zu einem universalen und harmonischen Mikrokosmos zu machen. Gewiß ist dieses Goethesche „werde“ statt „tu“ bereits ein sonderbarer Imperativ. Aber wozu er anrät, ist immerhin noch angefüllt mit jener Bildungswelt, deren Inkarnation der Werdende werden soll. Dagegen ist der kategorische Imperativ, oder richtiger: die imperativische Kategorie Heideggers eben gerade auf die Ausschaltung der Welt aus. Er könnte auf die kurze, schon von Schelling[27], und 100 Jahre später von Weininger[28] geprägte Formel „*Sei!*“ reduziert werden: wobei „Sei“ weder die inkarnierte Fülle der Welt noch deren ästhetischen Genuß bedeutet, sondern – nichts.

Die Behauptung, daß Heideggers Ideal eine weltlose Intensität des Selbstseins sei, scheint der Tatsache zu widersprechen, daß er die Frage nach der „Möglichkeit der Erreichung der Außenwelt“ von vornherein als abstrus ablehnt und das Dasein von vornherein als „In-der-Welt-Sein“ angesetzt hat. Aber diese Tatsache, die als neuer Realismus gefeiert wurde, läuft im gleichen Sinne auf eine Bagatellisierung der Welt heraus, wie das „Sein zum Tode“ auf eine Bagatellisierung des Todes herauslief: Das „In-Sein“ selbst wird zur Qualität des Daseins – und am Ende bleibt nur das Dasein übrig, dem, trotz aller Betonung der Transzendenz, die Welt so zugehört wie das Husserlsche intentionale Objekt dem intentionalen Akte zugehört hatte. Die Husserlsche *epochē*[29], die legitim gewesen war, weil Husserl nur die *möglichen* Gegebenheitsformen von Objekten und die *möglichen* Zugangsformeln zu Objekten zu durchforschen vorhatte, ist, trotz aller Betonung von „Ontologie“, doch von Heidegger beibehalten worden. Das ist umso verwirrender, als Heidegger, und zwar mit Recht, durchaus leugnet, daß der theoretische Zugang der einzige oder der fundamentalste Zugang zur Welt sei; und immer wieder betont, daß die Welt vielmehr vortheoretisch, im praktischen Umgang mit ihr (in dem, was er „Besorgen" nennt) aufscheine und bereits verstanden werde; daß Verstehen vor allem „sich auf die Handhabung von etwas verstehen", das heißt *können* bedeute.[30] Gerade weil Heidegger diese Einsicht hat, gerade weil er den ganzen außertheoretischen Verkehr des Menschen mit der Welt als die vormethodische Methode der Welterkenntnis anerkennt; gerade weil er all das, was, außer Hegel, nur der historische Materialismus und der Pragmatismus gesehen hatten, systematisch aufnimmt, ist seine Philosophie so verderblich: denn nicht nur, wie früher, die Welt der Erfahrung, sondern die Welt des Besorgens geht nun als „immanentes Objekt" in das Besorgen als dessen Attribut ein: *die ganze Konkretheit der Welt wird eingeführt, um zum „Existenzial" des Daseins re-transformiert zu werden*, um als Existenzial des Daseins zurückgenommen zu werden. Nicht energisch genug kann man wiederholen, daß nach Heidegger das Dasein nicht etwa in einer Welt sei, sondern ein In-der-Welt-Sein sei, wobei die Welt vom Dasein bereits verschlungen ist. Was zu Beginn der Existential-Mode wie eine Affinität zu Wahrheiten des historischen Materialismus ausgesehen hatte, ist im Gegenteil gerade eine Verhinderung jeder wirklich positiven Weltphilosophie, da die Welt zur Möglichkeit des Daseins gemacht und dadurch entwirklicht ist.[31]

Die Unfertigkeit des Menschen[32]

Der Hintergrund für Moral ist also *außermoralisch*: ihre Notwendigkeit ergibt sich aus der sonderbaren Tatsache der gesellschaftlichen Unfertigkeit, aus einer Tatsache, die offenbar (aber das ist verhältnismäßig unwichtig) nur dem Menschen zukommt. Aber mit der Einsicht in die Situation, die die Tatsache des Moralischen im Menschen heraufbeschworen oder, nüchterner, heraufgezwungen hat, ist die Verbindlichkeit einer Moral für den Nihilisten noch immer nicht sanktioniert. Selbst wenn er die Ableitung des Moralischen als plausibel anerkennen würde, könnte er noch immer antworten: „Wo steht überhaupt, daß Menschen sein *sollen*; wenn sie sein sollen, dann freilich ist auch das *Sollen* erforderlich; aber der Bedingungssatz ist völlig problematisch.“

Diese Antwort ist nicht etwa eine nur ad hoc ausgedachte logische Konsequenz, sondern, wie die Kriege der Geschichte oder etwa die Massenmorde durch die Nazis beweisen, eine Realität.

Fortsetzung: Zu ergänzen durch Darstellung des Menschen als Kleingruppenwesen.

1. In der Kleingruppe, für die der Mensch gemacht zu sein scheint, fragt er nicht, warum sollen wir sein? Hier ist das „wir wollen sein“ zu selbstverständlich, als daß die Frage auftauchen könnte.

2. Das Affektleben des Menschen scheint für Kleingruppenleben gemacht zu sein. Der Begriff des Gefühls- und Solidaritätshorizontes.

3. Der Appell an enge Gruppen ist stets, auch heute noch wirksam, weil wir seelisch heute noch Urmenschen sind und der Progreß nur Progreß der Produkte, aber nicht der Produzenten war. Als Produzierende sind wir uns selbst über den Kopf gewachsen.

4. Wenn wir weiterleben wollen, müssen wir wissen, daß „wir“ heute auf Grund unserer Produkte einen ökumenischen Sinn hat.

5. Wir haben also etwas vorzunehmen, was zum ersten Male, und dies war die größte Revolution der Menschheit, Stoa und Christentum getan haben: aus der Moral, die früher Sitte im Kleinkreis gewesen war, die Solidarisierung mit Allen zu machen. Dieser Versuch gilt, gesehen von der kleinen Gruppe, grundsätzlich als Verrat. Dazu siehe Bergson [1932]: „Les deux Sources de la morale et de la religion“.

6. Solidarität als Eigentlichkeit; Notwendigkeit, daß der Mensch emotional sich selbst gewachsen ist, das heißt auch gefühlsmäßig dieselbe Weite des Horizontes realisieren kann, die er durch seine eigene Technik hergestellt hat. Es kommt nicht so sehr darauf an, Möglichkeiten zu verwirk-

lichen, sondern der technisch und wirtschaftlich hergestellten Wirklichkeit moralisch und emotional adäquat zu werden. Die Differenz zwischen Uneigentlich und Eigentlich ist ein wirkliches Gefälle zwischen Produktionszustand und Gefühl.

Ontologie und worauf sie hinausläuft

Wir hatten gesagt, Heidegger mache der Philosophie (und damit dem Dasein selbst: denn Philosophieren ist ja bei ihm eine bestimmte Weise des Daseins) den Vorwurf, sie formuliere und mißdeute das Dasein, indem sie es mit *Ding-Kategorien* artikuliere; also nach dem Modell der dem Dasein selbst begegnenden Welt verstehe; was kein Wunder sei, da sich das „Verstehen" primär für die Behandlung der begegnenden Welt ausbilde; für das „Sich-Verstehen" auf deren Behandlung. Bergson [1907] hat diesen Vorwurf bereits vorformuliert, aber ohne ihm theoretisch gewachsen zu sein: Er hatte die Differenz zwischen dem Dasein (des Lebendigen) und dem Seienden (Ding) vorschnell mit den konventionellen Differenzen zwischen „dynamisch" und „statisch", „zeitlich" und „räumlich" identifiziert; während Heidegger die Differenz nicht analogisch nahm und sogar zeigte, daß selbst das Räumliche, gewissermaßen als der vom Dasein selbst geschlagene Aktionskreis, bereits eine Modalität des Daseins darstelle. Heidegger hat sich also nicht einfach mit einer Kritik der „verdinglichenden" oder „verräumlichenden" Kategorien begnügt: Vielmehr ist sein ganzes Unternehmen der Versuch, positiv die Dimension des „Daseins" zu durchleuchten; die Struktur des „In der Welt Seins" als Spezifikum deutlich zu machen und gegen die Struktur dessen abzusetzen, was nur insofern „in" der Welt ist, als es eben ein Stück Welt ist. Kurz: das „Ontologische" als eigene Dimension dem nur „Ontischen" gegenüberzustellen; ja nicht nur als eigene Dimension, sondern als vorzügliche: Denn das Dasein ist *unser* Dasein. Was Sein überhaupt bedeuten könne, können wir nur am Modell des Daseins unmittelbar verstehen; ferner habe das Dasein den Vorzug und die Eigentümlichkeit, sich selbst als *„da"* zu finden (daher der Titel „Da-Sein"); und nur im Horizonte des Daseins (also im ontologischen) tauchten andere Seinsarten und Gegenstände anderer Seinsarten auf. Für Heidegger ist daher die Philosophie des Daseins die „prima philosophia", von der andere Seinsarten (wie das „Zuhanden-*Sein*" von Geräten oder das „Vorhanden-*Sein*" der Natur) und die Wissenschaften von Objekten anderer Seinsart ihr Licht erst empfangen.[33] Soweit Heidegger.

Soweit Heidegger, der mit dieser Unterscheidung von „ontologisch" und „ontisch" – wobei das Ontologische das menschliche Dasein ist – mit modernen Mitteln die klassische Kluft zwischen der Natur des Menschen und der der Welt noch einmal bestätigt hat. Denn obwohl das Dasein definiert ist als „in der Welt Sein", ist ja hier unter „Welt" gar nicht verstanden, was wir gewöhnlich darunter verstehen; gemeint ist vielmehr, daß, wie Heidegger es einmal nennt, das Dasein „welte": *nicht daß das Dasein als Element zur Welt gehöre; sondern daß „Welt" als Charakterzug zum Dasein gehöre.*[34] Im Grunde genommen ist damit, wenn auch auf subtile Weise, das Gleiche ausgesagt, was schon in der Genesis verkündet ist, nämlich daß die Welt dem Menschen gehöre; nur ist die Formulierung eben die komplizierte der idealistischen Philosophie, die, wie Hegel in großartigster Selbsterkenntnis formuliert hat, eine Philosophie des *Eigentums* ist: das Besitzen beweise dem Dinge, daß es nicht „an und für sich" sei.[35]

Wenn Heidegger dem Dasein und der Philosophie vorwirft, das Dasein mit Dingkategorien zu mißinterpretieren, so ist das nicht anders, als wenn man einem Sklavenhalter vorwirft, seine Sklaven als „Sklaven" zu mißdeuten. D. h.: Heidegger wirft der Interpretation etwas vor, was er der Wirklichkeit vorwerfen sollte. Denn Verdinglichung vollzieht sich nicht nur in der Weise, wie der Mensch den Menschen *auffaßt*, sondern wie er ihn *anfaßt.* Die Verdinglichung menschlichen Daseins ist stets eine Angelegenheit der

Herrschaft, der Benutzung des Menschen durch den Menschen; die in philosophischen Kategorien auffindbaren Verdinglichungen sind ganz sekundär. – Während frühere idealistische Philosophien (wie die Kants) sich für effektive Freiheit des Menschen einsetzten, also die „Bedingtheit" = „Verdinglichung" des Menschen durch den Menschen anerkannten, findet Heidegger, in dem das Freiheitsmotiv des Idealismus nur noch ganz dünn durchhallt, das verdinglichende Element lediglich in der Art, wie das Dasein das Dasein *interpretiert*. Was Heidegger kritisiert, ist also niemals die Behandlung des Daseins durch das Dasein, nie die Behandlung des Menschen durch den Menschen, sondern, ungleich harmloser, die Deutung des Menschen durch den Menschen.

Menschliches Dasein ist für Heidegger „*In* der Welt Sein": d. h.: der Mensch ist nicht selbst „Welt", kein Stück Welt, ist nicht Natur – eine ungeheuerliche Radikalisierung der idealistischen Position, denn bei Kant ist eben der Mensch noch Bürger *zweier* Welten; eben auch Bürger der Naturwelt. In der Existenzphilosophie bleibt nur die nicht-naturale Existenz übrig – was aber nicht besagt, daß nun nur die „moralische" Existenz übrig bliebe; was übrig bleibt, ist einzig und allein die solipsistische Existenz: denn die Welt des Rechts oder der Rechte fehlt in Heideggers Philosophie genau so vollständig wie die der Natur.

Mit all dem ist bereits deutlich, daß Heideggers Plädoyer für Ontologie eine in schwerer Rüstung auftretende Kampfansage gegen den Naturalismus bedeutet: was die Existenzphilosophie nicht wahrhaben will, ist, daß der Mensch sich eben *auch*, aber auch wirklich als ein Stück dieser Welt vorfindet; daß auch *er* ein „Vorhandenes" ist, daß auch er gleich auf gleich mit der vorhandenen Welt verkehrt: Der stürzende Baum (Vorhandenes) kann seine Existenz auslöschen, weil auch er vorhanden ist, weil Baum und Körper Partner *einer* ontischen Welt sind. Das Brot macht ihn satt, weil er nicht nur „Dasein" ist, sondern auch (vorhandener) Körper und auch „ist, was er ißt".[36] Daß diese trivialen Argumente Heidegger gegenüber Recht behalten, beweist, daß seine Ontologie jenem karikaturistischen Bilde von Idealismus gleicht, das sich der Materialismus gezeichnet hatte, ehe noch dieser überspitzteste Idealismus wirklich bestanden hatte.

Zur Geschichte des Nihilismus – Rußland[37]

Nihilismus ist ursprünglich stets die Bestreitung einer Despotie; er ist der dialektische Sohn der Tyrannei und des Absolutismus. Seine Form ist jeweils das Negativ der Form des Absolutismus, der ihn hervortreibt. Er bleibt solange Nihilismus, als die Chance eines wirklichen Freiheitskampfes gegen die absolutistische Macht außerhalb jeder Möglichkeit bleibt; er rächt sich für seine Impotenz stets mit der Verneinung von möglichen Gesetzen überhaupt. So in Rußland um die Mitte des vorigen Jahrhunderts. Sein Argument ist: *Da Gewalt und Privileg sich als sanktioniert gebärden, ist jede Sanktion nichts als Gewalt.* Daher fällt für ihn der Begriff des „Verbrechers“ (Herzen [I, 349; 370], Bakunin [II, 101]; beide sich berufend auf Byrons „Cain“).

Da es unmöglich ist, irgendetwas zu unternehmen, wird jeder Schritt als bloßer Kompromiß verachtet. Inaktivität und Radikalismus sind ursprünglich ein und dasselbe. Der Radikalismus nimmt also die unwirkliche Form der Philosophie an, die, statt diese oder jene legitimen Ansprüche anzumelden, „Legitimität“ überhaupt in Frage stellt. Legitimität in Frage zu stellen, ist Philosophie und Revolution gemeinsam – dieser Generalnenner macht die jahrzehntelange Zusammenarbeit von Philosophie und Revolution begreiflich. Da alle Postulate innerhalb des theokratischen Absolutismus absolut aussichtslos sind, nimmt die inhaltlich materialistische Freiheitsdoktrin eine, sozial gesehen, idealistische Farbe an: die Idee des „vernünftigen, positivistischen, technisch mit dem Westen gleichgeschalteten bürgerlichen Rußlands“ wird zur Utopie, im Vergleich zu der der Panslavismus mit seinem Bestehen auf der wirklich bestehenden „Heiligen Mutter Rußland“, sich als wirklichkeitsnahe vorkommt.[38]

Alle Nihilisten sind Positivisten und Moralisten. Positivisten, um den bestehenden Theokraten die Basis zu entziehen. Die hungrigen Muschik zu ernähren, ist die letzte Zielsetzung des Nihilisten Pisarev [II, 79 ff.]. Der Ausdruck stammt zwar von Turgenev (1855 [II, 84]), wurde aber gerade von den Konservativen als Schreckwort aufgenommen, während die Nihilisten selbst sich „Neue Menschen" nannten. Pisarevs berühmter Roman „Was sollen wir tun?" von 1863[39] ist von vornherein ein kommunistisches Buch, sein Ziel ist Bauernbefreiung – aber bei der Chancenlosigkeit dieser Zielsetzung schlug, mindestens beim Leser, das Positive und Soziale in geradezu religiöse Verneinung des Bestehenden um. Es klingt christlich, wenn er sagt: „Für die Schaffung des neuen Menschen muß der alte ausgerottet werden." Das ist kein pessimistischer Nihilismus: wenn er zerstören will, so doch in majorem novi hominis gloriam. Die Bewegung wuchs an, als sich herausstellte, daß die zugesagten Regierungsreformen gleich null blieben. Sie ging zumeist, wie alle Freiheitsbewegungen, mit Materialismus Hand in Hand. Die aus dem bürgerlichen Europa in das theokratische Milieu einbrechende Naturwissenschaft der Technik wurde von ihnen als Beweis für die schlechthinnige Irdischkeit der Welt, also als Gegenbeweis gegen die Legitimität der Theokratie oder der Adelsvorrechte genommen. Tschernyschewski ist „Matérialiste sans phrase"[40]: die einzig anerkannte Realität ist der Feuerbachsche „Mensch", sein Ideal nicht etwa Zerstörung dessen, was man als europäische Werte bezeichnet, sondern gerade ihre Bejahung. Peter der Große ist sein Ideal. Und nicht zufällig nennen die Pan-Slavisten die Revolutionäre Westler.

An die Stelle wirklicher Freiheit, die nicht erreicht werden kann, tritt die totale Freiheit von Vorurteilen. „Die vollkommenste Freiheit von allen fertigen Begriffen, von allen ererbten Hindernissen und Störungen, welche das Vorwärtsschreiten des occidentalen Verstandes ... behindern" – fordert Alexander Herzen in seinem „Polarstern" [I, 335]. Diesen Satz hätte jeder westeuropäische oder amerikanische fortschrittsgläubige Positivist aussprechen können. Aber ausgesprochen innerhalb des theokratischen Absolutismus gilt der Satz als absolutes Nein. Der Druck erzeugt Gegendruck: der Nihilist wird Terrorist, der Terrorist gehört nicht mehr zur Gesellschaft. „Was würde“, heißt es in Ropschins „Das bleiche Pferd“ (Ropschin 1909; auch: Masaryk II, 408 ff.), „Was würde mein Leben für einen Wert haben, beglückte mich nicht das Gefühl, daß die Gesetze des Lebens für mich nicht existieren? Ich habe kein Zuhause, keinen Namen, keine Familie.“[41]

In der Tat findet sich nun in diesem, in seiner Verzweiflung konsequentesten Buche der gesamten skeptischen Weltliteratur diejenige Formel, die wir als die klassische Frage des Nihilisten verstehen; die Frage, die bei Überalterung sozialer Systeme jede Opposition fragt. „Warum sollte ich dies oder jenes tun?“ ist seine Frage nicht mehr; sondern die: „Warum sollten wir dieses oder jenes *nicht* tun?“ Das heißt: aus der Verneinung der Legitimität der Gebietenden wird die schlechthinnige Verneinung der Legitimität von Verboten. Seine Frage „Warum sollten wir nicht töten“ überspannt sich schließlich zu der: „Welches Recht habe ich, nicht zu töten?“ Diese Frage stammt aus keinem positiven Einsatz mehr, denn wer so fragt, glaubt weder an Gott noch an den Sozialismus. Die bereits durch Nietzsches Übermensch beeinflußte Frage ist freilich eine furchtbare Skrupelfrage, nicht wie im Falle der nationalsozialistischen Vernichtungstechnik ein Zynismus, der der skrupellosen Praxis folgt. „Nur zwei Wege“, heißt es im „Bleichen Pferde“, „stehen dem Menschen offen: der eine besteht in dem Glauben, daß alles und jedes erlaubt ist. Da Gott nicht existiert, da Christ nur ein Mensch ist, kann nichts Einhalt gebieten. Der andere Weg besteht in Christus. Wenn ich könnte, würde ich beten. Habe ich keinen Gott, so bin ich mein eigener Gott.“ [II, 410] Aber diesen Weg, den er eingeschlagen hat, kann er nicht zuende gehen, da er durch ihn alle Bindungen zur Welt hinter sich gelassen habe, und da er nunmehr nichts und niemanden mehr liebe, da Gott die Liebe sei, er Gott aufgegeben habe, da er selbst niemanden mehr liebe, wird ihm seine eigene Liebelosigkeit gewissermaßen zum negativen Beweis für die Existenz Gottes. Diese Konklusion ist zwar logisch zweifelhaft, emotional aber plausibel. Er hat also, so sieht er ein, unwiderruflich den falschen Weg eingeschlagen und bringt sich um.

Daß diese Tagebuchdarstellung, die eine Krise des Terrorismus bezeichnet, von der politischen Freiheitsbewegung (die von gleichen Vorfahren herkam) absolut abgelehnt wurde, ist selbstverständlich. Über Plechanovs Stellungnahme zu Ropschins Buch siehe Masaryk [II, 420].

Unterschied zwischen russischem und europäischem Nihilismus

Nihilismus entstand also in Rußland als theoretischer Protest gegen die Legitimität von Absolutismus, oder, da er eben rein theoretisch bleiben mußte, als absoluter Protest gegen Legitimität überhaupt. Was hat der westeuropäische Nihilismus, was hat besonders der deutsche Nihilismus Nietzsches und Heideggers mit diesem Nihilismus zu tun? Verbindet die beiden Typen etwa nur ein gemeinsamer Name?

Der entscheidende Unterschied ist: der deutsche Nihilismus (der übrigens in seiner Stirnerschen Form den russischen tief beeinflußt hat) war nicht, wie in Rußland, der Keim einer Freiheitsbewegung, nicht wie dort der Beginn einer sozialen (wenn auch sozial noch undeutlich artikulierten) Revolution. Die Bourgeoisie hatte im Westen wirtschaftlich bereits gesiegt. Der Nihilismus, eine rein bürgerliche, wenn auch eine bürgerliche Outsiderbewegung, protestierte nicht gegen die Gewaltansprüche einer feindlichen Gewalt, vielmehr gegen die ideologische Scheinheiligkeit der Macht der eigenen Klasse: also zum Beispiel im Falle Nietzsche gegen die christlichen Beteuerungen der herrschenden Gesellschaft, deren Herrschaft er eigentlich *nicht* kritisiert. – Keine herrschende Gruppe wird auf ihre eigene ideologische Tarnungstechnik verzichten. Tatsächlich griff die bürgerliche

Gesellschaft Nietzsche aufs heftigste an; insofern, aber nur insofern gehörte Nietzsche in gewisser Weise der bürgerlichen Gesellschaft nicht zu. In einem sind sich also der Nietzschesche und der russische Nihilismus eins: beide demaskieren die moralischen Decknamen, unter denen die Macht auftritt; Nietzsche aber tut es, weil er findet, daß die „rechtschaffene Macht“ eine Deckadresse nicht benötige. An die Stelle des „Ich Soll“ tritt bei ihm, in wirklicher Vernichtung der Moral, das „Ich Will“[42] – während der russische Nihilist nicht mehr „sollen soll“, weil in seinen Augen alles „Sollen“ ja doch nur auf das Wollen einer Machtinstanz hinausläuft.

Es ist wichtig zu sehen, daß der russische Nihilismus durch die Tatsache einer wirklichen politischen Bewegung aufgehoben wurde und nur temporär (nach der mißlungenen Revolution von 1906) wiederauflebte. Während der bürgerliche Nihilismus fortlebte und zehn Jahre nach der russischen Revolution in Deutschland seine Nachblüte erlebte.

Nihilismus äußert sich gerade nicht-philosophisch

Nichts wäre törichter, als die Entwicklung des Nihilismus der Philosophie aufbürden zu wollen; gerade eines der Merkmale des nihilistisch werdenden Geistes ist es, daß er sich in nicht-philosophischer Form äußert: in positiver Wissenschaft, deren Voraussetzung und „Arbeitsabzweckung“ heute selbstverständlich überall nihilistisch ist, in der Technik, der Politik etc. Wer Nihilismus nur in der Philosophie sieht, ist wie einer, der eine Überschwemmung nur im Flußbett selbst sucht; die Überschwemmung aber besteht gerade darin, daß sie das Flußbett verläßt. In seinen nichtphilosophischen Formen sieht der Nihilismus freilich weniger gefährlich aus, als in seinen philosophischen Formen: der Chemiker spricht nicht von der Tatsache seines Atheismus; der Techniker nicht davon, daß er nicht weiß, wofür seine Arbeit gut ist. In gewissem Sinne ist daher die nihilistische Philosophie – sofern sie das „Nihil“ noch ausdrücklich formuliert und nicht einfach von dem, was sie verneint, zur Tagesordnung übergeht – noch eine altertümliche Form; und obwohl ihre Leugnung unvergleichlich viel radikaler klingt, als alle Sätze der – um ihre moralischen Grundlagen und Konsequenzen unbekümmerten – positiven Wissenschaften, noch ein moralisches Phänomen.

Zum Begriff des Nichts

Der Appell, den die Philosophie des Nichts hatte, ist zum großen Teil daraus zu erklären, daß sie eine konkrete gesellschaftliche Situation, ohne es selbst zu wissen, spekulativ formulierte. Das „vor dem Nichts stehen" ist in der Tat eine Situation, die nicht ausgedacht ist: in der Sprache der Welt heißt sie Armut und Arbeitslosigkeit – sie ist keine metaphysische Position, sondern die Position dessen, der *nicht hat, was er braucht*. Recht hatte Heidegger schon, wenn er die Negation[43] aus der Sphäre des Theoretischen (wo es kein „Nichts" gibt, sondern nur das „nicht") zurückverlegt in eine vortheoretische Sphäre – aber die vortheoretische Sphäre ist eben die des Bedürfnisses, des Hungers, oder der Situationen, die den Hunger hervorbringen. Statt das „Vor-dem-Nichts-Stehen" oder das „in das Nichts hineingehalten Sein" als Charaktere der Existenz darzustellen, hätte er vielmehr, wäre er philosophisch konkret gewesen, gezeigt, daß es geradezu das Leben des lebendigen Wesens ausmacht, von Minute zu Minute zu versuchen, *nicht* vor dem Nichts zu stehen. Statt den Hunger zu stillen, macht er den Hunger zur Ehre des Menschen.

Ernst Jünger. Anmerkung zu Geschichte des Nihilismus

Zwischen Jugendbewegung und ungeniertem Faschismus steht der verbalsubtile, ja puritanische, inhaltlich dunstige, in Unbarmherzigkeit zärtlich verliebte Nihilist Ernst Jünger. Sein Kampf gegen den Bürger erhält eine neue, durch das Erlebnis des Ersten Weltkrieges bestimmte Note. Unter

Bürger versteht er den Mann im Hinterland; unter dem Nichtbürger jeden, der die „Arbeitermaterialschlacht“, also die Arbeit des Vernichtens getragen hat. Diese Katastrophenarbeit erfüllt Jünger mit solchem Enthusiasmus, daß sie für ihn zum Modell von Arbeit überhaupt wurde, wie ihm der Soldat Modell des Arbeiters ist. Die scheinbar positive Gestalt des Arbeiters, die er in seinem Buche „Der Arbeiter als Gestalt“ zeichnet, ein Tank gewordener Übermensch, eine Kreuzung von Saurier und Ingenieur, ist nur dem Schein nach positiv: da ist kein Ziel, das ihm zugesprochen wäre; der Typ des verdinglichten, furchtlosen, unmenschlichen Menschen scheint das Ziel selbst zu sein. Die Entfremdung, die seit Hegel gesehen, vom Sozialismus bekämpft, von Kafka und Brecht verzweifelt geschildert worden war, ist hier ausdrücklich bejaht und auf den Schild erhoben. Manche seiner kurzen, bis in die Metaphern hinein grausamen Prosastücke scheinen Negative der melancholisch-präzisen Bilder aus Kafkas „Strafkolonie“. Daß daneben, etwa in „Blätter und Steine“, zarteste Beobachtungen und Pastellzeichnungen existieren, macht seine Katastrophenbegeisterung geradezu körperlich widerwärtig. Die ins Unanständige sich überschlagende Unverschämtheit, den in die Materialschlacht Geschickten als Arbeiter zu preisen, als Arbeiter, der erst im Vernichten selbst Arbeiter werde und ihn den Auftraggebern, die ihn in die Schlacht geschickt hatten, als „neuen Typ“ gegenüberzustellen, diese Gemeinheit ist nicht zu übertreffen. Freilich spricht Jünger nicht zufällig niemals von Arbeitern, das heißt in dem allein wahren Plural. Er liebt wie Heidegger die Feierlichkeit des Singulars (das Dasein). Sein Paradox treibt er soweit vor, daß er gerade den in der Vermassung zerriebenen Menschen den (im Kampf gegen alle Massenbewegungen konzipierten) Willen zur Macht des Übermenschen und eben den Singular des Übermenschen umhängt. Schon der philosophische Ausdruck „Gestalt“ („Arbeiter als Gestalt“) ist verräterisch: Er läßt an seiner skulpturalen Glätte das soziale Problem einfach abgleiten. Das apotheotische Monument, das Jünger dem Arbeiter als

Gestalt errichtet hat, ist in Wahrheit das pränumerando errichtete Standbild des SS-Mannes, der auf dem Massengrab der Arbeiter Posten gefaßt hat.

Geschichtsbegriff. Fall und Geschichte

Zugleich aber ist bei Heidegger natürlich das „Wesen" identisch mit „Ursprünglichkeit". Das heißt, für ihn ist Geschichte durchaus christlich, ein Kontinuum des Sündenfalls, die Geschichte der Wurzel- und Offenbarungsverdeckung. Die Quelle ist ihm wahrer als der Fluß; die griechische Ontologie wahrer als die Gegenwart. Seine Aktion ist daher grundsätzlich die des Reformators, der, was verschüttet war, wieder aufdeckt. Diese Aufdeckung entspricht seiner Interpretation des *alētheuein*. Das Primat der Zukunft, das für das einzelne Dasein gilt, da es vom Tode geleitet wird, gilt offenbar nicht für die Geschichte als ganze: wir sagen aber „offenbar", weil die Geschichte selbst bei ihm ja kaum vorkommt, sondern nur die außergeschichtliche Qualität der Geschichtlichkeit.

„Ende der Philosophie"

Das Pathos, mit dem Hegel überzeugt war, wirklich das Ende der Philosophie darzustellen, wirkt um nichts übertrieben, wenn man sich nicht nur die nach ihm kommende Philosophie, sondern eben gerade das ansieht, was das von ihm vorausgesagte Vakuum an Stelle der Philosophie ausgefüllt hat. Schon 1815, in seiner Heidelberger Antrittsvorlesung, stellt er fest, daß außer in Deutschland Philosophie so gut wie verschwunden sei. Und zwar war sie verschwunden aus einem Grunde, der in Hegels späterer Formulierung geradezu marxistisch klingt: nämlich weil der Gedanke die Wirklichkeit nun aufzubauen begonnen habe – „nur zu interpretieren aufgehört habe", hätte der junge Marx gesagt. „Solange die Sonne am Firmamente steht und die Planeten um sie kreisen", heißt es in seiner [Hegels] Philosophie der Geschichte, „war das nicht gesehen worden, daß der Mensch sich auf den Kopf, das ist auf den Gedanken stellt, und die Wirklichkeit nach diesem erbaut ... Es war somit ein herrlicher Sonnenaufgang. Alle denkenden Wesen haben diese Epoche mitgefeiert ... ein Enthusiasmus der Geister hat die Welt durchschauert, als sei es zur wirklichen Versöhnung des Göttlichen mit der Welt nun erst gekommen.“[44]

Damit aber ist eigentlich der Abschluß der Philosophie erreicht: denn „das letzte Ziel und Interesse der Philosophie ist, den Gedanken, den Begriff mit der Wirklichkeit zu versöhnen.“[45] In Deutschland freilich findet das Ende der Philosophie noch als philosophisches Ereignis statt, weil in Deutschland die Aufklärung (das heißt für Hegel das „zu-sich-kommen des Geistes“) nicht wie in Frankreich sogleich eine Richtung gegen die Kirche genommen habe, sondern „auf Seiten der Theologie“ blieb.[46] Nüchterner formuliert: weil in Deutschland die Revolution als politisches Ereignis nicht stattgefunden hatte. Hegel selbst ist der große Zeuge dieser Tatsache. Denn bei ihm verschmelzen im Begriff des zu-sich-kommenden Geistes der christliche Begriff der Offenbarung mit dem rationalistischen Begriff der Raison: sie sind verbunden im Begriff der Geschichte, die eine Geschichte in Richtung Aufklärung ist, „die Geschichte von dem sich-selbst-Finden des Gedankens; und bei dem Gedanken ist es der Fall, daß er sich nur findet, indem er sich hervorbringt.“[47] – das heißt: die Geschichte, als deren Mundstück er sich zeigt, ist ausgestattet mit den Qualitäten Gottes; nämlich mit dem intuitus originarius, bei dem Sicht und Schöpfung eines sind; oder wie es bei Hegel selbst heißt: die Geschichte der Philosophie ist die „Enthüllung Gottes, wie er sich weiß ...“ und „hiermit ist die Geschichte der Philosophie beschlossen.“[48]

Was nach dem „Ende“ kam, war vieldeutig, teils positive Wissenschaft, teils Rekurs auf die „Natur“ des Menschen (Feuerbach). Aber die auf die „Natur“ rekurrierten, sahen eben zu Unrecht in Hegels Geistbegriff nur das theologische Element; und nicht, daß, was er in theologischer Verbrämung darstellte, gerade die „Freiheit" war. Gleichzeitig aber geschah es, daß das Prinzip des Unbedingten, nämlich die Freiheit, die Hegel aus dem individuellen Subjekt in die Geschichte verlegt hatte, nun auch in die Gesamtheit der nichtmenschlichen Welt, also in die Natur, verlegt wurde: daß, wie es bei Schelling heißt, „Freiheit" zum Synonym für „Seyn" (im Unterschiede zum bloß „Seienden") gemacht wurde. Damit aber war der Grundstein gelegt zu einer *Freiheitsphilosophie ohne Freiheit*, die dann in der Existenzphilosophie ihre düstere Spätform fand.

Verwandlung von Geschichte in Geschichtlichkeit als Ausdruck des Mittelstandsdefaitismus. Zum Zeitbegriff[49]

Zu den von der Existenzphilosophie völlig entkernten Begriffen gehört, obwohl er die Grundlage der Heideggerschen Philosophie darstellt, der der Zeit. Wenn „Zeit" in der Geschichtsphilosophie der letzten 150 oder 200 Jahre eine entscheidende Rolle gespielt hatte, so weil sie als das Medium der sich verändernden geschichtlichen Welt galt. Bei Heidegger aber gibt es nur „Geschichtlichkeit" als Qualität des (individuellen) Daseins, im besten Falle die geschichtliche Situation, nicht aber den „Geschichte" genannten „Vorgang". Dieser höchst eigentümliche Ausfall hat darin seinen Grund, daß Heidegger wie Spengler die optimistische Geschichtsmetaphysik der Bourgeoisie aufgegeben hat, also die Progreß-Metaphysik, die die eindeutige Aufstiegsrichtung der Welt mit der Eindimensionalität der Zeit zusammenfallen ließ. Die vielfachen Wurzeläste des Progreßbegriffes sind in der Tat fast alle abgestorben. Da es in den letzten 100 Jahren keinen einzigen Begriff gegeben hat, der wie dieser einfach „geglaubt" wurde; keinen, der das Weltgefühl so fundamental bestimmt hat; keinen, der für das Gefühl, *wo* man sich im Geschichtsprozeß befinde (das „Etagengefühl") so entscheidend gewesen wäre wie der Progreßbegriff, wirkt die Aufgabe des Begriffs tatsächlich „revolutionär".

An seine Stelle aber setzt Heidegger nichts, es sei denn den Gegenbegriff der abfallenden, das heißt sich von seinen Quellen entfernenden, also *regredierenden* Geschichte – aber auch diese ist nicht direkt als ein „Werdeprinzip der Geschichte“ von ihm durchuntersucht, sondern nur indirekt behauptet worden: Da für ihn Philosophieren das Abräumen der die Quellen verdeckenden Schuttmassen (*a-lētheuein*) ist, ist die Geschichte implizit als ein negatives, verschüttendes, also böses Prinzip gesetzt.

Der Argwohn, der Heideggers Denken charakterisiert, macht es ihm natürlich unmöglich, auf das im Progreßbegriff beteuerte Besserwerden der Welt zu bauen; oder richtiger, nämlich umgekehrt: das Mißtrauen, das die durch ihre Krisen und Kriege erschütterte Bourgeoisie gegen sich selbst hegte; besonders das Mißtrauen, das der durch die Entwicklung des Monopolkapitalismus immer deutlicher in die Enge getriebene Mittelstand der Macht des Großbürgertums entgegenbrachte, hat den Argwohn, der die Existenzphilosophie charakterisiert, mitmotiviert. Von allen guten Geistern verlassen, hofft das Dasein auf nichts mehr, und wo Heidegger von „Zukunft“ spricht, meint er nur seine eigene private, trotzig der Welt abgewonnene Zukunft des individuellen Selbst – also nicht eine Zukunft der Welt, wie sie im Progreßbegriff, erst recht aber in den modernen Planungsbegriffen gemeint ist. Die Abwendung von der Welt in der Heideggerschen Philosophie erklärt auch das Fehlen der reellen Geschichte.

Es war nur natürlich, daß der seit dem Ersten Weltkriege, dem entscheidenden Enttäuschungserlebnis der kapitalistischen Welt, aufkommende Argwohn gegen den Progreßglauben oft in Personalunion mit antiprogressiven Tendenzen auftrat. Das war zum Beispiel bei Spengler der Fall. Weit wichtiger aber ist es, daß dieser Argwohn selbst bereits ein klassizistisches Phänomen ist: Seine originale Form hatte die Anti-Fortschritts-Philosophie bereits 80 Jahre vor Spengler und Heidegger gefunden, in jener Zeit des 19. Jahrhunderts, da man das Ende der bürgerlich-kapitalistischen Welt, obwohl diese ihre eigentliche Machtperiode erst vor sich hatte, bereits als bevorstehend sehen zu dürfen glaubte. Wir sprechen von Marx. Zwar borgt sich auch Marx noch, teils von Hegels Dialektik, teils von der damaligen Naturwissenschaft, den Begriff der mit „eigener Notwendigkeit" zum „Umschlag" fortschreitenden Geschichte; aber gleichzeitig ist doch durch den philosophischen Begriff der Aktion, die nach ihm nicht irgendeine Aktion innerhalb der bestehenden Gesellschaft sein soll, sondern die Umkehrung der „verkehrten", also die Herstellung der „wahren" Welt meint, der allmähliche, in sich gesicherte, mit der Zeit identifizierte „Fortschritt" aufgehoben.[50]

Heideggers völlige Abwendung vom Progreßbegriff gehört zu den Modernismen, die die Generation zwischen den zwei Weltkriegen in die Existenzphilosophie hineingezogen haben. Aber das Motiv für die Abwendung ist alles andere als modern. Der Sozialismus hat mehr oder minder ausdrücklich argumentiert, daß der Fortschrittsbegriff ein Täuschungsinstrument sei, wenn er vorgebe, ein gesellschaftlich universelles Bewegungsprinzip anzuzeigen; daß er lediglich den Aufstieg der bürgerlichen Gesellschaft beschreibe, den der Produktionsmittel und Produkte; und daß diesem Aufstieg auf der anderen Schale der gesellschaftlichen Waage die „Verelendung", die Krisen und Kriege entsprächen. Und er hatte, last not least, behauptet, daß der Begriff, trotz der im Wort eigentlich angezeigten Schrittaktion, doch nur noch ein passives Wachsen und Werden anzeige. Wenn der Sozialismus diesen passivistischen Geschichtsbegriff aufgab, so weil er hoffte, die Geschichte selbst in die Hand zu nehmen; um aus dem „Wachsen" ein „Machen" zu machen: um die Geschichte durch Politik zu ersetzen.

Solche positiven Ein- und Absichten, wie sie der marxistischen Kritik des Fortschrittsbegriffs zugrundeliegen, sind der Existenzphilosophie völlig fremd. Die Verelendung des Kleinbürgertums in den Jahren nach dem Ende des Ersten Weltkrieges war zwar auch für Heidegger sichtbar und nicht nur „sichtbar"; aber nicht als historisches oder gar als politisches Phänomen. Er sprang aus ihr heraus – in seine „eigene“ Existenz, um allein in dieser „Zukunft“ und „Fortschritt“ (zum Selbst und zum Tode) zu finden. Seine Verwandlung der Geschichte in „Geschichtlichkeit“ ist nicht eine philosophische Handlung, sondern Ausdruck des Mittelstands-Defaitismus.

Es ist nicht ohne Ironie, wenn das Mißtrauen in den Fortschritt (des Bürgertums) Heidegger in eine neue transzendentale Position hineingejagt hat; denn ursprünglich hatte Transzendentalphilosophie (als Philosophie des „freien“ Subjekts) ja gerade das Aufblühen des Bürgertums angezeigt. Wenn Hegel, im Unterschied zu dem noch postulierenden Kant, die Herrschaft der bürgerlichen Gesellschaft bereits als Tatsache vor sich sieht, die Geschichte als Weg zu ihr beschreibt[51], so kann Heidegger, in der Krise der bürgerlichen Gesellschaft, die Geschichte nicht mehr als Positivum sehen: also irrealisiert er sie zu einer bloßen „Weise des Daseins“, nimmt er sie in das Subjekt zurück. Die (schon in „Sein und Zeit“[52] zu beobachtende) Steigerung des „transzendentalen“ Charakters der Heideggerschen Philosophie ist Symptom für die Fahnenflucht vor der Geschichte.

Zu Geschichtsbegriff

Möglichkeit ist Wiederholung.[53] Geschichte als Gewesenheit verdunkelt die Tatsache der Verknechtung der Menschen.

Da nicht das „Seiende“, sondern das „Dasein“ wahres Sein ist, ist auch alle Vergangenheit letztlich „Gewesenheit“, d. h.: nicht Geschichte der Welt, ihrer Objekte etc., sondern Geschichte menschlicher „Möglichkeiten“. Diese These ist bezeichnend für einen Sophismus, der sich durch Heideggers ganze Philosophie hindurchzieht. Der Sophismus besteht in der Benutzung des Wortes „Möglichkeit“, das einmal etwas rein „Formales“ anzeigt (die Nichtunmöglichkeit eines Wirklichen), andrerseits aber die *inneren* Möglichkeiten eines Lebenden, also Freiheit. Jedes geschichtlich gewesene

Phänomen mußte natürlich, um wirklich zu werden, auch möglich sein. Aber es brauchte durchaus nicht in *dem* Sinne möglich zu sein, daß es eine „Möglichkeit menschlichen Daseins“[54] manifestierte. Die Vieldeutigkeit des Begriffes, die schon Hegel ausgenutzt hatte, ist auch die Chance Heideggers. *Der vage gelassene Möglichkeitsbegriff verdunkelt nämlich die Tatsache der „Knechtschaft“, d. h. der gelähmten Möglichkeiten*, aus denen Geschichte, da sie weitgehend Geschichte der *Beherrschten* war, bestand. Und der Begriff verdunkelt ferner, daß das „Gewesene“, d. h. *wie* das *Dasein* war, ständig von den Produktionen und Produkten des „Daseins“ mitdeterminiert war; ja daß die Geschichte der Produkte dem „Dasein“ über den Kopf wuchs, ihren eigenen Gesetzen gehorchte (statt den „eigensten Möglichkeiten des Daseins“) – kurz: gerade der Skandal der modernen Welt, daß das Dasein „Variante“ seiner Dinge geworden ist, die Verdinglichung und Entfremdung[55] ist durch den Ausdruck „Möglichkeit“ einfach aus dem Blickfeld geschoben.

Zu Wiederholung

Natürlich kann man formal logisch „Unfreiheit“ auch als „Möglichkeit“ des Daseins bezeichnen: da es Unfreiheit immer gab, ist ihre Möglichkeit ja bewiesen; und Heidegger stellt ja tatsächlich auch die völlige Vernichtung der menschlichen Möglichkeiten, den Tod, als „eigenste Möglichkeit“[56] dar – und fälscht so, was dem Dasein passieren kann, in etwas um, was das Dasein *sich passieren lassen kann*. Der Trick besteht aber nicht nur in der Ausnutzung der Zweideutigkeit des Zauberwortes „Möglichkeit“, sondern in einer Verwandlung des „Abwesenden“ in „Verborgenes“: Darin, daß er, was dem Menschen, der Menschenwelt und der menschlichen Geschichte zukommen *sollte*, dieser als eigentliche Substanz, wenn eben auch als verborgene zuspricht – so daß effektiver Kampf für die Befreiung der Möglichkeiten der Menschen sich erübrigt und die Analyse des von außen kommenden Zwanges als äußerlich gebrandmarkt wird.

Wer unter „Geschichte“ freilich nicht die Geschichte der Herrschaftsformen, der Verfremdungen und Verdinglichungen versteht, der wird auch bereit sein, die Geschichte zu *wiederholen.* Man verharmlose dieses Heideggersche Wort „Wiederholung“ nicht. Keine philosophische Metapher ist nur Metapher. Zwar soll der Terminus gewiß nur eine geistige Aneignung anzeigen und nicht, wie im Konservatismus, die Repetition gewesener Menschheitszustände; wirklicher Konservatismus bescheidet sich ja nicht mit der Wiederholung von Seinsmöglichkeiten der Vergangenheit, sondern wünscht eine bestimmte historische Welt, das heißt eine bestimmte historische Herrschafts-Situation wieder heraufzuführen oder zu perpetuieren. Aber gerade da sich Heideggers Geschichtsattitüde mit der Wiederholung von Attitüden zur Welt bescheidet, *schließt* sie von vornherein eine *Kritik der Geschichte aus* – und dies umso mehr, als sie die *gegenwärtige Geschichte*, der wir unsere Existenz schulden und die uns die Existenz schuldig bleibt, kaum eines Blickes für würdig hält. Einem Opfer der letzten 10 Jahre zuzumuten, daß was ihm passiert ist, als Möglichkeit seines eigenen Daseins oder gar als „eigenste Möglichkeit seines Daseins“ zu „wiederholen“ – das wäre zu viel.[57]

Mißverstehen wir Heideggers Wiederholungstheorie nicht: sie hat einen politischen Unterton. Während zu Beginn seiner ontologischen Untersuchung das Dasein noch als „geworfen“ erscheint, das heißt vergangenheitslos, versucht sich nun im Verlauf der Untersuchung dieses Dasein Adam Müllerhaft mit einer Vergangenheit zu identifizieren, die nicht seine ist: das geschieht in jener Epoche nach der Niederlage, da die Exponenten des deutschen Nationalismus versuchten, auch jene Schichten, die von der Gegenwart ausgeschlossen waren und an der Vergangenheit keinen effektiven Teil gehabt hatten, mindestens auf diese Vergangenheit *stolz* zu machen. Die Einstellung zur Geschichte als „je eigener Geschichte“ ist eine Attitüde, deren vulgäre Schwester die Rassentheorie ist: auch diese ist ja eine Theorie, nach der die *Herkunft*, durch Reinerhaltung, *wiederholt* werden soll.

Der Unterschied zwischen den beiden besteht darin, daß das „Blut" Heideggers transzendental verhüllt ist, und ist nur einer der begrifflichen Kompliziertheit.

Heideggers Geste: die des Reformators

Heidegger ist kein Revolutionär, sondern, seinem Typus nach, Reformator.

Wir hatten gesagt, Heidegger habe noch einmal die ganze Geschichte der Säkularisierung für sich zurückgelegt. Das ist zu wenig gesagt. Denn von der Thomistischen Philosophie (die ihn auf die bei Aristoteles durchartikulierten ontologischen Probleme gestoßen hatte) herkommend, hatte er auch das geistesgeschichtliche Ereignis der „Reformation" noch einmal zu „wiederholen". Ja, man kann sogar behaupten, daß die *Reformationsleidenschaft* seine endgültige Attitüde geworden ist. Sein Begriff der „Wiederholung" des geschichtlich Gewesenen zeigt nichts anderes an, als das Wieder-holen des Originären, das von der Geschichte verdeckt worden sei. Und sein Kantbuch[58] fällt deshalb so völlig aus dem Stil philosophiegeschichtlicher Werke heraus, weil es ein Versuch ist, unter Außerachtlassung aller nachkommenden, „denaturierenden" Deutungen Kant selbst sprechen zu lassen – wobei freilich die Stimme Kants einen unverkennbar Heideggerschen Ton hat.

Luthers Schritt hatte darin bestanden, an den Gnade oder Absolution verschaffenden Mitteln der Kirche, an der Messe und der komplizierten Hierarchie vorbei, den direkten Verkehr mit Gott, das heißt den „Glauben" wieder frei zu legen, und zwar für jedermann: das bedeutete ursprünglich eine Revolution, besonders einen Kampf gegen Monopole, nämlich gegen das Gnadenmonopol des Klerus; trug also ein aufrührerisches Pathos in sich, ein Pathos, das auch in der Existenzphilosophie noch weiter lebt. In der Tat braucht sich Heideggers gewiß nicht geringes Reservoir an Empörungsenergien völlig auf an anachronistischen Haßobjekten, seine anti-ultramontane Leidenschaft ist nicht geringer als die Bismarcks oder Hitlers; weitgehend ist sogar sein Nationalismus eine eigentlich in frühere Jahrhunderte gehörige „positivierte“ Version dieses Anti-Ultramontismus. Daß er, wo er an deutsches Geisteserbe anknüpft, Protestanten (Kant, Hegel, Kierkegaard, Dilthey) zu Anknüpfungspunkten macht, ist ebensowenig zufällig wie seine Ähnlichkeit mit Pascal, dessen Jansenistische Position eindeutig in die Philosophiegeschichte der Reformation gehört.

Es ist natürlich und notwendig, daß für Luther, wie für jeden Reformator, die Geschichte sich als die *Geschichte eines Verfalls* darstellt. Das gilt auch, galt mindestens auch vorübergehend für Rousseau. Für Luther war die Verfallsdimension die der Kirche, die sich, mit Hilfe ihres Priestertums und ihrer Machtinstitutionen, zwischen das Evangelium und den gläubigen Christen geschoben habe. Die entscheidende Aktion bestand für Luther im Forträumen der ungeheuren Schuttmasse, die sich auf der evangelischen Wahrheit aufgerichtet hatte: also in einem *a-lētheuein* im Heideggerschen Sinne, in einem „aus-der-Verborgenheit-zurückholen“. Der Schutthaufen selbst bestand in einer verdinglichenden und verdinglichten Institution, die sowohl den wahren Logos (nämlich „Gottes Wort“ = Evangelium) wie die Existenz des Christen (nämlich den „Glauben an den gnädigen Gott“) verhinderte. Die Rechtfertigung, das heißt das leben Können und leben Dürfen, aber bestand in der Korrelation von Logos (Evangelium) und Existenz (Glauben) – wobei dem Logos ein so ungeheures Vertrauen entgegengebracht wurde, daß eine offizielle Festlegung seines Sinnes, etwa durch Konzilien, für überflüssig erachtet wurde.

Diese wenigen und ganz pauschalen Bemerkungen über Luther scheinen nun gleichzeitig die Heideggersche Philosophie zu charakterisieren. An die Stelle des Evangeliums sind bei Heidegger nun allerdings die Logoi der Frühzeiten der Menschheit getreten, deren Daten nicht genau angegeben werden können[59]. Daß diese frühen Logoi bei ihm nicht „Gottes Wort“ sind, also keine religiöse, sondern eine obskur säkulare Wahrheit oder Echtheit haben, das ist selbstverständlich. Aber Heidegger hat zu Wort und Mythos ein Vertrauen, das bis zur *etymologischen Devotion* geht. Sein philologisches Interesse hat gewissermaßen ein *evangelisches* Pathos, es ist ständig auf der Jagd nach der guten Botschaft jener Zeiten, in denen die Geschichte den Blick noch nicht getrübt hatte. Was nach der Frühzeit kam, die Geschichte bis zu ihm oder mindestens bis zu Kant, ist für Heidegger die sich fortschiebende Trümmermasse uneigentlicher Logoi. Die uneigentlichen Logoi bestehen bei ihm freilich weder in Theologie noch in den Machtsprüchen der Konzilien; sie sind vielmehr verkörpert im kulturellen Geschwätz bzw. in der geschwätzigen Kultur, die Heidegger genau so mit Macht und Großstadt assoziiert, wie Luther den Antichrist mit der Macht Roms assoziiert hatte. Beide sind stolze Provinzler.

„Uneigentlich" hatte dabei bei Heidegger wahrscheinlich ursprünglich eine antikatholische Nebenbedeutung: diejenige von „vermittelt", denn die Eigentlichkeit des Protestanten besteht ja gerade darin, daß er zwischen sich und Gott keinen Vermittler, nämlich keinen Priester duldet, daß seine Beziehung zu Gott seine eigene, also eine „eigentliche" wird. Das Forträumen ist bei Heidegger wie bei Luther ein „Selbstwerden", beiden nämlich wird nun die Existenz ermöglicht – freilich heißt diese bei Heidegger nicht mehr Glaube, denn Gott ist tot. Aber was bei Luther der Glaube geleistet hatte, leistet nun bei Heidegger das „entschlossene Vorlaufen zum Tode", kurz: die Heideggersche Philosophie ist *atheistischer Lutheranismus*; und da diese Variante noch nicht bestanden hatte; da der Typus des Reformators neben dem des Revolutionärs, des Konservativen, des Demagogen u. s. f. auf Grund seines Anachronismus heute völlig ungewohnt wirken muß, konnte Heidegger als eine revolutionäre Erscheinung mißverstanden werden.

Wiederholung oder die Eroberung nach rückwärts. Versäumnis und Geschichte

„Versäumnispanik“ steht als uneingestandenes Motiv hinter jener Aktion, die Heidegger als echten Zugang zur Geschichte darstellt: der *Wiederholung*.

Dem unbefangenen Menschen ist die Fülle dessen, was in der Geschichte oder als Geschichte vor sich gegangen ist, erst einmal etwas, was er *nicht* ist, weil er eben damals nicht war. Solches Nichtssein ist dem Heideggerschen Dasein unerträglich; unerträglich, daß es (obwohl virtuell Geschichte) doch (da eben gewesene Geschichte vorbei ist) dieses Gewesene *nicht* gewesen sein soll. Man könnte diese sonderbare philosophische Qual einfach mit dem Hinweis abtun, daß das Wort „Dasein“ bei Heidegger eben vieldeutig sei: zugleich den jeweiligen Menschen *und* alles menschliche Dasein überhaupt und die Weise menschlichen Seins bezeichnet; daß der Begriff ebenso schillere wie der der „Menschheit“ vor 150 Jahren; und daß einfach eine Begriffsverwirrung die Schwierigkeit verursacht habe. So einfach liegt das aber nicht. Das Schillern des Begriffs hat nämlich, gleich ob von Heidegger gewollt oder nicht, eine methodische Funktion: es beschafft die Möglichkeit, zahllose Wirklichkeiten „transzendental“, das heißt als „Möglichkeiten des eigenen Daseins“ zu behandeln – wobei schwierig ist zu entscheiden, ob die Geschichte von dem eigenen Dasein her, oder das eigene Dasein von der Geschichte her behandelt wird; beide sind „Dasein“, das eine ist die Möglichkeit des anderen, das andere die Möglichkeit des einen. Wie dem auch sei – da nichts aus dem Dasein herausfallen darf; da das Dasein nur dann es selbst wird, wenn es seine „eigenen“ Möglichkeiten wird, wird bei Heidegger Geschichte gewissermaßen obligatorisch: muß es die Weisen, in denen sich „gewesenes Dasein ausgelegt“ hat, noch einmal verwirklichen; denn diese Weisen sind ja auch die Möglichkeiten des eigenen Daseins. Als Eroberer nach rückwärts hat das Dasein das Gewesene sich anzueignen: damit wird dieses Gewesene nun angeblich *eigene* Geschichte – eine Possessiv-Manipulation, die an sich schon sonderbar genug ist; die aber vollends fragwürdig wird, wenn sie (was bei Heidegger sehr ausdrücklich geschieht) durch einen weiteren Trick invertiert wird, dann lautet die Geschichtsobligation etwa: eignen wir uns nur eigene Geschichte an; andere geht uns nichts an.

Dieses Motiv ist tatsächlich in Heideggers Philosophie sehr ausgeprägt. Wenn er sich maulwurfhaft in die Tiefe der Geschichte hineingräbt, so auch deshalb, weil diese, als *eigene Vorgeschichte*, die Breite der heutigen, immer mehr *eine* werdenden Welt der Sicht entzieht. Dieses Fluchtmotiv verstärkt sich durch ein positives Motiv. Heidegger faßt nämlich – im Gegensatz zu allen Geschichtsphilosophen der Aufklärung – die Geschichte als die Geschichte der *Wahrheitsverunklärung*: Sein Rückgraben hat das Pathos der Wahrheitssuche, das heißt: er hat die Attitüde beibehalten, die der Theologe der Offenbarung gegenüber einnimmt – nur daß bei ihm die Offenbarung säkularisiert und nicht in einem einzigen Ereignis der Geschichte verkörpert ist. Aber trotz der Verweltlichung der Attitüde steht er, der Gegenwartsverächter, gewissermaßen doch noch *vor* der Aufklärung. Nirgends taucht der Begriff des Fortschritts auf – „*noch nicht*", in einer Epoche, in der der Begriff seine Geltung bereits weitgehend eingebüßt hatte; und in dem klassischen Streit, ob die Männer der Antike die älteren oder die jüngeren gewesen seien, hätte er sie gewiß als die älteren verteidigt.

Für das individuelle Dasein räumt er zwar der Zukunft den Vorrang unter den Zeitdimensionen ein, ja er läßt diese die Zeit geradezu konstituieren; aber im weiteren Rahmen des Daseins überhaupt spielt offensichtlich die „Gewesenheit" die zentrale Rolle, das heißt: dem Begriff der Zukunft ist alle politische Potenz entzogen; das seine Möglichkeiten realisierende Dasein ist bei ihm nicht nur ein Philosoph, sondern ein Historiker.

Seine Ausfälle gegen „Neugierde" (zum Beispiel auf Kulturen anderer Erdteile) haben eine ausgesprochen anti-ökumenische, fremdenfeindliche, nationalistische, um nicht zu sagen kleinstädtische Note. Echt ist bei ihm allein die *Altgier.*

Jedes Interesse für das, was wir, der Herkunft nach, *nicht* sind; für das, womit uns die sich erweiternde Welt in Berührung bringen kann oder wird, ist in seinen Augen Symptom einer maßstablos gewordenen Betriebsamkeit. Den Blockadering, den der Erste Weltkrieg um Deutschland gelegt hatte, scheint er mit einem „nun gerade“ zu verewigen. Unoffen für die weite Welt, sitzt er, eine fünfhundert Jahre zu spät gekommene Gegenfigur gegen die Seefahrertypen der Philosophie, im Freiburger Schacht der Geschichte; und daß er die Segel nach der Macht der Winde richtete, scheint das einzige, was er mit den Seefahrern teilt.

Der Anachronismus der Heideggerschen Philosophie[60]

Daß Heidegger Professor ist, ist, von seiner Herkunft aus betrachtet, bereits ein Bruch mit seiner Vergangenheit; bereits ein Schritt vorwärts in Richtung „Säkularisierung“: Seiner Herkunft nach wäre es nur natürlich gewesen, wenn er im geistlichen Berufe groß geworden wäre. Aber dieser sein Bruch, sein Einbruch in die Universitätsphilosophie waren eben Anachronismen. Er erreichte, aus dem Vorgestern vorrennend, das Gestern, nicht das Heute. Mindestens seit Hegels Tode war die Universitätsphilosophie schon nicht mehr der wirkliche Kriegsschauplatz der philosophischen Streitfragen. Die Lage seit den vierziger Jahren des vorigen Jahrhunderts ähnelte durchaus der Situation des 17., da die Philosophie von Privatisierenden wie Descartes oder Spinoza oder von Weltmännern wie Bacon oder Leibniz in die Hand genommen wurde. Die Nachhegelsche Reihe Feuerbach, Stirner, Marx, Kierkegaard, Nietzsche, deren Einfluß auf das Weltbild unseres Zeitalters unvergleichlich viel tiefer reichte, als das irgend eines Universitätsphilosophen, besteht nicht zufällig aus Privatdenkern: von der Welt, die sie kritisierten, konnten sie nicht angestellt werden. Sie waren alle von dem (schon von Hegel formulierten) Bewußtsein erfüllt, daß die bisherige Welt ihr Ende erreicht habe: daß sie sich außerhalb der kritisierten Welt stellten. All das ist bei Heidegger zwar auch wirksam; da er aber die Kritik der bürgerlichen Welt vom Katheder der bürgerlichen Welt aus predigt, mußte sie formal, das heißt harmlos werden: aus der sozialistischen Kritik der Klassenherrschaft als Ursache der Entfremdung wird bei ihm der Kampf gegen die Kategorie der „Vorhandenheit", für die kein wirklicher Schuldiger handfest gemacht wird; aus Marx' Nachweis, daß das Wirtschafts-System den Menschen zum bloßen Träger von Arbeitszeit, also zum Eigentum anderer, damit „uneigentlich" mache, wird ein „Uneigentlichsein des Daseins", das dem Menschen überhaupt und schlechthin zukomme. Alle Charaktere, die aus der Wirklichkeit der Geschichte, das heißt von Machtverhältnissen und Machtkämpfen abgelesen worden waren, werden „entmachtet"; die Kategorien, die aus der Tatsache entspringen, daß es nicht den „Menschen" überhaupt gibt, sondern immer nur antagonistische Fraktionen, werden zwar beibehalten, aber nicht der wirklichen Macht- und Gegenmachtsituation, aus der sie entspringen, zugeordnet, sondern einem vieldeutigeren Subjekt, „dem" Dasein, das in seinem grammatikalischen Singular den Antagonismus verschlingt, wenn es sich auch dadurch als revolutionär gebärdet, daß es sich, im Unterschiede zu den „Ich's", „Bewußtseins" etc. des Neokantianismus, von vornherein als „Mitsein mit anderen" vorstellt. Aber Dasein ist eben nicht nur Mitsein, sondern auch *gegeneinander sein*. Dieses Gegeneinandersein aber verwirklicht sich immer nur als bestimmte Phase der tatsächlichen Geschichte und kann nicht aus der verharmlosesten Geschichtlichkeit überhaupt abgeleitet werden. – Natürlich behaupten wir nicht, daß Heidegger durch einen bewußten Verwässerungsprozeß zu seinen Kategorien gekommen sei. Daß ihm zur Zeit der Abfassung von „Sein und Zeit" die Schriften von Marx bekannt waren, ist ganz unwahrscheinlich. Aber ebenso wahrscheinlich ist es, daß ihm der Marxismus in indirekter Weise, als eine der unakademisch gewordenen Grundlehren der Zeit, nicht völlig unvertraut war.

„Bedürftigkeit und Zeit“

Erst durch die Rektifizierung der höchst vieldeutigen „Sorge“ als „Bedürftigkeit“ wird nun das, in „Sein und Zeit“ trotz profunder Untersuchung völlig dunkel gelassene Zeitproblem mit einem Schlage eindeutig: in Heideggers Buch bleibt in der Tat undeutlich, ob das Dasein in der Zeit „gründe“, oder ob das Fundierungsverhältnis anders herum funktioniere – eine Undeutlichkeit, die es mit sich bringt, daß man in dem Werke wie in einem Walde herumgeht, in dem alle Einzelheiten hell sind, der Wald als ganzer aber vernebelt bleibt. Das Verhältnis von Sein und Zeit ist ja, wie der Titel sagt, *das* Thema des Buches.

Um die Klärung durchzuführen, haben wir eine Vorüberlegung voranzustellen. „Dasein“ ist natürlich niemals „besorgt“ und niemals „bedürftig“; Bedürftigkeit setzt stets jene Tatsache voraus, die seit der eleatischen Philosophie den griechischen Geist ständig beunruhigt hat: nämlich daß die Welt keine kompakte Einheit, sondern in Einzelwesen zerfallen ist.[61] Die Wesen, in die sie zerfällt, nennen wir hier, um die zahllosen positiven, mit dem Ausdruck „Individuum“ verbundenen Assoziationen abzuschneiden, „*Dividuen*“[62] Diese Dividuen sind in der Tat „Welt“; aber sie sind, da getrennt, auch „außerhalb der Welt“: die Kommunikation muß aufgenommen werden; aber sie *kann* aufgenommen werden: also sind sie „in der Welt“. Nur die Zusammenbehandlung dieser drei Tatsachen „Welt-Sein“, „In-der-Welt-Sein“, „Von der Welt getrennt Sein“ macht eine Philosophie vollständig[63], und nur sie kann das erklären, was Heidegger das Dasein nennt, und was in der Tat etwas völlig anderes ist als die „vorhandene“ Welt.

Es ist die Grundtatsache des Dividuums, daß es allein nicht sein kann, daß es, um zu sein, Welt einverleiben muß. Primär ist Welt Futter. Diesem Futter kann das Individuum schlaraffenhaft eingebettet sein: dann ist es eine Pflanze, deren Mund in den Kuchen hineinwächst. Des Menschen Luftbedürftigkeit, die ohne weiteres gestillt wird, gehört dem gleichen Typ an.[64] Im tierischen oder menschlichen Falle aber ist die Dividuierung radikaler: das Wesen ist von seinem Futter *entfernt*, die Begierde muß dem Begehrten *nachjagen*.[65] Das heißt: das Wesen hat einen Weg zurückzulegen, bis das Begehrte gegenwärtig, und schließlich das Bedürfnis gestillt ist. *Die Jagd, das Nachsetzen konstituiert nun die Zeit: sie besteht aus „nicht“, „noch nicht“, „immernoch nicht“, „gleich“, „jetzt“*. Ist im Jetzt das Bedürfnis gestillt, so hört auch die Zeit auf, die ursprünglich kein Kontinuum ist, sondern gewissermaßen nur in akuten Attacken ausbricht und nur solange währt, wie die Jagd selber: mit dem Schlaf nach der Mahlzeit schläft auch die Zeit. Damit ist gesagt: Zeit ist der Weg der Beischaffung des Bedarfs.[66]

„Sorge“
Scheinmonismus von Theorie und Praxis

Die „Konkretheit“ einer Philosophie besteht darin, daß sie theoretische und praktische Vernunft mit einem und demselben Griff behandelt. Daher die Konkretheit Hegels, der „Geist“ als „Leben“, und die „Äußerungen des Geistes“, also die ganze menschgemachte Menschenwelt mit allen ihren praktischen Elementen, Wissenschaft, Recht, Sittlichkeit etc. als „Geist“ ansetzt; daher die Konkretheit Marxens, für den der Akt des Selbstbewußtseins, das heißt des „zu-sich-selbst-Kommens“, sich nur als ein praktisch-gesellschaftlicher Akt der Solidarisierung derer, die sich als die Gleichen erkennen, verwirklichen kann.

Diese Konkretheit, das heißt, diesen theoretisch-praktischen Monismus zeigt die Philosophie Heideggers ebenfalls; aber sein Monismus ist bloßer Scheinmonismus.

Einmal wird die eigentliche „Praxis“ in das Selbstwerden verlegt. (Jede andere Tätigkeit erscheint in „Sein und Zeit“ als bloße Geschaftlhuberei.) Da dieses Selbstwerden zugleich ein sich-als-Selbst-Bewähren, ein Wahrnehmen (im doppelten Sinne) der „eigensten Möglichkeiten“ ist, ist die Praxis, plump ausgedrückt, „Besserung durch Selbsterkenntnis“.

Aber diese ist nicht nur der erste Schritt zu jener, beide sind bei Heidegger identisch. Ferner ist diese philosophische Aktion, durch die das Dasein als seine eigenste Möglichkeit verwirklicht wird, im vorphilosophischen Dasein bereits angelegt: denn das Dasein ist ja nach Heidegger sein eigenes „Da“, oder, wie es an anderer Stelle heißt, seine eigene „Lichtung“, also schon von vornherein, trotz aller Sorge und Fürsorge, trotz allem manuellen Umgang mit „Zeug“, gewissermaßen als ein philosophischer Prozeß angesetzt. Philosophie, das heißt Theorie, ist dann nur die explizite Ausformung dessen, was Dasein ohnehin ist. Drittens ist alles wirklich „Praktische“ (das, was dem Menschen in der Welt passiert; alles, was er der Welt antut) von vornherein dem Dasein als seine „Möglichkeit“ zugesprochen. Seine Sorge ist *seine* – also nicht bestimmt durch das Verhältnis des Menschen zur Welt; obwohl in Wirklichkeit die Sorge eben primär Bedürfnis ist, also nicht etwas, was ich bin oder was ich habe, sondern die Tatsache, daß ich, als ich selbst und durch mich selbst, *nicht* sein kann; daß ich, wie jedes nach Essen schreiende Kind beweist, weltbedürftig bin; und nur durch ständige Befriedigung, das heißt durch Verarbeitung von Welt mein Dasein fristen kann. Daß ich Bedürfnis *„habe“*, ist ein rein grammatischer, aber kein philosophischer Satz. Denn das Bedürfnis bedeutet gerade, daß ich *nicht* habe, was ich haben sollte. Daß freilich dem Bedürfnis ein Beschaffen und Verarbeiten entspricht, also eine *Möglichkeit*, das ist genauso wahr, aber es ist, als isoliertes Können, ein nonsense. Daß ich das Bedürfnis *„sei“*, wäre als Aussage ebenso fälschend, wie daß ich es „habe“. Gerade insofern ich bedürftig bin, bin ich nicht als ich, bin ich nämlich unfrei, abhängig von Welt. In der Tat ist das Dasein vis-à-vis de rien, gegenüber dem Tode, wenn die Welt nicht seinen Hunger stillt; das heißt, das Bedürfnis ist keine Möglichkeit, kein Können.

Daß die Welt ein Existential meines Daseins sei (so wie bei Kant der Raum Form meiner Anschauung ist), ist im gleichen Sinne ein betrügerischer Ausdruck. Dadurch wird nämlich die Welt zum Attribut des, zwar nicht als Substanz im traditionellen Sinne, aber doch vergleichsweise substanzielleren Dasein angesetzt. Daß diese Welt nur „vorhanden" sei (im Unterschiede zum „daseienden" Dasein) ist gleichfalls so lange eine mindestens zweifelhafte Aussage, als das Dasein als etwas seinem Sein nach toto coelo anderes verstanden wird.[67] Denn das Dasein, wenn es dieses sonderbare Wesen gibt, findet sich eben gleichfalls als *Leib* vor; und weiß sehr genau, daß es nur weiter dasein kann, wenn es dem Schrei seines Leibs Genüge tut. Aber dieser Leib, das Daseiende, in das das Dasein gar nicht „umzuschlagen" braucht, weil es seinen Leib immer schon hat[68], kommt bei Heidegger natürlich nicht vor; die Leibbedürfnisse gleichfalls nicht; diese Tatsache, daß er nicht nur *„in der Welt"*, sondern *„ein Stück Welt"* ist und sich „mit Welt vollschlagen muß", würde den ganzen idealistischen Ansatz zerstören.[69] Daß der Leib in einer reinen Bewußtseinsphilosophie, etwa bei Husserl, ausgelassen wird, ist ganz in Ordnung. Aber daß in einer Philosophie, die diese Themengrenze pathetisch zu durchbrechen vorgibt, und die das Bewußtsein durch das Dasein ersetzt, dieses Dasein leiblos umherläuft, ist ein Beweis für die falsche Konkretheit des ganzen Ansatzes.[70]

Zirkelargument – Daß der Monismus von Sein und Erkennen alte Tradition ist

Das Zirkelargument: daß nämlich der Fragende immer schon irgendwie über das Erfragte Bescheid wisse, daß er seiner Frage, ja seiner Antwort schon immer voraus sei und den Weg zur noch unbekannten Antwort doch gewissermaßen selbst leite, kurz den Kampf gegen die Voraussetzungslosigkeit des Erkennens deutlich formuliert zu haben, ist ein wirkliches Verdienst Heideggers.[71] Damit wird die philosophische Aktion des Erkennens eingebaut in das eo ipso bereits auf sein „In-der-Welt-Sein" sich verstehende Dasein (gleich Können, gleich „Möglichkeit des Daseins"). Sie wird also zur Verlängerung oder zur Realisierung des Daseins selbst; und damit insofern wirklich Lebensphilosophie, als sie nun nicht mehr nur Philosophie *über* das Leben, sondern das vom Leben in die Hand genommene Philosophieren des ohnehin schon philosophierenden Lebens selbst ist. Dieses „in-die-Hand-nehmen“ der Frage des ohnehin fragenden Daseins hat aber zum Zwecke nicht Erkenntnis, sondern die „beatitudo“ des Selbstseins. In Variierung eines anderen Augustin-Wortes könnte Heidegger fragen: „Quomodo ergo te quaero, Dasein? Quaeram te, ut vivat anima mea.“[72]

Durch diesen legitimen Einbau des Erkennens ist nun aber für Heidegger ein philosophisch großer Vorteil gesichert: der des Monismus von Sein und Erkennen, jener Monismus, der in der Identitätsphilosophie sowohl Schellings wie Hegels nicht nur bereits vorgezeichnet, sondern, mindestens bei Hegel, schon deutlich durchgeführt war: denn bei Hegel ist ja der „zu sich kommende“ Geist nichts anderes als das, als Geist bereits vorformulierte, Leben des Menschen, das heißt: die Geschichte selbst. Von hier aus gesehen ist nun Heideggers Monismus von Dasein und Erkenntnis kein Novum, wie er (verglichen mit der ihm vorangehenden Modetheorie vom „Geist als Widersacher der Seele“) erscheinen könnte. Im Gegenteil: er ist in gewissem Sinne sogar ein Rückschritt: denn statt der konkreten historischen Welt mit allen ihren entäußerten Formen des „objektiven Geistes“ findet die Heideggersche Aktion des Philosophierens nur formale Daseinscharaktere; das Bewußtsein ist zwar das „Bewußt-Sein“ des Daseins selbst – aber eben eines Daseins, das erst einmal all das über Bord geworfen hat, was das Dasein selbst geschaffen, womit es sich selbst und damit auch sein Philosophieren bestimmt hat. So plump die vulgär-marxistische Formel vom „Sein“, das das „Bewußtsein bestimme“, klingen mag, ihre Wahrheit, daß das tatsächliche Verhalten in einer bestimmten Welt, das sich Verstehen- oder nicht Verstehenkönnen auf eine entfremdete Welt in der Philosophie sich fortsetze – ist ungleich konkreter als die sehr viel subtilere Philosophie Heideggers. Auch die marxistische Formel (die in eine wirkliche Theorie auszuarbeiten die politische Bewegung sich niemals die Zeit nehmen konnte) ist eine Monismusformel. Ist sie auch, durch einen rohen Seinsbegriff der Naturwissenschaften des vorigen Jahrhunderts, zumeist in dem Sinne mißverstanden worden, daß das Bewußtsein eben nichts sei, als der („nicht-seiende") Reflex der wirklich seienden „Materie", so ist ihre ursprüngliche Konzeption doch rein Hegelisch: denn auch von Marx wird ja das Sein nicht als eine bloße „Materie" angesetzt, sondern als eine, durch das Bedürfnis diktierte, Auseinandersetzung mit der Welt, als Produktion und Reproduktion, als gesellschaftliche Arbeitsteilung; also, nicht anders als bei Schelling, Hegel (oder bei Heidegger) als ein „*Können*" („Potenz, Möglichkeit"), als ein, um mit Heidegger zu sprechen, Sichverstehen auf sein Leben in der Welt.

In den zwanziger Jahren, in denen Heidegger sein Werk schrieb, hatte die berühmte Formel aus den Marxschen Anmerkungen zu Feuerbach[73] eine ungeheuer weite Verbreitung. Er hat sie als Bestandteil der Epoche vorgefunden und aufs Subtilste „re-idealisiert". Er hat, darin nicht unähnlich der katholischen Philosophie, das „progressive" Motiv aufgenommen – das scheint ihn zum philosophischen Modernisten zu machen; aber aufgenommen hat er das Motiv, um es zu neutralisieren.[74]

Eine andere, weit über akademische Kreise hinaus bekannte Variante des Monismus war die Psychoanalyse mit ihrer Theorie vom Unterbewußten, die mit roher Stockwerk-Metapher Sein und Bewußtsein des Menschen in Zusammenhang setzte. Sie ist, wie die Existenzphilosophie, eine Heils- oder Heillehre: nur daß in ihr das „Dasein" sich nicht selbst monologisch zu sich bringt, sondern eine Arzt-Patient-Situation voraussetzt. In allen drei Fällen, Marxismus, Analyse und Existenzphilosophie, wird Heil oder Heilung erreicht durch Bewußtwerden; in allen drei Fällen bedeutet Bewußtwerden ein Durchbrechen von Hemmungen: bei Heidegger den Durchbruch durch das „man"; bei Freud den Durchbruch durch unverarbeitete Erlebnisse; bei Marx schließlich den Durchbruch durch tatsächliche wirtschaftlich-politische Bindungen.

Anmerkung zum Begriff „Idealismus“

Was der polemische Wortgebrauch gewöhnlich „Idealismus“ nennt, ist, wie alle politisch benutzten philosophischen Termini, niemals zur letzten theoretischen Klarheit gekommen. Im Grunde gibt es nur eine einzige These, die der idealistisch genannten wirklich entspricht: die des vierten Evangeliums:

„Der Geist (oder das Wort) ist Fleisch geworden.“ – Aber auch diese These behauptet nicht etwa, daß Materie schlechthin aus dem Geist oder gar aus dem Bewußtsein entstanden sei, sondern allein daß der Logos Gottes, also Christus Mensch geworden sei. Marx hatte freilich recht mit seiner Polemik: wenn irgendwo, so war der Johanneische Satz in der Hegelschen Philosophie von neuem Fleisch geworden. Die Unterscheidung zwischen „Idealismus“ und dem, was Marx in Abhängigkeit vom Positivismus seiner Zeit „Materialismus“ nannte, verbirgt also die viel wesentlichere, nämlich politische Unterscheidung zwischen der Welt, die als bereits erlöst gilt, und der noch erlösungsbedürftigen.

Zum Daseinsbegriff

Die sehr eigentümliche Formel, daß das Dasein sein *eigenes* „Da“, seine eigene „Lichtung“ sei, würde mißverstanden werden, wenn man sie gewissermaßen als bloße ontologische Feststellung aufnähme. Sie ist zugleich eine häretische Gegenformulierung gegen eine Tradition, die der heutigen Philosophie kaum gegenwärtig ist, daß nämlich Gott das Licht sei: „Et quia hominis anima ... non est tamen ipsa lumen, sed tamen verbum, Deus est lumen verum, quod inluminat omnem hominem venientem in hunc mundum.“[75]

Uneigentlichkeit und Glück

Die Eigentlichkeit ist, so argumentiert Heidegger, obwohl das Dasein sich gewöhnlich an die Welt verliere, doch dem Dasein nicht eigentlich fremd, und zwar deshalb nicht, weil es dem Dasein immer schon „um dieses selbst“[76] gehe. Das heißt: auch im Verfall will es *sich*; aber sich wollend verfalle es eben. Und darum sucht Heidegger eben eine andere Form der Realisierung.

Diese Situation ist historisch begreiflich. Nur historisch, nicht philosophisch. Daß sich nämlich das Dasein in der Welt verliert, abbraucht oder dergleichen, besagt eben, daß von vornherein die Welt als falsche Welt vorausgesetzt wird. In einer glücklichen Familie zum Beispiel kann man „man selbst“ sein. Die Beziehung zur Mitwelt braucht nicht eo ipso und immer „Verfall an“ zu sein; es gibt echte Zugehörigkeit, echte Anhänglichkeit, echte gegenseitige Stützung, alles Erscheinungen, die in Heideggers Welt unbekannt ist. Seine Beschreibung des In-der-Welt-seins ist die eines unglücklichen In-der-Welt-seins, das heißt eines unechten In-der-Welt-seins, denn der Sinn von „In“, das heißt der Sinn von Zugehörigkeit ist ein vollkommen verschiedener, wenn es sich um glückliche Gemeinschaft oder nur um den zufälligen Umkreis von Welt handelt, dem man nur deshalb zugehört, weil man ihm nicht entrinnen kann. Aber das Wort „glücklich“ würde Heidegger nicht über die Lippen bringen, das Wort wäre ihm viel zu unpathetisch, es läßt eine Abspannung der Kräfte vermuten – was wir so katastrophal nicht finden können, da jede Anspannung der Kräfte eben letztlich nur darauf ausgeht, eine Situation zu finden oder herzustellen, in der man entspannt leben kann. Bei ihm aber gilt alle Anstrengung des Daseins dem Ziel, in der Überanstrengung des Selbstseins zu leben. Sein Ziel ist selbst ein „Gehen“: nämlich das „dem Tode Entgegengehen“. Kein Zufall, daß in seiner Philosophie zwar die *Sorge* erscheint, aber nicht deren *Zielsituation: die Befriedigung oder die Stillung*, die die Griechen und später noch Hölderlin mit der Glückseligkeit in eins gesetzt hatten.

Tod als Instrument der Eigentlichkeit

Die Benutzung des Todes als Instrumentes zur Erreichung des „seeligen Lebens“ ist paulinisches Erbstück. Auf die Frage, wie die Toten auferstehen könnten, antwortet Paulus: „thou fool, that which thou sowest, is not quickened except it die.“[77] Der Tod ist also nicht nur die Verhinderung des Lebens, sondern als Vernichtung des *Nichtigen* (*phthora*) umgekehrt die Möglichkeit der Auferstehung, nämlich der Befreiung der Seele. Analog ist bei Heidegger der Tod bzw. das „Sein zum Tode“ die Methode, um bei Lebzeiten im seligen Leben der „Existenz“ aufzuerstehen. Was post mortem geschieht, interessiert Heidegger so wenig wie den Materialisten; und seine Leugnung des Lebens nach dem Tode würde sich von der Leugnung des Materialisten kaum unterscheiden … nur daß bei Heidegger der Tod schon im Leben überwunden und zum Lebenselement gemacht ist.

Der Einzige „hat sich“
Zu Homunculus und Eigentlichwerden. Stirner

„Wer sich … ‚notwendiges Subjekt‘ zu sein dünkt, legitimiere sich als solches. Er mag sich die Legitimation aus dem Monde holen. Absurde Frage, ob ein Subjekt zufällig oder notwendig ist … Es ist notwendig, weil es da ist, und wenn es sich notwendig macht; zufällig, weil kein Hahn danach krähen würde, wenn es nicht da wäre.“[78]

Diese Sätze sind ebenso aufschlußreich wie roh. Das Ich, das ursprünglich als die „Allgemeinheit“ und „Autonomie“ dem empirischen Individuum entgegengesetzt worden war; das bei Fichte als Tathandlung der Natur gegenübergestanden hatte – steht hier vor einer völlig neuen Folie: vor der Folie der völlig anonymen Iche, nach denen „kein Hahn kräht“, die nichts „haben“. Da auch er, Stirner, nichts *hat*, da er sich andererseits in einer Situation befindet, in der Freiheit zu erkämpfen außer jedem Betracht liegt, bleibt ihm nichts anderes übrig, als „sich selbst zu haben“ – ein Ausdruck, der in der weisen deutschen Sprache zugleich bloßes Protzen anzeigt.

Notwendig ist nach ihm dasjenige Subjekt, das „sich durchsetzt". Die Rechtfertigung für das Sich durchsetzen kann aber aus dem Monde geholt werden, das heißt aus dem Nichts, auf das Stirner schon im Motto seines Buches seine Sache gestellt hat. Die Autonomie der Person ist in Anarchie umgeschlagen, da die Person, die bei Kant und Fichte gerade *nicht* das jeweilige Individuum bedeutet hatte, sich zum empirischen „Mich", zum Berufsegoisten, konkretisiert hat. Das heißt: die Konkretisierung läuft hinaus auf den Zerfall der Moral; in Stirners großsprecherischen Worten, auf die maßloseste Entheiligung; die Formalität des kategorischen Imperativs und des Fichte-Schellingschen Imperativs „Sei!"[79] hat sich zur Verachtung aller Universalien, aller „Sachen" (der „guten Sache", „der Sache Gottes", der „Sache der Menschheit", „der Sache der Freiheit" oder der „Humanität" und so fort) vulgarisiert.

Aber so maßlos die Forderung ist, alles Gemeinschaftliche und damit alle Universalien abzustreiten, so maßvoll ist doch die Aktion, die das Ich vom „Mich" fordert: sie besteht nämlich nicht darin, das Ich zu befreien, sondern darin, es zu haben: ja sogar darin, sich selbst als seinen eigenen Schöpfer anzusehen. „Wie Du in jedem Augenblick bist, so bist Du Dein Geschöpf" … „Du bist selbst ein höheres Wesen als Du"[80] – damit ist zwar Selbstvergottung gepredigt, zugleich aber die Schuld für die jämmerliche Existenz des „Einzigen" der Gesellschaft von den Schultern gewälzt.

Weiteres Material zum Homunculus-Problem

Unsere Homunculus-Deutung Fichtes als des self made man, der sich seiner Geburt schämt und der sich deshalb selbst noch einmal schafft oder mindestens tauft (denn Taufe ist für ihn zweite Geburt), hat Schelling schon vorformuliert. „Der Eigendünkel des Menschen", schreibt er, „sträubt sich gegen diesen Ursprung aus dem Grunde."[81] Freilich ist hier der „Grund" nicht gesellschafts- oder klassenmäßig gemeint, sondern naturphilosophisch. Aber die Scham als Motiv der Wiederholung der Geburt in der „Setzung" ist deutlich ausgesprochen.

Während Fichte sein ungeborenes, selbstschöpferisches und weltsetzendes erwerbendes Ich dem Geburtsadel gegenübersetzt, lebt Nietzsche bereits in einer Zeit, in der die bürgerlichen Individuen eine vulgäre Tatsache geworden sind. Also muß er nun das Ich gewissermaßen wieder zurück-adeln: daher seine Koketterie mit allen Nobilitätskulturen, seine Vorliebe für die Vokabel „vornehm". Durch Geburt, im Sinne sozialer Herkunft, ist freilich für ihn dieser Adel nicht gewährleistet, durch Menschenrechte erst recht nicht; sondern nur entweder durch das überzeugende Naturfaktum großer und machtvoller Persönlichkeiten oder durch die vom Menschen selbst hergestellte neue, nicht „fort- sondern hinaufgepflanzte" Gattung des Übermenschen. Der Übermensch ist gewissermaßen der metaphysische Industriekapitän, der sich über die Mittelstands-Iche Fichtes und Stirners durch seine erfolgreiche Skrupellosigkeit und durch seinen „Willen zur Macht" hinüberschwingt. In der Tat ist bei Nietzsche das Wort für die Homunculus-Produktion zum ersten Male ohne Verschämtheit ausgesprochen; und nicht mehr dem logischen oder architektonischen Wortschatz (wie „setzen", „konstituieren") entnommen: sie heißt *„züchten"*.

Daß bei Fichte das damals ganz legitime Ressentiment gegen die Vorrechte des Geburtsadels in seine Philosophie eingegangen ist, beweist folgender Satz: „Mochte doch ihm selbst schon auf der mühsamen Laufbahn seines Jünglingslebens oft der Unterschied sich aufgedrängt haben, dessen *bevorrechtete* Geburt ohne Mühe und Verdienst vor Talent und fleißigem Streben sich erfreut" – so schreibt Fichtes Sohn über seinen Vater.[82]

Die in dem Ausdruck „sich selbst setzen" mitgemeinte Unabhängigkeit von der Herkunft[83] übersetzt sich bei den Dichtern des neunzehnten Jahrhunderts in dem Anspruch:

„Eigentlich müßte man sich selbst gemacht haben, aber das ist leider nicht der Fall."

„I thought not to be born; nor love the state
to which that birth has brought me ..."

oder:

„That which I am, I am; I did not seek
for life nor did I make myself."[84]

– kurz: die Faktizität des eigenen Daseins wird zum Skandal.

Eigentlichkeit – als ästhetisches Phänomen

„Eigentlichkeit" ist die, zum intensiven Zustand gemachte, Ausschärfung der eigenen Existenz, die eine konsequente und entschlossene Person eigentlich allein in der geschichtlichen Tat finden könnte. Sie ist also, trotz des moralischen Pathos, mit dem für sie plädiert wird, eine sehr uneigentliche Eigentlichkeit; und obwohl sie, in Nachfolge Kierkegaards, aller unernsten und ästhetisierenden Existenz entgegengestellt wird, bleibt sie doch noch ein ästhetisches Phänomen, da sie Pathos ist und nicht Praxis.

Deshalb entpuppt sich Heideggers Philosophie letztlich als ein komisches Phänomen. Irgendwie schlägt freilich die bloße Selbsterhitzung des Eigentlichwerdens in so etwas wie Tat um; aber eben doch in eine solche Tat, die in falsche Richtung ausschlägt: in die Wiederholung der Vergangenheit. „Vorwärts-zurück!" könnte Heideggers Devise sein. Dieses „Marsch marsch zu den Wurzeln!" erinnert an jene Dschungelbäume, deren blütenbesetzte Äste in den Boden zurücksinken und dort das Wurzelschlagen wiederholen. Aber die tun es aus Überreife. Heidegger aber, weil er in die Helle der wirklichen Welt, nämlich in die geschichtliche Situation, nicht hineinblicken will. Die Feigheit gibt sich als Trotz, Eigentlichkeit und Tiefe. Aber für den, der bei jeder philosophischen Kategorie die hinter ihr stehende Motivation mitspürt, verlieren dadurch die Kategorien ihren philosophischen Wert.

Der sinnvolle Begriff der Eigentlichkeit ist tatsächlich von der Stoa formuliert worden. „Eigentlich“ ist dasjenige, worüber ich Macht habe, dessen Eigner ich bin. „Sei eigentlich“ heißt dort: „Kümmere Dich nicht um das, was nicht in Deiner Macht steht.“: „Ich werde Dich in Ketten werfen.“ – „Mich in Ketten werfen? Mein Bein kannst Du anketten – aber meinen Willen kann selbst Zeus nicht anketten.“[85]

Kierkegaard-Anmerkung

Es ist höchst sonderbar, daß in vielen jener Partien von Heidegger, die wie wirkliche Kopien Kierkegaards wirken, jene Phänomene, die bei K. bereits zusammengesehen waren, bei H. disparat erscheinen. Bei H. gibt es z. B. jene pathologisch übersteigerte *Freiheit*, die den Menschen selbst der gottähnlichen Verfügung über den eigenen Tod befähigt; andererseits gibt es – *Angst*. Bei K. ist *Angst*: *Angst* vor der Unendlichkeit der *Freiheit*.[86]

Das Selbst als Kloster

Das Heideggersche Selbst ist freilich nicht, wie vielleicht indirekterweise der Übermensch bei Nietzsche, ein philosophisches Abbild des modernen Unternehmers, sondern viel eher das Bild dessen, der sich weigert, an der Konkurrenz teilzunehmen, aber sich eben isoliert weigert, und mit „nichts von alledem“ zu tun haben will. Diese Neutralität hat nicht nur eine typisch kleinbürgerliche und kleinstädtische Farbe; sie ist zugleich eine Position, wie sie mehr oder minder, mindestens ideologisch, der katholische Klerus einnahm, nur daß dieser ein gesellschaftliches Refugium außerhalb hatte, in das er sich zurückziehen konnte: die Kirche, ja unter Umständen das Kloster. Auch Heidegger zieht sich in eine Art Kloster zurück – nur daß er eben sein eigener Abt ist, seine eigene Zelle hat und sein eigenes Gebetbuch schreibt; und daß er seinem „von nichts etwas wissen wollen“ den Anschein einer radikalen Position verleiht; und auf jene, vor denen er flieht, mit Verachtung hinunterwettert, als seien sie die vor der Zellenexistenz Flüchtigen. Eingeschlossen in den allein selig machenden Schoß des Selbstes ist er eine ungeheuer verführerische Figur: alle jene, die mattgejagt von den Furien der Weltgeschichte einen Ruheplatz suchen, die vor den konventionellen Formen des Eskapismus entweder zurückscheuen oder diese als Lebensformen in einer zertrümmerten Welt nicht mehr finden, werden verlockt, sein Zellendasein anzutreten, kurz: aus Trotz Philosophen zu werden, um sich um nichts mehr zu kümmern.

Historische Anmerkung zum Problem „Machen“

Die Gegner der bürgerlichen Revolution beweisen, daß „Machen“ der Zentralbegriff der bürgerlichen Philosophie ist.

Der negative Beweis für die Richtigkeit der Deutung des „Setzens“ als Schaffens bzw. Machens wird durch die klassischen Gegner der französischen Revolution geliefert: für diese ist die Revolution (und mit dieser die Kontrakt-Theorie Rousseaus) der Inbegriff der Hybridität, weil was als „Ewige Ordnung“ von Gottes Gnaden bestünde, in seinem Bestand weder erschüttert noch durch eine bewußt gemachte andere Ordnung ersetzt werden durfe. „Es gibt“, heißt es bei Bonald[87], „eine notwendige Gesellschaft, eine notwendige Ordnung der Wahrheiten und Pflichten. Wenn man dagegen vom Menschen behauptet, daß er seine Sprache *gemacht* habe, dann hat er auch sein Denken *gemacht*, sein Gesetz *gemacht*, seine Gesellschaft *gemacht*, kurz: *alles gemacht*; und zerstören kann er dann auch alles.“ Aber nicht er habe die Ordnungen gemacht, sondern Gott. Dennoch darf man, selbst bei Bonald, die theokratische Pointe, die er der menschlichen Gesellschaftskonstruktion entgegensetzt, nicht als sein letztes Wort ansehen. Höher als Gott ist ihm die legalistische Ordnung. Und nicht unähnlich den naturrechtlichen Formulierungen des Grotius und dem Leibnizschen Argument gegen Locke[88], daß auch Gott sich den Rechtswahrheiten zu beugen habe, betont er, ausgerechnet gegen Bentham, die Quelle der moralischen Anordnungen sei nicht ein Willkürakt Gottes, denn auch dessen „Wille ist durch die unveränderbaren Gesetze der ewigen Raison geregelt".[89] Hier also ist das Motiv des Bonaldschen Theokratismus in flagranti ertappt: die Ordnung steht ihm höher als Gott. Dieses Argument ist deshalb so ungeheuer interessant, weil es zeigt, daß selbst die Aufklärungsgegner in jener Säkularisierungs- und Naturrechtsbewegung stehen, die Gott den Gesetzen und nicht die Gesetze Gott unterordnen; und weil auch bei ihnen sich der rationalistische Begriff der Raison als Grundbegriff durchsetzt.

Hegels schroffe Polemik in seiner „Philosophie des Rechts" gegen den Begriff des „contrat" gehört natürlich auch in die Geschichte der Bekämpfung des „Machens" – nur daß bei ihm das „Seiende", das er gegen alles „nur Gemachte" ausspielt: der Staat, als Inbegriff, mindestens als Garantie der bürgerlichen Rechte auftaucht; als Seiendes also bei ihm nicht die Autorität der Privilegien gilt, sondern (mindestens theoretisch) die Autorität der Privilegienlosigkeit, nämlich des Anrechts *aller* auf Eigentum. Seine „Reaktion" ist eben nicht antirevolutionär, sondern nachrevolutionär.

Zum Begriff des „Setzens" (Bonald)

Der moderne Versuch, über den revolutionären Begriff des „Machens" oder „Setzens" oder „Konstituierens" hinauszukommen, ist der von Scheler ausführlich durchgeführte Versuch einer „materialen Wertethik", in der die Werte (ihr quale und ihre hierarchische Anordnung) ein platonisches Gegenstandsreich bilden, das sich Zugängen bestimmter Art, dem „Fühlen", dem „Vorziehen" etc. aufschließt. Der Philosoph ist hier gewissermaßen ein Entdeckungsreisender im Lande des Apriorischen; in Ausnutzung gewisser Husserlscher, für ganz andere Felder ausgebildeter Begrifflichkeit wird hier eine apriorische Empirie geübt. Wir verwenden diesen widerspruchsvollen Ausdruck absichtlich, um zu zeigen, daß hier der Philosoph sich in einen Bereich zu begeben glaubt, in dem er Wertqualitäten einfach „auffindet" ... und zwar als notwendige. Die Kombination von „finden" und „notwendig", bzw. die Darstellung apriorischer Verhältnisse als „bestehend", ist aber stets die getarnte Form der Beteuerung, daß das Bestehende apriori legitim sei: sie ist die Philosophie des Legitimismus, die moderne Version der gegenrevolutionären Theorie von Bonald. Daß Scheler später, in seiner wissenssoziologischen Periode, diese Position selbst Lügen gestraft hat, ist bekannt.

Ritualismus-Reste
Verdünnte Form der Askese

In gewissem Sinne ist die Re-Ritualisierung der Philosophie durch Heidegger von Nutzen: sie zeigt uns nämlich, daß gewisse Phänomene, die wir als rein theoretische zu sehen gewohnt waren und nicht im mindesten beargwöhnten, in Wirklichkeit letzte verdünnte Formen vortheoretischer Attitüden sind. Die „Einklammerung" der Welt, wie wir sie z. B. in der Phänomenologie Husserls finden, hatte uns als reine Methode gegolten. Nun sieht man, daß sie eine Weltabweisung darstellte, die, nicht unähnlich der buddhistischen Weltausschaltung, über die Fragen der wirklichen Welt alles in der Schwebe läßt. Wieviele vortheoretische, besonders Askesemotive in den letzten dünnen Formen der Immanenzphilosophie enthalten sind, in der die Welt nur noch als intentionales Objekt auftaucht, ist schwer auszumachen. Das „noli me tangere", das heißt die reine transzendentale Einstellung, hat ja zwei ganz verschiedene, ja geradezu entgegengesetze Motive: einmal das Motiv der Vornehmheit: der Vornehme greift nicht in den Schmutz der bloß wechselnden Daten der Wirklichkeit; er herrscht: also gehen ihn nur Prinzipien an. Andererseits darf der von der Macht Ausgeschlossene nicht eingreifen in die Wirklichkeit und bescheidet sich daher nur mit den harmloseren, ihm zugestandenen Prinzipien. Denn alles, was als philosophische Methode auftaucht, ist letzthin eine Geste innerhalb der Welt.

Idealismus als Emanzipationsstufe
Moral ohne Anthropologie

Ist einmal diejenige menschliche Situation bezeichnet, die Moral allein nötig und möglich macht, so scheint die Idee eines Reiches schlechthin gültiger Moral einfach unbegreiflich. Der berühmte Leibnizsche Satz: „Le droit universel est le même pour Dieu et pour les hommes“[90] klingt dann widersinnig. Denn die „Situation Gottes“, wenn man von einer solchen reden kann, unterschiede sich eben von der der Menschen gerade dadurch, daß er keine nachträgliche Regel oder Regelung benötigte; daß er kein „corriger la fortune“ brauchte. Dennoch charakterisiert dieser absurde Satz bereits eine fortschrittliche philosophische Position. Er besagt nämlich, daß Gut und Böse nicht deshalb gut und böse seien, weil es Gott so beliebe, sondern daß die moralischen Forderungen (genau wie die mathematischen Wahrheiten) unabhängig von ihm seien: Gott könnte ja auch ein „prince méchant“ sein. Damit ist aber bereits jene „Unabhängigkeit der Moral“, jene Autonomie ausgesprochen, ohne die die Kantische Autonomie der Person und die, aus dieser folgenden, Freiheitstheorien nicht möglich gewesen wären. Der „Idealismus“ ist eben nicht, wie oft behauptet wird, einfach eine Tarnform der Theologie, sondern er ist die erste Stufe der Emanzipation von der Theologie. Ein Gott, der „Geltungen“ genau so anzuerkennen hat wie der Mensch, ist zwar noch nicht endgültig entthront, aber doch schon erheblich degradiert. Die schwebende, in nichts als sich selbst verankerte Vernunftwahrheit, der auch er sich zu beugen hat, mag zwar, besonders wenn es sich um sogenannte moralische Wahrheiten handelt, philosophisch unsinnig sein; aber historisch gesehen ist sie alles andere als das. Wenn schließlich Hegel diese Entwicklung dadurch abschloß, daß er die Vernunft und Gott wieder in Eins setzte, so hat er damit Gott nicht re-inthronisiert, sondern die Vernunft, das heißt: die in der Geschichte sich verwirklichende Tätigkeit der Menschheit, vergöttlicht; und das heißt wiederum: als das einzig Wirkliche anerkannt.

Eigentlichkeit ist „intensive“ Antwort des Daseins, das sich „extensiv“ versäumt

Die befremdliche Frage Heideggers nach der „Gänze“ des Daseins, die er greifen bzw. sein möchte, die ihm aber immer wieder entschlüpft, da Dasein als Zeitliches, also nur als jeweils Gegenwärtiges da ist – diese Frage ist als theoretisches Problem nicht mehr zu verstehen und nicht zu diskutieren; sondern nur zu verstehen als Ausspruch einer, dem Theoretischen weit vorausliegenden Schicht: sie ist das Resultat einer Versäumnisangst, einer Angst, sich selbst zu versäumen, da man immer nur jetzt sei, niemals aber man selbst. In dieser Panik scheint das Leben gewissermaßen nur die Gelegenheit, niemals man selbst zu sein. Das Eigentlichwerden, das ursprünglich als Erlösung von der Uneigentlichkeit des Lebens aufgetaucht war, erhält nun bei Heidegger die weitere Funktion, die Gänze herzustellen, und zwar so herzustellen, daß die Extension des Lebens, die in jedem Augenblick versäumt wird, in der intensiven Form der „eigentlichen“ Existenz gesammelt und zusammengefaßt werde.

Das Dasein besitzt das Sterben, denkt daher nicht an Selbstmord Zum Nihilismus

Das Verblüffende an der Heideggerschen Form des Nihilismus ist, daß in ihm selbst anmerkungsweise die Idee des Selbstmordes nicht vorkommt – nicht vorkommt, obwohl der Tod im Zentrum des von ihm als „eigentlich“ gepriesenen Daseins steht. Das ist umso eigenartiger, als in der klassischen Philosophie allein im Selbstmord die Ideen der Freiheit und des Todes, also der Freiheit und der totalen Unfreiheit zusammenstießen.

Den Stoikern, die gewiß nicht gerade vergnügt waren, gab die Idee der Möglichkeit des Selbstmordes einen Trost, der dem „Dasein“ Heideggers völlig unbekannt ist. „Nichts

Besseres schenkte uns das ewige Gesetz“, heißt es bei Seneca[91], „als daß es uns *eine* Tür zum Leben gab, aber *viele* Ausgänge.“ Und an anderer Stelle: „Danken wir Gott, daß niemand am Leben zu bleiben gezwungen werden kann.“ Daß diese Möglichkeit in der Existenzphilosophie nicht vorkommt, gibt ihrem Dasein eine höchst sonderbare Nebenbestimmung: es ist gewissermaßen lebenslänglich in den Kerker des Lebenmüssens geworfen. Abgeleitet wird in der Existenzphilosophie das offensichtlich anerkannte Selbstmordverbot nicht; und es könnte auch gar nicht abgeleitet werden, da eben das Dasein bei Heidegger keine bestimmten Gebote oder Verbote kennt. Aber verständlich ist schon die Tatsache, daß der Selbstmord in seiner Philosophie nicht vorkommt: nämlich aus der Trotzattitüde Heideggers: der Trotz setzt immer an etwas an, was man eigentlich nicht gewollt hat und wofür man sich nun gewissermaßen mit negativer Leidenschaft ganz einsetzt. Im Grunde genommen ist die moralische Attitüde des Daseins eine des „nun gerade“. Sie braucht als ihren Gegenstand die Tatsache der „Faktizität“, d. h. die Tatsache, daß man ausgerechnet als man selbst auf die Welt gekommen ist, um nun auf dieser Tatsache zu bestehen und sie sich anzueignen. Während der Stoiker das Leben überhaupt deshalb nur aushält, weil er weiß, immer und überall kann er es verlassen, hält der Existenzialist das Leben aus, weil er stolz darauf ist, das „Tor“, das seinem Leben als Ausgang gesetzt ist, von innen her zu besetzen und als „eigenste Möglichkeit des Sterbenkönnens“ sich anzueignen.

Eigentlichkeit als Unsterblichkeit

Es war auch die Ansicht der deutschen Romantik, daß der Tod der Grenzstein des „Selbst“ sei. „Was den Tod überdauert“, heißt es bei Schelling, ist „alles, was auch hier schon Er selber war, und nur das bleibt zurück, was nicht er selber war.“[92] Diese liebenswürdige Bagatellisierung nicht nur des Ernstes, sondern der Tatsächlichkeit des Todes steht noch im engsten Zusammenhang mit der christlichen Theologie. Das Selbst ist identisch mit der unsterblichen Seele. Bei Heidegger aber ist das Verhältnis nun radikal umgedreht: denn der Tod wird nunmehr eingespannt, um das auf ihn „vorlaufende Leben" eigentlich zu machen. Nicht das „Eigentliche" ist unsterblich, sondern das Auf den Tod hin-Leben macht eigentlich. Daß dieses eigentliche Leben schließlich stirbt, darüber besteht bei Heidegger nicht der leiseste Zweifel; ja eigentlich stirbt nur das eigentliche Leben bei ihm – denn das uneigentliche, das sich sein Leben lang gegen sich selbst abblendet, stolpert eigentlich nur hinaus und ist tot, ehe es weiß, daß es im Begriff war zu sterben. So sonderbar es klingt, aber im Grunde wird bei Heidegger der Ernst mit dem Tode gestraft. Das gibt seiner Moral ihren tierischen Ernst, ihre durchaus masochistische Note: es ist, als wollte sich Heidegger für die Tatsache des Todes dadurch rächen, daß er ihm ein ganz besonders präpariertes Dasein in den Rachen wirft.

Der Begriff der Unsterblichkeit ist zwar eindeutig aufgegeben. Aber die Qualität der Unsterblichkeit ist in transformierter Form in der Eigentlichkeit erhalten – und so widerspruchsvoll die Formulierung klingen mag: *das eigentliche Leben ist bei Heidegger sich selber unsterblich, solange es lebt*: denn der Tod ist als „Sterben" in das Leben hineingenommen und gehört zum Leben so, wie die Tür zum Zimmer gehört, obwohl sie aus dem Zimmer heraus führt.

Heidegger und die Stoa

Im Vergleich zu den Stoikern scheint der Existenzphilosoph ein Rebell zu sein; zwischen dem, was in seiner Macht steht und was nicht, erkennt er die Grenze nicht an. Das ist an sich völlig berechtigt, denn zum größten Teile sind die Grenzen zwischen Macht und Ohnmacht, zwischen Freiheit und Unfreiheit von Menschen gezogen, also von Menschen veränderbar. Geschichte ist schließlich nichts anderes, als der Kampf um Freiheit, wenn auch nicht der einlinige Fortschritt im Bewußtsein der Freiheit, wie Hegel unter sein Portrait schrieb. Auf die Grenzgebiete, in denen um Freiheiten gefochten wird, läßt sich aber Heidegger nicht ein: statt sich frei zu machen von menschlichen Ketten, macht er sich frei vom Tode – während die Stoiker heiter und vernünftig die „Leihgabe des Lebens zurückerstatteten“. Seine Ansprüche sind so ungeheuerlich, seine Griffe holen so weit aus, daß sie schon wieder harmlos sind. Alles Wirkliche, die wirklichen Unfreiheiten der heutigen Gesellschaft lassen sie völlig unangetastet; kaum je hat eine Philosophie gezeigt, wie praktisch es ist, ein Gigant zu sein anstelle eines Menschen.

Heidegger formuliert Ontologie, weil er Transzendentalphilosophie nicht kennt

Heidegger steht also offensichtlich in der Tradition der Transzendentalphilosophie: in der großen bürgerlichen Tradition, in der der Begriff des freien Subjekts zentral ist. Das freie Subjekt, schon von Schelling aus der Sprache der „Praktischen Vernunft“ in eine andere Sprache übersetzt, ist das Ontologische im Unterschied zu dem Ontischen. Daß Heidegger selbst auf Umwegen (nämlich erst in seinem Kantbuch[93]) seine Zugehörigkeit zu dieser Philosophie anerkannte und durch den Zufall seiner Herkunft vom Thomismus seine Unterscheidung von ontisch und ontologisch als endlich seit Jahrhunderten fällige Wiederaufnahme verspielten antiken Erbes darstellte, ist kein Gegenbeweis. In der griechischen Philosophie taucht die Unterscheidung vorbildhaft in Platos „Parmenides“[94] auf, an jener Stelle, wo Parmenides die Dialektik des in „Eins“ und das „Sein des Eins“ zerfallenden „Eins“ erwägt: Die Distanz Heideggers von diesem philosophischen Ansatz ist, im Vergleich zu seiner Entfernung von Fichte und Schelling, unendlich.

Heideggers Anthropologie ist „invertiert“ Dasein heißt zufällig „Mensch“

Es ist erstaunlich, daß achtzig Jahre nach Feuerbachs Anthropologisierung der Philosophie (das heißt der Demaskierung metaphysischer als anthropologischer Probleme) diese Aktion der Rückübersetzung noch einmal unternommen werden mußte. Der Generalnenner des deutschen philosophischen Schrifttums der Nachkriegszeit hieß ja in der Tat „Philosophische Anthropologie“. Ihr Hauptexponent war Scheler; und ohne ihn wäre auch Heidegger nicht zu denken.

Dennoch rechnet Heidegger das Primat, das er dem (menschlichen) „Dasein“ gegenüber den anderen Seinsarten einräumt, doch nicht zur „Anthropologie“: Denn er „invertiert“ die Sachlage so, daß er nicht das „Dasein“ über den Menschen aussagt, sondern vom Dasein so spricht, als heiße dessen gewissermaßen zufälliger, empirischer Träger „Mensch“. Diese Inversion ist aber sehr bezeichnend: durch sie wird nämlich das eigentliche verweltlichende und politische Motiv, nämlich die Befreiung von übermenschlichen Autoritäten, das Motiv, das für Feuerbach und Marx entscheidend gewesen war, wieder neutralisiert. Wenn es in den „vorlaufigen Thesen“ von Feuerbach heißt: „Das Geheimnis der Theologie ist die Anthropologie“[95], so würde Heidegger den Satz zwar wohl unterschreiben, aber er würde fortfahren: „Das Geheimnis der Anthropologie ist die Ontologie.“[96] Die von Feuerbach gemeinte Befreiungsaktion ist dadurch aufgehoben, die Negation selbst wieder negiert. Kein Wunder, daß diese Negation der Negation auf Unkritische den Eindruck der Positivität machen und ihnen wie das erlösende Wort klingen konnte. Ebensowenig ist es ein Zufall, daß diese Negierung der Negierung in den Jahren nach der mißlungenen deutschen Revolution von 1918 formuliert wurde: denn in der Zeit zwischen den zwei Kriegen war tatsächlich der Versuch einer Befreiungsaktion wieder „neutralisiert“ worden, und die Verfassung der deutschen Republik enthielt als „eigene Möglichkeiten“ alle Varianten der Unfreiheit in sich, wie die „Verfassung des Daseins“ bei Heidegger.

Un-Freiheitsbegriff. Das Ragout des Freiheitsbegriffs

Nichts ist für den jeweiligen Begriff von Freiheit charakteristischer als der Unfreiheitsbegriff, den er voraus- oder mitsetzt. Die vom Christentum als „Unfreiheit“ (= Sünde) gesetzte Natur ist bis tief in die moderne Philosophie Gegenbegriff der Freiheit geblieben; und konnte das umso eher, als der Naturbegriff der Moderne (das Universum des mechanisch Bedingten) sich gewissermaßen natürlich als Pendant für das Prinzip des Bedingens, die Freiheit, hergab. Während der erste Unfreiheitsbegriff es ermöglichte, die Freiheit in einen Akt oder ein Geschehen: die Gnade zu verlegen, gibt der mechanische Unfreiheitsbegriff keine Chance der Befreiung. Entweder wird der Mensch, etwa wie bei de La Mettrie, in das Gebiet des Bedingten mithineingezogen, oder er wird als außerhalb stehend angesetzt – so daß seine Freiheit als Faktum, nicht als Resultat eines Befreiungsaktes gilt.

Es ist das Wesentliche des modernen bürgerlichen Freiheitsbegriffes, daß er unter „Unfreiheit“ *weder* die Natur im Sinne von *Sünde*, *noch* die Natur im Sinne von *Mechanik* versteht, sondern die gesellschaftliche oder politische Tatsache der Abhängigkeit der Menschen von Menschen; und daß er, unter dem Eindruck der französischen Revolution, die Befreiungsaktion in eine weltliche Aktion verlegt. So schlecht sind „Geist“ und „Wirklichkeit“ synchronisiert, daß in Deutschland diese Philosophie ihre antibürgerliche Formulierung bereits fand, bevor noch die bürgerliche Revolution als politisches Ereignis stattzufinden oder zu scheitern auch nur Gelegenheit hatte.

Mit der Existenzphilosophie haben nun diese Rückerinnerungen deshalb zu tun, weil diese in verwirrender, für viele freilich faszinierender Weise ein Ragout dieser Motive darstellt: Die Unfreiheit, aus der das Dasein sich herausarbeitet, ist bei Heidegger zwar gesellschaftlich gesehen; es ist das

„Man". Aber das „Man" nimmt nun diejenige Stelle ein, die früher die sündige Natur eingenommen hatte; die Befreiung vom man ist selbst kein gesellschaftlicher Akt, sondern ein religiöser.

Historisch gesehen bedeutet das die vollkommene Zerstörung der großartigen politisch-moralischen Funktion der Aufklärung. Wenn sowohl Erfahrung wie Vernunft gegen die idola fori aufgerufen wurden, um den Menschen aus den Fängen der, das Dasein befangen machenden, Mächte zu befreien, so bleibt der Befreiungsakt vom Gesellschaftlichen in der Existenzphilosophie frei von jedem Interesse an der gefangenen Gesellschaft. Während die Aufklärung, mindestens seit den achtziger Jahren des 18. Jahrhunderts, „dem" Menschen", also jedem Menschen die Möglichkeit der Vernunft zusprach, damit also eine demokratische Pointe hatte, hat sie bei Heidegger eine ausgesprochen anti-demokratische Note: *wenn sein Dasein sich befreit, befreit es sich gewissermaßen von den Mitgefangenen, aber nicht von den Gefängnismeistern*. Es ist eine Apotheose der Desolidarisierung.

Der Mensch, den die moderne anthropologische Philosophie großzog, weil in der Nacht seines Singulars die Tatsachen der Machtkämpfe mitverdunkelt werden konnten; und der als „das" Dasein bei Heidegger wiederauftauchte, war ursprünglich ein höchst progressiver Begriff gewesen. Der Singular bezeichnete, etwa im Ausdruck „Droit de l'homme" die Tatsache, daß keine Menschenklasse eigene Rechte habe, also Gleichberechtigung; in der modernen Benutzung beteuert er die Gleichheit alles Menschlichen, der keine Wirklichkeit entspricht.

Existenzphilosophie ist indirekt „Wesensphilosophie"

Abschluß der Philosophie, aber nicht Neubeginnen, ist die Existenzphilosophie insofern, als sie noch immer die *Wesensfrage* stellt. Nachdem die zumeist völlig schiefe zeitgenössische Kritik und eine Anzahl von angeblichen Phänomenologen durch die hemmungslose Jagd auf „Wesen" den

Husserlschen Begriff der Wesensschau diskreditiert hatten, hat Heidegger zu Recht den Terminus erst einmal vermieden. Aber nur den Terminus. An seine Stelle ist die umständliche Metapher getreten: „Was (x) zu (x) macht.“ Wir sagen Metapher: denn sofern der Ausdruck nicht einfach die philosophisch abgegriffene Differentia Specifica meint, impliziert sie eine Aktion oder ein bestimmendes Element, das einem Seienden oder einer Seinsweise *das* zu sein verschafft, was es ist. Daß der Ausdruck also einen heimlichen Dualismus setzt; einen Dualismus zwischen dem bestimmenden Element und dem, wofür es Element ist; daß dieses, wofür es Element ist, selbst wieder ein philosophisches Problem ersten Ranges ist (ob es nämlich, Platonisch gesprochen, selbst wiederum ein „Wesen“ ist) – das alles ist Heidegger als Problem wohl deutlich. Im Grunde löst er in seinem Felde, dem des Daseins, die Wesensfrage dadurch, daß er sein Wesen nicht „feststellt“, als sei es schon da, sondern es „realisiert“; das heißt das „unwesentliche“, das „uneigentliche“ Dasein zur „Wesentlichkeit“ hinaufführt. An die Stelle der *Wesensschau* tritt also das *„Mensch, werde wesentlich“*, die *Wesenswerdung*. Das einzige Wesen, das existiert, ist, was er „Existenz“ nennt, also das Selbst. Damit hat sich die Philosophie „aufgehoben“ – aus der Schau ist Tat geworden, wenn auch eben nur wesenslose, nämlich solipsistische Tat.

Zu Solipsismus

Das Wort *„Existentiell“* hat in der Philosophie Heideggers einen doppelten oder dreifachen Sinn: einmal bedeutet der Titel, daß Philosophieren eine Seins-Art des Menschen sei, eine bestimmte Art des „In der Welt Seins“; zweitens ist „Existenz“ (das „Selbstsein“) die eigentliche Realisierung des Daseins; drittens aber ist das Dasein selbst bereits als eine Art „Philosoph“ dargestellt, nicht nur als Objekt des Philosophierens: denn das Dasein heißt seine eigene „Lichtung“, und das bedeutet, daß es sich von allen anderen („ontischen") Seienden radikal unterscheidet, daß es „sich selbst" da ist; und zwar nicht nur da-ist in ausdrücklichen Akten des Erkennens oder der Reflexion, sondern „vortheoretisch" – so in den gewöhnlich nur in der Psychologie abgehandelten Affekten und Stimmungen, in denen es sich durchsichtig wird. –

Ferner wird das Dasein von vornherein als ein (nicht theoretisches) „*Verstehen*" dargestellt: es versteht sich auf ... (die Behandlung von Welt, Geräten etc.), d. h. seine Vitalität ist immer zugleich schon ein „Können und Kennen"[97]; ist also bereits als „Daseiendes" „Geist".

Solche Rücknahme der Philosophie ins Leben, oder richtiger: solche Darstellung des Lebens als bereits „philosophierenden" Lebens ist an sich ein echt philosophischer Schritt; ein Schritt hinter das völlig neutralisierte Verhältnis zu seinem Gegenstand, das den akademischen Philosophen des letzten Jahrhunderts charakterisiert hatte; ein Schritt vorwärts und zurück zu Hegel, dem ja sein philosophierender „Geist" gleichfalls als das „zu sich selbst gekommene" Leben des Geistes galt. Aber bei Heidegger ist eben diese, an sich legitime und im Vergleich mit der akademischen Philosophie revolutionäre, Rückverankerung des Philosophierens in die Wirklichkeit, der das Philosophieren entstammt, ein pseudorevolutionärer Schritt, weil die Wirklichkeit selbst bereits entwirklicht ist. Das ist zwar bei Hegel auch der Fall gewesen: daß bei ihm die Wirklichkeit bereits „Geist" heißt, macht die Rückverankerung des Geistes in die Wirklichkeit zu einfach. Dennoch ist Hegels Wirklichkeitsbegriff, da er alle Institutionen der geschichtlichen Welt in sich hat, unvergleichlich viel reicher als der Heideggers, der ja den Begriff des Da-*Seins* gerade durch Bilderstürmerei – nämlich durch Ausschaltung alles Objektgewordenen, gerade erst herstellt: *alles Weltliche ist* eben bei Heidegger, trotz völligen Aufgebens des Gottesbegriffes, *genau so entwirklicht wie im Christentum*, so daß als einziges Residuum das weder weltliche noch überweltliche Dasein bleibt, das angeblich die Bedingung der Möglichkeit aller objektiven Formen darstellt. Man kann dieses neutrale, weder physische noch metaphysische Feld des Daseins „Bewußtsein“ nennen: Tatsächlich ist ja die gesamte Transzendentalphilosophie, der sich auch Heidegger zurechnet, „Bewußtseinsphilosophie“. Und wirklich besteht die Eigenart dieser Philosophie, deren Klassifizierung als Idealismus, im Unterschiede zu allen Materialismen, zu grob ist, gerade darin, daß sie gegenüber der historischen Alternative von Naturalismus und Supranaturalismus eine dritte Position einnimmt. Kein Wunder, daß diese Zwischenposition ihre eigentliche Ausbildung in Deutschland erfuhr, wo die, den reinen Naturalismus tragenden, gesellschaftlichen Kräfte des Bürgertums eben noch nicht ausgebildet waren. Aber man darf nicht vergessen, daß die Bewußtseinsphilosophie Kants ausgeht vom Faktum der Naturwissenschaft und in der Vernunftkritik die Bedingungen der Naturerkenntnis bloßlegen will. Auch hier wird also das „Leben des Geistes“ als Bedingung der Objekterkenntnis, ja der Objektivierung gesehen – die *formalen* Bedingungen der Erkenntnis sind zugleich die *Formungen*, mit deren Hilfe die Vernunft ihre Welt begreiflich macht: sie sind Bedingungen, die erst „Dinge“ ermöglichen. Wie gesagt: Heidegger steht in dieser Tradition, er untersucht das Dasein als „Bedingendes“ – freilich eben nicht nur das erkennende Dasein, sondern das Dasein als Ganzes, das seine Welt eben nicht nur in Erkenntnisfunktionen bildet, sondern als „sorgendes“ die Welt und deren Kategorien ausbildet. So zweifelhaft es ist, ob Hegels Begriff des Geistes noch „Bewußtsein“ genannt werden darf, so fragwürdig ist das bei Heideggers Daseinsbegriff. Wenn aber Sartre Heidegger vorwirft, er habe das Bewußtsein „ausgelassen“, so ist das absurd; so absurd, als würfe man einem Maler vor, in seinen Bildern kämen Bilder nicht vor. Das heißt: die Daseinsphilosophie hat alles und jedes so vollkommen in das, was man früher Bewußtsein genannt hatte, umgewandelt, daß das Bewußtsein als partikulare Erscheinung gar nicht mehr sichtbar bleibt. Freilich ist das „Bewußtsein“, in das alles verwandelt ist, Bewußtsein weder im Sinne von Bewußtseins- oder Sinnes*daten*, noch im Sinne von *Ak-*

ten des Selbstbewußtseins. Vielmehr ist bei Heidegger das Dasein Bewußtsein im Sinne der Husserlschen Intentionalität; denn da das Dasein als Sorge bestimmt ist, als Sorge, die auf dies und jenes „aus ist", erhält, was bei Husserl ein rein formaler Charakter der theoretischen Akte gewesen war, hier seine konkrete Verifizierung. Heidegger würde mit Recht argumentieren: nur weil das Dasein „aus ist auf ...", „sich sorgt", besteht die eigentümliche von Husserl beschriebene Struktur der Intentionalität des Bewußtseins.[98]

Auf der anderen Seite hat „Dasein" bei Heidegger den Sinn „kategorialen" Lebens. So wenig „Raum" bei Kant ein Bewußtseinsdatum oder ein bewußter Akt ist, so wenig ist „Welt" oder „Zeug" bei Heidegger ein Datum. Das alles, wird man einwenden, habe mit Bewußtsein im üblichen Sinne nur sehr entfernt zu tun; aber es hat doch insofern eine sehr direkte Beziehung zum Bewußtsein, als Dasein eben (im Unterschiede zu allem bloß Vorhandenen) ein „Verstehendes" ist: eines, „das sich versteht auf ..."; und als sogar die in der Philosophie kaum je begriffenen „Stimmungen" für Heidegger „Seinsweisen" sind, durch die der Daseiende, wie ihm zu Mute „ist", zugleich vernimmt. Kurz: das Dasein ist von Heidegger bereits selbst als sein „da", als „lumen" angesetzt. Was gewöhnlich „Bewußtsein" heißt, ist dem Sein des Daseins bereits inhärent – die sogenannte „Seinsverbundenheit des Bewußtseins" ist hier wirklich durchgeführt – nur daß das Sein selbst eben bereits in Richtung „Bewußtsein" konzipiert ist, gewissermaßen als verstehender, gestimmter, sorgenvoller Geist.

Die Bewußtseinsartigkeit des Daseins rührt aber nicht zuletzt auch daher, daß Heidegger, aus Furcht vor verfrühter Verdinglichung (in „ich" oder „Person" oder dergleichen) das Dasein erst einmal ohne Hypostase beschreibt. Aus dieser an sich rechtmäßigen Vorsicht ergibt sich aber, daß dieses Dasein als Ganzes jenen Stromcharakter annimmt, den wir bisher nur vom Husserlschen „Bewußtseinsstrom"[99] her gekannt hatten.

Wo bleibt der „Andere“?

Die „autonome Person“ der letzten 200 Jahre, wirtschaftlich zum Beispiel der selbständige Unternehmer, hat sich selten schuldig gefühlt. Aber wo die autonome Person Moralphilosophie trieb, wo die Transzendentalphilosophie vom Ruf des Gewissens sprach, da ließ sie das Gewissen noch immer vom Gesetz sprechen; das heißt von der Regel der Gegenseitigkeit, also etwa von „*Achtung*“ der Person durch die Person. Daß weder das Wort noch das Phänomen „Achtung“ in der Philosophie Heideggers auftaucht, obwohl sie eine dickleibige Philosophie des sich autonommachenden Daseins ist, ist schrecklich bezeichnend. In der Tat hat sie das Element des Humanen, das im Ansatz der klassischen Autonomielehre enthalten gewesen war, verspielt; umso endgültiger verspielt, als ja selbst die vagste Beziehung von Selbst zu Selbst: die *Liebe*, durch Heideggers selbstsüchtigen und verschlossenen Ansatz ausgeschlossen ist. Daß die „Fürsorge“, die Heidegger als die Sorge des Daseins qua Mitseins der Vollständigkeit halber nennt, das Selbst des anderen als Selbst bejaht, wird der enthusiastischste Existenzialist ja nicht behaupten können.[100]

Das alles stellt an sich bereits eine philosophische Justifikation der Asozialität dar, wie sie in dieser Bösartigkeit kaum je vorher formuliert worden ist. Aber das eigentlich Diabolische an diesem Vorgang des, unter Ausschluß der Öffentlichkeit vor sich gehenden, Trotzrituals besteht darin, daß dieses angeblich vom *Gewissen* diktiert und geleitet wird; und zwar so, daß das Dasein Gewissensbisse hat, *nicht* es selbst zu sein. Nicht man selbst zu sein, das ist Schuld, und zwar die einzige. Historisch gesehen, ist durch diese Bestimmung von Schuld und Gewissen etwas Erstmaliges geschehen: während bisher das individuelle Gewissen nur das Vehikel gewesen war, um das mehr als individuelle „Gut oder Böse“ sich vorsagen zu lassen, ist nun das Individuelle die Forderung des Gewissens. Man wird einwenden, Heideggers Gewissen rufe das Selbst ja aus gar keiner wirklichen und verbindlichen Gemeinschaft zum Eigentlichsein herauf, sondern nur aus dem „man“, das nach Plato sich in der Doxa, nach Seneca „nusquam et ubique“[101], oder nach Heidegger „überall und nirgends“ bewege. Ganz richtig. Aber daß Heidegger allein das „man“ als Folie für die Existenz des Menschen sieht; daß er nicht in Rechnung zieht, daß diese „Durchschnittlichkeit des Daseins“ durch bestimmte historische Aktionen der Menschen hergestellt worden ist; daß er nicht sieht, daß eine dem Menschen angemessene eigentliche Welt zu schaffen, mindestens die Aufgabe des Menschen sein könnte – das ist selbst bereits die Schuld Heideggers.

Wir hatten gesehen, daß Heidegger seine Idee der Eigentlichkeit in einem Charakter des uneigentlichen Daseins verankert hat: auch das uneigentliche Dasein ist ja ein solches, „dem es um sein Sein geht“. Weil dem so sei, könnte Dasein eigentlich werden. Im Grunde legt also das existenziale Ritual einen Weg zurück, dessen Richtung durch das uneigentliche Sein als möglich bereits vorgezeichnet ist. Was Heidegger mit dieser, wie wir sehen werden, nicht falschen, aber beliebigen Grundlegung philosophisch durchsetzen will, ist deutlich: er wünscht seinem Dasein jene monistische Konsistenz zu verbürgen, die für naturalistische Anthropologien natürlich ist; und den, der Theologie und der religiös verankerten Moralphilosophie selbstverständlichen Dualismus zu vermeiden. Was einmalig und erstmalig an dem existenzialen Monismus ist, ist wiederum, daß er mit religiösen, das heißt mit Dualismus behafteten Kategorien arbeitet.

Wenn wir die Fundierung der Eigentlichkeit in dem Charakter „Es geht dem Sein um es selbst“ beliebig nannten, so meinten wir damit, daß es ad libitum möglich wäre, andere Ideen vom eigentlichen Dasein gleichermaßen aus dem alltäglichen Dasein zu entwickeln.[102] So könnte man zum Beispiel mit gleichem Recht folgendermaßen argumentieren: es gehöre zum durchschnittlichen Dasein, daß es sich nicht mit der Welt, wie sie nun einmal da sei, mit ihrem status quo begnüge, sondern daß es sich seine eigene Welt mit Haus und

Küche, Bett und Tisch herstelle, weil es zur Natur des Daseins gehöre, erst dann zu Hause zu sein, wenn es in seinem „selbstgebauten Hause“ lebe.[103] Ebensowenig begnüge sich das alltägliche Leben mit der vagen Tatsache seines „gesellschaftlichen Seins überhaupt“, sondern bewege sich immer schon in einer selbst-gesetzten Gesellschaft, das heißt in einer durch Sitte und Gesetz artikulierten, weil die künstliche Gesellschaft allein die dem Dasein natürliche sei und in diesem Rahmen allein das Dasein leben könne. Aber das Dasein stoße überall an Ecken und Kanten dieses selbstgemachten Gehäuses, die ursprüngliche Absicht, sich eine Welt nach Maß zu schneidern, habe ihr Gegenteil erreicht, das Dasein werde von seiner eigenen Welt im Sein behindert, entfremdet, vergewaltigt, umgebracht. Das eigentliche Dasein nehme nun das ursprüngliche Motiv: in der ihm angemessenen Welt zu leben, wieder auf; das sei nur möglich durch eine Veränderung der Welt – kurz: eigentlich sei der Mensch nur in der ihm zugehörigen Welt; oder vielleicht in seiner Anstrengung, eine solche wieder herzustellen – und damit wäre die Eigentlichkeit des *politischen* Menschen begründet.[104]

Wir sagen absichtlich „wäre“. Denn was wir in dieser Ableitung, die im Konjunktiv bleibt, aufzeigen wollten, ist die Beliebigkeit der Ableitung der „Eigentlichkeit“ bei Heidegger. Andere Existenzweisen könnten gleich legitim abgeleitet werden. Daß auch die Heideggersche „Eigentlichkeit“ nicht durchgeführt werden könnte, wenn sie nicht „möglich“ wäre, das ist eine triviale Wahrheit und gilt von der buddhistischen oder einer tabuistischen Seinsweise so gut wie von der existenzialen. Aber was Heidegger mit der Verankerung der Eigentlichkeit in der Grundverfassung des Daseins zu leisten wünscht, ist ja nicht einfach nur deren Möglichkeitsnachweis, sondern weit mehr. Was, das bleibt freilich unbekannt, denn weder ist die Eigentlichkeit des Daseins durch die Grundverfassung des Daseins *erzwungen*, noch ist sie, nach Heidegger, sittlich *geboten*. Beides wird ausdrücklich von Heidegger ausgeschlossen. Durch dieses Weder–Noch aber ist die faszinierende Vieldeutigkeit des ganzen Unternehmens dieser Philosophie mit verursacht: man bewegt sich in einem neutralen Medium; in einem Medium, das weder die Gravitation des Müssens noch die Stoßkraft des Sollens kennt; oder genauer: in dem beide verdichtet sind. Diese an sich höchst merkwürdige, nur historisch erklärbare Neutralität neutralisiert natürlich auch das „logische Leben", das in dem dargestellten Dasein bzw. in der Darstellung des Daseins vor sich geht, so daß man niemals weiß, welcher Zusammenhang oder Abhängigkeitssinn der Fundierung fundierter oder abgeleiteter Erscheinungen zuzusprechen ist.

Es versteht sich von selbst, daß diese Neutralisierung des Mediums nicht einfach durch Unklarheit des theoretischen Bewußtseins verursacht ist. Die begriffliche Leistung, die Heidegger in der Hermeneutik des Daseins geliefert hat, gehört ohne Zweifel zu den großen Leistungen in der Geschichte der europäischen Philosophie. Ebensowenig ist diese Neutralisierung einfach ein Resultat jenes begrifflichen Betrugs, der ja, in geradezu einzigartiger Weise, das Werk Heideggers durchzieht.[105]

„Eigentlichkeit"

Die Identifizierung von Eigentlichkeit und Selbstsein ist eine typische Erscheinung des 19. Jahrhunderts – nicht nur weil sie von Kierkegaard vorweggenommen wurde (Kierkegaard ist gegenüber dem Massenphänomen bereits die Ausnahme), sondern weil die, das Jahrhundert durchziehende Verherrlichung des Künstlers auf dieser Identifizierung beruht. Da der Künstler innerhalb der bürgerlichen Welt „heimatlos" war[106], verfälschte er sein „*standing outside*" in ein „*being outstanding*" – was das Bürgertum, das seine Produkte zwar aufnahm, ihn selbst aber an keiner Stelle anstellen konnte, ihm zubilligte. Ja, das Bürgertum billigte ihm sogar einen Platz außerhalb der bürgerlichen Moral zu: der Künstler war als eine Kreuzung von Zigeuner und Gott anerkannt. Seit Shaftesburys, Kants und Schellings Genielehre galt der Künstler in der Tat als der wahre, der *eigentliche* Mensch, der sich über die Masse, also, heideggerisch gesprochen, über das „man“ erhob. Ja, man gestand ihm gewissermaßen den „intuitus originarius“ zu, die Schöpfung aus dem Nichts; „*schöpferisch*“ war das in Bildungskreisen am häufigsten gebrauchte Wort; und als „eigentliche“ Tätigkeit galt, je mehr die durchschnittliche menschliche Tätigkeit sich mechanisierte, also entfremdete, die direkte, gewissermaßen mit dem Menschen identische Tätigkeit des „sich-Ausdrückens“. Diese Theorie über die Rolle des Künstlers war ursprünglich alles andere als eine Theorie der Ästhetik, vielmehr war sie eine gegen sich selbst gerichtete Theorie der sich entfremdenden Gesellschaften. Kein Wunder, daß dieser Begriff des „eigentlichen“ Menschen zu Beginn des Jahrhunderts die Grenzen des rein Künstlerischen sprengte: so, um nur zwei Beispiele zu nennen, in der Jugendbewegung, deren Anhänger wochentags Mitglieder der bürgerlichen Gesellschaft waren, sich Sonntags aber programmatisch ziellos gebärdeten, das heißt „Dasein“ haben wollten, das nicht durch den Betrieb der Welt bestimmt, das heißt entfremdet war; die auf Grund ihrer programmatischen Ziellosigkeit wandern mußten; die an ihren Week-ends die bürgerliche Welt durch eine andere, nämlich die Natur ersetzten, und alle mit diesem unernsten Leben verbundenen Beschäftigungen als „sich-Ausdrücken“ plakatierten. Daß der Eigentlichkeitsbegriff der Jugendbewegung Heidegger, der noch in seiner ontologischen Epoche seine Wochenendwanderungen mitmachte, mitgeprägt hat, steht außer allem Zweifel. –

Die andere außerästhetische Benutzung des Geniebegriffs geschah im Faschismus, der, anarchistische und syndikalistische Traditionen aufnehmend, gleichfalls an einen angeblich nicht entfremdenden, direkten Ausdruck des Menschen appellierte: an die, im Unterschied zum fabrikmäßigen „*Machen*“, direkte „*Tat*“ – was freilich in der Wirklichkeit die Form fabrikmäßigen Tötens annahm.

Es ist wahr, die Vergottung des Selbst hat bei Heidegger andere Ziele. Das sich-selbst-Ausdrücken des Künstlers ist dem häretischen Asketen genau so als Eitelkeit verhaßt wie dem religiösen Ikonoklasten, wie denn überhaupt das Phänomen des Schönen (= Luxus = Muße = Bourgeoisie) Heidegger fremd ist: in der von „Zeug" ausgefüllten Welt seiner „Sorge" hängt auch nicht der bescheidenste Schmuck. Aber damit ist die Antipathie Heideggers gegen die Kategorie des „Ausdrucks" nicht erschöpft: die innere Bewegung, die das künstlerische Sich-Asdrücken darstellt, muß in seinen Augen eine Art „Sich-Auspressen" sein, das dem sich-Sammeln in der Eigentlichkeit direkt zuwiderläuft. Zugleich macht die Kunst das, was auf dem Spiele steht, zum Genußmittel: trotz ihrer historischen Verwandtschaft ist der Liebestod Isoldes und das Heideggersche „Sein zum Tode" durch Welten getrennt.

Von der „Eigentlichkeit", wie sie von der Jugendbewegung gepredigt wurde, ist Heidegger so weit entfernt, wie der Trotz vom Enthusiasmus. Was seinem eigentlichen Dasein außerdem fehlt (und was seine scheinbare Radikalität ausmacht) ist, daß er, nach Verlassen der Welt des uneigentlichen Daseins, sich keine Ersatzwelt geschaffen hat; daß er die kleinbürgerliche Welt nicht durch die Natur ersetzt, die ihm, dem christlichen Häretiker, noch immer das schlechte Sein ist, die ihm als christlichen Häretiker das Loblied des Schopfers nicht mehr singt, und deren Genuß ihm als verächtlicher Genuß des Großstädters erscheint.

Was seine Eigentlichkeit schließlich von der in die Tat verlegten Eigentlichkeit unterscheidet, ist eben, daß selbst die Tat noch eine Welt voraussetzt, in die sie hineinhandeln will. Er aber ist Apostel der Tat ohne Welt, und diese weltlose Tat zu verkünden, ist seine Tat ... eine Tat, von der er hofft, daß er nie auf ihr ertappt werden könne, nie auf sie festgelegt werden könne, weil ihr die Welt fehlte, in der sie „fortzeugend immer Böses muß gebären". Er irrt sich.

Selbstvergötterung

Es ist sonderbar zu sehen, daß in Epochen, in denen die Götter als menschengemacht gelten, gleichzeitig Menschen sich zu Göttern machen oder machen lassen können. Entgötterung und Vergötterung scheinen, wie in der Diadochenzeit, zwei Seiten eines einzigen Prozesses.

Der Begriff des „Schöpferischen“, das heißt gottartigen *Genies*, der unschuldig, wenn auch eindeutig vom bürgerlichen neunzehnten Jahrhundert im Munde geführt worden war, ist ein modernes Beispiel für diesen zweiseitigen Prozeß. Wenn der Begriff auch von Männern eingeführt wurde, die (wie Kant, Schelling, Schleiermacher und die Romantik) ihre eigene entgötternde Funktion nicht zugeben konnten, ja die, als Gegner des atheistischen Materialismus des achtzehnten Jahrhunderts, die Religion für die „Gebildeten unter ihren Verächtern“ wiederherzustellen vermeinten, so ist doch die Geschichte der Verwendung des Wortes unzweideutig. Die direkte Selbsternennung Stirners und Nietzsches zum Gotte[107] zeigt den geisteswissenschaftlichen Höhepunkt dieser Entwicklung, die, wirtschaftlich gesehen, in der Figur des Großunternehmers, der ex nihilo seinen Betrieb aufbaut, gipfelt. Freilich hat diese Figur selbst sich nicht ausdrücklich vergottet, sie stellte die Macht noch als Folge von Recht, nicht als Rechtsquelle dar. Die ausdrückliche organisierte Vergottung, diejenige Hitlers, setzte erst ein, als die Wirtschaft eindeutig die Macht des Staates übernahm, und zwar so übernahm, daß sie die Entmachtung und Entrechtung der Majorität programmatisch durchführte. Eindeutige Machtdoktrin setzte aber wieder Dereligiosifizierung voraus: so ging auch hier wieder Religionszerstörung und Vergottung Hand in Hand.

Der Titel „Transzendental-Philosophie“ ist ganz leer

Man deutet oder klassifiziert Heideggers Philosophie des „Daseins“, deren „Welt“ nur ein „Daseinscharakter“ ist, als Transzendentalphilosophie. Und Heidegger selbst hat in seinem Kantbuch[108] die Kontinuität, ja letztlich eine Identität nahegelegt.

Die einfache Klassifizierung einer Philosophie als „transzendental" ist aber völlig unzulänglich. Der Tatsache, daß die „Subjektivität" als die „Wahrheit" auftritt, können die verschiedensten Bedeutungen, ja einander entgegengesetzte Bedeutungen zukommen, wenn die die Subjektivität aufschließenden vortheoretischen Attitüden verschieden oder gar einander entgegengesetzt sind. Daß in der Kantischen Transzendentalphilosophie die Subjektivität „Freiheit" bedeutet, gibt ihr einen Zug, der sie von früheren und späteren „Varianten" der Transzendentalphilosophie grundsätzlich unterscheidet. Bei Augustin ist es z. B. die *Reue*, die zum ersten Male den „Raum" der Subjektivität aufschloß.[[109]] Überwältigt entdeckt er in den „Höhlen" seiner selbst[110] statt Gott – die ganze Welt. „Ibi enim mihi caelum et terra et mare praesto sunt ... ibi mihi et ipse occurro." „Horrendum", schaudereinflößend, ist die Unendlichkeit: „penetro etiam quantum posso, et finis nusquam ... et hoc animus est et hoc ego ipse sum. Quid ergo sum?" Sich selbst ist der Geist nicht gewachsen: „animus ad habendum se ipsum angustus est" – er ist zu eng, sich selbst zu enthalten.[111]

Auch Heideggers „Dasein" geht „in sich". Aber während es bei Augustin die Reue ist, die die „Höhle" des Daseins öffnet, ist es bei Heidegger der *Trotz*, der nun, wahrscheinlich zum ersten Male in der Geschichte, zur Methode der Philosophie wird. Daß in allen diesen philosophischen Ansätzen das „*sum*" Thema ist, ist zwar zutreffend. Aber diese Gemeinsamkeit ist, gemessen an der Verschiedenheit von Attitüde und Absicht, geringfügig. Und wer Heidegger als die Erfüllung Kants hinstellt, lobt den Trotz als Erfüllung der menschlichen Freiheit.

Was fein genug ist für die Existenzphilosophie

Ob Heidegger induktiv oder deduktiv vorgehe – diese Frage würde er zwar mit Achselzucken ablehnen, denn in seiner Sprache klingen auch die einfachsten Probleme anders als anderswo, und vielleicht hat dieses Problem noch nicht einmal im Zentrum seines Nachdenkens gestanden. Dennoch taucht, ganz naiv gesprochen, das akute Problem auf: *was gehört in die Existentialanalyse, und was, trotz der angeblichen Konkretheit dieser Philosophie, nicht*?

„Fürsorge“ gibt es zum Beispiel, gewissermaßen als Kreuzung von Sorge und Mitsein. Aber Sexus, ja die Differenz der Geschlechter kommt in seiner Existenzdarstellung nicht vor. Warum das eine, warum das andere nicht? Sorge gibt es, aber Hunger nicht. Das „Umhafte“ des nicht nur räumlichen Daseins ist zugelassen; die Tatsache, daß man einen Leib hat, ist ausgeschlossen. Kurz: es gibt offenbar Charaktere des Daseins, die minder sind, die unwürdig sind, als philosophisch belangvolle Elemente zugezogen zu werden. Sein Auswahlprinzip hat Heidegger noch nicht einmal angedeutet; ebensowenig, was es philosophisch besagt, daß das Dasein in zwei verschiedene Dimensionen zerfalle, nämlich in die des existenzialistisch Erwähnenswerten und die Dimension dessen, was existenzialistisch nicht der Rede wert, also belanglos ist. Die Belanglosigkeit selbst und das Sein von Belanglosem *an* Belangvollem hätte in einer, ihrer selbst völlig bewußten, Ontologie natürlich eine entscheidende Rolle spielen müssen. Siehe das *kata symbebēkos* des Aristoteles.[112]

Solche Unterscheidungen spielen in jeder Philosophie eine entscheidende Rolle; niemals ist das Auswahlkriterium ein rein philosophisches: zumeist stecken hinter dem Dualismus gesellschaftliche Unterscheidungen. Die platonische Unterscheidung der Erscheinungen von den Ideen ist eine deutlich soziale: die Ideen sind vornehmer, sie sind das Leitende, die Phänomene nur das den Ideen Gehorchende. In der ganzen Geschichte der Philosophie hat das „nur-Empirische“ den Beiklang des Vulgären gehabt; und daß bewußter Empirismus und Demokratie stets Hand in Hand gingen, ist kein Zufall.

Trotz der deutlichen Lücken in der Daseinsanalyse aber hat diese doch gerade eine spezifische Konkretheit, die sie vom Typ der üblichen Metaphysik unterscheidet; eine Konkretheit, auf die sie sehr stolz ist. Aber wie kommt Heidegger zu den konkreten Einzelheiten, und wie haben diese sich als ontologiewürdig ausgewiesen?

Es ist klar, daß er nicht einfach empirisch zu ihnen kommt – umso weniger, als Heideggers Philosophie und seine Analyse des „Da", der Erschlossenheit, der „Lichtung" ja tatsächlich eine Neubesinnung über das bedeutet, was es heißt, daß wir Welt treffen ... also Empirie haben.

Aber ihre Ableitung aus dem Dasein bzw. der nachträgliche Einbau der entdeckten Phänomene, so daß sie nunmehr deduziert oder deduzierbar aussehen, erinnert doch sehr an die Spekulation, die dem Urprinzip die zu erklärenden Spezifitäten als Potenzen zuspricht. „Wenn der Apfel, die Birne ... in Wahrheit nichts anderes als *die* Substanz, *die* Frucht sind, so fragt es sich, wie kommt es, daß *die* Frucht sich mir bald als Apfel, bald als Birne ... zeigt. ... Das kommt daher, antwortet der spekulative Philosoph, weil ‚*die*' Frucht ein ... sich in sich unterscheidendes Wesen ist. ... Also zum Beispiel in dem Apfel gibt sich ‚*die* Frucht' ein apfelhaftes, in der Birne ein birnenhaftes Dasein. ... Das Hauptinteresse für die spekulativen Philosophen besteht also darin, die *Existenz* der wirklichen profanen Früchte zu erzeugen." So Marx in „Die Heilige Familie".[113]

Nehmen wir aber einmal an, es gäbe so etwas wie ein Kriterium für die Auswahl dessen, was existenzial in Frage komme, gewissermaßen einen Gotha-Almanach der gesellschaftsfähigen ontologischen Phänomene, so entstünde das furchtbare neue Problem, wie philosophisch die Existenz des ontologischen Pöbels (wie Hunger, Sexus, Klasse, Fabrik etc. – alles Phänomene, die in die Existenzphilosophie nicht eingegangen sind) erklärt werden könnte.

Es ist kein Zufall, daß metaphysischer Antiempirismus stets Hand in Hand geht mit Antidemokratismus – was nicht ausschließt, daß zuweilen einzelnen plebejischen Empirika, die ferne aller metaphysischen Nobilität aufgewachsen sind, wie zum Beispiel der „Langenweile", der ontologische Adel honoris causa zugesprochen wird.

Heidegger als Münchhausen

Daß der Mensch glaubt, von etwas anderem, etwas Mächtigerem, von Gott in einen anderen Stand, „instand“ gesetzt werden zu können, das ist völlig begreiflich. Aber wie es das an das „man“ verfallene Dasein zustande bringen soll, sich wie Münchhausen am eigenen Schopfe aus dem Straßengraben der Alltäglichkeit in die dünne Luft des „Selbst“ herauszuziehen, das ist schlechthin unbegreiflich. Heidegger muß über dieses sein Kunststück selber im Tiefsten verblüfft gewesen sein. Post festum erklärt er sein Kunststück auf folgende Weise:

Er verleiht dem Dasein, selbst dem im tiefsten Schlamm des „man“ versunkenen, eine Chance, die mindestens verbal die Möglichkeit, zum „Selbst“ zu promovieren, bereits enthält: eine der notorischen „vis dormitiva“ Molières entsprechende Kraft der Verselbstung: von vornherein definiert er nämlich: „Dasein ist Sein, dem es in diesem Sein um es *selbst* geht.“[114] Das klingt außerordentlich prägnant, ist aber die Vieldeutigkeit selbst; denn was das kaum in eine andere Sprache übertragbare „es geht jemandem um etwas“ wirklich bedeutet, bleibt obskur: bloße Selbsterhaltung? Gegen diese rein biologistische Deutung würde sich Heidegger sträuben. Aber auch wenn er bloßen Selbsterhaltungstrieb nicht meinen sollte, so meint er doch, daß [es] dem „Dasein“ (das er im Kampf gegen die Begriffe „Subjekt“, „Ich“, „Individuum“, „Person“ und so fort gewissermaßen noch als unartikulierten Urbrei der Subjektivität ansetzt) um *sich* geht. Warum denn das „Dasein“ (das doch gewiß nicht, wie einzelne Individuen, gefährdet sein kann, denn wo auf Erden sollte dem „Dasein“ als solchem eine Gefahr drohen?) um sich selbst besorgt sein sollte, bleibt solange ein Mysterium, als man eben nicht einsieht, daß *während gewöhnlich dem Subjekt Dasein zugesprochen wurde, Heidegger von vornherein dem Dasein (und zwar verstohlen, aber doch als seine differentia specifica) Subjekthaftigkeit zugeteilt hat.* Die Frage: wie Münchhausen sich aus dem Graben ziehen könne, ist also, wenn auch erst einmal nur formal, beantwortet: ganz im Schlamm liegt das Dasein gar nicht; immer lehnt es schon teilweise über den Grabenrand. Es ist um sich selbst besorgt: also ist es schon ein *„es"*, ein Daseiendes und damit schon *„ein"* Daseiendes. Das heißt: die ontologische Bestimmung „Dasein" verbirgt bereits ein Element der Individuation. Nur weil „Dasein" schon immer in der Form von Individuen besteht, kann es sich in ein Selbstsein verwandeln. Das ist es, womit Heidegger die Selbstverwandlung des Daseins in ein „Selbst" ermöglicht – obwohl er diese Ermöglichung absichtlich im Dunkel läßt: Denn daß bereits im Dasein selbst jenes Selbst, zu dem das Selbst sich aufschwingt, angelegt sein soll, beleidigt bereits den Stolz des „eigentlichen" Selbst, das seine Selbstheit durchaus alleine errungen zu haben wünscht, das niemandem etwas zu danken wünscht und sich von niemandem etwas schenken lassen will. Faßt man den Vorgang, den Heidegger in der Verselbstung des Daseins beschreibt, gesellschaftlich auf, so sieht er folgendermaßen aus: Das durch die Isolierung des Individuums in der Gesellschaft in die Anonymität geschobene Subjekt positiviert sein „Herausfallen" aus der Gesellschaft in ein „Hervorragen"; und schämt sich, in der äußersten Verselbstung eine gesellschaftliche Tatsache anzuerkennen. Und das war die Attitüde aller sogenannten großen Männer des neunzehnten Jahrhunderts.

Ontologie und Ontik [I]
Die falsche Prätention, die Existenzphilosophie sei die Wiederaufnahme der ontologischen Frage

Die Behauptung Heideggers, das Seinsproblem sei seit der Aristotelischen Fragestellung vergessen oder verdeckt worden[115], diese kühne Behauptung, die seinem Unternehmen das Pathos des Wiederausgrabens einer Urfrage verleiht, kann nur privathistorisch verstanden werden: nur aus der Tatsache, daß Heidegger, dessen Bildungsgang ursprünglich katholische Philosophie und Antike umfaßt hatte, dann, gewissermaßen mit einem einzigen Sprunge, ins 20. Jahrhundert hinübersprang. Denn alle Varianten der (von Heidegger nach der Abfassung von „Sein und Zeit“ nachgeholten) nachkantischen Philosophien sind Ontologien, in denen das *Sein* im Unterschiede zum *Seienden* geradezu thematischer Gegenstand der Philosophie wurde. Alle diese Ontologien gingen von Kant aus – kein Zufall, daß auch Heidegger später, in seinem Kantbuch[116], in dem er die Anstrengung des Kantschen Begriffs noch einmal „wiederholt“, in ganz eigenartiger Weise oft dunkel läßt, wo er selbst aufhört und wo Kant anfängt. Wenn wir als Beweis für die These, daß Transzendentalphilosophie nichts anderes war als Ontologie, mit Schopenhauer beginnen, so mag das chronologisch oder gar rangmäßig schief wirken; aber da Schopenhauer sich in seiner Ontologie ausdrücklich auf sehr elementare kantische Unterscheidungen beruft, ist sein Beispiel besonders plausibel. Ein späterer Hinweis auf Schelling wird zeigen, daß das Beispiel Schopenhauer nur ein Beispiel unter anderen ist.

Schopenhauer geht von der kantischen Unterscheidung von „Erscheinung“ und „Ding an sich“ aus – wobei „Erscheinung“ als das durch die subjektiven Anschauungsformen Raum, Zeit, vor allem aber Kausalität[117] zugleich erfahrbar gemachte und verhüllte Ding an sich gilt. Kant hat nun, behauptet Schopenhauer, die Antwort auf die Frage, was eigentlich Ding an sich (nämlich unbedingt, das heißt der Kausalität nicht unterworfen) sei, gegeben: *durch Aufweis der Freiheit, die kein Seiendes sei, sondern Seiendes bedinge*; in moderneren Worten: die nichts Ontisches, sondern, da es das „Sein von Seiendem“ ausmache, ontologisch sei. *Was Kant als Freiheit ansetzt*, wird nun bei Schopenhauer aus der engen Provinz, in der sie ihre traditionelle, rein moralische Rolle gespielt hatte, befreit, erweitert und naturalisiert, das heißt in universellen blinden „Willen“ verwandelt.[118]

Dieser blinde Wille ist durchaus nicht als der Wille eines Einzelwesens gedacht – ist ja das Einzelwesen bereits „räumlich individuiert“, also etwas, was in der Sprache Schopenhauers nur zur „Erscheinung" gehört, so wie bei Heidegger das Individuum bereits in den Bereich des Ontischen gehört; der „Wille" bleibt daher erst einmal (wiederum wie das „Dasein" Heideggers) *hypostasenlos*, obwohl auch Schopenhauer inkonsequenter Weise doch immer wieder den Willen als Willen eines Seienden behandelt, nicht zuletzt gerade dort, wo er sein Verhältnis zur Vorstellung (das heißt zum bloß Ontischen) modellhaft untersucht: bei der Untersuchung des „Leibes", der ja für Schopenhauer nichts anderes als der Wille selbst ist, nämlich dessen Objektivation, das heißt dessen – Raum, Zeit und Kausalität befriedigende – Erscheinung.[119] Aber die Oszillation zwischen spekulativ gewünschter Hypostasenlosigkeit des Willens und der immer wieder unwillkürlich durchgeführten Hypostasierung ist nicht das Entscheidende. Entscheidend ist, daß das Ontische (der Leib) angeblich die Erscheinung von etwas Nicht-Ontischem ist; daß das Seiende (zwar nicht wie bei Fichte, „gesetzt") aber doch geschaffen ist, und zwar von etwas Nichtontischem; daß das, am Modell von Individualwillen und Leib abgelesene, Verhältnis nun universalisiert wird, und zwar so, daß die ganze Welt nun als Objektivation des Willens „erscheint" – kurz, daß der Wille das eigentliche Formationsprinzip, ja das Schöpfungsprinzip wird, und daß alle Erscheinung nur „Existenzial" des sich selbst zur Erscheinung bringenden Willens ist. – Es ist nicht uninteressant, daß bei Schopenhauer so der eigene Wille gewissermaßen das Loch im Schleier der Maja (der Erscheinungen) ist: obwohl auch er sich als Erscheinung geben kann, erfahren wir in ihm nach Schopenhauer unmittelbar unser eigentliches *Sein*. „Ich will – also bin ich ... nicht nur Erscheinung", könnte die der Descartesschen Formel nachgebildete Schopenhauersche Formel lauten. Und deshalb wird der Wille bei ihm zum „alleintauglichen Schlüssel", „die einzige, enge Pforte zur generellen Ontologie". „Demzufolge müssen wir Natur verstehen lernen aus uns selbst, nicht umgekehrt uns selbst aus der Natur"[120] – ein Satz, der von Heidegger stammen könnte.

Denn diese Modellstellung des eigenen Willens als Vorbild

für alle Seinsforschung entspricht genau der Modellstellung, die bei Heidegger das „Dasein“ einnimmt, das Dasein, dessen Verständnis allein das Verständnis von Sein und Seiendem überhaupt gewährleiste.

Methodisch analysiert, ist der Wille hier ein Dreifaches: einmal Erscheinung; dann das Sein; schließlich das Fenster, das zugleich die Landschaft, die Transparenz und das Transparente (Transparierende) ist. Dem entspricht wiederum genau, was bei Heidegger die „Stimmung“ ist, die zugleich als Zeigendes und als Gezeigtes fungiert. Die vielfache Analogie verliert freilich ihre Erstaunlichkeit, wenn man bedenkt, daß die Grundansätze der beiden Philosophien ähnlich sind: in beiden ist eben die „Freiheit“ ent-moralisiert und, wenn auch nicht zu einem Seienden, so doch zum Sein gemacht.

Zu „Geworfensein“

Die Geworfenheit, sofern sie nichts bezeichnen will als die Tatsache, *daß* wir da sind, hat immerhin einen höchst sonderbaren, um nicht zu sagen mythischen Taufnamen mitbekommen. Geworfensein besagt nämlich, im Unterschiede zum Geborensein, ein aus-dem-Nichts-Kommen. Hier, mit diesem *Nihilismus des Ursprungs*, beginnt der Heideggersche Nihilismus.

So deutlich dieses aus dem Nichts Herkommen die Züge der Stammbaumlosigkeit des bürgerlichen Individuums an sich trägt, so zeigt es doch ebenso deutlich die Züge der jüdisch-christlichen Schöpfungs- und Paradiesgeschichte. Der Creator ist zwar verloren: aber das „ex nihilo“ ist geblieben. Vor allem aber zeigt die Fallrichtung der Geworfenheit, daß der (Sünden-) Fall in ihr noch enthalten ist: das geworfene Dasein fällt ja sofort, wenn auch aus keinem Paradies, so doch in sein uneigentliches Dasein; Ankunft und Fall sind in der Existenzphilosophie gewissermaßen ein einziges Ereignis geworden. Von vornherein ist das Dasein hereingefallen: es selbst muß sich erst im Schweiße seiner Existenz herausarbeiten.[121]

Wäre diese Beschreibung eine beabsichtigte Übersetzung einer gesellschaftlichen Tatsache in eine religiöse Metaphernsprache, wie es bei Kafka der Fall ist, so wäre sie großartig: in der Tat kommt in der heutigen Welt, in der Milieu und geographische Herkunft rasch gewechselt und rasch vergessen werden, jeder Mensch von nirgendwo; „er macht“, wo er gerade ist, „mit“; ist also im Heideggerschen Sinne uneigentlich. Daß freilich jederman ausschließlich auf sich selbst angewiesen sei, um dem alltäglichen Leben, das nicht er lebt, sondern von dem er gelebt wird, zu entgehen, das ist fragwürdig. Denn es gibt, mindestens gab es gerade zu der Zeit, da „Sein und Zeit“ geschrieben wurde, politische Bewegungen, die die Bedingungen der Dehumanisierung des Menschen aus dem Wege zu räumen zum Ziel hatten. Solidarisierung mit Bewegungen ist aber Heidegger grundsätzlich fremd; für ihn ist das Gegenbild zu der bloßen unartikulierten Alltagsmitwelt nicht eine eigentliche Gemeinschaft, sondern nur der verbockte Einzelne.[122]

Wie dem auch sei: Heidegger liefert das Bild der Geworfenheit, das heißt der Tatsache, daß man sich unangemeldet und unbestellt auf der Welt vorfindet, nicht als Beschreibung einer bestimmten geschichtlichen Situation; nicht als Beschreibung unserer Welt, in der der Einzelne gewissermaßen nur noch mit Vornamen, aber nicht mehr mit Vatersnamen auf die Welt kommt[123], sondern als Beschreibung menschlicher Existenz überhaupt. Dadurch verliert die Beschreibung vieles an Wahrheitswert; denn nur der sozial sich nirgends Zurechnende ist „geworfen“.

Wenn Heidegger freilich die Geworfenheit zu einer unbedingten Charakterisierung des Menschseins macht, so nicht nur, weil er eine bestimmte soziale Situation, sondern das spezielle Dasein des Philosophen zum „Dasein schlechthin“ generalisiert. Tatsächlich ist ja der Philosoph der Rebell, der die Urteile der Vorwelt als die Welt der Vorurteile ansieht; durch diese, seine, Desolidarisierung mit dem common sense verhindert er, daß er zur Welt gehöre: also findet er sich als geworfen vor.

Zu „Geworfenheit“

Die Kategorie der Geworfenheit hat also eine deutlich soziale Nuance. Während in der feudalen Gesellschaft der Mensch selbstverständlich „seines Vaters Sohn ist“, ja das Geschlecht wirklicher als das Individuum ist, kommt der Bürger von nirgendwo her. Und dieses von nirgendwo Herkommen nimmt nun bei Heidegger eine gewissermaßen negativ-theologische Färbung an. Freilich eignet sich nun der Bürger, nachdem er erst einmal seinen Ursprung unterschlagen hat, gewöhnlich einen anderen, breiteren Ursprung an: an die Stelle des Vaters tritt sein Vaterland, die Nation, in der er „natus est“.[124] So in den nachrevolutionären Kriegen Frankreichs. Es ist alles andere als ein Zufall, wenn Fichte diese Entwicklung vom ursprungslosen Ich zum Nationalismus/Patriotismus durchgemacht hat. Heidegger hat, in den Endstücken seines Werkes, das autobiographisch von dem ursprünglich ontologischen Ansatz unendlich weit entfernt ist, absolut die gleiche, in der Absicht anti-nihilistische Wendung vollzogen. Durch die Geschichtlichkeit wurzelt er sich (was der ursprünglichen Vereinsamung völlig widerspricht) wieder ein, und zwar unbesehen in „Blut und Boden der Nation“. Keinen Augenblick bedachte er dabei, daß er zu der Zeit, in der er diese Wendung vollzog, sich mit Kräften alliierte, die das Blut der Unfreien zu vergießen und den Boden der Nachbarn zu erobern sich anschickten. Seinen Begriff der Geschichtlichkeit entnimmt er nicht zufällig der philosophischen Arbeit des Grafen Yorck[125], dessen Nobilität es begreiflich macht, wenn er Vergangenheit und Wirklichkeit identifiziert. Der Begriff der Geschichte als vorwärtsgehender Macht, oder gar als politische Aktion taucht noch nicht einmal erwähnungsweise auf. Die schließliche Gleichschaltung des Erfinders des „Eigentlichen Daseins“ mit dem Nationalsozialismus war dann nur der natürliche Schlußakt dieser Rückverwurzelung.

Historische Materialien zu „Geworfenheit“

Siehe Hans Jonas, „Gnosis und spätantiker Geist“. Zahllose Beispiele für Geworfenheit in der Gnosis: das Leben „fällt“ in die Welt. Dieses Fallen ist wohl schon Folge des Sündenfalls, nämlich der *neusis*, das heißt der Neigung nach unten. Aber während Heidegger die Welt verachtet, haßt der Gnostiker die Welt. „*pou eneblēthēmen*“, wo wir hineingeworfen wurden, soll die Gnosis beantworten nach Clem. Alex. Excerpta ex Theod. 78, 2. Ferner ist bei den Gnostikern die Welt die Fremde, aus der man erlöst werden muß.[126]

Pascal-Anmerkung

Die Ähnlichkeit zwischen zahlreichen Pascalschen Formeln und solchen Heideggers ist verblüffend. Die „Geworfenheit“ findet sich bereits bei Pascal in den Skizzen zu den „Conseils“: „Notre âme est jetté“. Die „Nichtung“ findet sich als „Le fini qui s'anéantit“; die „Unheimlichkeit“ in den Darlegungen, daß wir zwar das „Daß“, aber nicht das „*Was*“ Gottes erkennen können. Die Liste könnte ad libitum erweitert werden. – Die Ähnlichkeit erklärt sich aus einer gewissen Parallelität der historischen Rolle von Jansenismus und Existenzphilosophie. Beide sind verspätete Reformbewegungen; die des Jansenismus humpelte der Reformation Calvins so nach wie die Existenzphilosophie den Theorien des Sozialismus. Beide Reformbewegungen sind aber ausgesprochen anti-politisch, beide metaphysisch und moralistisch – der Jansenismus wird, mindestens in Frankreich, die Gegenbewegung gegen den politischen Katholizismus, das heißt den Jesuitismus; beide ziehen sich zurück in die Sorge und das Seelenheil (Port-Royal). Beide sind nicht zentral interessiert an „Werken“; im Jansenismus herrscht reine, fast calvinistische Gnadenlehre; bei Heidegger Interesse am tatenlosen Eigentlichwerden. Beide sind aristokratische Heilslehren; beide sind extrem modern: sie stehen nicht naiv diesseits der Skepsis oder des Nihilismus, sondern jenseits. (Pascal ist ohne Montaigne nicht zu denken.) Beide machen aus dem Nihilismus ihr positives Ritual.

Ob bei Heidegger der Mensch „bestimmt“ wird. Nein.

Der Ausdruck „die Bestimmung des Menschen“ hat nirgends in der Philosophie eine bloß theoretische Aufgabe bezeichnet, nirgends das bloße Definieren des Menschen durch genus proximum und differentia specifica. Der Ausdruck „Bestimmung“ führt stets implizit die Idee einer religiösen oder metaphysischen *„bestimmenden“* Instanz mit sich: etwa die Idee Gottes, der mit der Schaffung des Menschen ihm eine bestimmte Funktion und einen bestimmten Platz in der Welt „bestimmte“. Im Augenblick, in dem auf eine solche Instanz verzichtet wird, wird die Definition des Menschen ein Unding, es sei denn, sie werde wie in der klassischen deutschen Philosophie zur „Selbstbestimmung“ = Freiheit; oder die Geschichte der Menschheit selbst werde zur Instanz, die nun die jeweilige „Bestimmung“ des jeweiligen Menschen als Funktionärs der Geschichte bestimme. (Hegel und Fortschrittsdoktrinen.) Es ist die Bedeutung des frühen Marx, daß er die beiden Begriffe von „Bestimmung“, nämlich Autonomie und Geschichtsfunktion, also gewissermaßen Fichte und Hegel zusammenfaßt. Für ihn ist die Bestimmung des Menschen jeweils schon ein Faktum: er ist durch die Geschichte bestimmt; aber in der konkreten geschichtlichen Situation, in der er schreibt, ist „der Mensch“ durch die, von ihm selbst gemachte, Welt in so furchtbarem Maße bestimmt (im Sinne von determiniert), daß die Bestimmung des Menschen, nämlich frei in einer ihm angemessenen Welt zu leben, bedroht ist. Das heißt: für Marx ist es des Menschen Bestimmung, die totale Bestimmtheit durch eine entfremdete Welt aufzuheben: „Als Bestimmter, wirklicher hast Du eine Bestimmung, eine Aufgabe, Du magst ein Bewußtsein darüber haben oder nicht.“[127]

Es ist deutlich, daß Marx hier das Erbe der klassischen Philosophie wirklich konserviert hat.[128] In Nachahmung des berühmten Kantischen Satzes über die gegenseitige Ergänzung von Anschauung und Begriff könnte man die Marxsche Position in die Worte fassen: Geschichtsbestimmung ohne Aufgabe ist blind; Selbstbestimmung ohne Geschichte ist leer. Im Vergleich damit sind die meisten anderen philosophischen Anthropologien mehr oder minder belanglos: sie gehen zwar von der Bestimmtheit (im Sinne von Determiniertheit) des Menschen, die den Menschen um seine Bestimmung betrügt, aus; aber sie sind nicht daran interessiert, die Bedingungen dieser Determiniertheit aufzuheben. Sie wenden sich von diesen Bedingungen nur ab, strafen sie mit Verachtung und ziehen sich im Engadin oder im Schwarzwald, also oberhalb des „man" über dem Rauch der Städte zurück, um sich „selbst" nun zu bestimmen. Die Bergliebe der Nihilisten ist ungeheuer charakteristisch. Ihr Gipfelernst und die Vereinsamung sind zwar sehr eindrucksvoll, besonders da sie sich coram publico[129] vollziehen, aber sie sind völlig unernstes Spiel; ihre Pointe besteht darin, die Flucht in die Höhe als Höhenflug auszugeben.

Ohne bestimmende Instanz, *wofür* etwas bestimmt sei, ist auch der theoretische Begriff der „Bestimmung", im Sinne der *Definition*, wesenlos geworden – jedenfalls sofern es sich um die Bestimmung des *Menschen* handelt. Wo solche bestimmende Instanzen fehlen oder programmatisch geleugnet werden, ist gewissermaßen eine reine gesichtspunktlose Empirie möglich, nicht aber die Bestimmung eines „Wesens".

Heidegger aber versucht (auch wenn er von seinem ontologischen Unternehmen behauptet, daß es fundamentaler sei, als das der „philosophischen Anthropologie"), den Menschen zu bestimmen: die Bestimmungsinstanz Gott ist fallengelassen; ebenso das moralische Subjekt, das als Bestimmungspunkt hinter der Kantischen Bestimmung des Menschen gestanden hatte. Ebenso die Instanz des „sinnvollen" Universums oder Prozesses, die „Sinn" gibt – wie sie bei Hegel noch einmal lebendig geworden war. Heidegger beginnt also sein Unternehmen der Bestimmung des Menschen, nachdem er auf alle möglichen Hebelpunkte für das Unternehmen verzichtet hat, d. h. in einer total nihilistischen Situation, die eigentlich eine Bestimmung unmöglich macht.

Aber gerade *weil* er keine bestimmende Instanz mehr sieht, also zu Beginn der Untersuchung gewissermaßen nicht nur nicht weiß, was die Bestimmung des Menschen ist, sondern noch nicht einmal, was Bestimmung noch bedeuten und wer die Bestimmung liefern könnte, stürzt er sich mit der Leidenschaft der Verzweiflung in die Untersuchung; die nun ihrerseits nichts anderes hergeben kann, als eine Theorie, in der das Bestimmungslose (das Dasein) sich bestimmt, als es selbst im Nichts oder vor dem Nichts des Todes zu stehen und daraus einen Beruf zu machen. Mit Bestimmung im Sinne von Definition hat diese Bestimmung des Daseins natürlich nichts mehr zu tun; es ist ein rein moralischer Begriff, denn er „bestimmt“ oder produziert eine bestimmte Attitüde; aber eine Attitüde ohne moralischen Inhalt, weil letztlich der Inhalt das Unmoralische wäre: etwas wäre, *wofür* das Selbst lebte, obwohl es ja gerade nur dann ein Selbst ist, wenn es bei sich ist und an nichts verfällt.

Das Verschweigen der Wirtschaft und seine Folgen für die Heideggersche Philosophie

Nichts ist bezeichnender für die Philosophie Heideggers, als diese Tatsache, daß die Welt einfach da ist – und zwar als „Zeugwelt“, mit Hammer, Nagel und kleinbürgerlichem Geschwätz, als Welt, die vielleicht der dörflichen Schusterwerkstatt ähnelt, aber nicht der heutigen Industriewelt, die Heidegger mit maschinenstürmerischer Verachtung verschweigt. Beim Heiligen Martin[129a] „setzt“ das Ich nicht mehr die Welt: *es ist vielmehr die Welt*. Die Tatsache, daß die Welt dauernd produziert wird und dem *Bedürfnis* entstammt, ist unterschlagen. Daher tritt an die Stelle des Bedürfnisses und der Produktion die eigentümliche „Sorge“, die sich in dieser Welt obskur zu schaffen macht. Ebenso aber bleibt unterschlagen, daß heute, also im neunzehnten und zwanzigsten Jahrhundert, die Produktwelt nicht mehr dem allgemeinen Bedürfnis entstammt, sondern ihren Ursprung, ihre Form, ihre Reproduktions- und Zerstörungsart einem *partikularen* Bedürfnis, nämlich dem Profitbedürfnis der die Produktionsmittel besitzenden Klasse verdankt. Daher wird nicht diese Tatsache, sondern die Tradition der Descartes'schen res extensa für die Verdinglichung des Lebens verantwortlich gemacht.[130] Nur die Unterschlagung dieser Tatsache erlaubt es Heidegger, vom Dasein im Singular zu sprechen: eine wirkliche Analyse (wie sie unvergleichlich viel aktueller Hegel in seinem „Herr-und-Knecht"-Beispiel der „Phänomenologie des Geistes"[131] geliefert hat) hätte ausgehen müssen von der Tatsache Herrschaft, die stets *zwei* Gruppen setzt. Heideggers Haß gegen Dialektik ist nichts anderes als eine philosophisch verkleidete Abneigung gegen diese Tatsache des Antagonismus, ohne den weder die Welt, noch die Geschichtlichkeit, noch das „Werden der Geschichte" begreiflich ist. Die Dialektik hatte nämlich die aktuelle Tatsache des Klassenkampfes zugleich verbrämt und zugestanden – ein Zugeständnis, das Heidegger von seiner Position aus auf jeden Fall zu vermeiden hatte. Diese Vermeidung hatte wiederum zwei Folgen: einmal die, daß er die Geschichte gar nicht als Realität, sondern nur als „Geschichtlichkeit", das heißt als Existenzial des Daseins fassen kann, ein Trick, der aus der Substanz eine Eigenschaft macht, eine Eigenschaft, der eine größere ontologische Dignität zuzukommen scheint, als der Substanz selbst. – Die andere Konsequenz der Dialektik-Losigkeit aber ist, daß der eigentliche modus operandi und procedendi sowohl des lebendigen „Daseins" als der Daseinsanalyse völlig im Dunkel bleibt: der Vorgang ist eben bei ihm kein Kampf, kein Fortgang von Spruch und Widerspruch, sondern reine Selbstoffenbarung des „sich lichtenden" Daseins.

Verdinglichung ist kein „Aspekt“
Zu: Ontik und Materialismus

Der angebliche Irrtum, der in der Tatsache bestehe, daß das Dasein und die Philosophie in ihrer langen Geschichte das Leben in Kategorien von Vorhandenem oder als „res extensa“ mißverstanden haben, ist gewiß nicht nur ein Irrtum. Denn wesentlich ist eben, daß der Mensch sich wirklich als ein Stück Welt in der Welt vorfindet, also mindestens *auch* als Vorhandenes. Daß dieser Aspekt ein bloßes Assoziationsprodukt sein soll; daß der Mensch, der auf „Welt“ und primär nicht auf „Sich selbst“ „aus ist“, sich nun als Weltstück nur *„begegne“*, das ist Unsinn. Im übrigen verkehrt der Mensch eben gleich auf gleich mit der vorhandenen Welt: der Baum schlägt auf seinen Fuß, der Hase macht ihn satt und er selbst macht seinen menschenfresserischen Feind satt. Das Feuerbachsche „der Mensch ist, was er ißt“[132] hat eben seine partikulare Wahrheit. Die erst vorhandene, dann zu behandelnde, schließlich einverleibte Speise wird *er*; ohne die ist er nicht. Das heißt: im Lebenskampf des *to eat or to be eaten* sind sie Partner; und der Mann aus der griechischen Fabel, der angesichts des Krokodils sagt: „Du kannst mich nicht fressen, denn wie könnte Vorhandenes ein Seiendes völlig anderen Charakters zerstören?“ – der wäre zwar ein Stoiker, aber Stoizismus als theoretische Metaphysik ist eben Unsinn. Aber auf diesen Unsinn läuft Heideggers Daseinsbegriff hinaus. Das Krokodil, der Tod, verschlingt nicht das Dasein, da das Dasein, als „Sein-zum-Tode“ das Krokodil bereits existenzial verschlungen hat. Der Stachel des Todes (1. Korinther 15, 55) ist im stachligen Leben der stachligen Existenzphilosophie völlig resorbiert.

Zu „Vergötterung des Staates“

So absurd es klingen mag: die Vergottung des Staates, deren Klimax wir im Fascismus gesehen haben, ist der dialektische Enkel der, von den Restaurationsideologen als „ungöttlich“

verschrieenen *Kontrakttheorie.* Wenn die Kontrakttheorie den Staat als etwas *Gemachtes,* also vom Menschen Gemachtes erklärt, schneidet sie damit dessen göttliche Sanktion ab. Als die Bourgeoisie zur Sicherung der eigenen Perpetuierung die Form des totalen Staates annimmt, kann sie nicht die alte Sanktionierung wieder aufnehmen ... Zwar ist das ganze 19. Jahrhundert, besonders seit 1814 voll von Re-Sanktionierungsversuchen und ein wichtiger Teil der Romantik literarisches Zeugnis dieser Versuche. Aber die Wiederanknüpfung mißlingt stets.

Zu: Die drei deutschen Invasionswellen in Frankreich

Die Geschichte der deutschen Einflußwellen in Frankreich während der letzten 150 Jahre ist noch ungeschrieben. Die erste Welle schwemmte die nachkantische Philosophie, mit ihr die Romantik über den Rhein. Die zweite Welle brachte Richard Wagner, dessen Erscheinung wohl den stärksten choc für die Latinität Frankreichs darstellte. Die dritte Invasion ist die der Existenzphilosophie – die insofern der Romantik ähnelt, als sie weit mehr darstellt als eine bloße *philosophische* Einflußwelle: sie hat zugleich künstlerische, moralische und politische Implikationen; wie die Romantik ist sie, mindestens ihrem Effekt nach, konterrevolutionär; oder wenn nicht direkt konterrevolutionär, so doch ein Lähmungsmittel. Das Rausch-element, das die Romantik charakterisiert hatte, fehlt ihr freilich ganz: Die Romantik hatte im Kampf gegen die Freiheitsphilosopheme dem „alles" „machenden" bürgerlichen „Subjekt" die allen Einzelwesen zuvorliegende nichtgemachte, „organische" *Vorwelt* entgegensetzt, also einen „Rausch des Grundes" hervorgerufen; die Existenzphilosophie aber will nicht das Individuum „rückverwurzeln", sondern höchstens *in sich selbst verwurzeln.* D. h. in einer Situation, in der die Lösungen der Probleme nur gesellschaftlich möglich sind, bleibt die Existenzphilosophie bei dem isolierten, abgetrennten Ich der bürgerlichen Gesellschaft stehen. Dieser Rückzug (oder Vormarsch) auf die eigene Existenz ist aber, da „eigene Existenz“ nicht mehr „moralische Autonomie“ wie bei Kant oder Bürgerrecht oder dergleichen bedeutet, ein Schritt in die „Leerheit und Negativität“ (Hegel); ist als solcher wenig geeignet, zu berauschen. Im Gegenteil: er führt in die, zum ersten Male in der Geschichte, *Mode* gewordenen absolut antienthusiastischen Affekte der Angst, der Langeweile, des Entsetzens („Huis clos“). Also, trotz aller „Anstrengung des Begriffs“ und aller Rigorosität, in *„Lähmungsaffekte“*. Daß der Nationalsozialismus, mit seinem noch so falschen Appell an „Gemeinschaft“ und Aktion diese Apotheose der einzelnen Existenz bekämpfen mußte, ist klar. Noch klarer, daß wirkliche politische Freiheitsbewegungen in ihr nichts als eine prunkhafte Sabotage wittern. Und schon heute scheint ihr Effekt in Frankreich tatsächlich einem Sabotieren gleichzukommen.

Zu Ontologie und Ontik [II]

Daß, wie Heidegger behauptet, das Problem Ontologie – Ontik, also die Unterscheidung von Sein und Seiendem, von der abendländischen Philosophie seit Aristoteles nicht wieder in Gang gebracht worden sei, ist eine Behauptung, die einfach unwahr ist.

„Es sind zwei ganz verschiedene Sachen, zu wissen“, heißt es bei Schelling, „*was* ein Seiendes ist, quid sit, und *daß* es ist, quod sit.“[133] Wenn die Transzendentalphilosophie die *Freiheit* des Subjekts zum Grundthema gemacht hat, so hat sie damit – was die Formulierungen von Kant bis Schelling beweisen – nichts anderes vorgehabt, als den fundamentalen Unterschied zwischen dem „bedingten“ Objekt (das „Seiendes“ ist) und dem „Unbedingten“ (das kein Seiendes ist, sondern „Seyn“) zum Gegenstand der Philosophie zu machen.

In der Tat ist diese Unterscheidung, die der heilige M.[134] macht – und mit der er sie, wie man aus dem ersten Stück von „Sein und Zeit“ entnehmen kann, von der bisherigen Philosophie zu unterscheiden glaubt – die Philosophie des sich befreienden Bürgertums. Freilich kann man sagen, daß die Umwandlung der „Freiheitsphilosophie“ in eine Ontologie – und darin besteht die Schellingsche Philosophie – bereits eine Entstellung des echten Freiheitsproblems ist. Dadurch nämlich, daß das Freiheitsprinzip (als Potenz) *universalisiert* wird, zum Prinzip der Natur verallgemeinert wird, wird die Freiheit in der Sphäre der praktischen Vernunft oder der vernünftigen Praxis nur zum Fall unter Fällen bagatellisiert; ja, Freiheit wird dadurch nicht mehr gefordert oder gewährleistet, sondern „festgestellt“. Dieser *Verfall* der Freiheit zum Seyn ist völlig deutlich in Schellings „positiver Philosophie“. Daß aber Heidegger diese noch einmal aufgewärmte Spätform des Problems der Transzendentalphilosophie als Neuigkeit offeriert, entzieht sich aller Erklärung; daß er es kann, beweist nur, daß Schelling noch immer unbekannt ist.

Ontologie und Ontik [III]

Diese Unterscheidung zwischen Sein und Seiendem, die der Ausgangspunkt der Heideggerschen Philosophie ist und von der er behauptet, daß sie im Laufe der zweieinhalbtausend Jahre von der Philosophie versäumt worden sei – ist in der Tat nicht einfach mit formallogischen Tricks abzutun. Aber man hat zu fragen, in welcher Situation diese Unterscheidung auftaucht – und „in welcher Situation“ bedeutet hier ein doppeltes:

1. in welcher Situation des Menschen taucht „Sein“ (sowohl als bloßes erschreckendes Vorhanden-Sein der Welt, wie als eigenes Da-Sein) auf?

2. in welcher historischen Situation taucht diese Unterscheidung auf.

Ad 1. In *Nichtstun*. In der Angst. In der *Vereinsamung*.

Ad 2. Siehe *Schelling*.

Der Fluchtcharakter des Idealismus und die ursprünglichen Motive

Hat nicht *heute* der Versuch, das menschliche Dasein zum ontologischen Modell zu machen, hat nicht heute dieses idealistische Unternehmen gegen das Primat der Welt ausgesprochene Fluchtmotive?

Das ursprüngliche Motiv der Transzendentalphilosophie war die Herausstellung der relativen Freiheit der *menschlichen* Vernunft; der Erkenntnis„kräfte“, mit denen der Mensch die Welt „formt“, der nicht „natürlichen“ Autonomie, die „Gesetze setzt“. Ihre Absicht ging also gegen „Satzung“.

In der Heideggerschen Existenzphilosophie ist dieses Motiv fast unsichtbar geworden.

Welt als invertierte Handlung

Daraus ergibt sich die alternative Situation, entweder die ganze Welt, die *gewissermaßen eine Welt invertierter Handlungstypen darstellt*, mit den Maßen moralischer Handlungen zu messen – das ist die Kritik der Welt, wie sie der Sozialismus seit der Mitte des vorigen Jahrhunderts geübt hat – eine Kritik, in der nicht diese oder jene Handlung, sondern die Struktur der gesellschaftlichen Welt selbst als „Skandal“ erschien: damit war, ohne daß das Wort „Moral“ Leitwort wurde, doch das Moralische ungeheuer erweitert: an die Stelle der Handlung (und der hinter ihr stehenden „Gesinnung“) trat als moralisch positiv oder negativ die Welt der Einrichtungen selbst; und eine „Gesinnung“, die nicht so sehr „Motiv“ als Folge der Gesinnung ist. – Die Kritik der Welt aber besteht in dem Nachweis, daß die Einrichtung selbst bereits in „vergegenständlichter Form“ Verhältnisse von Mensch zu Mensch enthält; daß diese Schemata bereits allen Handlungsprinzipien der bürgerlichen Moral widersprechen; daß sie, da sie nicht Handlungen im engeren Sinne seien, gewöhnlich außerhalb der moralischen Maßstäbe blieben; daß, an ihren

Funktionsprinzipien gemessen, die ganze Handlungsmoral reiner Pharisäismus sei; kurz: daß damit *die Moral als „Prinzipiensystem von Handlungen" an ihr Ende angekommen sei; – daß sie aber als Prinzip des Aufbaues der gesellschaftlichen Welt erst vor ihrem wahren Anfang stehe.* – Dies ist im Grunde die in den frühen Schriften Marxens implizit gemeinte Moralrevolution, und das Pathos, das hinter 100 Jahren Arbeiterbewegung steht, ist ein radikal moralistisches Pathos. Ihr Ziel ist es, die Institutionen (die das Schema der Handlungen der Gesellschaft sind) so zu verändern, daß die in ihnen invertierte Menschen*behandlung*, die in der modernen Gesellschaft fast die Summe der „Gegenseitigkeit" ausmacht, den gleichen Prinzipien gemäß umgebaut wird, die von den wenigen „privaten" Handlungen der Menschen verlangt werden. D. h. die Idee ist: Welt und Handlung gleichzuschalten, in Marxens Worten: die Entfremdung der Welt aufzuheben. – Von diesem Gesichtspunkt aus ist das Objekt des moralischen Urteils primär weder Gesinnung noch Aktion (die einfach die Ausschließlichkeit verlören), sondern die gesellschaftliche Welt selbst, d. h. deren wirtschaftlich-rechtlich-politische Struktur. D. h. Genau so wie der Marxismus andere partikulare Erscheinungen „aufzuheben" gedenkt, genau so gedenkt er, die Moral „aufzuheben", nämlich *als* partikulares Phänomen, da diese zum Prinzip der Gesellschaftsstruktur *selbst* universalisiert, d. h., hegelisch, annulliert werden müsse. Es ist kein Zufall, daß diese „Aufhebung" der Moral vom Marxismus *so* niemals formuliert worden ist: die exponierte Position, in der er sich, als „unmoralisch" von der herrschenden Klasse bekämpft, befand; die Appellkraft, die noch, vom deutschen Idealismus her, im Begriff des Moralischen enthalten war, verhinderte, daß diese „Aufhebung", die indessen völlig im Marxschen Geiste ist, mit solcher Direktheit je formuliert wurde.

Die andere Entwicklung führte in genau entgegengesetzter Richtung. Man kann sie die der *„Gleichschaltung"* nennen, wobei, was gleichgeschaltet ist, primär nicht der einzelne Mensch ist, sondern der *Inbegriff der Moral*, der den

Machtverhältnissen angeglichen wird. D. h.: der Anspruch *privaten* Handelns von Mensch zu Mensch wird angesichts der kollektiven *Behandlungsprinzipien des Menschen*, die der kapitalistische Großbetrieb ausgebildet hat, von der herrschenden Klasse abgeschafft – damit (freilich unter insgesamtem, halbreligiösem Pathosaufwand) Moral de facto aufgehoben. Hier nun aber im wörtlichen Sinne aufgehoben: nämlich verschlungen von dem nunmehr *total* werdenden Prinzip der *Benutzbarkeit der Menschen*: Die Prätention, daß jeder Mensch qua Mensch „handle“, ist in der Tat durch das *Führerprinzip* programmatisch aufgehoben; die Tätigkeit des Menschen wird auf *Gehorsam* beschränkt.

Der Mißbrauch der *Seins*vokabel

Alle *Prozesse*, die nur als Geschehen beschrieben werden können, werden – trotz der Ansetzung der Zeitlichkeit als den Sinn der Existenz – zurückge„seint“: statt zu sagen: *ich bin geworfen worden*, spricht er von dem *Geworfensein*. Die erste Formulierung würde er aber natürlich nicht akzeptieren, weil damit ein *mythologisches Ereignis* angezeigt ist. Andrerseits hat das Geworfensein, wenn es nicht gemeint ist als ein „Ich bin geworfen worden“, einen rein metaphorischen Sinn, der nur besagen kann: „ich weiß nicht, wo ich her komme“ (ins „Da“). Aber er weiß sehr genau, wo er herkommt. Nämlich von Mutter und Vater. Also ist es einfach ein *Nicht-wissen-Wollen*.

Zum *Daseins*-Begriff

Prophylaktisch ist er gut, um die voreilige Hypostasierung von Ich, Subjekt, res cogitans, Selbst, Individuum, Person etc. zu verhüten. Aber die Verhütung wird nun selbst Substanz – und zwar sosehr, daß man mehr und mehr den Eindruck gewinnt, daß das Dasein gewissermaßen die *hylē* ist, aus der sich nicht nur die Einzelwesen individuieren, sondern daß es – das Subjekt der Geschichte ist. Auch diese

Gefahr ist gleichzeitig eine Chance: wenn nämlich nicht ab ovo ein „organisches" Substrat der „Bewegtheit der Geschichte" untergelegt wird, bleibt die Geschichte gewissermaßen soziologisch vage – was sie in der Tat insofern ist, als nicht Überpersonen (Volkspersonen oder dgl.) die „Geschichte" machen, sondern gesellschaftliche Machtgruppen, deren „Individuiertheit" verschieden scharf ist, ephemer ist etc. D. h.: die faktische *Vagheit* der geschichtlichen Subjekte ist durch die prophylaktische methodische Vagheit des Wortes „Dasein" verbürgt ... *wäre* verbürgt, wenn Heidegger überhaupt auf Geschichte statt auf Geschichtlichkeit einginge; und wenn er nicht, wo er nach dem „wer" der geschichtlichen Existenz [fragt]: *wir*, im Sinne der Geworfenheit, Nativität, Nationalität antwortete.

Zu Antisystematik

Das historisch Einmalige, wenn auch historisch einmalig Komische an der Existenzphilosophie besteht darin, daß Heidegger den, durch die antisystematischen Motive der nachhegelischen Philosophien vorbereiteten Nihilismus selbst noch einmal zu einem weiteren System macht. Das Unternehmen erinnert an das der katholischen Kirche, die gleichfalls glaubt, alle Mosleme in ihr System „aufnehmen" zu können. In einem Zeitalter, in dem der Zerfall des (mehr als philosophischen) Systems, dessen Ursachen, dessen Folgen, und der Entwurf eines besseren Systems im Vordergrunde des Denkens hätten stehen müssen, machte er aus dem Zerfall selbst ein System.

Zum Begriff „Sinn"

Im Grunde kommt dieser Begriff noch aus der Epoche, in der der Begriff der unbeschränkten Souveränität seine moderne Ausbildung noch nicht erfahren hatte: da war jeder innerhalb der Hierarchie nach oben gebunden, schließlich die höchste weltliche Spitze der Fürst, dessen Autorität als

„anvertraut" galt, durch das göttliche Gesetz festgelegt. „Sinn" hatte hier den „Sinn" von „Stelle" oder „Stand" innerhalb eines pyramidenhaften Stellensystems, dessen Spitze das göttliche Gesetz war: primär hatte nicht der Mensch schlechthin „Sinn", sondern dieser oder jener, insofern er an dieser oder jener „Stelle" stand. Er wußte, *wo* er und *wofür* er stand: das war sein „Sinn". Es ist begreiflich, daß einmal der Absolutismus den Begriff des „Sinnes" aushöhlte, dann aber die bürgerliche Revolution den Begriff zerstörte: sie befreite den Menschen aus seinem *Stellensystem*. Daß sie den Menschen seines „Sinnes" beraubte, wäre freilich eine sinnlose Formulierung. Vielmehr versetzte sie ihn in eine Lage, in der, von „Sinn" zu sprechen, keinen „Sinn" mehr hatte.

Der nihilistische Hintergrund der Existenzphilosophie Zu Geworfenheit

Auch Heideggers Untersuchung geht aus von einem zugestandenermaßen grundsätzlich unbegründbaren Grunde: von der nackten Faktizität des Daseins, der auch *er* keinen theoretischen „Sinn", d. h. keine Justifikation anklebt. Aber nur deshalb nicht, weil für ihn das *Leben selbst* gewissermaßen zur lebenslänglichen Justifikation wird: diese Justifikation hat die Form eines ausgedehnten Racheaktes an der *Zufälligkeit* des Daseins. „Wenn ich schon da bin", könnte Heideggers Dasein sprechen, „dann wirklich – nämlich als sei ich nicht ‚geworfen', sondern als Kind meines eigenen freien Entschlusses gekommen. Wenn ich schon für ‚nichts und wiedernichts' gekommen bin, dann eben für mich."

Dieser Racheakt bleibt freilich selbst völlig theoretisch: denn das Leben der Existenzphilosophie besteht eben in der philosophischen Artikulierung dieses Racheakts an der „Geworfenheit"; nicht in der, unvergleichlich viel mehr Mut erfordernden praktischen Durchführung des „totalen Egoismus". Er ist unblutiger und subtiler als dieser – aber gerade in derjenigen Situation, in der der „praktische Nihilismus" sich in friedlichere Tarn-Formen zurückzuziehen hat.

Zu: Heidegger und *Gesellschaft*

Es ist bezeichnend für Heideggers Position, daß er zwar das *Sein als „Mitsein*“[135], das *einai zōon politikon* als Daseinscharakter betont; aber daß doch das „politikon“ bei ihm völlig unpolitisch bleibt; wie die bloße Tatsache des „Von-vorn-Herein mit Andern Seins“ anzeigt. Aristoteles' berühmtes Wort bedeutete natürlich zugleich ein politisches *Mittun*; gewissermaßen ein naturrechtliches Faktum, das sich aus der Tatsache des *einai zōon politikon* ergibt; ja das sich nicht nur ergibt: denn das einai besteht eben in politischer Partizipation. Aber der Rechte oder Pflichten hat Heidegger sich völlig begeben. Dieser doppelte Verzicht ist wieder charakteristisch. Während in Philosophien reaktionärer Provenienz das „*zōon politikon einai*“ nicht nur das Mit-Dasein meinte, sondern stets die pflichtgemäße Dienstbarkeit für den Staat; während der Nihilismus des 19. Jahrhunderts die volle Souveränität, also das *Recht* des Individuums gegenüber der (als Bindung verstandenen) Gesellschaft proklamierte, hat Heidegger nicht nur wie diese die Pflicht, sondern auch seine Ansprüche aufgegeben. Seine Freiheit ist also gerade durch ihre Radikalität die absurdeste Freiheit, die man sich vorstellen kann: Sie ist *Freiheit von Rechten.*

Zu „Eschatologie“

Das Absurde an der eschatologischen Situation von heute besteht darin, daß ein Teil der Welt – der verwüstete – gewissermaßen bereits „postapokalyptisch“ lebt, während der unverwüstete Teil, durch die Erfindung der Atomspaltung, sich in der Stunde *vor* dem Welt-Untergang fühlt. Beide Schrecken spielen ineinander – und ein großer Teil der europäischen Bevölkerung fühlt sich heute – 1946 – wie eingekeilt zwischen zwei Katastrophen: ihre Vergangenheit ist zerschlagen, ihre Zukunft ist zum Tode verurteilt.

Reaktionärer Trick: Möglichkeit wird bereits als Wirklichkeit erklärt

Einer der Tricks der antiprogressiven Philosophien ist, daß sie, was den Menschen fehlt oder was sie erst *anschaffen* müssen, bereits als *Züge* des Menschen deskriptiv darstellen und die praktische Vernunft in die theoretische hineinarbeiten. Das ist besonders einfach, sobald wie bei Heidegger der Begriff der *Möglichkeit* Grundkategorie ist. Beispiel: Die Menschheit hat die Möglichkeit, sich von Zwang zu befreien. Diese Möglichkeit heißt Freiheit. Also *ist* er bereits frei – gleich, ob oder ob er sich nicht aus der Unfreiheit befreit hat. Denn daß er es kann, *ist* ja seine Freiheit, die er bereits hat. Sie eigens noch einmal zu erwecken, ist völlig überflüssig.

[Randnotiz:] *Politischer Nutzen der Kat. Möglichkeit*
Möglichkeit als Besitz
Freiheit = Freiheit, sich zu befreien.

Individuum und Sexus

Kein Individuum ist lediglich Individuum. Der Unterschied des Geschlechts und der eingeborene Trieb sind gewissermaßen *nicht nur Indikation des Allgemeinen, sondern bereits das Allgemeine selbst*. Ob man dabei die Individuen als die bloßen Sachwalter des Allgemeinen auffaßt[136]; oder das Allgemeine als nur noch zersplittert vorhanden in den abgerissenen und selbständigen Individuen, hängt vom jeweiligen naturphilosophischen Geschmack ab. Aber daß Sexus der grundsätzliche Widerpart des Individuellen ist, und als solches die gleiche philosophische Valenz hat und die gleichen philosophischen Ansprüche anmelden darf, steht außer Frage.[137]

To the problem of excluded phenomena

Heidegger scheint völlig anti-idealistisch zu beginnen. Von vornherein wird Dasein *ohne* Welt als Unmöglichkeit erklärt. Von vornherein wird dem Dasein seine Welt geschenkt. Die angeblich erkenntnistheoretische Frage: *wie* das Dasein an diese Welt herankomme, wird als absurd bei Seite geschoben. „Realistischer" kann man nicht anfangen.

So scheint es. Aber leider ist die Welt, die Heidegger dem Dasein so freigiebig schenkt, gar keine Welt – sondern lediglich der Inbegriff möglicher „intentionaler Gegenstände überhaupt"; – der Husserlsche Ausdruck ist absichtlich gewählt, denn Heideggers Weltbegriff stammt von Husserl her[138]; und wenn auch die intendierenden Akte bei Heidegger nicht wie bei Husserl spezifische Akte der theōria sind, sondern das Dasein als ganzes oder das Dasein als „Sorgendes" intendiert – so ist doch die Realitätsvalenz des Intendierten nicht im mindesten dadurch modifiziert. Dies nur In-Sein und vage-Gesetztheit. Aber Welt ist: *1. Das, von wo.* Wir sind nicht geworfen, sondern *geboren.*

2. Speise: die *wir* wird (Distanz verschwindet, selbst die Distanz des „Umgangs").

3. Wir sind Welt. (Erdbeben. Jeder ist sich fern, weil er sich als *Organismus* nicht kennt.)

Freilich ist *Welt* bei Heidegger nicht irgendein Gegenstand; es ist das Schema *aller* Gegenstände. Als Schema ist Welt zwar nicht „Form der Anschauung", sondern „Form des Daseins", und in der Tat bezeichnet Heidegger die Welt als *„Existential"* – d. i: Kategorie des (menschlichen) Daseins.

So formal und impräjudizierend der *leere Weltbegriff* zu sein scheint, *gerade seine Formalität ist eine spezifische Bestimmung*: Denn nur sofern menschliches Dasein *frei* ist (also diese *oder* jene Welt treffen oder schaffen kann und auf keine bestimmte Welt festgelegt ist), kann es „Welt überhaupt" meinen. Aber diese Allgemeinheit ist anthropologische Spezifität, und die klassische Definition des Menschen als „animal rationale" hat hier ihren Rechtsgrund.

Dennoch ist aber Welt nicht nur freies Schema des Entwerfens. Heideggers antimaterialistischer Trick besteht darin, daß er scheinbar von vornherein die *Welt* als apriori zugesteht – aber eben nur als „Welt überhaupt“. Mit der Konzedierung der „Welt“ überhaupt scheint er die ganze Welt bereits zugestanden zu haben. Aber „Welt überhaupt“ ist gerade eine Spezialität; ja der Titel kann geradezu als ein Mittel angesehen werden, dem wirklichen Faktum „Welt“ auszuweichen. Denn „Welt überhaupt“ ist die Welt nur, sofern sie Welt der „Freiheit“, also nicht Welt des Bedürfnisses ist. Als Welt des Bedürfnisses ist sie „so“ oder „so“; als solche verlangt sie nicht nur ontologisch durch ihr Sein, sondern ontisch durch ihr *Sosein* bestimmt zu werden. Und da diese „so seiende“ Welt die Welt unserer *Unfreiheit* ist, sind *wir* als ihre Kinder derart von ihr bestimmt, daß wir durch unsere eigene schamlos ontische Existenz auf sie in ihrem nun einmal so und so Sein hinweisen: durch unsere Lungen auf die Luft; durch unsere Zähne auf ihre Tiere und Pflanzen; durch unsere Füße auf ihre Bodenfläche; durch unsere Augen auf das Licht ihrer Sonne; und durch Bedürfnis, Krankheit und Tod auf das simple Faktum ihrer Übermacht.

Die terminologische Undurchsichtigkeit, die das Heideggerische System so schwer durchschaubar und durchstoßbar macht, ist, wenn auch nicht in der Absicht, so doch im Erfolg, eine große Erleichterung, um ein *spekulatives Manöver größten Ausmaßes durchzuführen*:

Er erkennt die „Welt überhaupt“ an, um sich auf die Welt *– als Medium unserer Unfreiheit – nicht einlassen zu müssen.* Als „weltendes“ Dasein ist das Dasein frei. Heidegger erkennt die Freiheit des Daseins an, um die (durch Fakten notwendige) Befreiung überflüssig zu machen. Welt diskutiert er fort durch „Welt überhaupt“. Und Befreiung durch Freiheit.

Es ist nicht zu leugnen, daß das Schema dieses Manövers dem Schema des nationalsozialistischen Manövers geschwisterlich ähnelt: auch sie spielen Revolution, um die Revolution zu verhindern.

Zu: „Der betrogene Tod“

1. Auch der Materialismus kennt ähnliche Tricks, den Tod zu betrügen. „Ja, aus der Welt werden wir nicht fallen“, lautet z. B. eine Selbstmordtröstung in Grabbes „Hannibal“, „wir sind einmal darin.“[139] Hier ist Leben bereits von vornherein abgetötet, von vornherein mit bloß physischem Darinnen sein gleichgesetzt. Der Tod steht da, eine Tor-Attrappe auf freiem Felde: wer es durchschreitet, steht wie zuvor im Diesseits. Bei Heidegger ist – mit Sternbergers[140] Worten – das Tor *zugemauert*, da das Jenseits, in das es angeblich führe, nicht existiere.

Metaphysische Prätexte

„… dem es in seinem Sein um es selbst geht“

Was heißt das?

„es geht um die Wurscht“ = letztes Ziel, = einziger Einsatz.

Welche Art von Prozess ist durch dieses Wort: „es geht um …“ unausdrücklich präjudiziert?

Eine Aktion?

Eine Wette?

Ein Kampf um …?

All das bleibt völlig unklar. Und gerade diese Unklarheit – die sich als „Voraussetzungslosigkeit“ aufspielt – gibt dem Ganzen ein „flair“.

Ursprungsvokabeln

Heraklit – *Ursprung* = Welt = Ursprung (Feuer)

Alle Vokabeln Heideggers sind *Ursprungsvokabeln* „in echter Weise schöpfen“ etc.

D. h. erklärend? Nein: rücksteigernd.

Was bleibt, wenn ohne Ursprungsvokabel?

a. *Beschreibung* – ohne Ende.

b. *Wesen* – darüber mehr (= „Ursprung“ oder *agathon* oder derartiges, Plan oder derartiges).

Wie wäre es, wenn die Welt permanent – *wie die Natur* – Ursprung wäre? Geschichte dauernd aus der Quelle schöpfte? Quellen versiegen nämlich nicht. *Daß aber eine Quelle die frühere Quelle trübt?*

Wesen hat folgende Vorfahren:

1. Ursprung, 2. Ziel

Wie, wenn der Mensch gerade seine „Trübheit“ wäre? Daß (abgesehen davon, daß es keinen ersten Menschen gibt) selbst der supponierte Anfang gerade das Untypische wäre, weil der eben noch keine *Geschichte* hat, und Geschichte doch der Mensch sein soll?

Anthropologisch, also am Einzelmenschen gesehen:

Sein Leben und Zeugen ist nicht weniger Urphänomen, als sein Geboren-Sein. Warum die Apotheose des Anfangs. Es kommt nicht vor bei Heidegger, daß der Mensch *gebiert. Er ist nur höchstens geboren*. Mensch = „geworfenes Kind“. Nicht = Mutter, die „wirft“.[141]

Das Ganze ist das Nichts. Metaph. = Freiheit. Je weniger frei, desto weniger Welt. Je *fester* Welt, desto weniger Welt.

Haben und Leib

Unser einziges *materiales Apriori* (das wir deshalb „haben“ *und* „sind“), ist der Leib. *Residuum*. An ihn sind wir geschmiedet (Phaidon), denn wir sind er. *(Restitution der verlorenen Glieder des Leibes.* Unentbehrlichkeit. Schema.)

Als Leib *sind* wir *Welt*. Er ist unsere apriorische Welt. Die weitere (Schneckenhaus, Bienenhaus) ist apriorische Welt.

Der Parmenideische Identitätssatz von der Identität von *noein* und Gegenstand gilt vom Tier: *Nur was es hat, ist* (Leib, Beute etc.). [Randnotiz:] Als *Leib sind* wir Welt = Natur.

Der Mensch ist sich deshalb ontologisch der Fernste, weil sein Leben darin besteht (durch Essen, Verkehr etc.) die Distanz, die Abgerissenheit, die Blöße zu decken. Heidegger spricht zwar auch von „Entfernung“ = Ferne paralysing Annäherung; aber er sieht ihren Grund nicht verursacht in einer *ontischen* Tatsache.

Mensch *fragt* nur, weil er voller *Nachfrage* nach der verlorenen Welt ist. *Erst verlor er das Paradies, dann wurde er wissend.*

Frage = Nachfrage. Frage = Suche = Bedürfnis. Sich-zusuchen hat er keine Ursache. Darum ist er sich selbst das Fernste. Das Auge hat nicht den Sinn, sich selbst in die Pupille zu sehen.

Sehen z. B. ist eines der „nachträglichen" = aposteriorischen Mittel, den commerce mit Welt wiederaufzunehmen, *anzuknüpfen*, sich mit ihr zu „stillen". Auf Grund seiner „Abgerissenheit" muß er „sehen" – also die Welt; denn Sehen = Seinsverhältnis. Er verdeckt sich nicht, wenn er sich selbst *ontisch* sieht. Wenn er *sich* sieht, *hat* er *sich* zu sehen, denn der Sinn des Sehens ist: Ontisches sehen.

In-Sein = Nicht-Teil-Sein. *In-Sein* verglichen mit „Wurzeln in" oder „Organ-Sein von" bereits *Entfremdungscharakter.*

Zweck des Sehens ist *Deckung* der Nachfrage nach der verlorenen Welt, nicht *Verdeckung*.

Der Verfall-Charakter ist berechtigt.

Anschauen und Denken

Wie steht Anschauung–Denken *zu* Bedürfnis und Produktion?

Bedürfnis entwirft in *Abwesenheit* das Bild des Nötigen, aber in Allgemeinheit.

Das Wirkliche ist *Exemplar* für Bedürfnis
Rohstoff für Produktion.

tode ti und *hylē*[142]

Sprache – logos

$s = p$

Exempl. = Idee = Qualität = Prädikat

Es gibt im Leben keine „Sätze"

Es gibt: Mitteilungen, Antworten.

Als: *Wurzel*: 1. „*als*" hat praktischen Sinn und kommt vom „zum". „Stamm" *zum* Stock machen.

2. Denken kombiniert nicht Konzepte, sondern: löst etwas für die dritte Person Fragwürdiges vom Subjekt (als Prädikat) ab:

A. sagt zu B: „Friedrich war musikalisch.“

(B. hatte Friedrich gemeint, aber nicht seine Musikalität. Nun weiß B. den ganzen Friedrich.)

D. h. das synthetische *Urteil ist belehrendes Urteil.* (Soziale als-Funktion.)

Ich *habe*, also bin ich

Leib ist das Schema der Transzendenz. Und zwar nicht nur *formales* Schema, sondern *bestimmtes* Schema = Unfreiheit. Bildet Welt ein (Essen).

Vor theoretischer oder *praktischer* Vernunft.
Ich sehe ich nicht – mindest nicht praktisch.
Ich behandle ich nicht – mindestens nicht praktisch.
Auch Pflanzen haben Leib.
Auch Tiere haben Leib / es selber bereits beweglich.
Bilden = wachsen = funktionieren.
Bilden der Tiere = stereotyp
wie Funktionieren = Waben = *äußerer Leib*, *Schale*.

Distanz-Charakter
Sein = Sein
Dasein = *Haben und Nichthaben*

Nichthabendes Seiendes = bestimmter Integrationsgrad in Seiendes.

= Dasein = Funktion eines *ontischen* Verhältnisses.
(z. B. in-Sein = Nur haben, in- nicht Teil-sein.)
D. h. das Problem des *Inseins* hat folgende Implikation:
Im Vergleich zu Teil-Sein (Herz von Körper sein) ist
In-Sein = Distanz.
Im Vergleich zu *In-Sein* ist Wahrnehmung = Distanz.
Im Vergleich zu Wahrnehmung ist Denken = Distanz.

Distanz

Mensch ist Welt (Teil)
He bridges the gap – eating, intercourse etc.
Aber ist so getrennt, daß er „*in* ihr" ist.
in – aber away = Freiheit.

Heidegger und die Autorität

1. „*Man*" ist ihm keine. *Staat* kennt er nicht. „Objektiver Geist" unbekannt.

2. „*Das Sollte.*" (Entsteht durch Sokrates als das Gemeinte eines logos – etwa justice. Befehl ohne Befehler, da Autorität angezweifelt.) Kennt er nicht.

3. Er kennt lediglich *Gewissen*. Das hat nur zu gehorchen. *Reiner Irrationalismus. Ethik ohne Weltidee*, gelegentlich mit Fürsorgemoral („Vorspringen") serviert.

Er kennt als Welt nur die Kleinbürgerlichkeit. By the way: die Anonymität ist nicht nur schlecht. Als *Gesetz* z. B.

Der Begriff der Sittlichkeit = Sitte = man ist ihm unbekannt. Er ist der mürrische Außenseiter, der aus der Situation eine Metaphysik macht.

Außerdem: wo steht, daß, wenn sich „das Gewissen" am Telephon meldet, nicht ein „man" spricht, das sich als Gewissen ausgibt? Marx und Nietzsche meinten nichts anderes. Aber Heidegger *muß* „sich selbst" finden.

Kein Wunder, daß er nach so radikaler Abschneidung des „moralischen Problems" dem ersten zugelaufenen Politiker, dessen Macht ihn überwältigt, sich anschließt.

Dasein *ist* Sorge. *Substantiv* statt *Prädikat. Was heißt das?* Das „ist" untersucht er nicht. Existenzphilosophischer Vorsokratismus. Hypostasierung.

Wie steht er zum Problem der Aufklärung. Transzendenz bleibt so unklar, daß alles, was er sagt, auch von der plotinischen Emanation gelten konnte. Schöpfer = Welt.

Entschlossenheit = aktiv ausgedrücktes Einverständnis mit dem Tode.

Sophistik = Redekunst = Demokratie.

Die Verachtung, und das épater le bourgeois, das sich im Anfang des „Was ist Metaphysik“ zeigt.

Der Mensch im Mittelpunkt = Aufklärung. Protagoras.

Das Prinzip der Konstituierungen am Möglichkeitsbegriff vage.

„*Was Geschichte zu Geschichte macht*“[143], ganz naiver Gebrauch von „macht“: nicht ontologisch, sondern entweder creator oder idee. „macht“ = konstruiert.

Wer macht: entweder Gott aus Natur Geschichte.

oder *Idee* von *Geschichte*.

Aber dann das Verhältnis von Idee und Ding undeutlich (insbesondere, da er die Situation der Rede, in der Idee in der Form des *Prädikats* auftritt, uninterpretiert läßt.

Idee = Maskiertes Prädikat. (Der Baum ist grün = Grünheit.)

Was für Heidegger alles „ontisch“ ist

Der Mensch als Leib.

Der Mensch als Bürger.

Der Mensch als Gattungswesen.

etc. Mensch als *er*.

Was bleibt eigentlich als ontologisch? als „*ich*“.

Philosophie des		*Ich bin – eigentlich*
Sprechen	= Sprechen über	= 3. Person er ist
	= sprechen zu	= 2. Person Du bist
		wir sind – (existiert als Situation)
		ihr seid
		sie sind

Werden ist	Dasein
= Ontisches, das noch nicht ist	= Nicht-Sein = Sorge

bedeutet, daß selbst
in Ontischem „Ausstand“
und „Möglichkeit“ ist.

Bewegung und Mangel – Nichts

Heideggers Dasein *stirbt*, aber *hungert* nicht.

Gegen die „Sterblichkeit“ des Menschen als Grundbegriff der Daseinslehre kann niemand etwas einwenden. Aber *alles* kann dagegen eingewandt werden, daß die eigentliche (schließlich zum Tode des Individuums führende) Mangelhaftigkeit – die Bedürfnisse – unterschlagen werden; die Bedürfnisse, die die gesamte Aktivität des Daseins motivieren.[144] Werden diese Bedürfnisse abgestrichen, so bleibt *Aktivismus* übrig: motiv- und ziellose Bewegungen des Daseins, wie er programmatisch in der Jugendbewegung, deren Herkunft Heidegger nicht verleugnen kann, formuliert worden war. Bei ihm ist freilich – im Unterschied zum klassischen Falle des fascistischen aktiven Lebensbegriffes bei Mussolini – anstelle der Bewegungsvergnügungen eine moralische Bewegung geworden, in der das Leben statt zu seinem täglichen Brot zu seiner „Eigentlichkeit“ gelangt.

Es ist nicht zufällig, daß beide ihren Lebensbegriff weitgehend von Bergson herleiten; aber obwohl es unbestreitbar ist, daß Bergson mit seinem élan vital den Begriff der *Ziellosigkeit* des Lebens inauguriert hat, so ist er doch an der Zielhaftigkeit (= Bedürftigkeit) jeder einzelnen Aktion nicht vorbeigegangen. „Toute action“ (1907, 296) „vise à obtenir un objet dont on se sent privé ... elle comble un vide et va du vide au plein, d’une absence à une présence.“[145]

Das sogenannte „Problem des Nichts“, sofern es nicht die negative Formulierung des Freiheitsproblems ist, kann weitgehend auf das Faktum des *Bedürfnisses* reduziert werden. „*Vis-à-vis de rien*“ im wahrsten Sinne steht derjenige, der seine Bedürfnisse nicht stillen kann. „Nichts“, spricht der Hungernde, der *etwas* benötigte, um weiterexistieren zu können, und es nicht findet. Dieses Nichts ist in der Tat weit mehr als die bloße Urteilsnegation. Nichts ist nicht *„nicht irgendetwas“*, sondern *„nicht dasjenige* in der Welt, ohne das ich nicht sein kann“. Es ist *gemeinte Welt* – nämlich die Welt, ohne die ich nichts bin, die sich nicht bietet. Wenn irgendwo, so taucht das Nichts auf im Hunger und im Durst.

Wie gesagt – Heidegger bannt das Nichts-Problem, und seine Betonung, daß es mehr ist als ein negatives Urteil, spielt in seiner Philosophie eine entscheidende Rolle. Aber wo und wie taucht es bei ihm auf? In der *„Langen Weile“*. Was heißt das? Dort wo das „Dasein“ gesättigt ist und *nichts* mehr es angeht. Denn kein Hungernder hat sich noch gelangweilt. Daß in der Langeweile – wie im Schlaf, der für Heidegger nur leider ein zu „biologisches“ Phänomen ist – Weltverlust stattfindet, ist fraglos. Aber das Nichts dieses Weltverlustes ist nicht annähernd so fundamental, wie das Nichts des leeren Magens, das den Hungernden vorwärtstreibt.

Dieses ontische Faktum, *das Bedürfnis*, ist auch allein im Stande, *Dasein und Zeit* zusammen zu behandeln.[146] Das *noch*, das *„nicht mehr“*, das *noch nicht*, das *immer noch nicht* sind genau so wenig wie das „Nichts“ einfache Modi der Aussage. Sie sind Indices für sehr bestimmte Situationen zwischen Bedürfnis und Stillung.[147] Das *noch-nicht* z. B. ist die Zeitform der *Gier*, die auf Befriedigung aus ist.

Zu *Bedürfnis*

Es ist typisch, daß im Eislerschen Philosophischen Lexikon der kurzen Bestimmung zu „Bedürfnis“ auch nicht eines einzigen namhaften Philosophen Satz über Bedürfnis folgt (*orexis, epithymēma*[148]).

Hier ansetzen: der Wahnsinn des Vermögens-Begriffes. Begehren als „Vermögen“ statt als „Unvermögen“ anzusetzen, ist wahnsinnig. Dieser „Vermögensbegriff“ ist indirekt an der später pathologischen Stirnerei schuld: Wenn das Begehren nach dem Vermögen bereits ein „Vermögen“ ist, warum brauche ich dann noch ein Vermögen? Der Mensch ist im Besitz seines Nichthabens.

Kant: Begehren ist: „das Vermögen, durch seine Vorstellungen Ursache der Gegenstände dieser Vorstellungen zu werden“ (Praktische Vernunft, Vorrede, S. 10).

Nein!! Begehren ist der Mangelzustand, der das Bild des Benötigten *entwirft*. Vorstellung = *Wunsch*.

Sinn des „In“

Mit nicht ermüdender Anstrengung betont Heidegger: Dasein ist *nicht* Vorhandensein; es ist nicht so in der Welt, wie „die Bank im Hörsaal“ ([1927] 54), das „in“ sei nicht „Kategorie“, sondern „Existential“; versteht es sich dennoch als Vorhandensein, so mißversteht es sich.

Übersetzt man diese Sätze aus ihrer ontologischen Sprache in ein unbefangeneres Philosophieren, so bedeuten sie nichts anderes, als eine Fortdiskutierung des *menschlichen Leibes*. Denn als leiblicher ist der Mensch auch Körper. Jedes Erdbeben beweist das.

Als Körper ist er als „Stück Welt“ in der Welt wie Bank oder Ziegelstein. Das mag man zwar als einen metaphysischen Skandal bedauern. Aber man kann diesen Skandal nicht fortdiskutieren. Und man kann ihn nicht dadurch bagatellisieren, daß man behauptet, es sei ein bloßer theoretischer „Aspekt“, den Menschen auch als Weltstück zu sehen (1927, 55); oder sein Weltsein bezeichne gerade das Nicht-Spezifische am Menschen. Wie, wenn das Nicht-Spezifische gerade das Fundamentale wäre? *Wie, wenn es zum Menschen gehöre, daß er eben* nicht nur Mensch *sei? Ist es denn ausgemacht, daß die* differentia specifica *wirklich das Fundamentale über ein Objekt ausmacht?*

Daß der Mensch nur unter einem *Aspekt* (Heidegger meint wohl den der Naturwissenschaften) Weltstück sein soll, ist – abgesehen von vielen anderen Gründen – um so unbegreiflicher, als gerade der Tod, der ja für Heideggers Existenzialphilosophie eine fundamentale Rolle spielt, den Beweis für unser nicht nur *in* der Welt-Sein antritt. Denn wir sind in der Tat sterblich, weil wir *ontisch* sind. Heideggers In-Sein könnte sozusagen endlos fortdauern; es trägt in sich nicht den Keim des Todes. Aber sofern wir ontisch, also selbst ein Stück Welt, also nicht aus uns selbst gemacht, also aus anderem Stoffe sind, sind wir eben schon gar nicht mehr *wir selbst*; sind wir bereits „aufgehoben“. und nicht zufällig ist – etwa bei Anaximander – Tod und Stoff gewissermaßen in *einem* einzigen Gedanken konzipiert. Aber dieser Begriff des Stoffes – wie er großartig bei den Vorsokratikern auftaucht – existiert konsequenterweise bei Heidegger nicht. Denn nach Heidegger sind wir nicht „geboren“, sondern „geworfen“; d. h. unser Ursprung von *Seiendem*, das Faktum Zeugung, Geburt, Eltern etc. wird unterschlagen; an seine Stelle tritt ein völlig unaussagbares „von-Nirgends-her“.

Nach Heidegger soll das Sterben von jedem „ergriffen“ werden. Aber wie kann es anders ergriffen werden, als durch das Zugeständnis, daß eine ontische Granate eine ontologische Struktur mit-töten kann; daß eine ontische Infektion einen existenten Sorgecharakter mittötet; daß ein ontischer Schlag auf den ontischen „Schädel“ alle Ontologie mitzerbricht. Durch diesen Ausschluß dieser Fakten macht Heidegger es sich – trotz der Verschlungenheit innerhalb seines Systems als solchen – furchtbar einfach. Er berührt nicht einmal jenes Problemgebiet, bei dessen Betreten noch fast jeder Philosoph sein philosophisches Niveau einbüßte: das Problemgebiet, das durch das Verhältnis physisch–psychisch bezeichnet wird. Und da er es nicht berührt, wird auch das Psychische zu etwas total Andersartigen als gewöhnlich: es verliert jeden Aspektcharakter, wird selber – bereits sprachlich – substantiell, wird „das Dasein“.

Freedom and conformism

So zentral bei Heidegger auch die drei Existentialien: „Tod“, „Geschichte“ und „Gestimmtheit“ sein mögen, so wenig sind doch die drei wirklich zusammengesehen. Warum nicht, ist kein Zufall. Ihre Verbindung würde nämlich der Philosophie jene „idealistische“ Basis rauben, ohne die sein System nicht bestehen kann.

Was überhaupt nicht vorkommt in dem Buch, obwohl es sich ausschließlich mit dem Dasein des *Menschen* befaßt, ist der Mensch als *Geschlecht*. Damit ist hier ein Doppeltes gemeint: 1. das Faktum, daß jeder Mensch entweder Mann oder Frau ist. 2. der Sexus, der die Kontinuität *der* Menschen garantiert. Wenn irgendwo als „Gestimmtheit“, als „Leidenschaft“ die Unzulänglichkeit und Sterblichkeit des Menschen auftritt, so als *Geschlechtstrieb*. Aber wie gesagt, er ist ausgelassen, ebenso ausgelassen, wie die effektive Herkunft jedes Menschen: die Eltern und Voreltern. Denn bei Heidegger ist der Mensch grundsätzlich ein *Waisenkind*. Da jede Herkunft eine Beschneidung der formalen Freiheit des Selbsts ist, wird die Herkunft einfach abgeleugnet. Der Mensch ist bei Heidegger nicht *geboren von jemandem*, sondern „geworfen“ (von niemandem); diese Geworfenheit hat aber den Sinn des *Ausgesetztseins*. – Daß diese Unterschlagung des „von wo“ eine mehrfache philosophische Wurzel hat, liegt auf der Hand: mit der Unterschlagung der Eltern als materieller Voraussetzung des Daseins ist letztlich auch Gott unterschlagen als Schöpfer. Aber der atheistische Impuls, der dieser Unterschlagung zu Grunde liegt, ist höchst sonderbar und alles andere als progressiv. Der Stolz des Menschen, und sein Schicksal (= Tod), ganz, aber auch ganz allein zu sein, erlaubt nicht, daß *irgendwer* ihn in dieses Schicksal hineingestellt hat. An die Stelle des *praktischen Unabhängigkeitsbegriffes* der klassischen Philosophie (= Freiheit und Autonomie) tritt ein *spekulativer Unabhängigkeitsbegriff*, der auf jede positive Lebenszielsetzung verzichtet, die erste grundsätzliche „Unfreiheit“ des Menschen (= Herkunft) leugnet und die zweite Unfreiheit (den Tod) sich „aneignen“ will. Es ist eine vollkommen berechtigte List der Vernunft, die Unterschlagung der Geschaffenheit oder Geburt (als erster Unfreiheit) mit noch größerer Unfreiheit (= Geworfenheit) zu strafen. Um so größer ist nun freilich der düstere Trotz des geworfenen Ich, diese seine Geworfenheit

„sich anzueignen“ und zu „*seinem* Schicksal“ zu machen – eine Aufgabe, mit der kein geborenes und mit seiner Stelle in der Welt einverstandenes Individuum konkurrieren kann. – Es ist deutlich, daß die *Uneinverstandenheit* mit der Welt die Basis der ganzen Heideggerschen Philosophie ist: Nun kann *Uneinverstandensein* freilich sehr Verschiedenes bedeuten und sehr verschiedene Form annehmen. Eine Form ist die – ideologisch dem Hochkommen der großen Einzelunternehmer mindestens synchrone – Nietzschesche Selbstaufschwellung des Menschen zum Übermenschen[149]: die kleine Herkunft aus dem Kleinbürgertum wird verschämt abgeleugnet; er und seinesgleichen wird als Herr der Welt und als neuer Adel gefeiert; und sofern sich der Übermensch doch noch zu dem traurigen Natur-Betrieb hinabläßt, dann „pflanzt“ er sich nicht „fort“, sondern (wie sein zu akkumulierendes Kapital) „hinauf“. – Die zweite Form des Uneinverständnisses ist die *revolutionäre*. In ihr wird die Herkunft theoretisch bejaht, praktisch – als zu zerstörende – *verneint*. Heidegger steht spekulativ (und wohl auch sozial) in der Mitte. Er leugnet die Vergangenheit ab – wie der Übermensch – nun aber weder, um als neuer Adel „höher“ zu kommen; noch, um wie die Revolutionäre seine Vergangenheit „aufzuheben“; er erfand eine neue Nuance, die wir als *Konformismus der Freiheit* bezeichnen können: die Freiheit des Individuums äußert sich bei ihm weder in einer Tat innerhalb der Welt, noch in einer Veränderung dieser Welt, sondern in *Trotz*. Das von ihm ganz zu Unrecht zitierte „Werde was Du bist“ bedeutet nichts anderes, als: eigne Dir in Freiheit Deine eigene Unfreiheit an. *Sei* sterblich – aber von Dir aus. Er besetzt mit seinem Freiheitsanspruch entweder Positionen, die er ohnehin innehat (er beschließt, zu *sein)*, oder Positionen, deren „freie Aneignung“ rein verbale Beteuerungen bleiben müssen (den Tod zu „meinem“ Tod zu machen). Erwirb den von den Eltern ererbten Tod, um ihn zu besitzen. Du hast die Chance, ihn zu besitzen: das Leben.

In der Philosophie des letzten Jahrhunderts war das Problem der *Herkunft* des Menschen vollkommen unterschlagen worden. Es war aufgehoben in den Händen der Naturwissenschaften, der Deszendenz-Theorie, der Historiker, Prähistoriker. Denn – sozial ausgedrückt – *der freie Bürger ist was er ist – unbeschadet seiner Herkunft*. Heidegger, der in die moderne Freiheitsphilosophie nicht hineingeboren wurde, sondern aus der Tradition des Katholizismus kommt, ist diese Herkunftslosigkeit des Menschen nicht so selbstverständlich. Was die anderen als Problem bereits aus ihrer Sicht verloren hatten, muß er erst ausdrücklich aus seiner Sicht *herausrücken*. Er ist der einzige, der ausdrücklich das *vernichten* muß, was für die anderen schon nichts mehr ist. Gewiß hat auch Kants transzendentales Ich weder Vater noch Mutter; aber daß es ein Waisenkind ist, ist Kant niemals aufgefallen. Fichte hat keine Hemmungen, das Ich effektiv zu seinem eigenen Erzeuger und „Setzer" zu ernennen. Heidegger, verwurzelt in dem Creator-creatura-Ansatz, steht in gewissem Sinne zeitlich *vor* der gesamten deutschen idealistischen philosophischen Tradition: ausdrücklich hat er den creator zu streichen, um sich der Freiheit zu versichern. Er ist noch bewußter Häretiker, während das 19. Jahrhundert bereits mit ruhigstem Gewissen atheistisch gewesen war und die Frage des Ursprungs bereits den Naturwissenschaften, Darwin etc. ruhig anvertraut hatte. Daß Heideggers Auftreten der jüngeren philosophischen Generation in Deutschland gewissermaßen einen Schock versetzte, kann nicht geleugnet werden. Daß freilich ein durchgearbeiteter *Anachronismus* einen Schock von der gleichen Heftigkeit versetzen kann, wie ein revolutionäres Phänomen, war ihr völlig unklar. Überlegt man sich aber, daß ein anachronistischer Philosoph – gewissermaßen als Vollstrecker des biogenetischen Grundgesetzes – all das noch einmal *nachholen* muß, was die Zeitgenossen schon längst wissen oder bereits vergessen oder überholt haben; daß er alle Schritte (wie etwa die Abschneidung des „Ursprungs") noch einmal als *konkrete Operationen* durchmachen muß; so ist begreiflich, daß daraus ein Eindruck eines effektiven Vorwärtsschreitens und einer wirklich lebendigen Philosophie resultiert. Was den Philosophen Heidegger als Individuum anlangt, so kann ihm niemand das elementarste Philosophieren abstreiten. Was aber die faktische historische Funktion seiner Philosophie betrifft, so ist sie ein Spätling, der sich über bereits Erledigtes, das ihm neu war, heute noch ereifert: Sein *Noch* wurde – und darin besteht einer der Hauptgründe für seine „aufwühlende“ Wirkung – als neues *Schon* mißverstanden.

Zu Philosophie des Menschen

Es ist schwer auszumachen, wie weit eine Philosophie des Menschen in konkrete Details hinabsteigen darf. Warum z. B. das empirische Faktum seiner Vernunft oder seines Bewußtseins oder seiner Sprache spekulativ salonfähiger ist, als das Faktum des Sexus oder sein aufrechter Gang oder sein Speisebedürfnis oder sein Schlafen – das ist wohl selbst nicht mehr philosophisch zu entscheiden, sondern nur aus den mehr oder minder ausdrücklichen Intentionen des Philosophen zu entnehmen. Es wäre ein soziologisch reizvolles Thema, einmal zu verfolgen, was am Menschen in den verschiedenen Epochen der Anthropologie als *„metaphysisch salonfähig“* und fein genug gilt, um als apriorische Qualität behandelt zu werden.

Jeder Sterbende stirbt nach H. *seinen* Tod

Alles, was der Freiheit des wahnsinnig gewordenen Individuums Abbruch tut, wird geleugnet, fortdiskutiert. Was der Leugnung sich entzieht, wird annektiert, herandiskutiert. „Welt“ wird zum Moment des „In der Welt-Seins“. Und jener Beweis für die Freiheitsschranke des Individuums, der an Deutlichkeit wirklich nichts zu wünschen übrig läßt: der *Tod*, wird, geschmückt mit einem unkritisch benutzten Possessivpronomen, als „mein Tod“ vom Haben auf Lager geführt. Wann er auch kommen mag und welcher Tod es auch sein mag, er kommt nicht mehr von ungefähr, Heidegger ist ihm zuvorgekommen, es wird sein Tod sein, mit dem er sich selbst schlägt: es ist nicht die Paradoxie unserer Formulierung, sondern der formulierten Lehre, wenn wir sagen: Heidegger wartet auf seinen eigenen Selbstmord.[150]

Wozu nun freilich die Welt noch verstanden werden muß, wenn sie nur Existentiale ist und letztlich nichts als ein modus des Daseins (das sich bei Heidegger sozusagen selber trifft), das bleibt völlig im Unklaren. Man hat das deutliche Gefühl, daß diesem „possessiven Solipsismus", für den es nichts Fremdes gibt, keinen Schicksalsschlag (den er nicht geladen hätte), selbst die primitivste Erkenntnistheorie, die versucht, eine Kritik der Grenzen des Menschen oder eine Kritik der Vernunft zu geben (selbst diejenige, die fragt: wie man an die Welt herankomme) doch insofern Heidegger grundsätzlich überlegen ist, als sie das Gewicht der Welt und ihre Erfahrungsbedürftigkeit betont.

Die höchst sonderbare Attitüde kann wohl am besten verstanden werden, wenn sie als *invertierter Stoizismus* begiffen wird. Während Epiktet sich an Leib, Schmerz, Tod, Krankheit desinteressiert, weil sie Grenzen meiner Freiheit – also nicht „ich-selbst" sind, interessiert sich Heidegger für die gleichen Phänomene: da Heidegger sie „treffen kann" (so wie er im Garten einen Blitz trifft, nicht umgekehrt) sind sie Korrelate seiner Treffmöglichkeit, also selbstgewählt, Dokumente der Freiheit. Dieses „sich selbst alles Zuschreiben" hat durchaus einen Doppelsinn. Es bedeutet sowohl: niemanden verantwortlich machen, wie: niemandem etwas danken müssen. Persönlich mag diese Attitüde heroisch sein. Als metaphysisches Prinzip aber ist es der Triumph des „Konstitutionsbegriffs" – und ob wir die Welt als Vorstellung oder als gesetzt oder als Existenzial bezeichnen, kommt letztlich aufs gleiche heraus.

Heidegger ist Sieger, bevor er gekämpft hat. Denn selbst seinen Feind hat er ja konstituiert als „seinen" Feind und seinen Sieger als *seinen* Sieg. Wirkliche Feindschaft kann also gar nicht existieren. Bewegung – Dialektik – Wettbewerb sind unmöglich. Was ihm passiert – er eignet es sich an, denn es ist ja ohnehin seines. Und wie wir vom Traum sagen: „schließlich war es ja mein Traum“, so spricht er von der Welt, so spricht er vom Nationalsozialismus: *meiner.*

Zu Fortdiskutieren. Haben, Hand etc.[151]

Heidegger braucht die verquältesten sprachlichen Anstrengungen, um ein praktisches Verhältnis des Menschen zur Welt zu beschreiben, ohne ihre *Nötigkeit* für die menschlichen *Bedürfnisse* zu deutlich werden zu lassen. „Zeug“ hat z. B. „Bewandtnischarakter“. Die Mittelstellung dieses Ausdrucks, der etwas konkreter als „Bedeutung“ und etwas blasser als „Zweck“ ist, ist sehr charakteristisch.

Wie weit die Heideggersche Fortdiskutierung der Welt als *fremder* geht, ist sehr deutlich aus seiner Sprache, deren „Eigenwilligkeit“ mindestens ebenso sehr die Funktion hat, bestimmte, für den philosophischen Ansatz gefährliche Assoziationen von vornherein abzuschneiden, wie die, neue Phänomene mit neuen Namen auszuzeichnen und sie identifizierbar zu machen. Zu solcher „Eigenwilligkeit“ gehört die völlige Ausschaltung des „Adjektivs“ und der Kategorie *„Haben“* zu Gunsten der unendlich schillernden und grenzenlos elastischen Kategorie *„Sein“*. Während man im üblichen Sprachgebrauch sagen würde: *„das oder jenes ‚hat‘ diese oder jene Möglichkeit“* (wobei zugestandenerweise der Sinn des Wortes „Haben“ hier noch nicht geklärt ist), zieht Heidegger die Formel vor: *„der Mensch ist seine Möglichkeit“*[152]. Die Differenz zwischen den beiden Versionen erfordert eine spezielle Analyse: Die durch Kopula hergestellte Verbindung zwischen zwei Substantiven hat im alltäglichen Sprachgebrauch eine ganz definierte Bedeutung: sie formuliert die Zugehörigkeit eines Subjekts zu einer Gruppe; etwa: Der Mensch ist ein Säugetier. Wie weit die Kopula dabei einen mehr als ordnenden, einen ontischen Sinn hat (d. h. im Beispiel: wie weit das Säugetiersein als effektiver Faktor des Menschen verstanden ist), hängt jeweils davon ab, ob und welche Realität dem *„genos“* bzw. der *methexis* [Teilhabe] am Genos eingeräumt wird. Zwar ist Aristotelische Satz-Logik (etwa verglichen mit dem Parmenides'schen Ansatz) in gewissem Sinne bereits *dialektisch*: denn sie geht aus von dem Faktum, daß es absurd wäre, eine Sache von ihr selbst auszusagen; die Sache, die ausgesagt wird, ist offensichtlich nicht nur „sie selber", sondern noch mehrfach anderes. Aber das „ist" der Kopula bezeichnet dennoch lediglich ein „Zusammensein", niemals aber einen „*Übergang*". „Haben" dagegen ist transitiv; es ist Bezug auf und Übergang zu einem *Anderen*, es wird „intendiert" im Sinne des Abzielens auf etwas Fremdes. Aber obwohl das Gehabte nicht identisch mit mir ist, ist es doch bereits „da" und bereits in Reichweite. Das Gehabte ist weder „ich" noch „es" – es ist „mein"; aber doch noch, obwohl es bereits „da" und in Reichweite ist, *nicht identisch mit mir*. Darum sagen wir „wir *haben* Besitz" oder wir „*haben*" einen Freund, oder sogar „wir *haben* einen Leib".[153]

In der Tat könnte man, wenn mit der Definition des Menschen irgendwem gedient wäre, den Menschen als das einzige Wesen bestimmen, das „hat". Denn „Haben" bezeichnet jene Kombination von *Nähe* und *Distanz*[154], die es etwa verbietet, die Menschenwelt als Natur wie sie als „Dasein" zu formulieren.

Wenn irgendeine *Kategorie* nur in Koordination mit einem *ontischen Faktum* begreiflich ist, dann das Haben. Das Tier ist was es ist; was es nicht ist, aber benötigt, verfolgt es – als Beute, die es verschlingt und assimiliert. Der Mensch *dagegen steht erhoben auf seinen* Hinterbeinen. Dies das ontische Faktum. Und mit den *Händen* kann er „*haben*"; „Haben" heißt hier: „Halten" (*echein* = Haben und Halten), ohne das Gehaltene sofort zu verschlingen und zu verbrauchen. Diese Situation des Haltens ist von unabsehbarer Bedeutung: sie ist die Repräsentanz der Verbindung von Nähe und Ferne, von Identität und Nicht-Identität mit dem Gehaltenen.

Es ist kein Zufall, daß „Halten" eo ipso Zeit involviert (= behalten, bewahren). Die Distanz des Gehaltenen (von den Menschen) ist nicht bloß eine räumliche; die Unmittelbarkeit des Triebes ist zum ersten Male aufgehalten, ist gestaut. Zum ersten Male erscheint durch dieses Halten ein *„Gegenstand“* als „an sich“. Luft etwa, die wir nicht „halten“, sondern nur in direkter Konsumtion kennen, ist uns kein „Gegenstand“; dem Alltagsmenschen ist Luft identisch mit Nichts. In analoger direkter Konsumtion, wie der Mensch zur Luft, kommt das Tier zur Beute. Beute kann erst Gegenstand werden, wennn sie zwar schon gehalten, aber doch noch aufbewahrt wird. Denn was wir halten, haben wir die Freiheit, zu behalten. Halten konstituiert die Identität des Dinges in der Zeit. In der Zeit, die wir ihm geben, ehe wir es *verbrauchen*. Wenn überhaupt von „Verbrauchen“ die Rede sein muß. Denn was wir *haben*, können wir *„gebrauchen“*, habe ich die „Freiheit“ zu „behalten“ = aufzubewahren.

Ein Objekt *„gebrauchen“* aber bedeutet bereits, es zu *verändern*: es bedeutet, ihm eine Funktion zu erteilen, die es zuvor nicht gekannt hatte. Ob der gehaltene Ast als Stock gebraucht oder noch eigens dafür bearbeitet wird, ist gleichgültig. Ansprechen als ... und bearbeiten sind identisch. Beides aber ist „Handwerk“.

Bearbeitung ist – verglichen mit dem Status quo des Astes – Dokument der Freiheit. Aber diese Freiheit ist nichts als das Korrelat der in dem „freien Raum“ schwebenden Hände, die dieses *oder* jenes greifen können, oder u. U. nicht zu greifen brauchen. Sie haben nun die Freiheit, das was „Eigentum“ wurde, „geeignet“ zu machen.

Unter dem, was der Mensch mit den Händen trifft und begreift, findet er auch *sich selber*. In diesem ersten Akt der physischen „Selbstbehandlung“ = *„Reflexion“* (die aller anderen Form der Reflexion vorausgeht), „objektiviert“ er sich. Diese Objektivierung (die Heidegger als Ontisierung des Daseins so anschwärzt) ist sein erster Schritt hinein in die Wahrheit. Denn sein eigener Leib leistet ihm nur Widerstand als „Stück Welt“. Er entdeckt (was Heidegger nicht zuläßt) die fundamentale materialistische Wahrheit, daß er selbst ein Stück Welt ist und nicht nur „in der Welt“ ist: Das alles verdankt der Mensch seiner Hand.

Scheinkonkretheit

Er untersucht die „Vorhandenheit", aber nicht das Sein der wirklichen *Hand*. Die Geisterhand.

Diese Hand kann Heidegger zwar nicht völlig verschweigen. Benennt er doch sogar geradezu zwei seiner Seinsweisen nach der Hand: das „Zuhandensein" und das „Vorhandensein". *Welches Sein aber die Hand selbst hat, bleibt völlig im Dunkel.* Und das nicht zufällig.

Solange die Welt – wie etwa im Neukantianismus – einfach als „Gegenstand der Erkenntnis" oder „der Erfahrung" angesetzt worden war, so lange war es berechtigt, als die Voraussetzung lediglich „Bewußtsein" oder „Erfahrung" oder „Erkenntnis" – kurz die „Subjektivität" zu analysieren. Heidegger betont unermüdlich, daß Gegenstände nicht eo ipso Gegenstände der Erkenntnis zu sein brauchen. Er macht den Schritt zu größerer Konkretheit: er bezeichnet sie, sofern sie die Lebenswelt des Menschen ausmachen, als „*zuhanden*". So weit ist alles in Ordnung. Aber es wäre die natürliche Konsequenz eines solchen Schrittes gewesen, nunmehr ebenso nach den Voraussetzungen des Zuhandenen zurück zu fragen, wie der Kantianer nach den Voraussetzungen der „Natur" zurück gefragt hatte. (Also nach der Hand zu fragen. Welches Sein sie habe. Daß bei Beantwortung dieser Frage das ganze Problem des Ontischen, ja die Problematik des Materialismus aufgebrochen wäre, liegt auf der Hand.) In gewissem Sinne tut Heidegger das auch. Denn er führt es zurück auf Dasein. Aber diese Rückführung (die schließlich für jedes und alles in seinem „System" gilt) ist eine bloße Beteuerung. Sie ist wie die Ableitung der Tiere aus dem Urschleim. Was eine philosophische Ableitung zu leisten hat, wenn sie mehr als beteuern will, ist nicht, den *letzten Grund* zu nennen, sondern jene letzte *spezielle Anschluß-Stelle* in den Blick zu bringen, ohne die die spezifische Seinsweise nicht verständlich wird. Also: die Aufklärung der Zuhandenheit erfordert eine Analyse nicht der Handhaftigkeit, sondern der *Hand*. Wenn es wahr ist, daß bestimmtes Seiendes seinen Seins-Sinn dem Faktum entlehnt, daß es „zur Hand“ ist, so kann das Problem des *Seins* der Hand nicht vertagt werden. Das mag materialistisch klingen; die richtige Hand, sofern sie nicht in den Handschuh der „Handlichkeit“ oder dergleichen gekleidet ist, mag den Philosophen als nicht salonfähig schockieren.

Aber Heidegger läßt sie aus. Und diese Auslassung ist ungeheuer folgenreich. Sie bedeutet nämlich, daß Heidegger seine erste Entfernung vom Idealismus, wie sie sich etwa in so praxisnahen Formeln wie „Zuhandensein“ dokumentiert, nachher ungeheuer teuer mit einem Übermaß an Idealismus bezahlen muß. Während das personale Korrelat der Natur im Neukantianismus das Bewußtsein war (dessen Immaterialität schließlich einen Sinn hat), wird bei Heidegger das gesamte personale Korrelat des „Zuhandenen“ und der Objekte ein immaterielles[155] (aber nicht seelisches) Dasein; nicht eine Hand; nicht eine Person; beides wäre ja Materialismus. Die ganze Person, die durch die konkreten und praxisnahen Charaktere des Seins bereits indiziert gewesen war, wird nun wieder zurückgenommen und entstofflicht. Daß sie Dasein statt Mensch genannt wird, ist ein bezeichnendes sprachliches Detail. Das personale Korrelat der Zuhandenheit ist eine Geisterhand, jedenfalls keine wirkliche Hand. Und in sie legt Heidegger Hammer und Zange und alles das, was er als nicht naturale Welt, als Welt der menschlichen Praxis, als „Zeug“ erkannt hat.

Heideggers Dasein hat weder Leib noch Tod; mit der Unsterblichkeit schüttet Heidegger den sterblichen Leib aus.

Die logische Figur ist von einer wahrhaftig einzigartigen Paradoxie. Erst zerstört Heidegger den traditionellen Philosophie-Begriff und sucht den Gegenstand der Erkenntnis durch den Gegenstand der Praxis zu ersetzen. Dann aber erniedrigt er die Praxis zu einem Gespenst, einem leiblosen Dasein, das (verglichen etwa mit der wirklich in die „Außenwelt“ eingreifenden Kantischen autonomen Persönlichkeit) durchaus *solipsistisch* ist. Seine Behandlung des Supranaturalen nimmt eine ganz ähnliche Denkkurve: Erst schneidet er alles Supranaturale ab, mit ihm den creator, und macht den Tod endgültig. Was dann aber übrig bleibt, ist nun nicht etwa Natur. *Sondern ein Dasein, dem der sterbliche Leib ebenso fehlt wie die Unsterblichkeit der Seele.* Im Vergleich zu Heidegger ist die christliche Theologie geradezu *naturalistisch*: denn sie leugnet ja nicht den Leib; im Gegenteil: in ihrer Warnung vor ihm bestätigt sie ihn ganz ausdrücklich. So ist Heideggers Anthropologie in der Tat einzigartig: *er nimmt der Seele ihre Unsterblichkeit – aber er raubt gleichzeitig der Sterblichkeit ihren sterblichen Leib.*[156] Was übrig bleibt: das Dasein, hat zwar den Vorzug, außerhalb der gewiß radikal revisionsbedürftigen Alternative von Seele und Leib zu „existieren". Aber selbst die Konzession der Sterblichkeit ist höchst fragwürdig: da, was übrig bleibt, das sonderbare Neutrum „Dasein", gleichzeitig, sofern es „selbst" werden will, „als Sein zum Tode" zu leben hat, ist es bereits bei Lebzeiten ein permanentes Sterben; ob aber das Sterben sterblich genannt werden kann oder nicht, ist (zwar belanglos, aber) fraglich: mors immortalis. Wenn es ein naturphilosophisches Motiv gibt, das die Denkform der „Dialektik" mitmotiviert hat, so ist es von Heraklit an das von „Leben und Tod" gewesen. Heidegger hat das Verdienst, als erster dem Tod durch einen kleinen dialektischen Kniff seinen wahrhaft dialektischen Umschlagscharakter genommen zu haben: er ist kein „Anderswerden", wenn und weil das Leben bereits Sterben ist.

Sorge ohne Bedürfnis

Dieses sonderbare *Rückzugsmanöver* ist nicht nur hier zu beobachten. Als Grundattitüde gegenüber der Welt (eine Attitüde, die mit dem Sein des Menschen geradezu identifiziert wird) tritt bei Heidegger bekanntlich die *Sorge* auf. Sofern diese Sorge nicht als Sorge des Daseins um sein Dasein beschrieben ist – also als „Selbsterhaltungstrieb" – ist sie eine Beunruhigung des Daseins, deren Ursache schlechthin uneinsehbar bleibt. Und zwar deshalb uneinsehbar, weil Heidegger die *Bedürftigkeit des Menschen*, oder krasser: seine Bedürfnisse noch nicht einmal erwähnt. Es entsteht so das gespenstische Bild eines Daseins, das voll ist von Sorge, ohne daß Hunger, Durst, Kälte, Ungerechtigkeit, Krieg, Krankheit oder Sexualität in seinem Leben vorkommen.

Warum kommen die Bedürfnisse nicht vor? Aus zwei Gründen: Einmal, weil eine Behandlung des Bedürfnisses die Beschäftigung mit den Problemen des Materialismus unausweichlich machen würde; zweitens, was eng damit zusammenhängt: weil Bedürfnisse nicht „*Möglichkeiten*“ des Menschen sind (und Möglichkeiten sind eo ipso „Freiheiten“); sondern „Freiheitsgrenzen“, Abhängigkeiten; und es ist Heideggers Bemühen, *Dasein* als so „frei“ darzustellen.[157]

Es mag erstaunlich erscheinen, daß Heidegger auf die Sicherung der völligen Freiheit des Menschen so ungeheuer Wert legt. Diese totale Sicherung ist aber die feinste Form des Konformismus: ist der Mensch als eo ipso „frei“ gesichert, so benötigt er keinerlei „Befreiung“. Hat er nur Sorgen, aber keine Bedürfnisse, so mag er zwar in der Immanenz seines „Daseins“ von höchstem philosophischem Unglück erfüllt sein. Aber da diese Sorge mit der (die Bedürfnisse stillenden oder vorenthaltenden) Welt nichts zu tun hat, kann die Verwaltung der Welt andern überlassen werden.

Die Behandlung der Sorge ohne Erwähnung der Bedürfnisse, also als reines Spiel des Daseins mit sich selbst, unterscheidet sich als philosophische Figur in nichts von einer Abhandlung über die Liebe, in der der Trieb und das andere Geschlecht ausgelassen wäre: *Oekonomie – Prüderie.*

Gegen „Eigenschaft“ und gegen „Eigentum“

Ob die Polemik gegen Eigenschaftsbegriff etwas mit Eigentumsbegriff zu tun hat. Haben = akzidentell. Sein und Haben.

Nichts was Heidegger über das Dasein aussagt, ist „Eigenschaft“ des Daseins. Dasein „hat“ z. B. nicht Sorge, sondern „*ist*" Sorge. Dieser sonderbare „ist"-Gebrauch ist eng mit Heideggers Grundlehre verbunden.

Die im „ist" angezeigte Identität von Subjekt und Prädikat bedeutet zweierlei. Erstens eine Apriorisierung: Was man nur „hat", dessen kann der Habende sich auch entledigen; „Gehabtes" ist eo ipso akzidentell oder widerruflich. Heideggers Absicht geht aber auf eine apriorische Daseinsanalytik. – Die sprachlich erworbene Unwiderruflichkeit hat nun aber gewiß mit dem Heideggerschen Lehrgehalt etwas zu tun. Da nun aber Heideggers Lehre lautet: „übernimm (wähle!), was Du mitbekommen hast; was Du hast; identifiziere Dich in Freiheit mit dem Schicksal; *sei* ‚verbindlich', was Du *hast*", *ist die scheinbar nur grammatische Eigenart des „ist"-Gebrauches entpuppt als Zweitens: sprachliches Vehikel eines moralischen Konformismus*, zu dem er aufruft, als sei er ein revolutionärer Akt.

Hintergründe und Konsequenzen des *Sinn*begriffs[158]

Diesseits-Philosophie zerstört (gottlob) den Sinn-Begriff. Heidegger aber wurschtelt weiter *mit* Sinn *ohne* Gott.

Weniges ist so dunkel wie der „Sinn" des Fragens nach dem „Sinn" einer Sache. So viel ist sicher, daß die Sinn-Frage, ob bewußt oder unbewußt, gewisse fundamentale metaphysische Voraussetzungen involviert: denn dasjenige, dessen Sinn abgefragt wird, ist offenbar nicht nur, was es ist; es *hat* noch einen (verborgenen) Sinn. Modell einer Sinn-Aufklärung ist etwa: Der Sinn des Lebens ist, eine Prüfung für das ewige Leben abzulegen. „Sinn" ist also die spezifische Rolle eines etwas (Leben) in oder für etwas (ewiges Leben). Das Sinn-Schema ist also offensichtlich dreigliedrig: *etwas hat die Rolle in etwas.*

Säkularisiert man das Dasein, so begibt man sich der Möglichkeit einer Sinn-Philosophie. Der Formel: „*Der Sinn des Daseins ist das Dasein selbst*" mag zwar noch ein gewisser Oppositions-Sinn (gegen die Sinnverleihung von der Transzendenz her) zukommen, aber im Grunde ist in der Formel der Sinnbegriff endgültig aufgegeben. *Denn der Sinnbegriff ist ohne Transzendenz „sinnlos"*. Hat nun Leben einen „Sinn" (objektiv), so ist über dieses Leben bereits von vornherein verfügt; so wie etwa über ein Tier in der Genesis verfügt ist, wenn es als *„für den Menschen gemacht"* seinen Sinn erhält.

Sinn ist *zuerteilt*. Zuerteilen ist ein Akt der Freiheit. Den „Sinn des Todes" das „Dasein" zu nennen (wie Heidegger es tut), ist deshalb sinnlos. Vom Dasein ist der Tod nicht eingesetzt als bestimmtes für es selbst relevantes Faktum. Ist es von anderswo eingesetzt – etwa von Gott – um das Dasein dies oder jenes, so ist nicht das Dasein des Todes Sinn, sondern etwas, was Gott mit dem Dasein vermittelst des Todes vorhat.

Es ist ein höchst sonderbares Schauspiel, dieser mühselige Gang einer „Sinnmetaphysik", deren Grundoperation gerade darin besteht, die Basis eines Sinnes *abzumontieren*. Damit ist natürlich nicht einer Wiedereinsetzung der Transzendenz das Wort geredet; vielmehr behauptet, daß „Sinn" nichts anderes ist als Gottes *Absicht* mit der Welt, eine Absicht, die man weiterleben läßt, obwohl man Gott selbst entthront hat. *Wir haben keinen Sinn. Denn „Sinn" hat nur das Unfreie.*

Sinnvoll erscheint die Gleichsetzung von Leben und Sterben nur in den Individuationsmythen, in denen die Geburt jedes Einzelnen bereits als seine „Abreißung von" oder als Verrat an der totalen Lebenssubstanz gilt; als eine Amputation, an der das nun „freie" Glied rasch, d. h. in seiner kurzen Lebensfrist „billigermaßen" zugrundegeht. Also bis Anaximander.[159] Dieser Mythos hat, verglichen mit der Heideggerschen These, den Vorzug, die (als Allsubstanz angesetzte) Welt als Bedingung der Existenz des „ab-hängigen" Wesens anzuerkennen. Die mythologische Anerkennung der Welt als „Mutterboden" ist weit naturalistischer als Heideggers Existential „Welt". Wenn Sterblichkeit = Schwäche = Tod im Leben selbst entdeckt werden kann, so in dem Faktum, daß wir füglich „von ihr" leben müssen. Also in den Bedürfnissen.

Ontologie oder „Seinsschreck“

Ontologie: „daß es Sein der Welt gibt“ ist keine Frage, sondern ein stupor. Also nicht beantwortbar. Daß der Mensch diesen Stupor hat, besagt etwas über den Menschen. Aber „Sein oder Nichtsein“ eines Seienden ist *echte* Frage der Praxis, nicht der Spekulation.

Die Frage nach dem *Sein* ist – nach Heidegger selbst – eine Frage, die nicht wisse, wonach sie fragt, und die erst ausgearbeitet werden müsse. Diese Vagheit sei keine Schande; sie beweise eben sowohl ihren fundamentalen Charakter wie das ungeheure Versäumnis der letzten Jahrtausende, die Frage zu pflegen und zu artikulieren. So Heideggers Ansatz. Sein Buch behauptet, nichts als die Ausarbeitung der Frage zu sein.

Ist nun aber die Seinsfrage, die nicht weiß, wonach sie fragt, wirklich eine *Frage*? Ist nicht das wirklich Fundamentale – und gerade *das* bewiese die Fundamentalität – der bloße ungeheure Schreck, ein Schreck, der nicht fragend, sondern staunend sich „formuliert“: in Sätzen wie *„daß es überhaupt so etwas gibt, wie ‚es gibt etwas‘“*. Dieser Schreck-Satz kommt aber über seine lähmende Formulierung „daß ...“ gar nicht hinaus. Den Schreck in eine Frage umdeuten, heißt bereits, ihn rationalisieren. Aber gestehen wir selbst die Schellingsche Frage, warum es überhaupt Sein gebe und nicht vielmehr nichts[160] – die die Frageformulierung dieses Schreckens ist – als legitim zu, so ist es nicht zufällig, daß Heidegger mit ihr sein Metaphysikbuch abschließt[161], daß sie aber nicht zu dem verarbeiteten *ontologischen* Fragematerial des Buches gehört. Am Ende. Denn diese echte metaphysische Frage prätendiert nicht, beantwortet werden zu können. Sie bleibt mit offenem Munde stehen. Und keine der Heideggerschen Artikulierungen des ontologischen Problems versucht auch nur annäherungsweise, *diese* Frage auszuarbeiten.[162]

Ontologie: „daß es Sein der Welt gibt“ ist keine Frage, sondern ein stupor. Also nicht beantwortbar. Aber „Sein oder Nichtsein“ eines Seienden ist [eine] *echte* Frage der Praxis, nicht der Spekulation. Freilich ist dieser Schrecksatz kein bloßes Nichts. *Daß* er von Menschen immer und immer wieder ausgesprochen wird – und überall wo es Religion gibt, haben wir ihn im Rücken der Religion zu vermuten – besagt etwas *über den Menschen*. Nämlich über eine sehr sonderbare Struktur des Menschen: *daß er nämlich das Nicht-Sein von Welt überhaupt meinen kann.*

Dieses Meinen-Können von Nichtsein beweist nun freilich eine Struktur, die sich von dem Heideggerischen „In-der-Welt-Sein“ sehr grundsätzlich unterscheidet. Es beweist nämlich, daß der Mensch – wir fürchten nicht den Schock, den dieser Pseudotheologismus einjagen mag – gerade *„nicht* von dieser Welt“ ist; nicht *nur* von dieser Welt als ganzer ist. Daß er – wie der Pluralismus Jaurès es ausdrückt – eben ein „Stück für sich ist“. Ein Dividuum ist. Und daß er, obwohl er in vielem, z. B. als Lunge auf die Luft, kongruent zugeschnitten ist, doch in vielem auf die Welt *nicht* zugeschnitten ist, daß er nicht abhängt von der Existenz dieses oder jenes Objekts; daß er frei ist. *Sein metaphysischer Schreck* vor dem Faktum des Seins des Seienden ist *inhaltlich nicht weiter ausarbeitbar; und lediglich als Symptom*. Und als Symptom beweist er, daß der Mensch gewohnt ist, von Sein oder Nichtsein von Dingen nicht abzuhängen, und daß er gewöhnlich über das Sein oder nicht-Sein von Dingen, Situationen, Menschen entscheidet.

Hier und hier allein ist die Quelle der angeblichen metaphysischen Zweiheit von Sein und Seiendem: in der Praxis und in der Entscheidung: ob hier ein Haus stehen soll oder nicht; ob dieser Mensch getötet werden soll oder nicht. Aus dieser *Freiheit*, das Sein eines Seienden zu bestimmen oder auszulöschen, ergibt sich die theoretische Möglichkeit, *Sein* und *Seiendes* zu unterscheiden. Unter diesem Gesichtspunkt gibt es z. B. keine *„ontologischere“* Philosophie als den Marxismus, der zur Entscheidung über das Sein oder nicht-Sein einer bestimmten Welt aufruft. Unter diesem Gesichtspunkt ist das berühmte „Sollen“ nichts als das *Deckwort* für den

Menschen, sofern er über Sein oder nicht-Sein von bestimmten Ereignissen entscheidet. Erst durch den Wertbegriff ist, was *wert* wäre *getan* zu werden, zu einer Provinz von bereits Seiendem nivelliert. Denn Werte, die den Seins-Sinn des „Geltens" haben, bedürfen als geltende ja nicht mehr einer weiteren, zweiten Verwirklichung. Was aber bei Heidegger geschieht, ist viel hintergründiger als die Verdinglichung des Ontologischen: er will den Unterschied von Sein und Seiendem in seiner ganzen Schärfe restituieren; restituiert ihn aber als bloßes Metaphysicum: Statt eine Theorie der Praxis zu geben, einer Praxis, in der es eben noch aussteht, *ob* etwas Seiendes *wird* oder *nicht*, zersägt er das bereits *Seiende* in die zwei Hälften von Sein und Seiendem.

Reaktionäre Säkularisierung: Heidegger und Darwin

H. schließt mit dem Übernatürlichen die Natur aus.

Es gehörte zu den entscheidenden Schritten der säkularisierten Anthropologie des vorigen Jahrhunderts, daß sie den Menschen – genetisch – dem Reich der Säugetiere, insbesondere den Anthropoiden zurechnete. So problematisch die einfach genetische Zusammenfassung war, so erlösend war es doch, daß die durch die Theologie geschaffene apriorische Schranke zwischen Mensch (dem „Ebenbilde") und dem Tier gefallen war, und die unbestreitbare Homologie zwischen beiden einmal in den Mittelpunkt gerückt wurde. Die angeblich apriorische Irreduzibilität des Menschen war in hohem Maße logische Verkleidung seiner ausschließlichen Heiligung gewesen. Sub specie Darwinismus wird die Rückschrittlichkeit des Heideggerschen Ansatzes vollends deutlich: Heidegger exkludiert Übernatürliches und Natürliches, Gott und das Tier zugleich vom Menschen. Anthropologien – wie die Schelersche –, die das Bild des Menschen als Gegenbild des Tieres entwerfen – erscheinen ihm als Fälschungen (1935, 108 ff.); sie nähmen den Menschen nicht *als* Menschen. Heidegger rettet die Heiligung des Menschen dadurch, daß er sowohl die heilige wie die unheilige

Vergleichsebene abdeckt. Durch diese logische Operation (die weder Gott noch den Tieren wehe tut) wird der Mensch plötzlich zum ersten Mal „er selber“, nämlich *„nichts als Mensch“*. Was nicht mehr ist als eine stolze Tautologie. Die *Autonomie des Menschen ist bei Heidegger kein anderer Titel für menschliche Freiheit, sondern ein Titel für Heideggers Scheu, den Menschen mit dem Tiere zu vergleichen.*

Heidegger macht freilich aus dieser Scheu eine ganze Metaphysik. Der Mensch habe z. B. nur aus ihm selber verstanden zu werden. So feuerbachisch der Satz klingen mag, er ist völlig reaktionär. Das „aus ihm selber“ ist der endgültige Stempel auf die *„Sonderstellung“* des Menschen.[163]

To: Heideggers analysis of „desintegration of milieu“

Diese Koordination von „Nichts“ und „Langeweile“ bei Heidegger ist nicht zufällig. Sie ist nicht etwa ein Rekurs auf eigenes „Nichts Sein“, vielmehr eine *metaphysisch verkleidete Paraphrasierung der Arbeitslosigkeit.* Also der Existenz dessen, der zur Zeit, da Heidegger seine Nichts-Analyse schrieb, wirklich *in Unbeschäftigtheit vis-à-vis de rien* stand; diesen Arbeitslosen zerfiel in der Tat die Welt: denn wem nicht gestattet ist, *mitzutun*, der verliert *sozial seine* Welt. Denn Welt ist nicht dann bereits „Existential“, wenn ich mit ihr zu tun haben *will. Ob das „in der Welt-Sein“ glückt, ist weitgehend von der Welt abhängig, die sich mir versagt, wenn sie mich nicht benötigt.* In dieser Situation war der Arbeitslose vor 10 Jahren, da Heidegger seine Analyse schrieb. Seine Analyse verschweigt die wahre Situation. Das Entschwinden der Welt (das als Überflüssigwerden in der Welt seine ganz bestimmten ökonomischen Gründe hatte) wird ein metaphysisch und anthropologisch ausgiebiges Phänomen, und die Arbeitslosigkeit die Seinsgestimmtheit, die für die „Nichtung des Nichts“ die Chance abgibt.

Besetzen und Setzen

Heideggers solipsistischer Freiheitsbegriff = *Karriere des Kleinbürgers*: *Tod* und *Geburt besetzt er.*

Die sogenannte idealistische Konstitution machte die Welt der theoretischen Vernunft statt die der praktischen Vernunft zum *Produkt* des Menschen. Ihre absurde Höhe erreichte diese Selbstkonstitution im Fichteschen Begriff des „sich selbst setzenden Ichs". Es ist ein typischer Kompromiß des idealistischen Ontologen, daß Heidegger an die Stelle des *Setzens* das *Besetzen* setzt.[164]

Heidegger erkennt die skandalöse Voraussetzung seiner selbst – die Geworfenheit – an, aber nur, um sie als *meine* zu besetzen. Rache am eigenen Zufall und Trotz sind im Grunde die Leistungen der Heideggerschen Freiheit. „Von wo ich auch hochkam", spricht das Dasein als selfmademan – keiner soll mich gemacht haben. Was ich bin, verdanke ich mir. Ich setzte mich – trotz meiner geworfenen Voraussetzungen – durch." So sieht das Heideggersche Dasein aus: das Feld seiner Freiheit ist es selbst und sonst nichts. Es ist die individualistische Selbstbefreiung des Kleinbürgers, der sucht, auf eigenen Füßen zu stehen und eine eigene „Existenz" zu haben.

Leib und Geworfenheit: Leib wird ausgelassen.

Es ist unmöglich, sich mit dem Heideggerschen Buch als mit einem einheitlichen Werke auseinanderzusetzen. Das Buch in seinen späten Teilen ist weitgehend selbst eine Auseinandersetzung mit den früher formulierten Problemen; die totale Freiheit des Daseins ist z. B. nur die Selbst-Erlösung aus einer ersten Formulierung totaler Unfreiheit.

Denn die Geworfenheit ist tatsächlich im Anfang die radikalste Formulierung der Unfreiheit; sie meint das Faktum des nicht von mir gemachten „da und gerade-so seins". Es ist kaum zweifelhaft, daß dieser Ansatz ursprünglich für das Phänomen der *Leiblichkeit* (als unwiderruflicher und nicht loszuwerdender Skandal) bereit gewesen war. Denn spricht man schon einmal in den Termini der absoluten Alternative von Seele und Leib, so ist die Seele, als identische, in der Lage, sich mit allem anzufüllen und, wie es die Griechen klassisch formulierten, in gewissem Sinne „alles zu werden“. Der Leib dagegen sei Sosein ein für allemal verhaftet. Nun ist freilich das weitere Buch nichts anderes als der angestrengte Versuch, alle Punkte der Unfreiheit durch das „Dasein“ selbst als „Eigentum“ besetzen zu lassen. Was nicht besetzt werden kann, weil es jeder Besetzung zuvor kommt, wird einfach ausgelassen. Also der Leib.

Solipsistischer Imperialist

Eine Philosophie, deren Moral rein immanent bleibt, muß begreiflicherweise alle Kategorien auslassen, in denen der Mensch die Welt sich *wirklich* aneignen will. Nicht nur das Faktum der politischen Macht ist bei Heidegger ignoriert, sondern auch das Faktum des *Machthungers*. Das ist um so merkwürdiger, als Heidegger Machtgelüste hat, die weit monströser sind als alle von Hobbes geahnten: dem Tod nimmt er seinen Stachel und der Geburt ihre Schande. Aber er bestiehlt und erobert sich nur selbst: er ist ein *solipsistischer Imperialist*. Und was er einheimst, vermißt keiner.

Zu Erzeugen

Natur ausgelassen. Aber Produktionsmittel als Natur verfälscht.

Wie Heidegger den heutigen Materialisten halb entgegenkommt und die Welt als *Zeugwelt* (also als Welt von Produkten und Instrumenten) hinstellt, ist ganz wertlos. Denn er *entdeckt* diese Welt der Produkte, als sei sie von Natur aus da. Daß der Mensch sie „gebraucht“, wird zwar beiläufig zugegeben, nicht aber, daß er sie *machte*, weil er sie *braucht* = *benötigt*. In scheinbarem Materialismus wird zwar behauptet, daß dieses „Objekt“ im Gebrauch sich „entdeckt“

(der Hammer im Hämmern); aber daß ihr „Was" entdeckt werden soll, ist bereits absurd; sie sind nämlich *erfunden*. Im übrigen gilt die Evidenz der von ihm „entdeckten" Produktionsmittel nur für die einfachsten handlichsten Schustergeräte. Das *Was* einer hochkomplizierten Maschine zur Herstellung von Maschinenbestandteilen ist direkt nicht entdeckbar, da der Sinn des Produktes (der Teil eines anderen Produktionsmittels) selbst bereits detaillierte technische Kenntnis des *Produktionsganzen* voraussetzt.

Aber es entbehrt doch nicht der Komik, daß jene Philosophie, die die *Natur* ausläßt oder angeblich selber herstellt, die Produkte entdeckt, als seien sie Natur!

Sein und Zeit oder Sein und Freizeit

Heideggers Titel „Sein und Zeit" ist heute um so beleidigender, als die Beziehung von Sein und Zeit heute in der Tat von fundamentaler Bedeutung ist – und zwar so, daß (formal sogar in Übereinstimmung mit Heidegger) die Zeit das Sein „macht" oder „ausmacht". Die Zeit, von der wir sprechen, ist die Arbeits- bzw. *Freizeit. Der Mensch, der seine Zeit verkauft, verkauft sich selbst*. Diese Identität von Sein und Zeit hatte Marx gemeint, als er das idealistische *Freiheitsproblem* in das materialistische *Freizeitproblem* überführte. Und als er die Verdinglichung des *Menschen* als das Faktum der Ware gewordenen Arbeits*zeit* deutete. Freilich stellte er das „nicht-man-selbst-sein" nicht wie Heidegger in seiner man-Analyse als einen metaphysischen Muff dar, aus dem man sich „erheben" kann, sondern als ein *gemachtes, also abschaffbares* Phänomen.

Kritik der Heideggerschen Passivität

Es scheint auf den ersten Blick paradox, daß eine der entschiedensten Kritiken Heideggers gerade von jener Schule kommt, die den leeren Begriff des „Erzeugens" aus dem Deutschen Idealismus in die heutige Philosophie hinübergerettet hat. Von der Marburger. Was Ernst Cassirer[165] Heidegger vorzuwerfen hat (obwohl Heidegger doch gerade die extreme Verkörperung der „Erzeugungstheorie“ ist), ist folgendes: H. bagatellisiere die Bedeutung des „*konstruktiven*“ „Verstandes“ bei Kant im Vergleich zu der Sinnlichkeit, unter die bei Heidegger letztlich auch die nur „vernehmende“ „Vernunft“ falle. Das Phänomen des *Sollens* sehe H. überhaupt nicht. – Dieser eigentümliche Vorwurf klärt sich in folgender Überlegung auf: Bei Heidegger ist der Begriff des *Erzeugens* (der eigenen Existenz) zwar viel wörtlicher gemeint als bei Cassirer; aber *was* er erzeugt, ist eben nur die *eigene* Existenz; die Welt läßt er (soweit sie nicht formal durch das Existential „In-der-Welt-Sein“ angezeigt ist) soweit draußen, daß er sie lediglich „vernimmt“. Gewiß ist auch im Neukantianismus unter der „Erzeugung der Welt“ nicht effektive praktische Konstruktion und die ökonomische Produktion gemeint; aber doch immerhin die Konstruktion der Methode, um einen Gegenstand zu bewältigen. Die Konstruktion einer Versuchsanordnung z. B., unter deren Bedingungen sich ein Gegenstand als er selbst, nämlich in der *Gesetzmäßigkeit seines Verhaltens* darstellt, ist eine Konstruktion, die sowohl den Neukantianischen wie den Marxschen Konstruktionsbegriff befriedigt. Und nur, weil das Naturgesetz auch ein *ökonomisches Faktum* ist, nämlich bei gleichen Bedingungen gleiche Massenproduktion ermöglicht, konnte der Kantische *Erzeugungsbegriff* von der Gründungszeit an den wissenschaftlichen Massenerfolg haben, der ihm tatsächlich beschieden war. Nichts liegt Heidegger ferner, als eine Philosophie des Industrialismus zu schreiben. Maschinen interessieren ihn nicht, sie sind nicht „*Dasein*“. (Daß Dasein *durch* Industrialismus daseinsunfähig wird, interessiert ihn noch weniger.) Der Betrieb des Industrialismus war, da Heidegger sein Buch schrieb, den Herren der Produktion weitgehend aus den Händen geglitten. Sie hatten, wie es schien, abgewirtschaftet. Die Zeit war reif für Maschinenstürmerei. Seine Zurücknahme der „Konstruktivität“ in die Immanenz des Daseins ist eine solche

Maschinenstürmerei. Während der Neukantianismus mit seiner Methode, die Bedingungen herzustellen, unter denen die Gegenstände bearbeitbar werden, den Stempel wirtschaftlichen Optimismus an sich trägt.

Zu Ursprungsbegriff

Die philosophischen Fragen nach dem Ursprung der Dinge sind abgelesen an menschlichen Verhältnissen. Bei Thales und A[naximander] ist die Frage durchaus noch die Frage nach der „mater". Andere Begriffe („*Erzeugen*" und „*Setzen*" oder „*Gründen*") haben teils Werkstatt-, teils politische Modelle. Im Falle des Erzeugens ist das klar. Das „Setzen" aber bedeutet nichts anderes als „Einsetzung" = Investitur. Das Fichtesche Ich setzt sich als Ich ein: nun hat es seine Würde. Bei jeder philosophischen These, die von einem das oder jenes bedingenden Apriori spricht, hat man zu fragen, *welche erzeugende Aktion des Bedingens ist in concreto gemeint*? Wenn ein Philosoph davon spricht, daß etwas der Ursprung von etwas ist (Sein der Ursprung von Zeit oder umgekehrt), dann will man die *Aktion* sehen. Ist keine Aktion gemeint, so handelt es sich nicht um Metaphysik, sondern um Metaphern.

Geschichte bei Heidegger

Geschichte ist bei ihm letztlich nichts anderes, als Geschichte ihrer Quellentrübungen, die Geschichte der Selbstverplumpung. Dieser Ansatz, gewissermaßen Komplementärthese zur Fortschrittsidee, ist gewiß aus Heideggers Biographie zu verstehen: aus seinem entschlossenen Rückzug von Thomas zur Quelle Aristoteles; und zur Quelle Paulus. Heidegger, tief im Katholizismus geboren, holt gewissermaßen höchst anachronistisch die Renaissance und die Reformation nach. Aber dieses biographische Motiv kann um so weniger verbindlich werden, als Heidegger die These Geschichte = Geschichte ihrer Selbstverplumpung generalisiert. Was bei dieser Generalisierung herauskommt, ist 1. ein fundamentaler Antimodernismus; 2. die Investitur eines eigentlichen Menschen mit paradiesisch „echten“ und eigentlichen, irgendwie „verdeckten“ Fragen; 3. reine Degradierung der Geschichte, die, da sie offenbar nicht der Heilsweg war, der Unheilsweg sein muß. Gewiß ist es eine Revolution, diesen Geschichtsgang aufzuhalten und sich durch das von der Geschichte mitgespülte Gestrüpp zur „echten Frage“ durchzufragen. Es wäre revolutionär, zurückzugehen, wenn Geschichte nichts wäre, als was Heidegger von ihr vorgibt. Aber es wäre eben jener Typus von Revolution, die der *eigenen* historischen Situation keine eigene angemessene philosophische Frage zugesteht. Und die eigene historische Situation andern überläßt.

„Eigentlich“

Wenn wir recht sehen, ist „Eigentlich-Seiend“ für Heidegger dasjenige, was den Ursprung völlig hinter sich gelassen hat und dadurch sich „zu eigen“ ist. Daß dieser Eigentlichkeitsbegriff genau das Gegenteil von dem ist, was in der Geschichte der Philosophie als das eigentlich Seiende galt, ist offensichtlich: denn eigentlich war eben stets die *archē*, ob sie nun ionisch als Ursprung oder aristotelisch als Mittelpunkt verstanden wurde. Derartiges *„Zugrundeliegendes“* gibt es in Heideggers Philosophie nicht; denn die Welt ist mit Gott verloren. Es ist darum im höchsten Grade irreführend, wenn Heidegger einen ganzen Apparat von Ursprungsvokabeln aufbaut, dies in jenem „gründet“ etc. *Sein Nihilismus gebärdet sich als Mythologie.*

Aufhebung der Philosophie

Ist, wie nominell seit Kant, das „Primat der praktischen Vernunft“ anerkannt, so lautet die erste Frage des Philosophen: „Was sollen wir tun?“ Hätte man einem deutschen akademischen Philosophen zwischen 1850 und 1930 diese direkte

Frage ins Gesicht geworfen, so hätte er sie entweder lächelnd als unwissenschaftlich abgelehnt (und sich zur Begründung seiner Ablehnung gerade auf diejenige Neutralität der Wissenschaft berufen, die diese von der Philosophie grundsätzlich trennt); oder er hätte die außerordentlich zupaß kommende Formalität der Kantischen Moral gepriesen; oder er hätte eine Analyse der „werterkennenden oder wertkonstituierenden Akte" geliefert; oder er hätte eine Hierarchie der Werte abgeleitet (Scheler); oder er hätte schließlich irgendein (inhaltlich wie niveaumäßig seinem sonstigen Philosophieren unebenbürtiges) moralisch-politisches Bekenntnis abgelegt, das sich von dem seines nichtphilosophischen Wohnungsnachbarn nur durch die Kompliziertheit seiner Formulierung und Begründung unterschieden hätte.

Daß Philosophie nötig sei, kann apriori nicht behauptet werden. Solange sie zu der Fundamental-Frage „Was sollen wir tun?" nichts mitzuteilen hat, so lange ist ihr Daseinsrecht zweifelhaft. Diese Frage ist die Blutprobe der Philosophie. Natürlich braucht die Frage nicht nackt am Eingang der Philosophie zu stehen – manche Philosophien sind Antworten, ohne daß die Frage als solche zu Beginn der Untersuchung formuliert gewesen wäre.

Wenn wir auf dieser Blutprobe bestehen, versuchen wir nicht, die Philosophie auf ein einziges Feld, die Ethik, festzulegen.[166] Die Ethik ist kein Feld. Was wir meinen, ist allein, daß das in der Geschichte Europas auftauchende Phänomen der Philosophie ernstgenommen werde: denn Philosophie, selbst die, rückwärts gesehen, reaktionär anmutende Form der Metaphysik, entsteht eben aus der *Bezweiflung* der Autorität eines (immer zugleich kosmologisch formulierten) *Sittensystems*, in dem sich, was getan werden sollte, von selbst verstanden hatte; und im Vergleich zu der magischen, mythischen oder religiösen Sanktionierung eines solchen Sittensystems ist selbst eine reaktionäre philosophische Metaphysik, die Gewesenes *rechtfertigt*, doch noch immer *gefrorene Skepsis*: die *philosophische* Grundlegung, selbst alter Inhalte, legt immer davon Zeugnis ab, daß der sanktionierende Grund der Inhalte bereits zweifelhaft geworden ist. *Primär ist Philosophie alles andere als System: primär ist sie Rebellion gegen Autorität.* Ihre Systemform ist gewissermaßen der Versuch, die Geschlossenheit und Dichte des kritisierten Sittensystems im Elemente der Kritik nachzuahmen: philosophische Systeme sind Gesellschaftsvorschläge.

Heidegger ist sich über das philosophische Primat der Moral durchaus im Klaren. Ja, die Tätigkeit des Philosophierens ist ihm als solche bereits eine moralische Aktion – wobei ihm Philosophie als moralische Tätigkeit freilich weder bedeutet, daß diese Tätigkeit einem außerhalb dieses Philosophierens bestehenden und anerkannten Standard gemäß sei; noch, daß er philosophisch neue „Werte“ durchzusetzen suche; vielmehr läßt er die Moral in die als Philosophieren wirkliche, also angeblich existenzielle Tätigkeit aufgehen. Er philosophiert nicht mehr *über* Moral, weil die, durch Philosophie verwandelte, Existenz angeblich bereits die Realität der Moral *sei.* – Damit ist, freilich wider Willen (denn die furchtbare Humorlosigkeit Heideggers ist schwer zu überbieten) eine absolut ironische Position erreicht; eine „moralische“ Position, deren Zweideutigkeit durch Konfrontierung mit der Romantik aufgewiesen werden kann.

Die Romantiker wollen mit dem weltschaffenden Subjekt Fichtes[167] gewissermaßen Ernst machen; durch die betrübliche Tatsache, daß leider die Welt schon geschaffen war (beziehungsweise, daß die politische Welt, und zwar ohne die geringste revolutionäre, das heißt weltschaffende Chance, da war), sehen sich die Romantiker, und zwar gerne, zu Verharmlosungen gezwungen: den revolutionären Akt des „Setzens“ oder „Schaffens“, in den Fichte das „Machen“ der französischen Revolution metaphysisch überspitzt hatte, verwandeln sie in den freien ästhetischen Akt des Phantasierens, des rhapsodischen Umphantasierens von Weltdaten, oder, wenn es hoch kam, in künstlerische Produktion; dadurch gewannen sie den Vorteil, an Stelle der Welt im Singular, die das hybride Fichtesche Ich zu setzen sich anmaßte, tausend *mögliche Welten* in freier Variation sich auszudenken und auszufühlen. Da es Obligationen tausend Welten gegenüber nicht geben kann, weichten sie die Verbindlichkeit des moralischen Subjekts in die Unverbindlichkeit der ebenso verzweifelten wie verspielten Subjektivität auf; und verharmlosten die Wirklichkeit der Vorgeschichte zu sogenannten „Kulturgütern". Das heißt: Gerade die Überspitzung des Gedankens der moralischen Freiheit des Subjekts hebt die Moral total auf, und nach zahlreichen Metamorphosen endete das jakobinische Ich Fichtes in dem romantikbegeisterten Philister des Biedermeier. Die berühmte „Ironie der Romantik" besteht in nichts anderem als darin, daß die tausend, konsequenzlos entworfenen Scheinwirklichkeiten sich gegenseitig Lügen strafen – das heißt, daß sich der emanierende Gott: das Subjekt, bei aller Schöpfungsaufgeregtheit doch keinen Augenblick lang über die Grund- und Konsequenzenlosigkeit seiner Aufgeregtheit Illusionen macht. –

Diese ästhetische *Neutralität* und Unverbindlichkeit der Kultur (die sich seit der Zeit der Romantik durch den steigenden Warencharakter der Kulturgüter noch um ein Mehrfaches potenziert hat) ist für die Existenzphilosophie der Skandal schlechthin. Der vorästhetische Grund der Subjektivität soll in der Daseinsanalyse gewissermaßen zurückgewonnen werden. In dieser gegenromantischen Tendenz ist Heidegger nicht der erste. Das ganze 19. Jahrhundert ist ja eine ständige Oszillation zwischen der romantischen und der antiromantischen Tendenz – wobei die antiromantischen Bewegungen zumeist naturalistische oder politische Motive der *Aufklärung* fortsetzten. D'Alembert und de Maistre hatten gewissermaßen die Themen für die Variationen des 19. Jahrhunderts vorgezeichnet. Daß die Oszillation die diversesten Neben- und Mischprodukte (wie den romantischen Naturalismus Feuerbachs oder Wagners) zeitigte, ist umso weniger erstaunlich, als bereits der große Ahne Rousseau beide Motive in sich vereinigt hatte, als Theoretiker des Contrat Social Aufklärer, als Genießer seiner eigenen Erlebnisse Romantiker gewesen war.

Schon das Fichtesche Ich hatte die Welt gewissermaßen „entwirklicht“ – aber doch nur, um die Realität in die „Tathandlung“, das heißt in das Machen von Welt zu verlegen; die *Entrealisierung* war also, wenn auch überspitzte, *Bejahung der zu machenden politischen Welt* gewesen. Die Romantik übernahm die Entrealisierung der Welt, ersetzte aber die Tathandlung durch die Kantische „*Einbildungskraft*“; gab also mit der aufgegebenen Welt auch das *Tun* auf: Nur dieser doppelte Verzicht gab ihr die Chance ihres Reichtums. Die Existenzphilosophie macht nun den doppelten Verzicht zu einem dreifachen: Sie gibt außer Welt und außer dem „Machen“ die Fülle der romantischen Phantasie auf.[168]

Diese völlige Abschneidung der Phantasmata, der „beliebigen“ Welten, in die sich die Romantik verloren hatte, gibt freilich weder der Welt im materialistischen Sinne, noch dem Subjekt als freihandelndem Ich ihre Wirklichkeit wieder. Was übrig bleibt, ist nun die Subjektivität selbst, die sich, statt mit ihren beliebigen Weltbildern, mit den *Bedingungen*, die so etwas wie Welt für das Dasein überhaupt erst möglich machen, befaßt; die nicht abzuleugnende Ähnlichkeit dieses Unternehmens mit dem Kantischen ist absichtlich durch diese Formel unterstrichen. Nur sind eben, da Welt, Kunst, setzendes Ich abgeschnitten sind, die anderen Kritiken, die der „Praktischen Vernunft“ und der „Urteilskraft“ gewissermaßen in die „Kritik der reinen Vernunft“ mithineingenommen – was der, nun an die Stelle der Vernunftkritik tretenden, Daseinsanalyse eine verblüffende Fülle verleiht. Aber diese Fülle, obwohl unterschieden von dem oben beschriebenen Scheinreichtum der Romantik, ist doch eben eine Scheinfülle. Sie enthält zwar wie die Arche Noah alles im engsten Raum; aber eben nur, weil der Raum der Welt und des reellen Handelns unter Wasser gesetzt ist.

Kant hatte in der „Praktischen Vernunft“ die Person zum Gesetzgeber des Handelns gemacht. Zugleich aber hatte er die (vom nur individuellen empirischen Subjekt unterschiedene) „Person“ als Teilhaber an der allgemein gültigen Vernunft bestimmt; diese Allgemeingültigkeit bedeutete eo ipso

Zugehörigkeit zur Allgemeinheit der moralischen Subjekte. Das heißt: sein Personbegriff hatte von vornherein ein Wesen bezeichnet, dessen Freiheit auf die Welt und Freiheit der *anderen* bezogen war. Davon ist in der Existenzphilosophie keine Rede mehr. Zwar beteuert Heidegger von Anfang an, daß das Dasein eo ipso Stubennachbarn habe, „Mitsein" sei, aber für die moralische Aktivität des Daseins hat das bei ihm nicht die geringsten Konsequenzen: moralisch bezieht sich das Dasein bei ihm lediglich auf sich selbst; aus der „Handlung des Ich" ist, wenn man so will, eine Selbstbehandlung des Daseins geworden, die keinen anderen Aktionsradius und keine andere Aktionsschranke kennt, als die „eigenen Möglichkeiten". Das klingt wie hemmungsloser Individualismus, ja wie Anarchismus; aber das, sozial skrupellose, Dasein geht nur im Gelehrtenzimmer der Existenz über Leichen; der moralische Individualismus ist, trotz seines attraktiv-radikalen Kleides, rein solipsistisch.

Wie dem auch sei: da das Dasein von vornherein als ein „Selbst-sein-Wollen" definiert ist und die Moral des existierenden Daseins darin besteht, wirklich ein Selbst aus dem Dasein zu machen, ist die Moral mit ihrem ganzen Instrumentarium (Schuld, Gewissen etc.) in die Daseinsanalyse mithineingenommen, was nun dem Dasein seinen scheinbar unvergleichlichen Reichtum gibt.

Sowohl die praktische wie die theoretische Vernunft haben in der Existenzphilosophie eine Transformation durchgemacht: einerseits ist die Praxis kein reelles Handeln oder Machen mehr; andererseits gilt das Philosophieren selbst bereits als so etwas wie eine Art Praxis: aus dieser Annäherung ergibt sich der *Monismus* der Heideggerschen Philosophie, die Dasein, Erfahrung, Verpflichtung, Tat, kurz: Sein und Sollen gewissermaßen in einer einzigen Dimension abhandeln kann.

Verglichen mit den aus der europäischen Neuzeit bekannten Monismen ist dieser existenziale Monismus nicht einfach zu charakterisieren. Wählen wir als Beispiele moderner Monismen die Toleranzbewegungen, die Romantik und den Kapitalismus. Während die Toleranzbewegungen durch den gleichen Respekt, den sie allen Glaubenspositionen gegenüber bezeugten, alle Positionen und ihre Dokumente zu bloßen Kulturwerten neutralisiert hatten; während die romantische Bewegung Geschichte, Religion, Natur, Tat, Gesellschaft, kurz alles als bloße Erlebnischance benutzt hatte; während die moderne Wirtschaft Mensch und Menschenwelt gleichermaßen als mögliche Waren behandelt hatte – steht die Existenzphilosophie diesen drei neutralisierenden Bewegungen in unverhüllter Feindschaft gegenüber. Und die Schroffheit, mit der sie diese durchweg noch lebendigen und für unsere gestrige und heutige Welt entscheidend wichtigen Bewegungen ablehnte, war gewiß einer der Gründe für den ungewöhnlichen Eindruck, den sie seit der Mitte der zwanziger Jahre gemacht hat. Alle diese Bewegungen sind sich nun darin ähnlich, daß sie das Einstehen für eine eigene Position entkräften: der Tolerierende bekämpft nicht mehr, was er für falsch ansieht: der Romantiker „meint zwar“ seine erfühlte Welt, aber sich für sie einzusetzen, hielte er für eine barbarische Zumutung; und was schließlich die kapitalistische Welt angeht, so ist in ihr der Mensch überhaupt kein Selbst mehr, sondern nur noch das, was seine Arbeitszeit im Produktionsprozeß wert ist. Diesen neutralisierenden Bewegungen steht nun, wie es scheint, aufs Eindrucksvollste die Moralmetaphysik des Existenzialismus gegenüber. Aber nur scheinbar eindrucksvoll. Denn sie ist ein rein *beteuernder* Protest gegen die Unverbindlichkeit der neutralisierenden Tendenzen. Sie hat nämlich *keine bestimmte Weltidee*, für die sie einstünde, das heißt keine bestimmte Idee von einer Welt, wie sie sein *sollte. Vielmehr ist einzustehen selbst die Position, für die sie einsteht*. Sie ist immer entschlossen, aber immer nur dazu entschlossen, „entschlossen“ zu sein. Ob man nun, wie die Romantiker, für nichts Bestimmtes einsteht, oder, scheinbar radikal, für das Einstehen selbst einsteht – das läuft auf eins heraus: auf Nichts. Beide, Romantiker sowohl wie Existenzialisten bleiben gegenüber den, über ihre Köpfe hinweggetroffenen geschichtlichen Entscheidungen im besten Falle passiv. Die romantischen Möglichkeiten oder die existenzialen „Entscheidungen" lagen praktischer Weise so „quer" zu den wirklichen Entscheidungen der Machtwirklichkeit, daß der Romantiker weiterträumen und der Existenzialphilosoph sogar öffentlich weitereinstehen konnte. Bei beiden ist die wirkliche Welt neutralisiert.

Was nun die von der Existenzphilosophie durchgeführte „Neutralisierung" betrifft, so kommt sie auf folgende Weise zustande: Wenn es dem Dasein möglich sein soll, sich zum „Selbst" zu machen, ohne in die verdinglichende und entselbstende Realität wirklich einzugreifen, dann müssen diese entselbstenden Faktoren zuvor aus der Welt in das Dasein rückverlegt und zu „Seinsweisen" gemacht werden. Eine „Weise des Daseins" zu bekämpfen ist für das Dasein nicht so riskant, wie die herrschende Welt zu bekämpfen: daher ist in der Existenzphilosophie immer das Dasein schuldig, nicht es selbst zu sein; niemals die Welt.

Diese Formel bezeichnet sowohl die Entwirklichung der (nur ontischen) Welt gegenüber dem (ontologischen) Dasein; als auch den scheinreligiösen Zug der Existenzphilosophie. In der Tat sind beide Dinge eines. Sieht man einmal von der technischen Kompliziertheit der Existenzphilosohie ab, so bleibt eine Attitüde übrig, die mehr als vertraut ist: die Attitüde dessen, der vor der Kritik der Welt und der Macht zurückschreckt und der, um den mächtigen Groll der Wirklichkeit nicht zu reizen, die Schuld auf sich nimmt. Das beliebte Predigtthema „Don't blame the circumstances" wird zwar gewöhnlich von denen, die Nutznießer oder Hersteller der circumstances sind, den Opfern der circumstances gepredigt. Aber es ist bekanntlich die miserable Funktion des Kleinbürgertums, als Opfer die Argumente der Nutznießer, wenn auch in poetisierter oder vertiefter Verkleidung zu predigen. Zu diesen Predigten gehört die existenzialistische Schuldphilosophie. Sie ist eine großartig und subtil getarnte Theorie des „Don't blame the circumstances"-Themas. Das „uneigentliche Dasein", auf das sie so mutig anlegt, ist die harmlose Schießscheibe, die vom wahren Gegner, dem Wirtschaftssystem, den Blick ablenkt. Die Ausführlichkeit der Angriffsvorbereitungen und die Schärfe der Attacke darf nicht darüber hinwegtäuschen, daß die „Uneigentlichkeit des Daseins“ bei Heidegger gewissermaßen „Der Jude“ ist; wenn auch, wie es sich für die Philosophie schickt, der transzendentale Jude, der Jude oder der Schweinehund *in* uns.

Damit ist gesagt: der transzendentale Daseins-Monismus der Existenzphilosophie ist im höchsten Maße durch etwas Moralisches (oder richtiger durch etwas nicht gerade sehr Moralisches) mitdeterminiert. Er lenkt die Schuldanklage von der gesellschaftlich-wirtschaftlichen Welt auf das Dasein selbst. Daß dieses Dasein als veränderbar zugestanden wird, ist nicht so „verwegen“, da die ganz interne Veränderung kein Risiko eines Zusammenstoßens mit der realen Machtwelt in sich barg.[169] Der Daseinsmonismus der Existenzphilosophie ist also genau so sehr eine Philosophie des Ausweichens, wie es die romantische Philosophie gewesen war; freilich ist sie eine Philosophie des Ausweichens im Zeitalter der Entscheidungen; im Zeitalter, in dem die Meinungen sich zu Fronten verhärteten und alles auf reelle Auseinandersetzung hintrieb. Die Stimmung der fanatischen Degoutiertheit, die im Jahrzehnt nach dem Mißlingen des Ersten Weltkrieges und der ersten Revolution sowohl bei der völkischen wie bei der sozialisierenden Jugend herrschte; die schon Jahre vor dem schließlichen Ausbruch des Nazismus weitverbreitete verbale Bereitschaft zum Zerhauen gordischer Knoten – all das ging als Stimmung selbst in jene Philosophie ein, die sich durch das Vermeiden wirklicher politischer Auseinandersetzungen auszeichnete. Die „radikale“ Existenzphilosophie erinnert an das martiale Portrait eines Drückebergers, das als Allegorie für den Fanatismus der Zeit diejenigen überlebt, die sich fanatisch geschlagen haben. Das einzige Interessante, was man über diesen Fanatismus sagen kann ist, daß er im Unterschiede zu allen bis heute bekannten Fanatismen keine idée fixe für die Gesellschaft und kein enges Ziel verfolgt: weil er überhaupt kein Ziel verfolgt.

Moral

Es ist ungeheuer bezeichnend, daß bei Heidegger der Begriff des *Sollens* überhaupt nicht mehr auftaucht, obwohl seine ganze Philosophie, im Vergleich mit üblichen akademischen Philosophien, den Eindruck der Unerbittlichkeit macht; und obwohl alle hermeneutischen Analysen des „Daseins" nur wie Begleitmusik des moralischen Leitmotivs wirken.

Aber „geboten" ist die Verwandlung des Daseins in ein Selbst bei Heidegger niemals. Niemand muß oder soll nach ihm ein Selbst sein: Jedes „Soll" wäre ja bereits ein nicht aus dem Selbst selber herstammender Befehl, entspränge einer, über das Dasein verfügenden, mindestens ihm überlegenen Instanz. Das wirkliche Motiv für die Selbstverwandlung des Daseins in ein Selbst ist absolut unmoralisch, jedenfalls außermoralisch. Es ist *Versäumnisangst*, Angst, sich selbst zu versäumen. Der Gedanke, nun einmal da zu sein und das nur einmal, und dann nicht als man selbst – dieser Gedanke ist ihm schlechthin unerträglich. Diese Selbstheit zu erzwingen, damit allein verbringt Heideggers Existenz ihr Leben; wie ein Angestellter, dessen Lebensausfüllung darin besteht, alles zu tun, um kurz vor seinem Tode sein eigenes Geschäft zu haben. So wenig der Angestellte sich überlegt, *wofür* (außer für ihn selbst) es gut sei, daß er auf eigenen Füßen stehe, sowenig er die moralische Frage nach der Rolle des Selbst für die anderen stellt, so wenig das Heideggersche „Dasein". Was dieses interessiert, „um was sein Dasein geht", ist allein sein neuer in ihm selbst gegründeter Stand; wir sagen absichtlich „Stand", denn der Zustand, der in der Eigentlichkeit erreicht wird, ist mehr, etwas anderes als eine bloße Zustandsveränderung des Daseins; das Wort zeigt einen neuen Adam an, nämlich einen solchen, der nicht mehr, gegen seinen eigenen Willen mit der Schuld der „Geworfenheit" beladen, einfach da ist; sondern einen, der, wenn auch nur vom Selbst selber, *gewählt*, und damit *auserwählt* ist. Der Prozeß der Selbstverwandlung des Daseins zur Eigentlichkeit ist also, trotz des so ungeheuer moralisch klingenden Wortes, ein völlig außermoralischer, dem Typ nach eher religiöser Akt der *Selbsttaufe* oder besser: der *Selbsterlösung* vom Zufall der Geworfenheit. Eine wie erschreckende Ähnlichkeit dieser Weg mit dem rituellen Wege der (gleichfalls völlig gottlosen und unsozialen und außermoralischen) buddhistischen Selbsterlösung hat, werden wir an einem anderen Orte zeigen.

Freilich ist selbst noch der Ausdruck „man selbst werden wollen“ zur Charakterisierung dessen, was Heideggers vertrotztes Dasein will, ungenau. „Man selbst“ hat noch immer ein Element des „man“ in sich, „man selbst“ will jeder werden. Er will „er selbst“ werden, ohne daß diese Aktion irgendeine Verbindlichkeit für andere in sich enthielte: für wen oder für was es gut sein soll, daß er er selbst sei – diese Frage wird nicht nur nicht beantwortet, sondern erhebt sich überhaupt nicht über seinem Fragehorizont.

Daß er für diese Aktion einer Selbsterlösung, die totale Selbstablösung ist, eine Lehrstelle einnahm; daß er gesellschaftlich für diese Aktion angestellt und bezahlt wurde; daß man gesellschaftlich stolz darauf war, einen so genialen Selbstsüchtigen als Professor zu besitzen – das gehört zu den abstrusesten Witzen einer orientierungslos gewordenen Periode. Und die Subtilität Heideggers hat gewiß ausgereicht, um diesen ungeheuren Betrug zu genießen: daß er sich vom „man“ für Propaganda gegen das „man“ seine Lebensrente zahlen ließ.

Versäumnisangst: einmal zu leben und dann nicht als er selbst, steht hinter dem von ihm ausgebildeten Ritual der Verwandlung des Daseins in das „entschlossene“ Selbst. Damit ist nicht nur bereits angezeigt, warum der Tod eine so entscheidende Rolle für diese Verwandlung spielt; sondern auch ausgesprochen, daß die „klassische“ Tradition des Nihilismus von Heidegger verlassen worden ist. Denn die klassische Frage des Nihilismus, wie sie nicht nur von Nietzsche[170] formuliert wurde, sondern auch von den russischen Nihilisten, ist die, freilich so niemals zugespitzte, Formel: „*Warum soll Sollen sein?*“ bzw. „*Warum soll ich sollen?*“ Das heißt: der klassische Nihilist geht aus von dem, mit den Zeitgenossen geteilten, Unglauben an Autorität, das heißt an Gott, sieht um sich eine Menschheit, die mindestens ihrer Prätention nach Gesolltes noch anerkennt, und fragt verzweifelt: warum sollte man, da das angeblich Gesollte ja durch nichts befohlen oder sanktioniert ist. Das Qualvolle dieser, stets von leidenschaftlichen Moralisten gestellten Frage besteht darin, daß auch sie noch im Kreise des Moralischen rotiert: der so fragt, lebt in der Qual, daß das angeblich Gesollte vielleicht nicht das wahre Sittliche sei. Seine Verneinung entstammt seiner Suche nach einer legitimen *Soll-Quelle*. Was ihn in Atem hält, ist immer noch die von Kant formulierte Frage: „Was sollen wir tun?"

Wie gesagt, dieses echte nihilistische Motiv ist nicht das Heideggers. Wer solche Fragen fragt, ist nicht nur gesellschaftlicher und politischer Non-Konformist, sondern „subversiv", ist Feind der bestehenden Ordnung. Die gemeinsame Herkunft der nihilistischen und der revolutionären Theorien in Rußland ist ja bekannt. Heidegger denkt gar nicht daran, sich in so direkten Gegensatz gegen die bestehende Ordnung zu begeben: er läßt sie vielmehr links, oder besser gesagt rechts liegen; er stürzt sich sofort, ohne das Sollen der bürgerlichen Welt in Frage zu ziehen, in den, von aller Gesellschaft und aller Moral völlig entfernten Elfenbeinturm der Existenz, in der er nichts findet als sich selbst und (was auf das gleiche hinauskommt: denn das Selbst ohne Welt, ohne tätige Teilnahme, ohne Liebe ist nichtig) das Nichts. In so schlechter Gesellschaft zu sein, nämlich nur mit dem Nichts seine Tage zu verbringen, wäre in der Tat unerträglich langweilig und beängstigend, wenn der Existenzphilosoph nicht verschmitzt genug wäre, aus dieser Erfahrung des Nichts, der Langeweile und der Angst selbst seinen Beruf zu machen; und wenn er nicht aus den Fenstern des existentialen Elfenbeinturms auf die erstaunte Mitwelt, auf das verachtete „man" seine Erfahrungen hinunterbrummte.

Daß heute, nach der Katastrophe, da die Orientierung über das, was es zu tun gilt, ungeheuer schwierig ist; da echte

Möglichkeiten der Opposition und der Solidarisierung aufs äußerste erschwert sind; da jeder zu ermüdet ist, um „mitzumachen", da jeder im wahrsten Sinne des Wortes vis-à-vis de rien steht und, wenn überhaupt etwas, so nichts besitzt als sein eigenes Dasein; da die Welt, an der teilzunehmen möglich wäre, in Trümmern liegt – daß heute das, vor 20 Jahren verblüffte oder erschreckte Publikum aus den Rufen des auf dem Existenzialturm stehenden Lynkeus eine unwiderstehliche Lockung heraushört: das ist freilich absolut begreiflich. Aber es ist auch absolut verderblich. Wenn aus den Einzelnen der bürgerlichen Gesellschaft die Industriemasse, die Kleinbürgermasse, schließlich die Masse des kleinbürgerlichen Faschismus geworden ist, so war das schon furchtbar genug. Wenn diese Masse aber jetzt auseinanderfällt in zahllose Selbste, deren Selbstheit noch nicht einmal, wie es zu Beginn der bürgerlichen Weltanschauung der Fall gewesen war, ein Spiegelbild der Freiheit und Würde jeder Person ist, dann ist das schlechthin der Untergang. Die Millionen vollkommen entselbsteter Menschen des Faschismus, die, wenn noch am Leben, alles andere als ihrem *eigenen* Tode entgegengelaufen waren; für die „Dasein" bedeutet hatte: Dasein für erzwungene Verwendung – diese Menschen werden vollkommen verloren sein, wenn sie in die vertrotzte „*Entschlossenheit*" Heideggers, die eben in Wahrheit eine „*Verschlossenheit*" ist, hineinspringen. In Wirklichkeit kann solche „entschlossene Verschlossenheit" nur die Form des Verbrechens annehmen: denn weiterleben wollen auch Nihilisten und Existenzialphilosophen. Wenn diese ihre Verselbstung in die Tat umsetzen, bedeutet das völlige Skrupellosigkeit gegen die Welt, die ja in der Existenzialphilosophie nur ein Existential des eigenen Daseins ist. Wenn die Menschen nicht wieder wissen, daß es nicht auf *den*, sondern nur auf *die* Menschen ankommt; daß *die* Menschen seine Familie und sein Glück sind, dann können die Menschen einpacken. Aus der Existenzialphilosophie können die Menschen am wenigsten lernen. Sie ist die moralische Atombombe, die bereit lag, um, was nach dem Krieg an Bestehendem und Chancenreichem noch übrig war, zu Staub zu machen. Sie muß unbrauchbar gemacht werden.

Zum Ende

Wenn die Philosophie Heideggers hier zum Anlaß genommen wurde, Philosophie als solche fragwürdig zu machen, so wird vorschnell vom Antinegativisten gefragt werden, was wir an deren Stelle zu setzen vorschlügen. Diese Frage könnte an sich beiseite geschoben werden. Daß alles, was man ausrottet, durch etwas anderes ersetzt werden müßte, ist eine naive Vorstellung und hat zur Vorausetzung, daß gewissermaßen die Zahl der Phänomene dieser Welt konstant bleiben müßte. Das Verlangen nach einem bereitgehaltenen Ersatz geht von der völlig ungeschichtlichen Vorstellung aus, daß jede Erscheinung der Geschichte gewissermaßen die Stillung einer, als konstant vorgestellten Nachfrage darstelle, und daß diese Nachfrage nun durch ein anderes Angebot befriedigt werden müßte. Diese Voraussetzung ist deshalb falsch, weil die Geschichte ebenso in der Verwandlung von Nachfragen wie in der von Angeboten besteht. Jedenfalls darf man die Geschichte, deren Heereszug ihrer Stile und Produkte, den man gewöhnlich als den Zug der tausend Antworten auf die eigene Frage ansieht, ebenso als den Zug von tausend Fragen auffassen.

Der berühmte Satz Marxens, daß es des Interpretierens genug sei, und daß es nun gelte zu verändern, war, wie sein ganzes eigenes Werk beweist, in dieser entweder-oder-Form nicht gemeint gewesen. Daß jeder Veränderung ein Bild des zu Erreichenden zugrunde liegt, also etwas, was man als Philosophie bezeichnen kann, war ihm, der sich in seinen „ökonomisch-politischen Manuskripten“ und in seiner „Deutschen Ideologie“ als Philosoph ersten Ranges vorgestellt hatte, nicht weniger klar als jedem anderen Philosophen. Was wir aber wissen müssen, wenn wir weiter philosophieren, ist, was uns den Anstoß dazu gibt. Wenn Augustin seine Philosophie der Memoria schrieb, trieb ihn die quaestio dei. Was treibt uns? Oder wollen wir nur wissen, um zu wissen?

Die Aufhebung des Kulturguts „Philosophie“ – wird zur Aufhebung der Philosophie in Form einer Philosophie

Es ist wahr, Philosophie vor Heidegger war nur noch ein reines „Kulturgebiet“. Mit Sitte und Zielsetzung der Gesellschaft hatte sie nichts mehr zu tun gehabt; und es war ein wirklich revolutionärer, wenn auch eben ein konter-revolutionärer Schritt gewesen, dieses zweifelhafte Objekt „Philosophie“ zu liquidieren, das heißt sie in die flüssige Aktion des Philosophierens zurückzuverwandeln. Das klingt äußerst radikal. Aber diese Aktion des Liquidierens liquidierte nicht nur das Objekt Philosophie, sondern auch die echte Aktion des Philosophierens. Denn die Aktion des angeblich existenziellen Philosophen besteht ja in nichts anderem, als in der Einübung des Rituals der radikalen Isolierung. Sie macht ausdrücklich, was ohnehin der Fall gewesen war. Seine Isolierung faßt dabei der Existenzphilosoph nicht diogeneshaft auf, nicht als Chance der Wahrheitsfindung – das wäre eine ganz gerechtfertigte Isolierung. Vielmehr gilt die Isolierung als Wahrheit selbst: denn das „Selbst“ ist die Wahrheit des Daseins, oder das Dasein in seiner Wahrheit. Das hatte freilich Hegel nicht gemeint, als er das „Ende der Philosophie“ proklamierte. Aber offenbar hat eine so große Erscheinung wie das Sterben der Philosophie mehrere Fransen, in die sie ausläuft; und die eine Franse heißt: die Philosophie verendet in sich selbst.

Daß der Heideggersche Gedanke des zu-sich-selbst-kommenden oder gekommenen Daseins nicht unhegelisch ist, braucht nicht belegt zu werden, und die Gleichsetzung von Philosophie mit dem Prozeß des „Zu-sich-Kommens“ ist gleichfalls hegelisch. Völlig unhegelisch ist dagegen gerade die Identifizierung des Subjekts mit sich selbst, da, was nach Hegel „zu-sich-kommt“, gerade nicht das weltlose Subjekt ist; und das Zu-sich-Kommen nur auf dem Wege über die Gebilde des objektiven Geistes gelingen kann. Bei Hegel also besteht das Zu-sich-Kommen gerade in der Situation, in der der Mensch seine Welt als *seine* erkennt und anerkennt.

Existenzphilosophie und Nazismus

Die Philosophie des Nationalsozialismus kann man, wenn man das Wort „Das Ganze" totalitär versteht, also die universalistische Bedeutung des Wortes abschneidet, als die Verwirklichung des Hegelschen Wortes: „Das Ganze ist das Wahre"[171] auffassen. Die Existenzphilosophie dagegen scheint die genaue Gegenposition einzunehmen: „Das Selbst ist das Wahre". Wie Heidegger von seiner Position in die totalitäre überspringen konnte, ist in den Ausführungen über den „Sprung des Nihilisten" ausgeführt. Aber daß Heidegger die zwei offenbar sich widersprechenden Positionen zugleich einnehmen zu können glaubte hatte seinen Grund auch darin, daß beide Philosophien *Varianten des moralischen Solipsismus* darstellen. Aus der antihumanen „Jemeinigkeit" des Daseins[172] (die die anderen ausschließt) konnte unschwer die antihumane „Je-Unserigkeit" des nationalsozialistischen Chauvinismus werden. Aus der „Entschlossenheit", mit der das Selbst seine Geworfenheit übernahm und dem Tode entgegengehend sie in Existenz verwandelte, konnte ohne Schwierigkeiten der Nationalismus werden, der das „natum esse" zum völkischen Selbstsein erhöhte; kurz: im negativen, nämlich im Anti-humanen, bestanden Gemeinsamkeiten, die Heidegger das gute Gewissen der Gleichschaltung verschafft haben mögen.

Schlußwort. Das letzte Kapitel von „Sein und Zeit"

Das letzte Kapitel gibt weder eine „neue Grundlegung" noch eine neue „Sinngebung des Sinnlosen", oder wie die vorschnell ausgedachten, billig annoncierten und schnell vergessenen, als Novitäten aufgezogenen Philosophien zweiter

Hand alle heißen mögen. Um „Sinn“ zu finden oder zu geben, muß *etwas* als absolut anerkannt oder gesetzt sein, etwas, *für* das der Mensch, das Gutsein des Menschen oder dergleichen da sei und eine „sinnvolle Funktion“ habe. „Sinn“ für den Menschen gibt es dort und nur dort, wo nicht der Mensch als summum bonum angesetzt ist, sondern etwas anderes: Gott, Kosmos, Geschichte oder dergleichen. „Sinn“ hat immer nur das Mittel für den Zweck, immer nur der Teil für das Ganze, niemals der Zweck selbst, niemals das Ganze selbst. Gerade deshalb war es so einfach gewesen für den Nationalsozialismus, dem Menschen einzureden, daß er ihm wieder Sinn gebe. Gerade da der Mensch entwürdigt war, also als bloßes Glied und Mittel lebte oder starb, hatte er wieder „Sinn“, freilich so Sinn wie das Futter für den Leviathan, wie die Kohle für den Ofen.

Die verzweifelte Suche nach dem verlorenen „Sinn“, die die nicht akademische Philosophie seit Hegel so erhitzt und atemlos gemacht hatte, glich der erhitzten und atemlosen Suche des von Stricken befreiten Individuums, das die plötzliche Drucklosigkeit seiner Existenz als unerträgliche Leere, gewissermaßen als *negative Einschnürung* empfand; das ständig, wo die Stricke gedrückt hatten, nach der Fesselung sucht, die ihm, wie es vermeint, „Sinn“, ja sogar sein eigenster, unentreißbarer Sinn gewesen war. Daß dieses Schauspiel sich vor allem in Deutschland und Rußland darbot, ist kein Zufall: denn im Unterschiede zu den mehr oder minder, mindestens ideologisch demokratischen Ländern war in diesen Ländern der „entfesselte“ Bürger eben wirklich entfesselt, das heißt politisch und moralisch kaum einbezogen in die res publica. Das Schauspiel philosophischer Explosionen schließlich, wie wir es etwa bei Nietzsche beobachten, mahnt an die Explosionen jener Tiefseefische, die, zum Tageslicht heraufbefördert, wo kein Meer auf ihnen lastet, zerplatzen und ihr Innerstes nach außen kehren.

Der Individualismus und die Freiheitsposition, die das bürgerliche Individuum seit der französischen Revolution gewonnen hatte, war eben zugleich der Verlust der Bindung, also des „Sinnes“ gewesen. Und erst die Spätform des Kapitalismus, der Faschismus, konnte dem Menschen, in Form der totalen Verknechtung, das Verlorene zurückerstatten. Aber statt der Bindung erhielt er Ketten, statt Sinn bloße Verwendbarkeit; und der nicht gewußt hatte, „wozu“, erhielt nun seine Antwort, indem er zur Schraube innerhalb einer, von einer Minorität konstruierten, Expansionsmaschine gemacht wurde, wenn auch zu einer Schraube, die die Firmenmarke Herrenmensch tragen durfte. –

Nein, auf „Sinn“, auf die Kategorie „Sinn“ haben wir ein für alle Male zu verzichten. Eine Bewegung von solcher Gewalt und Notwendigkeit wie der Nihilismus kann nicht einfach widerlegt werden. Das Nein, das wir ihm entgegenhalten, ist kein theoretisches. Von einem anderen Sinnbegriff geht es nicht aus. Ebensowenig unser Ja: es ist gewissermaßen – vorsinnig. Ebensowenig kann solche Bewegung ignoriert werden, als sei sie niemals dagewesen; ebensowenig einfach von der Tafel der Geschichte fortgewischt werden; ebensowenig durch Wiedereinsetzung von „Werten“ aus guter alter Zeit, schließlich ebensowenig durch angeblich „positive“ neue Tafeln ersetzt werden. Daß nichts anrüchiger ist, als das „Positive“; in welchem Sinne dieser Satz wahr ist, das hat der Nationalsozialismus zur Genuge bezeugt. Nein, einfach ignorieren kann man den Nihilismus nicht. Er war alles andere als eine unter vielen Bewegungen unserer Zeit. Er war, mit Naturwissenschaft, Technik, Freiheit, Säkularisierung, Fall der Sanktionen, doppelter Moral, Asynchronisiertheit des Menschen, mit Faschismus, Existenzphilosophie und maschinellem Massenmord, die Zeit selbst.

Aber als Attitüde kann er abgelehnt werden. Weil es lohnt, da zu sein.

Frömmigkeitsphilosophie (ab 1950)

[I] Vom säkularisierten Paulinismus in eine säkularisierte Mystik

Nicht Heideggers Welt sondern Heidegger in der Welt wird hier gezeigt

Schwierig zu entscheiden, ob, wer über ihn schreibt, sein Vokabular übernehmen soll, übernehmen darf. Wer es tut, läßt sich damit derart auf ihn ein, daß er, statt H. in der Welt zu sehen, die Welt durch H.s Augen sieht. Aber seine eigentümliche Metaphysik (wenn sie noch M. ist, wenn sie noch M. sein *will*) in anderer Terminologie mitzuteilen, ist unmöglich – im besten Falle liefe das auf die Übersetzung in eine andere Philosophie heraus – auf das, was H. mit den Philosophien der Vergangenheit tut –, und damit wäre seine Position, deren Eigentümlichkeit ja keinen Augenblick geleugnet werden kann, und seine Kritik philosophischer Vokabulare, die ja einen entscheidenden Teil seiner Philosophie ausmacht, einfach ausgelöscht. Schwer zu sagen, wie man es anstellen soll. –

Andererseits ist es doch möglich, daß seine Sprach-Esoterik (die ja nicht sein Monopol ist, George war gleichfalls Sprachesoteriker) selbst eine für das heutige geistig-soziale Leben charakteristische Erscheinung ist; und daß seine Sprache esoterischer ist, als die Sache, die diese Sprache auszusagen oder zu verhüllen sucht. Wenn das der Fall sein sollte, könnte der Versuch, ihn zu übersetzen (obwohl gewiß nur partiell durchführbar) vielleicht in überraschendem Maße deutlich machen, wie eng sein Philosophieren mit anderen Bewegungen dieser Zeit verwandt ist; oder mit früheren Philosophien, die er verschweigt oder abweist. –

Ein eindeutiges Rezept ist nicht möglich. Die Optik eines anderen ist nur aufzeigbar, wenn man sie alternierend von innen und von außen zeigt, alternierend „mitblickt" *und* von außen anvisiert. Es ist hier nicht unsere Aufgabe, Heideggers Welt einfach darzustellen. Vielmehr Heidegger *in* der Welt. Nicht Heideggers Seinsbegriff zu erläutern; vielmehr aufzuklären, *was* eine Seinsapotheose heute *ist*. Nicht, seine Ethik (oder das, was er dafür ausgibt) noch einmal zu entwickeln, sondern zu prüfen, welche moralische oder nicht moralische Position oder Nichtposition Heidegger bezieht, wenn er sich auf das beruft, was er Ethik nennt. –

Distanz ist nötig

Um zu beurteilen, was er meint, kann man sich nicht weit genug von ihm entfernen. Nichts wäre falscher, als umgeben von seinen Büchern über ihn zu schreiben. Man hat sie zu lesen, zuzuschlagen, auf die Straße zu gehen, sich klar zu machen, was in der Welt vorging, als H. diese Schriften schrieb – Hitler, Atombombe, Lager, Zusammenbruch, Ruinen. Allein wenn man ihn vor dieser Folie sieht, kann man ihn, seine Thesen, seine Sprache beurteilen.

Die Wiederholungen – denn er hat nur ein Thema

Dieser Essay über H. ist voll von Wiederholungen. Dem abzuhelfen ist nicht möglich. Denn alle seine Schriften sind Variationen über ein einziges, sein einziges, Thema: die *ontologische Differenz*. Daß er aus allen Zimmern, an deren Türen er geklopft hat, die gleiche Antwort: „*Sein*" erhalten hat, ist niemandes Schuld. Heidegger selbst ist sogar der Überzeugung, daß es auch für die anderen Philosophen niemals ein anderes Thema gegeben habe; nicht in ihren *Wegzielen* hätten sie sich unterschieden, nur in ihren *Holzwegen*. Offensichtlich wird die Geschichte dadurch bagatellisiert: denn ihre Buntheit verdankt sie dann eigentlich *nur* der Tatsache, daß alle Philosophen das Gleiche *verschieden falsch* gesehen und in verschieden *unzulänglichem* Idiom darüber gelallt haben. Wie „geschichtlich" H. ursprünglich das Dasein des Menschen gesehen haben mag – durch diese Überzeugung von der *Konstanz* des (ewig verfehlten) Themas ist die Geschichte ihrer Absolutheit beraubt; und die *Zeit* – ehemals (am pointiertesten im Kantbuch [1929a]) *Bedingung des Seienden* – reduziert sich dadurch eigentlich zur Dimension, innerhalb derer das allein Wichtige jeweils auf verschiedene Weise *verzerrt* wurde. Abgesehen von der ontologischen aetas aurea, der ursprünglichen Situation der Seinsoffenbarung, scheint für Heidegger – wenn wir das berühmte Rankewort so variieren dürfen – *jede Epoche gleich weit entfernt vom Sein.* Aber damit sind wir bereits mitten im Thema.

Vielleicht viel zu weit darin. Beginnen wir mit einer Merkwürdigkeit der H.schen Kategorien.

Neutralität

Alle Kategorien H.s stehen quer zu den echten Alternativen der Philosophen. Sein „Jenseits" der Alternativen sichert ihm einen neutralen und opportunen Platz im Kampf der Zeit.

Meine Arbeit über die „*Pseudo-Concreteness of H.s Philosophy*"[1], die sich ausschließlich mit „Sein und Zeit" beschäftigte, hatte ich mit der Beobachtung eingeleitet, daß H.s Kategorien *quer* zu allen üblichen philosophischen Kategorien stünden. So sei das „Dasein" z. B. *weder* Natur, *noch* übernatürlich; was wie ein revolutionärer Neubeginn aussehe, laufe in Wahrheit auf Unterschlagung jener echten Probleme heraus, die die Philosophie seit 2500 Jahren unter diesen Titeln behandelt habe. Das Dasein habe in H.s Daseinsanalyse weder einen *Leib*, noch *Hunger*, noch *Geschlecht*, in der (zum Existenzial des Daseins gemachten) „Welt" gebe es keine *Tiere*; ebensowenig finde das Dasein (sofern man von dem trotzigen Ritual des Selbstwerdens absehe) irgendwelche Verpflichtungen. Wenn auch „*Vorgegebenheit*" (in der

Form der „Geworfenheit") existiere, fehle die vorgegebene *Natur*, die das Dasein *auch sei*; ebenso die *Aufgabe*: und dieser doppelten Auslassung verdanke Heidegger eben diese neue Dimension, die er „Dasein" nenne.

Inzwischen hat sich das Bild, das sich Heideggers Dasein vom Dasein macht, zwar entscheidend geändert. Aber das Charakteristikum: das *Querliegen* zu echten Alternativen – ist sich völlig gleich geblieben. Denn das Walten des nunmehr zum Absoluten gewordenen *Seins* ist nun weder „Natur" noch „Geschichte", sondern beides, und das Sein selbst *weder Welt noch Gott* – eine offenbar ungeheuer radikale Position, aber freilich eine Position, die nicht ohne *Vorteile* ist, da sie es gegen die zwei einander bekämpfenden Fronten von Heute gleichermaßen schützt. Daß das Sein eine säkulare Instanz sei, eine „Gottnatur" (oder gar eine naturalisierte, wie Haeckels als „wirbelloses gasförmiges Wesen" beschriebener Gott) kann man H. nicht nachsagen, denn sein „Sein" ist ja kein Seiendes; ebensowenig aber, daß seine Position *noch* theistisch sei, denn sein Absolutum heißt ja eben nicht mehr „Gott", sondern „Sein". Und *ob* es Gott gebe oder nicht, ist nach H. durch die bisherige ontologische Forschung noch nicht ausgemacht. Ja, eigentlich ist sogar diese Frage selbst neutralisiert: denn an ihre Stelle ist ja die getreten, *ob* wir einen Gott zur Parusie bringen können oder nicht. So steht H. unangreifbar zwischen den Fronten, der Lärm der „*battles of the books*" scheint zwar dröhnender als irgendwo sonst (denn man hört den Geschützdonner von beiden Seiten), aber die Geschosse gehen über ihn hinweg; die Exterritorialität des no-mans-Lands genießt und plakatiert er als gefährlichste Zone. Wahrhaftig, nirgends ist die *Opportunität des Radikalismus* besser zu studieren als an seiner Philosophie.

Konversion innerhalb einer neutralisierten Dimension

Die Konversion, die seine „Kehre" darstellt, ist keine üblicher Art. Früher hatte „Konversion" eindeutig die Rückkehr vom (deistischen oder naturalistischen) Unglauben zu einer positiven Religion bedeutet. Aber in der heutigen Zeit sind die Fronten „Unglaube"–„Glaube" bzw. „Natur-"–Supranaturalismus selbst vieldeutig geworden, ebenso vieldeutig wie etwa die Fronten „rechts" und „links" in der Politik; und der Akt der Konvertierung ist durch diese Vieldeutigkeit begreiflicherweise in Mitleidenschaft gezogen.

Sicherlich war die Philosophie, die H. in seiner ersten Phase vertreten hatte, alles andere als „naturalistisch" gewesen; so wenig naturalistisch, daß ihr Vokabular noch nicht einmal für den Begriff „Natur" Raum ließ. Dennoch mußte sie – keine der Beteuerungen H.s konnte etwas dagegen ausrichten – atheistisch wirken; nicht nur so wirken: dennoch *war* sie atheistisch, so ungewohnt auch die Spielart des *antinaturalistischen Atheismus*, die H. als erster vertrat, wirken mag: denn der Mensch war nicht geschaffen, sondern geworfen; er übernahm sich vollständig selber (als „Entwurf"), rief noch das „Gewissen", so rief es nur zum „Selbstwerden" auf; und schließlich war die *Zeit* (und das bedeutet „Sterblichkeit") so ausschließlich zum Grunde des „Seins" gemacht, daß für Gott – eben durch diese (im Kantbuch[2] besonders energisch vertretene) Gleichung von Sein und Finitheit – kein Platz sein *konnte*.

Wer unter solchen Umständen die atheistische Position nicht nennt, ja, sie auf Anfragen hin leugnet, kann keine *sachlichen* Gründe dafür haben. Er kann nur beteuern.

Aber mit allem Nachdruck zu betonen und festzuhalten ist die sehr eigentümliche Tatsache, daß es in „Sein und Zeit" *weder Natur noch Gott* gab. H. fand – gewissermaßen gleich weit entfernt von beiden Positionen „Naturalismus" und „Theismus" – eine *dritte Dimension*.[3] Und daß man eine dritte, neutrale Dimension beziehen konnte – und dabei eine solche, die sich, mindestens vokabelmäßig, extrem radikal gab –, war äußerst attraktiv gewesen.

Diese Position hat H. nun verlassen. In schärfstem Tone kämpft er nun gegen jene Metaphysik, die im „Willen", bzw. mit der Iteration: im „Willen des Willens" das Sein gesehen hatte. So in seinem Nietzsche-Aufsatz [1943 b]. Daß sein eigenes, entschlossen sich übernehmendes Dasein (in „Sein und Zeit") die Kulmination dieses Seinsbegriffes dargestellt hatte, und daß er sich mit diesem seinem um ein Jahrhundert zu spät gekommenen Versuche, sich mangels besseren Eigentums selbst anzueignen und eigentlich zu machen, also zu übernehmen, im unphilosophischen Sinne „übernommen" hatte, das verrät er dabei freilich nicht; vermutlich hat er Recht, zu hoffen, daß niemand es bemerken werde.[4]

Nun aber kommt es darauf an, daß das Dasein „willig" dasei für das *Sein* (nicht für das Dasein), da das Dasein das „Da" des Seins sei (also in ihm „zuhause" sei); und daß der Mensch sich in sich selbst halte, komme gar nicht in Frage, da er doch als Dasein auch *Sein* sei. Gesehen von der hybriden Position der ersten Phase ist diese Kehre weit mehr als etwa nur eine Umkehr zu einer zuvor verleugneten oder beiseitegeschobenen *Theorie*; vielmehr handelt es sich um einen Wechsel des Rituals und des Ritualziels: das Ritual der entschlossenen „*Selbstwerdung*" wird nun durch das Ritual des Denkens an das Sein, durch einen demütigen Gotteszwang ersetzt; und während in „Sein und Zeit" das Selbstsein, die Existenz das Ziel des Lebens gewesen war, ist nun das Ziel teils: beim Sein zu sein, teils das Sein oder (durch dieses) Gott oder die Götter zum Anwesen zu veranlassen.

Dieses Ziel ist so wenig positive Religion, wie das Ziel oder der Stil des ersten Stadiums positive naturalistische Gottesleugnung gewesen war. Wie man die jetzige Phase titulieren soll, ist gleichgültig: denn sie enthält ebensoviele mystische, wie magische wie mythische Elemente – in der Tat: sie ist ihrem Stil nach eine solche Mischung von Elementen, daß sie mit einem einzigen Etikett schwer bezeichnet werden kann.

Entscheidend also: *in der heutigen Situation spielt sich die Konversion nicht mehr zwischen den zwei deutlich kontradiktorischen Positionen ab*; sondern zwischen zwei Positionen, die selbst bereits neutralisiert sind. *Von einem Atheismus, der kein Atheismus ist, schwenkte Heidegger zu einem*

Seins-Theismus, der nicht Theismus ist. Da die Radikalität der Position so entschärft ist, muß das Vokabular umso bedrohlicher und blutiger zugespitzt werden. Aber ist das Messer auch tödlich scharf, es gilt niemandem: keine Gruppe, keine Gewalt dieser Welt, die sich durch die Waffe gefährdet fühlte.

Konversion

Heideggers Konversion stellt einen neuen Typ dar. Sie vollzieht sich innerhalb der Dimension der Säkularisation.

Er wirft der modernen Metaphysik (und Wissenschaft, besonders in der Nietzscheschen Form) vor, sie sei „Wollen des Wollens". Aber war nicht gerade *er* es gewesen, der nichts anderes gewollt hatte, als sich selbst: und war nicht seine Philosophie (dieser Baedecker zum Selbstwerden) der Höhepunkt dieses Voluntarismus gewesen? Gut. Er hat sich konvertiert. Aber hätte er nicht, *wie andere Konvertierte*, sagen können: „meine eigene letzte Überschärfung der Willensmetaphysik hat sich überschlagen; nur auf das *Willigsein für das Sein*, nicht auf den eigenen Entwurf, kommt es an." Aber das ist bei Heidegger nicht der Fall. *Löwith*[5] hat deutlich gezeigt, wenn er es auch mit diesen Worten nicht ausgedrückt hat – daß H. von seiner Daseins-Philosophie zur Seinsphilosophie übergegangen ist, *ohne* den Übergang zuzugestehen. Das ist völlig richtig. Aber die Absurdität besteht darin, daß er von Trotz-Philosophie zu einer Frömmigkeitsphilosophie übergegangen ist, aber zu trotzig geblieben, um den Übergang *als* Übergang zuzugeben. –

Wie dem auch sei: die Konversion selbst ist das Wichtige. Denn sie unterscheidet sich fundamental von allen üblichen Konversionen. Während diese den Umschlag aus irgendeiner Form des Naturalismus in irgendeine Form des Theismus darstellen, handelt es sich hier um einen Umschlag, der *innerhalb der Dimension der Säkularisation selbst stattfindet: nämlich aus einem säkularisierten Paulinismus in eine säkularisierte Mystik.*

Der Übergang

Heideggers Kehre ist keine plötzliche Kehrtwendung. Die Methodenlosigkeit seines Philosophierens – ein Spiegelbild der Richtungslosigkeit des „waltenden“ Seins.

Die „Kehre“ und die H.sche Entwicklung als plötzliche Drehung um 180° darzustellen, wäre gewiß falsch.[6] Es gibt Arbeiten von Heidegger, die deshalb noch schwieriger sind als die übrigen, weil sie auf der Grenze liegen zwischen den beiden philosophischen Phasen. Dazu gehört deutlich „Vom Wesen des Grundes“ [1929c].

Zwar ist es dort noch das Dasein, das als „transzendierendes“ (= In-der-Welt-Sein), und als sein eigenes „Da“ seiendes, dem Seienden die Chance der Wahrheit gibt. „Seiendes“, heißt es da, „etwa die Natur im weitesten Sinne, könnte in keiner Weise offenbar werden, wenn es nicht Gelegenheit fände, in eine Welt einzugehen“ – wobei „Welt“ eben nicht im üblich massiven Sinne gemeint ist, sondern als Existential, als Element des „In-der-Welt-seins“.[7]

„Nur wenn in der Allheit von Seiendem“, heißt es dann aber[8], „das Seiende ‚seiender‘ wird in der Weise der Zeitigung von Dasein, ist Stunde und Tag des Welteingangs von Seiendem. Und nur wenn diese *Urgeschichte*, die Transzendenz, geschieht, d. h. wenn Seiendes vom Charakter des In-der-Welt-seins in das Seiende einbricht, besteht die Möglichkeit, daß Seiendes sich offenbart.“

Hier ist offensichtlich die Wendung bereits angezeigt. Denn in der „Allheit von Seiendem“ wird „Seiendes“ seiender, und als „seienderes“ – „Dasein“. Hier ist Dasein also plötzlich ein Seiendes, das „Dasein“ „wird“ – Seiendes also zeitigt etwas, das seinerseits das Seiende erst offenbart. In anderen Worten: die Allheit des Seienden hatte, *um* offenbar zu werden, „ne tanta ... sine teste sit“[9], in Form von „Dasein“ Auge zu werden, hatte sich selbst – um eine spätere Kategorie schon hier zu verwenden – einen „Hirten“ zu erzeugen. Damit aber ist in der Schrift von 1929 die Denkfigur des späten Heidegger wirklich vorweggenommen: Das Sein ist nicht mehr nur für das „Dasein“ „da“; sondern das „Dasein“ für das „Sein“.[10]

Es ist offensichtlich, daß hier das Modell des *Selbstbewußtseins* ins Makrokosmische übertragen wird: der Mensch oder das Dasein ist die Reflexion, ist der Lichtbringer, der das All des Seins zeitigt. Ich kann mich entsinnen, daß ich, als ich diese Sätze kurz nach Erscheinen der Schrift zum ersten Male las, vermutete, Heideggers Ontologie würde nun in hegelsche Bahnen lenken: das Seiende also auf seinem Wege zum „Zu sich selbst Kommen“ zeigen. Aber diese hegelsche Bahn war nun für Heidegger deshalb versperrt, weil er die Geschichte (die bei Hegel die Bahn des Zu-sich-selbst-Kommens darstellt) bereits endgültig als „Degeneration“ festgelegt hatte.

Während sich Hegels „Bewußtsein“ in übersichtlichem Gange stets auf einer identifizierbaren Sprosse zwischen Dunkel und Licht befindet, ist das „Dasein“ grenzenlos vieldeutig, immer oszillierend, da es das Sein und das Seiende zwar offenbart, zugleich aber auch als seinsvergessenes verspielt. Aus dieser Zweideutigkeit und dieser Oszillation tritt es nicht heraus. Deshalb fehlt Heideggers Denken die schrittartige Methodik im hegelschen Sinne, denn das Dasein selbst schreitet eben nicht voran. Zu glauben, daß dieser Fehler unbedingt ein „Defekt“ sei, wäre freilich ein metaphysisches Vorurteil: Wenn Hegel *sachlich* nicht recht hatte mit seiner metaphysischen Geschichtskonstruktion, dann war auch seine Schritt-Methode, die Schritte nach-zudenken, unwahr. Heideggers Methode hat keinen identifizierbaren „Fortgang“, weil Sein, Seiendes und das „Walten“ keine identifizierbare Richtung haben. Wenn Heidegger recht hat in seiner Ablehnung des „Fortschritts“, so ist seine nicht fortschreitende, sondern auf der Stelle tretende, Gangart der Wahrheit vielleicht angemessen.

Die Kategorien sind landwirtschaftlich geworden

Die Kategorien sind vom Gemachten zu Gewordenen, ja zu Ackerbau-Kategorien geworden: Grund, willig. Der Passivität, die er predigt, ist sein gehämmerter Ton noch nicht nachgekommen.

Während H. in der ersten Periode Kategorien verwendet hatte, die auf die Welt der *kleinen Schusterwerkstatt* gepaßt hatten, z. B. vom „*Zeug*" gesprochen hatte, das im „Besorgen" sein „was" preisgab (wovon in der heutigen Produktion gar keine Rede sein kann), hat nun der H. der 2. Periode, erschreckt durch die Verdinglichung der Welt (die er freilich als ein, in der Geschichte der Metaphysik wahrgewordenes Seinsgeschick auffaßt) jedem *Machen* und Gemachten überhaupt den Rücken gekehrt, um sich typisch metaphysischen Kategorien der *Ackerbau-Existenz* zuzuwenden. „Sein" ist nun entweder „*sonnenhaft*" beschrieben oder – etwa im „Ursprung des Kunstwerks" [1935/36] 36 ff.) als „*Erde*", auf die sich die (Menschen-) Welt gründet, die aber ihrerseits das „Offene der Welt" nicht missen kann; um des Seins teilhaftig zu werden, um bei ihm zu sein, hat man *willig* und (im Sinne von „aufgeschlossen") entschlossen zu sein: alle diese Ausdrücke, trotz ihres trotzigen Klanges, passen nicht nur ins Bauerndasein, sie sind auch Töne eines hymnischen Quietismus; Heidegger hat bloß noch nicht den für diese Hymnen passenden Stil gefunden – *er hämmert sie noch* – die Diskrepanz zwischen Sprache und Gegenstand ist eklatant, oft sogar von unwiderstehlicher Komik, in den Hölderlin- und Rilkedeutungen, in denen er Pastell in Holzschnittmanier nacherzählt. – Aus all diesen Kategorien tönt so etwas wie das Ressentiment wieder, das der Ackerboden gegen die Fabrik verspüren könnte. – Geschichtlich gesehen bedeutet das: Aus der Maschinenstürmerei der Jahrhundertwende ist bei ihm nun ein Sturm auf jedes *Machen* und *Gemachte* und „Gewollte" geworden. Damit sind die Kategorien der klassischen deutschen Freiheitsphilosophie „Freiheit", „Handeln", „Setzen" (= Selbstgesetzgebung) endgültig zu Grabe getragen. – Zur politischen Vorgeschichte der Polemik gegen das „Machen“ siehe des Konterrevolutionärs *Bonald* Invektiven gegen diesen Begriff.[11]

Hirte des Seins

Auch in der neueren Phase ist jeder Naturalismus vermieden, obwohl es jetzt ja ums „Sein“ geht, nicht ums Dasein. Dennoch teilt H. auch jetzt noch – auf Grund welcher Erfahrung, muß dahinstehen – dem Menschen eine ungeheure metaphysische Monopol-Vorrangstellung zu: denn wir sind da, auf daß uns das Sein „rette“, um ihm Hüter und Haus zu sein.

Vielleicht wäre es vernünftiger, derartige Aussagen so zu behandeln, als hätte H. sie nur irrtümlicherweise (gewissermaßen aus alter wissenschaftlicher Sprachgewohnheit) noch im akademisch-behauptenden Idiom ausgesprochen, als seien sie gewissermaßen „falsch instrumentiert“ und bereits rudimentäre Hymnen oder Beschwörungen oder Gebete, mit denen zu rechten sinnlos wäre, und die man höchstens als Symptome der Zeit *deuten* dürfte. Vielleicht. Aber andererseits ist doch H.s Sprache so selbstbewußt, so erfüllt von dem „ich weiß, was ich will, und wenn ich etwas so und nicht anders ausdrücke, so werde ich dafür schon meine guten Gründe haben“ (nicht seine Worte); und sein Ton schneidet so eindeutig Widersprüche ab, daß er Fragen nur um so heftiger herausfordert.

1. Frage: Selbst unterstellt, das „Denken an ... das Sein“ (zu dem nun das Seinsverständnis geworden ist) sei unser Monopol, warum definiert es uns, oder, in einem Wort, warum macht das unser Wesen[12] aus? Die Antwort Heideggers könnte nur lauten: da das Sein (etwa wie im Totenkult die Ahnen) nach Gedenken hungert, schafft es sich ein Gedenkendes. Woran man, weiter spekulierend, die Frage knüpfen müßte: „Warum ist denn das Sein“ offenbar ursprünglich un-offenbar, das „An-sich“, das – *ne ... sine teste sit* – seinen Hirten erst schaffen muß? Ist das Sein anfänglich defizient?

Und warum benötigt es so *viele* Kindergärtner, nicht nur einen einzigen? darüber hinaus solche, die abgesehen von ihrem ontologischen Beruf sich so gerne und so vielen anderen Liebhabereien hingeben, wie Atmen, Musizieren, Kriegführen, Verdauen, Tischlern? Worin besteht denn das „Wesen“ dieser *nicht* zur ontologischen Hirten-Funktion des Menschen gehörigen Liebhabereien?

2. Frage: Ist es nicht ein bedauerliches Versehen des Seins, als Hirten gerade dasjenige Wesen zu „ereignen“ und anzustellen, dessen Anfälligkeit für Seins-Vergessenheit so groß ist, daß die ganze Geschichte auf nichts anderes hinausläuft als auf eine (schon im Geschehen selbst vergessene) Geschichte seines Seins-Vergessens?

3. Frage: Ist nicht Heidegger mit der Wesensbestimmung des Menschen in jene Falle gelaufen, in die die philosophische Anthropologie so oft gelaufen ist: hat er nicht den Philosophen (genauer sich selbst) zum Modell des Menschen überhaupt gemacht?

4. Frage: Unterstellt selbst, des Seins gedenken zu können, sei unsere differentia specifica; unsere „Bestimmung“ im Sinne des *horismos*: nimmt H.s „Bestimmung“ nicht in philosophischem Kurzschluß sofort den Sinn „verliehene Bestimmung“ (= Funktionszuteilung durch ein Bestimmendes) an?[13]

5. Frage: Ist es nicht ebenso hybrid wie naiv zu glauben, dieses Andenken sei effektiv eine Behütung des Seins? Fehlt H. denn jede philosophische Ironie, also jene Ironie, die den Philosophen erst eigentlich ausmacht, und die in der Gewißheit besteht, daß das Sein sich um die Ontologie nicht soviel kümmert? Heidegger wird zwar nicht müde, diejenigen, die unfähig sind, das Nichts auszuhalten, mit Gift und Galle zu übergießen. Aber hält er denn die eigentliche Zerreißprobe des Philosophierens (nämlich *unter der Voraussetzung der tödlichen Irrelevanz der Metaphysik für den Gegenstand der Metaphysik weiter zu philosophieren*) aus? Moral- und Sozialphilosoph sind dieser teuflischen Bedingung nicht ausgesetzt: zweifellos genießen sie die Chance, *dem* zu dienen, was ihr Thema ist; das zu behandeln und zu beeinflussen, was sie theoretisch „behandeln“, also selbst für ihren Gegenstand relevant zu sein. Aber abgesehen von der „Rektoratsrede“ (und wohl der, mir nicht bekannten, „Gedenkrede auf Schlageter“[14]) hat sich ja Heidegger in das Gebiet der Moral- und Sozialphilosophie nicht hineinbegeben. Das Verblüffende ist nur eben, daß er sich geriert – nein, daß er überzeugt ist, vom Sein in dessen Interesse eingesetzt, als Professor des Seins dem Sein zu dienen, etwa so, wie Hegel, vom preussischen Staate in dessen Interesse eingesetzt, diesem als Philosoph des preussischen Staates diente. Aus dem „Vor dem Nichts-Stehen“, das der „freie Schriftsteller“ zu riskieren hat, hat er eine ontologische Anstellung gemacht.

Aber zurück zu der Ambition des Seinshirten. Da Heidegger ja nicht der einzige ist, der heute diese Ambition laut werden läßt – auch Rilke hatte ja (so schwärmerischen Ausdruck sie bei ihm auch fand) die ungeheuerliche Hybris, zu glauben, das Seiende durch das Wort zu „retten“, retten zu können, retten zu müssen; war also, wie H., davon überzeugt, daß das Sein, damit es nicht verloren gehe, unser bedürfe – und zwar unserer *Wörter*. Ob freilich Rilke so weit ging wie H., zu glauben, daß die Hut, in die der Mensch das Sein nehme, die Hut sei, in die das Sein sich *durch* den Menschen nehme, bleibe dahingestellt. Der neutrale Genitiv Spinozas („amor dei“) hatte wohl bei Rilke noch nicht seine Auferstehung gefeiert.

Sehen wir einmal davon ab, daß diese Aussage über den Menschen durch nichts *belegt* werden kann. Sehen wir sie uns einmal einfach in seinem Zusammenhang mit dem heute gängigen Mensch-Begriff an. Das Entscheidende am heutigen Mensch-Begriff – eigentlich seit Newton, gewiß aber seit dem französischen Materialismus – besteht darin, daß der Mensch einfach zu einem „Stück Welt“ eingeebnet ist, seine Sonderrolle eingebüßt hat, *kosmologisch degradiert, ja bagatellisiert* worden ist – eine *Tatsache, die mindestens ebenso wichtig für den Menschbegriff ist wie sein Wille zur Macht*, mit dem sie (wie z. B. der Darwinismus zeigt) in engstem

Zusammenhang steht. – Diese kosmologische Degradierung steht in schärfstem Gegensatz zur biblischen Schöpfungsgeschichte. Es ist nun außerordentlich interessant, daß Heidegger von früh auf (trotz seiner Abkehr vom Christentum) diese Einebnung bekämpft hat. Zuerst durch die ontologische Auszeichnung des menschlichen Daseins als einzigen Seins, das mit Seinsverständnis ausgerüstet ist. Nun durch die Auszeichnung des Menschen als eines, vom Sein selbst „ereigneten", Bewahrers oder Hirten des Seins. Daß eine fundamentale Differenz zwischen der heideggerschen und der jüdisch-christlichen Anthropologie besteht, ist zwar freilich nicht zu leugnen: denn daß die *Welt* für den Menschen geschaffen sei, kommt bei H. nicht vor. Aber weniger „Herr" als in der Schöpfungsgeschichte ist der H.sche Mensch gewiß nicht: ist er doch unentbehrlich für das *Sein* selbst, das, da es des Menschen bedarf, auf eigentümliche Weise „anthropozentrisch" wird, in ihm seine Schlüsselstellung hat.

Verwandlung des Sinn-Begriffes

Sinn = vom Dasein entworfener, verworfen.

Es ist völlig deutlich, daß seine ursprüngliche, in „Sein und Zeit" dargestellte (oder idealisierte) Existenz, diejenige, in der der „Sinn" des Daseins gewissermaßen selbst im Entwurf übernommen wurde, von sich aus als „geworfen" aber *sinnlos* ist, ihm unerträglich geworden war. In seiner späten Periode bekämpft er diesen „Sinn-Begriff" mit einer solchen Schärfe, als sei ihm unbekannt, daß „Sein und Zeit" die extremste Ausschärfung dieses „Sinnbegriffes" dargestellt hatte. Auf radikalste Weise fällt er nun in den klassischen Sinn-Begriff zurück – nämlich in denjenigen, in dem „Sinn" nur einem für ein größeres vorgesehenem *Teil* oder einer Teil*funktion* zukommen kann.[15] Nun hat plötzlich Dasein „Sinn" *für* das Sein im Ganzen ..., also es erhält als Seinsverstehendes den Sinn, „Haus des Seins" zu werden. Möglich, daß H., ehe er an die Ausarbeitung von „Sein und Zeit" ging, derartiges bereits im Auge hatte: daß er eine allgemeine Ontologie plante, ist tatsächlich immer wieder betont. Aber auf Grund welcher Erfahrung eine solche Aussage, durch die dem Dasein ein Sinn und Sein gegeben wird, nun verifizierbar sein sollte, ist unbeantwortbar. Gleichviel – nun ist das Dasein *kein geworfenes* mehr, sondern ein *als* „Haus" *vorgesehenes*. Damit ist das Sein also *Vorsehung*. Warum es ein Haus benötige, wie es sich Dasein schaffe, um ein Haus zu haben, inwiefern es sich, wenn es etwas vor-sieht, also Vorsehung ist, von Gott unterscheidet; warum es „Sinn" habe, Haus des Seins zu sein, das ja als ganzes nun im neuen Sinne keinen „Sinn" mehr haben kann – denn wofür soll das „Ganze" „Sinn" haben? –, das alles bleibt in obscuro.

Man wird einwenden: diese Einführung des Begriffes des „Ganzen" sei unangemessen, denn es handele sich beim Sein ja *nicht* um das Universum. Aber so einfach ist das nicht. Im Moment nämlich, in dem Heidegger den neuen Sinnbegriff einführt, nimmt das Sein sehr häufig den Sinn des „Ganzen" (der ja analoge bereits in „Sein und Zeit" seine entscheidende Rolle gespielt hatte) an.[16]

Die Unterschlagung unseres Vorhandenseins

Die Lücke: daß wir Welt *sind*.

Was in H.s Analysen fehlt, ist, daß wir nicht nur „In-der-Welt-Sein" sind, sondern selbst *Welt* – jawohl, so skandalisierend, so „materialistisch" das klingen mag, das hilft nichts –, daß wir *Stücke dieser Welt* sind. Es ist nachgerade lächerlich, die „Deutung" unseres Seins als Weltdinge einfach für eine Miß-Interpretation zu halten. Als „Miß-Interpretation" kann sie nur dann bloßgestellt werden, wenn die entscheidenden Elemente des Daseins entweder unterschlagen oder derart verbrämt werden, daß sie nicht mehr als das erkennbar sind, was sie sind. Glatt unterschlagen ist erst einmal (sowohl vom ersten wie vom zweiten Heidegger) die Tatsache, daß wir *gezeugt* und *geboren* sind; und es ist dabei H.s persönliches ontologisches Unglück, daß er, um die faktische

Herkunft jedes menschlichen Daseins zu verbrämen, versehentlich gerade auf einen animalischen Ausdruck verfiel – denn „geworfen" nannte man vor ihm nur Hunde oder Katzen. Ebenso unterschlagen ist, daß wir als Stücke dieser Welt von Stücken dieser Welt leben – „car en mangeant, que faites-vous?"[17], daß wir anderen Wesen als Futter dienen und daß unser „Da" davon abhängt, daß dieses oder jenes Vorhandene für uns dasei bzw. wir nicht anderen Seienden zum Opfer fallen. Erst kommt das Fressen, dann die Ontologie. In der Tat hat Heidegger – hier setzt die Verbrämung ein, die wohl sonst keinem der großen Idealisten zur Last gelegt werden kann (siehe Hegels Behandlung des Hungers als „Substanzlosigkeit an sich selbst"[18]) – den Hunger als „Sorge" verbrämt; und die andere Gefahr, die wir ständig laufen, der Welt und Mitmenschen als Opfer – als Speise, als Sklave – anheim zu fallen, unterschlagen (höchstens als die harmlose Gefahr des Verfallens an das „man" zugestanden). Nein, das Existenzial „Sorge" erklärt gar nichts und läßt es vollkommen undurchsichtig, warum das „Dasein" sich sorgen sollte, ja Sorge „*sein*" sollte, wenn es nicht als bedürftiges *Seiendes* dauernd auf *Seiendes* angewiesen wäre, am Angebot des Seienden seinen Bedarf ständig decken müßte, und wenn es nicht ständig als virtuelles Angebot fur andere Seiende vor Seiendem auf der Hut sein müßte.

Wäre Dasein nicht ständig in Gefahr zu verhungern oder anderem Seienden zum Opfer zu fallen (also als Stück Welt, als Futter), wären wir nicht eßbar wie Vieh, zerschlagbar wie Holz, brennbar wie Kohle – für die von Heidegger in den Mittelpunkt gestellte „Sorge" wäre gar kein Grund vorhanden. Wenn sich also Dasein „sorgt", so weil es sich als bedürftiges und zerbrechliches Stück Welt ständig in Gefahr befindet. Steht das erst einmal fest, dann nehmen zahlreiche, bei H. oszillierende Probleme mit einem Schlage deutliches Profil an. So z. B. das der *Zeit* (das für H. ja im Mittelpunkte steht); das der „*adaequatio*" (das er als degenerierten Wahrheitsbegriff so vehement bekämpft); und das des „*Fragens*" (das er mit Recht als Situation des Daseins selber noch einmal abfragt).

Nur *weil* wir ständig der Beute nachjagen und vor dem Angriff anderer Seiender fliehen müssen, „sind“ oder „haben“ wir „Zeit“: denn als Hungernde stünden wir – freilich in einem massiveren Sinne als bei H. – immer vor dem Nichts, wenn es nicht die Welt größeren oder geringeren Angebots gäbe, der wir atemlos, *„noch nicht habend, noch immer nicht habend“* nachjagen, bis wir es endlich *jetzt* haben.[19] Und dieses *„Noch nicht“* der Jagd ist der Ausbruch der „Zeit“. Aber der Gang dieser Zeit, der attackenhaft ausgebrochen war, „bleibt“ im Augenblick „stehen“, in dem *unser* Gang: die Jagd, zum Stehen kommt, in der also das Verfolgte, das *Nachgestellte* (nicht „vorgestellte“) *gegenwärtig* wird; und dies, das Haben, die Konsumtion, ist das Urbild der Gegenwart; und die Deckung von Nachgestelltem und Stillendem in der Einverleibung und „Assimilation“ ist das Modell der *„adaequatio“*, die nicht, wie H. es sieht, einen abgeleiteten Modus der Wahrheit darstellt, sondern den Archetyp des gelingenden Verhältnisses zwischen dem bedürftigen Dasein und der bedarfdeckenden Welt. Der Ausgehungerte, der, glücklich seine Suppe auslöffelnd, spricht: „das ist das Wahre“, redet nicht metaphorisch. Wie gesagt: in diesem Augenblick der Präsenz (dessen, worauf der Bedarf ging) hört der Gang der Zeit auf, denn dem Glücklichen schlägt keine Stunde; und wenn die Rede von „Sinn des Daseins“ irgendeinen Sinn hat, so besteht dieser nicht (wie bei H.) in *Zeit*; vielmehr in *Unzeitlichkeit*: nämlich in der Situation der Sättigung, der restituierten Balance, der Bedürfnislosigkeit. Um den Unterschied zur heideggerschen These in völliger Bestimmtheit zu formulieren: es ist also die Bedürftigkeit, die „Zeit“ stiftet; und nicht die Zeit, die Dasein stiftet. Kurz: das Grundverhältnis ist bei H. auf den Kopf gestellt; und zwar letztlich, weil die Abhängigkeit des Daseins als Seiendes von anderen Seienden unterschlagen ist.

Man wird einwenden: Wenn wir als „Seiende“ nach Seiendem jagen und Seiendem zum Opfer fallen können, verbrennbar, tötbar und verwundbar sind, so mache das eben nicht unsere differentia specifica aus. Gewiß nicht. Aber wo stünde geschrieben, daß die differentia specifica unser *Wesen* sei (sofern wir ein solches „haben")? *Entscheidend* ist umgekehrt, daß – was jedermann weiß, und nur in philosophischer Sprache empörend klingt – die differentia specifica nicht entscheidet, daß sie keine Lebensversicherung ist; daß wir nicht von ihr leben können; daß sie uns nicht unsterblich macht. Damit wären wir beim *Tode*, den doch, wie man annehmen sollte, H. nicht unterschlagen hat. Oder vielleicht doch?

Daß Dasein, qua Dasein, finit sei oder gar finit sein müsse, ist uneinsehbar. Seine Finitheit, die H. zum Angelpunkt seiner Daseinsanalyse macht, „verdankt" es vielmehr der Tatsache, daß Dasein auch ein Stück Welt ist, also gerade dem nichtdaseinshaften Element des Daseins; bzw. der Tatsache – man entschuldige diese komisch klingende Paraphrasierung des Sterbens – daß Dasein in Nichts-als-vorhanden-Sein *umschlagen* kann. Offenbar siegt, wenn wir sterben, unser Vorhandensein (oder gerade nicht „unser") über unser Dasein. – Was solch ein „Umschlagen" freilich metaphysisch bedeutet, erwähnt H. trotz der Breite seiner Todesdiskussion nicht. Es ist, als hielte ihn die pedantischste Scheu vor einer *metabasis* ([Umschlagen, Grenzüberschreitung] aus einer Seinsart in die andere) davor zurück, sich auf „Dialektik" einzulassen. Nirgends spricht er eindeutig aus, daß er durch die Rolle, die er dem Tode zuweist, gerade das *nichtdaseinsmäßige Sein* zum Schlüssel des Daseins gemacht hat; daß also von einer „immanenten" Daseinsanalyse gar keine Rede sein kann. Nirgends, daß wir, sofern wir sterblich sind, eben immer auch schon Vorhandene waren – und daß das Dasein eben nur auf dem Grunde der Vorhandenheit ist und möglich ist ... eine Tatsache, die die heute abgenutzteste Leib-Seele-Theorie mit Recht zum Anlaß ihrer endlosen Spekulation gemacht hatte.[20]

Wessen H. sich schuldig macht, ist freilich nicht nur die Auslassung des (wenn überhaupt bezeugungsbedürftigen, so durch den Tod bezeugten) Vorhandenseins, sondern eben die Um-münzung des Todes in ein Existenzial, also in ein Element des Lebens. Um Aristoteles zu zitieren: aus dem „habeor“ macht er ein habeo, einen freien Akt des Daseins, eine potestas moriendi (wie wenig er sich auch um die effektive: praktisch-moralisch-wirtschaftliche Freiheit der Menschen kümmert). Er hebt also das Element des Vorhandenseins „auf“, macht den Tod zum Element des Lebens und sich selbst damit zu einem philosophischen Komplizen des von ihm so verachteten „man“, das in Göttern und Gebräuchen den Tod verharmlosend seinem Dasein einverleibt.

Die Konstanz der beiden Philosophien Heideggers

Beiden fehlt das Gleiche: die Natur, auch das Natursein des Menschen.

Daß die späte Phase Heideggers mit der frühen nichts gemein habe, ist, da damals so gut wie heute sein Thema ausschließlich in der „ontologischen Differenz“ bestand, unvertretbar. Daneben aber gibt es noch eine eigentümliche Art von Gemeinsamkeit. Beiden Philosophien *fehlt* nämlich das *Gleiche*.

So bleibt z. B. in beiden Phasen, obwohl in beiden der Mensch vorkommt, des Menschen *Leib* unerwähnt. Ebenso die Tatsache seiner Geschlechtlichkeit; überhaupt seine Animalitas und die Tatsache, daß es neben ihm Tiere, ja ihm „verwandte“ Tiere gibt.

Diese letzte Tatsache wehrt H. mit allen Anzeichen metaphysischer Irritiertheit ab.[21] Als völlig irreführend bezeichnet er es, den Menschen innerhalb oder gegen die Animalitas charakterisieren zu wollen, wie es die Metaphysik (der er hier gewissermaßen von früh auf darwinistische Züge vorverleiht) stets getan habe. Der Leib des Menschen sei „etwas wesentlich anderes als ein tierischer Organismus.“ – Was immer er sei, „der Mensch allein sei“, „soweit wir erfahren“, „in das Geschick der Ek-sistenz eingelassen“.

Auf Grund welches *Kriteriums* die Selbstinterpretation des Menschen als Tieres (die dem mythischen Denken nicht weniger selbstverständlich gewesen war als dem des Darwinismus) als unechtes Selbstverständnis gelten solle, ist schwer zu sehen. Niemals hat der Mensch (dem „das Wesen des Göttlichen" vielleicht „näher" stehe als „das Befremdende der Lebe-Wesen"[22]) eine ausdrücklichere Sonderstellung erhalten als hier. Keine antike oder christliche Philosophie hat Tier und Leib je in solchem Maße ignoriert wie H. Sie mögen den Leib verachtet haben, verflucht, geschlagen – aber *unterschlagen* wird er erst hier. Eigentümlicherweise ist die Originalität der heideggerschen Position zum Teil durch diese Unterschlagung mitbedingt. Der Dualismus Leib–Seele hatte in der Tat die Metaphysik so entscheidend geprägt, daß die Austilgung des einen Alternativglieds natürlich die des zweiten mit zur Folge hat. Die Ungewißheit, in welcher Dimension man sich bei H. befindet, rührt weitgehend daher.

Zitat für die neue Geworfenheit: Brief 25 [1946a, 168] „Das Werfende im Entwerfen ist nicht der Mensch, sondern das Sein selbst, das den Menschen in die Ek-sistenz des Da-seins als sein Wesen schickt."

„Verbergen" und „Entbergen" hätten in einer Sozialontologie behandelt zu werden

Das Verhältnis dieser beiden Ereignisweisen, die H. dem „Sein" zuspricht, bleibt bei ihm vollkommen dunkel. Da er sie fast immer nur vom Sein, nicht vom Seienden aussagt, gönnt er ihm gar keine „Konkretheit" – jene Konkretheit, die „Sein und Zeit" so reich gemacht hatte. Es ist z. B. durchaus denkbar, daß gerade das „sich-selbst-entborgen-Sein" (also die „Re-flexion") anderem Dasein gegenüber notwendigerweise Verborgenheit zu sein scheint: der Meditierende ist sich offenbar, eben dadurch verschlossen gegen Andere. „*Offenbaren*", „verbergen", Offenbarsein und Verborgensein, sind eben *Ereignisse*, die mit dem „für-einander-Dasein von Seienden" zu tun haben, Phänomene, die nicht nur in einer ontologischen Soziologie ihre Behandlung zu finden hätten, sondern vielleicht auch in einer *Sozial-Ontologie*, d. h. in einer Ontologie, in der die verschiedenen Intimitäts- und Distanz-Arten (zwischen *onta* [seiende Dinge] überhaupt) behandelt werden müßten. Tiere, die einer und derselben Spezies zugehören, sind z. B. einander „offenbar"; den Tieren anderer Spezies oder uns nicht; für uns bieten sie einen bloßen *Anblick* dar; jenen *„sehen"* sie wirklich *„aus"*.[23]

Trotz feineren Vokabulars ist Heideggers Geschichtsbegriff – fatalistisch.

Das „An-Denken" – als Waffe gegen dieses fatum – ist so harmlos, daß niemand ihn hindert, diese Waffe „wagend" zu führen.

Geschichte ist in der Tat völlig dem Menschen aus den Händen geschlagen. Da alles, auch als „Weltnacht"[24], „Geschick" ist, „das sich diesseits von Pessimismus und Optimismus ereignet", bleibt eigentlich nichts zu tun, als Ja zu sagen. Sehr original ist diese noch nicht einmal tragische „Theorie" nicht gerade.

Die Schamlosigkeit des tierischen Ernstes und prophetischen Tons, mit der Heidegger diesen Vulgärfatalismus vorzutragen wagt, ist geradezu einzigartig; aber er darf sie sich leisten, denn mit dem gleichen tierischen Ernst, mit dem er vorträgt, nimmt man auf, was er vorsetzt. Vermutlich sind es seine, diese seine Jünger, denen er alles vorsetzen darf, die ihn mit solcher Menschenverachtung genährt haben. Freilich bleibt nach H. dem Menschen eine gewisse Freiheit, in das Schicksal einzugreifen: er kann des *Seins* gedenken und dadurch freilich alles alles wenden. Das heißt in seiner Pathos-Sprache: Die „Weltnacht" … endet erst, wenn „es sich mit den Sterblichen wendet … wenn sie in ihr eigenes Wesen finden". Das aber beruht darin, daß sie eher als die Himmlischen „in den Abgrund reichen" – womit gemeint ist, daß sie sich während des Falles ins Sein umwenden, um dem Sein, dem „Mittelpunkt" wieder zuzufliegen. Inwiefern die „Sterblichen" – wie Heidegger die Menschen hier orphisch nennt – das eher vermögen als die Himmlischen, entzieht sich meiner Kenntnis. Für die Schnelligkeit der Himmlischen bei ihrem Versuch, „in den Abgrund zu reichen", steht mir keine zuverlässige Quelle zur Verfügung.

Daß kein Politiker Heidegger daran hindern wird, derart in das Geschick einzugreifen, steht fest. Was niemand bekämpft, muß Wahrheit sein. Das Geschick bewahre uns vor solchen Wahrheiten.

Seinsvergessenheit

Warum ist Sein obligatorisch?

Die Todsünde der abendländischen Geschichte besteht, nach Heidegger, darin, daß sie das *Sein* vergessen habe; es selbst dort unterschlagen habe, wo sie darüber zu sprechen zwar vorgebe, aber eben doch nur über *Seiendes* spreche: also in der *Metaphysik*.

Diese These – oder richtiger: dieses *Urteil* (denn hier wirft sich H. zum Weltenrichter auf, zur Rechten sitzen ihm die Vorsokratiker, zur Linken sitzt ihm Hölderlin) – ist durch und durch dunkel. Man hat sie mit folgenden Fragen zu erschüttern:

1. Mit welchem Recht setzt H. die Geschichte der Metaphysik – neben der ungeheuren Fülle dessen, was an Geschichte vorging, ein winziges Geschehen – mit Geschichte gleich?

2. Warum ist, unterstellt selbst, das Sein sei wirklich „vergessen", dieses Vergessen ein *Vergehen*? Das ist um so unbegreiflicher, als er ja die Seinsvergessenheit selbst als ein *Seinsgeschick*, also als ein *Sich-selbst-Vergessen des Seins* (als ein Sich-Verirren des Seins in die Irre) darstellt – also als ein unserer Verantwortung entzogenes Geschehen, das uns doch eigentlich absolvieren sollte.

3. Warum ist Sein, bzw. des Seins zu gedenken, obligatorisch? Auf Grund welcher fordernden Instanz? Des Seins selbst? Oder gar einer Instanz *epekeina* [jenseits] des Seins, nicht nur des Seienden?

4. Welche Idee von ontologisch *goldenem Zeitalter* ist in dieser Idee von Abfall oder Fall enthalten?

Wie immer man diese Fragen beantwortet, entscheidend ist, daß H. genau wie in „Sein und Zeit" (das er mit dem verächtlichen, an das Zuhandene „verfallenen" Dasein begonnen hatte) auch nun, in seiner zweiten Phase, eine ungeheure moralische Schuld, die keine ist, an den Anfang stellt – eine Schuld, die angeblich auf ebenso ungeheure Weise getilgt werden müsse, und zwar durch *Rück*gewinnung des Seins, durch das Andenken an das Sein, durch ein Andenken, von dem das weitere Geschick des Abendlandes, ja das neue Zeitalter abhänge. So ungeheure (freilich durchwegs durch *Denken* zu lösende) moralische Aufgaben stellt er sich. Diese Aufgabe.

In einer Zeit der Lager und der Bombe. Denn wo die wirklichen Aufgaben liegen, die Aufgaben, die darin bestehen, *Seiendes*, nicht Sein, zu verändern; *seiende* Menschen, nicht *Sein* zu retten; da wird für ihn plötzlich alles, was geschieht – ob es nun, wie in der Rektoratsrede oder der in diesem Jahre veröffentlichten Metaphysischen Einführung, der Nationalsozialismus ist; oder im Humanismusbrief, ganz vorübergehend (man kann nie wissen) der Marxismus –, ein Seinsgeschick. Die elenden Dinge, die passieren, sind *Seinsgeschick*, ihm opponiert man nicht; statt dessen hämmert man los auf eine angeblich viel gewaltigere Schuld, eben die Seinsvergessenheit – *sie* ist eine Schande; und gegen sie mit aller Verwegenheit den Kampf auszufechten, einen Kampf, der ausschließlich im Denken an das sich entziehende Sein besteht, das – oh, das ist in seinen Augen weit mehr als eine „Handlung", die nur die Welt verändert, das *ist* qua actus die Weltveränderung.

Gewiß, auch gewissen moralischen, vage formulierten Defekten der Zeit gedenkt er. Aber sie alle sind nichts anderes als Folgen der Seinsvergessenheit. Also des Sündenfalles.

Individuation des Seins ins Seiende

Sie ist ein „*Wagnis*" des Seins. – Offenbar ist Heidegger also über das dabei übernommene Risiko des Seins informiert.

„Es gibt" bedeutet: „Es" (das Sein) „gibt sich aus". – Aufgabe des emanierten Daseins, seinerseits das *Sein* zu wagen. Der gewagten Individuation entspricht also die gewagte Re-*Integration*.

Ja, Individuation kommt schon vor, aber in eigentümlichsten Umschreibungen, von denen nie auszumachen ist, ob sie Gedichtsinterpretationen sind oder ontologische Aussagen. Aber dieses Entweder–oder würde H. eben nicht anerkennen: denn im Gedicht spricht das Sein sich eben aus. – Da erreicht die Individuation das Einzelne als das „Gewagte", Rilkeausdruck, den H. so auslegt, daß das Sein *wagt*, sich im Einzelnen von sich selbst abzulösen: *„es wagt uns"*.[25] Warum Rilke den Ausdruck verwendet, bleibe hier dahingestellt; zu leugnen, daß seine Dichtung philosophischer Deutung bedarf, bin ich, als Mitkommentator der „Duineser Elegien" der letzte.[26] Die Frage ist freilich, ob man als Philosoph Rilkes Ausdrücke so einfach mitverwenden darf. Wer davon spricht, daß das Sein etwas „wagt", der impliziert, daß „das Sein" sich dabei einer Gefahr, die es auf sich nimmt, bewußt aussetze – eine Aussage, die außerhalb jeder möglichen Verifizierbarkeit bleiben würde. Im heideggerschen Rahmen aber ist diese Aussage vollends unbegreiflich, denn das Sein wagt sich ja offenbar in etwas, was als *Hirte*, also als das Gegenteil von „Gefahr", seiend wird. In der Tat ist, was H. da meint, nur mythologisch formulierbar: Jedes *Erzeugen* ist eben eo ipso ein sich Aus-setzen, ein „Sich ausgeben" (so wie jede Geschichte Degeneration, jeder Schein Selbstverdeckung) – und ein Wagnis ist dieses Sich-Ausgeben, weil die Zentrifugal-Bewegung, die gerade das Walten des Seins ausmacht, die Gefahr enthält, daß das Emanierte abreiße, völlig abreiße, gerade auf Grund des Willens, den das Emanierte durch die Eruption des Seins als Seinskraft als Mitgift in sich trägt. Die „Kehre" besteht also in mehr, als was H. selbst beschreibt und was Löwith darstellt. Sie ist eine Art *Kehrtwendung* des vom Sein aus dem Sein geworfenen Seienden, ein Versuch des Fortgeschleuderten, sein Gesicht auf dem Fluge, der ihn vom Sein entfernt, *doch* dem

Sein wieder zuzukehren – so wie Adam auf gewissen Vertreibungsbildern Gott anblickend das Paradies verläßt – wenn es nicht sogar ein Versuch ist, die Zentrifugal-Bahn in eine zentripetale Flugbahn zurückzubiegen; und die Kosmologie („Geschichte", „Aufgabe", „Wagnis") in umgekehrter Reihenfolge wieder zurückzulegen; also wieder „kosmisch unschuldig" zu werden. – Denn darin allein besteht das praktische Ziel jeder Mystik, den Weg des Falles oder der Emanation oder der vielfachen Vermittlung des Urgrundes, die man als Stück Welt „ist", wieder „aus der Welt" zu schaffen, die „Individuation" durch Re-Integration zu widerrufen – mit Plotin: sich, obwohl außerhalb befindlich, als Radius des strahlenden *Hen* [Einen], also als dort *im* Mittelpunkt zu wissen („beim Sein").

In einem anderen als diesem Mystik-Vokabular läßt sich Heideggers „Metaphysik" (der er ja in der Tat das Wort „M." nicht mehr gibt) nicht umschreiben. Warum es besser sein sollte, daß das „Sein" bei sich bliebe, als „uns wage", darüber läßt sich mit einem Mystiker nicht streiten, um so weniger, als doch offensichtlich in dem „Gewagten", also im Ontischen, das *Sein* nicht verloren ist. Wir befinden uns hier epekeina [jenseits] jeder möglichen Diskussion; und das Einzige, was theoretisch hier geleistet werden könnte, wäre der Versuch, zu bestimmen, warum in der heutigen geschichtlichen Situation ein solcher Plotinismus möglich und erfolgreich sein kann. Ehe wir diese Frage beantworten, soll aber durch einige wenige Plotinstellen gezeigt werden, daß es sich wirklich um den Plotinismus des 20. Jahrhunderts handelt. [s. S. 330ff.]

„Die Zeit der Distinktionen ist vorbei." (I)

Seit Hegels Tod will kein Philosoph mehr eine Philosophie liefern. Auch Heideggers Philosophie geht in eine andere Tätigkeit über: *in die der Heilsbringung durch „Andenken"*.

H. ist sich bewußt, den Schritt *aus* der Philosophie *heraus* getan zu haben. Er stellt sich als erster *jenseits von Wissen und Glauben.* Was dieses „Jenseits" ist, weiß er selbst nicht. Seine Philosophie ist gewissermaßen Theologie *vor der Religion.* Sein Anspruch ist Religion. Und insofern nicht diskussionsmöglich.

„Die Zeit der Distinktionen ist vorbei."

Dieses Kierkegaardwort, das H. in „Sein und Zeit" zitiert, und das auch Löwith in seiner Schrift[27] als Schlüsselwort für H. verwendet, kann nicht ernst genug genommen werden. Gerade diejenigen, die heutzutage etwas ernsthaft in Arbeit nehmen, wissen nicht, *als* wer sie es tun, welcher Art ihre Tätigkeit ist und wie, was sie tun, klassifiziert werden soll. Die Situation besteht jetzt seit über 100 Jahren. Wenn Wagners Position zwischen der eines Opernkomponisten und eines Erlösers schwankte; wenn man Nietzsche einen „denkenden Dichter" nannte; wenn Rilke nicht wußte, ob er schrieb, betete oder rettete; Kafka nicht, ob er Romancier oder Heiliger war; Kraus nicht, ob Revolverjournalist oder Unheilsprophet; Brecht nicht, ob Dramatiker, Lehrer oder Propagandist – so sind diese zufällig herausgegriffenen Beispiele nur Beweise dafür, daß die Klassifikationen, die nicht sosehr „sachlich", als durch die anerkannten Arbeitsteilungen begründet sind, mürbe geworden sind.

Mehr als irgendwo sonst gilt das von der Philosophie, deren Hauptereignisse seit Hegels Tod, Marx, Kierkegaard und Nietzsche, bezeichnenderweise nicht mehr im Rahmen der Universität vor sich gegangen sind; und die ihrer Zugehörigkeit zur Wissenschaft (sei es als „Königin" der Wissenschaften, sei es als eine Wissenschaft u. a.) durchaus unsicher geworden sind. Das Marxsche Wort: daß es nun, statt zu interpretieren, gelte, zu *verändern*[28], gilt in der Tat für die gesamte nachhegelsche Philosophie, wenn auch Straße und Ziel der Veränderung denkbar verschieden ausfallen. Daß alle, die Entscheidendes in dieser Hinsicht mitzuteilen hatten – von Marx bis Heidegger – erst einmal von der Wissenschaft ausgingen, ihr Anliegen erst einmal gewissermaßen selbst mißverstehend und daher mißverständlich einordneten, ist durchaus begreiflich. Jeder von ihnen mußte sich gewissermaßen erst einmal aus der Dimension, zu der Philosophie herkömmlicherweise gehörte, herausarbeiten.

Wie gesagt: *wohin* sie sich herausarbeiteten, ist schwer zu definieren. Denn welche Provinz es geben wird, und wie deren Grenzen verlaufen werden, wird eben von den Tätigkeiten und Arbeiten dieser Männer abhängen. Soviel ist gewiß: bloßes Wissen und Verstehen ist gewiß nicht das Ziel dieser Philosophen; ist es schon seit Bacon nicht, da eben schon seit Bacon die Wissenschaft, und die in ihr invertierte Philosophie, auf Beherrschung der Welt aus ist. Es ist also ein anderer Bezug zum Seienden, als der bloß wissende oder beherrschende. Und bei Heidegger ist es ein *beschwörender* Bezug: nämlich das Sein, das verlorengegangen ist, durch eine, von ihm selbst vielfach, und immer wieder anders, charakterisierte Aktion des „Andenkens" zurückzubeschwören. Es ist ein beschwörender Bezug – also insoferne „Magie". Und die Absicht dieser Magie ist Mystik: nämlich diejenige Situation, durch die man nun *beim* Sein ist; sich in diesem zuhause zu wissen, sich nicht mehr als „geworfen" zu fühlen, sondern als vom Sein „ereignet": Und nicht nur sich selbst, sondern die gesamte geschichtliche Gegenwart, die also ontologisch total verändert werden soll. Was H. vorzubereiten versucht durch (wie er bescheiden sagt) die „Zurüstung zur Vorbereitung" dessen, was „Denken" eigentlich zu sein hätte – ist ein Schritt, der zugleich auch das Seyn provozieren soll: denn nur insofern seiner *gedacht* wird, wird es auch von sich aus *heil* sein, und Gott oder Götter schicken.

Das ist keine Philosophie. Wenn ich das ausspreche, meine ich das nicht im höhnenden Sinne: denn wo stünde geschrieben, daß es Philosophie geben müsse? Außerdem ist sich Heidegger selbst ja durchaus bewußt, den Schritt *aus der Philosophie* heraus getan zu haben. Nicht nur dessen ist er sich bewußt, vielmehr betont er es; und weist auch mit dem Terminus „*Metaphysik*" ab, der in seinen Augen gewissermaßen eine unredliche Spielart des Seinsvergessens ist, da sie über Sein zu sprechen vorgibt, tatsächlich aber nur von Seiendem rede. – Um ein *Glauben* aber handelt es sich gleichfalls nicht, denn Glauben ist in H.s Augen (durch seine Antwort „Gott") eine Kurzschlußantwort auf die Seinsfrage (oder auf die Seins-Pflicht), eine Antwort, die das geforderte Im-Nichts- oder Beim-Sein-Stehen gleichfalls sabotiert.

Seine Position ist also *jenseits von Wissen und Glauben*, und gesehen von dem ontologischen Status, den H. für sich und für das Sein anstrebt, sind *beide* – *„Holzwege"*. Was er bietet, ist weder Wissenschaft, noch Religion, sondern eine *ontologische Veränderung* unserer selbst und des Seins selbst – und der Weg dorthin ist gewiß ein Ritual des Andenkens, ein Ritual, das noch nicht festgelegt ist – alle seine Schriften sind gewissermaßen Versuche, den Weg eindeutiger zu machen. Sub specie dieses letzten Anliegens H.s sind seine Schriften gewissermaßen *Theologie praenumerando; Theologie, die von der Philosophie hinführen soll zur ontologischen Religion*. Das klingt absurd – denn diese zeitliche Inversion von Religion und Theologie ist uns befremdlich – aber auf welchem Boden heutzutage religiöse Bewegungen wachsen, ist noch unbekannt; und auch für frühere Wegstrecken der Religionsgeschichte gilt gewiß, daß nicht nur, wie es eine zu rationalistische Geschichtsphilosophie wollte, Wissen auf der Basis des Glaubens, sondern auch umgekehrt aufwuchs. Der Buddhismus ist dafür klassisches Beispiel – denn er begann durchaus als skeptische, beinahe nihilistische und höchst esoterisch-aristokratische Philosophie.

Mit all dem will ich nicht sagen, daß H. eine wirkliche Religion stiftet. Ich hoffe nicht: es wäre eine lieblose und bei aller Religiosität ihres Vokabulars defaitistische, die auf eine Parousie des unbekannten Gottes, ins Nichts hinein- und an-denkend, hoffte. Aber dem *Anspruch* nach ist *H.s Anliegen eine Religion*. Und insofern kann man mit ihr nicht diskutieren; höchstens mit ihren theologischen Vorarbeiten – also mit seinen Berufungen auf große Vorgänger, aus denen er gewissermaßen sein *altes* Testament herstellt, denen er eine concordantia mit seiner ontologischen Religion unterschiebt und die er, von Heraklit bis Rilke, zu seinen Vorläufern und Propheten ernennt – zu seinen Propheten, auch wenn er selbst sich nur als den Vorbereiter des Täufers darstellen mag. –

Die Zeit der Distinktionen ist vorbei. (II)

Handeln ist jenseits von Denken, Glauben und Beschwören.

Aber dieses Jenseits von Glauben und Wissen ist nicht nur in der „Beschwörung" verwirklicht (wenn sie in dieser „verwirklicht" ist), sondern auch im einfachen *Tun*. Wenn Marx Hegel bekämpfte, so galt sein Kampf *zugleich* dem Glauben und Wissen – aber er beschwor nichts. Heideggers eigentümliche Aktion ist nichts als die dunkle Bewegung des Daseins, das *weder glauben noch wissen noch handeln will*: eine dreifache Weigerung.

Adaequatio (= Koordination)

adaequatio (vor-intellektuelle) *als echte „Wahrheit"*.

Auch diese ist nicht so ohne weiteres eine *Degeneration* der Wahrheit. Jedem „aus sich Herauskommen" entspricht ein „Entgegenkommen", ein „sich-anschmiegen", ein *„sich einspielen auf"* (z. B. auf einen Menschen oder eine Geige). Diese Tatsache der *adaequatio* ist der Grundfall und die Fundamentierung jener *adaequatio*, die die Philosophie als adaequatio intellectus ad rem behandelte, freilich ohne sie in weiterem Zusammenhange zu sehen.

Nun ist es möglich, daß dem Menschen in bestimmter historischer Situation eine Welt geboten wird, der zu entsprechen ihm unmöglich ist, so daß er sinnlos, panisch, unkoordiniert mit ihr verkehrt – etwa wie einer, der gezwungen wird, auf einer Schreibmaschine Klavier zu spielen. Marx war in seinen Frühschriften sogar der Überzeugung, daß der Mensch seiner Epoche eigentlich gar nicht „in der Welt" und nicht in seiner eigenen Wahrheit sei oder sein könne, weil die Welt, die sich ihm (obwohl von ihm selbst geschaffen) bot, seinen wahren Möglichkeiten (z. B. der Sinnlichkeit: des

Hörens, Sehens etc.) nicht adaequat war. Daß er, um unser Bild noch einmal zu zitieren, auf einer Schreibmaschine Klavier zu spielen versucht. Was er in dieser eigentümlichen Situation verlangte, war die *Herstellung* einer Welt, die dem Menschen entsprach, in der er also durch die Entsprechung ein *wahrer* Mensch sein konnte; also eine Welt, der er sich öffnen, in der er „aufgehen" könnte – wenn man das Wort „aufgehen" (das Heidegger letztlich dem *phainesthai* zugesteht) in einem breiteren Sinne versteht. – Der Kampf Heideggers gegen den Begriff der adaequatio ist deshalb um so schiefer, als er ja (hierin Husserl fortsetzend) ständig betont, daß jedem Gegenstande ein ihm spezifischer Zugang entspreche; das geht bei ihm so weit, daß er ja von der Situation, in der wir (angeblich wieder) dem Sein entgegenkommen können, und *bei* ihm sind, geradezu das Weltgeschick und die Parusie von Gott und Göttern abhängig macht.

Die ontologische Moral

Demut zwecks Heil. Was H. vorwirft und vorschlägt.

Was er dem Menschen *vorwirft*, ist im Grunde: seinen Versuch, das Seiende zu *beherrschen*, zu unterjochen – also als Herr aufzutreten. Dadurch ruiniere er das Seiende. Nur durch eine *willige* Haltung dem Sein gegenüber sei der Schaden wieder zu beheben. Früher nannte man das *Ergebung und Demut* – ohne freilich von diesen Tugenden zu erhoffen, daß sie ein *Seins*schicksal entscheiden könnten. Man erhoffte von ihnen nur das eigene Seelenheil. Für den Unbefangenen ist es in der Tat schwer zu begreifen, warum die bloße Bereitschaft für Sein die entsetzliche Verwüstung der Menschen heilen könnte. Innerhalb des Vokabulars, in dem diese Gedanken bei H. auftauchen, scheinen sie unwiderleglich; denn ein in sich geschlossenes Vokabular lähmt die Freiheit der Stellungnahme.

Heideggers Geschichtsmetaphysik

Da er im Frühen das Wahre, im Späten das Degenerierte sieht, ist er der Rousseauist des 20. Jahrhunderts.

Da er in der Tiefe des Falls die Gewähr der Rettung sieht, sieht er in jedem Halunken den Retter; und lähmt durch diese Hoffnung die Energie, die dem Aufbau einer besseren Welt dienen müßte. Er ist ein Revolutionär des Gebets – er betet um Weltenwende.

Ähnlichkeit mit nationalsozialistischer Geschichtsmetaphysik.

Offenbarungs-Theorie

In eigentümlicher Weise schwankt seine Funktion zwischen der des *Reformators*, der die (immer schon bestehende) Wahrheit (des Seins) wieder erweckt, und des *Täufers*, der das kommende Seinsgeschick in grenzenlos ambitiös formulierter Bescheidenheit[29] ankündigt oder vorbereitet. Beschränken wir uns auf die *erste* Funktion, weil sie dem Primat der *Zukunft*, wie es in „Sein und Zeit" formuliert war, eigentlich zu widersprechen scheint.

Von vornherein ist *Geschichte* als *negative* Geschichte gesehen – d. h. (entweder noch abhängig von der Sündenfall-Konzeption oder schon in polemischer Abhängigkeit vom Fortschrittsbegriff.) als *Degenerationsprozeß* aufgefaßt. D. h. die *Frühe* war in der Wahrheit, bzw. das Sein hatte sich damals wahrhaftig „offenbart". Daß sich diese (aus unerfindlichem Grund als ontologische aetas aurea dargestellte) *Anfangssituation* nicht hielt, wird einerseits als *Abfall*-Geschichte mit bemerkenswertem gelehrtem Aufwand nachgewiesen; also *verworfen* – *andererseits* stellt es sich immer wieder heraus (und damit gibt H. eigentlich eine metaphysische Absolution für den Sündenfall der Seinsvergessenheit), daß Offenbarkeit gewissermaßen von sich aus, als metaphysisches Geschehen, zur „Irre" gezwungen ist, da eben das „Scheinen" zu Schein werden müsse. Die aetas aurea besteht gewissermaßen in demjenigen kurzen Augenblicke, in dem das Sich-Offenbaren des Seins in flagranti ertappt wird. Schon im nächsten Augenblicke hat sich das Sein, durch den Schein seines Scheins, bereits selbst zugedeckt, es bleibt jetzt gewissermaßen maskiert hinter seiner eigenen Emanation, so wie etwa der Schöpfergott, kaum daß er geschaffen hat, hinter den Gestalten seiner Schöpfung zurücktritt. Anders als durch die Metaphern solcher *kosmologischer Bilder* ist in der Tat der Ansatz Heideggers gar nicht aufzuklären. Besteht das Sein des Seins (nicht des Seienden) in seinem „aufgehenden" Walten, dann ist es durch dieses sein eigenes Walten selbst eben bereits entzogen – und der Spätling, der kosmogonische Spätling, ist um die Chance oder die Gnade, beim „Sein" zu sein, gebracht.

Daher werden für ihn alle frühen Dokumente, *als* frühe, zu *Evangelien*, und *als* frühe sind sie gegenwärtigen grundsätzlich überlegen. Nicht weil sie unsere Väter waren, sind die Alten Autorität, sondern weil sie jung waren, noch der Quelle nahe. Daß H. mit diesem Enthusiasmus für das nicht-Degenerierte nicht allein steht, ist im Augenblick klar, in dem man sein ontologisches Vokabular abmontiert. Er ist ganz verspäteter *Rousseauismus* (befreit von der „Nature – Civilisation"-Alternative); Rousseauismus des 20. Jahrhunderts – diktiert vom gleichen Ressentiment gegen „Kulturbetrieb" wie bei Rousseau und politisch zwielichtig wie dieser. In der Tat ist die Mischung von Sentiment und Strenge (wie sie bei dem Autor der Confessions *und* des Contrat social immer wieder überrascht) bei Heidegger gleichfalls zu spüren.

„Der Vorgänger", heißt es bei ihm über Hölderlin[30] – eben das gleiche hätte er von Parmenides, Heraklit oder Sophokles sagen können –, „geht ... nicht in eine Zukunft weg, sondern er kommt aus ihr an." Daß damit die Eindimensionalität der geschichtlichen Zeit (wie sie durch das christlich-eschatologische Bewußtsein gestiftet worden war) aufgehoben und eine *parakletuelle* Zeit (denn zu einer solchen wird bei ihm die Nietzschesche Wiederkunft)[31] gestiftet ist, ist deutlich. Heidegger ist ein ontologischer Montanist, er erwartet in der Zeit der Seinsverdunklung, in dürftiger Zeit immer wieder, wenn auch in Form verschiedenen Seinsgeschicks, den Paraklet – das Sein, das da war und anwesen wird: die Frühe. Freilich geschieht diese Wiederkunft nicht automatisch.

In einer Art von ontologischem Gotteszwang muß diese Verdunklung aufgehoben werden. Das ehemalige Erscheinen der Wahrheit (das Heidegger extrem beliebig mit der vorsokratischen Philosophie identifiziert) darf nur als eine unter anderen Offenbarungen genommen werden. Das Sein muß gezwungen werden, sich neu zu ergeben. Also wieder zu „geschehen", d. h. neu Geschick zu werden. Dieser Zwang kann (offenbar nur durch eine Art von Yoga-Praxis, eine extrem-intensive Willigkeit[32]) ausgeübt werden. Aber – hier hört jede Nachprüfbarkeit, auch nur Diskutabilität auf – die Dunkelheit des Zeitalters ist offenbar selbst Gewähr für den Umschlag oder für das völlig neue Seinsgeschick. Der religiöse Hunger beweist das kommende Brot. Die wachsende Gefahr das Nahen der Rettung. „Unheil als Unheil spurt uns das Heile. Heiles erwinkt rufend das Heilige. Heiliges bindet das Göttliche. Göttliches nähert den Gott."[33] Eine Logik des Götterzwangs, die ungeheuerlich ist. So wie das Dasein sich selbst gemacht hat, so macht es jetzt im Götterzwang den Gott. Auf dieses parakletische Seinsgeschick lebt Heidegger hin – was an sich einfach eine private religiöse Wahnvorstellung wäre, wenn er bei dieser seiner Erwartung nicht auf jeden falschen Messias hereinfiele. Daß er im N.-S. bereits das Parakletische Ereignis des Seins begrüßt hat, ist ja bekannt. Ein Kriterium, um Seinsgeschicke von dem, was gewinnend und voll Niedertracht geschieht, zu unterscheiden, hat er nicht; kann er nicht haben. In welcher machtpolitischen Konstellation er morgen das neue Zeitalter wiedererkennen wird, ist schwer vorauszusagen. Wir kennen nicht das Morgen und nicht die nächste organisierte Gemeinheit, auf die er hereinfallen und der er spekulativ applaudieren könnte. Aber das Furchtbare ist, daß er jene Energien, die für die Verbesserung einer Zukunft verwandt werden könnten; jene eschatologischen Hoffnungen, die seit 1789 mehr als ein und einhalb Jahrhunderte in Aktion umgesetzt worden waren, nun auffängt und verwandelt in eine ungeheuerlich vage Hoffnung für eine Weltwende; daß er das *Denken an das Sein* als den einzigen Weg (zugleich als das einzige Ziel) dieser Weltwende ansieht, daß er – in einem Zeitalter der Bombe und der Lager – als Idee der Humanität das „beim Sein-sein" zu predigen wagt (wie ein Kranker, der auf 100 Reize stets nur mit einer einzigen Reaktion antwortet, antwortet er auf alle Fragen: „Was meint Sophocles?" „Was ist Metaphysik?" „Was ist Humanismus?" – stets ist die gleiche Reaktion: „Sein.") und daß er diesen monomanen Dunst in so gehämmerter Sprache vorzutragen versteht, daß seine Schüler bouche-bée dasitzen und nach altem Brauch und schlechter Sitte die Geschichte – also ihre eigene und unser aller Schicksal – den Händen jener überlassen, die anderen Beschäftigungen nachgehen als die Weltwende vom Denken des Seins zu erwarten.

Aber wir hatten gesagt: stets das Früheste ist für Heidegger das Wahre. Die Quelle wahr; nicht der Fluß. Und soll wieder Wahres dasein, so muß es wieder eine Quelle sein, die aufbricht. Die Folge, die diese Theorie geschichtsphilosophisch nach sich zieht: Geschichte bricht gewissermaßen in Attacken, in fits, in Form ontologischer Sonnenflecken oder Eruptionen aus, deren langsam verlaufende Lavamassen dann das ausmachen, was wir gewöhnlich „Geschichte" nennen: das ist gewiß eine höchst eigentümliche Geschichtsvision, nicht nur, weil wir darin überhaupt nicht mehr *das*jenige erkennen können, was wir in der langen Geschichte der Geschichtsspekulation als Geschichte verstehen – eher „kosmologische" Erscheinungen –, sondern aus einem anderen, geschichtlich interessantem, Grunde: Als in Hegels Philosophie die antike Idee des Kosmos ihre systemtragende Funktion an die Geschichte abgegeben hatte, war der Systemsinn freilich schon eigentümlich geworden, aber noch nicht in Trümmer gefallen. Das ist jetzt eigentlich erst bei Heidegger der Fall, da es nur noch eine Mehrzahl möglicher Seinsgeschicke gibt, die, in Dunkel gehüllt, ausbrechen oder nicht ausbrechen können. *Eigentlich ist bei ihm Geschichte nur der Geburtsaugenblick* – im Augenblick, da etwas entsprungen ist, ist es auch schon (das Wortspiel stammt von H.) „entsprungen", also fortgesprungen – das heißt: dasjenige, was wir gewöhnlich als Geschichte betrachteten – nämlich der „Verlauf", das Kontinuum – ist etwas geschichtlich bereits Zweitrangiges (eben nur die erkaltende Lava). Es gibt also nur Geschichte – eigentlich nur große geschichtliche Augenblicke, und zwar Augenblicke der Geburt, der Frühe.

Auf *Frühe* ist er aus. Darin ist er ein Kind der Zeit, die in immer neuen Varianten Rousseauistische Frühkultur feierte: in der Jugendbewegung; in der Maschinenstürmerei des Jugendkults; im Exotismus; im Nationalsozialismus.

Wirklich frappierend aber ist die formale Ähnlichkeit mit dem Nationalsozialismus. Denn wenn dieser die „Rasse" als das geschichtlich Entscheidende ansetzt, ist „Geschichte" mit „Entspringen" identifiziert; wenn er auf einen neuen „Aufbruch" hinarbeitete (den ja H. auch als Seinsgeschick begrüßte), so lebte er für die neue „Frühe". Und wenn er die Geschichte, die zwischen diesen Eruptionen verlief, also die eigentlichen Geschichtsereignisse, en canaille behandelte, als Degeneration der Rasse, so entspricht das völlig der Geschichtsverachtung Heideggers. In gewissem Sinne begleitet Heideggers Philosophie die Bewegung als deren gelehrte Variante – selbst in jener Zeit, in der er sich vertrotzt zurückzog. Selbst seine Vertrotztheit hatte noch Ähnlichkeit mit der Hitlers; beide spielten Marschtritt des Seins und Schicksal; beide sind fanatische Betrüger. –

Da aber die Frühe, die Heidegger verkündet, nicht einfach die alte Frühe ist, hat er zu jenen frühen Großen, die er in den vorplatonischen Philosophen entdeckt und denen er alles unterstellen kann, was er will – denn die Mitgift, die sie uns ließen, liegt in Trümmern – ein zweideutiges Verhältnis: ihren Seinsbegriff kann er nicht übernehmen. Aber ihnen entnehmen kann er gewissermaßen la fraîcheur, ihre Frühe –

um zu erfahren, von welcher Frühe und Ursprünglichkeit nun das Verhältnis zum Sein sein muß, das ein neues (auch Gott oder Götter ermöglichendes) Seinsgeschick provoziert.

Warum das aber alles so ist, wie H. darstellt – das ist jenseits möglicher Begründung: ist ein Schema, das man mit gutem Recht für wahnsinnig halten darf.

Wahrheit ist dativisch

alētheia – Ist nicht das Seiende, das sich bei sich hält, in Wahrheit das Seiende? Weil es vieles gibt, ist Wahrheit einander verschlossen. – Daher muß sie farciert werden.

Damit kommen wir zu H.s Wahrheitsbegriff, dem Begriff der *alētheia = Unverborgenheit*, die bereits in den Brauch, vielleicht in die Geschichte der Philosophie eingegangen ist. Daß die Unverborgenheit ein sich *Verbergendes* voraussetzt, ja, daß der Kampf zwischen Verbergung und Entbergung den eigentlichen „Streit" im ontologischen Sinne ausmache, betont auch Heidegger. Lassen wir daher einmal die ontologisch gewiß höchst irritierende Frage beiseite, was es bedeuten könne, daß nicht sosehr ein Seiendes sich „verberge" oder „entberge" – also „offenbare", sondern „Sein". Darauf werden wir später zu sprechen kommen. Beschränken wir uns ausschließlich auf den *Entbergungsbegriff* selbst, und nehmen wir uns ein Beispiel, das zwar bei H. selbst nicht vorkommt, das aber eine gewisse Verdeutlichung abgeben kann. *Mimik.* In der Mimik, auch im Blick, z. B. im liebenden Blick, „kommt ein Mensch aus sich heraus", „zeigt er sich", „öffnet" er sich, und derjenige, dem der Blick gilt, hat die Chance der Wahrheit des Anderen. Aber wie steht es nun mit einem Menschen, der nie aus sich „herausgeht"? Oder der sich – das ist wohl, wenn man so sagen darf, der „ontologische Durchschnitt", nur mehr oder minder aus sich herausgeht, und nicht alles offenbart. Ist nicht gerade dasjenige, was sich „zurückhält", was nicht „ausgegeben" werden und gezeigt werden kann, *in Wahrheit – er selber*. Aber was kann hier, wenn wir H. ernstnehmen, „in Wahrheit" überhaupt bedeuten? Wenn jedes Seiendes eigentlich dasjenige ist, was – sofern es eben es selbst, und der Gemeinschaft entzogen – verborgen ist: dann ist Wahrheit *Verborgenheit*. Heidegger läßt zwar weder etwas darüber verlauten, wie Sein zu Seiendem *wird*, noch wie Seiendes in Pluralität von Seienden (als das Seiendes ist) sich individuiert. Auch in seiner „Sein und Zeit"-Phase spricht er vom „Dasein" in einer *singular-plural-neutralen Sprache*. Aber daß Seiendes grundsätzlich als viele Seiende ist, ist ein Faktum, das einfach geschluckt werden muß; und ebenso daß Vielheit – unter Monaden – bedeutet, daß, *weil* jede nur *sie selbst* ist, jede der anderen *nicht* offensteht, keine sich *ganz* „offenbart" – daß jede also in Wahrheit – *das Verborgene* ist. Nur weil dem so ist, ist das Wahrheitsbemühen ein gewaltsamer Kampf (den H. zwar mit beispielloser Zähigkeit kämpft und immer wieder betont, aber eigentlich unbegreiflicherweise), ein Kampf *darum*, ein Seiendes, das sich *nicht* offenbart, *doch* zur Offenbarkeit zu bringen, die Auster zu öffnen, oder die Natur auf die Folterbank des Experiments zu spannen, auf der sie aussage, was sie von sich aus eben nicht aussagen würde. Hat man sich das – trotz H. – klargemacht, dann wird die Wahrheit als *alētheia* höchst fragwürdig – vielmehr wird das sich-Offenbaren, sich-Zeigen selbst zu *einer* Weise des Seins – und zwar zum *Sein – für Andere*. Daß das Seiende (oder das Sein) von sich aus ein „sich Zeigendes" sei, ist nämlich völlig unbegreiflich; Sein zeigt sich nur, insofern es *Sein zu Anderen* ist; und wo es sich nicht ausreichend zeigen kann, da greift es zur Sprache, in der es sich – für Andere – offenbart.

Wenn man eine Terminologie dafür wünscht: das Scheinen, das sich Offenbaren (und wie immer bei H. das *phainesthai* heißt), ist grundsätzlich *dativisch*, es ist ein *„jemandem scheinen"*, so wie jedes Wahrnehmen akkusativisch, intentional ist. Es setzt die Vielheit der Wesen, deren Getrenntheit sowohl wie deren gegenseitige Angewiesenheit voraus – und ohne diese Tatsache ist das Wahrheitsproblem nicht in Griff zu bringen.

Nun ist es – und hier ist einer der *ontischen* (nicht ontologischen) Hintergründe des Irrtums (oder, wie H. sagt, der „Irre") zu suchen – durchaus möglich, daß zwei Wesen zwar so für einander gemacht sind, daß sie in Kontakt, in gegenseitiger Kenntnis ihrer Existenz stehen, und dennoch nicht in einer solchen Nähe-Beziehung, daß jeder sich dem anderen *ganz* offenbare. Solche *halbe* Beziehungen gehören nicht nur zur Wahrheit alles sozialen Lebens, sondern auch zur Wahrheit im weiteren Sinne. Daß jeder sich jedem *ganz* öffne, wäre ja unerträglich. Die Wirklichkeit besteht aus halben Beziehungen zwischen den Seienden. Es würde geradezu der *Wahrheit* eines Wesens (oder einer Spezies) widersprechen, wenn es sich jedem anderen als das, was es wirklich ist, offenbarte; und der Wahrheit des Wahrnehmenden, wenn es jedes „Erscheinen" aufnehmen könnte. Das, was Heidegger die *„Irre"* nennt, *gehört zur Wahrheit der Beziehung der vielen Wesen untereinander*. Es ist ein ontologisch-sozialer Charakter.

(Was es freilich bedeuten solle, daß das *Sein* „scheine", aufgehe etc., ist nicht nachzuvollziehen – es sei denn – im Hintergrunde stehe eine Emanations*theorie* – also Plotinismus – und darauf werden wir sogleich zu sprechen kommen.)

Ist nicht das Verborgene gerade das Seiende?

Das relative Recht des Selbstseins in H.s zweiter Phase.

Das Jeweilige scheint auf Grund seines Weilenwollens bereits gegen die metaphysische Hausordnung zu verstoßen („nicht im Fug" zu sein). Das relative Seinsrecht des Daseins = seine pietas philosophica.

Aber ist nicht Seiendes, sofern es „es selbst" ist, in Wahrheit gerade das in sich Versteifte und Verschlossene, das Andern Unzulässige, relativ Fensterlose, Abgeschnittene, also das *nicht* Offenbare?

Natürlich liegt dieser Seinsbegriff (= Bestand des in sich Stehenden) zu nahe, als daß H. an ihm einfach vorbeiginge: Aber letztlich weist er ihn ab. Am Deutlichsten wohl in seinem Kommentar zu Anaximanders[34] berühmten Ausspruch über das *dikēn didonai.* Dieser Ausspruch, bzw. der Kommentar, behauptet vom „je-weilig Anwesenden“, es sei „aus der Fuge“ (also in einem metaphysisch ungehörigen Stand), und zwar insofern als es auf seiner Weile zu bestehen versucht, also versucht, sich zu versteifen, seiner Vergänglichkeit „Bestand“ zu geben, obwohl „füglich“ nur die „Anwesung auf dem Wege von Herkunft zu Hingang“ wäre.[35] Daß die „Weile“ hier principium individuationis des „Jeweiligen“ ist, darf uns nicht wundern, denn auch in „Sein und Zeit“ hatte H. ja die „Gänze“ (also die durch den Tod begrenzte Weile des Daseins), damals freilich in positiver Absicht, im Zusammenhang mit dem Selbstsein diskutiert. Nun aber ist für Heidegger-Anaximander der Bestand des jeweils Bestehenden ein „Aufstand“, und zwar sowohl gegen das Sein, aus dem es eigentlich kommt (dem eigentlich als Einzigem Seinsrecht zuzukommen scheint) wie gegen andere Seiende, denen es Platz fortnimmt. Auf Grund welcher (ihm doch vom Sein offenbar als Mitgift verliehenen) Kraft das jeweils Gegenwärtige auf seinem Aufenthalt zu verweilen versuchen kann, bleibt freilich undurchsichtig.[36] Deutlich dagegen, daß das Jeweilige eo ipso durch dieses Verweilenwollen sich dem Fug (also der metaphysischen Hausordnung) zu entziehen sucht, seiender zu sein sucht, als ihm qua nur „Ereigneten“ und dem Sein noch immer zu eigen Gehörigem, also als Kreatur, zusteht. Eigentlich scheint dem Einzelnen gar nichts zuzustehen, da es auf das Sein zu-steht.[37] Ganz begreiflich ist diese Verurteilung des Jeweiligen kaum. Da sie eigentlich jedem nicht in sich gründenden Sein, also wohl auch dem Dasein, das Recht darauf, es selbst zu sein, abzusprechen scheint, wird die positive Funktion, die dem Dasein an anderem Orte zuerteilt wird, nämlich „Hirt des Seins“[38] zu sein, unbegreiflich. Aber dieser Widerspruch ist natürlich nicht einfach ein logischer Widerspruch; vielmehr Zeugnis einer wirklichen Ratlosigkeit H.s gegenüber der Einschätzung des *Seienden.* Anfangs (in „Sein und Zeit“[39]) hatte er dem Dasein ein absolutes *„Recht“* vindiziert, das Recht, sich selbst zu entwerfen und, freilich begrenzt durch den vorweggenommenen Tod, seine „jeweilige Weile" selbst in die Hand zu nehmen. Diese ihm zugestandene ontologische Autonomie ist durch die „Kehre", durch den Einbruch des „Seins", dessen *Wurf* auch das Dasein entstammt, zusammengefallen. Nun, dem Vater Sein entstammend, hat es kein Sohnesrecht mehr – es sei denn, es sei vom Vater gesandt, ihm, im Andenken, seine Stätte zu bereiten. Als eine Art von Prometheus hatte Heideggers innengesteuertes Dasein begonnen; nun ist es seines Rechts, zu verweilen, zweifelhaft geworden; zuweilen aber hofft es noch, sich sein Daseinsrecht dadurch zu sichern, daß es sich die Sohnespflicht, das Sein in pietas philosophierend zu denken und zu sagen, selbst zuerteilt oder sich diese Pflicht als ihm zugeteilt einredet.

Wenn Sein auch „sich-verbergen", dann ist „Wahrheit" = „Offenbaren" hinfällig.

alētheia (Holzwege, 40 ff.)

Etwas offenbart sich. Dies ist ein Geschehen, wie das „aus sich herauskommen" (ins Offene).

Ist das Etwas *nur* offenbar.

Ist es nur das Offenbarte.

Ist das Offenbaren nicht nur *eine* Teilhandlung u. a., ein Geschehen, das nur einen Teil dessen zeigt, was das Seiende *„in Wahrheit"* ist?

Ist nicht andererseits diese Offenbarung eine Beziehung zwischen den sich Öffnenden und dem dafür Offenen? (Wie in der Liebe.) Öffnet sich nicht die Blume dem Insekt?

Ist das Seiende nicht gerade, insofern es „es selbst" ist, das sich *nicht* Offenbarende, nämlich das sich zurückhaltende Individualisierte?

Kann es sich nicht nur deshalb offenbaren, weil es, dieses „Offenbarte", „zuvor" unoffenbar *war*? (Ist der Beichtende *nur* die Beichte?)

Ist nicht die Verborgenheit (das in sich geborgen-sein = nicht den Andern zugänglich sein) die Wahrheit des Einzelwesens?

Ist es nicht „offenbar" *nur* qua Kommunizierendes?

In gewissem Sinne gibt H. das zu, sogar in absichtlich „befremdlicher Schärfe".[40] Aber die Verborgenheit spielt bei ihm, außer wo sie „Verstellung" und „Schein" ist, eine viel zu geringe Rolle. Wenn nämlich das Seiende verborgen *und* unverborgen ist, ist es *„in Wahrheit"* beides. Und der *„Wahrheitsbegriff"* als „Unverborgenheit" wird dadurch hinfällig.

Dies – das zugleich sich Verbergen und Offenbaren sei der „Urstreit".[41]

Nein: sofern Seiendes Beziehung (und Bedarf) zu (an) Anderen hat, offenbart es sich; gibt es sich (anheim).

Und: sofern Seiendes diesen Bezug verbergen will, verbirgt es sich (das jagende Tier im Dunkel).

Und: sofern Seiendes in Gefahr vor anderem Seienden ist, nimmt es diese Gefahr *wahr*, macht es also durch Wahrnehmung das Verdunkelte oder Versteckte offenbar.

Nota bene: das alles gilt nur von Seienden, nicht vom *Sein*!

„Aufgehen" und „phainesthai"

Dieses Sein gilt ihm als *phainesthai*.

In gewissem Sinne ist H.s Deutung des *phainesthai* als physis eine *Kosmogonie*. Denn *physis* bedeutet ja bei ihm nicht nur Sich-zeigen, sondern als solches „Aufgehen des Seins", dessen Heraustreten aus der Verborgenheit, also damit auch das Werden der *onta* [der Seienden]. Mindestens negativ ist dadurch das Seiende in seiner Genesis-Art gekennzeichnet: denn wenn es „aufgeht", so ist es *weder „gemacht"* (bzw. geschaffen) noch *„gewachsen"* (bzw. „natürlich" verursacht).

Bleibt die *phainesthai*-Theorie (der Ausdruck „Aufgehen") erst einmal dunkel, so illustriere man es sich an einem Beispiel, das Heidegger zwar nicht bringt, vermutlich auch abweisen würde, aber das doch beinahe wie ein Modell seiner Spekulation anmutet: am Phänomen des *Gesichtsausdrucks*[42], der ja, weder gemacht noch gewachsen, doch da ist; den Aussehenden offenbart, also ihm sein „Da" gibt, ihn

„gegenwärtigt“; der wirklich ein „Aufgehen“ (zum Beispiel „strahlendes Aufgehen“) des Menschen darstellt; der das *Aussehen* dessen ist, was (oder wer) der Aussehende „ist“; und der schließlich sogar (wenn er als *eidos*, als bloßer *Anblick* genommen wird, oder sich selbst heuchlerisch zum Anblick verstellt) auch jene Möglichkeit und Gefahr der „*Irre*“ enthält, die Heidegger dem scheinenden Sein zuspricht[43]: denn das Aussehen wird ipso facto seines Geschehens zum Anblick, der Mensch tritt hinter sein, zum Anblick erstarrtes, Aussehen zurück und bleibt verborgen. – Die ganze Beschreibung Heideggers scheint aufs Schönste gerechtfertigt, nur daß H. sie eben nicht als Theorie der Physiognomik, sondern als Kosmologie präsentiert hat; so daß unser Beispiel keine eigentliche Bestätigung darstellt.

Betrachtet man den H.schen Ansatz im Zusammenhang der kategorialen Alternativen unserer Epoche, so springt sofort ins Auge, daß auch er (wie die anderen Kategorien H.s) *quer* zu ihnen steht; besonders eben quer zu der Alternative „künstlich“ (= geschaffen) – „natürlich“ (= gewachsen oder verursacht), also zu den Alternativen zwischen supranaturaler und naturalistischer Herleitung des Menschen. Schon in seiner ersten Phase war es H. auf ingeniöse Weise gelungen, dieser Alternative auszuweichen, nämlich durch die *Geworfenheit*: denn diese implizierte eben (abgesehen von dem: wir sind nun einmal, die wir gerade sind, und haben sie zu sein), daß wir weder creata, noch durch Natur bestimmte Stücke Natur sind. Und nunmehr ist diese Alternative eben durch das *phainesthai* neutralisiert – denn H.s Antwort auf die Frage „wie ist das Seiende?“: „als aufgehendes“ steht zu den Alternativantworten „als geschaffenes“ oder „als gewordenes“ wiederum quer. Diesmal ist die Antwort freilich so neutral, daß sie jedem, der nicht „willig“ ist, sie als mystischen Wink zu akzeptieren, zuweilen als bloßer flatus vocis vorkommen kann. Sie bezieht sich ja nunmehr auf schlechthin *alles*, auf „Dasein“ nicht weniger als auf Natur oder Geschichte: als „aufgehende“ sind diese im Grunde alle gleich, ja *dasselbe* – und daß damit metaphysisch irgendetwas Positives ausgesagt sei, ist schwer zu konzedieren: denn wenn man die ontologische Frage schon stellt[44], müßte die Antwort in irgendeiner Weise durchsichtig machen, warum sich das Sein in so Verschiedenes (in *dieses* Verschiedene, das es offenbar „gibt": in Lebewesen, Geschichte, Unbelebtes etc.) verzweigt. Wenn H. das Wesen jedes Zweiges in den sich verzweigenden Stamm re-legiert, dann ent-west er ihn, dann läßt er das Spezifische eben in der Nacht des Grundes zugrundegehen. Hegels großartiges Unternehmen, das Umschlagen ins Spezifische konkret nachzudenken, ist Heidegger unendlich überlegen. Denn Heidegger liegt nichts ferner als die Dialektik, die eben der Versuch ist, ein solches Unternehmen durchzuführen. – Daß Heidegger die Frage nach dem Wie und Warum der Varietäten des Seienden nicht beantworten kann, wird ihm natürlich kein Mensch, der bei Sinnen ist, vorwerfen; wohl aber, daß er so fragt, daß allein derartige Antworten *als* Antworten akzeptiert werden könnten.

Neben dieser Grundschwierigkeit bleiben in seiner Spekulation über das „Aufgehen" folgende drei Punkte dunkel:

1. Was ist das Sein, sofern es nicht aufgeht? (Denn offenbar kann es sich ja auch verbergen, ja scheint eine Vorliebe dafür zu haben, sich ontologisch zu vertrotzen.[45])

2. Warum ist es „*wahr*" nur, sofern es aufgeht? Ist es nicht vielmehr, *da* es sich verbirgt, „in Wahrheit" beides. Bedeutet nicht „Wahrheit", wenn auch das „Sich-Verbergen" konzediert ist, etwas Anderes als „Unverborgen-Sein"? Denn nur von der *Unverborgenheit* der *Verborgenheit* (nicht des Verborgenen) zu reden, wäre doch wohl unerlaubt.

3. Ist nicht Sein, gerade sofern es aufgehen, *sich* zeigen, *sich* entbergen kann, bereits als *Seiendes* gesetzt? Ist nicht die Medialform *phainesthai* ein *Sich*-zum-Aufgehen-bringen, also ein Zwitter zwischen Aktiv und Passiv, der ein Substrat benötigt? Oder sollten wir diese Nötigung nur aus sprachlichen Gründen empfinden, eben weil wir Opfer der Sprachformen Aktiv, Passiv, Infinitiv (sein), Partizip (seiend) und Nomen (das Sein, Seiendes) sind[46], von Sprachformen, die

niemals für die Artikulation des Seins gemeint waren, so daß wir, welcher Form wir uns auch bedienen mögen, immer schon falsch artikulieren? Der Gedanke ist, obwohl mit ihr verwandt, nicht der der negativen Theologie, da es sich nicht um die Unzulänglichkeit von Attributen für die Bestimmung des X handelt, sondern um die Unzulänglichkeit unserer Sprachform, die vielleicht „Sein" schon dadurch entstellt, daß sie eben vom Mitdenken von Verbal- oder Nomen-haftem nicht loskommt. Heideggers „Walten" und „Wesen" z. B., obzwar offensichtlich gewählt, weil es in eigentümlicher Schwebe zwischen Aktiv und Passiv bleibt, bleibt eben doch ein Verbum, indiziert eben doch ein Geschehen, präjudiziert also über das Sein.

Offensichtlich ist also Heideggers Ontologie eine *„negative Ontologie"*: durch die Betonung des einai [Seins] als ein nicht-*on* [Nicht-Seiendes] ist das Absolute erst einmal gesetzt; gesetzt als etwas, das sich zwar in bestimmten Situationen (wie der Langeweile) öffnet, aber unserer, auf Ontisches zugeschnittenen Sprache unzugänglich bleibt. Es ist zwar offensichtlich, daß Heideggers Philosophie insofern konsequenter wird, als sie immer mehr zur Seinspietät wird, sich also jeder Diskursivität und Systematik begibt. Aber das umfangreiche ontologische opus, das vorliegt, war doch der paradoxe Versuch, das von vornherein ins *epekeina* [Jenseits] herausgestoßene Sein *doch* zu bewältigen.

Und da H. über es spricht, dementiert er es.

Letztlich ist die *phainesthai*-Theorie eine Antwort auf H.s Fundamental-Frage: Warum gibt es Seiendes und nicht vielmehr Nichts?[47] Zu dieser Frage kann man doppelt Stellung nehmen: man kann sie durch „Gott" beantworten – dann ist durch die Antwort die Frage selbst, und mit ihr das Sein vergessen. Oder aber man kann das Seiende aus Seiendem erklären, wie es jeder Naturalismus tut – dann ist in der Erklärung die Frage bereits denaturiert, also gleichfalls vergessen. *Nicht* vergessen ist die Frage nur für denjenigen, der einerseits die Antwort „Gott" nicht mehr akzeptieren kann, für den aber andererseits die jüdisch-christliche Unterscheidung zwischen creator und creatura doch noch so unzweideutig gilt, daß er eine „Ableitung" des Seienden aus Seiendem als abstrus ablehnt. D. h.: die Ontologie (in Heideggers Sinne) kann nur in einer bestimmten historischen Situation auftauchen, in derjenigen, in der der Fragende *weder* Gott *noch* Welt als „Grund" akzeptiert.

Natürlich ist, daß dieses „Aufgehen" so unbestimmt bleibt, Heideggers Schuld nicht. Die Frage nach möglichen Genesis-Arten läßt uns in der Tat, haben wir erst einmal „machen" und „werden" (bzw. erzeugen im Sinne von Gebären) genannt, sofort im Stich; die Unterscheidung von „Zeug" und Machen, von Natur und Kunst ist aber schließlich keine zufällige, sondern eben abgelesen von der fundamentalen Erfahrung, daß wir Dinge machen aus Dingen, die wir nicht gemacht haben. – Die Geschichte der Mystik (mit ihrem Bild der scheinenden Sonne, oder der *pēgē*, der Quelle, sind verzweifelte Versuche, diese Alternative zu durchbrechen, eine dritte Art des zur Welt-Kommens (der Welt) zu umschreiben. Und in dieser Überlieferung der *Mystik*, die wir später genauer prüfen werden, steht Heidegger. Nur in dieser?

Nicht nur. Denn dieses eigentümliche „sich selbst gebende" Sein war im zeitgenössischen Denken bereits vorgebildet. Und zwar in einer, heute schon längst vulgär gewordenen (was ihren kategorialen Apparat angeht, von Anfang an vulgären) Theorie: der *Ausdruckstheorie*, die, mindestens in der Wahl ihrer Feinde, der Theorie H.s auffällig ähnlich ist. Die *Klagessche* Theorie z. B. ist unchristlich *und* antiaufklärerisch; sie ist eine *physis*-Theorie *(Physio*gnomik) und dennoch antinaturalistisch (beides wie die Lehre H.s). Mir scheint, man darf den Einfluß der Ausdrucks-Theorie (die das Denken und das Vokabular der Zwanziger Jahre mitgeprägt hat) auf Heideggers Gleichung *phainesthai* = *physis* nicht unterschätzen. In der Tat ist ja für die Ausdruckskunde alles Sichtbare am Menschen ein „Sich-zeigen", ein „Aufgehen", ein „sich Präsentieren", *also Gegenwärtigen*. „Bloße Erscheinungen" gibt es für sie nicht, sondern nur „scheinendes", sich ausdrückendes Leben – also *„aussehendes"* Leben. Wenn H. (am deutlichsten in seiner Platopolemik[48]) die Degeneration der Wahrheit darin gesehen hatte, daß diese, die ursprünglich das scheinende Sein selbst gewesen war, nun (gewissermaßen durch eine notwendige, in der Sache selbst, nämlich im Scheinen, liegende Tragik) in den Schein – im Sinne von „Idee" – überwanderte, bis sie sich mit dem rechten *idein*, also dem bloßen „Hinblick", dem Gesichtspunkt, identifizierte – so kann man diese Verkümmerung im Ausdrucksbegriff nicht entdecken. Sprechen wir von der Wahrheit des Ausdrucks (eines Menschen), so meinen wir *weder* unsere Hinsicht, *noch* die bloße „Ansicht", sondern, wenn man das Wort einen Augenblick lang, à la Heidegger, mit dem dynamischen Bindestrich schreiben darf, sein Aus-sehen, also das *Herausscheinen* dessen, was ein Mensch *ist.*

So plausibel dieser Begriff ist, wo es sich nur um *onta* [Seiende], und zwar lebendige *onta* handelt, so unbegreiflich scheint er, wenn er, wie eben bei H., aufs *Sein* angewandt wird. In der Tat gab es keine Ausdruckstheorie, die nicht expressis verbis oder stillschweigend den Ausdruck des lebendigen oder beseelten Organismus (als sich ausdrückendes, also scheinendes, Wesen) zugrundegelegt hätte – ob sie den Begriff des Organismus, wie Klages, Goethe entlieh oder der zeitgenössischen „Philosophie des Organischen", ist dabei gleichgültig.

Es gibt in der Tat wenige Provinzen auf dem geistigen Globus, die Heidegger so fern wären wie Biologismus einerseits und Goethe anderseits. Seine Herkunft aus *Scholastik* und Phänomenologie haben ihn auf einen Weg gesetzt, der das Gebiet naturphilosophischer Fragen nicht berührte, und Goethes Naturbegriff spielt für ihn gewiß keine entscheidende Rolle. Wie dem auch sei: Heidegger hat den Ausdrucksbegriff übernommen, und wie verblüfft waren wir Schüler Heideggers vor einem Vierteljahrhundert, als bei ihm eine Doktorarbeit über Klages geschrieben wurde, über Klages, dessen theoretische Unartikuliertheit und Primitivität uns schockierte, gerade über Klages, obwohl doch Heidegger zeitgenössische Philosophen, selbst subtilste (mit der Ausnahme von Husserl) eo ipso auf Grund dieses Unglücks, Zeitgenossen zu sein, als Dissertationsfiguren selten in Betracht zog. Heute hat die Tatsache, die uns damals verblüffte, ihre Erstaunlichkeit eingebüßt. *Heideggers Begriff des „Scheinen des Seins" ist eine ungeheuerliche ontologische Erweiterung des (physiognomischen) Ausdrucksbegriffes.* Daß diese verwässerte Kategorie solche Auswirkungen haben konnte, ist allerdings kein Wunder. Denn der Ausdrucksbegriff ist der *Emanations*-Begriff von heute: Die Alternative von „machen" und „werden".

H.s Metaphern sind angeblich keine

H.s Metaphern sind nicht als Metaphern gemeint. Aber sie enthalten eine *Verdoppelung* der Welt.

Vielmehr sieht er im heutigen Sinn die meisten Wörter bereits für partielle und abgeleitete an. „Das Haus des Seins" würde er nicht als Metapher zugeben, vielmehr behaupten, daß unsere alltäglichen Häuser eine Spielart dessen darstellen, was eigentlich „Haus" ist. Das gleiche gilt vom „Insein", ja, eigentlich von seinem *gesamten* Vokabular. Nur weil es „Raum" gibt, gibt es den räumlichen Raum.

Hinter dieser sprachlichen Eigentümlichkeit steht ein wirklicher philosophischer Fanatismus. Unerträglich ist ihm die einfache Empirie; z. B. daß Menschen für sich Häuser bauen. Wenn sie das tun, muß dieser Tätigkeit eine Bedingung der Möglichkeit oder der Bedürftigkeit zugrundeliegen; existiert das Zugrundeliegende, so muß auch diesem wieder etwas zugrundeliegen. Und im Vergleich zu dem, einmal unterstellten, letzten Zugrundeliegenden ist dann in der Tat dasjenige, was wir „Haus" nennen, nur ein nachträglicher Anwendungsfall. –

Bleibt nur die Frage, ob nicht auf diese Weise jene bloße *Verdoppelung* eintritt, die schon dem Platonismus sofort nach seinem Auftreten vorgeworfen wurde. Wenn es für „Haus" oder „Schlaf" oder was auch immer ein „ursprünglicheres" Hausen gibt, eine ursprüngliche vis dormativa – dann gibt es eben im „Grunde", d. h. in der Dimension des „*Grundes*", die Fülle dessen, was abgeleitet werden sollte, noch einmal – es sei denn, man beschränkte sich darauf, für mehrere Spezifitäten gemeinsame Voraussetzungen anzunehmen, wodurch dann aber wiederum aufklärungsbedürftig würde, wie und warum das „zu-Grunde-Liegende" effektiv Verschiedenes zeitige.

Ein Reich der Ideen gibt es zwar bei H. nicht. Aber eines der „Quellen". Das Problem aber: „gibt es ebensoviel Quellen wie zu erklärende Erscheinungen", ist das gleiche wie das „gibt es ebensoviele Ideen".

Die Götter – keine Metapher

Heidegger gebraucht keine Metaphern. Auch „Götter" ist keine Metapher für den Hintergrund des tierischen Ernstes dieses Ausdrucks.

Es kann keine Rede davon sein, daß Heidegger die „Götter" *metaphorisch* meint. Allegorische Götter kehren nicht „in richtiger Zeit" zurück, „wenn es sich mit den Menschen am rechten Ort in der rechten Art gewendet hat"[49]. Nein, sie sind nicht stellvertretend genannt, weder für „Glück" noch für „aetas aurea", noch gar für Gerechtigkeit, denn Metaphern zuliebe entwirft man nicht eine so sonderbare Bedingungskette (man könnte sie die „Logik des Götterzwangs" nennen) wie H. in seinem Humanismusbrief.[50] Denn dort ist deutlich: die durch Andenken zu erreichende „Nähe zum Sein" ist die Bedingung des „Heiles", diese wiederum Bedingung der „Gottheit", und diese schließlich Bedingung für „die Götter und den Gott". –

Die Erklärung, H. habe das „Ernstnehmen" der Götter einfach von Hölderlin übernommen, erklärt natürlich gar nichts; nicht nur deshalb nicht, weil Hölderlins „Ernstnehmen" selbst sehr problematisch ist, sondern weil „einfach" noch niemals etwas übernommen worden ist; sondern immer aus Gründen. Ebenso kurz trägt die Verdächtigung, es handele sich hier „einfach“ um einen Versuch à épater le bourgeois, oder (da es ja Ansätze zu Polytheismus heute *nirgends* gibt) à épater l'époque.[51] Die Wurzeln liegen viel *tiefer*.

Wir wissen, daß H. die Geschichte für eine Verfallsgeschichte hält, insbesondere die Geschichte der Worte für einen Prozeß, in dem sie ins rein Unverbindliche und Metaphorische absinken, bis sie überhaupt nichts mehr meinen. Diesen Zustand der Uneigentlichkeit der Sprache – ein Teilaspekt der „Weltnacht“ – will er aufheben; tut es eigentlich pausenlos, da er stets auf noch nicht abgenutzte Wortwurzeln zurückgeht. Aber er wird nun gewissermaßen zum Opfer seines Kampfes gegen die Uneigentlichkeit. Offenbar vertrotzt er sich in die Überzeugung, daß jedem heute nur unverbindlich oder allegorisch verwendetem Worte nicht nur ursprünglich ein wirkliches Erlebnis entsprach, sondern etwas Wirkliches, ein *a-lēthes*. Unserer heutigen, höchstens allegorischen „Kulturbetriebs“-Verwendung des Wortes „Götter“ setzt er nun nicht nur entgegen: die Griechen meinten sie wirklich, sondern: das von den Griechen Gemeinte war wirklich.

Etwas davon kannten wir alle in den (für Heidegger ja entscheidenden) Zwanziger Jahren, als unser aller Passion für „Verbindlichkeit“ mit dem Historismus zusammenstieß: ich kannte damals Musikstudenten, die, um Palestrina nicht einfach als Konzertmusik (also falsch) zu genießen, sondern wirklich zu vollziehen, katholisch wurden. Dem (nicht mehr erträglichen) unverbindlichen Genuß setzte man den historisch-echten, verbindlichen Zugang zum Werk entgegen, den man nun mit jenem völligen Mangel an Ironie und jenem tierischen Ernst, der ja auch Heidegger auszeichnet, verwirklichte. Wer Palestrina wirklich sang, der glaubte: und aus der Wirklichkeit des Erlebnisses folgte die Wirklichkeit des Erlebten. Man sieht: mehrere Motive der damaligen Zeit kommen zusammen: Historismus, (anti-ästhetischer) „Ernst“, „Erlebnisapotheose“. Und daß alle diese Motive: „Ernst“ durch Kierkegaard, Historismus durch Dilthey, und die Erlebnisphilosophie (durch die Jugendbewegung) entscheidende Elemente für Heidegger waren, ist ja bekannt.

Daß was bei den Einen zu Konversion führte, Heidegger zur Rede von Göttern führte, ist damit freilich noch nicht erklärt. Daß Konversion für ihn nicht in Frage kam, da er, im Unterschied zu den längst religiös Indifferenten, gerade erst den Glauben hinter sich gelassen hatte, liegt auf der Hand. Was er sich eroberte, war gerade das nichtchristliche Leben und die griechische Antike. Dazu kamen die Einflüsse der „heidnischen" Jugendbewegung, in der es bereits „Vergötterungen" gab, z. B. die Hölderlins und die des (seinerseits den Maximin[52] vergötternden) George. Das alles aber hätte nicht zum ernsthaften Reden von „Göttern" geführt, hätte es nicht eine weitere, vergöttlichende Bewegung gegeben: den *Nationalsozialismus*, den Führerkult, den Kult des mit „Heil" Gegrüßten, das Heil verkörpernden nationalen Gottes, der der Weltnacht ein Ende macht?

Daß Heidegger heute „Hitler" meint, wenn er von Göttern spricht, glaube ich durchaus nicht; obwohl es ans Unbegreifliche grenzt, daß er im Jahre 1953 so von der „inneren Wahrheit und Größe" des N. S. sprechen kann, wie er es in der rasch notorisch gewordenen Stelle seiner „Einführung in die Metaphysik" tut.[53] Aber setzt er uns nicht mit seiner Rede von Göttern dort eine getarnte Version dessen vor, was in der nationalsozialistischen Zeit als „Heiland" galt?

Das Sein als Gott

Vermutlich würde Heidegger die Behauptung, das *Sein* sei bei ihm an die Stelle *Gottes* getreten, als Unterstellung abweisen. Aber das gelänge ihm höchstens im Umkreis der deutschen Sprache, nämlich nur solange, als er die entscheidenden Worte „Schöpfung" oder „schaffen" durch den Neo- (oder Archeo-) -logismus *„ereignen"* ersetzen könnte. (Das Sein „ereignet" Wahrheit, Dasein u. s. f.) Die Mühsal der Übersetzer ist nicht zu beneiden.

Wahrscheinlich hat H. das Wort deshalb gewählt (oder

richtiger: wahrscheinlich hat sich ihm das Wort deshalb angeboten), weil es in seinem dunklen etymologischen Schoße unabsehbare Möglichkeiten für (ihrerseits fortwuchernde) ontologische Wortspiele birgt: das „ereignete" (Dasein) könnte z. B., wenn wir metaphysische Vorschläge machen dürfen, sich selbst „zu Eigen" gegeben sein, oder das „Ereignete" könnte sich dem Eigner „Sein" wieder zueignen, oder sich schließlich für dieses „eignen", oder am Ende könnte auch die Reflexionsform „sich ereignen" beweisen, daß, was das Sein ereigne, niemals etwas anderes sei als eben es selbst – man sieht: den Spiel- und Reproduktionschancen sind keine Grenzen gesetzt, und es würde geradezu Charakter dazu gehören, aus der Selbstvermehrung der Vokabel keinen eigenen Text entstehen zu lassen. Aber Anregungen für derartige orphische Sprachpossen hat H. ja nicht nötig; und für ihn sind sie ja auch keine Possen; denn da er überzeugt ist, daß das Seyn zweisprachig ist, neben dem Griechischen deutsch spricht – die zahllosen anderen Sprachen sind daneben offenbar kontingente Idiome –, sind diese Spiele für ihn eben göttliche Offenbarungspässe. Wir sind bescheidener; und da ein unschickliches Geschick uns durch andere Sprachen getrieben hat, fragen wir uns, ob sich „Sein" in diesen „ereignen" könnte: Im Englischen z. B. würde das Sein „make occur" oder „engender" oder „provoke" oder „produce" oder „emanate" – alles Ausdrücke, die dasjenige, was Heidegger meint, viel deutlicher und direkter an Grundgedanken bereits bestehender Religionen und Philosophien anschließen würden, als es das trotzige deutsche Wort tut.

Man wende nicht ein, eben gerade *weil* er etwas Anderes meine, sei er gezwungen gewesen, ein neues Wort einzuführen. Was *ist* gemeint? Daß das Sein nicht eine Wirklichkeit der bestehenden Welt ist, sondern deren *Herkunft*, und daß das Sein als „waltendes" (wieder ein anderes Wort für „Leben") die Ankunft oder Gegenwart von Seienden, auch von Dasein, *bedingt*. Keine Frage: Gemeint ist die unbedingte Bedingung – also das Absolute: damit also doch „Gott"; und obwohl er die Frage nach dem „Warum des Seins" stellt, ist offensichtlich das Sein selbst (genau wie die Antwort „Gott“, die er für eine Abdeckung dieser Frage hält) die Antwort auf diese Frage.

Aber, wie gesagt, das Wort erscheint nicht. Und zwar deshalb nicht, weil Heidegger, der selbst noch in der Scholastik aufwuchs und die Säkularisierung, mit der schon unsere Großväter großgeworden waren, noch am eigenen Leibe durchgemacht hat, einen von der positiv christlichen Religion differierenden Gottesbegriff, wie er seit dem Deismus gang und gäbe ist, niemals verwenden würde. In der Tat ist sein Begriff des Absoluten so schwankend, daß er zwischen den verschiedenen Typen hin und her schwankt: gewöhnlich ist es das *hen* [Eine] Plotins; dann aber ist es – etwa in der Abhandlung über das „Kunstwerk“ – eine (dem N.-S. nicht unähnliche) chthonische Macht: die Erde; dann wieder ist es etwas, was, da es „gibt“, auch schickt, und dessen zu gedenken, ihm danken bedeutet.

Soviel ist freilich gewiß: es ist kein Schöpfer-Gott, sondern etwas, das dadurch Welt wird, daß es sich *gibt*. Da es sich aber in alles gibt – denn jedes Seiende nimmt ja Teil am Sein –, ist Heideggers „Weltbild“ (wenn dieser Terminus, den er so scharf kritisiert, hier erlaubt ist) *pantheistisch* – freilich eben ein Pantheismus ohne Gott, den er vertritt. Aber während in der christlichen Spielart der Mystik Gott zwar beibehalten wird, aber die Kluft zwischen Creator und Creatura aufgehoben wird, ist bei Heidegger Gott nicht mehr genannt, aber die Kluft; nämlich die zwischen Seyn und Seienden, ist dort aufs energischste offengehalten – trotz der Tatsache, daß das Sein doch offenbar „sich gibt“ und in Seiendes sich „ereignet“. – Wie es möglich ist, die „ontologische Differenz“ aufrecht zu erhalten, und *doch* als Seiendes vom Sein ereignet zu sein, also doch auch zu *sein* – entzieht sich meinem Verständnis.

Schiefer Pantheismus

Im Grunde ist diese Position eine – ja, „pantheistische“ kann man nicht sagen, denn der Gott, auch die vergottete Welt existieren bei ihm nicht – aber da eben das „Seyn“ in allem und jedem „waltet“, hat sein Philosophieren alle Merkmale des Pantheismus.

Das ungenannte Vorbild Plotin

„... alles ‚Entspringen‘ im ontologischen Felde ist Degeneration.“
„Sein und Zeit“, § 67 ([1927], 334)

„Das Woher ist das Bessere, das Wohin das Schlechtere.“ (*beltiō men hothen, cheirō de eis ho.*)
Plotin, Enn. III 8, 8/38 [163[54]]

Soweit ich es übersehe, ist das Vorbild – Plotins Spekulation – in seinem Werke nur zweimal erwähnt. Einmal in seiner Deutung des Spruches des Anaximander[55], das andere Mal in „Wozu Dichter?“[56] Daß er nicht [explizit[57]] auf ihn eingeht, ist aus zwei Gründen begreiflich.

Erstens würde die Berufung auf Plotin den Anspruch auf ein abendländisches ontologisches Monopol – worunter H. nicht nur versteht, daß es Ontologie nur im Okzident gegeben habe, sondern daß das Sein sich aus unbegreiflicher Parteiischkeit gerade dem abendländischen Dasein ergeben habe – hinfällig machen: denn daß Plotin den in Ägypten ohnehin lebendigen orientalischen Einflüssen nicht nur ausgesetzt war, sondern diese ausdrücklich suchte, hat ja sogar Porphyrius betont.[58] Und der flüchtigste Blick in die erbärmlichste Übersetzung der Upanishaden hätte genügt, Heidegger zu zeigen, daß gerade in Indien die Unterscheidung von Sein und Seiendem aufs Deutlichste formuliert war und von „Seinsvergessenheit“ dort viel weniger die Rede sein kann als in der europäischen Philosophie und Religion.

Zweitens aber hätte H., wenn er sich auf Plotin berufen hätte, seine ganze Geschichtskonstruktion: die Apotheose der *Frühe*, die Behauptung, die Seinsvergessenheit habe schon mit Plato angehoben, über den Haufen werfen müssen; denn daß Plotin[59] *früh* war, hätte er ja durch keine noch so gewaltsame Geschichtsdeutung plausibel machen können. Wenn es *späte* Philosophie gab, dann diejenige jener Gruppen vom Ersten Jahrhundert an, die einerseits nicht der Stoa zugehörten, also nicht mehr praktische Philosophie trieben, das in der ganzen klassischen Philosophie zentrale Thema der *polis* übergingen, sich hermetisch aus dem Leben heraushielten; andererseits aber, trotz Meditation und Hymnen, auch keine religiöse Gemeinschaft bildeten.

Das geistig-geistliche Leben dieser Gruppen, deren Krönung Plotin darstellt, fand also gewissermaßen in einer Spalte zwischen der Tradition der griechischen Philosophie und der Religion statt. Also an einem Orte, dem der Ort Heideggers entspricht, denn auch er gehört weder zur Kirche noch zur großen moralisch-politischen Freiheits-Philosophie, sein Platz ist weder in der Religion noch in der Wissenschaft; und höchst charakteristischerweise ist er der Erste, der mit *der selben* Geste Glauben *und* Wissenschaft (bzw. Metaphysik) abwehrt – den Glauben, weil dieser die „Warum gibt es Sein?"-Frage mit einer Kurzschluß-Antwort zudeckt; die Wissenschaft, weil sie sich ohnehin ontologisch abblendet und sich ausschließlich für Seiendes interessiere. Daß H.s zweite Phase tatsächlich *reiner Plotinismus ist*, soll das Folgende zeigen:

Daß beide – Plotin und Heidegger – eine Theorie der Ekstasis vertreten – Heidegger definiert ja geradezu das Dasein als ek-statisch – und beide in der Ekstase ein *„Beim-Sein-Sein"*, also nicht ein Gegenüberstehen sehen, liegt so sehr auf der Hand, daß es ausdrücklicher Betonung nicht bedarf. Ebensowenig, daß bei beiden die Ek-stase nur selten stattfindet, obwohl man seinem Wesen nach sowohl Ekstase ist und das ist, wohin die Ek-stasis aus ist – Heidegger hat aus der Not dieser Seltenheit die Theorie der Seinsvergessenheit gemacht. Aber auch diese Vergeßlichkeit ist ein Gedanke Plotins, der zwar an die *anamnēsis* Platons anklingt, aber doch so wenig wie bei Heidegger ein Vergessen der Idee darstellt, sondern eine des *hen. Chrē de ennoein*, heißt es[60], *hōs eisin epilelēsmenoi hou kai ex archēs eis nyn pothousi*, man müsse einsehen, daß sie, die Menschen, dasjenige vergessen haben, wonach sie sich von Anfang an bis jetzt sehnen. – Aber ist das, wohin die Ek-stase zielt, was dem Vergessen entrissen werden soll, in beiden Fällen das Gleiche? Ist nicht das hen als Eines ein *Etwas*, also gerade nicht das *Sein*, sondern *ontisch*, etwas Seiendes? Nein. Es ist *ouk ousia* – und darunter versteht Plotin „nicht ein Seiendes" – und in einer Formulierung, die „Was ist Metaphysik?" abgelauscht zu sein scheint, stellt er sogar die rhetorische Frage, ob wir nicht zu Recht den Argwohn hegen dürften, der Urgrund sei das Nichts? – um zu antworten: sicherlich – nichts von dem, dessen Urgrund er sei.[61] „Da das Sein", fährt er fort – nein: behauptet *Heidegger* im Nachwort zu „Was ist Metaphysik?"[62], „da das Sein keine Qualität an Seiendem ist, da es nichts Seiendes ist, ist es das ‚Nichts'. Dieses Nichts ist aber die Quelle".

Nein, auch für Plotin ist das hen keine ousia. Wäre es das, heißt es an anderer Stelle[63], dann müßte es ein *ti* sein, ein „was", und als solches könnte es nicht Quelle, *archē*, sein. Wie Heideggers „Sein" ist es *epekeina toutōn*, jenseits von „dies"-artigem, ein *ou touto*, insofern also ein Nichts.

Daß er dieses Nichtseiende, also nicht Ontische, gerade Hen nennt, kann gewiß irreführen. Aber abgesehen von seiner zahlentheoretischen Nebenbedeutung, bleibt der Ausdruck auch für Plotin ein reiner *Behelf*, jeder Name wäre gleichermaßen unwürdig – *ouk axion*[64] – aber namenlos das Namenlose auch nur anzuzeigen, wäre eben technisch unmöglich gewesen. Würde freilich das Hen als thesis tis mißverstanden werden, dann würde der Ausdruck das Gemeinte undeutlicher machen, als wenn man auf einen Namen völlig verzichtete.[65] Thesis ist dabei offensichtlich die griechische Version des heideggerschen „Gestells". „Hen" aber heiße es nicht nur, weil es dem, ihm erst entfließenden, Vielen zuvorliege, weil es Apollon (= *a-polloi* [Nicht-Viele]) sei, sondern weil es als Quelle oder Wurzel[66] jedes Seiende zu einem *Einen mache*: denn was sei, könnte nur sein, insofern es „dies eine" sei, und etwas zum Sein bringen bedeute eo ipso ein Eines-zum-Sein-bringen. Obwohl Plotin dem Hen also *ousia* abspricht, es noch nicht einmal als „eines seiend" anerkennt („*ou gar hen* [recte: *heni oude*] ... *to hoion*[[67]]) darf er es doch „*Hen*" nennen, da es eben das Prinzip der „*Einse*" ist. In eigentümlichem Wortspiel – auch in dieser Hinsicht nimmt Plotin Heidegger aufs Indiskreteste vorweg – meint er sogar, daß wer mit Nachdruck das Wort *on* ausstoße, dadurch *hen* ausspreche und damit den Geburtsakt des Seienden nachvollziehe.[68] Aber, wie gesagt, durch Benennung komme man dieser *archē* nicht näher, sondern allein durch eine Art von Sehen, das freilich das *hen* nicht wie sonst Beleuchtetes sehe, sondern eben als jene Lichtung, die Sichtbares erst möglich mache: als das sich offenbarende Da. Modell ist also dort wie hier die Sonne: deren Walten, Strahlen, Aufgehen, Scheinen. An die Stelle des schaffenden Gottes ist also als letzte Instanz die strahlende Sonne getreten – oder nicht getreten, denn die Überlieferung der Identität von Sein und Sonne ist ja uraltes religiöses Gut; der Sonnenkult hat sich vielmehr – in der getarnten Form der Mystik – durch die christliche Zeit durchgehalten. Daß die Identifizierung (wie sie bei H. nicht weniger deutlich ist als bei Plotin) ursprünglich aus Platons Staat stamme, ist ganz unwahrscheinlich, weil solche Identifizierungen eben ursprünglich mythischer und religiöser Natur sind. Was Plotin betrifft, so spricht ja viel dafür, daß er (der ja nach Porphyrius' Zeugnis im Osten war[[69]]) die Identifizierung aus Persien übernommen hat – die Sonnenvergottung ist ja Zoroastrische Religion.

Was also H. da als okzidentales ontologisches Monopol in Anspruch nimmt, dürfte sich wohl als parsisch herausstellen.

Gleichviel – was nun Plotin über das *horan* [Sehen] dieses Hen aussagt, ist nun wieder reinster Heidegger. Um das Hen zu sehen, dürfe man es nicht *diōkein* [suchen, aufsuchen, verfolgen] sondern man müsse warten, *hēsychē menein*, und sich dafür vorbereiten, *paraskeuasanta heauton*, so wie man auf die aufgehende Sonne warte.[70] Da benützt Plotin also offensichtlich die heideggersche Unterscheidung zwischen „willentlich“ und „willig“, wobei das Willentliche das Sein verdunkle, das Willige ihm die Chance des Gegenwärtigwerdens bahne.

Man habe, heißt es an anderer Stelle, „nach rückwärts auszuweichen“[71] – was wieder dem Abschied vom Seienden und der Rückwendung zum „Grunde“ bei H. gleicht. Außerdem ist im *Aufgehen des* Hen (das dem der Sonne entspricht) der heideggersche Seins-Begriff erkennbar – denn Heidegger identifiziert ja Sein mit *physis* und übersetzt *physis* als „Aufgehen“. „Geht“ aber das *hen* „auf“, so komme es, heißt es bei Plotin, „wie ein nicht Kommendes“ (*hōs ouk elthōn*), sondern als *Parousie*, *pro hapantōn parōn*[72], als das vor allem anderen Gegenwärtige, weil es eben nicht ein unter anderen Beleuchtetes ist, sondern das Licht selbst, in dem überhaupt etwas gegenwärtig werden könnte.

Hier wie dort handelt es sich um das Prinzip, das „macht“, daß Seiendes *ist*; und heißt dieses Prinzip bei Plotin zuweilen auch *theos* [Gott], so ist doch dessen Machen nicht als „Machen“ und nicht als „creatio“ gemeint, sondern eben als „Emanation“ – die ein „Erzeugen“ weder im „künstlichen“ noch im „natürlichen“ Sinne ist. Und für beide – für Plotin wie für H. – besteht das *Wesen* jedes Seienden weiter in der *archē* [Ursprung], der es entstammt, so wie der Radius weiter vom Mittelpunkt sein Wesen entlehnt, bei beiden ist also die Individuation beinahe nur ein *Schein*[73], und das Seiende so etwas wie eine Emanation, die sich in der Bewegung „aufgefangen“ hat: *probebēkos*, heißt es von dem ersten Seienden[74], *ouk ēthelēsen eti prosō elthein, metastraphen de eis to eisō estē, kai egeneto ousia kai hestia hapantōn*, hervorgehend wollte es nicht seinen Weg fortsetzen, wandte sich um, einen Stand im Inneren zu gewinnen, und wurde so die *ousia* und der Stand alles Seienden. Was das einzelne Seiende *seiend* macht, zum Stande (*estē*), ist also das „Zustandekommen“ eines eigentlich Weitergehenden (*prosō elthein*). Formal ganz analog ist für H. der Wille des Einzelwesens ein vom „Grundwillen in die Einzelwesen geworfener" Wille, der sich als eigener *versteift*.

Es gibt wohl wenige Stellen in H.s Werk, die mit gleicher Deutlichkeit verraten, in welchem Maße er die Geschichte auf den Kopf stellt. Denn diese plotinischen Gedanken des Zum-stehen-Kommens, Zu-stande-Kommens datiert H. nun in die vorsokratische Philosophie zurück, er schiebt sie dem Anaximander unter. Nach Anaximander sei nämlich das jeweils Seiende „aus der Fuge"; und zwar weil es sich auf die Weile im Sinne des Beständigen zu „versteifen" sucht. Das widerspreche dem Sein des Seienden, das Anwesenheit des Jeweiligen eben nur „von Herkunft zu Hingang" aushändige. Was auf Standfestigkeit bestehe, widerspreche daher dem „Fug", das durch diesen Gang (von Herkunft zu Hingang) erhalten werde.[75]

Um diese Spekulation dem Anaximander zuschieben zu können, muß Heidegger freilich to *chreōn* [Schicksal, Notwendigkeit] als „Sein des Seienden" interpretieren (*to chreōn* sei dessen ältester Name), um es dann, auf Grund des etymologischen Zusammenhanges, der zwischen *chreōn* und *cheir* bestehe, als „*Aushändigendes*" (also als „es gibt") zu deuten. Mit *diesen* Mitteln bringt er es fertig, seine typisch *nachplatonischen, eben plotinischen*, Spekulationen in „frühe" rückzuverwandeln. Offensichtlich ist es ihm metaphysisch peinlich, daß die Spekulation *über die* Quelle nicht *an der* Quelle selbst eingesetzt hat – denn metaphysisch wäre es doch so schön, wenn es die Quelle selbst wäre, die über die Quelle spekuliert hätte, wenn eben – in beliebter Verdichtung von genitivus objectivus und genitivus subjectivus – die Quelle selbst es gewesen wäre, die sich offenbart hätte. Aber, so könnte man erwidern – in jenem alles *offen*lassenden, *viel*sagenden Stil der H.'schen Frage –: muß man nicht vielleicht *sehr* entfernt sein von der Quelle, um nach der Quelle zu fragen? Ist es nicht der *Späte*, der die Frühe sucht? Plotin, nicht Anaximander?

Übrigens hat zu dieser Anaximander-Stelle ein Kritiker das Folgende bemerkt: „Weder können wir die Übersetzung wissenschaftlich beweisen, noch dürfen wir sie auf irgendeine Autorität hin nur glauben. Der wissenschaftliche Beweis trägt zu kurz. Der Glaube hat im Denken keinen Platz." Der Kritiker heißt Heidegger, der über diese Interpretation selbst so urteilt.[76] Freilich fährt er fort: „Die Übersetzung läßt sich nur im Denken des Spruches nachdenken." Und das ist unwahr. Sie läßt sich ausschließlich im Denken *Plotins* nachdenken. Wenn er aber mit der Behauptung schließt, der Spruch spreche seltsamerweise erst heute an, in diesem Weltaugenblick, da der Mensch auf dem Sprunge sei, das verborgene Walten der Natur an sich zu reißen, eine geplante Erdregierung zu versuchen, ohne imstande zu sein zu sagen, was *ist* – so bedeutet das nichts anderes, als daß er jedes Wollen, auch ein jedes *Sein*-wollen und jedes menschliche oder gesellschaftliche *Bemühen* und *Planen* als eo ipso ontologisch inferior beiseiteschiebt, *gut* und *schlecht* nur noch eine ontologische Bedeutung zuerkennt und gewissermaßen mit den Worten: „ich kenne keine Parteien mehr, ich kenne nur noch das *Sein*", defaitistisch quietistisch in die Schau des Seins zurückkehrt.

Seinsvergessenheit

Daß, wie Heidegger behauptet, die Seinsvergessenheit bei Plato beginne (da dort an Stelle der *alētheia*, also der Unverborgenheit, die *idea* die Rolle des Wahren übernehme), ist außerordentlich fragwürdig. Während es Heidegger schwierig ist, *seinen* Begriff von Sein den Vorsokratikern zu unterschieben, ist es ein Leichtes, alles was er vom Sein, als unterschieden vom Seienden, aussagt, in Plotins *hen-Enthusiasmus zu finden*. Im Grunde wirft er Plato nicht so sehr vor, *schon* Plato zu sein, als *noch nicht Plotin zu sein*. Heidegger Mystiker zu nennen, hat, wenn diese Behauptung, die wir gleich zu belegen versuchen werden, stimmt, also keinen vagen, sondern einen historisch legitimen Sinn. Er steht als

Mystiker sowohl außerhalb der christlichen Tradition wie auch außerhalb der griechischen Ontologie, wenn wir unter letzterer die klassische verstehen. Warum freilich das Abendland mit dieser Aufgabe oder diesem Schicksal ausgezeichnet wird, dem Sein auf den Fersen zu sein, ist unbegreiflich. Wenn irgendwo Sein (als Nichts, als Nichtseiendes etc) eine nicht vergessene Rolle gespielt hat, so gerade in dem *nicht-abendländischen* Geiste: in den Upanishaden. Ob und wieweit (wie Bréhier [1928] glaubt) Plotin, der ja (nach Porphyrius [6/7]) im Osten gewesen zu sein scheint, seine Seins-Mystik dem Osten entlehnt hat, ist schwer zu übersehen. Aber daß die Überlieferung der Mystik, die mit Plotins *hen* [das Eine] und *ekstasis* [Außersichgeraten] beginnt, gerade das typisch nicht-Abendländische, die Nebenlinie, die nicht-offizielle Geschichte wurde, soviel ist klar.

Plato – Plotin

Was Heidegger[77] Plato vorwirft, ist im Grunde genommen das, was Plato dem Doxagläubigen vorwirft: nämlich, daß er den Widerschein des Scheinenden der Idee selbst als das Unverborgene, und nur die Belichtung des Phänomens durch die Idee, nicht die Idee selbst als Lichtung des Seins verstehe. Kurz: er wirft ihm vor, nicht Plotin zu sein. Also: daß es bei ihm nicht das *hen* gibt.

Wie das Sein ist (mehr als Gott)

Das Sein ist eine *Creatio sine Deo*. Die Denkfigur „Subjektlosigkeit".

Die Panik davor, das Seyn könne noch immer mit einem höchsten Seienden verwechselt werden, läßt ihn in der Tat niemals zur Ruhe kommen. Es ist eindeutig Gott sowohl wie dem Weltgrund überlegen; vielmehr ist es „das Lichten der Lichtung, die es *macht*, daß überhaupt etwas als dies oder jenes anwesend sein kann". Aber wenn man den Ausdruck „machen" ernst nimmt (nicht im verwässerten Sinne von

„ausmachen"), ist es eben eine creatio, gleich ob eine einmalige oder eine creatio continua gemeint; so daß man von einer *Schöpfung ohne Gott* sprechen könnte. Diese höchst eigentümliche gedankliche Figur des *subjektlos Waltenden* ist aber nicht so eigentümlich, wie sie aussieht; sie entspricht nämlich (wenn man bereit ist, in eine ganz andere Philosophie zu springen) der *Subjektlosigkeit des Bewußtseins*, wie sie in Husserls Phänomenologie bekannt war, und ja auch beim frühen Heidegger wirksam war, als er nicht vom „Ich" oder „Subjekt" aussagte, es sei „da", vielmehr das erst einmal subjektlos angesetzte „Dasein" post festum darauf abfragte, „*wer*" es sei.

Auf die Hintergründe dieser Subjektlosigkeit einzugehen, ist hier nicht der Ort.

Zum Problem der Legitimität der ontologischen Differenz

Ob die Differenz *mehr* als grammatisch ist.

Angenommen, es gebe nur ein einziges, in nichts individuiertes Seiendes, das eleatische – wäre dann noch die Unterscheidung in Sein und Seiendes sinnvoll, rechtmäßig, begreiflich? Taucht nicht die *Idee* des *Seins* ausschließlich durch das *Nichtsein* auf? Z. B. durch Todesangst? Die nämlich ist Angst des Seienden, nicht zu *sein*.

Oder sollte die Differenz selbst eine rein grammatische sein? Und wir stürzen uns da vielleicht in metaphysische Probleme, weil wir die Distinktion zwischen Ding und Aktion (bzw. Zustand) auf eine Dimension anwenden, in der sie sinnlos ist? Wie, wenn das Problem, das im ontologischen Schreck indiziert ist, allein jenseits dieser grammatischen Kategorien bestünde, also in unserer Sprache gar nicht formuliert werden könnte? Dort freilich gar nicht als *Problem* bestünde – sondern Problem nur dadurch wird, daß wir es sprachlich formulieren?

Was eine Aussage über „Sein" („Sein ist so und so") bedeuten kann

Aber trotz der ungeheuren Anstrengung, die ontologischen Schwierigkeiten zu meistern, geschieht es (was vielleicht dem Philosophen unvermeidlich ist, da er gezwungen ist, sich mit Hilfe der von ihm selbst kritisierten Sprache auszudrücken), daß er diese Schwierigkeiten noch kompliziert. Wenn H. z. B. in „Sein und Zeit" (S. 57) schreibt, daß *„Dasein ontologisch verstanden Sorge ist"*, wird man, und nicht nur der ontologisch Naive, stutzen. *Was* bedeutet hier der Ausdruck *„ist"*? Offenbar etwas anderes als „hat" – denn daß das Dasein Sorgen *habe*, will H. gewiß nicht aussagen; vielmehr, daß Sorge – die freilich ihrerseits wieder in Zeitlichkeit gründe – das Sein des Daseins *ausmache*. Aber daß Dasein ausschließlich Sorge sei – derart, daß die beiden Ausdrücke auswechselbar wären, behauptet H. gleichfalls nicht. Also gibt es offenbar etwas „am" Dasein, das nicht nur „Sorge" ist, etwas, was uns legitimiert, Dasein und Sorge zu unterscheiden. Aber wie und warum die Sorge, die doch offenbar der „Grund" des Daseins ist, sich als „Dasein" verwirklicht, klärt H. gleichfalls nicht auf. Wenn aber die beiden – Sorge und Dasein – *nicht* identisch sind, dann kann doch das – plump gesprochen – von der Sorge nicht Getroffene, obwohl es irgendwie „ist", offenbar mit dem Sein des Daseins nichts zu tun haben: denn „die Sorge" soll ja gerade den *Seins*-Sinn des Daseins ausmachen. Aber, wie gesagt, *irgendwie* muß ja dieser Rest *auch* sein. Wie? Geschieht es hier nicht, daß durch den Versuch, in der Hermeneutik des Daseins immer tiefer zu gehen, das heißt: in immer tiefer liegende Schichten der ontologischen „Konstitution" oder der „Begründung" vorzustoßen, automatisch dem *„Begründeten"* eine ontologische Inferiorität, ja so etwas wie bloße empirische Kontingenz, zugesprochen wird?

Grundsätzliches: Der Genitivtrick

Ist *alles* eine Aktion des Seins, dann gibt es nicht mehr die Differenz zwischen philosophisch Relevantem und Empirischem. Heidegger zieht diese Konsequenz nicht.

Jeden Genitivus objektivus deutet er in einen Genitivus subjectivus um. Das geht so weit, daß er Hegels „System der Wissenschaft" als das System, den Zusammentritt des Absoluten auffaßt, und sein eigenes Philosophieren, das Denken des Seins als ein Geschehen, in dem das Sein selbst spricht. So wie bei Spinoza der amor dei, die Liebe zu Gott, zugleich die Liebe ist, durch die Gott, auf dem Umweg über uns, sich selbst liebt, so ist bei ihm die Beschäftigung mit dem Sein eine Beschäftigung, durch die das Sein sich, auf dem Umweg über H., mit sich selbst beschäftigt. Das „Sein" scheint durch sein Denken hindurch zu sprechen: „Ich lasse ihn denken, also bin ich." Die Ähnlichkeit mit dem ontologischen Gottesbeweis ist frappant: „daß ich das Sein denken kann, beweist dessen Existenz, denn von mir aus könnte ich Sein niemals denken".

Der Ontologie, besonders seiner eigenen, wird damit selbst ontologische Bedeutung zugesprochen. Das Philosophieren ist ein entscheidend wichtiges Seinsereignis – das *Sein* philosophiert – eine Behauptung, die man freilich schwer widerlegen kann. Ob nicht das Sein über die Ontologie kichert? Bzw. davon keine Kenntnis nimmt? Natürlich kann man stets *alles*, was geschieht und was es gibt, als *Aktion* des *Ganzen* umdeuten. Wir sagen: des „Ganzen", denn der Typ dieser Gedankenfigur war bis heute nicht ontologisch, sondern ontisch, sonst aber eben analoge aufgetreten. So kann man z. B., statt zu sagen: „es gibt auf der Welt Würmer": „die Welt wurmt sich", d. h. sie ist so, daß sie von sich aus (von wo aus sonst?) sich auch als „Würmer" zeitigt. Das ist zweifellos richtig. Es ist nur die Frage, ob damit über die Welt oder die Würmer irgendetwas ausgesagt ist. Oder: der Hunger der Lebewesen sei der Hunger, mit dem das Seiende sich selbst verschlinge. In einer Hinsicht könnte diese Denkfigur freilich philosophischen Wert haben: um nämlich – da *alles* (auch das Einmalige) Aktion oder Produkt des hen oder der Welt oder des Seyns ist, die Unterscheidung zwischen den philosophisch salonfähigen Grundstrukturen und den bloß empirischen Fakten zweifelhaft, also zum philosophischen Problem zu machen. Das geschieht aber bei Heidegger durchaus nicht. Zwar kann man nicht behaupten, daß H. bestimmte Gebiete der Empirie ausdrücklich als ontologisch irrelevant ausschalte, aber die Tatsache, daß er überall auf Grundstrukturen zurückgeht, bringt es mit sich, daß eben bestimmte empirische Gebiete grundsätzlich draußen bleiben – z. B. die Tatsache der zwei Geschlechter, ohne die das menschliche Dasein gewiß undurchsichtig bleibt.

Diese Tatsache gibt uns einen weiteren Hinweis auf die eigentümliche Art des H.schen Philosophierens, mit ihm vielleicht des Philosophierens überhaupt.

Heideggers Warum-Frage

Die Warumfrage setzt als Antwortenden einen Gott voraus, den H. leugnet.

Er stellt sie zwar. Und er fragt auch zu Recht, in einer seiner ad infinitum zurückfragenden Fragen, „warum wir diese warum-Frage stellen können". Aber die *Frage* nimmt bei ihm solche Intensität an, weil er sie eigentlich gar nicht beantworten *will*. Denn Antwort auf diese Frage könnte, *wenn* überhaupt, nur ein Wesen geben, das zwischen Sein und Nichtsein des Seienden zu entscheiden hat, das aus Gründen für das Sein votiert – und das das Sein – im Sinne von „Providenz" – vorsieht – also ein Gott. Diese Antwort kommt aber für Heidegger nicht in Frage – so ausdrücklich nicht in Frage, daß er umgekehrt nicht müde wird, zu betonen, daß gerade die Idee des christlich-jüdischen Schöpfergottes die Chance verkümmert hat, die warum-Frage zu konfrontieren. Ja, es gibt bei H. sogar Passagen, die es völlig deutlich machen, daß seines Erachtens die Seinsfrage der theologischen überlegen ist. Offenbar ist das Sein für ihn etwas, was *epekeina tōn theōn* [jenseits der Götter] ist; seine späteren Schriften (besonders die „Holzwege“) enthalten in immer neuen Varianten die Vermutung, daß die Gottheit oder die Götter nur dann (durch eine Art von ontologischem Gotteszwang) zur Parusie gebracht werden können, wenn wir nur das *Sein* zu denken, d. h. beim Sein zu sein vermögen. D. h. also, daß diejenige Instanz, die – mindestens für das traditionelle Denken – als creator über das *Warum* des Seins oder Nichtseins entschieden haben könnte, bei Heidegger dem Sein unterlegen ist, ja eigentlich sogar, um „anzuwesen“, auch von uns abhängt (also auch uns unterlegen ist?).

Es ist also deutlich, daß die Warum-Frage Heideggers, die dem echten Schock über das *Daß* entsprungen ist, als Warum-Frage gar nicht gemeint ist. Denn der sprachliche Horizont, den Heidegger entwirft und zur Verfügung stellt, sorgt gewissermaßen dafür, daß die Frage nicht, noch nicht einmal *falsch* beantwortet werden kann. Daß er, H., die nie beantwortete Frage gleichfalls nicht beantworten kann, das wird ihm natürlich niemand zum Vorwurf machen. Dagegen, daß er aus dem Schreck über das „Daß“ eine Frage gemacht hat, die bereits *als* Frage die Ambition möglicher Beantwortung enthält, das kann man ihm wohl verargen. Denn ebenso, wie, mit Heidegger, ein Problem oder eine Antwort die Verfälschung einer echten Frage darstellen kann, ebenso kann eine Frage die Verfälschung eines echten ontologischen Schrecks darstellen.

Die Bedingung der Möglichkeit der „Warumfrage“

Eigentlich kommt H. in seiner Frage nach dem Wesen des Grundes nicht zum „Grunde“ (was vermutlich unmöglich ist), sondern „nur“ auf den Grund der *Grundfrage* (warum es Seiendes gebe und nicht vielmehr nichts). Denn „Freiheit“ – seine Antwort[78] – ist nicht die Antwort auf die Frage nach dem Wesen, sondern Antwort auf die Frage nach der Bedingung der Möglichkeit unseres Warum-Fragens und Antwort auf die Frage nach den transzendentalen Bedingungen des Satzes vom Grunde. Bei Heidegger bleibt es eigentlich offen, welche der beiden Fragen er beantwortet – vermutlich beide in einem – obwohl die Formulierung „Die Freiheit ist der Grund des Grundes“ wie eine Antwort auf die Warum-Frage aussieht.

Es wäre wohl möglich, diesen Satz zu konkretisieren. Und zwar folgendermaßen. Wir sind „frei“, d. h. nicht auf dieses oder jenes Seiende als materiales Apriori unseres Daseins, nicht auf einen „Grund“ zugeschnitten; selbst unsere Bedürfnisse sind „frei“, da sie auf „solches“ gehen, nicht auf „dieses“ – von Essen hängen wir ab, nicht, wie die meisten Tiere, von bestimmter Speise; also hängen wir nicht davon ab, *daß es dieses oder jenes gebe*. Nicht abhängend, „hängen“ wir in keinem bestimmten Grunde. Damit ist die Warum-Frage geboren: da wir frei, also nicht an Bestimmtes gebunden sind, wird uns jedes „dieses“ (dieses Brot), das unser Offensein für *solches* stillt, ein zufälliges. Dieser Zufälligkeit kann nun alles und jedes verfallen: die eigene Existenz nicht weniger als die der Welt im ganzen: Jedes wird ein kontingentes „dieses“: und das Grundproblem: das auch von Heidegger zitierte „cur hoc potius quam aliud?“ springt auf.[79]

Mit einer derartigen Ableitung ist aber, wie gesagt, erst einmal nur der „Grund unserer Grundfrage“ bloßgelegt; die Frage, ob „Freiheit“ mit *Recht* nach Grund frage; ob der Kategorie „Grund“ wirklich etwas entspreche, ob „Grund“ ein „Wesen“ sei oder habe – das bleibt erst einmal völlig offen – es sei denn, man spekuliere, im Stile des ontologischen Gottesbeweises, folgendermaßen:

Wenn wir – ja wovon? – so abgenabelt, so abgerissen sind, daß wir nicht mehr an diesem oder jenem „hängen“, sondern nur von „solchem“ abhängen, dann beweist unsere Abgerissenheit eben etwas, wovon wir abgerissen sind; und dieses eben ist der „Grund“: die Folie unserer Freiheit. „Grund“ ist der „Grund“ freilich vermutlich nur für die Antipoden des Grundes, also nur für uns, nur für diejenigen, die nicht mehr in ihm gründen. Ob von Grund tout simple gesprochen werden darf, ob ihm irgend etwas entspricht, unabhängig von uns (die wir von ihm vergleichsweise unabhängig sind) ist fraglich. Erfragt jedenfalls wird er nur vom Nichtmehr Gründenden. Den Weg „nach Hause" erfragt nicht der im Grunde verwurzelte Baum, nicht das im Mutterleibe eingebettete Kind, sondern der entwurzelte Romantiker. Für den „Eingebetteten" ist das „dies" und „solches" selbstverständlich Eines, die Dualität ist nicht nur nicht aufgefaßt, sondern nicht Realität; die Kontingenzfrage „cur potius" ist hier ungültig, weil nicht akut.

Im Grunde bricht die Kontingenz- und die „Warum"-Frage eigentlich nur dort auf, wo Dasein gestört wird, wo also das Begegnende die auf „solches" gehende Erwartung nicht befriedigt. Warum die Luft, die wir ungestört atmen, so ist wie sie ist, und nicht anders, fragt kein Dasein; wohl aber, wenn es am Atmen verhindert wird. Begründung geht grundsätzlich auf Störung, und zwar auf deren Beseitigung. Das heißt, heideggerisch formuliert: Im Versuch, zu „gründen", Grund und Boden seines Daseins zu legen, zu „entwerfen", gerät das Dasein auf Verhinderungen, die, da sie zur eigenen Grundlegung nicht gehören, einen anderen Grund zu haben scheinen.

Erst in demjenigen Augenblick, in dem das Dasein sich selbst zur Störung wird, fragt es nach seinem eigenen Grunde: und setzt sich damit, statt geworfen, als *entworfen* oder „ereignet" – und das ist in der Tat der Versuch, den der spätere Heidegger unternimmt.

Die esoterische Sprache

Der Stehkragenproletarier, der weder der Bourgeoisie noch dem Proletariat glaubt, ist der Virtuose des Mißtrauens, daher der Philosophie nahe. Er wird im 20. Jahrhundert das Sprachrohr des Absoluten.

Philosophie *ist* Mißtrauen. Mißtrauen in das Seiende, das sich – mit H.s Worten – „verbirgt"; Mißtrauen in die Kurzschlußantworten, die der Alltag gibt; Mißtrauen in die Geschichte, die mit der überwältigenden Fülle ihrer Aussagen und dem Instrumentarium scheinbar durchsichtiger, in Wahrheit opaker Vokabeln alles verdeckt. Von der Muse des Mißtrauens befeuert, hat die Philosophie und die Wissenschaft seit Bacon gearbeitet; teils in der Hoffnung, die Sache selbst zum Sprechen zwingen zu können – so in der experimentellen Naturwissenschaft; teils in Vertrauen auf die „Vernunft".

Das Mißtrauen kann nun selbst zugleich ein soziales Phänomen sein; und ebenso der Versuch eines Philosophierenden, sich aus der Irre herauszuarbeiten. Ich sage „gleichzeitig", denn ein zureichender Grund für Philosophieren ist soziale Isolation oder Opposition niemals. Aber es gibt soziale Positionen, die Philosophieren begünstigen, zumeist sind es die Positionen der Minorität: für den Iren oder den Juden liegt es nahe zu philosophieren. Ist z. B. ein Philosophierender mißtrauisch sowohl gegen das Bürgertum (und dessen angebliche „Wahrheiten") wie gegen das Proletariat (und dessen angebliche „Wahrheiten"), weil er weder der einen noch der anderen Gruppe zugehört, dann ist die Chance für grundsätzliche *Breite* und Radikalität des Mißtrauens gegeben; zugleich die Chance, einen selbständigen „Stand" zu etablieren, der sich auf kein „man" und keine bestimmten klassenmäßig vertretenen „Kulturwerte" beruft. Es ist das Charakteristische der Parvenus des 20. Jahrhunderts, daß sie *weder* Bürger *noch* Proletarier, also scheinbar *klassenmäßig unabhängig* sind; daher ihre Radikalität und Skrupellosigkeit; daher die maßlose Selbstvergötterung; daher ihr maßloser Anspruch, keine parteiischen Meinungen auszusprechen, sondern die Wahrheit selbst darzustellen. Das gilt für Heidegger nicht weniger als es für Hitler gilt. *Der proletarisierte Kleinbürger wird in der ersten Hälfte des 20. Jahrhunderts zum Sprachrohr des Absoluten.*

Heidegger invertiert das Verhältnis von Handeln und Denken

In „Sein und Zeit“ war das Können ein *Verstehen*; das Verstehen also ein Element des Umgangs und des Tuns. Nun ist Denken selbst ein Tun: es „handelt, indem es denkt“.

„Denken ist Handeln“, die Gewissensberuhigung des Quietismus.

Ob es mehr ist als ein Trick, wenn er denen, die sich der bloß theoretischen Existenz schämen, einzureden wagt: „*Das Denken handelt, indem es denkt*“[80]? Im Grunde ist dieser Satz, der bedeutet, daß das Denken, insofern es geschieht, das Offenbarwerden des Seins bewirkt, nein, dieses Offenbarwerden *ist*, die Inversion des Verhältnisses von Praktischem und Theoretischem, das er in „Sein und Zeit“ in der Analyse des „Besorgens“ von „Zeug“ entwickelt hatte. Denn wenn dort Verstehen als ein Sich-verstehen-auf ..., also als ein Können auftauchte, so war es die Sicht, die der *praxis* in ihrem Vollzug selbst innewohnte. Und damals hätte er formulieren können: „das Handeln denkt, indem es handelt“.[81] –

Nimmt man dagegen das Denken selbst als „Handeln“ in Anspruch, so beschafft man sich (und der Epoche, die die „Identität von Theorie und Praxis“ oder das Ideal der „Anwendbarkeit“ mehr oder minder redlich im Munde führt und die das Fehlen dieser Identität als Mangel auffaßt) das gute Gewissen, *doch* zu handeln, ohne doch das Risiko zu laufen, das mit Handeln, namentlich dem gefährlichen Handeln von heute, verbunden ist. Die Behauptung ist *gehämmerter Quietismus*. Da das heideggersche Denken (als Andenken) nicht jene direkten Folgen nach sich ziehen kann, auf die vulgäres Handeln abzielt, nicht verifizierbare Trauben pflücken kann, müssen die gewöhnlichen Trauben als sauer gelten; und er muß behaupten, daß der (durch sein bloßes Stattfinden gewährleistete) Effekt des Denkens einem *allo genos* [einer anderen Seinsart] zugehöre als die Effekte vulgären Handelns. Und das behauptet H. eben.

Die moralische Aktion

beschränkt sich auf „Denken an das *Sein*" – so daß damit jede Entscheidung über *Seiendes* denen, die Seiendes dirigieren, überlassen ist. „*Er gibt dem Sein, was des Seins*, und dem Caesar, was Caesars ist." Er ist heutzutage nicht der *Münzer*, sondern der *Luther*.

Die Aktion *im Zeitalter der Bombe* besteht im Widerrufen der Seinsvergessenheit, also im Denken an das Sein. Es selbst: dieses Denken, verändere bereits das „Wesen des Menschen" – denn dieser werde dadurch aus dem *Monopolisten des Nichts* zum *Hirten des Seins*.

Es klingt ungeheuer radikal, Hirte des *Seins* zu sein, statt Hirte des *Seienden* – nichts ist leichter, als zu Liebe der Ontologie das Ontische zu verachten – und jene, die über das Ontische verfügen, über unser Sein oder Nichtsein, also die wirklich Herrschenden dürfen sich wirklich die Hände reiben, sofern sie davon Notiz nehmen, daß das Denken sich in seiner ungeheuren Ambition (der jedes Ontische zu gering ist) damit bescheidet, sich um das *Sein* zu kümmern.

In den Augen der Macht läuft es in der Tat auf Eines heraus, auf Grund welcher Absolutheit (ob auf Grund Gottes oder des Seyns) man darauf verzichtet, *Hirte des Seienden* zu sein. Das Christentum hat Heidegger zwar abgeschüttelt; und er ist darauf so stolz, als habe *erst er* (oder erst Nietzsche) diesen Schritt gewagt; aber seine Beschränkung auf sein ontologisches Hirtenamt ist für ihn so ausschließlich wichtig, daß daneben die Cäsaren ihre Ansprüche ruhig einkassieren können. Daß er zuweilen, dem schreienden Diktator nach dem Munde redend, dem Cäsar mehr gegeben hat, als er – als Hirte des Seins – nötig gehabt hätte – macht die erbärmliche Tatsache noch erbärmlicher.

Sofern es – bei der ausschließlich ontologischen Absicht H.s – Sinn hat, rechte und linke Existenzphilosophen (so wie im vorigen Jahrhundert linke und rechte Hegelianer) zu unterscheiden, so ist in der Tat Heidegger der Flügelmann des rechtesten Flügels. Da er mit seinen moralischen Geschützen so weit (nämlich über alles Ontische hinweg) schießt, hat er sich als politisierender Philosoph selbst ausgeschaltet und überläßt das Wirkliche den wirklichen Gewalten. – Sartre dagegen, der auf den Begriff des „sich selbst entwerfenden Daseins“ des frühen Heidegger aufbaut und den Freiheitsbegriff ernst nimmt, ist der Flügelmann des linken Flügels.

Entsühnung, Theodizee

Auch in „Sein und Zeit“ war bereits die Theodizee durch eine Handlung der Entsühnung ersetzt. Aber auch die Handlung war keine wirkliche Handlung. Sondern ein solipsistisches Ritual.

Daß bereits „Sein und Zeit“ einen Versuch der Überwindung der Negativität dargestellt hatte – gewissermaßen den *hybriden* Versuch, die (negative) „Geworfenheit“ aufzuheben, und entschlossen in den eigenen „Entwurf“ umzuwandeln, ist ja deutlich. Nur galt für Heidegger damals das „Daß“ (also die nicht verantwortete Mitgift von „Faktizität“) als das schlechthin Negative; und es war der (später so vehement als Erzübel angeschwärzte) „Wille zum Willen“, der dieses Übel angeblich aufhob.[82]

Aber es war ja nicht nur das Übel der Geworfenheit, das das Dasein auf seinem Heilsweg zur Existenz aufhob, sondern auch das des Todes, richtiger: der *Sterblichkeit.* Denn auch diese nahm ja bei Heidegger trotz der Fahlheit der Beschreibungen des „Seins-zum-Tode“ eine eigentümlich positive Bedeutung an: aus der Not der absoluten Ohnmacht, die der Tod darstellt, machte er ein Existenzial, also ein Element des Lebens (sogar das einzige absolute); aus dem Sterbenmüssen, da es nun ein Existenzial wurde, ein Sterben*können*, also gewissermaßen eine „potestas moriendi“ – dies freilich nicht im stoischen Sinne der Freiheit zum Selbstmorde, sondern in jenem absurden Sinne, in dem Heideggers Vorgänger Stirner *„Eigentümer seines Hungers“* gewesen war – da er wie dieser jedes „habeor“ in ein „habeo“ umwandelte und das zwielichtige Possessivpronomen „mein" („mein Tod") als besitzanzeigend mißdeutete.[83]

Im „Selbstsein" war also damals alles Übel „aufgehoben". Aber schon damals war die „Aufhebung" kein feststellbares Faktum (der Berechtigung des *kakon* im *kosmos* [aller Übel in der geordneten Welt]), auch kein bloßer philosophischer Gedankengang, sondern eine Aktion der Selbstverwandlung, also eine *Handlung*.[84]

Dieser Ansatz schien damals revolutionär. Aber in wessen Augen? Und welch bescheidener Begriff von Revolution!

Denn wenn man bedenkt, daß die Idee der *wirklichen Aufhebung* oder der Minderung *wirklicher Übel* eine vielhundertjährige philosophische Überlieferung ist; daß eine nicht abreißende Kette europäischen Denkens in der *brechbaren Gewalt* das Übel gesehen und die Hoffnung gehegt hatte, die Not der Ohnmacht in die *Tugend*, oder mindestens in die Tugend der *Gerechtigkeit* zu verwandeln, also nicht nur das üble geworfene Dasein als Existenz „selbstgerecht und fertig" zu machen, sondern das ins Elend geworfene Menschengeschlecht und dessen Welt „gerecht" und damit „fertig" zu machen, weil die bisherige Welt eben als ungerechte unfertig, nur „Vorgeschichte" war – dann wirkt Heideggers Justifikationsversuch, trotz seiner Großsprecherei und seines gehämmerten Idioms, wie gehämmerter Dunst, äußerst unbestimmt und sehr wenig wie „Handlung". Es ist kein Zufall, daß keiner jener Großen, auf deren Reihe ich eben anspielte: weder Spinoza noch Locke, weder Montesquieu noch Rousseau, weder Fichte noch Marx oder Tolstoi jemals bei Heidegger erwähnt werden. Wie oft er auch das Wort „Freiheit" in den Mund nimmt, die große Tradition der Freiheitsphilosophen und der Propheten der Gerechtigkeit sind ihm unbekannt. *Sage mir, wen Du umgehst, und ich werde Dir sagen, wer Du bist.* –

Sein Unternehmen war also schon in „Sein und Zeit" *weder* bloße Theorie *noch* wirkliche Praxis; mußte sich also damit begnügen, eine Zwischenform zu sein, ni homme, ni femme, un capucin – eine Theorie, die *schon mehr* ist als

Theorie; eine Handlung, die *noch nicht* Handlung ist. Aber wie aus den anderen Zwischenformen[85] machte er eben auch aus dieser etwas Besonderes. Besteht er aber auf Handlung, die nicht Handlung ist – und das bezieht sich sowohl auf den Heidegger von „Sein und Zeit“ wie auf den späteren – dann kann diese nur in *Beschwörung* bestehen.

Daher die übertriebene Rolle, die für ihn die Sprache spielt, daher die Schein-aktivität seiner Wortprägungen, denn wenn er *nicht*-handelnd *doch* handeln will, hat er sich auf beschwörendes Sprechen zu beschränken und hat er seiner Sprache jene Unerbittlichkeit und Aktivität zu verleihen, die eigentlich der Aktion zukommt. Daher die ungeheuren metaphysischen Befugnisse, die er der Sprache einräumt, z. B. „Haus des Seins“ zu sein. Und daher seine Vergottung der Dichter.

Wir haben gesehen, daß sich die Schein-Konkretheit, der Schein von „Handlung“, den schon „Sein und Zeit“ vorgespiegelt hatte, trotz des Umbaus, den seine Metaphysik erfährt, beim zweiten Heidegger wiederholt. Auch hier ist nun, wie gesagt, „Justifikation“ des Übels keine bloße theoretische Beteuerung, keine bloße „Aufhebung“ des *kakon* im System – aber sie ist auch keine effektive Handlung der Aufhebung des Übels im Sinne von Eliminierung, sondern wieder *Beschwörung*. Daß er das „Heil“ durch den Pietätsakt des „Andenkens“ gegenwärtigen will, ist auf diesen Seiten so oft in verschiedenstem Zusammenhang gezeigt worden, daß fernere Wiederholung sich erübrigt. Aber nicht nur soll „formal“ einer Heilen Welt die „Kunft“ bereitet werden; auch der schlechte Stand des in dem „Willen zum Willen“ und ins „Gestell“ verirrten Daseins wird ja durch die Rückerinnerung wieder „ins Lot gebracht“, also richtig-gestellt, also *justi-fiziert*. Die Ummünzung des Negativen ins Positive geht dabei wieder so weit – dies scheint bei Heidegger gewissermaßen stets die Probe aufs Exempel zu sein – daß auch der *Tod* wieder positiviert wird. Wie weit er die Paraphrasierung Rilkes „*Der Tod und das Reich der Toten gehören als die andere Seite zum Ganzen des Seienden.*“[86] wirklich meint, ist schwer zu entscheiden. Aber offensichtlich ist auch hier, wie ehemals in „Sein und Zeit“, das Bemühen da, eine „Gänze“ zu finden, die *zeitneutral* ist – so widerspruchsvoll das klingen mag, wenn man bedenkt, daß „Zeitlichkeit“ sich ja als der Sinn der Sorge, damit des „Daseins“ enthüllt hatte, ja, daß in seinem Kantbuch zeitliche Begrenztheit geradezu als Bedingung von Seiendem in Anspruch genommen war. –

Aber Zeitlichkeit bedeutet ja eben „Tod“, und der Tod, mors immortalis, ist eben schon in „Sein und Zeit“ ein ins System eingeschmuggelter Splitter von Ewigkeit.

Auf die eigentümliche Frage nach der „Gänze“: „Was ermöglicht (das) eigentliche Ganzsein des Daseins hinsichtlich der Einheit seines gegliederten Strukturganzen?“[87], war eben schon damals etwas *Zeitneutrales* die Antwort gewesen. Es ist gewiß kein Zufall, daß dort wie in dem 19 Jahre späteren Rilkevortrag die Begriffe „Tod“ und „Gänze“ zusammen auftauchen. Wenn auch der Tod („Was aber ist seiender … als der Tod?“[88]) und die „Toten“, wie es in dem orphisch zitierten Satz heißt, „zum Ganzen des Seins“ gehören, so ist das „Gewesensein“ zum Modus eines zeitneutralen Seins gemacht, also im Sein irgendwie „da“. Und damit wäre H. in der Tat, auch wenn er das (gewiß auch für ihn ominöse) Wort nicht ausspricht, bei der *Unsterblichkeit* angelangt – nur daß die Toten nun nicht im Herrn ruhen, sondern im Sein. Wie gesagt, wie weit hier Rilke durch H., wie weit H. durch Rilke spricht, bleibt im Zwielicht. Wenn H. aber sagt[89], daß der „Abschied gegen den ganzen Bezug“ (nämlich gegen die technische Welt des „Gestells“) uns zu einer „Bejahung des Seins im ganzen Umkreis“ bringe, und zum ganzen Umkreis auch die *Toten* gehören – so sind die Toten dem Tod *entrissen*, der Stachel ist entfernt, das Übel aus der Welt geschafft, die *Theodizee hergestellt*.

Zur Charakterisierung der Theodizee

„System“ ist eine harmlose Spielart der Aufhebung des „Übels“, also Theodizee: das Übel wird nicht effektiv aufgehoben, sondern als immer schon aufgehoben beteuert. Heidegger versucht, die originale „Aufhebung", die „Wiedergutmachung" wiederzubeleben. Darum ist sein Philosophieren nicht systematisch; braucht es nicht zu sein.

Da aber diese Wiedergutmachung zugleich das Ereignis des Seins ist, wird dieser Akt selbst wieder rückgängig gemacht.

Wenn man einmal daran ginge, die Wurzel der eigentümlichen Denkform „System", mit der man lange Zeit Philosophie überhaupt identifiziert hatte, zu untersuchen (beim frühen Jaspers gibt es in der „Psychologie der Weltanschauungen" Ansätze dazu), so würde man als stärkste Wurzel nicht etwa „Bau-Drang" finden, sondern das *Theodizee*-Bedürfnis, also das Bedürfnis, das nicht fortzuleugnende Übel, damit es nicht in Isolierung als „es selbst" in seiner ganzen Stärke bestehe, dem Guten als notwendige Dépendance anzuhängen. Recht, Totenkult, Opfer sind Ahnen des philosophischen Systems: Versuche, das Übel durch Sühne aufzuheben, und alle enthalten auch bereits Keime von Systematik in sich. Während diese Tätigkeit das Übel effektiv „aufzuheben" versuchen, bescheidet sich die späte Theodizee, das verwässerte System damit, die Unentbehrlichkeit des Übels (innerhalb des guten Rahmens des Universums) nachzuweisen oder das Übel zum bloßen Schein zu bagatellisieren. Das heißt: das Übel wird nicht mehr effektiv *bekämpft* und nicht mehr wirklich aufgehoben, es braucht gar nicht mehr aufgehoben zu werden, da es als *bereits aufgehoben* beteuert wird. – Bei Hegel ist die Aufhebung des jeweils Negativen gewissermaßen zum positiven Leben des, in eigener Theodizee begriffenen, Absoluten geworden.

Heideggers Philosophieren ist nun, obwohl er selbst es so nicht nennt, ein Versuch, das ursprüngliche Theodizee-Motiv, das im systematischen Philosophieren versteckt bleibt, wieder lebendig zu machen: Nicht nur – was schon erstaunlich genug klingt, der „Verzicht darauf, das, was ist, negativ zu lesen"[90], sondern der Wille, das Negative effektiv zu positivieren, das Urteil aufzuheben und wirklich in Heil zu verwandeln, mindestens die Vorbedingungen für dieses Heil zu „spuren“.

Wenn daher Heideggers Philosophie kein „System“ mehr ist und keines mehr sein will, so wohl nicht, weil es Heidegger an „architektonischer“ Fähigkeit mangelte, sondern vermutlich deshalb, weil er im System bereits eine *degenerierte* Spielart der Erlösung des Bösen sieht, weil er das Motiv, das sich im „System“ verhärtet und verharmlost hatte, wieder lebendig machen will. Seine Stellung zum „System“ unterscheidet sich im Prinzip also eigentlich kaum von der Marxens, der die „Aufgehobenheit“ des Negativen im Hegelschen System wieder in einen revolutionierenden Akt der Aufhebung verwandeln wollte. Sofern bei Heidegger noch systematische Strukturelemente vorhanden sind – deutlich in „Sein und Zeit“, das eben als systematische Philosophie anhob –, so sind das Restbestände, noch nicht überwundene Selbstmißverständnisse seines Unternehmens, die in den späteren, den Titel „Metaphysik“ ausdrücklich abweisenden, Schriften kaum mehr vorkommen; und gibt es dort noch Systematisches, so stellt dies kein „Weltbild“ dar – auch diesen Ausdruck weist er ja energisch ab[91], vielmehr besteht es eben in systematischem Rekognoszieren des Geländes oder des Weges, den er zurücklegen will (im wahrsten Sinne des Wortes „zurück“, nämlich „zurück zum Sein“), um das Heil effektiv herzustellen und das Heillose zu widerrufen. Gewiß, auch das System ist stets eine „Widerrufung“ des *kakon*. Aber bei Heidegger ist eben das Widerrufen – ein Akt: nämlich ein *Widern des Widerspruchs* mit dem Absoluten bzw. dem Sein, in den das Dasein, als seinsvergessenes, geraten sei. Da andererseits alles was geschieht, bei Heidegger in letzter Instanz eine Geschichte des *Seins* ist, ist letztlich auch der Widerruf, mit dem das Seiende sich selbst zum Sein zurückruft, ein Akt des Seins, das sich selbst zu sich zurückruft – gewissermaßen eine *Reue* des *Seins*; *damit aber hebt sich Heideggers Unternehmen wieder vollkommen auf*: ist der Akt „im Grunde“ einer, der vom „Grunde“: nämlich vom „*Sein*“ ausgeht, so ist es kein Akt des Daseins mehr, sondern ein bloßes Geschehen; ein Ereignis – *und es ist kein Zufall*, daß Heidegger das Walten des Seins mit dem Ausdruck „*ereignen*" bezeichnet, dessen Bedeutung ingeniös zwischen „handeln" und „geschehen" liegt, etwas von „handeln" an sich hat, weil es transitiv ist, etwas von „geschehen" an sich hat, weil es an „Ereignis" anklingt.

Die Überwindung des Systems ist hier also auf eine neue, aber unwirkliche Weise gelungen: war Überwindung des „Systems" in der wüsten Empirie durch Ignorierung philosophischer Fragen versucht worden; in der mechanistischen Naturwissenschaft durch Ansetzung eines jenseits von (oder vor) „Gut und Böse" liegenden kausalen Seins; bei Kierkegaard (und beim frühen Heidegger) durch Rekurs auf die (durch das Netz des Systems stets durchschlüpfende und die „Gültigkeit" des Systems aufhebende) je-meinige Existenz; bei Marx durch Ersetzung des Weltbezugs durch das Ziel einer zu erreichenden besseren Welt – so ist beim späten Heidegger das System zwar auch durch eine *Aktion* neutralisiert – aber die Aktion selbst wird *gleichfalls* neutralisiert, da die Aktion des Heils zugleich ein Ereignis des Seins ist.

Auch Heidegger hält das „Sein" nicht aus.

Er ersetzt es durch *Ontisches* wie „Herkunft", „Grund", „das Ganze", „Mittelpunkt". Er ist verspäteter Romantiker. „Wohin sollten wir gehen? Immer nach Hause."

Zuweilen hat man den Eindruck, selbst Heidegger könne den strengen Begriff „Sein" nicht durchhalten und „vergesse" ihn und „verfalle" an ein stellvertretendes Seiendes. Aber vermutlich liegt das bereits in seiner Fragestellung: denn wer nach dem Sein fragt und irgendwie antworten will, muß es als „etwas" im allgemeinsten Sinne behandeln – und der Fall ins Ontische ist getan.

Sieht man den geschichtlichen Gottesbegriff heideggerisch, so dürfte man ihn als das *durch* die Seinsfrage zu Seiendem gemachte Sein verstehen, als ein Seiendes, auf das man nur negativ-theologisch alle, Ontisches ableugnenden, Prädikate tauft. Und die Symbole der Religionen könnte man als die Stellvertretungen und die *Krücken* für das Ontologische betrachten. – Man könnte das, nur stimmte es geschichtlich nicht. Denn die Singularität Gottes, mindestens im jüdisch-christlichen Sinne, entstammt keiner *Theologisierung des Ontologischen* (die Heidegger offensichtlich, parallel zur uns geläufigen Säkularisierung des Theologischen annimmt), sondern einem Vertrag, den ein Volk mit einem, seinem Gotte, abschloß; und religiöse Symbole sind nicht späte Stellvertretungen, sondern als magische Gegenstände die Kräfte selbst; und werden symbolisch erst durch einen Akt der Demagisierung. –

Wie dem auch sei – Heidegger selbst hält den leeren Begriff des Seins nicht aus und ersetzt ihn einmal durch dieses, ein anderes Mal durch jenes *ontische* Symbol. So heißt es zum Beispiel in „Der Ursprung des Kunstwerkes“ „*Grund*“. Wenn er in seiner Hölderlindeutung[92] das, was Hölderlin „Heimat“ nennt, in „Sein“ oder „Nähe zum Sein“ übersetzt, ist das zwar die Rückverweisung eines Symbols in seine „eigentliche“ Bedeutung. Das Entgegengesetzte aber tut er gleichfalls. Besonders dort, wo er die „Blut-und-Boden-Ideologie“ subtil zu machen versucht, indentifiziert er das Zuhause mit dem Sein, er verabsolutiert die Heimat, wodurch er das Absolute gewissermaßen *verprovinzialisiert*. Wie dem auch sei: Seyn nimmt immer mehr den Sinn von *Herkunft* an, was besonders deutlich wird in seinem Rilkevortrag[93], wo Sein als „gründender Grund“ bezeichnet wird, als Grund, der uns „wagt“[94] – nämlich uns als Einzelne von sich loszulassen, abzuwerfen, abzunabeln, freilich so, daß der Zug zur „Mitte“, die „Schwerkraft“ stets bleibe, wie sehr uns auch die vom Sein uns mitgegebene „Wurf“-Kraft vom Grunde entferne. Wir aber könnten „*wagender*“ sein, uns nämlich (diese Metapher gebraucht H. freilich nicht) aus der Richtung, in die das Sein uns von sich wirft, umkehren, um zurückzufliegen und wieder „beim Sein“ zu sein. Alle diese Bilder bleiben – begreiflicherweise – völlig im Ontischen, „Mittelpunkt“, „Grund“ etc. gehören zum *Seienden*, zum Universum, wie die Mutter zu den Kindern, die ontologische Differenz ist hier völlig aufgegeben. Aber nicht nur das ist interessant, sondern weit interessanter, daß diese seine Bilder durchaus „romantisch" sind, ausgehen auf *Selbstauflösung* des „gewagten" Individuums im Vor-Individuellen. Auch in dieser Hinsicht ist Heidegger ein verspätetes Kind des 19. Jahrhunderts: Seine Metaphysik ist eine systematische Hymne an die Nacht. Wohin haben wir zu gehen? Immer nach Hause.

Heideggers Bescheidenheit ist seine ironische Art religiösen Hochmuts.

Nichts charakterisiert den prophetischen Charakter eindeutiger als sein Alternieren zwischen absolutem Hochmut und absoluter Bescheidenheit. Denn der Prophet ist zwar Sprachrohr des *Absoluten* – dies die Rechtfertigung seines Anspruchs –, aber eben doch nur dessen *Sprachrohr* – dies die Quelle seiner Selbstbagatellisierung.

Ich wüßte kein besseres Beispiel für dieses Schillern zwischen Prätention und Prätentionslosigkeit, als Heideggers Stil und Wortwahl. Zuweilen hat man geradezu das Gefühl, aus Schlauheit treibe er die Bescheidenheit ins Extrem, um so, auf verklausulierte Weise, seinen absoluten prophetischen Anspruch unwiderruflich zu machen und um die Prätention anderer (neben ihm sogenannter Philosophen) dem Gelächter preiszugeben. Im letzten Paragraphen von „Sein und Zeit" behauptet er z. B., seine Arbeit sei lediglich „unterwegs" zu der „Zurüstung" zum „Entfachen des Streits" über Ontologie. Dazu ist geflüstert zu ergänzen: „wenn schon meine Arbeit nichts ist als die Vorbereitung der Vorbereitung der Vorbereitung – was treibt dann *Ihr* schon?"

Ob noch Diskussion möglich. Neue Religion

Diskussion ist gegen H. nicht möglich, da er als Sprachrohr des Absoluten auftritt; und rückwirkend seine „Lehre" vordatiert und sich Erzväter schafft. Er ist Häretiker. Er hat

Chancen, weil es die Konkurrenz Hitlers nicht mehr gibt. Schreibtisch-Prophet.

Nach alledem ist es mir fraglich, ob – wie Löwith es tut – die Diskussion der Aussagen Heideggers oder der (von Löwith[95] mit absoluter Überzeugungskraft durchgeführte) Nachweis der Widersprüche zwischen dem ersten Heidegger und dem zweiten noch sinnvoll oder aussichtsreich bleibt. Die Auseinandersetzung mit Heideggers Position gehört nicht mehr der Philosophie an, vielmehr ist sie, wenn sie aufgenommen wird, ein Kampf gegen eine neue Religion, und zwar ein Religionskampf, wie er in den letzten Jahrhunderten nicht mehr existiert hatte. –

Denn wenn es Religionskämpfe in den letzten Jahrhunderten gegeben hatte, so entweder (1) zwischen den differierenden Auffassungen oder sich trennenden Kirchen des Christentums (dessen Wahrheit hors de discussion blieb) oder (2) Kampf des Christentums gegen Häresien (die sich gleichfalls für christlich hielten) oder (3) gegen Deismus (dessen Christentum freilich in reinen Moralismus überging) oder (4) gegen offenen Materialismus, Naturalismus und Atheismus oder (5) gegen Kulturbewegungen, die, schon nicht mehr wissend, was Religion war, sich für „religiös" hielten (Wagner) oder (6) schließlich gegen Bewegungen, die, ihrem sozialen Typ und ihrem absoluten Wahrheitsanspruch nach, religionshaft waren wie der N.-S. –

Bei Heidegger dagegen handelt es sich weder um eine Variante des Christentums, noch um eine kulturelle Verwässerung religiösen Erbgutes, noch um Materialismus, noch um eine politische Bewegung, sondern um etwas heute ganz Ungewohntes: nämlich um eine, ein neues Zeitalter apokalyptisch weissagende Seinsvergottung, ausgesprochen von einem, der sich anmaßt, Sprachrohr des Absoluten, nämlich des Seins selbst, zu sein, also dem Typ nach, auch wenn Heidegger selbst das Wort nicht verwendet, *um eine neue Religion*.

Tatsächlich entspricht es dem Typ der Religionsstiftung, wenn er seine *Wahrheiten vor-verlegt*, wenn er sich auf *Erz-*

väter (die Vorsokratiker) beruft[96]; wenn er (ähnlich jenen Christen, die im Alten Testament die Vorwegnahme und Prophetie des Neuen suchen) diese zu archaischen Heideggerianern macht; daß er dann eine lange Verfallsgeschichte einschiebt (von Plato bis heute), um schließlich in einigen Figuren der ihm nahen Vorgeschichte (in jenen, die schon die Jugendbewegung „heilig" gesprochen hatte: in Hölderlin und Nietzsche) seine unmittelbaren Täufer anzuerkennen. Nur Nietzsche, besonders der der Spätzeit, ist mit solcher Anmaßung aufgetreten; aber seine Leidenschaft gegen das Christentum stand derart im Vordergrunde, daß er mehr als das diabolische Negativ des Christentums, denn als Stifter bekämpft wurde. Und der Nationalsozialismus, der in der Tat als neue Religion aufgetreten ist; der aber als politische Religion glücklicherweise mit der Zerschlagung seiner Macht mit zugrundegegangen ist. Hätte die Macht Hitlers sich gehalten, so wäre wohl der heideggersche Religionsversuch einfach unter den Tisch gefallen, obwohl Heidegger wiederholt versucht hat, seine Metaphysik mindestens vokabelmäßig mit der Hitlers ins Einvernehmen, jedenfalls in ein nicht antagonistisches Verhältnis zu setzen. Aber so wie, gesehen vom N. S.-Idol der *Volksgemeinschaft*, Heideggers Idealisierung des *„Selbst"* als anstößiger, individualistischer Nonkonformismus gewirkt hatte, so hatte seine spätere Vergottung des *Seyns* als *Überspringung* der Volksgemeinschaft gegolten, also als Ignorierung des „volklichen Individuums". In der Tat ist Heidegger vom *vor*politischen Menschen (in der Daseinsanalyse) zum *nach*politischen Menschen (in den späten Schriften) hinübergesprungen und hat es fertiggebracht, in jenem Zeitalter, in dem „die Politik das Schicksal" bedeutet, das *Ausweichen vor der Politik* in die radikalste Sprache der Aktion zu kleiden. Gerade das ist heute aber eine ungeheure Verlockung: Die Niederlage, der Zusammenbruch des Terrorsystems und die Tatsache, daß man in einem Lande lebt, über das letztlich von andern entschieden *wird*, hat begreiflicherweise eine extreme moralische und politische Indolenz gezeitigt. Heideggers Religion, die, mindestens verbal, beansprucht, daß vor ihr schlechthin *alles*, das Seinsschicksal abhängt; also mehr abhängt, als je von irgendeiner entschiedenen Aktion in einer bestimmten Situation abhängen könnte; und die dabei doch nichts anderes verlangt, als daß man des Seins gedenke (was jeder zu tun vorgeben oder sich selber weismachen kann), ist in solcher Situation für Tausende unwiderstehlich. –

Der Zusammenbruch der politischen Metaphysik, die zeitweilig die ontologische in ihren Schatten gestellt hatte, die Tatsache, daß eine wirklich radikale Auseinandersetzung mit *dem*, was geschehen war, und der Ausbruch neuer politischer Leidenschaft durch die geschichtlichen Umstände verwehrt waren, sind die Chancen für den Sieg der heideggerschen Metaphysik. Diejenigen, die ihrer Anlage nach „radikal" sind, werden in ihrem Anspruch Genüge finden; sie werden sich, ohne sich auf „Handel" einzulassen, als *metaphysische Agenten* fühlen. Sie werden stolz sein, die ungeheure Gefahr, dem Sein sich zu nahen, auf sich zu nehmen – aber wenig Risiko dabei laufen. Und werden, beschäftigt mit der Nachäffung der heideggerschen Ekstasis, die Entscheidung über das, was mit ihnen, ihren Nachbarn – kurz: mit *uns* gespielt wird, andern überlassen: die Philosophie wird also wieder einmal versagen, beschäftigt nicht mit *dieser* Welt, sondern mit einer anderen, aber diesmal mit einer *ohne* Glaube, *ohne* Liebe, und *ohne* wahre Hoffnung.

Moral. Mensur

Wie Heidegger nun das jeweils Ereignende als Schickung des Geschicks hinnimmt, mag zwar „schicklich" in seinem unverifizierbaren Sinne sein, für uns aber, die wir ein etwas längeres Gedächtnis haben, erschreckend; zuweilen ist freilich das dabei bewiesene „Un-Geschick" von geradezu überwältigender Komik. Da lesen wir z. B. in der „Freiburger Zeitung" – sie stammt aus dem März 33:

„Nach alter studentischer Sitte stieg unter Leitung von Edie Müller eine Mensurkneipe. Markig wie aus einer Kehle

schallt es durch den Saal das Trutzlied: ‚Der Gott, der Eisen wachsen ließ …! Mit Stolz und Genugtuung haben wir die Aufhebung des Mensurverbotes aufgenommen … Historisches Ereignis von ungemeiner Tragweite. … Zur Feier der ersten freien unverfemten Mensur haben wir einen gemeinsamen öffentlichen Pauktag steigen lassen … Die Gründe unserer Gegner gehören der Vergangenheit an und sind durch die derzeitige Entwicklung der Dinge genügend gebrandmarkt. Für uns ist die Bestimmungsmensur ein Mittel zur Erweckung wertvoller Eigenschaften in körperlicher und geistiger Hinsicht … *Die Mensur dient im besonderen Maße auch der Erweckung moralischer Werte* … Männlich ritterliche Eigenschaften … *Die Pflicht des Paukanten zum ‚Stehen', auch wenn die scharfen Hiebe auf ihn niederprasseln*, verlangt ein hervorragendes Maß von Selbstbeherrschung … Nicht um ihrer selbst willen, sondern im Hinblick auf höhere Ziele gepflegt werden müssen … dient der Ausbildung von Eigenschaften, die der Gesamtheit zukommen … Mut, Selbständigkeit, Angriffsgeist und Freude am Waffenhandwerk … in ihr kommt der wehrhafte Gedanke zum Ausdruck … wir dienen einer Idee: der Wehrhaftigkeit unseres Vaterlandes … Dank in allererster Linie … an Hindenburg und Hitler, zu deren Dank und Wohl wir einen urkräftigen und donnernden Salamander reiben.'

Im Anschluß an diese Worte nahm S. Magnifizenz der Rektor der Universität, Herr Prof. Dr. Heidegger das Wort. Er ging auf die moralischen Werte der Mensur ein."[97]

Wenn das Resultat metaphysischen Tiefsinns, der Appell ans Sein, der Ruf des Gewissens etc. sich so äußern, *dann verzichten wir darauf.*

Die Falschheit Heideggers

In seiner Rektoratsrede schreibt er S. 13[98]:

„Wollen wir das Wesen der Wissenschaft im Sinne des fragenden ungedeckten Standhaltens inmitten der Ungewißheit des Seienden im Ganzen, dann schafft *dieser* Wesenswille unserem Volke seine Welt der innersten und äußersten *Gefahr*, d. h. seine wahrhaft geistige Welt. Denn ‚Geist' ist weder *leerer Scharfsinn*, noch das *unverbindliche Spiel* des Witzes, noch das uferlose Treiben verstandesmäßiger *Zergliederung*, noch gar die Weltvernunft, sondern Geist ist die ursprünglich gestimmte, wissende Entschlossenheit zum Wesen des Seins. Und die geistige Welt unseres Volkes ist *nicht der Überbau* einer Kultur ... sondern sie ist die Macht der tiefsten Bewahrung *seiner erd- und bluthaften Kräfte* als Macht der innersten Erregung und weitesten Erschütterung seines Daseins. Eine geistige Welt allein verbürgt dem Volk die Größe."

Für wen und gegen was das geschrieben ist; was es besagte, gegen „*Überbau*" und für die *Bewahrung der erd- und bluthaften Kräfte* zu sprechen, dürfte selbst dem Blödesten deutlich sein.

Weit gefehlt. Offenbar *nur* dem Blödesten. „Es sei mir erlaubt", schreibt Heidegger in einem Briefe vom 4. November 1945[99], „die geistige Grundstellung dieser Rede ... zu verdeutlichen. S. 13 heißt es" – hier zitiert er einen Fetzen seines eigenen Textes, in dem er freilich in der Hoffnung, man werde nicht nachschlagen, die „erd- und bluthaften Kräfte" ausläßt, und fährt fort: „Mit diesen Sätzen ist für jeden Wissenden und Besinnlichen entschieden der Gegensatz gegen die Rosenbergsche Weltanschauung ausgesprochen."

Nein, solche Verdeutlichung ist niemandem, auch ihm nicht erlaubt. Wem will er das erzählen? Welch grenzenlose Menschenverachtung liegt in solcher Irreführung? Philosophisch ist das letztlich völlig undurchsichtig: Nimmt er an, daß niemand die Zitate zu vergleichen in der Lage ist? Ist unsereins nicht einer besseren Lüge würdig? Eines schlaueren Betrugs? Glaubt er, er kann derartiges tun, und sich zugleich als der Prophet des Zeitalters aufspielen? Ist man mit so klarer Lüge als Prophet glaubhaft? Ist es eines Propheten, ist es auch nur eines mittelmäßig redlichen Mannes würdig, einerseits die Vergeßlichkeit als Hauptdefekt des Menschen, ja als ein Unglück von ontologischem Ausmaß zu denunzieren, sie aber gleichzeitig zum eigenen Vorteil zu verwenden? Gewiß, in der Zeit, in der er den Brief schrieb, also unmittelbar nach dem Zusammenbruch, konnte man nicht so genau wissen, welcher ontologische Sturm (in dem, wie er Plato sagen ließ, „alles Große steht"[100], nach dem aber, wie er selbst beweist, Andere ihre Segel setzen) zu erwarten stand. War es da nicht „schicklich", solche Verdeutlichung zu machen? Oder etwa in einem Briefe, der in das damals sehr linke Frankreich ging, probeweise den Marxismus als „Seinsgeschick" zu bezeichnen?[101] Was konnte es schaden? Wenn das Geschick selbst es sich erlaubt, derart zu wechseln, hat sich dann nicht auch das Schickliche mitzuverändern? Aber auch seitdem haben sich die Seinsgeschicke wieder verändert, und offenbar nicht weniger rapide als die H. so verhaßten Tagesblätter. Und eines ist offenbar eingetreten, das es wieder schicklich macht, den Brief an den Rektor zu vergessen und das 1000jährige Reich des Juli 1935 neu zu „entbergen". Der inzwischen notorisch gewordene Satz: „Was heute vollends als Philosophie des Nationalsozialismus herumgeboten wird, aber mit der inneren Wahrheit und Größe dieser Bewegung nichts zu tun hat"[102], spricht ja nicht gegen den N.S.; vielmehr nimmt er eindeutig dessen Größe in Schutz gegen n.s.-verbrämte Pseudophilosophen, die der Gemeinheit leichter verdaulich waren.

Dies der Prophet.

Jeder kleinste Märtyrer überragt ihn um ein Unendliches. Horcht nicht auf ihn. Horcht lieber auf jene verstummten Anonymen, die es wirklich gewagt hatten, der Gemeinheit die Stirn zu bieten, ihr *Sein* aufs Spiel zu setzen, auf jene, für die ihr Kampf wirklich zum Schicksal wurde, die nicht wie H. nichteten, sondern vernichtet wurden. Horcht auf ihr Schweigen. Neben ihm enthüllen sich Heideggers teils gehämmerte, teils orphisch abgedunkelte Sätze als das, was sie sind: als opportunistisch.

Sein und Atombombe

Wer bei einer Feuersbrunst von Prometheus redet, ist unmoralisch.

In einer Zeit, in der es ganz unmetaphorisch um *unser Sein oder Nichtsein* geht (im allerweitesten Sinne um *unser* – denn *einig* macht uns Menschen dieser Erde die *Bedrohung* zwar nicht, aber – gleich ob einig oder uneinig – zu einem *einzigen prospektiven Opfer*) – im Augenblick, da das Urteil darüber, ob es „uns" fürderhin geben soll, in den Händen bestimmter *menschlicher* Mächte liegt, die über Handlungen von eschatologischer Konsequenz entscheiden – in diesem Augenblick bescheidet sich der Denker der Zeit damit, uns zu mahnen, des Seyns mit y zu gedenken: dann werde schon alles besser gehen. –

Gewiß: er wird sagen: eben *weil* wir im Laufe von 2.500 Jahren mit einem deformierten Seinsbegriff gelebt haben – *weil* wir als ambitiöse Herren des Seienden das Seiende nur als „Gestell" verwandt haben – seien wir in *die* Situation geraten, in der wir selbst zum Opfer unserer Maschinerie werden. Und es ginge ihm durchaus um das *Sein und* um *unser Dasein* – denn das *Sein* bedürfe unseres Daseins als Hauses, und *wir* seien getragen vom Sein.

Aber unsere Geschichte – gleich, ob vom Sein „*ereignet*" oder von uns schuldlos-schuldig *verbrochen*, ist keine bloße Geschichte *degenerierender Metaphysik*; und die Rettung aus der Situation ist nicht durch eine Aktion durchzuführen, die (wie konkret und ungewöhnlich sie auch, gemessen an üblichen philosophischen Maßstäben, sein mag) allein in *Beschwörung* besteht – denn auf Beschwörung läuft jene Kombination von Gedenken und Erwarten, um die es sich bei H. handelt, heraus.

Ob wir uns in solcher Situation darauf beschränken, zu *beten* – was H. schweigend ablehnen würde – oder ob wir das Sein beschwören, ist eines und dasselbe. Beide Aktionen sind Formen der Inaktivität – oder insofern der Aktivität, als sie die Entscheidung *Anderen* überlassen.

Letztlich aber ist seine Aufforderung zum Eingedenken eine Aufforderung zum Nichtstun. Da er – unter Berufung auf das Rettende, das nahe, wo Gefahr sei[103] (nur *er* weiß warum – vermutlich weil jeder Nacht ein Morgen folgt) – mit dunklen Andeutungen von Hoffnung und heiler Welt spricht, obwohl das Dunkel immer dunkler wird und die Gefahr, die in des Menschen Hand liegt, durch Menschenhand aus der Menschenhand geschlagen werden müßte – da er also verfrüht, in die Angst hinein, die aktiv machen könnte, *kosmische Gerüchte über die Parusie des Heilen hineinstreut*[104] ‹ macht er den Menschen vollends untätig – wenn er ihm auch das gute Gewissen der Aktivität schenkt, da sein Denken ja, recht verstanden, angeblich eine Aktion von unvorstellbarer Konsequenz sei.

Die Hoffnung, die H. erweckt, ist in ihrer Wirkung lähmend und defaitistisch. Denn wir haben nicht darauf zu warten, was das *Sein* schickt – *wer schickt, sind wir*, die wir diese Welt mit ihren entsetzlichen Konsequenzen produziert haben; und daß *wir*, wir Menschen, dieses Schicksal des Nichtseins *nicht* erfahren, liegt hoffentlich in unserer Hand. Es genügt nicht, die Philosophie nur modo philosophico zu verlassen und aus dem Verlassen wiederum eine Philosophie zu machen, wie H. es tut. Denn der Appell an unsere „Willigkeit" dem Seyn gegenüber, statt an unseren Willen, der wird dem bösen Willen oder der bösen Nachlässigkeit derer, in deren Hand wir wirklich sind, außerordentlich gut zupaß kommen.

Ja, schon 1946 störte es ihn, daß die Atombombe, wie er sagte, „so viel beredet" war, obwohl sie auch heute noch nicht annähernd genug beredet wird („Wozu Dichter?"[105]) „*Nicht die vielberedete Atombombe*", schreibt er, „*ist als diese besondere Tötungsmaschine das Tödliche.* Was den Menschen längst schon mit dem Tod und zwar mit demjenigen seines Wesens bedroht, ist das Unbedingte des *bloßen Wollens* im Sinne des vorsätzlichen Sichdurchsetzens in allem ..." – also die finstere Idee, daß der Mensch den Menschen durch Technik glücklich machen kann.

Wer wird leugnen, daß auch die Atombombe nur das Ergebnis einer Entwicklung ist? Aber ist nicht die Entfremdung, die H. verantwortlich macht, *vor* ihm *un*gleich konkreter beschrieben worden? In allen Geschichten der Entwicklung der menschlichen Arbeit; während *er* sich auf die Wortreihe „Vorstell, Herstell, Gestell" beschränkt, die zwar auf die Erscheinungen der modernen Welt des Industrialismus, des Kapitals, Marktwirtschaft, der Planwirtschaft u.s.w. irgendwie zutreffen, aber sie nicht genau und treffend begründen.

Wie dem auch sei: H. wagt, die Bombe, voll Verachtung gegen Jene, die diesen letzten Schrecken „viel bereden", allein durch Hinweis auf die *Wesens*verkümmerung des *Menschen* durch das Geschick der „*Weltnacht* des sich entziehenden *Seins*" zu erklären.

Wenn in einem brennenden Hause jemand auftritt und mit erhobenem Zeigefinger und im Tone des „ich hab's ja immer gesagt" von der hybriden Tat des Prometheus zu reden anhebt – werden wir dann nicht dieses sein Zurückgehen auf die Gründe als mindestens eigentümlich empfinden und den Mann beiseiteschieben? *Die Antwort auf Feuer ist nicht Prometheus, sondern Wasser. Es gibt Situationen, in denen, auf Ursprüngen zu bestehen, unmoralisch ist.* Niemand hat das besser gewußt und beispielhafter vorgemacht als Sokrates, der die Naturphilosophie (als deren Vertreter Aristophanes ihn noch gesehen hatte) verabschiedete, um Moralist zu werden. Heidegger hat sich umgekehrt (freilich ohne seinen prophetischen Anspruch darauf, die moralischen Schlüsselworte gefunden zu haben, aufzugeben) der Philosophie erst *zu*gewandt – wenn man unter Naturphilosophie die Frage nach dem Woher versteht, die H. ja tatsächlich durch seine Deutung des Seins als *physis* = Aufgehen beantwortet.

Wie gesagt: er hat den *Anspruch* des Moralisten nicht aufgegeben. Aber er wagt es, uns in dieser Situation mit dem dunklen Worte „Wo aber Gefahr ist, wächst das Rettende auch" abzuspeisen – mit diesem Worte, das keinerlei Direktiven gibt, sondern aufs Haar den Worten *jener Skrupellosen* gleicht, die im Zusammenbruch von V1- und V2-Waffen redeten – nur daß es sich eben bei Heidegger nicht um *Waffen* handeln kann (auch die sind ja „Gestelle“), auch nicht um *Aktion* im wirklichen Rahmen der schlechten Wirklichkeit, *sondern eben darum*, daß wir „*es*“ „wagen“, nämlich das „Sein“, von dem wir abgefallen sind.

Verschieben wir dieses Wagnis. Uns genügt es, daß einer es wagt, angesichts der Atombombe vom „*bereit sein für den Grund*“ zu reden. Jedes Ding hat seine Zeit. *Auch Mystik*. Aber in der Zeit der Atombombe das mystische Rezept zu geben, ist Zynismus.

Metaphysik und *kairos*[106]

Metaphysik zu treiben, wenn die Stadt brennt, ist wenig schicklich. Gewinnt man gar Schüler, so vermindert man die Zahl der Löschenden und nützt denen, die den Brand anstifteten. Und herumspekulierend stehen sie den Rettenden im Weg.

Moral: Es ist unschicklich, im brennenden Hause zu spekulieren.

Ein Vortrags-Konzept

Unwahrheit

Wenn „wahr“ „unverborgen“ bedeutet; „unverborgen“ aber „sich entbergend“, dann ist Seiendes, gerade insofern es *ist*, grundsätzlich *unwahr*; denn jedes ist (als dieses, als *hen*) ein solches, das sich gerade als ganzes nicht entbirgt, nicht vollständig „gibt“, ausgibt, hingibt; im Augenblicke „wäre“ es nicht mehr.[1] Da es also, sofern es ist, sich selbst nicht völlig entbirgt, müßte H. das Seiende eigentlich das „Unwahre“ nennen. Oder, hegelisch ausgedrückt: das „An sich“ kann es für ihn gar nicht geben, eben weil dieses ist, sofern es sich nicht nur oder nicht in toto gibt. Seine Ontologie schaltet also (obwohl Ontologie, auch die seine, stets einen Kampf um das „an sich“ darstellt) dieses „an sich“ ab ovo als „unwahr“ aus.

Daß das in „Sein und Zeit“ der Fall war, ist bekannt. Der berühmte Satz[2]: „Sein … ‚gibt es‘ nur, sofern Wahrheit ist“, ist oft genug zitiert worden. Aber eigentümlicherweise findet diese Ausschaltung des „An sich“ auch in H.s zweiter Philosophie statt, trotz deren „Kehre“ vom „Dasein“ zum „Sein“.

Denn die nun immer wichtiger werdende Gleichung von „Sein“ und „Schein“ (= *physis*) legt zumindest nahe, daß Sein „in Wahrheit“ nur *als* Schein ist und als sonst nichts, daß also sein Schein das Sein ausmache. Ich sage nur: „legt nahe“: weil es einerseits auch bei H. – freilich ohne sein System zu verändern oder zu erschüttern – auch das „sich Verbergen“, gewissermaßen die ontologische Version des Diltheyschen „Widerstandes“ gibt; weil andererseits bei Heidegger der Sinn solcher Gleichungen (wie „Sein“ = „Schein“) niemals vollkommen durchsichtig wird. Und zwar deshalb nicht, weil seine philosophische Sprache mit geradezu fanatischer

Konsequenz die Kategorie des „auch“, der „Qualität“, des „Habens“ vermeidet. Bei ihm „*ist*“ „Sein“ „Schein“, oder „Dasein“ „ist“ „Sorge“. Dieses „ist“ bedeutet gewiß nicht: „Sein“ „habe“ u. a. die Eigenschaft zu scheinen; oder: Das „Dasein“ „habe“ Sorge. Aber was bedeutet es? Bedeutet es: „es ist nichts als ...“? Denn das wäre wohl die einzige Alternative gegen das „Haben“. Ausdrücklich äußert sich H. darüber nie – seine *Attributen-Lehre* bleibt gewissermaßen völlig in obscuro.

Faßt man aber das „ist“, wie er es verwendet, im Sinne von „ist nichts als ...“ auf, dann ist es unbegreiflich, warum nach Sein und Seiendem (das ja, was es ist, aus-schaut) gefragt werden muß, und warum eine verdeutlichende Vokabel „Schein“ für „Sein“ nötig (ja auch nur verfügbar) ist, da es eben ja nur das Eine: das scheinende Sein, gibt.

Ein Seiendes ist nur insofern *eines*, ein *hen*; es selbst ist es nur insofern, als es sich absperrt, also als ganzes sich *nicht* gibt, also sich *nicht*, jedenfalls nicht nur entbirgt. Die Worte „Haus“, „Hut“, „Haut“, die für Heidegger eine so fundamentale Rolle spielen, könnten tatsächlich von philosophischer Bedeutung werden. Sie könnten nämlich besagen, daß nur durch Versperrung, durch „Gehäuse“ das Seiende es selbst ist, und daß Sich-Offenbaren nur einen Modus des Seienden darstellt, eben den Modus des sich Einlassens auf *Anderes*, was freilich nur im *Rahmen, im Hause* des Abgesperrten vor sich geht. Ob das für das waltende Seyn im Ganzen gleichfalls gilt, das entzieht sich leider meiner metaphysischen Information – aber für Lebendiges gilt es, und für Dasein gleichfalls, das heißt für *Daseiende* (denn „das Dasein“ ist ein substantialisierter Ausdruck und bezeichnet ein singular-plural-neutrales Wesen, das es nicht gibt; auch nicht im heideggerschen Sinne von „es gibt“[3]; auch nicht in dem Sinne, daß „es“, das Seyn, sich in Seyendes ergießt, emaniert: sofern es emaniert, emaniert es stets in Einzelne.) Wenn aber nicht nur jedes Seiende sein eigenes Haus ist, sondern auch das Dasein das Haus des Seins oder der Seienden sein soll, so kann das nur in einem sekundären Sinne statthaben, etwa in dem Sinne, in dem des Menschen Wohnung auch Tiere als Haustiere bergen kann. In der Tat ist bei Heidegger das Seiende im Ganzen haustierartig domestiziert[4], es ist nur dann in der Wahrheit, wenn es ins Haus des Daseins, in das, was er im zweiten Teil seiner Schrift „Vom Wesen des Grundes" „Welt" nennt[5] hineinragt oder hineingebracht ist[6] – und darin besteht ja nach H. das eigentliche Sein des Daseins.

Wenn man zugesteht – und ich wüßte nicht, wie Heideger hier widersprechen sollte –, daß Sein *qua* Seiendes, qua individuiert-Seiendes, sich geradezu definiert durch seine Selbst De-finitio, d. h. nämlich durch seine Selbstabgrenzung gegen Anderes, dann besteht es in Wahrheit als sich-*nicht*-Zeigendes. Daß es als sich nicht-Zeigendes, als in sich Zurückgezogenes in der Unwahrheit sei, kann einen Sinn nur für denjenigen Philosophen haben, der eine totale *Selbstpreisgabe* jedes Seienden, gewissermaßen eine ontologische *Beichte* alles Seienden, für metaphysisch obligatorisch hält. Das ist keine bloße Metapher; tatsächlich ist ja für Heidegger das sich selbst Entziehen des Seyns ein ontologisch-*moralisches* Geschehen, das das Dunkel, die Irre, die Seinsvergessenheit, den Nihilismus der letzten 2500 Jahre, hervorgerufen, oder in seinen Worten: „ereignet" hat.[7]

Nun spielt bei Heidegger die Selbstverbergung in der Tat eine ungeheure Rolle. In seiner neuen, alten „Einführung in die Metaphysik"[8] ist die Selbstverbergung, in Anlehnung an Heraklits Wort *physis kryptesthai philei*[9] nicht nur zugegeben, sondern geradezu als *der* Urstreit[10] in den Vordergrund gerückt. Um ein Ur-geschick handelt es sich dabei gewiß: denn daß Seiendes zugleich bei sich bleibt *und* aus sich „herausgeht", macht in der Tat Sein und Sinn von Leben aus. Aber das Verhältnis, das eben wirklich ein dialektisches ist (denn Seiendes ist nur, insofern es selbst bleibend bei anderem ist, in sich seiend auf anderes aus ist, um es selbst zu bleiben von anderem sich nährt, um seinetwillen anderem sich sichtbar macht), wird durch keine dialektische Begrifflichkeit bei H. artikuliert – was *Hegel* getan hat, wenn Hegel überhaupt etwas anderes getan hat, als dieser Dialektik in unendlichen Varianten nachzudenken – und insofern ist Heideggers Philosophie der Hegels absolut unterlegen. Der Wahrheitsbegriff geht bei ihm nicht von dieser dialektischen Grundtatsache aus, vielmehr *bleibt* er trotz der Anerkennung der Seinsverbergung bei einem Begriff der Offenbarkeit, des sich-Zeigens, der also das Sich-nicht-Zeigen zur *Unwahrheit* erniedrigt. Nein, nicht nur zur Unwahrheit: denn inwiefern überhaupt eine Aussage über die Selbstverbergung von Sein oder Seienden – und Heidegger macht doch diese Aussage – *Wahrheit* sei oder haben kann, bleibt völlig dunkel, da ja das Sich-nicht-Zeigen sich nicht zeigt, sondern höchstens festgestellt werden kann. Wie gesagt, es bleibt bei seinem alten Wahrheitsbegriff, bei dem, den er in seiner frühen Analyse des *phainomenon* in „Sein und Zeit“[11] gegeben hatte. Aber die Medialform, das „Sichzeigen“, die er ursprünglich eingeführt hatte, um das Wort „Phänie“ philologisch zu erläutern (die Medialform, von der wir gar nicht mehr wissen, ob sie im Griechischen unmetaphorischer war, als sie im Deutschen ist, wenn wir sagen: „das wird sich zeigen“), die nahm allmählich eine aktiv-mediale Bedeutung an, die Bedeutung des „Sich selbst zur Erscheinung-Bringens“. Diese Wandlung wurde vollends deutlich im Augenblick, da, wie er es von der „Einführung“ an tut[12], *phainesthai* und *phyein* = aufgehen auf die gleiche Wurzel zurückführt; *physis* aber als „aufgehendes“ Walten des Seins und *Sein* selbst identifiziert wird, so daß nunmehr das *phainomenon* wirklich zur Blüte des Seins wird. Da nun also das Sein selbst lichtet und nicht nur das Licht ereignet, sondern auch das Belichtete, sind nun in der Tat Offenbarkeit und Sein und Wahrheit auswechselbare Ausdrücke geworden, daß Sein oder Seiendes außer im sich Zeigen bestehen könnten, ist nicht mehr begreiflich; und wenn es so etwas wie Verbergung gibt, so kann diese höchstens eine Revozierung der Emanation sein – gewissermaßen eine in sich selbst zurückstrahlende Sonne, ein Atemanhalten.

Daß wir dieses Bild verwenden, ist freilich kein Zufall – denn daß im Hintergrunde dieser metaphysischen Spekulation das *hen* von Plotin steht, ist evident. Und nicht nur die Tatsache, daß Plotin nicht zitiert ist, beweist die Tatsache, daß er Heideggers Hauptquelle gewesen ist.

Sein Atheismus

Sich Atheist zu nennen, weigert er sich wiederholt nicht nur, weil diese Klassifizierung unbequem wäre, sondern weil auch der Atheist noch fixiert sei an das Modell eines *Seins-zu-Gott*, das er – selbst negierend – aufgegeben habe. Also nennt er sich angeblich gerade deshalb *nicht* Atheist, weil er sich bereits jenseits der Verneinung fühlt. – Das klingt außerordentlich radikal, ist aber eigentlich die Position der gesamten positiven Wissenschaft, deren Vertreter gar nicht auf den Gedanken kommen, Gott zu leugnen, da sie in ihrem Betrieb auf gar nichts zu Leugnendes mehr treffen. Sie betonen freilich schon längst nicht mehr, daß sie keine Atheisten sind; und wenn sie, etwa in Amerika, am Sonntag in die Kirche gehen, so weil sie schon gar nicht mehr auf den Gedanken kommen, daß das mit ihrer wissenschaftlichen Tätigkeit auch nur in der Beziehung des *Widerspruchs* stehen könnte. –

Wie gesagt: Heidegger betont das noch, und ist dadurch eben eigentlich doch noch ein Häretiker ... und das ist er nun, an anderen Stellen seines Werkes (etwa in seiner Abhandlung über das „Kunstwerk“ oder in seiner Hölderlin-Exegese) in aller Deutlichkeit. Denn kein Absolutes zu haben, ist ihm eben unerträglich; die verzweifelte Leidenschaft des 19. Jahrhunderts, Gott-Ersatz zu finden, hier und dort und dort zu suchen, ist bei ihm nicht weniger lebendig als bei irgendeinem jener verdünnten Atheisten, die dem Europäischen Geistesleben des 19. Jahrhunderts so diverse Halbreligionen gegeben haben. Es ist nicht nur das *Sein*, das nun Gott ersetzt – auch die „Erde“, die er (in seiner Abhandlung über das Kunstwerk) als Übermacht feiert – daß er das in der Zeit des Blubo-Kultes tat, ist natürlich reine Koinzidenz.

Über die Situation, in der „Sein“ bzw. die ontologische Differenz gestiftet wurde

Situation der Seinsfrage: Sie ist spät und Zeichen des Endes.

Aber sehen wir einmal auf die eigentümliche Obligationsqualität, die nach H. dem Seinsgedanken innewohnt – denn die Seinsvergessenheit ist ja für ihn eine Sünde, mindestens eine Säumigkeit: Ist es denn wahr, daß wir die Seinsfrage, auch nur die *Seinsbeziehung* als den Stand der *ontologischen Unschuld*, als die frühe, und später erst degenerierte, Attitude des Menschen ansetzen dürfen? Übernimmt da Heidegger nicht einfach jene aetas aurea-Geschichtsspekulation, die sich von der Paradiesgeschichte über Rousseau bis zur Engelsschen Idee des Urkommunismus durchzieht – also die Idee des *„heilen Anfangs“*?

Ob die Unterscheidung zwischen „Sein“ und „Seiendem“ alt oder jung sei – wie soll man das entscheiden? Denn sub specie – nein, nicht aeternitatis, aber doch des Seins – können ja ein paar Jahrtausende mehr oder weniger nicht soviel ausmachen: was heißt da schon „früher“ oder „später“? Was H. „früh“ oder „spät“ nennt, ist ausschließlich abgelesen an unserer klassischen Schulbildung – und die beginnt eben mit den Vorsokratikern, die nun sub specie des „Abends“ unseres Abendlandes, mit dem H. so viele eschatologische Wortspiele macht, als „Morgen“ erscheint. Aber er ist noch nicht aller Tage „Morgen“ – das „Morgenland“ verbirgt noch mehr, ja offenbart auch mehr. Deutlicher: was die Entdekkung des unterdessen vergessenen „Seins“ betrifft, so ist diese – hier muß man H.s auf Sand gebaute Abendlandeitelkeit und den abendländischen Monopolanspruch einfach ignorieren – in nicht endendem hymnischen Tiefsinn in den Upanishaden durchgeführt worden; und die Identifizierung von Sein und Nichts ist dort so unermüdlich formuliert, daß ein Rekurs auf die schwer identifizierbaren, weil verwitterten Bruchstücke der Vorsokratiker sich erübrigen würde. Was „Frühe“ betrifft – ja, *früher* als die Vorsokratiker sind die Upanishaden gewiß. Aber frühe? Absolut frühe? Und was soll der Komparativ „früher", wenn die zwei Dokumente verschiedenen „Geschichten" zugehören? Hier hört jede Diskussion auf. Über Offenbarungsdaten läßt sich nicht streiten. Wohl aber darüber, ob (und zwar in jeder Geschichte) die Evokation des Seins überhaupt etwas Frühes sein kann? Ob sie nicht (geschichtlich gemessen, nicht ontologisch) stets und grundsätzlich etwas Spätes ist?

Kurz: die Frage *nach der Situation der Seinsfrage*, also nach der Situation, in der sie allein aufbrechen kann, ist erlaubt. Diese Frage hat aber nicht nur einen *historischen* Sinn, sondern auch einen metaphysischen: denn man kann fragen, auf Grund welcher Situation, die der Mensch darstellt, die Frage auftauchen kann. Mit dieser beginnen wir und wiederholen damit alte Gedanken.[13]

Doch darf man die Diskussion dieser Frage nicht beginnen, ohne zu betonen, daß Heidegger sie *gestellt* hat – sowohl in seiner Frage nach dem „Warum der Warum-Frage" (in „Das Wesen des Grundes") wie in jenem berühmten (niemals zurückgenommenen, aber faktisch längst revozierten) Satze[14]: „Sein – nicht Seiendes – ‚gibt es' nur, sofern Wahrheit ist" (wobei Wahrheit „Dasein im Modus des Da" bedeutet). Dieser letzte Satz macht „Sein" zu etwas *ohne* Dasein nicht Seiendem (oder läßt es als solches), zu etwas, was erst und allein durch das „es werde Licht" des Daseins „wird". Vom Seienden gilt das offenbar nicht – dieses nimmt Heidegger ja ausdrücklich aus – die Unterscheidung zwischen Sein und Seiendem ist also etwas, dem „an sich" nichts entspricht. Deutlich ist hier also das „Dasein" die „Situation des Seins", d. h.: diejenige Situation, in der das Sein erst auftaucht, die Situation, ohne die von „Sein" zu reden sinnlos ist, weil es es „nicht gibt".

Das Erstaunen, *daß* etwas der Fall ist (und nicht etwas anderes) taucht nur in der Situation auf, in der man von der Existenz dieses „etwas" nicht total abhängt. Wir staunen z. B. nicht über die Tatsache, *daß* es Luft gibt, denn für uns als Atmende ist sie gewissermaßen apriorisches Material. Dagegen können wir darüber staunen, *daß* es diesen oder jenen Spiralnebel gibt. Denn es wäre möglich (oder wir halten es für möglich), daß wir auch *dann* wären, wenn dieser Nebel *nicht* wäre; sub specie unseres Daseins ist das Dasein des Spiralnebels gleichgültig – sub specie unseres Daseins brauchte er nicht zu sein, sein Sein und Nichtsein käme für uns auf Eines heraus, er scheint, obwohl ein Seiendes, doch nur ein *Mögliches* – und zwar eben weil wir *als* Seiende *frei* sind von diesem Seienden – unabhängig von ihm, in Distanz von ihm. Da wir ihn also als *nichtseiend* betrachten können (ja effektiv behandeln), staunen wir, daß er *doch* da ist – *sein* Sein verblüfft uns. Hier mag also das *Daß*-Staunen und die ontologische Differenz einsetzen. Dort dagegen, wo wir an ein Seiendes wahrhaft gebunden sind (wie etwa an die Luft), scheint das Sein als getrennt vom Seienden nicht auf, bzw. erst in dem Augenblick auf, in dem es *fehlt*: der Gewürgte erfährt das *Nichtsein* von Luft (also nicht etwas Ontisches, sondern etwas Ontologisches); und dieses Nichtsein ist letztlich ein *Nichthaben* dessen, was man haben müßte[15]; und hier liegt die Wurzel der Verbindung von Sein und Nichts.

Wir sagten: das Staunen über das „Daß" eines Seienden setze erst dann ein, wenn wir vom Sein eines Seienden *unabhängig* seien, wenn also das *Nichtsein* eines Gegenstandes denkbar sei. D. h. *Freiheit* (noch nicht im moralischen Sinne) sei die Quelle der ontologischen Differenz.

Ist aber diese Quelle erkannt, dann wird es – so schwierig und vielleicht abstrus diese Folgerung klingen mag – fraglich, ob der ontologischen Differenz ontologisch etwas entspricht, ob also, unabhängig von unserer Freiheitssituation, in der wir diese Scheidung machen, die Zweiheit von Sein und Seiendem irgendein Sein oder irgendeinen Bestand hat.

Entspringt das „daß" unserer *Freiheit* (d. h. unserer Nichtgebundenheit an einen bestimmten Gegenstand oder eine bestimmte Tatsache), dann ist freilich widersinnig anzunehmen, daß das, den gesamten Bestand der Welt betreffende *Erstaunen* (also darüber, *daß* es etwas gebe, und nicht vielmehr nichts) *früh* sei. Denn es scheint wirklich zu frühem

Leben zu gehören, gerade *weil* das Bestehen der seienden Welt als so hors de discussion besteht, jedes einzelne Erstaunliche in dieser als „granted“ hingenommenen Welt einzuordnen; das heißt: die Selbstverständlichkeit des Seienden ist stark genug, um das Unselbstverständliche mitzuinfizieren. Niemals wird, *daß* es Seiendes gibt, dadurch mit-zufällig, daß Einzelnes als zufällig zugestanden ist.

Der griechische Begriff des *symbebēkos*[[16]] ist niemals auf das Sein als ganzes angewandt. Nur innerhalb des Nichtzufälligen (das deshalb noch nicht etwa „notwendig“ im Sinne der Kausalität wäre) brechen Fragen überhaupt aus: das heißt: der Antworthorizont ist immer schon da, ehe die Fragen ausbrechen.

Erst dann, wenn die Welt, in der man lebt, zerfallen ist, wenn man nichts Bestimmtes in ihr mehr zu tun hat, der Antworthorizont selbst völlig undeutlich geworden ist, erst dann ist es möglich, daß man sich fragt: warum man selbst da sei „und nicht vielmehr nicht“; und „warum es Seiendes gibt, und nicht vielmehr nichts?“ Also erst im Augenblick der Desintegration bricht diese Frage als Allgemein-Frage auf: *sie selbst ist die Schlüsselformel* des Nihilismus; erst wo man nicht mehr weiß, als wer und wozu man lebt, wird Sein fraglich, ja *ontologisch* also *als* Sein *artikuliert*, d. h. erst dann wird „Sein“ vom Seienden getrennt. Bis dahin war es nicht vergessen worden, sondern es wäre ein Unbegriff gewesen. Eigentlich meint Heidegger in seinem berühmten, viel angegriffenen und radikal aufgegebenen Satze in „Sein und Zeit“ „Sein – nicht Seiendes – ‚gibt es‘ nur, sofern Wahrheit ist“[17] (d. h. Dasein im Modus des „Da“) etwas ganz Änliches. Philosophiegeschichtlich ist das vielleicht bei Leibniz der Fall: dort taucht bereits die Idee möglicher (anderer) Welten auf, wodurch das Sein dieser Welt sehr fragwürdig ist – und die Idee der „möglichen“ Welt ist unvergleichlich viel wichtiger als die Theodizee-Antwort, diese sei die denkbar beste. Wirklich herbeigeführt wurde die Möglichkeit der Seinsfrage wohl durch folgende Ereignisse: (1) durch die Ersetzung der providentiellen Welt, die jedem Wesen „Sinn“ gegeben hatte, durch eine kausale, die, nun sinnentleert, keine Rechtfertigung ihrer selbst mehr zu geben vermag; (2) den Verfall des Glaubens, der die daß-Antwort „Geschaffensein“ aufhebt, dadurch das „Daß“ der Welt unbegreiflich und erschreckend machte; (3) die gesellschaftliche Rollenlosigkeit, zu der man als self-made-man verurteilt ist, und die einen erstaunen macht, *daß* man überhaupt da ist; (4) durch den Warencharakter, den die moderne Wirtschaft jedem Gegenstand gegeben hat, ist jedes Seiende nur durch den Wert bestimmt, den es (nicht durch die Philosophie, sondern durch die Marktwirtschaft) erhält, so ist das diesem „Wert“ zugrundeliegende nackte Seiende eo ipso als „wertlos“, sinnlos etc. gesetzt und das „Daß“ seines Daseins unbegreiflich. Es ist in der Tat kein Zufall, daß die *ontologische Formel* Heideggers im letzten Jahrhundert auftaucht – *nach* Hegel, dessen Philosophie noch so etwas wie eine Selbstjustifikation der Geschichte = des Seins ist; in der Zeit, in der das Kausalitätsprinzip das *Bewußtsein der Epoche* prägt; in der Zeit, in der die Philosophie zum ersten Male den „Sinn“-begriff durch den, der Wirtschaft geborgten, „Wertbegriff“ ersetzt; in der Zeit, in der die „Freiheit“ des Menschen bereits als soziale Mittellosigkeit aufgefaßt wurde: Kurz, die Frage taucht bei Weisse und dann ausgesprochenerweise bei *Lotze* auf[18] – als Zeichen des völligen Endes jedes echten Bezugs. Was Heidegger als die *ursprüngliche* Frage verehrt, ist die späteste: Wo ein Seiendes unsicher wird, zerbricht es in „Sein“ und „Seiendes“ – die ontologische Differenz. Heidegger serviert, um mit Hamlet zu reden, die Kalte Platte der Leichenfeier als die Hors d'oevres der Hochzeitsfeier der Metaphysik. Er erfindet eine überschärfte Form des 19. Jahrhunderts und verkündet: das genau sei es, was das 19. Jahrhundert (und alle Jahrhunderte ab Plato sind für ihn 19. Jahrhunderte) verdeckt habe.

Heideggers Idee von „Idee“

Ist „Idee“ Degeneration der *alētheia*?

Wenn H. idea bzw. eidos als die zu Unrecht zur Substanz gemachten „Schein-Bilder“ des „Scheinens“ deutet, so scheint mir diese Ableitung außerordentlich fragwürdig. Es ist ja kein Zufall, daß in der frühen sokratischen oder platonischen Behandlung des Problems die Gegenstände der Diskussion stets Gegenstände der handwerklichen Produktion sind.[19] Denn im *Herstellen* sind die *ideai* wirklich die „Wahrheiten“ jener Gegenstände, die *kat' idean* verwirklicht sind. Jedes Produkt wird ein wahrer Gegenstand seiner Art, wenn es nur der Idee „adaequat“ wird. Diese Adaequatio von Herstellung und fertigem Produkt ist zwar in gewissem Sinne *auch* eine *alētheia*, eine Entbergung etwa in dem Sinne, in dem der Renaissance-Skulptor von der aus dem Block gehauenen Statue, die nun im Lichte steht, sagt, daß sie „befreit“ sei. Die von Heidegger so bekämpfte Adaequation hat ihren Ursprung und ihre Legitimation nicht im *logos*, sondern in den Situationen, in denen ein (auf ein solches) tendierendes Bedürfnis durch seine Beute *„gestillt“ wird* (dies das erste „Wahrnehmen“) oder ein Produzieren im Fertigwerden sein „Vorbild“ erreicht. Ursprünglich ist der Platonismus eine wahre Theorie der Poiesis, nicht eine degenerierte ontologische Theorie, in der angeblich das Scheinende, also der Anblick, anstelle des „scheinenden“, sich offenbarenden Seins für die Wahrheit genommen wird.

Im Grunde genommen kann der Seins*begriff* sogar erst durch die in der Ideenlehre beschriebene Poiesis artikuliert auftreten. Für das tierische Dasein ist das *Nichtsein* des Vermißten unbegreiflich, so unbegreiflich, wie für uns das Nichtsein eines amputierten Gliedes, das uns schmerzt. Denn Sein und Seiendes bleiben aus. Erst in der *poiēsis* wird etwas als *essendum*, als etwas, das sein sollte, obwohl es nicht ist, gemeint; da es aber als ein *Bestimmtes* gemeint ist, nämlich sein *eidos* als Modell vorschwebt, steigt zum ersten Male das Sein als etwas sui generis, so sonderbar das klingt: in der

Form des Nichtseins, auf. Nur wo die Freiheit ist, etwas zu *machen*, was zuvor nicht war, also etwas zum Sein zu bringen, *entsteht* auch der Begriff des Seins. Freiheit ist die Bedingung der Möglichkeit der ontologischen Differenz. Und ob ihr – unabhängig von dieser Freiheit – irgend etwas ontologisch entspricht; ob die Aufteilung mehr ist, als eine Umschreibung der menschlichen Poiesis, muß dahingestellt bleiben.

Bei Heidegger freilich sieht das, seit 25 Jahren[20], anders aus.

Charakterisierung von Heideggers *Religion*

In einer Typologie religiöser Abweichungen.

Will man sich die Spielart seiner privaten Religion – oder wie soll man es nennen? vielleicht seines Rituals – klarmachen, so hat man sich als Vergleichsbilder einige Typen von religiösen „Abweichungen" vor Augen zu halten. Die Reihenfolge, in der ich diese Typen nenne, stellt weder ein historisches noch ein „logisches" Prinzip dar.

1. Die einfachste Form der Abweichung besteht darin, daß Einer ein bestimmtes Dogma nicht glaubt, andere dagegen akzeptiert. *Das* Glauben als solches ist durch die Ablehnung oder Veränderung des einzelnen Glaubenssatzes nicht unbedingt mitverändert; zumeist nicht.

2. Die Abweichung besteht darin, daß man mehr oder minder glaubt, an nichts mehr, also nicht mehr zu glauben, den Glauben aber durch etwas ersetzt, z. B. durch Moral, die nun, da diese nun die Stelle des Glaubens einnimmt, etwas Glaubensartiges wird. Da man dem Stellvertreter (Moral oder Gewissen) gehorcht, bleibt effektiv eine absolute Instanz konzediert, auch wenn sie in keinem Credo bestätigt wird.

3. Der nächste Typ ist das Pendant zum letzten: die Abweichung besteht darin, daß man zwar nicht mehr glaubt, aber (da man zu Unrecht noch zu wissen glaubt, was Glauben sei) doch noch zu glauben glaubt; ja, die Unbestimmt-

heit dieser Position mit Argumenten der negativen Theologie gerade als echtesten Glauben sich einzureden versucht (Schleiermacher).

4. Die nächste Spielart ist die eindeutigste: sie ist reine Negation. Sie besteht darin, daß man, etwa als radikaler Rationalist, Empiriker, Materialist etc., nicht nur diesen oder jenen Glaubenssatz nicht mehr glaubt, sondern daß man nicht mehr an *das* Glauben glaubt, jeden schlechthin abweist, ihn durch Denken ersetzt oder durch Empirie, daß man „alles" für erklärbar oder für erfahrbar hält.

(Abweichung 1 und 4 stimmen darin überein, daß sie Religion und Glauben identifizieren. In der Spielart 3 hat nun freilich ein eigentümliches quid pro quo stattgefunden. Da nämlich – was einer Analyse bedürfte – die ratio durch mehrere Gegensätze konfrontiert ist: nicht nur durch den Glauben, sondern auch durch Gefühl und Erfahrung. So rettet sich der Nullglaube, der zu glauben glaubt, um zu beweisen, daß er nicht ratio ist, ins Gefühl. „Gefühl ist alles" – Faust.)

5. Die nächste (höchst moderne) Spielart (etwa von Kafka vertreten) besteht darin, daß man „nichts mehr" glaubt (nicht anders als in 4), daß man dagegen im „Glauben" (als Attitude) die einzig wahre Position sieht; man glaubt an *das* Glauben.[71]

6. Diese Spielart läßt nun nicht nur Geglaubtes und den Glauben hinter sich (wie 4, von wo sie ausgeht), sondern, mindestens als Ziel, auch die ratio. Und setzt nun an die Stelle der *beiden* das *Verändern* der Welt. Daß diese – Marxens – Attitude (die freilich durch ihr eschatologisches Veränderungs-*Ziel* schon wieder religiös ist) als die radikalste gilt, ist begreiflich: denn sie hat eben *Glauben und Wissen* – die seit dem frühen Christentum als *die* antagonistischen Aktivitäten galten, en bloc hinter sich gelassen.

Dies ist die Folie, vor der die einzigartige Position Heideggers charakterisiert werden kann.

Und nun schließlich die höchst eigenartige Position Heideggers. Sie besteht zwar gleichfalls darin, daß er *Glauben und Wissen* en bloc hinter sich läßt – aber nicht um, wie der

Marxismus, eine andere Welt effektiv herzustellen, sondern, um im Gegensatz *zu Glauben, Wissen und Handeln en bloc* – doch wieder religiös zu sein. Zwar will auch er die Welt *verändern*; nämlich einem Seinsgeschehen die Bahn bereiten. Aber das Verändern selbst hält er für ungenügend. Auf erstaunlichste Weise, man könnte fast sagen: durch einen Kurzschluß, ist die Veränderung der Welt eine religiöse geworden – aber so, daß das *Glauben* nun für ihn gerade der Inbegriff des Nichtreligiösen ist. Das Denken aber, das nun soviel wie Gegenwärtigmachen des Seins und gegenwärtig-beim-Sein-sein bedeutet, erfüllt alle anderen Funktionen. Wahrhaftig an alles Appellbereite, Leidenschaften und Schwächen, ist hier zugleich appelliert.

Religion ist gegeben – aber den Glauben hat man hinter sich. Weltveränderung ist – zwar nicht versprochen, aber irgendwie in Aussicht gestellt, und zwar eine, die ungleich fundamentaler ist, als jede nur politische, die eschatologische Erwartung ist aufs Höchste gespannt.

Man ist – sofern diese Geschichtskategorie überhaupt noch angewendet werden darf – allen „voraus", denn man hat Glauben, Philosophie *und* Religion *hinter* sich – wahrhaftig: die Zeit der Distinktionen ist vorüber – das von H. zitierte Kierkegaardwort wird ungeheuerlich wahr. Und all das kann man erreichen in einem „Denken" an das Sein, das selbst bereits moralische, ja weit mehr als moralische, mehr als geschichtliche Aktion ist – und man hat das dem Geschick Schickliche getan. –

Wie weit diese ontologische Beschwörung als „Religion" nun geschichtliche Chancen hat – „geschichtlich" nun in einem common-sense-Sinn gemeint – also: wie weit sie „gruppenbildend", gemeindebildend wirken kann, ist schwer zu übersehen.

Im Grunde ist der Appell, des Seins zu gedenken – auch wenn der Effekt von ontologischer Massivität sein soll, nicht an eine Gruppe gerichtet. Und er enthält an sich nichts Gruppenbildendes in sich, so wenig wie es die Hermeneutik des Daseins getan hatte. Aber es gibt Beispiele religiöser Bewegungen, die gleichfalls keine sozialen Elemente in sich trugen und doch sich durchsetzten. Etwa der Buddhismus. Wer wagt da, die Zukunft vorauszusagen?

Moral

Moralische Fragen aber werden mit einem tiefsinnig gordischen Schlage durchhauen. An die Stelle der moralischen Handlung auf Grund einer Orientierung in der moralisch schwierigen Welt von heute, tritt ein bloßes „Andenken", also eine Andacht, die gewissermaßen von sich aus schon ein moralisches Geschehen ist. Heraklits dunkles Wort *ēthos anthrōpō daimōn*[22], das er übersetzt: „der (geheure) Aufenthalt ist dem Menschen das Offene für die Anwesung des Gottes (des Un-geheuren)"[23] ersetze alle dickleibige Ethik: „Indem der Denker geschichtlich andenkend auf das Geschick des Seins achtet, hat er sich schon an das Schickliche gebunden, das dem Geschick gemäß ist."[24]

Wenn man versucht, diesen eigentümlichen Satz zu verstehen, kann er nur bedeuten: die Sorgfalt und Bereitschaft für das Geschehende (das als Seinsgeschehen verstanden wird) ist bereits selbst ein Geschehen, das dem Geschick korrespondiert. Das heißt also: durch *Pietät*. Aber Pietät, sofern sich nicht selbst diese noch in ritueller Handlung äußert, verzichtet eben deshalb auf Handlung, weil der Gegenstand der Pietät: die teuren Toten, grundsätzlich „unbehandelbar" sind, also jenseits unserer Einflußnahme, sind. Dem Sein mit Pietät begegnen, heißt: es anerkennen, sich selbst aber jede Möglichkeit des Eingreifens aberkennen. D. h. grob: die Hände in den Schoß legen. In der Wirklichkeit, in der wir leben, läuft dieses Hände-in-den-Schoß-Legen auf Ergebung in die bestehenden Verhältnisse hinaus. Denn daß diese als „Seinsgeschick" angesehen werden, ist denen völlig gleichgültig. Sieht man z. B. den N.-S., wie H. das getan hatte, als Seinsgeschick an, dann ist, „andenkend auf dieses Geschick zu achten", bereits „schicklich", d. h. dem „Geschick gemäß". Ein nicht-philosophischer Ausdruck für dieses „sich Schicken ins Geschick" hieße „*Gleichschaltung*". Daß Moral und Ethik – mindestens heute – aber Un-einverständnis mit dem Seienden bedeutet, nämlich das Urteil: *so wie es sein sollte, ist das Seiende nicht* – denn nichts anderes ist mit Sollen gemeint – ist durch diese Ersetzung der Moral durch Gedenken ausgelöscht. Rein stimmungs- und vokabelmäßig ist zwar Heideggers Philosophie eine *Philosophie des Uneinverständnisses* (mit der alltäglichen Moral). Aber uneinverstanden ist er letztlich eben mit dem „Uneinverständnis", das jede – gleich ob christliche oder demokratische oder sozialistische – Moral befeuert. Denn seine Moral ist eine der, *mit fanatischem Vokabular getarnten, Ergebenheit.*

Die zwei Phasen

Zuweilen etabliert er die Verbindung zwischen den zwei so verschiedenen Philosophien einfach dadurch, daß er einen Terminus von früher in völlig anderer Funktion einfach weiterverwendet. Beispiel: die „Sorge", die in „Sein und Zeit" das grundlegende Existenzial des Daseins gewesen war, taucht nun 1) als die Offenheit für die Offenheit des Seins, als das „Ausstehen" dieses Offenseins wieder auf. Dieses „Ausstehen" – das heißt: Ek-sistenz (deren Rückübersetzung das Wort ist) hat nun natürlich gleichfalls eine völlig neue Bedeutung: eben die Bedeutung der Übernahme des Seins in sein Dasein, nicht die Übernahme seines Todes in sein Dasein. Das *Absolutum* ist ausgewechselt – aber die Vokabeln bleiben. – Ob nicht Heidegger die Verständlichkeit seiner Wendung dadurch immens erschwert hat, daß er das Vokabular beibehalten hat?

Kategorien-Wechsel

Kategorien *früher*: Kleine Schuhmacherwerkstatt. Zeug. Besorgen.

Nun, erschreckt durch die Verdinglichung: *gegen* Machen gehen.

Ackerbau-Kategorien: Erde, Grund, Sonne, willig, aufgeschlossen.

Ackerboden gegen Industrie (früher Maschinenstürmerische Werkstatt).

Dadurch Freiheitsphilosophie, Seyn, Handeln, Freiheit zerstört.

Der ontologische Sündenfall

ist dem Seyn selbst zuzuschreiben. Denn „das Sein entzieht sich, indem es sich in das Seiende entbirgt“[25], das heißt also: das eigentliche Walten des Seins: die Emanation (der Vorgang, der zugleich die „Geschichte“ ist) ist zugleich die Selbstverbergung des Seins: und bringt mit sich die Seinsvergessenheit, in der sich das Dasein befindet, da das Sein, als entbergendes, das Dasein mit lauter Seiendem konfrontiert.

Diese Kosmologie ist nicht so absonderlich wie sie klingt: im Grunde genommen ist sie nach bewährtem Muster angelegt. Übersetzt man das Sein durch den Schöpfer, dann bedeutet die Aussage: gerade *durch* seine Creatio (die Gott zu Gott macht) wird Gott unsichtbar, denn die Kreatur ist nun von Kraturen umgeben, die alle, als creata, geringer sind als Gott selbst. Theologisch gesprochen ist also bei Heidegger *Schöpfung und Sündenfall eines.* – Aber selbst die materialistischsten Kosmologien sind nach dem gleichen Schema gebaut. Der Satz „das Sein entzieht sich, indem es sich in das Seiende entbirgt“ paßt auch auf den „Kältetodsatz“ der Energetik, nach dem die Energie, sich entbergend, sich entzieht. Das heißt: die Quelle des Seienden erschöpft sich dadurch, daß sie quillt.

Schein = Aussehen – gibt es nur als Beziehung

Das gegenseitige, das für einander Da-sein ist in der Tat nur möglich, [weil] die miteinanderlebenden Menschen für einander aussehen und jeder sein Aussehen *beim Andern* hat:

denn für sich sieht man nicht „aus". Man hat An- und Aussehen nur dem Andern – ohne die Andern hätte ich kein Aussehen, die Andern sind die „Behüter und Verwahrer dieses meines Seins, das aussehend aufgeht."

Man sieht: mit Leichtigkeit läßt sich Heideggers Vokabular auf physiognomischem Gebiet anwenden. In der Tat ist auch „sich ausdrücken" eine Geistesart, die weder als „machen", noch als „wachsen" klassifiziert werden kann. Das sich „äußern" ist etwas Drittes. Daß H. freilich diese physiognomischen Kategorien nun zu ontologischen macht; und an die Stelle des lebendigen Individuums, das sich äußert und das etwa „in Freude erstrahlt", das Seiende als Ganzes setzt, nein, sogar das Sein – das ist nun freilich ungeheuer befremdlich – und letztlich muß das zu einer These führen, die *Sein* mit *Leben* gleichsetzt: denn sich-Zeigen im medialen Sinne (im von Heidegger abgewiesenen Sinne von „sichtbar sein für einen Sehenden") kann nur ein tuendes *Wesen*: Heideggers Sein ist also lebendig, ein faciens, nicht einfach ein factum.

„Denken“

Rundfunkrezension:
Zwei Neuerscheinungen von Heidegger, 1954

Daß der Ausdruck „Denken“ bei Heidegger eine ganz eigene Bedeutung angenommen hat, ist bekannt. Er bedeutet nicht die intellektuelle Operation des „also“, des „Schließens“ mit ihren Schlußregeln, die traditionell in der Logik abgehandelt werden, sondern etwas durch und durch anderes: den direkten Bezug auf etwas, das einen etwas angeht. Dieser Wortgebrauch scheint im ersten Augenblick beliebig. Aber daß wir alle einen solchen Akt des Denkens, der vom Schließen ganz unterschieden ist, ja jedem Schließen weit voraus liegt, immer wieder durchführen, das ist nicht zu leugnen: Wir „denken“ an jemanden, der in der Ferne weilt; oder wir „gedenken“ unserer Toten. Dieses Denken an ...[1] bezieht sich grundsätzlich auf etwas *Abwesendes* und macht dieses dadurch scheinbar anwesend: So im Hungertraum, so in der Sehnsucht. Und darin – hier könnte man Heideggers eigentümliche Verwendung des Ausdrucks rechtfertigen – besteht auch seine Ähnlichkeit mit dem Denken im Sinne von „Schließen“: denn wer schließt, macht ja gleichfalls eine Aussage über etwas *nicht* Anwesendes, das er eben auf vermittelte Weise erschließt. Auch bei Heidegger ist also, was er „denken“ nennt, ein Bezug auf etwas, das zugleich abwesend und anwesend ist: als solches ist es Sehnsucht oder Pietät. Das Beispiel der Toten, deren wir gedenken, macht das deutlich. – Das von Heidegger „Denken“ Genannte steht also zum „Denken“ im Sinne der Logik etwa so wie das Glauben *an* Gott zum bloßen Glauben, *daß* etwas der Fall sei. Es ist etwas ungleich Elementareres. Dennoch wäre es falsch – mindestens Heidegger würde dies schroff ablehnen

– das Denken mit Glauben zu identifizieren. Der Bestimmtheit des Glaubensziels und -Inhaltes steht es gleich fern wie der Bestimmtheit jenes Denkens, das Wissenschaft und Technik ausgebildet haben und das Heidegger als Denken nur bedingt anerkennt. – „Also ist es bloßes Dichten?“ wird man fragen. Wenn man mit dieser Frage nichts anderes meint als: also sei es reines Phantasieren, so würde Heidegger mit einem entschiedenen Nein antworten. Eher würde er formulieren: Dichten sei echtes Denken, oder: im Dichten komme Denken, im Sinne von Gedenken, zu Wort; ungleich ursprünglicher als in Technik oder Wissenschaft. In der Tat sind Denken und Dichten für Heidegger aufs innigste miteinander verwandt, zwei Äste eines einzigen Stammes. – „Und“, wird man weiter fragen, „*woran* denkt nun Heidegger?“

In der Beantwortung dieser Frage besteht nun das ganze vielbändige Werk Heideggers, auch die zwei Neuerscheinungen, auf die wir hier aufmerksam machen wollen.[2] Man kann die Frage, woran er denkt oder denken will, mit einem einzigen Wort beantworten. Denn Heidegger hat in der Tat (wie er stolz und trotzig von sich und den anderen großen Denkern behauptet) nur einen einzigen Gedanken. Und bei ihm ist dieser Gedanke das *Sein des Seienden*, dessen er gedenkt.

Daß dieses Sein des Seienden nicht mit Gott, mindestens nicht mit dem persönlichen Gott identisch ist, ist offensichtlich. So betont Heidegger an einer Stelle: schon die Frage „*wer oder was*“ es sei, sei ein Vorurteil, weil die Frage, ob diese Alternative „wer oder was“ erschöpfend sei, überhaupt noch nicht untersucht sei. *Glauben* ist dieses Denken also nicht. Aber da das Sein des Seienden ja auch nicht einfach ein Seiendes, also ein Weltstück ist, ist das Denken auch nicht Wissen oder Erkennen. Es handelt sich bei ihm weder um Frömmigkeit, noch um Erkenntnis, noch um Weltfrömmigkeit im Sinne Goethes oder des 19. Jahrhunderts, sondern um etwas Eigentümliches, das man mit dem Ausdruck *Seins-Pietät* belegen könnte. – Damit sind wir nun bei den zwei Neuerscheinungen angelangt.

Neuerscheinungen sind die beiden Schriften freilich nur in eingeschränktem Sinne: das kleine Bändchen, dem wir uns erst einmal zuwenden – *„Aus der Erfahrung des Denkens“*, Verlag Günther Neske, Pfullingen – ist im Jahre 1947 geschrieben worden. Es ist nun deshalb so interessant, weil Heidegger in ihm den Kampf gegen die Philosophie und die Nähe zur Dichtung nicht nur philosophisch beteuert, sondern dafür eine eigene Form der Aussage zu finden versucht. Das Verschwistertsein von Denken und Dichten, das er bisher gewissermaßen nur spekulativ behauptet oder durch Ernstnehmen von Dichtungen Hölderlins, Rilkes, Trakls zu beglaubigen gesucht hatte, wird nun direkt vorgemacht. Das heißt: *das Bändchen ist beinahe als Gedichtband angelegt*; seine Gedanken werden von kurzen Sätzen getragen, die Jahres- und Tageszeiten und -Stimmungen aussagen; sie haben selbst „Stimmung“; ja, eingerahmt sind diese Sprüche sogar von zwei veritablen Gedichten, denen gegenüber man freilich, wenn man sie am prophetischen Maßstab Heideggers mißt, in Verlegenheit gerät. Das Schlußgedicht, das ich Ihnen vorlesen will, lautet folgendermaßen:

Wälder lagern
Bäche stürzen
Felsen dauern
Regen rinnt.

Fluren warten
Brunnen quellen
Winde wohnen
Segen sinnt.

Daß in diesen Zeilen das Sein, nach dessen Diktat Heidegger angeblich schreibt, Stimme gefunden habe, ist schwer zu glauben. – Dennoch ist dieses Büchlein höchst bemerkenswert: jeder rechten Seite, die je vier philosophische Aussagen oder Sprüche enthält, steht auf der linken eine Zeitbestimmung gegenüber; die erste z. B. heißt:

> „Wenn das frühe Morgenlicht still über den Bergen wächst …“

oder die zweite:

> „Wenn das Windrädchen vor dem Hüttenfenster
> im aufziehenden Gewittersturm singt …“

Diese Bestimmungen sind zweifellos poetischer als die Verse – allein schon dadurch, daß sie sich wie Winkel öffnen, in denen nun die Sprüche zu schweben scheinen. Da es sich nun im ganzen um zehn solche Doppelseiten handelt, ergeben sich, wenn man das Eingangs- und Abschlußgedicht dazuzählt, 12 Stücke – was den Gedanken nahelegt, daß das Büchlein als eine Art Jahresbuch, gewissermaßen als *ontologischer Kalender* für den Selbstgebrauch gemeint war. Den Ausdruck meine ich nicht scherzhaft; denn das Jahr und die Natur spielen in Heideggers Denken eine entscheidende Rolle. Es ist wirklich außerordentlich bezeichnend, daß keiner der Wenn-Sätze einen geschichtlichen Augenblick angibt (etwa: „wenn unsere Städte in Schutt liegen“ oder dergleichen), sondern ausschließlich Naturaugenblicke. Aber das entspricht eben dem Wechsel, den Heideggers Seinsbegriff durchgemacht hat: in den letzten Schriften, nach seiner sogenannten „Kehre“, ist es ja nicht so sehr das Geschichtlichsein des Menschen, das zählt; sondern das ganze Sein, das, wie er sagt, als „physis“ „aufgeht“ und Geschichte als „Seinsgeschick“ aus sich entläßt.

Was nun die 40 Denksprüche angeht, so werden diese dem zufällig in sie geratenden Leser zum größten Teil entweder begeisternd oder schockierend *dunkel* bleiben. Ich will Ihnen einige vorlesen:

> „Stammt der Mut des Denkens aus der Zumutung des Seyns, dann gedeiht die Sprache des Geschicks.“

> „Erst Gebild wahrt Gesicht.
> Doch Gebild ruht im Gedicht.“

„Wen könnte, solang er die Traurigkeit meiden will, je die Ermunterung durchwehen?“

„Die schlechte und darum wirre Gefahr ist das Philosophieren.“

Diese Dunkelheit der Sprüche ist gewiß nicht zufällig. Dem Leser etwas zuzumuten, ist ja Heidegger, der seit jeher den „durchschnittlichen Mitmenschen“ verachtet hat, nicht fremd. Dazu kommt aber noch etwas anderes: bekanntlich ist ja für Heidegger Geschichte – eine Geschichte des *Verfalls*, eine Geschichte des verspielten ontologischen Paradieses. Dabei spielt „die Frühe“ (besonders in den Dokumenten der vorsokratischen Philosophie) für ihn eine epochale Rolle. Nun fühlt sich Heidegger gleichfalls als Sprecher einer neuen „Frühe“; durch die Dunkelheit seiner Sprüche macht er sich, über den Rücken der Jahrhunderte hinweg, zum Bruder jener Großen, ja zum Orphiker; er stellt gewissermaßen Archaisches her, Heraklitismen aus dem Schwarzwald, *Fragmente der Urzeit von Übermorgen*. –

Dennoch wäre es völlig falsch, zu behaupten, es handle sich bei ihm um Obskurantismus. Derjenige, dem Heideggers Schriften bekannt sind, wird in den Sprüchen seine ganze Philosophie wiedererkennen. Freilich eben nicht in der Form der diskursiven Darstellung, die ja in der letzten Zeit eine, dem fundamentalen Heidegger'schen Seinserlebnis mehr und mehr unangemessenen Sprechform zu werden schien, sondern in der Kurzform direkter Ausrufe, in Exklamationen des Logos, die sich nur wider Willen noch oder schon in das Schema des Urteils hineinbequemen. Andere seiner Sprüche scheinen gewissermaßen die späten Kristallisierungen jener Gedanken, die er früher noch diskursiv zu vermitteln versucht hatte: also *Widerrufungen*, aber nicht des damals Ausgesagten, sondern eben der Aussageform. Tatsächlich findet sich unter den Sprüchen einer, der völlig auf Aussage verzichtet; er lautet einfach:

„Die Pracht des Schlichten.“

Dieser Spruch wird dem Leser als anspruchsvolles Nichts erscheinen. Aber er hat eben zu tun mit der These Heideggers, daß Wahrheit nicht im Urteil beheimatet sei, sondern in der „Entbergung“ des sich offenbarenden prädikatlosen Seins; und dieses prädikatlose Wesen ahmt er hier gewissermaßen sprachlich nach. Gewiß ist das schon nicht mehr Philosophie. Aber Philosophie will es auch gar nicht mehr sein, da er diese nur für eine nachträgliche Erstarrungsform des Denkens, gewissermaßen für eine Theologie der Dichtung hält. Auf Seite 21 heißt es:

> „Die Sage des Denkens wäre erst dadurch in ihr
> Wesen beruhigt, daß sie unvermögend würde,
> jenes zu sagen, was ungesprochen bleiben muß.“

Eigentlich spricht Heidegger, um zu schweigen, weil außer im dichterischen Wort die Wahrheit nur im Schweigen herrsche. Die Frage freilich, warum er das Schweigen *aussagt*, statt es *auszuüben*, ist kaum zu beantworten, es sei denn damit, daß für ihn das Sagen eine Technik der Andacht, also ein Mittel ist, um sich in den Zustand jenseits der Worte zu versetzen; eben um „den Schritt zurück aus der Philosophie in das Denken des Seins“ zu verwirklichen. Denn so heißt es in einem seiner Sprüche.

Damit sind wir aber nun bei Heideggers anderer Neuveröffentlichung, seinen Vorlesungen vom Herbst 51 bis Herbst 52, die er *„Was heißt Denken“* betitelt. Sie erschienen im Niemeyer-Verlag, Tübingen. In ihnen wird dieses Denken noch einmal im diskursiven Vortrage durchdiskutiert; wobei dieses Mal die Behauptung zum Ausgangspunkt gemacht wird, *daß wir dieses Denken*, also diesen ursprünglichen Bezug zum Sein des Seienden, *nicht „vermögen“*, da wir ja stets, statt auf das Sein, nur auf Seiendes aus seien. Daß wir es aber nicht vermögen, das sei nicht irgend ein beiläufiger Defekt des heutigen Menschen, sondern das schlechthin Bedenklichste unserer Situation, ja letztlich hänge unser Heil oder Unheil vom Ja oder Nein des Denken-Könnens ab. Wenn wir es nicht schon wüßten, würden wir schon aus dieser ungeheuerlichen Rolle, die er dem Denken zuschreibt, entnehmen können, daß dieses Denken hier etwas ganz anderes bedeutet als gewöhnlich. Denn Rationalist oder gar Aufklärer, der sich das Heil der Welt von der Vernunft erhofft, ist Heidegger ja gewiß nicht. In der Tat handelt es sich nun gar nicht mehr um ein *Denken über* ..., sondern um ein *„Nach-Denken“*, um ein dem Sein nach-denken (so wie wir sagen „einer Sache nachgehen“) – also sagen wir es ruhig und ohne Umschweife: um den Bezug zum Absoluten, um die Suche nach diesem. Aber – und hier mündet nun Heideggers Philosophieren, trotz aller seiner beteuerten Distanz vom Glauben – in das klassische Erbe der Mystik ein: Für ihn ist nämlich der Bezug zum Absoluten, ohne daß er es in dieser Deutlichkeit ausspräche, ein Bezug, in dem sich das Absolute auf sich selbst bezieht – nicht anders, als bei Spinoza die Liebe zu Gott Teil derjenigen Liebe ist, mit der er sich selbst liebt. Aber wenn Heidegger uns oder auch sich das Denken-können abspricht, so sind nicht *wir* es, die an diesem Defekt schuldig oder allein schuldig wären, sondern das Sein selbst, das „Es“, das sich uns entziehe. Darum bedeutet der Titel der Vorlesung „Was heißt Denken?“ eigentlich: was heißt *uns* Denken?; also wer oder was ist es, das, sich entziehend, doch uns zieht, um es zu bedenken? Uns braucht, um im Gedachtwerden da zu sein? – Daß die Antwort darauf „das Sein“ lautet, wissen wir ja bereits. Inwiefern das freilich eine *Antwort* ist, inwiefern überhaupt etwas beantwortet ist, wenn jede Frage die *gleiche* Antwort enthält, das können *wir* nicht beantworten. Aber was Heidegger sucht, ist ja letztlich auch gar keine Antwort, sondern eben Lösung im Sinne von *Er*lösung – nämlich die Erlösung von dem Sündenzustand des Nicht-Denkens, in dem wir eben nicht beim Sein seien. Das aber sei unser heutiger Zustand; unser heutiges Schicksal. Da ja aber auch Schicksal etwas vom Sein Geschicktes ist, ist es letztlich eben nicht nur unsere Schuld. Kurz: das Sein entziehe sich uns; ihm nachziehend seien wir auf dem Wege zu ihm. Ja, auch er, Heidegger, sei nur auf dem Wege: denn seine prophetische Ambition schmückt sich immer wieder mit typisch prophetischer Bescheidenheit.

Daß hier eine gott- und weltlose Heilstechnik gestiftet werden soll, ist aus dieser kurzen Anzeige deutlich. Eine Heilstechnik freilich, die von *allem*, was uns vertraut ist, gleich weit entfernt ist: ebensoweit vom Glauben im Sinne positiver Religion wie von Wissenschaft wie von Politik, in der der Heilsgedanke ja gleichfalls seine Rolle spielt. *Man lese das Buch also als Dokument einer Mystik, die, um Mystik zu sein, das heißt: um den Urgrund aller Unterscheidungen zu erreichen, die heutigen Unterscheidungen wie Religion, Philosophie, Dichtung, Politik grundsätzlich hinter sich zu lassen versucht.* Das klingt zwar ungeheuer radikal, aber in gewissem Sinne ist es auch außerordentlich bequem: denn was man hinter sich läßt, an dem kann man nicht anstoßen. – Diese Wegweisung ist nötig: denn das Buch selbst, mit seinen zahllosen Exkursen (z. B. über Parmenides und Nietzsche, und mit seinen, in Einzelheiten oft großartigen Analysen, z. B. der Vorstellung und der Erinnerung) gibt sich noch immer als Vorlesung und als ein Stück Lehre. Aber es ist die Lehre eines Hermetikers.

Denkmal

Molussische Geschichte (o. J.)

An der berühmtesten Straßenkreuzung der Welt, am „Platz der Millionen“, der selbst an stillsten Vormittagen einem Strudel gleicht, erhebt sich, wie ein Felsen in der Brandung, das Denkmal Nisos, des weltberühmten Philosophen, der es geschafft hatte, den vermassten Menschen durch Erziehung aus seiner Vermassung herauszureißen und zu seinem eigentlichen Selbst zurückzuführen.

Über den Sinn der Figur herrscht keine Einigkeit. Die leidenschaftlich hochgeworfenen Arme sind – so behauptet die Majorität der Interpreten – die Arme eines Ertrinkenden, der im Begriff sei, von den Wogen nach unten gezogen zu werden. Andere behaupten, der Montierungswinkel sei völlig irreführend, die Statue sei vom Künstler als fliegende Figur gemeint worden; daß die ausgestreckten Arme die Geste des Segnens machten, darüber könne kein Zweifel bestehen. Aber es bestehen Zweifel. Denn eine dritte Schule behauptet, die Figur hätte in schiefem Winkel montiert werden müssen. Von einer Segensgeste könne keine Rede sein. Die Figur stelle vielmehr Nisos dar, wie er sich, verzweifelt über seine imaginären Bemühungen, in den Massenstrudel zurückwerfe.

Wie dem auch sei – es war das zweifelhafte Verdienst Nisos, die Vermassung als die persönliche Sünde jedes Einzelnen mißzuverstehen. In einer Zeit, in der es an nichts gebrach, außer an Sündenbewußtsein; und in der höchstens derjenige als sündig galt, der sich im allgemeinen Zug der Vermassung noch gewisse Reserven zurückhielt, machte diese Inversion der Moral einen ungeheuren, ja einen geradezu revolutionären Eindruck. Dabei konnte von revolutionären

Ein- oder Absichten keine Rede sein: nichts war jenen Mächten, die an der Vermassung der Menschen interessiert waren, angenehmer, als eine Theorie, die die Schuld für die Vermassung jedem Opfer selbst zuschrieb.

Editorische Notiz

Von Gerhard Oberschlick

Dieser Band enthält neben allen bisher bekannten Nachlaßschriften der „Auseinandersetzung mit Heidegger“[1] von Günther Anders auch alle bisher bekannten von ihm selbst dazu publizierten Aufsätze. Die Vorsicht der Formulierung ist begründet: Nicht nur wird immer wieder an entlegenster Stelle Veröffentlichtes von Günther Anders gefunden, auch sein Nachlaß ist für Überraschungen gut:

Nachdem Werner Reimann (wie schon bei Anders 1946) eine m. E. hervorragende Rückübersetzung von „On the Pseudo-Concreteness of Heidegger's Philosophy“[2] ins Deutsche fertiggestellt hatte, tauchte im Spätsommer 1993 bei einem Hamburger Antiquar ein bis dahin verschollener Teilnachlaß auf, darin das teilweise getippte, heftig überarbeitete Manuskript einer fast fertigen deutschsprachigen Originalfassung. Diese übernahm Werner Reimann sonach in die eigene Übersetzung so weit, daß er – Bewunderung für seine kongeniale Mühe! – wieder einen fast originalsprachlichen Text von Anders geliefert hat.[3] Im selben Nachlaßteil fanden sich unter anderem die „Heidegger-Erinnerung“[4], „Wesen und Eigentlichkeit, namentlich bei Heidegger“[5], und alles, was Anders nach der Rückkehr aus der amerikanischen Emigration ab 1950 in Europa verfaßt hatte, also die ganze Auseinandersetzung mit dem Heidegger nach der „Kehre“.

Die beiden großen, unpublizierten Nachlaßkonvolute („Trotz-Philosophie“[6] und „Frömmigkeitsphilosophie“[7]) sind unfertig liegengelassene Torsi; das erste dürfte Anders als Steinbruch für seine Publikationen zu „Sein und Zeit“ verwendet haben, und besonders das zweite enthält neben ausgearbeiteten Kapiteln auch sehr vorläufig wirkende Entwürfe und flüchtige Notizen; beide Charaktere wurden beibehalten: durch Verzicht auf Glättung, Vereinheitlichung oder gar Streichung. Da es nicht gelang, eine durchwegs befriedigende Ordnung herzustellen, blieben die Kapitelchen beider Konvolute beinahe in der vorgefundenen Reihenfolge – wo Anders etwa „Zu Vorwort" hinschrieb oder „Zum Ende", wurde seiner Anweisung natürlich Folge geleistet.

In der Emigration scheint Anders in spärlicher Freizeit weitgehend unabhängig von Bibliotheken gearbeitet zu haben – viele Autoren sind wie aus dem Kopf zitiert, mit vagen oder keinen Stellenangaben; aber auch in den Manuskripten nach 1950 finden sich oft Verweiszeichen auf Anmerkungen, die dann fehlen. Fast alle Zitate waren zu finden und wurden richtiggestellt; wo Anders für seinen Text statt des genauen seinen sinngemäßen Wortlaut braucht, ist das berichtigte Zitat in der Anmerkung angeführt. Die Bibliographie führt diejenigen Ausgaben an, die auch Anders benutzt hatte oder wenigstens benutzt haben konnte, in einigen Fällen wurde nur irgendeine brauchbare (Pascal) oder moderne (Nietzsche) Ausgabe hergenommen, um Zitate zu verifizieren. Einen großen Teil der Literatur hat Maria Martina Fuith zusammengetragen, mehrere Stellen bei Schelling („können" und „kennen", „dingen" und „bedingen") danke ich Hans Michael Baumgartner durch Vermittlung von Christine Zeile vom Verlag.

Die Textgestaltung hält sich wie zu Lebzeiten des Autors weitgehend, aber pragmatisch an die Originale: Manche Altertümlichkeit oder Eigenheit blieb stehen, eindeutige Schreibfehler wurden stillschweigend richtiggestellt, handschriftlich flüchtige oder fehlende Wortendungen ergänzt und die „s"-Schreibung (bei Anders selbst auch in der Handschrift stets, gemäß den Layouts der französischen und amerikanischen Tastaturen, ohne „ß") wurde unseren Gepflogenheiten angepaßt. Alle anderen Ergänzungen und Beifügungen zu Text und Anmerkungen sind in eckige Klammern gesetzt und stammen vom Herausgeber. Die griechischen Zitate und Wörter, von Anders selten transkribiert, wurden auf Wunsch des Verlages durchgängig transliteriert und sind kursiv gesetzt. Im Inhaltsverzeichnis, das natürlich nicht von Anders stammt, sind die Titel der Unterkapitel zum Teil zwecks besserer Übersichtlichkeit gekürzt.

Zur Zeit der sozialdemokratischen Minister Rudolf Scholten und Caspar Einem wurde die Arbeit an diesem Buch auf Antrag von Rudolf Burger vom österreichischen Bundesministerium für Wissenschaft und Forschung, das dann mehrfach umbenannt wurde, gefördert, danke.

Für das philosophische und philosophiegeschichtliche Nachwort bin ich stolz, an einen Heidegger-Kenner[8], der mit dem Verlag auch sonst eng verbunden ist, übergeben zu dürfen.

Gegen Selbsterhitzung und Naturvergessenheit

Nachwort zur Aktualität des Philosophen Günther Anders

Von Dieter Thomä

I.

Menschen soll man – so heißt es – an ihren Taten erkennen. Philosophen sind für Tatenlosigkeit berüchtigt; als Arbeitsnachweis bleibt bei ihnen meist nicht mehr als Bücher. Immerhin gibt es noch ein weiteres Feld, auf dem sie gelegentlich etwas leisten: das der Lehre. Wenn man Philosophen nach den Erfolgen, die sie auf diesem Feld errungen haben, nach ihren Schülern also, beurteilte, hätte Martin Heidegger Anspruch auf einen vorderen Platz. Hannah Arendt, Hans-Georg Gadamer, Hans Jonas, Karl Löwith, Herbert Marcuse und andere von ähnlichem Rang saßen in den Vorlesungen vor 1933 in Freiburg, Marburg und dann wieder Freiburg; Günther Anders studierte 1921–24 in Freiburg bei Husserl und Heidegger. Ihm sind – nebenbei – einige der schönsten Anekdoten aus Heideggers Lehrbetrieb zu verdanken: die Anekdote, wie er als Jude länger im Kopfstand ausharren konnte als alle anderen und von Elfride Heidegger zum Nationalsozialismus bekehrt werden sollte;[1] die Anekdote, wie Günther Anders Voltaires Wort „Es genügt nicht zu schreien, man muß auch Unrecht haben", auf Heideggers Vortragsstil ummünzte und zu dessen Groll sagte: „Es genügt nicht zu murmeln, man muß auch recht haben" (s. o. S. 11).

Eine vergleichbar illustre Hörerschar konnte im 19. Jahrhundert für kurze Zeit der späte Schelling aufbieten – mit

Michail Bakunin, Friedrich Engels, Søren Kierkegaard, Jacob Burckhardt u. a. –, im 20. Jahrhundert vielleicht Alexandre Kojève – mit Raymond Aron, Georges Bataille, André Breton, Pierre Klossowski, Jacques Lacan, Emmanuel Levinas, Maurice Merleau-Ponty, Raymond Queneau.[2] Die direkte Wirkung Heideggers hat jedoch besondere Qualitäten.

Zweifellos hatte das Auftreten Heideggers, der schon in den Zwanziger Jahren nach Hannah Arendts Wort als „heimliche(r) König"[3] der deutschen Philosophie galt, etwas Vereinnahmendes und Herrisches; trotz der militärischen Züge seiner Beziehung zu den Schülern, die er 1923 einmal als seinen „Stoßtrupp"[4] bezeichnete, sind diese jedoch auf ihren jeweils ganz eigenen Weg gebracht worden. Offensichtlich war Heideggers Wirkung zu der Zeit am stärksten, als sein eigenes Denken gerade zur Entfaltung kam, also in den Jahren um die Veröffentlichung von „Sein und Zeit" 1927. Vielleicht war es gerade diese Mischung aus Geschlossenheit und Bewegung, Hierarchie und Dynamik, die die Umgebung Heideggers in jenen Jahren besonders produktiv werden ließ.

Wenn die Bedingungen dieses frühen Schulzusammenhangs besondere waren, so gilt dies erst recht für die Umstände seiner Auflösung: Zerstört war er spätestens zu dem Zeitpunkt, da die meisten seiner bedeutenden Schüler ins Exil gezwungen wurden von dem Regime, in dessen Dienst sich ihr Lehrer 1933/34 als Rektor der Freiburger Universität stellte. Es wäre ein Versuch von – nicht ganz geheurem – Reiz, all die weit auseinanderlaufenden Lebens- und Denkwege, die Heideggers frühe Schüler genommen haben, zurückzuführen auf einen gemeinsamen Punkt, eine Heideggersche „Herkunft". Seltsamerweise ist ein solcher Vergleich bislang noch nicht zur Ausführung gelangt, und ihn müßte man notgedrungen so groß anlegen, daß er in dieses Nachwort nicht hineinpaßte.[5]

Wenn man wenigstens die Stimmung wiedergeben will, die im Umkreis Heideggers damals geherrscht hat, so erscheint eine Bemerkung des jungen Studenten Max Horkheimer, der ja keineswegs zum Heideggerianer wurde, typisch: „Ich weiß heute, daß Heidegger eine der bedeutendsten Persönlichkeiten war, die zu mir gesprochen haben. Ob ich ihm recht gebe? – Wie sollte ich, da ich doch nur das eine sicher von ihm weiß, daß für ihn das Motiv zum Philosophieren nicht aus intellektuellem Ehrgeiz und einer vorgefaßten Theorie sondern jeden Tag neu aus dem eigenen Erlebnis entspringt."[6] Viel später bemerkt Anders selbst, für Heidegger sei „die Philosophie kein Lehrgebäude" gewesen, „sondern eine Aktion: die Aktion der Selbstaufklärung des Daseins" (s. o. S. 43), und Maurice Merleau-Ponty spricht von der Aversion gegen das „Denken im Ruhestand".[7]

Die beste Quelle für jene Stimmung seinerzeit sind wohl die Briefe, die Heidegger selbst an Karl Löwith, einen seiner frühesten Schüler geschrieben hat. „Ich arbeite", so schrieb er z. B. am 19. August 1921, „konkret faktisch aus meinem ‹ich bin› (...), aus dem, was mir von da zugänglich ist als lebendige Erfahrung, worin ich lebe. (...) Mit dieser *Soseins-Faktizität*, dem Historischen, wütet das Existieren."[8] Zwei Facetten von Heideggers Ausstrahlung lassen sich an dieser kurzen Passage immerhin grob verdeutlichen.

Zum einen weigert sich Heidegger, sich in dem Diskurssystem der Schulphilosophie einzurichten, er macht sich zur Aufgabe, dem, was Philosophie heißt, alle Selbstverständlichkeit zu rauben. Damit setzt er sein Denken und das seiner Schüler unter einen neuen Legitimationsdruck: Für das Geschäft, das sie ausüben, muß der Arbeitsplatz erst gefunden werden, und weil mit dieser systematischen Verunsicherung alle zur Wahl stehenden Konstruktionen zusammengebrochen sind, kann diese Suche nur erfolgreich sein, wenn sie vorbehaltlos ‹im Leben› selbst stattfindet.

Spuren dieser Krise des philosophischen Selbstverständnisses finden sich – in stärkerer oder schwächerer Form – in der Tat bei allen wichtigen Schülern Heideggers. Dabei lassen sich zwei Linien unterscheiden. Auf der einen Seite wird beim Philosophieren selbst eingesetzt und man bemüht sich um dessen methodische Neubestimmung; dafür steht Hans-

Georg Gadamers philosophische Hermeneutik. Auf der anderen Seite kommt es im Zuge der Konfrontation mit den Zeitläuften zu einer Aufnahme politischer Fragestellungen – bis hin zu dem Punkt, an dem die Philosophie selbst zur Disposition gestellt wird. Hier reicht das Spektrum von Hans Jonas' „Prinzip Verantwortung" über Hannah Arendts politische Publizistik und Herbert Marcuses Unterstützung des Studentenprotests 1968 bis zu Günther Anders, der sich von 1930 an ebenso regelmäßig von der Philosophie abkehrte wie ihr wieder zuwandte und zeitlebens die politische Intervention suchte. Für ihn wird der eingangs erwähnte beschränkte Tatendurst des Philosophen zum Skandalon: *„Die Antwort auf Feuer"*, so sagt er (s. o. S. 365), *„ist nicht Prometheus, sondern Wasser."* Oder: „Mir schien, über Moral Texte zu schreiben, die nur akademische Kollegen lesen und verstehen würden, sei unsinnig, komisch, wenn nicht sogar unmoralisch."[9] Die Gebrochenheit des Verhältnisses zur Philosophie und der Drang zur Praxis erhalten eine historische Dramatisierung dadurch, daß sich die Heidegger-Schüler auch noch mit der politischen Kompromittierung des Lehrers auseinandersetzen müssen – wobei sie zu sehr unterschiedlichen Urteilen gelangen. (Übrigens lassen sich jene zwei genannten Motive, die methodische Revision und die politische Konfrontation der Philosophie,[10] auch bei entfernteren Schülern Heideggers wiederfinden – man denke etwa an Jacques Derrida und Michel Foucault.)

Es gibt nun *zum anderen* noch ein weiteres zentrales Motiv, das in Heideggers ‹wütendem Existieren› wirksam ist. Die Verabschiedung des schulphilosophischen Selbstverständnisses setzt sich bei ihm nämlich nicht fort in einer schieren Systemkritik im Zeichen ästhetischer Subjektivierung, sozialer Individualisierung, Perspektivierung oder Psychologisierung. Vielmehr liegt im Rückgang auf die „Faktizität" des „ich bin" eine fundamentale oder auch fundamentalistische Bemühung um die Erfassung dessen, was der frühe Heidegger die „Grundverfassung" des Daseins nennt. Günther Anders spricht deshalb im Namen des Heidegger-Kreises von „unser aller Passion für ‹Verbindlichkeit›" (s. o. S. 326).

Es ließe sich sehr genau zeigen, wie diese Heideggersche Vorgabe noch in den Urteilen seiner frühen Schüler zu den zwei anderen großen Denkern des 20. Jahrhunderts, Freud und Wittgenstein, erkennbar ist. Insgesamt bleiben diese Urteile eher reserviert, aber selbst dort, wo es in der Sache zu Annäherungen kommt – im Falle Wittgensteins geschieht dies bei Gadamer, im Falle Freuds bei Marcuse – trägt die jeweils markierte Differenz Heideggers Spuren. Während es etwa Wittgenstein bei der Erkundung der inneren Struktur von „Sprachspielen" beläßt, sagt dagegen Gadamer: *„Sein, das verstanden werden kann, ist Sprache"*, und damit sollen Ontologie und Linguistik zum Einstand gezwungen werden.[11] Oder: Wenn Marcuse in „Triebstruktur und Gesellschaft" die Aufhebung der Entfremdung mit der Kritik an der Repression der Triebe verbindet, so schlägt bei dieser Suche nach Authentizität Heideggers Begriff der „Eigentlichkeit" durch.

Neben die an Schärfe unübertreffliche Kritik an der Schulphilosophie tritt bei Heidegger also der an Unverdrossenheit nicht überbietbare Anspruch auf den „Einblick in das was ist". Die Reflexe dieser Anstrengung werden schon mit der Nennung einiger Buchtitel seiner Schüler eklatant: „The Human Condition" (wie Hannah Arendts „Vita activa" im englischen Original heißt), „Der eindimensionale Mensch" (Herbert Marcuse), „Die Antiquiertheit des Menschen" (Anders), „The Phenomenon of Life" (wie Hans Jonas' Buch „Organismus und Freiheit" im Original heißt), „Zur Kritik der geschichtlichen Existenz" (Karl Löwith).

Durch die Mitte von Heideggers früher Botschaft zieht sich also ein Riß, und er genau ist es, der auf diejenigen, die bei ihm studiert haben, eine höchst fruchtbare Wirkung gehabt haben muß: Auf der einen Seite raubte er dem philosophischen Geschäft die Selbstverständlichkeit, und so wurde seinen Schülern die Gemütlichkeit, die Möglichkeit, sich irgendwo auszuruhen, erschwert; auf der anderen Seite ersparte er ihnen die Zerrüttung, mit der das Nachdenken den Halt verloren hätte. (Man könnte sagen: Der erste Punkt unterschied ihn vom frühen Husserl, der zweite von Nietzsche.)

II.

Lange hat es gedauert, bis wichtige Texte, die Aufschluß über das Verhältnis der frühe(re)n Heidegger-Schüler zu ihrem Lehrer geben, zur Veröffentlichung gelangt sind.

Karl Löwith legte zwar schon erstaunlich früh, 1953, den Band „Heidegger – Denker in dürftiger Zeit" vor, sein eindrucksvoller Bericht „Mein Leben in Deutschland vor und nach 1933" erschien aber erst 1986, Vorarbeiten dazu 1997.[12]

Hannah Arendt publizierte gleichfalls früh, schon 1948, den äußerst kritischen Aufsatz „Was ist Existenz-Philosophie?", doch Heideggers starker Einfluß auf ihr philosophisches Werk und der Prozeß der Wiederannäherung, der 1969 in Arendts Glückwunschartikel „Martin Heidegger ist achtzig Jahre alt" gipfelte, wurden erst in jüngster Zeit durch den Briefwechsel und andere Schriften erschlossen.[13]

Herbert Marcuse hat um den Übergang von seinem frühen, noch stark unter Heidegger-Einfluß stehenden Hegel-Buch zu den Arbeiten im Kontext der Frankfurter Schule nie Aufhebens gemacht und damit die Heideggerschen Spuren in seinen Schriften eher verwischt; die scharfe politische Kritik, die er in Briefen an Heidegger selbst kurz nach 1945 geübt hat, kam 1987 ans Licht der Öffentlichkeit.[14]

Hans Jonas hat sich zeitlebens sowohl mit biographischen wie mit philosophischen Äußerungen zu Heidegger zurückgehalten; es finden sich ebenso spärliche wie hellsichtige Einwände zu Heideggers Zeitbegriff, und erst 1987 gab er dem Schweizer Fernsehen ein Interview zur politischen Problematik.[15]

Einzig bei Hans-Georg Gadamer blieben, mangels politischer oder persönlicher Zerreißproben, dramatische Verzögerungen bei der Darlegung seiner Beziehung zu Heidegger aus. Kurioserweise stammt die einflußreichste Charakterisierung dieser Beziehung aber gar nicht von Gadamer selbst, sondern von Jürgen Habermas. Dessen Wendung von der „Urbanisierung der Heideggerschen Provinz“[16] durch Gadamer war eine ebenso erhellende wie verstellende Formel. Denn so treffend damit bestimmte Züge von Heideggers Denken erfaßt waren, die in Titeln wie „Warum bleiben wir in der Provinz?“, „Der Feldweg“ oder „Sprache und Heimat“ zum Ausdruck kommen, so irreführend war die Unterstellung, Heideggers Denken, das im Wesen ‹ländlich› sei, harre gewissermaßen der Verstädterung. Weder fügt sich Heideggers Ausgriff aufs „Weltgeschick“ dieser Charakterisierung, noch macht jene Metapher nachvollziehbar, was von der „Provinz“ denn nach der Urbanisierung übrigzubleiben hätte.

Die Umwege der Rezeption, die den historischen Umständen geschuldet sind, haben die Wirkung mancher der hier genannten Philosophen in der Heidegger-Forschung und in der öffentlichen Auseinandersetzung höchstens verzögern, nicht aber aufhalten können. In einem Fall aber scheint der Faden zwischen den frühen Heidegger-Schülern und -Kritikern und der aktuellen Auseinandersetzung fast abgerissen: nämlich im Falle von Günther Anders. Er spielte in dem Kreis der frühen Schüler eine Sonderrolle, denn er war der einzige, der sich letztlich ganz aus der akademischen Welt entfernte. Daß Anders ‹anders› war, hat sicher dazu beigetragen, daß er nur am äußersten Rand in der Heidegger-Debatte der jüngeren Zeit vorkommt, in der doch auf in jeder Hinsicht erschöpfende – umfassende und ermüdende – Weise Heideggers Verhältnis zur Politik verhandelt worden ist. Ein Abschluß dieser Debatte ist derzeit erstaunlicherweise immer noch nicht abzusehen,[17] auch wenn kaum mehr Neues ans Licht kommt. Neues Material bietet nun freilich der hier vorgelegte Band, mit dem Anders vergönnt sein mag, was ihm am liebsten war: Einmischung.

Bislang schien es so, als beschränke sich Anders' Kritik an seinem ehemaligen Lehrer auf Texte, die kurz nach dem

Ende des Zweiten Weltkriegs erschienen sind – nämlich die zwei Aufsätze „Nihilismus und Existenz" (1946; s. o. S. 39ff.) und „On the Pseudo-Concreteness of Heidegger's Philosophy" (1948; dt. Fassung s. o. S. 72ff.). Ort und Zeit der Veröffentlichung (die Exil-Ausgabe der „Neuen Rundschau" resp. eine amerikanische Zeitschrift, die ihr Profil bald stark ändern sollte) verurteilten diese zwei Texte freilich fast zur Wirkungslosigkeit.[18] Aus späterer Zeit gab es in den veröffentlichten Werken noch einige abgeklärte Bemerkungen zu Heidegger, und wenn darüber hinaus von einer fortdauernden Affinität zwischen Heidegger und Anders gesprochen werden konnte, so bezog sie sich auf deren jeweilige Kritik der Technik. Auf einen Vergleich zwischen Anders' Technik- und vor allem Medien-Kritik einerseits, Heideggers „Frage nach der Technik" andererseits muß ich hier aber verzichten.[19]

In Anders' Nachlaß befinden sich nun aber – neben einigen kürzeren Texten, die hier jenen frühen Aufsätzen zur Seite gestellt sind – weitere umfangreiche Konvolute zur Auseinandersetzung mit Heidegger (vgl. die Editorische Notiz des Herausgebers). Eines dieser Konvolute stammt aus dem Umfeld der bereits veröffentlichten Aufsätze, also aus der Zeit um 1944, enthält aber weit mehr als nur Vorarbeiten. Es bezieht sich naturgemäß auf die Texte Heideggers, die Anders damals zugänglich waren, vor allem „Sein und Zeit" (1927) und „Was ist Metaphysik?" (1929). Überraschenderweise liegt im Anders-Nachlaß aber noch ein zweites Konvolut, das die Auseinandersetzung mit Heidegger anhand von dessen nach dem Krieg erschienenen Schriften, u. a. den „Holzwegen", dem „Humanismus"-Brief, der „Einführung in die Metaphysik", fortsetzt. So genügten Anders die Aufsätze kurz nach 1945 doch nicht, um das Hadern mit den Zauberworten, mit Heideggers „dämonische(m) ‹spell›"[20] zu erledigen. Noch nach der Rückkehr nach Wien 1950 beschäftigte er sich weiterhin intensiv mit den neu erscheinenden Schriften seines ehemaligen Lehrers.

Dies ist nur dann von mehr als historischem Interesse, wenn die kritischen Analysen, die sich im Nachlaß finden, neue Gesichtspunkte in die aktuelle Diskussion hineinbringen können. Dabei kann es nicht allein um Heidegger-Lesarten gehen (Anders: „Obwohl als ‹Philosoph› klassifiziert, interessiere ich mich für Philosophie nur wenig. Mein Interesse gilt der Welt“);[21] mir geht es auch gar nicht darum, Anders' Position auf dem weiten Feld zu verorten, auf dem über Heideggers Verstrickung in den Nationalsozialismus resp. dessen Verhältnis zur Politik gestritten wird. Viel interessanter als diese Scharmützel sind die sachlichen Probleme selbst, mit denen Anders sich herumschlägt – jedenfalls dann, wenn sie auch noch heute, unabhängig von Heidegger, unsere Probleme sind. Dies ist, wie mir scheint, in der Tat der Fall, und so möchte ich im folgenden zunächst den Hintergrund, das historische Umfeld beleuchten, aus dem Anders' Fragen hervorgehen und dann auf einige hervorstechende Punkte in seinen Heidegger-Arbeiten hinweisen.

III.

Das intellektuelle Umfeld, in dem Anders – seinerzeit Günther Stern – die Jahre bis 1933 verbrachte, war zugleich ein Feld persönlicher Beziehungen und Verwicklungen. Dies begann mit dem Elternhaus, das nicht nur privater Raum war, sondern auch Forschungsgebiet: Für William und Clara Stern waren ihre drei Kinder auch Objekte entwicklungspsychologischer Untersuchungen. Und wenn der Vater als Psychologie-Professor in Breslau von einer methodischen Unterscheidung zwischen „Person und Sache“ ausging, die ihm von dem (bis 1882 dort lehrenden) Philosophen Wilhelm Dilthey vorgegeben worden war, so kehrte diese Grundunterscheidung später bei seinem Sohn und natürlich auch bei dessen Lehrer Heidegger wieder.[22] Damit erschöpfen sich die biographisch-intellektuellen Verwicklungen freilich noch lange nicht. Walter Benjamin war ein enger Verwandter der Familie, den Anders seit seinem ersten Lebensjahr kannte und mit dem er sich im Pariser Exil regelmäßig austauschte; Rudolf Schottlaender, der neben Benjamin an der ersten Übersetzung von Prousts „Auf der Suche nach der verlorenen Zeit" arbeitete, war der Mann von Günther Anders' Schwester. Mit Walter Benjamin einte ihn nicht nur der „Antifaschismus"[23], nicht nur die Beschäftigung mit Döblin, Brecht und Kafka, sondern auch eine theoretische Konstellation, in der neben eine apokalyptische oder katastrophische Zeitdiagnose eine kritische Theorie der Medien trat. Geeint waren sie schließlich dadurch, daß ihre Habilitationsvorhaben (zur Philosophie der Musik bei Anders,[24] zum „Ursprung des deutschen Trauerspiels" bei Benjamin) an derselben Universität, in Frankfurt, scheiterten.

Schließlich war da noch, als eine besondere Blüte im Dikkicht der Verwicklungen, Hannah Arendt, die Anders 1925 bei einem Besuch in Heideggers Marburger Seminar zum ersten Mal traf. Vier Jahre später, nach dem Ende ihrer Affäre mit Martin Heidegger, dessen große Liebe sie blieb, heiratete sie Günther Anders; 1950 wird sie an Heideggers Frau Elfride schreiben: „Sehen Sie, ich war, als ich aus Marburg fortging, fest entschlossen, nie mehr einen Mann zu lieben und habe dann später geheiratet, irgendwie ganz gleich wen, ohne zu lieben."[25] Die Ehe Anders-Arendt war längst gescheitert, als Günther Anders 1936 in die Vereinigten Staaten emigrierte; später, 1940, leistete er Hannah Arendt und ihrem neuen Partner Heinrich Blücher bei deren Einreise in die USA entscheidende Hilfe.[26]

Für Arendt und Anders war deren komplexe Beziehung zu Heidegger sowohl etwas Gemeinsames wie auch etwas Trennendes. Über diese Hintergründe wie auch über die Entfremdung zwischen ihnen, die nach der gescheiterten Ehe nie mehr überwunden wurde, möchte ich hier nicht spekulieren. Jedenfalls fielen Arendts spätere Kommentare über Anders öfter abfällig als besorgt aus; nach Anders' Rückkehr nach Europa kam es nur zu einer – wenig ergiebigen – Begegnung am 23. 5. 1961. In der Nachkriegszeit lagen auch beider Beziehungen zu Heidegger über Kreuz: So näherte Hannah Arendt sich ihm im Gegensatz zu Anders wieder stark an, auf der anderen Seite beklagte sie sich über deren vermeintliche Zusammenarbeit in der (aus ihrer Sicht antiwestlichen) „Volksbewegung“ gegen den „Atomtod“.[27]

Anders' philosophisches Verhältnis zu Heidegger läßt sich besonders gut anhand der Reflexe nachzeichnen, die es im Verhältnis zu Hannah Arendt gefunden hat. Weil sich Arendt und Anders nicht nur auseinander gelebt, sondern gewissermaßen auch ‹auseinander gedacht› haben, gibt es bei ihnen nämlich einen gemeinsamen Heideggerschen Anfangspunkt und zwei getrennte Endpunkte, und diese Punkte sind allesamt durch Texte markiert. Am Ende einer Phase in Anders' Denken, die er „total politikfrei“ nennt, am Ende einer Phase in Arendts Leben, die „ohne Welt“ auskommt,[28] steht der einzige Text, den sie beide im „team work“, wie Anders später sagen wird, verfaßt haben: ein stark von Heidegger geprägter Aufsatz über „Rilkes ‹Duineser Elegien›“ aus dem Jahr 1930. Wenn dieser Text als gemeinsamer Anfangspunkt fungieren kann, so gibt es zwei Texte als Endpunkte: Als nämlich 1945 Hermann Brochs *opus magnum* „Der Tod des Vergil“ erschien, schrieben Anders wie Arendt höchst gegensätzliche Rezensionen, und an der Divergenz ihrer Urteile läßt sich auch der Abstand ermessen, der zwischen ihren Urteilen über Heidegger liegt.

Der zentrale Begriff in dem frühen Text über Rilke bildet zugleich auch den Mittelpunkt von Anders' früher Philosophie: „Weltfremdheit“.[29] Gemeint ist damit ein Herausfallen aus der Alltäglichkeit, wie es von Heidegger in „Sein und Zeit“ beschrieben worden ist: also genau nicht ein Abschied von der „diesseitigen Welt“ schlechthin, sondern eine Konfrontation mit der „Weite“ des „eigenen Horizontes“, ein Ende der Einbindung in den natürlichen „Rhythmus“ und ein geschärftes Bewußtsein der eigenen Zeitlichkeit und des eigenen „Todes“.[30]

Diese Konfrontation mit der eigenen Existenz, diese „ontologische“ Dimension ist es dann, die Hannah Arendt an Brochs Roman hervorhebt: Brochs „Vergil“ behandelt den Tod „als das dem Menschen höchste Erreichbare“, nicht als „finale(s) Unglück“, sondern als „letzte Aufgabe“, um sich

„darüber klar zu werden, was es mit dem Leben auf sich hat". Brochs „Vergil" lebt, so schreibt sie, „in der Schwebe zwischen Leben und Tod, in dem ‹Noch-nicht› und ‹Nicht-mehr› alles Lebendige ineinander verschränkt und zusammenschließt in jene abstrakte Fülle, die wir armselig genug andeuten, wenn wir vom Leben überhaupt, vom Sein überhaupt, vom Menschen überhaupt sprechen." Für Arendt ist Brochs Schilderung vom radikalen Rückzug eines Individuum eine schlüssige ästhetische Reaktion auf die Erfahrung eines „Abgrund(s)", wonach „wir bereits im ‹leeren Raum› leben, konfrontiert mit einer Wirklichkeit, die mit bestehenden und überlieferten Vorstellungen von Welt und Mensch nicht mehr begriffen werden kann".[31] Insoweit hält sich ihre Broch-Deutung an die Linie der frühen Rilke-Deutung: Es ist die Dimension jenseits der Alltäglichkeit, in der „Vergil" sich angesichts seines Todes bewegt, und mit der Verteidigung dieser Dimension wird er auch zum Verteidiger eines menschlichen Lebens, das nicht – wie in den „Todesfabriken" der Konzentrationslagers – auf die bloße physische Existenz reduziert wird.[32]

Was für Arendt die Stärke von Brochs Buch ausmacht, ist für Anders gerade dessen Schwäche: Aus seiner Sicht ist es eine umfängliche Selbstanklage des der Welt verfallenen Dichters, der doch deren Oberfläche „mitgeschmückt" habe; dabei stellt sich nach Anders der paradoxe Effekt ein, daß Brochs ästhetische Ausgestaltung dieser Klage die scheinbar abgewehrte „Schmuck"-Funktion nur bekräftigt. So bleibt aus seiner Sicht die Transzendierung dieser Oberfläche eine leere Geste, und darin sieht er nun die Verwandtschaft zwischen Brochs literarischem und Heideggers philosophischem Projekt: „Die Ähnlichkeit mit der Heideggerschen Existenzphilosophie (...) ist frappant: Ist bei Heidegger die Bekämpfung der akademischen Philosophie in der Form einer neuen akademischen Philosophie der Verzweiflung zur Welt gekommen, so bei Broch die Einsicht in die Unzulänglichkeit der dichterischen Existenz in der Form eines Gedichtes über den verzweifelten Dichter. Beide – Heidegger und Broch –

verlassen zwar, scheinbar radikal, ihr bloßes Fach: aber nicht, um auf den rechten Weg der Praxis zu finden, sondern um sich seitwärts ins Gebüsch der Metaphysik zu schlagen. Da warten sie nun und bestimmen den Tod als den Sinn des Lebens."[33] (Angemerkt sei freilich, daß der Tod in Brochs Roman eine durchaus andere Deutung erfährt als in „Sein und Zeit".)

Das Leben „in der Schwebe" wird von Arendt gewürdigt als Statthalter des Anspruchs, über die physische Existenz und deren Reproduktion, die sie in „Vita activa" als „Arbeit" und Mühe beschreibt, erhaben zu sein. Für Anders bleibt dieser Rückzug unschlüssig – und zwar letztlich deshalb, weil sich ihm schon Arendts Ausgangspunkt, der von ihr erschaute „Abgrund", anders darstellt. Während das Skandalon für Arendt nämlich die Reduktion auf rein physische Existenz ist, sieht es Anders in der Zerstörung der Existenz überhaupt. Das Paradigma für Arendt ist das Lager, das Paradigma für Anders ist die Atombombe.

Diese Differenz hat eine philosophische Wurzel, denn im Zuge der langsamen Ablösung von Heidegger geht es Anders nicht nur – wie Arendt – um die Entfaltung der Weltlichkeit als eines *politischen* Raums, sondern um die Offenlegung der *natürlichen* Grundlagen dieser Weltlichkeit. Späte Folge dieses Unterschieds ist die Differenz zwischen Anders und Arendt in der Bewertung Brochs und Heideggers: Während Arendt sowohl Brochs Beschreibung einer Verselbständigung des geistigen Lebens „in der Schwebe" hochschätzt wie auch Heidegger einen „Wohnsitz"[34] fern der Alltagswelt gönnt, kreidet Anders ihnen diese Verselbständigung als systematische Schwäche an. Schon seine frühesten philosophischen Interventionen greifen an entscheidenden Stellen die Eigenständigkeit jener geistigen Sphäre an, die er zunächst bei seinem Lehrer Husserl, später auch bei dem scheinbar weltzugewandten Heidegger zu finden meint. Zu ahnen ist dies an zwei entlegenen Stellen in den Frühschriften.

– In der Dissertation über „Die Rolle der Situationskategorie bei den ‹Logischen Sätzen›" nimmt Anders mit zwei ebenso unscheinbaren wie beachtenswerten Sätzen die neuere Diskussion über das „Performative" sprachlicher Äußerungen, also über den Vollzug von Sprechakten vorweg. Es geht dort um eine bestimmte Form der intentionalen Akte, in denen Edmund Husserl das Bewußtseinsleben faßt: um sprachliche Äußerungen in der Ich-Form. Anders schreibt in dem ihm damals eigenen phänomenologischen Jargon: „Der Seinssinn der Rede ist bedingt durch die personale Situation. Das Reden, da es nicht pures personal Indifferentes sein kann, konstituiert selbst eine neue Situation für die Person (Man denke an Beichte, Rechtfertigung, an das Sich-etwas-vom-Herzen-Schreiben, usw.)."[35] Später wird er sagen: „Es gibt im Leben keine ‹Sätze›. Es gibt: Mitteilungen. Antworten." (s. o. S. 229) Günther Anders entdeckt also – kurz gesagt – in der menschlichen „Situation" etwas Praktisches. Mit dieser Phänomenologie-internen Abweichung, der Betonung des intentionalen *Aktes* gegenüber dem intentionalen *Gehalt*, bereitet sich eine philosophische Position vor, die nicht die ontologische Verfassung, sondern die praktische Dimension des Lebens betonen wird; damit geht Anders noch über Heideggers pragmatische Tendenzen hinaus und betont die ethische Dimension des Dialogs und der Verantwortung vor anderen. Schon seine erste akademische Schrift enthält ein schleichendes Gift auch gegen Heidegger.

– Auch Anders' zweite größere philosophische Schrift „Über das Haben. Sieben Kapitel zur Ontologie der Erkenntnis" enthält ein solches Gift – in minimaler Dosis. Wie alle anderen wichtigen Husserl-Interpreten (Heidegger, Sartre, Merleau-Ponty, Alfred Schütz) geht auch Anders von der „Intentionalität" aus, meint aber, eine bestimmte Intention, nämlich die auf den eigenen Leib gerichtete, weiche von dem sonst gültigen Schema ab. Während sich sonst nämlich eine Intention zunächst auf etwas richte und dann in der Bestätigung am Gegenstand zur „Erfüllung" komme, könne von dieser Nachträglichkeit beim Bezug auf den eigenen Leib nicht gesprochen werden: „Im Meinen des eigenen Leibes", so erklärt Anders, „hat man – ohne einen noch dazukommenden Akt –" den „Leib (...) als ‹da›."[36] In der Beziehung auf den eigenen Leib ist die Natur so aufsässig, daß sie nicht in die Nachträglichkeit gezwungen werden und von einem intentionalen Akt erst angesteuert oder ins Visier genommen werden kann. Damit aber wird die ganze Systematik, nach der das Leben der Person auf deren Erlebnisse zurückgeführt und diese als intentionale Akte aufgefaßt werden, problematisch. Die Natur in Gestalt des „Leibs" kommt der phänomenologischen Akttheorie zuvor, und dies ist der Auftakt für Anders' später folgende These, daß die Intentionalität selbst einer natürlichen Vorgabe folge, nämlich dem „Nötighaben", dem „Bedürfnis".[37] Aus dieser Hinwendung zur Natur wird sich später Anders' Einwand ableiten, Heidegger verhehle mit dem Begriff der „Geworfenheit" die natürliche Vorgabe des Geborenseins, das „natum esse".[38]

Diese zwei frühen, minimalen Verstöße gegen die phänomenologische Schulsprache haben auseinanderstrebende Ergebnisse. Der erste Verstoß mündet in eine Rehabilitierung der Handlungsfähigkeit des Menschen, der zweite in eine Rehabilitierung von dessen Naturhaftigkeit. In der Tat sind es diese zwei Seiten, in deren Verlängerung sich der Grundriß von Anders' Spätwerk abzeichnet.

Greifen wir zunächst den zweiten Punkt, die Naturhaftigkeit, auf. Es ist die Bedrohung dieser natürlichen Existenz, des Fortbestands der Menschheit, in der Anders dann einen „Kairos der Ontologie"[39] in einem neuen Sinne erkennt, also die Aktualität der Frage nach dem „Sein". Diesen Begriff muß er zu diesem Zweck freilich in einem anderen Sinne verwenden als Heidegger: Während für diesen das „Sein" den Horizont eröffnet, in dem Seiendes erst erscheinen kann, ist bei Anders mit „Sein" nichts anderes und nicht mehr gemeint als nur natürliche Gegebenheit. Genau dieselbe Umdeutung wird übrigens von Jean-Paul Sartre vorgenommen – freilich ohne daß er sie überhaupt kenntlich machte –, um dem „Sein" dann das „Bewußtsein" entgegenzustellen.[40] Dagegen macht Anders seine Abweichung von Heidegger explizit. Die Zuspitzung auf *diese* (andere) Seinsfrage wird ihm zufolge durch die Atombombe erzwungen, weil die Menschheit damit „in einer Zeit" lebt, „in der es ganz unmetaphorisch um *unser Sein oder Nichtsein* geht" (s. o. S. 363).

Dadurch sieht Anders nun – und das ist die andere gerade erwähnte Seite seines Denkgebäudes – die „Praxis" herausgefordert zum „Kampf der Menschheit um ihren eigenen Fortbestand": „Eines hat sie erreicht, die Bombe: ein Kampf der Menschheit ist es nun. (...) Was alle treffen kann, das betrifft uns alle. Das stürzende Dach wird unser Dach. Als morituri *sind* wir nun *wir*. Zum ersten Male wirklich." Deshalb meint er: „Die Differenz zwischen Ontologie und Ethik ist gelöscht durch die heutige Situation. (...) Worauf es heutzutage ankommt, ist ja erst einmal, die Welt zu erhalten, ganz gleich wie sie ist."[41] So kommt es bei Anders zu einer Verklammerung von Sein (Existenz der Menschheit) und Handeln (Einsatz für deren Fortbestand).

Von dem konservativen Philosophen Odo Marquard ist eine Abwandlung von Marx' berühmter Feuerbach-These bekannt, die lautet: „Die Geschichtsphilosophen haben die Welt nur verschieden verändert; es kömmt darauf an, sie zu verschonen." Als selbsternannter „ontologischer Konservativer" sagt Anders dagegen: „Heute genügt es nicht, die Welt zu verändern, es kommt darauf an, sie erst einmal zu bewahren."[42] Was unter der sperrigen Überschrift des Junktims von „Ontologie und Ethik" (s. o.) auftritt, ist also die höchst konkrete Forderung, das Handeln in den Dienst des Überlebens, der Selbsterhaltung zu stellen. Diese unbedingte Forderung dient Anders bekanntlich zur Legitimation einer radikalen Praxis (was ihn von Marquard trennt) – bis hin zu der Verteidigung der Gewalt, mit der er bekanntlich heftige Kontroversen ausgelöst hat.[43]

Inzwischen gibt es eine gewisse Ermüdung über die Entrüstung („Ent-rüstet euch!" – das war ein Slogan in der Nachrüstungdebatte der achtziger Jahre). Umgekehrt wird aber auch wieder die Zeit kommen, da man sich über die Ermüdung entrüstet. Einen solchen Stimmungs- und Generationenwechsel sollte man also nicht zum Argument gegen Anders aufwerten, wie es überhaupt ein Zeichen intellektueller Ratlosigkeit ist, das eigene Selbstverständnis einer ständig wechselnden Generationendebatte abgewinnen zu wollen – in jüngster Zeit haben sich z. B. schon die verlorene Generation der „Zaungäste" (Reinhard Mohr), die „89er" (Claus Leggewie) und die „Generation Golf" (Florian Illies) abgelöst.

Der Kontext von Anders' Argumentation, die auf dem scheinbar entrückten Begriffspaar Ontologie-Ethik gründet, sind nicht jene Moden, sondern eine Problemgeschichte, die zweieinhalbtausend Jahre in die Vergangenheit reicht und sich wohl unbefristet in die Zukunft verlängern wird. Diese Geschichte beginnt mit der Unterscheidung zwischen dem „Leben" und dem „guten Leben", mit der Aristoteles die Ausrichtung an Tugenden über die bloße Selbsterhaltung um jeden Preis hinausheben wollte; damit war eine Absetzung des Menschen vom Nur-Natürlichen initiiert, die zum Problem werden ließ, wie nun dieses Nicht-nur-Natürliche genau zu fassen und die Zusammengehörigkeit beider Seiten zu denken sei.

Wenn die Menschheit mit diesem Problem umgeht, hadert sie also mit sich selbst, und dieses Hadern hat seinen Platz in der klassischen Metaphysik ebenso wie in der naturalistischen Philosophie des Geistes, aber auch in den sozial- oder sprachphilosophischen Kontroversen um die „Einbettung" des Selbst in die „Gemeinschaft" resp. in die „Strukturen" der Sprache. Anders' Überlegungen gehören insofern auf den Streitplatz zwischen Descartes und La Mettrie, Kant und Hume, Marx und Schelling, Sartre und Merleau-Ponty, Scheler und Gehlen, Ricœur und Lévi-Strauss, John Searle und Daniel Dennett, und jeweils wird um den Status der „Natur" im menschlichen Leben gestritten.

Die Eigenart von Günther Anders liegt darin, daß er die Naturhaftigkeit des Menschen wesentlich stärker betont als die meisten anderen Philosophen, sich dadurch aber nicht gezwungen sieht, den Freiheitsanspruch des menschlichen

Handelns zurückzunehmen. Wenn man ihn auf dem genannten Streitplatz verorten will, so bringt ihn der erste Punkt in die Nähe von Arnold Gehlen, der zweite in die Nähe von Jean-Paul Sartre.[44] Eine geschlossene Position zu entwickeln – dies ist ihm bei diesem Spagat nicht gelungen; insofern darf man von ihm nicht zu viel erwarten – aber auch nicht zu wenig.

Es gibt eine dominante Denkfigur, mit der Anders die Kopplung zwischen diesen zwei Seiten herstellen will: dies ist der Aufruf zur Praxis, der sich aus der Bedrohung der natürlichen Existenzgrundlagen ergibt. Die solideste Begründung für praktisches Engagement und praktische Orientierung liegt demnach in der strikten Ausrichtung am Kampf gegen die Weltvernichtung, und so soll die Frage „Was soll ich tun?" schlagartig eine Antwort bekommen. Hier kommt zweifellos die „Passion für ‹Verbindlichkeit›" zum Ausdruck, die er Heidegger zuschreibt (s. o.), aber auch selbst beibehält.

Die Sorge um Selbsterhaltung hat sich nicht gemildert; freilich denkt man heute anstelle der von Anders herausgestellten Gefahr, nämlich der atomaren Bedrohung, eher an die anstehenden ökologischen Katastrophen. Gleichwohl fügen sich nicht alle Krisen dem Andersschen Schema. Dieses hat deshalb etwas Irritierendes oder gar Vexierendes, weil sich in ihr die Erschütterung über die Bedrohung des Überlebens mischt mit der Erleichterung, in dieser Gefahr nun endlich den archimedischen Punkt gefunden zu haben, an dem das Handeln auszurichten ist. Zugunsten dieser Fixierung unterschätzt Anders die Eigenständigkeit der Konflikte, die nicht mit dem Über-Leben, sondern mit dem gelingenden Zusammen-Leben der Menschen zu tun haben. Die ferne Hoffnung von Anders (sofern bei ihm überhaupt Hoffnung im Repertoire ist), die Hoffnung auf das Heranwachsen einer neuen Menschheits-Solidarität angesichts der universalen Gefahr, geht an jenen Konflikten vorbei, die eine eigene Logik haben und eine eigene Lösung brauchen – ob es sich nun um brutalisierte Ideologisierungen handelt (in

Ruanda, im Balkan, in Ost-Timor, bei deutschen Neonazis) oder auch nur um die Erosion moderner Gesellschaften unter den Stichworten Globalisierung und Individualisierung.

Die eindimensionale Ausrichtung, mit der Anders die Ethik durch die reine Orientierung am Überleben stabilisieren und radikalisieren wollte, ist angesichts der düster getönten, aber auch weit gefächerten Palette der Konflikte nicht haltbar. *Aber:* das Problem, das bei Anders hinter jenem Appell steckt, ist immer noch unser Problem: die Doppelung von Ontologie und Ethik, Sein und Handeln, Selbsterhaltung und Lebensführung. Zu diesem Problem findet sich Erhellendes nicht nur in Anders' Texten zur „atomaren Bedrohung" oder zur „Antiquiertheit des Menschen", sondern – auf überraschende Weise – auch in den Fragmenten zur Auseinandersetzung mit Heidegger.

IV.

Die zum Teil assoziative Struktur der veröffentlichten Aufsätze und der stark fragmentarische Charakter der Nachlaßtexte zeugen davon, daß Anders bei seiner philosophischen Kritik an Heidegger immer wieder von einem tiefen Gefühl des Unwillens über die so schrecklich tatenlosen Philosophie ergriffen wurde – also auch vom Unwillen über sich als Philosophen; dieses Mißtrauen gegen die Philosophie, das sich durch die Empörung über Heideggers Art, seine Gedanken im Jahr 1933 Tat werden zu lassen, noch verschärft, führt Anders gewissermaßen zu einer Überprüfung der Wahl der Waffen: In der öffentlichen Auseinandersetzung treten neben philosophische Analyse und Kritik verstärkt literarische und polemische Formen. Am Ende fühlte er sich als „Schriftsteller, der auch philosophisch arbeitet".[45] Es überlagern sich bei ihm also zwei Bewegungen: eine Entfernung von Heideggers Philosophie und eine Entfernung von Philosophie überhaupt, ein „philosophisches Verstummen". Die erste manifestiert sich in Anders' kritischen Arbeiten zu Heidegger, die zweite hindert ihn daran, seiner philosophischen Arbeit den Stellenwert zu geben, der ihn zu deren Abschluß getrieben hätte. Wenn Anders sagt: „Nicht zu philosophieren ist eine schwer erfüllbare Aufgabe", so ist für ihn das Gegenteil auch wahr.[46]

Gelegentlich reduziert Anders die Auseinandersetzung mit Heidegger auf einen reinen „Religionskampf" (s. o. S. 127, 357) oder er versucht, Heideggers Denken ideologiekritisch[47] zu entlarven. In den seinerzeit veröffentlichten Texten (etwa in Teilen von „Nihilismus und Existenz") sind diese Tendenzen interessanterweise stärker als im Nachlaßmaterial; man könnte daraus schließen, daß Anders den polemischen Ton beim öffentlichen Eingreifen für effektiver hielt – oder aber daß er mit der Durchführung der philosophischen Kritik nicht zu Rande kam (in dieser Hinsicht wäre er dann mit Karl Jaspers vergleichbar, dessen „Notizen zu Martin Heidegger" gleichfalls Fragment geblieben sind).

Die im engeren Sinne philosophischen Texte bieten jedenfalls ein buntes Bild. Es finden sich überraschende philosophiegeschichtliche Verweise – am ergiebigsten sind diejenigen auf Plotin als „ungenanntes Vorbild" Heideggers (s. o. S. 330–337, 371) –, lohnende historische Bezüge – etwa auf Ähnlichkeiten zwischen Heidegger und dem russischen Nihilismus (s. o. S. 142 ff.) –, weit gefächerte anthropologische und sozialphilosophische Überlegungen. Ich möchte mich im folgenden auf einen einzigen, den interessantesten Punkt konzentrieren: nämlich auf das bereits umrissene, höchst brisante Verhältnis zwischen Ontologie und Ethik.

An einer Stelle bemerkt Anders, Heidegger philosophiere „nicht mehr *über* Moral, weil die, durch Philosophie verwandelte, Existenz angeblich bereits die Realität der Moral *sei*" (s. o. S. 262; vgl. auch S. 349 u. bes. die dazugehörige Anm. 84). Wie zu leben sei, soll demnach durch die Vorzeichnung der eigentlichen Existenz schon festgelegt sein. Anders findet bei Heidegger also eben die Synthese vor, die seine eigene Arbeit mit Energie versorgt – freilich ist ihm die Form, die sie dort findet, unerträglich. Ein Grund für die Hartnäckigkeit, mit der ihn Heidegger als Thema verfolgt, mag in der Irritation liegen, die Anders befällt, weil er ihn in seiner Nähe spürt und doch in der Ferne sieht. So sind seine Texte immer auch Absicherungen der Distanz, Bekräftigungen der Fernhaltung – aber nicht nur das.

Zur Klärung dieser für ihn irritierenden Konstellation beginnt Anders auf der ontologischen Seite mit dem Aufweis kontingenter Vorentscheidungen, die Heideggers vermeintlich „fundamentaler", „neutraler" Deskription des „Seins des Daseins" vorausgehen – gemäß der Devise: „die Auslassungen sind die Charakteristika jeder Philosophie" (s. u. S. 442, Anm. 12). Die folgenreichste dieser „Auslassungen" entdeckt Anders eben dort, wo Heidegger – folgt man der bis heute vorherrschenden Lesart – sich in besonderer Weise auf die Phänomene ‹einläßt›. Gemeinhin wird ihm nämlich als Verdienst angerechnet, die unerquickliche Spaltung in Subjekt und Objekt mitsamt der ihr geschuldeten Scheinprobleme (‹wie der Mensch eine Beziehung zum Gegenstand aufbaut› etc.) überwunden zu haben und vom „In-der-Welt-sein" des Menschen ausgegangen zu sein.

So ist es überraschend, daß Anders nun umgekehrt unter dem Titel des „Akosmismus" eine Linie von dem Idealisten Johann Gottlieb Fichte zu Heidegger zieht. Doch dieses Befremden legt sich, wenn man mit Anders zur Kenntnis nimmt, welcher Art die „Welt" ist, in die Heidegger das Dasein „geworfen" sieht. Die Einlassung auf die Welt geht nämlich, so meint Anders, einher mit einer Auslassung entscheidender Aspekte derselben. Heideggers Überwindung des Dualismus von Natur und Geist mündet in eine „Kampfansage gegen den Naturalismus": „Was die Existenzphilosophie nicht wahrhaben will, ist, daß der Mensch sich eben *auch*, aber auch wirklich als ein Stück dieser Welt vorfindet" (s. o. S. 141; vgl. 72ff., 214). Die Defizite, die Heidegger der objektivistischen Weltsicht anlastet – daß sie von der Fiktion ausgeht, wir würden einen Gegenstand ohne Hintergedanken an seine „Bewandtnis" wahrnehmen –, sind demnach nicht überwunden, sondern nur verschoben: Anders verweist auf den Preis von Heideggers Überwindung des Dualismus: „Eigentümlicherweise ist die Originalität der heideggerschen Position zum Teil durch diese Unterschlagung [des Leibes, der Natur; D. Th.] mitbedingt. Der Dualismus Leib-Seele hatte in der Tat die Metaphysik so entscheidend geprägt, daß die Austilgung des einen Alternativglieds natürlich die des zweiten mit zur Folge hat. Die Ungewißheit, in welcher Dimension man sich bei H. befindet, rührt weitgehend daher." (s. o. S. 297)

Auf die „Auslassung" oder „Unterschlagung" dieser natürlichen Aspekte des In-der-Welt-Seins, überhaupt der Tatsache, daß der Mensch selbst eben auch ein Stück Welt, nicht nur das sie erschließende Dasein sei (s. o. S. 139ff., 214f., 292f.) geht Anders an vielen Stellen in den hier versammelten Schriften ein. Er verweist – wie bereits erwähnt – darauf, daß Heidegger mit der Unterschlagung von „Bedürfnis", „Nötighaben", „Hunger", „Haben", „Geburt", „Geschlecht", „Leib" trotz aller pragmatischen Aspekte ein abstrahierendes, theoretisierendes Verhältnis zu den Dingen privilegiere (s. o. S. 62ff., 81ff., 128–132, 164f., 167, 224–226, 228f., 233–237, 242–248, 255f., 280f., 297).

Was diese Fragen betrifft, so gibt es – nebenbei bemerkt – geradezu eine Front von Einwänden, die Schüler und Zeitgenossen Heideggers unabhangig voneinander entwickelt haben. Die Leiblichkeit des Menschen rückt z. B. sowohl bei Helmuth Plessner wie bei Maurice Merleau-Ponty ins Zentrum, und Emmanuel Lévinas, der ein paar Jahre nach Anders gleichfalls in Heideggers Vorlesung saß, erklärt: „Was Heidegger entgangen zu sein scheint, (...) ist, daß die Welt zunächst mal ein Ensemble von Nahrungsmitteln ist, bevor sie ein System von Werkzeugen wird."[48] Eine wunderbar passende Anekdote ist von Hans Jonas überliefert: Während eines versöhnlichen Treffens mit Heidegger im Jahre 1969 brachte er den Einwand vor, Heidegger „habe in ‹Sein und Zeit› (1927) bei der Analytik des Daseins vom Leib kein Wort gesagt. ‹Ja das habe ich immer vergessen›, sei die Bestätigung gewesen." Diese Geschichte erhält eine zusätzliche Pointe dadurch, daß fast fünfzig Jahre zuvor Heidegger seinem Lehrer Husserl vorgehalten hatte, die „Geschichte" nicht genug berücksichtigt zu haben, worauf dieser antwortete: „Ja, die habe ich vergessen ..."[49] Die „Auslassungen" wechseln, aber sie verschwinden nicht.

Günther Anders bietet eine unabhängige Version der Kritik an der Unnatürlichkeit von Heideggers Weltanalyse, ihm geht es dabei freilich – wie den anderen genannten Philosophen – nicht um eine Fixierung auf diese natürliche Seite des menschlichen Lebens; schon früh weist er auf die notwendige „Künstlichkeit", also: kulturelle Produktivität des menschlichen Lebens hin.[50] Doch wenn sich das Bild runden soll, dann darf neben der Kultur die Natur nicht verschwinden, und es gibt, Anders zufolge, auch keinen Ort, auf den sie als einen gemeinsamen Ursprung zurückgeführt werden könnten. Wegen der genannten „Auslassungen" kommt Anders kurz und bündig zu dem Schluß: „Leider ist die Welt, die Heidegger dem Dasein so freigiebig schenkt, gar keine Welt". Alternativ spricht er auch von der „Heideggersche(n) Fortdiskutierung der Welt als *fremder*" (s. o. S. 225, 242). Wenn man an Anders' eigene frühe Heraushebung der „Weltfremdheit" anknüpfen wollte, könnte man – nur scheinbar paradox – sagen, daß Heidegger das *Verhältnis* des Menschen zur Welt *verfremdet*, indem er der Welt die Fremdheit *raubt*.

Mag auch Heideggers Philosophie scheinbar mit der Welt vertraut sein, so führt doch die Art, wie sie gezeichnet wird, zu deren Verzerrung, und sie gipfelt aus Anders' Sicht darin, daß auch dem Tod der Stachel der Fremdheit genommen wird. Er wird von Heidegger nämlich zur „eigensten Möglichkeit" des Menschen erklärt, womit diesem die „potestas moriendi" zugesprochen wird – als liege der Tod regulär in der Macht des Menschen (s. o. S. 181 ff., 240f., 295 f., 348). Damit diese Vereinnahmung des regulären Todes nicht irritiert wird, kann derjenige Tod, der wirklich in der Macht des Menschen steht, nämlich der Selbstmord oder Freitod, in Heideggers Schema nicht zugelassen werden, und er wird von ihm ja in der Tat verworfen, weil er die Gespanntheit auf das „Ende" zunichte machen würde.

Das Pendant dieser Vereinnahmung des Todes ist nach Anders die Verschiebung von der Geburt zur „Geworfenheit“, denn auch bei dieser Wendung wird die Natürlichkeit dem Vergessen preisgegeben: „Glatt unterschlagen ist erst einmal (sowohl vom ersten wie vom zweiten Heidegger) die Tatsache, daß wir *gezeugt* und *geboren* sind; und es ist dabei H.s persönliches ontologisches Unglück, daß er, um die faktische Herkunft jedes menschliches Daseins zu verbrämen, versehentlich gerade auf einen animalischen Ausdruck verfiel – denn ‹geworfen› nannte man vor ihm nur Hunde oder Katzen.“ (s. o. S. 292f.). Das Motiv der Geburtsverdrossenheit hat Heidegger – wie Anders zeigt – sowohl mit idealistischen Philosophen wie mit romantischen Dichtern gemeinsam (s. o. S. 50ff., 174f.). Üblicherweise wird diese philosophische Intervention zugunsten der „Gebürtlichkeit“ Hannah Arendt zugeschrieben; sie wird von ihr freilich erst später und in schwächerer Form, weniger als Einwand denn als Ergänzung zu Heideggers Modell, vorgetragen.[51]

Aufgenommen unter die Phänomene der Daseinsanalytik wird nach Anders nur, „was fein genug ist für die Existenzphilosophie“, was also im „Gotha-Almanach der gesellschaftsfähigen ontologischen Phänomene“ aufgeführt ist (s. o. S. 199, 201). Diesen Heideggerschen Gütetest bestehen all die Phänomene nicht, die wegen ihrer Natürlichkeit die Geschlossenheit *der erschlossenen Welt* aufbrechen könnten. Doch dazu tritt noch eine zweite Gruppe: all die Phänomene, die zum gelingenden gemeinschaftlichen Lebens gehören und so die Selbständigkeit *des entschlossenen Selbst* schwächen könnten. Das Glück im sozialen Miteinander bleibt unbeachtet: „Bei ihm (...) gilt alle Anstrengung des Daseins dem Ziel, in der Überanstrengung des Selbstseins zu leben. Sein Ziel ist selbst ein ‹Gehen›: nämlich das ‹dem Tode Entgegengehen›. Kein Zufall, daß in seiner Philosophie zwar die *Sorge* erscheint, aber nicht deren *Zielsituation*: *die Befriedigung oder die Stillung*, die die Griechen und später noch Hölderlin mit der Glückseligkeit in eins gesetzt hatten.“ (s. o. S. 171)

Mit diesen zwei Zentralpunkten, die unter den Stichworten Naturvergessenheit und Glücksvergessenheit zu fassen sind, liegt Anders' Heidegger-Kritik quer zu einer Tendenz, die in der Heidegger-Deutung der letzten Jahrzehnte vorherrschend war. Während in einer ersten Phase der Rezeption in der Tat die „Eigentlichkeit“ und die heroische „Vereinzelung“ des Daseins besonders herausfordernd auf die Leser gewirkt haben, wird inzwischen die Kontextualisierung, die sprachliche Vernetzung des „In-der-Welt-seins“ betont. Entsprechend wird auch die Prozedur des Eigentlichwerdens im Angesicht des Todes nicht im Sinne von Anders als Zielpunkt einer „Selbsterhitzung“ oder „Selbsterlösung“ (s. o. S. 175, 270; vgl. 48 f.) gedeutet, sondern als Zwischenstadium auf dem Weg zu einer Selbstwerdung, an deren Ende dann die Einlassung auf die Welt nicht nur zulässig, sondern ausdrücklich erwünscht sein soll.

So gibt es derzeit starke, ganz unverächtliche Plädoyers sowohl für eine sprachphilosophische wie auch für eine ethisch-sozialphilosophische Rehabilitierung der Heideggerschen Philosophie. Auf dem Gebiet der Sprachphilosophie stehen dafür ganz verschiedene Richtungen, die durch Namen wie Hans-Georg Gadamer, Jacques Derrida und Charles Taylor zu bezeichnen sind.[52] An diesem Punkt wird auch verwiesen auf die Affinitäten zu Ludwig Wittgensteins Koppelung von „Sprachspiel“ und „Lebensform“. Weniger prominent, aber gleichfalls verbreitet sind die Versuche, mit Heidegger sozialphilosophische Überlegungen anzustellen, die die „Gemeinschaft“ gegenüber der „Individualisierung“, die „Sorge“ gegenüber dem „Interesse“ betonen oder sogar seine Kritik an den „Machenschaften“ für eine Kritik an politischer „Macht“ fruchtbar zu machen suchen.[53] Folgt man dieser Empfehlung, so ist etwa die Absenz von Politik bei Heidegger kein systematisches Manko, sondern ein Versuch, gegen den *status quo* von Politik (etwa: als Begleitschutz für Interessen, Aushandeln von Kompromissen oder Absichern von Mehrheiten) ein ursprünglicheres Verständnis von Politik und der ihr zugedachten Gemeinschaft zu gewinnen.

Beide Tendenzen sind Anders' Heidegger-Deutung fremd (vgl. z. B. zur Kritik der „Fürsorge" s. o. S. 192). Dem „In-der-Welt-sein" des Daseins hält er „Schein-Konkretheit" vor, und wenn bei Heidegger später die Entschlossenheit des Menschen als „Ek-sistenz", als ek-statische Bezogenheit des „Hirten" auf das „Sein" gedeutet wird, so kritisiert Anders daran eine Ausschließung der *„nicht* zur ontologischen Hirten-Funktion des Menschen gehörigen Liebhabereien" (s. o. S. 289). Die schönste Pointe gegen den Versuch, Heideggers Prozedur der Eigentlichkeit als Vorbereitung zur Weltoffenheit zu deuten, kleidet Anders in eine Metapher: „Heideggers Philosophie [entpuppt sich] letztlich als ein komisches Phänomen. Irgendwie schlägt (...) die bloße Selbsterhitzung des Eigentlichwerdens in so etwas wie Tat um; aber eben doch in eine solche Tat, die in falsche Richtung ausschlägt: in die Wiederholung der Vergangenheit. ‹Vorwärts-zurück!› könnte Heideggers Devise sein. Dieses ‹Marsch marsch zu den Wurzeln!› erinnert an jene Dschungelbäume, deren blütenbesetzte Äste in den Boden zurücksinken und dort das Wurzelschlagen wiederholen. Aber die tun es aus Überreife. Heidegger aber, weil er in die Helle der wirklichen Welt, nämlich in die geschichtliche Situation, nicht hineinblicken will." (s. o. S. 175) Entsprechend findet Anders in Heideggers Schriften auch kein ethisch-sozialphilosophisches Potential. Sowohl in dem frühen „individualistische(n) Nonkonformismus" wie in dem „Idol der *Volksgemeinschaft*" sieht er vielmehr ein *„Ausweichen vor der Politik"*; Heidegger ist, so meint Anders, „vom *vor*politischen Menschen (in der Daseinsanalyse) zum *nach*politischen Menschen (in den späten Schriften) hinübergesprungen (s. o. S. 358).

Die kontextualistische Heidegger-Deutung kann sich gegen manche, eher improvisierte Seitenhiebe, die Anders gegen Heidegger austeilt, gut behaupten. Doch man sollte dessen Einwände nicht zu schnell abtun; es handelt sich bei ihnen nicht nur um eine äußerliche Ideologiekritik, die ein paar Reizvokabeln trifft und den Kern von Heideggers Denken unversehrt läßt. Meines Erachtens hat Heidegger für das

Problem, das sich im Zuge der von ihm geleisteten Demontage des Spaltungsdenkens von Subjekt und Objekt ergibt, gerade keine plausible Lösung gefunden: nämlich für die Beschreibung des Verhältnisses von Alltäglichkeit und Eigentlichkeit, Weltlichkeit und Selbstwerdung, Verfallen und Entschlossenheit. Für die Schwächen dieser Konstruktion hat Anders – auch jenseits politischer Einwände – ein genaues Gespür gehabt, und so finden sich bei ihm weitergehende Einwände, die in den Kern von Heideggers Denken selbst eingreifen. Daß die politische Auseinandersetzung von Anders zur philosophischen Kritik weitergetrieben wird, möchte ich an einem herausgehobenen Beispiel erläutern: an Heideggers Wahrheitsbegriff, also am „Entbergen". Und inmitten dieses Beispiels wird dann auch das Verhältnis von Ontologie und Ethik in einer Gestalt anzutreffen sein, die gar auf überraschende Weise in aktuelle Debatten – etwa um die Gentechnologie – eingreift.

V.

In „Sein und Zeit" gilt Heideggers Kritik der Verengung des Wahrheitsbegriffs auf die Richtigkeit von Aussagen, die durch einen Abgleich mit der Wirklichkeit geprüft wird. Dieser Aussagenwahrheit, die dem Prinzip der „adaequatio" von Intellekt und Sache verpflichtet ist, stellt Heidegger die Wahrheit dessen, was „sich zeigt", was „erschlossen" ist, entgegen. Daran knüpft er später mit der Erläuterung der Wahrheit als „Unverborgenheit" *(a-lētheia)* an. Das, was ist, die *physis*, erscheint oder zeigt sich, und für dieses Scheinen *(phainesthai)* der Phänomene soll der Mensch aufgeschlossen sein. Er übt sich in dieser Aufgeschlossenheit, indem er sich in der „Lichtung" der Sprache bewegt, auf der sich das, was ist, zeigen kann. Diese „Entbergung" ist nicht denkbar ohne „Verbergung", insofern das Seiende nur aus einem Grund, der selbst unzugänglich bleibt, in die Lichtung heraustreten kann.[54] Anders' Kritik setzt nun gewissermaßen am negativen wie am positiven Ende von Heideggers Überlegungen zum Wahrheitsbegriff an: einerseits bei der Abwehr der „adaequatio", andererseits bei der positiven Deutung des „Scheinens".

Zunächst wendet er sich dagegen, in der „Adaequatio (...) so ohne weiteres eine Degeneration der Wahrheit" zu sehen. Er führt sie vielmehr auf eine Urszene, einen „Grundfall" der Wahrheit zurück: auf „ein ‹*sich einspielen auf*› (z. B. auf einen Menschen oder eine Geige)" (s. o. S. 306): „Die Dekkung von Nachgestelltem und Stillendem in der Einverleibung und ‹Assimilation› ist das Modell der ‹*adaequatio*›, die nicht, wie H. es sieht, einen abgeleiteten Modus der Wahrheit darstellt, sondern den Archetyp des gelingenden Verhältnisses zwischen dem bedürftigen Dasein und der bedarfdeckenden Welt. Der Ausgehungerte, der, glücklich seine Suppe auslöffelnd, spricht: ‹das ist das Wahre›, redet nicht metaphorisch" (s. o. S. 294).

Man erkennt an dieser Bemerkung sehr deutlich den Einfluß von Anders' ‹anderem› Lehrer Edmund Husserl, der mit gut verhüllter Sehnsucht von der „letzte(n) Erfüllung" sprach, die dem intentionalen Akt am Gegenstand beschieden sein soll.[55] Zugleich stößt man hier wieder auf Anders' Versuch, die Intentionalität, also auch die Welterschließung auf die anthropologische Basis des Bedürfnisses zu stellen. Dahinter steckt freilich kein naiver Biologismus, denn diese Figur der „Erfüllung" erhält bei Anders breitere Konturen: „In diesem Augenblick der Präsenz (dessen, worauf der Bedarf ging) hört der Gang der Zeit auf, denn dem Glücklichen schlägt keine Stunde; und wenn die Rede von ‹Sinn des Daseins› irgendeinen Sinn hat, so besteht dieser nicht (wie bei H.) in *Zeit*; vielmehr in *Unzeitlichkeit*: nämlich in der Situation der Sättigung, der restituierten Balance, der Bedürfnislosigkeit" (s. o. S. 294).

Anders fundiert die Idee der „adaequatio" also in einem Bild des Verhältnisses zwischen Mensch und Welt, in dem Wahrheit, Glück und Zeit am Leitfaden der Idee der „Erfüllung" zusammengenommen werden, und damit soll diese Idee wieder an Plausibilität gewinnen. Wenn Anders auf diesem Wege der

Kritik Heideggers die Spitze nehmen will, so meldet er nun gewissermaßen am anderen Ende seiner Überlegungen Protest gegen dessen alternativen Wahrheitsbegriff an: nämlich bei der Deutung von Wahrheit als Unverborgenheit.

Wenn man Heideggers Deutung der Wahrheit neben Anders' Überlegungen zu „adaequatio" und „Bedürfnis" hält, so scheint letzterer dem Subjektivismus der Moderne in die Hände zu spielen, den Heidegger überwinden will. Doch Anders dreht den Spieß um und greift hierzu zwei Zentralbegriffe aus Heideggers Deutung von „Lichtung" und „Entbergung" heraus, nämlich das „Zeigen" und das „Scheinen". Er meint nämlich, daß Heidegger hier selbst eine anthropomorphistische Projektion vornimmt, bei der ein Vokabular, das dem menschlichen Umgang entstammt, auf etwas übertragen wird, das dem Menschen angeblich über sich selbst hinaushelfen soll (s. o. S. 383 f.). Handelt es sich aber um eine Projektion, so landet er dabei doch nur wieder bei sich selbst.

Das eigentliche „Modell" von Heideggers „Spekulation" über das „Scheinen" der „physis" sieht Anders nämlich in der „Physiognomik" (s. o. S. 318 f.); die „alētheia" läßt sich nach Anders „an der Mimik exemplifizier(en)" (s. o. S. 313), weil gerade in ihr das Spiel des Entbergens eines Charakters mit dessen Zurückhaltung einhergeht. So wie Anders in seiner Rehabilitierung der „adaequatio" den Beitrag des Menschen bei dessen Zusammenspiel mit dem Seienden betont, so betont er ihn nun erst recht in seiner Umdeutung der „Entbergung". Das „Zeigen", „Scheinen", „Offenbaren", auf das es bei Heidegger ankommt, ist nach Anders „grundsätzlich dativisch", also als ein *„jemandem scheinen"* zu explizieren – „und ohne diese Tatsache ist das Wahrheitsproblem nicht in Griff zu bringen" (s. o. S. 314): „Schein = Aussehen = gibt es nur als *Beziehung* (...): denn für sich sieht man nicht ‹aus›." (s. o. S. 383 f.; vgl. zum hier einschlägigen Vergleich zwischen Heidegger und Hegel, der zugunsten des letzteren ausfällt, s. o. S. 320, 370).

Diese Adressierung des „Scheinens" an den, dem etwas (so oder anders) erscheint, bleibt nach Anders aber unzureichend, wenn der Mensch – wie bei Heidegger – nur als Empfänger gesehen wird, der sich für ein Ereignis bereit zu machen hat. Gerade an Anders' Auseinandersetzung mit Heideggers Wahrheitsbegriff treten die zwei Seiten seines Denkens – die naturphilosophische und die sozialphilosophische – deutlich ans Licht, denn einerseits stützt er sich auf die Natürlichkeit (des Bedürfnisses), andererseits erkundet er die soziale Dimension des Sich-ausdrückens, Sich-jemandem-zeigen in der Begegnung zwischen Menschen.

Wenn ich eingangs auf ideologiekritische Züge in Anders' Kritik hingewiesen habe, so zeigt sich nun, daß er darüber hinaus eine originelle philosophische Kritik an den begrifflichen Grundlagen von Heideggers Denken übt; sie ist alles andere als voll entwickelt, aber anhand der Bemerkungen zu „adaequatio", „Scheinen" und „Zeigen" in seiner entscheidenden Stoßrichtung nachvollziehbar. Und von dieser Kritik aus läßt sich dann auch erahnen, warum Anders gegen Heideggers zurückgenommene Behandlung des menschlichen Handelns Einwände erheben muß: nicht nur deshalb, weil er mutwillig mehr Eingriffsmöglichkeiten für die Praxis fordert, sondern weil er meint, daß die von Heidegger verwendeten Begriffe selbst praktische Implikationen haben, welche von ihm aber verhehlt werden. Statt also wie Heidegger das „Ethische" in der „Ontologie" untergehen zu lassen, will Anders es aus ihr herausstellen.

Die spannendste Konsequenz dieser Kritik läßt sich auf dem Felde der menschlichen Zeiterfahrung beobachten – dort also, wo Heidegger ein Heimspiel zu haben scheint. Trotz aller Unterschiede zwischen dem frühen und dem späten Heidegger, die Anders – wie Karl Löwith – durchaus betont (s. o. S. 357), stößt er hier auf eine sich durchhaltende Figur. Nach Anders gipfelt nämlich die Theorie der Zeitlichkeit und der Geschichtlichkeit in „Sein und Zeit" ebenso wie das späte Denken des „Geschicks" und des „Ereignisses" in einem „Augenblick", im Ausstieg aus der Chronologie. Hier wie dort geht es um einen Bruch, mit dem sich die „Lichtung", auf der das Spiel der Wahrheit statthat, auftut und damit Geschichte erst „eigentlich“ zu geschehen beginnt. (Deshalb bleibt „Geschichte“ auch denjenigen vorbehalten, die einem solchen Bruch zuarbeiten; 1934 meint Heidegger, einschlägig seien hier nicht die „Neger“, die „keine Geschichte“ hätten, wohl aber Hitler und Mussolini.[56]) Die Zeit teilt sich demnach in einen Vorhof (das „Verfallen“, die „Weltnacht“) einerseits, ein hereinbrechendes Ereignis andererseits. Die eschatologische Erwartung richtet sich auf ein Geschehnis in der Welt.

Günther Anders findet für diese Eigenart des Heideggerschen Zeit-Denkens eine treffende Charakterisierung. Er spricht von einer *„parakletuelle(n)* Zeit“ – also von einer Zeit, die als Trost oder Beistand herbeigerufen wird – oder von dem „Augenblicke, in dem das Sich-Offenbaren des Seins in flagranti ertappt wird“: „Geschichte bricht gewissermaßen in Attacken (...) aus (...). *Eigentlich ist bei ihm Geschichte nur der Geburtsaugenblick*“ (s. o. S. 309, 311 f.). Die „Zeitlichkeit“ und „Geschichtlichkeit“, der Heidegger ein Leben lang zugetan ist, bleiben auf jene eigentlichen „Attacken“ reduziert.

Vorhin wurde eine Bemerkung von Anders zitiert, wonach der Sinn des Lebens gerade nicht – gemäß Heidegger – in der „Zeit“ zu sehen sei, sondern in der „Unzeitlichkeit“ (s. o.). Diese Bemerkung muß man nun insofern revidieren, als beide – Anders wie Heidegger – gleichermaßen einen Ausstieg aus der Zeit als Chronologie vorsehen. Die Form dieses Ausstiegs ist aber bei beiden sehr verschieden. Anders teilt mit Heidegger den *Ausgangspunkt*, das Hadern mit der Auffassung von einer gleichgültig verlaufenden Zeit, dem „Pochen der Totenuhr in unserer Brust“ (Georg Büchner, „Leonce und Lena“). Er zieht aber eine ganz andere *Folgerung* daraus. Angedeutet ist sie bereits in Anders' Auseinandersetzung mit Heideggers Wahrheitsbegriff. Die „Unzeitlichkeit“ ist bei Anders nämlich der „Erfüllung“ zugeordnet, die sich hinter der „adaequatio“ versteckt: „Dem Glücklichen“, so sei nochmals zitiert, „schlägt keine Stunde“ (s. o. S. 85, 294). In dieser unscheinbaren Bemerkung verbirgt sich nicht weniger als ein Stich ins Herz von Heideggers Denken: Gegen dessen *ontologisches* Modell stellt Anders ein *ethisches* Modell des Bruchs mit der Chronologie.[57] Die Unzeitlichkeit gehört nicht zu einem Geschehnis, mit dem sich das „Weltgeschick" wendet, sondern ist die Nebenwirkung des Glücks, also des individuellen Sich-Befindens. Damit wird die Spekulation hinfällig, daß um der Flucht aus der Zeit willen die Welt neu geboren werden müßte, und weil sie einen solchen „Geburtsaugenblick" nicht nötig hat, werden auch die Übersteigerungen und Projektionen hinfällig, die bei Heidegger mal in der Hingabe an das „Seinsgeschick", mal in der Phantasie der Machtergreifung auftreten. Statt dessen wird die große Sehnsucht, die auf jene „Unzeitlichkeit" gerichtet ist, in einen Bereich zurückgenommen, der für sie tatsächlich angemessen ist: nämlich in den Bereich der Lebensführung, in das dort erfolgende *Umgehen mit* der Zeit. Die Erfahrung der „Unzeitlichkeit" wird dann, kurz gesagt, vom Gelingen des Lebens abhängig, in dem man – im Glücksfall – besseres zu tun hat, als an die Zeit zu denken, in dem – im Glücksfall – die Zeit vergessen wird.

Günther Anders bleibt also einem Heideggerschen Motiv treu, beschreibt aber eine Drehung, mit der sich das ganze Bild verschiebt und tatsächlich alles anders wird. Die „Unzeitlichkeit" gehört nun zu einem besonders ausgezeichneten Leben, dessen Bedingungen in eine ethische Dimension gerückt sind. So gibt es auch eine Verbindung zwischen den gerade behandelten scheinbar verstiegenen Überlegungen zu Zeit und Unzeitlichkeit einerseits und den handfesten Erwägungen über die Befriedigung von Bedürfnissen, die Sicherheit oder Bedrohtheit unserer Lebensgrundlagen andererseits. Dieser Punkt ist, wie ich finde, die stärkste Einsicht, die sich aus Anders' nachgelassener Auseinandersetzung mit Heidegger gewinnen läßt.

Zweierlei zeigt Günther Anders hier an: Hinter dem Rückgang auf die ontologische Ebene verbergen sich ethische Motive. *Und:* Innerhalb dieser ethischen Dimension muß die Orientierung des Handelns nicht allein an der Verhinderung des Untergangs gewonnen werden, sondern auch an der positiven Bestimmung eines gelungenen Lebens. Damit geht Anders auch an seine eigene Grenze. Insofern es hier ganz handfest um die Befriedigung von Bedürfnissen geht, hält sich die Argumentation im Bereich der Selbsterhaltung, des bloßen Überlebens, der Existenzsicherung. Darüber hinaus schälen sich aus diesem natürlichen Schema kulturelle Phänomene heraus: die Umwege zur Erfüllung, das Spiel mit Zeiterfahrungen, die Sehnsucht nach Unzeitlichkeit. Damit bereichert Anders das Bild, das in den Büchern zur „atomaren Bedrohung" und zur „Antiquiertheit des Menschen" von der Zuspitzung auf die Frage nach dem bloßen Überleben beherrscht ist. Bereichernde Motive in diesem Sinne finden sich auch in anderen Texten, etwa in „Lieben gestern" oder im waghalsig-heiteren Groß-Gedicht „Mariechen". Mit dieser doppelten Perspektive nimmt Anders am Ende auch die ursprüngliche aristotelische Fassung des Problems auf: Das bloße „Leben" und das „gute Leben" stehen mit ihrem Eigenrecht nebeneinander, gehören zusammen, ohne sich ausstechen oder vereinnahmen zu können.

Es wäre übertrieben zu behaupten, daß Anders diese zwei Seiten in einen strikten Zusammenhang gebracht hätte. Es wäre aber auch übertrieben zu behaupten, daß dies irgend einem anderen Philosophen gelungen wäre. Im übrigen handelt es sich hier gar nicht um eine philosophische Sonderfrage; viele Debatten in anderen Feldern verlaufen entlang eben der Konfliktlinien, an denen sich auch Anders bewegt. Auf ein erdrückend aktuelles Beispiel möchte ich abschließend kurz hinweisen, nämlich auf die Debatte über Chancen und Gefahren der Gentechnik.

In dieser Debatte kommt die Doppelung in biologische und ethische Aspekte, „Leben" und „gutes Leben" zur Zeit besonders drastisch zur Entfaltung. An ihrem Beginn steht eine machtvolle Erinnerung an die Naturhaftigkeit des Menschen, die ganz verschiedene Formen annimmt: Wenn etwa noch vor wenigen Jahren die Hoffnungen, die Lebensumstände könnten sich verbessern, auf politische Projekte gerichtet waren, so bietet sich für diese Lebens-Verbesserung nun die Gentechnik an – und dies nicht nur in blühenden Phantasien über die Machbarkeit der Natur, die Anders früh schon scharf kritisiert hat, sondern auch bescheidener und plausibler in Offensiven gegen Krankheiten. Überdies bewirkt die Biologie als neue Leitwissenschaft eine nachhaltige Erschütterung des kulturellen Selbstverständnisses, in dem sich die Menschen eingerichtet haben, und führt ihnen ihre Natürlichkeit im Wortsinne ‹lebhaft›, ‹leibhaftig› vor Augen.

Hier wird man vor Alternativen gestellt, in denen politische und moralische Kriterien mit biologischen Kriterien kollidieren, und damit tritt Reibung auf zwischen „gutem Leben" und „Leben", „Ethik" und „Ontologie". Verdeutlichen läßt sich diese Reibung etwa an einem gentechnischen Großprojekt, das die Firma deCODE mit Unterstützung von Hoffmann-LaRoche seit 1999 in Island durchführt: Dort sollen mittels einer Datenbank, in der komplexe Daten über fast die gesamte Bevölkerung gesammelt werden, krankheitsverursachende Gene lokalisiert und neue Therapieformen entwickelt werden. Auf die genannte Alternative bezogen heißt dies: Die gentechnische Forschung verspricht die erfolgreiche Bekämpfung von Krankheiten, fordert dafür aber die Nutzung von Genmaterial und persönlichen Daten, beeinträchtigt also die informationelle Selbstbestimmung der Betroffenen. Das heißt: Die „ethische" Seite des eigenen Selbstverständnisses wird beschnitten, um dessen „biologischer" Seite zu nützen. Das Selbstverständnis des einzelnen Menschen kann zudem dadurch erschüttert werden, daß sich ihm seine Zukunft als naturwüchsiges Szenario von Risiken und Nebenwirkungen darstellt, und dadurch, daß das Wissen über diese Zukunft möglicherweise gar nicht in seinen eigenen Händen liegt.

In diesen – und vielen anderen – Bereichen wird es zu Abwägungen kommen, bei denen der erhoffte Gewinn – Abhilfe für die Natur – mit dem befürchteten Verlust – Unterlaufen der Ethik – abzuwägen sind. Wohlgemerkt: Um eine Abwägung handelt es sich hier in der Tat; es wäre verfehlt, über die Prioritäten, die hier zu setzen sind, gewissermaßen *blanko* zu entscheiden. Nur weiter leben zu können statt hilflos einer Krankheit zu erliegen – das ist der ganz unverächtliche, überwältigende Wunsch vieler Betroffener, doch bloße Fortdauer kann der Witz des Lebens auch nicht sein.

Aus Anders' Auseinandersetzung mit Heidegger treten Gesichtspunkte heraus, die in der aktuellen Debatte um die Gentechnik als Korrektiv dienen können. Wenn nämlich die aktuellen Zukunftsszenarien vor allem von Phantasien darüber beflügelt werden, wie der Mensch verwandelt werden könnte, wie sein Geistesleben auf Computer überspielt, die Erotik im virtuellen Raum optimiert oder die Alterungsprozesse auf der zellulären Ebene blockiert werden könnten, sieht Anders darin nur späte Effekte eines irregeleiteten Machbarkeitswahns; Anders ist sich mit den meisten, die heute mit konkreter medizinischer Forschung und nicht mit Zukunftsszenarien befaßt sind, darin einig, daß das erste Ziel die Vermeidung des Leidens und die Hilfe zum Überleben sein muß. Freilich richtet die gentechnische Industrie ihre Angebote zur Zeit lieber an um Gesichtsfalten besorgte Nordamerikaner oder Europäer als an AIDS-Kranke in Afrika und andernorts, die zwar mehr leiden, aber über weniger Kaufkraft verfügen.

Über Jahrtausende hinweg hat der Mensch sich darum bemüht, sich über die Natur zu erheben; er hat den Geist vom Körper gespalten, über die Unsterblichkeit der Seele spekuliert, neben der natürlichen Geburt die vernünftige Wiedergeburt erfunden, das Handeln von Naturprozessen abgegrenzt etc. Man braucht keine prognostische Kraft, um zu sehen, daß diese reich entfalteten Deutungen nun – wenn nicht abgelöst, so doch ergänzt werden durch eine Selbstdefinition, die sich dazu herabläßt, die Natur des Menschen anzunehmen. Mit einer Abschottung des kulturellen Selbstverständnisses ist dem menschlichen Leben nicht gedient. Gleichwohl sehen viele eine bequeme Option darin, mit Heidegger als Gewährsmann symbolische Kontexte, kulturelle Codierungen, hermeneutische Prozesse als unhintergehbare Ebene der menschlichen Selbstdeutung zu etablieren. Wenn man diese Entwicklung nicht philosophisch, sondern wissenschaftsgeschichtlich betrachtet, so besteht Heideggers aktuelle Wirkung im sogenannten „cultural turn" nicht zuletzt im Aufbau eines methodischen Selbstschutzes für die Geistes- und Kulturwissenschaften gegen die Konkurrenz naturwissenschaftlicher Beschreibungs- und Erklärungsmuster. Darin liegt eine durchaus paradoxe, geradezu ironische Konsequenz, denn Heidegger selbst hätte diese akademische Selbstgefälligkeit eher verächtlich gefunden – zumal er nicht gezögert hat, die Institution der Universität und die „akademische Freiheit" für den Nationalsozialismus zur Disposition zu stellen.

Anders' Kritik an Heidegger, an dessen Neutralisierung der „Alternative Naturalismus – Supernaturalismus" (s. o. S. 72), an dessen „Scheu, den Menschen mit dem Tiere zu vergleichen" (s. o. S. 254) ist eine frühe philosophische Intervention gegen jene Abgrenzung. Gegen das ausgefeilte, in sich geschlossene Modell der symbolischen Welterschließung stellt Anders ein rhapsodisches, fragmentarisches Plädoyer zum Auszug aus der begrenzten, bornierten Sphäre des Geistes und geht zurück auf die Grundbedingungen, die uns das Leben ermöglichen. Die Rehabilitierung der Natur wird von ihm ebenso vehement verfochten wie der Anspruch, sich damit nicht zu begnügen; einen Niedergang menschlicher Ambitionen zugunsten biologischen Funktionierens hat er nicht im Sinn. Die Aktualität der hier veröffentlichten Schriften von Günther Anders besteht darin, daß sie den Zwiespalt zwischen Natur und Kultur wie eine klaffende Wunde mit sich führen. Wir tragen diese Wunde heute auch.

Anmerkungen

Bild der gegenwärtigen Deutschen Philosophie und ihrer Vorgeschichte

[1. Die Was-Frage]

[2. Die Füße im Wasser, mit dem übrigen Körper herausragend. – Zitat nicht verifiziert]

3. Dieses Motiv: das Suchen über das Finden, die Aktion der Freiheit über das Resultat zu stellen, ist ein echt aufklärerisches Motiv der neuen Philosophie. Lessing. In der Mystik der auf Resultate verzichtenden Aktion hängen noch die Reste der Selbstaktion des Geistes, der auf die außer ihm liegende Autorität verzichtete. Sucher-Sein ist in Deutschland eine Ehre.

[4. Husserl 1922, 48]

[5. Lessing 1780, 10, § 4 ff.]

[6. Erschleichung, (unvermittelter) Übergang zu einer anderen Begriffs- oder Seinsebene, Grenzüberschreitung.]

[7. Vgl. vorige Fußnote; hier: Plural.]

[8. Husserl 1922, 64]

[9. Porphyrios, 54 f., 130 f.]

[Zusammenfassender Vorbegriff zu Heidegger]

[1. „Heidegger ist der säkularisierte Kierkegaard.“ (Fischer 1935, S. XI.)]

[2. „Gewiß hat Gott als ens a se sein Dasein nicht von jemand anderem erhalten; er hat es vielmehr aus sich selber. Das darf aber nicht so verstanden werden, als wäre Gott causa sui; denn das würde die widersinnige Annahme in sich schließen, daß ein Wesen schon etwas ist und wirkt, noch bevor es ist {hier FN Fischer: Scheeben, Dogmatik, I., S. 502.}. Dieses Sein seines Seins ist also dasjenige, was Gottes Wesen ausmacht. Es ist für Gott das Existieren so wesentlich, wie z. B. für den Menschen das Menschsein. Damit ist aber eine sachliche Unterscheidung von Wesen und Dasein in Gott unmöglich. Wesen und Dasein sind in Gott identisch. Sein Wesen besteht darin, daß er ist. Gott ist sein Sein (deus est suum esse). Oder anders ausgedrückt: Gott ist ein Daseinswesen.“ (Fischer, S. 126 – Druckfehler in Anders 1937: „summum esse“.)]

[3. „‚Die Substanz des Menschen ist die Existenz‘ {hier FN Fischer: SZt. S. 414} Dann freilich bleibt aber auch die Notwendigkeit bestehen, diese Grundthese der Existenzphilosophie abzulehnen wegen des Widerspruchs, der in ihr zutage liegt: insofern das Existieren die Substanz des Menschen ist, zieht er göttliche Attribute an sich; insofern er aber geworfen ist, bleibt er in der menschlichen Endlichkeit gefangen. Ein endlicher, seines Seins nicht mächtiger Gott zu sein, das ist die Hybris und zugleich die Tragik der heideggerschen Existenz.“ (Fischer, S. 129)]

Unterschlagene Ahnen

1. Weisse 1835, 18; Lotze, 1912, 9; Lotze, 1841, 17

[2. 1929b, 21: „Warum ist überhaupt Seiendes und nicht vielmehr Nichts?“]

Wesen und Eigentlichkeit, namentlich bei Heidegger

1. Was in der Aufklärung, namentlich bei Lessing in der „Erziehung des Menschengeschlechts“, vor sich geht, ist gewissermaßen eine Aufhebung der Religion *durch* die Religion, eine Aufhebung, die der von Marx verkündeten Aufhebung der Philosophie durch die Philosophie formal außerordentlich ähnelt.

Nihilismus und Existenz

1. Grundvokabeln der Existenzphilosophie.
2. [wie 1.]

[3. 1883, 12]

4. Um vom Tage der Machtergreifung an auf der Straße von Heidegger nicht mehr erkannt zu werden.

[5. Werfel 1967, 108]

6. Das Wort hat den Vorteil, dreierlei zu bedeuten: erstens eine Seinsweise. Zweitens diese Seinsweise, als wäre sie selbst ein Seiendes („Das Dasein“). Drittens (oft, obwohl im Unterschiede zum „Ontologischen“ zumeist „ontisch“ genannt) das Seiende, dem diese Seinsweise zukommt. Da das Chamäleonwort je nach Bedarf eine der drei Bedeutungen annimmt, alle Funde aber in dem Brennpunkt des gemeinsamen Wortes eingesammelt werden,

erregt die Fülle dessen, was sich schließlich als „Dasein" herausstellt, Schwindelgefühle.

7. Deutlicher Einfluß der Marxistischen These, daß Theorie eine Sekundärform der Praxis ist.
8. Diese Konzeption hat tatsächlich etwas von einem nihilistischen Schöpfungsmythos an sich. An modernen Konzeptionen ist ihr nur diejenige Kafkas an die Seite zu stellen, wo das Leben in der entfremdeten Welt als niemals endendes Zur-Welt-kommen, im Sinne von: „Ankommen, aber nicht Akzeptiertwerden" dargestellt ist.
9. Diese Analyse der gegenstandslosen Angst ist von Kierkegaard übernommen. Siehe „Der Begriff der Angst".
10. Die Beschreibung der „Nichtung" stammt eigentlich aus Pascals Pensées: „Le fini s'anéantit."
11. Diese Metapher und zahlreiche andere Bilder kommen bei Heidegger nicht vor. Sie sind reine Übersetzungsbehelfe.

[12. 10 Zarathustra IV, Das Nachtwandler-Lied 5, in: Nietzsche, KSA Bd. 4, 399]

[13. Byron 1947, 6]

14. [Schelling 1809] 360
15. Kein Zufall, daß der Konter-Revolutionär Bonald wilde Invektiven gegen den Begriff „Machen" geschrieben hat. (Législation primitive, IV. ed., p. 27, 41 [1802, 38; 53]).
16. Fichtes Werke I. [1862], 219.
17. Hegel gesteht den Eigentumssinn, der dem ganzen Ansatz der idealistischen Philosophie zu Grunde liege, offen in seiner Philosophie des Rechts zu. Das nicht „an und für sich"-Sein der Welt werde durch die Tatsache des Besitzens bewiesen; selbst ein fressendes Tier, das sich Welt einverleibe, sei durch diesen seinen Akt Idealist. [1833 a, 82 f. (§ 44 Zusatz, letzter Satz.)]
18. „Indem die Menschen ihre Lebensmittel produzieren, produzieren sie indirekt ihr materielles Leben selbst." (Deutsche Ideologie [in: Marx 1844/45, 347])
19. Raummangel verbietet es, hier der Genealogie des „Einzelnen" vollständig nachzugehen: ohne Kierkegaards „Einzelnen", der allein das Risiko des Glaubens-Paradoxes übernimmt, ist der Heideggersche, nur an sich selbst glaubende, Einzelne nicht verständlich.
20. Epist. [lib. I.] 2, 2 [Seneca 1931, 5]
21. Sein und Zeit [1927], 365
22. Freilich nicht im Vergleich zu dem „Geist" Hegels, der alles Nicht-daseinsmäßige, nämlich das vom Dasein Gemachte: Recht, Staat, Kunst als sogenannter „objektiver Geist" mitenthält. Nichts davon gibt es bei Heidegger, der gewissermaßen ein Da-

sein ohne Produkte, das Dasein nach der Zerbombung schon vor der Zerbombung beschreibt.

23. Alle Beispiele stammen aus der dörflichen Werkstatt. Die heutige Industriewelt verschweigt Heidegger in maschinenstürmerischer Verachtung. In der industriellen Tätigkeit „versteht" der Mensch freilich nicht mehr, was er tut; er bedient eine unverstandene Maschine, die etwas hervorbringt, dessen „Bewandtnis", jedenfalls Notwendigkeit, dem Arbeitenden zumeist verschlossen bleibt. Davon bei Heidegger keine Rede.
24. Hegel, Jenenser Realphilosophie [Hegel 1905/06, S. 161]
25. Es ist immerhin bemerkenswert, daß der größte „Idealist" die Tatsache, daß wir aus dem bestehen, wonach unser Begehren steht, mit äußerster Schroffheit formuliert hat. Sokrates bezeichnet im Philebos jeden, der diese Tatsache nicht in Betracht ziehe, als „von Sinnen" [29 d].
26. Deshalb können totalitär bindende Gewaltherrschaften wie der Nationalsozialismus erfolgreich behaupten, sie verliehen dem Leben (der Gebundenen) wieder Sinn.
27. In meinem Besitz.

Die Schein-Konkretheit von Heideggers Philosophie

1. Dieser Terminus (siehe unten) bezeichnet den spezifischen *modus existendi* des Menschen, das „being there"; *nicht* die *Tatsache* seiner Existenz. Da unübersetzbar, wird der deutsche Terminus überall in diesem Aufsatz beibehalten werden.

[2. zum Ganzen der geordneten Welt]

3. Es mag überflüssig scheinen, zu betonen, daß dieses „für" nicht identisch ist mit jenem klassischen „für" der *Genesis,* laut der die Natur für den Menschen geschaffen worden ist. Wir halten es aber für wichtig, den Einfluß des jüdisch-christlichen „Für" in der Geschichte der Philosophie herauszustreichen. In der Tat ist es letztlich die Geheimbasis für alle Spielarten von „Transzendentalphilosophie", für die der Mensch nicht „pars inter partes mundi" ist; vielmehr die Welt ein „Korrelat" oder ein „Produkt" oder ein „*Datum*" (abgeleitet von „dare"!) oder ein „Eigentum" des Menschen.
4. Siehe Fußnote 1.
5. Das entspricht dem nackten „esse" von Gegenständen der Natur; resp. *res existentes.*
6. Dieser Begriff, der die Konnotation von „cura", „besorgt sein um ...", „Interesse haben für ..." und „sich kümmern um ..." in sich vereint, wäre am passendsten mit „interest", verstanden in seiner

weitesten Bedeutung, [ins Englische] zu übersetzen, auch wenn dem Wort leider der dunkle Schimmer des deutschen Originals fehlt. So werden wir wiederum Heideggers Wort beibehalten.

7. So wurde selbst der Ausdruck „Akt“ von Heidegger aufgegeben. Wir benutzen ihn hier einzig und allein, um den Schritt von Husserl zu Heidegger zu verdeutlichen.

8. Und ebensowenig in „unbewußten“ Akten. Heideggers Ansatz steht quer auch zu dieser zweifelhaften Alternative.

9. In Heideggers Ontologie ist die Unterscheidung von *einai* und *on*, „Sein“ und „Seiendem“, von entscheidender Bedeutung. Da das Englische nur über das eine Partizip „being“ verfügt, müssen wir auch diesen deutschen Terminus beibehalten, zumindest da, wo es sich um die Substantivierung des Verbes „to be“ handelt.

10. Es sollte hier festgehalten werden, daß Heidegger eine Pluralität von „Seinsarten“ *(modi existendi)* einführt, während in der traditionellen Philosophie „Pluralität“ gewöhnlich nur auf „Seiendes“ (auf genera, species, individua rerum existentium) bezogen wird. In „Sein und Zeit“ kommen (fast durchgängig) folgende „Seinsarten“ vor:

1.) Die „Faktizität“, also die kontingente Tatsache, daß es so etwas gibt wie „Es gibt“.

2.) Das „Zuhandensein“ (Dem-Menschen-zur-Verfügung-stehen), der *modus existendi* des „Zeug“ (der alltäglichen Werkzeuge der „Sorge“).

3.) Das „Vorhandensein“ (der Natur – von Heidegger nicht weiter ausgearbeitet).

4.) Das „Dasein“ (mit seinen Varianten)

a.) „Uneigentlichsein“, „man“.

b.) „Eigentlichsein“, das dem Selbstsein entspricht.

Die Einführung von *modi existendi* zieht deutlich die Preisgabe der philosophischen Idee einer „Welt“ (im Sinne von Universum) nach sich, eine Implikation, die aber nicht notwendig falsch sein muß. Das „Dasein“ ist ja kein *elementum mundi* („Stück Welt“), *mundus* („Welt“) vielmehr ein Stück des „In-der-Weltseins“ (also ein Charakteristikum des Daseins), so ist es deutlich, daß Heidegger – wenn auch in ontologischer Begrifflichkeit – die Regionenaufteilung, wie sie der Neukantianismus (in spekulativer Umschreibung der Arbeitsteilung der Methoden) so entschieden betont hatte, weiter aufrechterhält. So wird die Idee eines philosophischen Systems, wie sie seit dem *„Timaios“* als Abbild des Kosmos existiert hatte, auch in Heideggers Philosophie aufgegeben – wiederum kein notwendig verkehrter Schritt. Kein Zweifel, Heidegger war sich völlig klar darüber; aber er trägt den philosophischen Implikationen nur ungenügend Rechnung, und das um so weniger, als er selbst so etwas wie ein „System" liefert, ohne jedoch die Frage zu klären, was „System" nach der Aufgabe des Kosmosgedankens noch bedeuten könnte. Was die sonderbare Substantivierung „das Dasein" anlangt, die sowohl einen *modus existendi* als auch etwas, was ist, bezeichnet, so hatte Heidegger sie ursprünglich aus positiven, genauer: aus prophylaktischen Gründen eingeführt, um nämlich ohne solch ontologisch unausgewiesenen Begriffe wie „Ich" oder „Individuum" oder „Bewußtsein" und dergleichen anfangen zu können, die alle noch einen zweifelhaften Substanzbegriff in sich bergen, genau jenen Begriff von *ousia*, den Heidegger durch seine neue Ontologie revidieren möchte. Um es in der klassischen Terminologie, in der von Plato und Parmenides auszudrücken: Heidegger benutzte seine absichtlich nebulös gehaltenen Begriffe dazu, die Entscheidung der Frage, ob *einai* notwendig in einzelnen *onta* oder Ichen verkörpert sein muß, zu suspendieren. Statt, wie es gewöhnlich geschieht, vom „Ich" auszugehen, beginnt Heidegger in der Tat mit der Frage: Wer ist das Dasein? Solange diese Frage nicht beantwortet ist, bedeutet die substantivierte Verbalform „Dasein" (drittens) die Amorphheit und Anonymität alltäglichen Lebens, das sogenannte „man": was man denkt, tut, sagt; kurz: was die Soziologie unzureichend „Öffentliche Meinung" etikettiert hatte, oder was Kierkegaard moralistisch und anti-demokratisch als „Publikum" bekämpft hatte. Wie wir später sehen werden, ist dieses „man", auch wenn es ein erstes Stadium des „Daseins" ist, weit davon entfernt, die höchste Ausprägung des „Daseins" darzustellen; es ist vielmehr der Hintergrund, die „Unmittelbarkeit", für ein zweites Stadium, in dem sich das „Dasein" mit sich selbst identisch macht: denn Heideggers Philosophie kennt nur zwei Stadien (dadurch scharf unterschieden von derjenigen Hegels), was sehr begreiflich ist, da der geheime Motor des Ganzen der Moralismus ist, der einzig die Dualität von Gut und Böse kennt.

Aber durch Einführung des „man" als einer apriorischen Modalität des „Daseins" erspart sich Heidegger das Problem, die historischen Gründe zu erforschen, die für dies seltsame Phänomen eines *einai* ohne identifizierbares *on* verantwortlich sind. Ebensowenig fragt er, ob sich das in anderen Gesellschaften oder Kulturen wohl mögliche Verhältnis von kollektivem und einzelnem „Dasein" seinem Schema von „man" und „Selbst" fügt. Und die wichtigste Frage berührt er schließlich nicht einmal, ob nämlich das „man" genannte „Dasein" (d. h. der Durchschnittsmensch, der in der *doxa* [Meinung] lebt und sich von durchschnittlichen und vorgekauten Wörtern und Gefühlen nährt) abgeschafft oder verändert werden könnte. Es kommt ihm nicht in den Sinn, daß das, was er „man“ nennt, ein verdorbener Rest genuiner „mores“, genuiner Sozialität sein könnte; oder ob bloß ein Nebenprodukt der Massenproduktion. Sitten widerstreben ihm (ohne daß er sie durch „Sittlichkeit“ ersetzte, wie es die klassische deutsche Philosophie getan hatte), und wirtschaftliche Betrachtungen würden unter seinen hohen ontologischen Standards bleiben. Folgerichtig konzentriert sich Heideggers Interesse ausschließlich rund um die Frage, wie „Dasein“ oder er, Heidegger selbst, dem „man“ entkommen könne. Diese Frage, wie zu entkommen sei, ersetzt überdies in seiner Philosophie alle klassischen Probleme der „Individuation“, die früher der Naturphilosophie zugehörig waren. Nie stellt er die Frage, wie „Dasein“ zu „Daseienden“ wird (wie *einai* zu *onta* wird); diese Frage wird vermieden wie alle ans Biologische angrenzenden Fragen. Die einzige Individuation, die er kennt, ist die „existenzielle“, worin sich das Dasein selbst aufrichtet, sich selbst in ein Selbst verwandelt. Deshalb hat „Dasein“ sehr oft die Nebenbedeutung von Vorstufe-zum-Selbst.

Die Tatsache, daß der Ausdruck „Dasein“ diese verschiedenen und ineinanderschillernden Bedeutungen zugleich hat, ist eine ungeheure Chance für obskure Aussagen, eine Chance, die Heidegger bis aufs Äußerste ausnutzt.

11. Es gibt kein solch intransitives Wort wie „Nichten“, nur das transitive „vernichten“. Was Heidegger meint ist: nichts werden, verschwinden. Wahrscheinlich ist sein neues Wort nur seine Übersetzung des Pascalschen „s'anéantir“. Die metaphysische Verbrämung des Phänomens der „Verdinglichung“ oder „Entfremdung“ kann bis Bergson zurückverfolgt werden, der es in seiner Theorie der Materie festmachte, wobei „Materie“ das dem „élan vital“ Widerstehende ist. So beschrieb er das Fremde des metaphysischen Rohstoffes statt die Entfremdung der eigenen Lebensprodukte. Weil Bergson aus der „Entfremdung“ eine metaphysische Eigenschaft machte, ist es kaum ein Zufall, daß er zur Diskussion des „Néant“ kam – lange vor Heidegger oder Sartre. („*L'idée de néant*“, 1906, später verwandt in „*L'évolution créatrice*“.) Heidegger war übrigens diskret genug, Bergson, in dessen Werk viele seiner eigenen Gedanken dreist vorweggenommen waren, nicht zu verraten. Freilich hat Heideggers Betonung der „Entfremdung“ auch gesellschaftliche Gründe, wenn auch von den gewöhnlichen sehr unterschiedene. Da sich Heidegger, wie wir später sehen werden, in das Kloster seines Selbst zurückzieht, um „eigentliches Dasein“ zu werden; da er keinerlei Weg sieht, in einer bestimmten Welt, einer Gesellschaft, „eigentlich“ zu werden; da er andererseits nicht umhin kann, weiterhin in dieser Welt

zu leben, die sozusagen „trotzdem" weitergeht, muß sie ihm „fremd" werden: d. h. sie wird immer wieder „nichten" müssen. Es ist immerhin bemerkenswert, daß seine Theorie der metaphysischen und ontologischen (mindestens nicht wirtschaftlich hervorgerufenen) „Entfremdung" der Welt von der Welt anerkannt wurde. In der Tat waren es Heidegger und Kafka, die jene apotheotische Bejahung der „Weltfremdheit" heraufbeschworen haben, die der französische Existentialismus zum Programm des Nihilismus gemacht hat.

12. Es ist natürlich überhaupt kein Zufall, daß der „Hunger" nicht das einzige ist, was Heidegger ausläßt. Jedes Bedürfnis ist bedürftig; also auch der Sexus. Es wäre lohnend, zu untersuchen, welche Seiten des „Daseins" von Heidegger als „ontologisch salonfähig" zugelassen waren, welche Kriterien er wählte; denn die Auslassungen sind die Charakteristika jeder Philosophie.

13. Andererseits hat auch keine Spielart des Materialismus diesen Schritt bis jetzt durchgeführt, und bei seinem unartikulierten Begriff der „Wirklichkeit" hätte der Materialismus diesen Schritt auch nicht durchführen können, denn „Hunger" ist kein Materiestück. Daß der Begriff der „Idee" (damit auch der „Idealismus") dem praktischen Leben entstammt (nämlich als Schema des Herzustellenden), diese Tatsache ist dem üblichen Materialismus ebenso unbekannt wie dem Idealismus jene, daß die „Allgemeinheit" seines *logos* mit dem „Bedürfnis" verbunden ist.

14. Diese Distanz ist mitnichten bloß eine räumliche: nichts wäre sinnloser, als das Phänomen zeitlicher Distanz aus einer rein räumlichen zu deduzieren. Die Distanz umfaßt die Gesamtheit der Verhältnisse von Verfolger und Verfolgtem, deren Stärkeverhältnis, Mutverhältnis usw.

15. Es besteht ein interessanter Zusammenhang zwischen Heideggers Unterschlagung dieses Distanzproblems und seiner (weitgehend berechtigten) Lächerlichmachung der erkenntnistheoretischen Frage, wie man an die „Außenwelt" herankomme. Heidegger sieht vor allem das „In-der-Welt-sein", aber kaum die Entfernungen von den Objekten, die nicht von zweitklassigen Philosophen erfunden wurden, sondern aufgrund der die Kreaturen voneinander trennenden „Individuation" und aufgrund des „Hungers" bestehen, der ein *metaxy* [Zwischenraum und -zeit] überbrücken muß, um zu „haben" und zu „sein". Ganz ausgelassen wird von Heidegger die dritte Tatsache, daß „Dasein" (Teil der natürlichen) Welt ist. Nur wer mit den drei Charakteren: In-sein, In-Distanz-sein und Teil-der-Welt-sein gleichzeitig umgeht, kann Anspruch auf ontologische Vollständigkeit erheben. (Vgl. meine Ausführungen über den „Integrations-Ko-

effizienten“ in: „Une interprétation de l'à posteriori“, *Recherches Philosophiques*, 1934–35.)

16. Ein Modell, das den Wechsel von Wachen und Schlafen verständlich macht.
17. Es wäre wirklich verlockend, Heideggers *ordo rerum* dementsprechend umzudrehen. Nicht-autark, wie der Mensch ist, ist er, um überhaupt zu sein, zum „In-der-Welt-sein“ gezwungen; er ist gezwungen, „da“ (das „Da“ des „Daseins“) zu sein, wenn und weil das Bedürfnis ihn weckt. In der Tat ist nur das wache „Dasein“ wirklich „da“, während für Heidegger dieser Charakter „da“ bedürfnisunabhängig zum Dasein gehört. Der Unterschied zwischen Wachen und Schlafen wird wie so viele andere ausgelassen. Das schlafende „Dasein“ ist offensichtlich weder „da“, noch ist es „man“, noch ein „Selbst“. Diese Probleme interessierten Heidegger nicht. Sein „Dasein“ mag sich zwar um das „Zeug“ Bett kümmern, aber hineinlegen wird es sich nie.
18. Die anderen Quellen der Idee der „Konstitution“, wie z. B. die „genetische Definition“, die durch Konstruktion ihre Gegenstände „entstehen“ läßt, oder die moderne Naturwissenschaft, die durch Herstellung des Experimentalmodells das Naturgesetz „verwirklicht“, sind in diesem Zusammenhang nicht von Belang.
19. Es ist sehr charakteristisch, daß die der Französischen Revolution feindlichen Philosophen, wie Bonald, bereits ganz früh die Implikationen dieses Begriffs erkannten und ihn vehement bekämpften.
20. Es ist kein Zufall, daß Dilthey, der den „Widerstand“ als Kriterium der Realität anerkannte und so die Idee eines „konstituierten“ Gegenstands ablehnte, politisch konservativer war als die frühen Transzendentalphilosophen.
21. Auf der anderen Seite war die pathetische Idee des „Weltmachens“ noch oder wieder in Teilen der sozialistischen Bewegung lebendig. Aber diese waren durch Fixierung an den naturalistischen Weltbegriff, wie er im neunzehnten Jahrhundert formuliert worden war, verhindert, das „Konstitutionsproblem“ zu sehen. Unnötig hinzuzufügen, daß die deutsche akademische Philosophie nur ganz vorübergehend mit sozialistischen Theorien in Berührung geriet, nämlich in den Jahren vor und nach der Revolution von 1918. (Beispiel: Natorp.)
22. Es ist sehr charakteristisch, daß die beiden größten deutschen Philosophen nach Hegel, Marx und Nietzsche (deren sonstige Ähnlichkeiten nicht eben schlagend sind), die traditionelle Frage nach der „Möglichkeit“ in die nach der „Nötigkeit“ verwandelt haben, ohne aber ihre Denkweise *expressis verbis* gegen die Kantische Formel zu richten.

23. Andererseits ist es ebenfalls kein Zufall, daß sich die Apostel der Theorie der gesellschaftlichen Freiheit für „Deterministen" hielten, obwohl gerade sie effektive Freiheit herstellen wollten. Diese Beobachtung gilt sowohl für die Wortführer der frühen bürgerlichen Revolution als auch für die Sozialisten.
24. „Amor fati" spielt eigentlich gar keine Rolle. Das Einverständnis des „Daseins" mit sich selbst wird nicht durch *amor* bewirkt, vielmehr von einer Art „Na und?" diktiert – von Trotz. Es scheint zu sprechen: „Da ich der bin, der ich bin, werde ich die Zufälligkeit dadurch bestrafen, daß ich sie zur ‚Existenz' mache."
25. Natürlich kommt diese Metapher in Heideggers Schriften nicht vor. Da aber das „geworfene" „Dasein" ahnenlos ist, ersetzt das Selbst dessen Ahnen und wird dessen eigener *Macher*. Vgl. meinen Aufsatz „Nihilismus und Existenz", „Neue Rundschau" (Oktober 1946) [in dieser Ausgabe enthalten].
26. Es ist kaum möglich, die etymologischen Konnotationen, die das deutsche philosophische Idiom durchziehen, mitzuteilen. In ihm sind Tiefgründigkeit und Wortspiel seltsam ineinander überführt. Das trifft nicht nur auf Heidegger zu – weit gefehlt! –; es entspringt vielmehr einer Haltung zur Sprache, die allgemein verbreitet gewesen war: seit der Romantik wurde Sprache nicht allein als Mittel, um Gedanken auszudrücken, sondern als lebendige Quelle oder Reservoir von Gedanken und Wahrheiten betrachtet. Da für Heidegger (und ganz zu recht) „Sprache" eines der „Existenzialien" des „Daseins" ist, hat das „Dasein" ihren Worten zu lauschen, um etwas über sich zu erfahren.
27. Über den in seiner Philosophie versteckten Begriff des „Selfmademan" vgl. den oben genannten Aufsatz „Nihilismus und Existenz" [in dieser Ausgabe].
28. Es ist kein Zufall, daß in den zwanziger Jahren viele von Heideggers Schülern gleichzeitig von Anton Bruckner fasziniert waren, denn Bruckner, der noch (wenn auch in der bereits säkularisierten Form der Symphonie) ein wirklich christlicher Komponist war, war ebenso „anachronistisch" gewesen, wie es Heidegger war. Wenn unser Begriff der „nicht mit sich synchronisierten Geschichte" eine Illustration erfordert, möge der Leser daran denken, wie Bruckner am Grab des Feuerbach-Jüngers Richard Wagner betete, dessen eigene Gebete nicht entfernt christlich gewesen waren und dessen Erlösungsbegriff ein völlig säkularer, ja sogar erotischer geworden war.
29. Wenn Heidegger nichtsdestoweniger betont, daß seine „Hermeneutik des Daseins" nicht einfach auf eine neue „Philosophische Anthropologie" hinauslaufe, dann will er damit sagen, daß während der Anthropologe sich naiv mit dem „Menschen" als einer

„ontischen" Spezies unter anderen beschäftige, ohne auch nur die Diskussion des „Seins" aufzunehmen, er selbst ihn „ontologisch" erforsche.

30. Darin ist er wiederum säkularisierter Christ. Denn er tritt auf als eine Art Reformulierer der einmal offenbar gewesenen Wahrheit (Ontologie). Darum gleicht Wahrheit-finden für ihn *alētheuein*, das er buchstäblich als „Das Verdeckte aufdecken" nimmt. Das gilt mindestens für den ersten Teil von „Sein und Zeit", in dem er die erstickte und mit dem Sand von Jahrhunderten bedeckte ontologische Frage der Griechen wiederausgräbt. Da er dieses Aufdecken mit dem heute ganz ungewohnten Pathos des *Reformators* ausführt, mußte er einfach als eine Art Revolutionär der Philosophie mißverstanden werden (sogar von sich selbst).

31. Es war Georg Simmel, der, indem er Geschichte als das Medium bestimmte, in dem „Subjekt" und „Objekt" gleicher „Natur" sind, Heidegger voranging. Heidegger verrät Simmels frühzeitige Formulierung ebensowenig wie die meisten Philosophen seit Dilthey.

32. In den ersten Jahren nach der deutschen Revolution von 1918 war das auf harmlose Weise extreme Wort „Neuer Mensch" ein Lieblingsschlagwort in jenen weder ausgesprochen christlichen noch ausgesprochen sozialistischen Kreisen, die spürten, daß in der neuen Situation etwas Unerhörtes fällig war. Das Wort, dessen Bedeutung reine Vortäuschung war, meinte weder „Glaube" noch „Revolution". Heideggers „Selbst" ist der gepanzerte Bruder dieses „Neuen Menschen".

33. Der Zusammenhang zwischen *finis* und *defintio* ist kaum jemals so ernst genommen worden wie in Heideggers Philosophie.

34. Es überrascht, daß dies philosophische Motiv (auch wenn es alle Anzeichen einer echten philosophischen Panik aufweist) doch die Variation eines klassischen Textes zu sein scheint. In seiner bekannten Glücksdiskussion bestreitet Aristoteles dem Kind die Möglichkeit, glücklich zu sein – da es noch nicht sein komplettes Leben habe oder erreicht habe (*Nik. Eth.*, 1100a 1); einige Zeilen weiter zitiert Aristoteles Solons Frage, ob man vor dem Tod alles in allem glücklich sein könne, nur um sie zu verwerfen. Der Zusammenhang von Heideggers Problem der „Gänze" mit dieser Stelle steht außer Zweifel. Offenbar sind Heideggers „Bildungserlebnisse" und „Urerlebnisse" unentwirrbar verflochten.

35. Es besteht ein deutlicher Zusammenhang zwischen dieser inhaltslosen Intensität und der programmatischen Progammlosigkeit der deutschen Vorkriegsjugendbewegung, die einen wichtigen Teil von Heideggers Leben ausmacht. Sie war es, in die er aus dem „Man" seiner Umwelt flüchtete. Der Unterschied besteht

darin, daß Heideggers Intensität, genannt „Existenz", alle dionysischen Konnotationen fehlen.

36. So paradox es klingen mag, nur weil die Existenz der Welt für Heidegger nicht selbstverständlich ist, mußte er das „In-der-Welt-sein" als Selbstverständlichkeit betonen.
37. „Es geht um" ist ein absichtlich stumpfer, außer-akademischer, „konkreter" Ausdruck, der so etwas wie ein Ultimatum impliziert. (Vgl.: „Es geht um Leben und Tod"; „Es geht um die Wurst".)
38. Der Existentialismus, der heute als „*dernier cri*" nach Amerika kommt, ist allerdings ein *dernier cri* – der Schrei einer vierten Generation – Kierkegaard, Strindberg, Heidegger, Sartre – hundert Jahre *dernier cris* – ganz zu schweigen von den Generationen davor, von Chateaubriand, Herder, Hamann oder Rousseau. Es scheint lange zu dauern, bis der *cri d'avant-hier* im fortschrittlichsten Lande anlangt. Bisher hat Amerika solche Schreie nicht nötig gehabt. Jetzt mögen gewisse außerphilosophische Gründe für die Mode existieren, die bisher aber auf nicht viel mehr hinausläuft als daß das Wort ständig in den Zeitschriften auftaucht.
39. Unnötig zu betonen, daß Marx, als er Philosophie im „Sein" und im „Interesse" rückverankerte, etwas ganz anderes mit diesen Begriffen verband; doch eine gewisse Übereinstimmung ihrer kritischen Unternehmen ist nicht zu leugnen.
40. Es ist evident, daß solche Unternehmen immer dazu verurteilt sind, gewisse dialektische Wendungen zu nehmen. Durch die Einführung eines neuen Rettungsmittels für eine alte Sache erzeugt man notwendig eine neue Sache. (Ausdrücklichstes Beispiel: Der Nationalsozialismus.)

Trotz-Philosophie – „Sein und Zeit"

[1. Patmos (1. Fassung), Hölderlin 1921, 192: „Wo aber Gefahr ist, wächst/ Das Rettende auch."]

2. In den Vereinigten Staaten war die Anerkennung gegenseitiger Gleichberechtigung Bedingung der Existenz der diversen Kirchen und Sekten, so daß selbst jene Denominationen, die ihrem Dogma nach Intoleranz, nämlich Heilsexklusivität vertraten, dieses ihr Dogma nur durch das Paradox erreichen konnten: nur durch Respekt vor der, in ihren Augen, häretischen Position. Durch diese Situation wurde Amerika zum idealen Lande der „modernen Kultur" – das heißt jener neutralen Kultur, in der alle Positionen, als wahr und unwahr zugleich, kurz: als sogenannte „cultural values" in der Schwebe gehalten werden.

3. Die Ausnahmen Comte und Nietzsche finden an anderer Stelle ihre Erwähnung.

[4. Comte 1852, 271]

5. Diese Anti-Systematik erfaßte auch solche Philosophen, die im Strome der Freiheitsphilosophien nicht mitschwammen: etwa Nietzsche. Aber bei ihm hat dieses anti-systematische Motiv eine ganz andere Funktion: er verzichtet auf die Systematik, weil er für die Herrschenden als „Typ“ schreibt; weil er seinem nachmoralischen, expansionistischen Übermenschen die Verkrustung einer bindenden Satzung nicht mehr zumuten kann. Das heißt, er setzt den Herrschenden ganz frei – und dieser „Freiheit“ entspricht der ungebundene und rhapsodische Aphorismus. Auf der anderen Seite verherrlicht er jedoch den Manukodex, das heißt: den Typ des konservativsten Zwangssystems der Geschichte [Nietzsche 1888/2, 362, 378 (Fragmente 175, 191 und öfter)].

6. Heines Darstellung der Weltkatastrophe, die ausbrechen würde, wenn die deutsche Philosophie ernst machen und sich politisch verwirklichen würde (Deutschland I, Drittes Buch [Heine 1835, 350ff.]), ist zwar von erschreckend prophetischer Wahrheit; aber Heine hatte doch unrecht, die Bedrohung allein in der Verwirklichung deutscher Philosophie zu sehen: Comtes faschistischer Katechismus lag, als Heine seine apokalyptische Warnung aussprach, bereits seit zwei Jahren vor.

7. Anderen wäre wohl jedes andere System, das sich an die Stelle des zerstörten setzte, recht – sofern es ihnen nur die eingegleiste und unentbehrlich gewordene Glied-System-Attitüde als solche weiterverbürgte.

[8. Kant 1781/1787, A 835/B 863]

9. Das Wortspiel „dingen“ und „Bedingung“ stammt von Schelling [1795, 166ff., § 3].

[10. Pascal o. J. (Gedanken) 76 (Nr. 181)]

11. Husserls Ausdruck hatte freilich diesen fundamentalen Sinn noch nicht.

12. Nicht zufällig taucht also bei Heidegger das Nichts und das Nicht-Sein immer wieder auf: da er aber das Bedürfnis in der verharmlosten Form der „Sorge“ einführt, nimmt das „Nichts“ die abenteuerlichsten Formen an.

13. Diese Hinweise benötigen nicht nur, zu wirklichen Nachweisen ausgearbeitet zu werden (sie sind auch nur Beispiele): die Ableitung des Schließens wäre ebenso erforderlich (aber auch ebenso möglich) wie die des Urteils.

14. Siehe des Verfassers „Une Interprétation de l’a Posteriori“, Recherches Philosophiques [Anders 1934]

15. Kritik der praktischen Vernunft, Erster Teil, I. Buch, 1. Hauptstück, § 3 Anm. II [Kant 1788, 31]

[16. Plotin, Ennéades V 6, 4/1 (5, 116)]

[17. Platon, Timaios 33 d]

[18. Heidegger 1927, 42]

[19. Marx 1845/46]

[20. Randnotiz (Fragment):] ... Wort, das auf Heidegger, dessen Dasein als Inhaber des Existenzials „Welt“ und als stockholder seines eigenen Todes auftritt, mit gleicher Schärfe zutrifft. Der Besitz ist ebenso umfangreich, wie harmlos, wie gut versichert: zu groß und zu klein, als daß jemand Interesse daran hätte, ihn zu rauben, ein bequemer Besitz schließlich, da er nicht produziert oder erworben ist, sonden eo ipso mit dem Dasein da ist.

[gestrichen:] Diese ganze Attitüde der Fortdiskutierung oder scheinbaren Aneignung fremder Macht, oder der Aneignung [von] Unaneigen-baren ist deutlich erkennbar als stoisches Erbstück.

21. Denn worauf er letztlich abzielt, ist ja gerade die Überwindung der Endlichkeit des Daseins durch das Dasein vermittels des Rituals der Aneignung des Todes. Kein Wunder, daß deshalb alle jene Philosophien, die von vornherein mit der „Unendlichkeit“ beginnen (etwa Hegels Philosophie, in der das Philosophieren als das Denken Gottes erscheint) ihm zuwider sind: sie betrügen ihn um die Chance, selbst die Endlichkeit zu betrügen.

[22. Heidegger 1927, 260ff. (§ 53)]

23. [gestrichen:] ... und ihren Verkünder einen Heiligen. [In den frühesten Typoskripten schrieb Anders, wohl in Anlehnung an Marx' „St. Max“, stets „Hl. Martin“ oder „Hl. M.“; in allen korrigierten Fassungen und späteren Typo- und Manuskripten dann „Heidegger“ oder „H.“. Vgl. Seite 212 dieser Ausgabe.]

24. Die beiden einzigen Ausnahmen: Stirner [1844, 43 und öfter] und Nietzsche [1887, 145 (Fragment 11) und öfter] haben bereits statt der Vermenschlichung des Göttlichen die Vergottung des Menschen gepredigt; und sind dadurch die Vorläufer des Nationalsozialismus, dessen Vergottung des Volks und des Führers gewissermaßen den plebejischen Gegenstoß gegen die Säkularisierung darstellt.

25. Die Immanenzerklärung eines Negativums ist die alte klassische Methode der Bagatellisierung. Jede Theodizee, jedes System versucht das Böse oder das Gefährliche gewissermaßen durch spekulative Einkerkerung zu neutralisieren. „Ja, aus der Welt werden wir nicht fallen“, lautet die Selbstmordtröstung in Grabbes „Hannibal“, „wir sind einmal darin.“ [Grabbe 1835, 64] – „Ja, aus dem Dasein können wir nicht fallen“, könnte Heidegger va-

riieren, „selbst der Tod ist ja in ihm drin". Die Immanenz- oder Transzendentalphilosophie ist nicht nur, wie oft gesehen wurde, eine Philosophe der Freiheit, sondern zugleich eine Philosophie der Absperrung von Gefahren.

[26. Heidegger 1927, 145 (§ 31)]

[27. Schelling 1796/97, 139 (§ 3)]

[28. Weininger 1903, 384]

[29. „Einklammerung der Wirklichkeit" (G. A.) Husserl 1922, 53 ff., 1935, 82 ff.]

30. Schelling ging so weit, die Worte „können" und „kennen" als etymologisch gleich zu beanspruchen [Schelling 1836, 265]. Vgl. das französische „savoir" = „pouvoir".

31. Auch bei Hegel ist zwar die historische Wirklichkeit ins Dasein, nämlich in den lebendigen Geist als dessen Lebensstadien zurückgenommen; aber der Begriff des Geistes ist von vornherein so breit gefaßt, das „Sich-Äußern", also das „nicht-bei-sich-Sein" des Geistes so sehr zur positiven Bestimmung des Geistes gemacht, daß unvergleichlich viel mehr an Wirklichkeit (Moral, Recht, Herrschaftsverhältnisse) in Hegels Panlogismus vorkommt, als in der angeblich radikal konkreten Philosophie Heideggers.

32. Diese Ansetzung des Menschen als nichtfertiggemachten Wesens ist im Grunde in dem klassischen Prometheus-Mythos bereits da: denn Prometheus' Aufgabe besteht ja darin, den unfertigen Menschen erst fertig zu machen. In der Version des Mythos, wie wir ihn aus dem platonischen Protagoras kennen (321 ff.) lautet er folgendermaßen: Nachdem Epimetheus alle Tiere mit ihren bestimmten Stärken und Schwächen geschaffen hatte, blieb ihm für den Menschen nichts übrig. Prometheus hatte ihm, um ihn lebensfähig zu halten, das Feuer, das heißt die Fähigkeit, Welt *zuzubereiten*, zu verschaffen. Das genügte aber nicht. Wo nämlich Menschen zusammen kamen, gerieten sie in Streit, das heißt, es fehlte ihnen noch die soziale „Fähigkeit": um sie „gesellschaftsfähig" zu machen, schenkte Zeus ihnen dann die Tugenden. Das heißt: auch nach diesem Mythos ist Moral dasjenige, was die Unfertigen fertig macht.

33. Es war an dieser Stelle nicht möglich, Heideggersche Termini in alltägliche Bildungsvokabeln zu übersetzen; so wenig das bei Hegel möglich wäre. Denn diese Vokabeln gehören ja gerade zu jenem Kategorienmaterial, das, nach Heidegger, das Dasein bereits verdingliche und entstelle.

[34. Heidegger 1927, 202]

35. Philosophie des Rechts, § 42 ff. [Hegel 1833 a]

[36. Feuerbach 1862, in: 1911 (4.), 41]

[37. In diesem Abschnitt beziehen sich Zahlen in eckiger Klammer auf Band und Seite von Masaryk 1913]

38. Der russische Zar galt im Unterschiede zu allen anderen Herrschern als Erbe der oströmischen Cäsaren, damit als Statthalter Christi (Moskovskya Vedomosti, 8. November 1882). Also war jede zaristische Polizeiverordnung religiös verankert. Im Vergleich zu dieser Verankerung erscheint jede westeuropäische staatliche Sanktionierung, selbst die absolutistischste, als bodenlos. Da aber andererseits die immense Größe Rußlands zentralisierte Verwaltung unmöglich machte, gab das Rußland des vorigen Jahrhunderts das Bild einer Kombination von totaler Sanktion und totaler Beliebigkeit. Ist das Beliebige sanktioniert, so scheint das Sanktionierte beliebig: kein Wunder, daß der Nihilismus seinen Ausgang in Rußland nahm.

[39. Nach Masaryk 1913, II, 45; 83f. (und öfter) stammt „Was tun?" von Nikolaj Gavrilovic Tschernyschevskij.]

40. Tschernyschewski 1888, 534ff.; 691

41. Dieses eschatologische Buch ist das Hauptdokument des Nihilismus nach den Niederlagen der Revolution 1906 und nach der Niederlage im russisch-japanischen Kriege.

[42. Also sprach Zarathustra I, 30]

43. [1929b, 14. Vgl. 1935, 59] wörtlich fast identische Formulierungen (ohne Zitierungen Heideggers) bei Bergson [1906, 465] und in Kierkegaard, Krankheit zum Tode, Ausgabe Diederichs, S. 36 [1849]

[44. „... ein herrlicher Sonnenaufgang. Eine erhabene Rührung hat in jener Zeit geherrscht, ein Enthusiasmus des Geistes hat die Welt durchschauert, als sey es zur wirklichen Versöhnung des Göttlichen mit der Welt nun erst gekommen." Hegel 1837, 441]

45. Hegel 1836, 684

46. Ebenda, 533

47. Hegel 1833b, 15

[48. Hegel 1836, 690]

[49. Heidegger 1927, 5. Kap., 372ff.]

[50. gestrichen:] Sich den Kopf darüber zu zerbrechen, wie sich der Begriff der Revolution mit dem Determinismus des Marxismus vertrage, war eine der überflüssigsten, wenn auch im Laufe der letzten 50 Jahre eine der beliebtesten Spielereien gewesen. Daß eine Bewegung, die zugleich mehreren Gegenwarten angehörte und den Einflüssen verschiedenster Provenienz ihr Dasein verdankt, kein „System" ist, ist klar; und nur die nachträgliche Reduzierung der Bewegungsmotive auf ein verkürztes logisches Modell verführt dazu, den Ernst und die Wahrheit einer Bewegung an ihren, der Geschichte gewissermaßen entrissenen, logischen Konsequenzen zu messen.

[51. Hegel 1833 a, 246 ff.]

[52. Heidegger 1927, 372 ff.]

[53. Ebenda, 385 f.]

[54. Ebenda, 267: „... ein eigentliches Seinkönnen des Daseins, das von diesem selbst in seiner existenziellen Möglichkeit bezeugt wird."]

55. Die „Verdinglichung" spielt zwar bei Heidegger eine große Rolle: aber er findet sie in der Selbstinterpretation des Menschen (der sich etwa als „res extensa" oder dingliche Seele mißverstanden habe [ebenda, 89 ff.]); nicht in der faktischen Verdinglichung als politisch-wirtschaftlicher Tatsache.

[56. Ebenda, 260 f.]

[57. gestrichen:] Es war vielmehr die Möglichkeit der Welt, das Dasein, sofern es zufällig nicht vernichtet wurde, zur Eigentlichkeit, was immer diese auch sei, *nicht* kommen zu lassen.

[58. Heidegger 1929 a]

[59. gestrichen:] umso weniger, als Heidegger sie in den zwanziger und dreißiger Jahren von Aristoteles zu Anaximander zurückgeschoben hat.

[60. gestrichen:] Zur Soziologie der Philosophie.

61. Platon, Parmenides 144 a 4: *Ei ara estin hen, anankē kai arithmon einai.* [Wenn also Eins *ist*, so *ist* notwendig auch Zahl. (Schleiermacher)]

62. Heidegger, der mit dem unindividuierten Dasein beginnt, versucht in der Tat diese „Dividuation" zu unterschlagen, um sie als Resultat des Rituals des Eigentlichwerdens aufzusparen. Der Begriff des (unindividuierten) Daseins gibt ihm aber nicht nur die Chance, die Tatsache des nicht-man-selbst-seins ontologisch zu formulieren, sondern zugleich den Vorteil, mit einem Worte dreierlei zu behandeln: Erstens eine Seinsweise. Zweitens: diese Seinsweise, als wäre sie selbst ein Seiendes (*„das Dasein"*). Drittens: oft, obwohl im Unterschiede zum Ontologischen zumeist ontisch genannt, das Seiende, dem diese Seinsweise eignet. Da das Chamäleonwort je nach Bedarf eine der drei Bedeutungen annimmt, alle Funde aber in dem Fokus des gemeinsamen Wortes eingesammelt werden, erregt die Fülle dessen, was sich schließlich als Dasein herausstellt, Schwindelgefühle.

63. Siehe des Verfassers „Pathologie de la liberté", Paris 1936.

64. Sehr philosophisch hat daher Marx die Luft als Grenze der Ware dargestellt. Siehe „Kapital" [1867] I, 4

65. Mit größter Deutlichkeit ist die Distanz zwischen dem Bedürftigen und dem Bedarf in den Upanishaden dargestellt. Die Aitareya-Upanishade spricht davon, daß das Futter vor dem Menschen fliehe: „Food fled from man. Man tried to grasp it with

speech (with his eyes, with his mind) but failed; had he succeeded to talk about (to look upon is to think of) it had been satisfaction enough.“ [Originaltext und andere Übersetzung ins Englische: Section 3, The Creation of Food and the Inability of Various Personal Functions to Get at it, in: Radhakrishnan 1953]

66. Eine gewissermaßen negative Bestätigung dieser Ableitung der Zeit aus der Jagd ist Aristoteles' Polemik gegen Plato in der Nikomachischen Ethik (10; 3 [214]) Dort wird nämlich ausgeführt, daß der Genuß kein „werden“, sondern immer „ganz“ sei. Ein „Werden“ ist freilich wie Lust auf ..., die, etwa als Vorfreude, selbst genossen werden kann und einen, hier nicht näher aufzuführenden, zweideutigen Zeitmodus konstituiert.

67. Nur ein einziges Mal spricht Heidegger, ohne irgendwie die für sein ontologisches System katastrophale Konsequenz dieses Ausdrucks ins Auge zu fassen, davon, daß das Dasein im Tode in „Vorhandenes umschlage“ [1927, 238]. An sich sind nämlich bei ihm die Seinsweisen genau so säuberlich getrennt wie in der Schöpfungsgeschichte die Tierspezies. Seine Daseinsmetaphysik, besonders sein vieldeutiges Primat des Daseins ist ein Versuch, das Theologicum der Sonderstellung des Menschen auf untheologische Weise doch noch festzuhalten.

68. Zur Analyse dieses Habens-Begriffes siehe des Verfassers „Über das Haben“, Bonn 1928, Seite [71 ff.]

69. Es ist bemerkenswert, daß der klassische Idealismus, derjenige Platos, dieses Manko absolut nicht teilt. Der ganze „Philebos“ ist ein Dialog über das Begehren, das heißt über die Bedürftigkeit des Menschen; er betont die angeblich materialistische Tatsache, daß wir aus dem bestehen, wonach unser Begehren geht, mit solcher Schroffheit, daß Sokrates jeden, der diese Tatsache nicht in Betracht zieht, als „von Sinnen“ bezeichnet (29 d).

70. Der Einwand, daß Heidegger mit der „Sorge“ ja gerade das Bedürfnis gemeint habe, kann mit keiner Stelle aus „Sein und Zeit“ belegt werden. Die Frage nach der Bedingung der Möglichkeit oder (wie nach Marx und Nietzsche richtiger gefragt werden sollte:) nach der *Nötigkeit* der Sorge, ist von Heidegger nicht einmal gestellt: und sie ist allein durch die Tatsache der Bedürftigkeit des Menschen beantwortet.

71. Siehe die erste Formulierung des Zirkelarguments bei Augustin, Conf. Lib I, Cap.2, wo das Gottsuchen schon als eine Art Gott haben dargestellt wird. Er würde ihn nicht suchen, „nisi esses in me, ... nisi essem in te“.

72. Ebenda Lib. X, [20, 29].

[73. Marx 1845/46, 338 ff.]

74. Seine extreme Verrohung hat dieser Monismus wiederum im Na-

tionalsozialismus erfahren, der als das allem Geistigen zugrunde Liegende die „*Rasse*“ bezeichnet, teils um alle ad hoc hergestellten Propaganda-Thesen als das „Wollen des rassischen Grundes“ rechtfertigen zu können; teils um „Wahrheiten“, das heißt: *allgemeine* und nicht nur von Volksgenossen einsehbare *Sachverhalte*, als Hochverrat anprangern zu können.

75. Augustinus, Conf. XII, 9 [vgl. IV, 15]

[76. Heidegger 1927, 191]

[77. 1. Korinther 15, 36: „Du Narr, was du säst, wird nicht lebendig, es sterbe denn.“; 42: „Es wird gesät verweslich und wird auferstehen unverweslich“ – *speiretai en phthora, egeiretai en aphtharsia.*]

78. „Die Philosophischen Reaktionäre“ [Stirner 1898, 174]

79. Schelling [1796/97, 139 (§ 3)], Philosophische Briefe über Dogmatismus und Kritizismus, 9. Brief.

80. Stirner 1844, 50f.

81. Schelling 1809, 360

82. Fichte 1862, [161]

[83]. Das „sich-selbst-machen“ hat fernerhin seinen Ursprung im Begriff der *Demokratie*, d. h. desjenigen Zustandes, in dem die Gesellschaft „ihre Welt“ (nämlich in Form von Legislation, Konstitution etc.) *selbst macht*, also zugleich Herr und Knecht, Herrscher und Beherrschter ist.

[84. Byron 1947, 68/69:

„Ich bat nicht um Geburt; noch liebe ich
den Stand, in den sie mich hineingebracht.“

oder 509/510:

„Das was ich bin, das bin ich. Rief denn ich
dies Leben her? Ich hab' mich nicht gemacht.“]

85. Epiktet, Encheiridion I, 1 [Epiktet 1948, 80]

86. Kierkegaard [1944, 43: „... die ängstigende Möglichkeit zu können. ... Die unendliche Möglichkeit zu können ...“ – Anschließend von G. A. gestrichen:]

Anderseits ist Kierkegaard wieder viel konkreter in der Bestimmung der Angst. Denn er sieht sie zusammen mit dem Sexus (S. 47 und 62), dessen Konstitution die konkrete Entfremdung des Geistes [sei], im Akt sei der Mensch nicht er selber, nicht Geist – der Verlust ängstige (S. 67). Bei H. gibt es eine derart konkrete Analyse nicht, ihm ist die gesamte Natur, Geburt, Leib etc. und auch der Sexus fortgefallen.

II. Direkte Kopie „Krankheit zum Tode“, S. 36.

Die Nichts-Manipulation: „es gibt ja nichts, um damit zu streiten! Was ist nun das? Nichts! Welche Wirkung hat aber nichts? Es erzeugt Angst.“

87. Bonald 1802, 27 [38].
88. Nouv. Ess. Erdmann, pge. 286: „La règle invariable de la raison que Dieu s'est chargé de maintenir."
89. Bonald 1802, 41 [53: „Il y a donc une société nécessaire, un ordre nécessaire de vérités et de devoirs. Mais si l'homme, au contraire, a fait lui-même sa parole, il a fait sa pensée, il a fait sa loi, il a fait la société, il a tout fait; il peut tout détruire".]
90. [Leibniz 1710, I, 35] Siehe Ernst Cassirers Leibniz-Buch [1902], Seite 425 ff.

[91. Seneca 1931, 271 (70. Brief, § 14)]

[92. 1810, 475]

[93. 1929 a]

94. 142 b 7: *Oukoun kai hē ousia tou henos eiē an ou tauton ousa tō heni.* – „Also wäre doch das Sein des Einen nicht dasselbe wie das Eine?"
95. 1842, 124; 1911, 244

[96. Variante, in A gestrichen:] …, aber er würde wohl hinzufügen: das Geheimnis der Anthropologie ist, daß ihr Objekt, der Mensch, ein theologisierendes oder spekulierendes Wesen ist, das in Theologie und Spekulation sein eigenes Dasein ausspreche. Zwar interessiert Heidegger nur das Dasein von Menschen, aber dieses Dasein enthält von vornherein alles Theologische und Metaphysische als Möglichkeiten des Daseins in sich.

97. Für Schelling war die Einheit von „Können" und „Kennen" so zwingend, daß er sogar die etymologische Identität der beiden Worte behauptete [1836, 265].

[98. Die nächsten 2 Absätze sind von G. A. gestrichen.]

99. Husserl 1922 [58, 64 ff.]
100. Vergleiche damit den Begriff des „eigentlichen" Lebens, wie er in der Mitte des vorigen Jahrhunderts durch die „Liebe" definiert wurde: „Nicht eher sind wir das, was wir sein können und sollen, bis – das Weib nicht erweckt ist." Richard Wagner an Röckel, 24. August 1851 [Wagner 1851, 95].
101. Epist. 2,2 [Seneca 1931, 5]
102. Wir verwenden hier ziemlich wahllos die Ausdrücke „ableiten", „verankern", „entwickeln", „begründen" und so weiter, weil bei Heidegger trotz seiner profunden Untersuchungen über das Verhältnis von Fundierendem und Fundiertem doch seine Position obskur bleibt. Nicht nur, daß er die Fundierungsmetaphern aus ganz verschiedenen Bildgegenden zusammenbringt: „Stamm" ist eine Naturmetapher, „gründen" eine architektonische, „Grundverfassung" eine politische – alle sind der Welt des Vorhandenen entnommen, der ja angeblich das Dasein grundsätzlich nicht zugehören soll. Wichtiger aber ist, daß mit der Rückführung einer

Wirklichkeit auf eine Möglichkeit der philosophische Weg immer nur in einer Richtung zurückgelegt ist: auch wenn man weiß, daß ein Zweig einem Stamm entstammt, ist die Frage, warum der Stamm sich verzweigt, natürlich unbeantwortet.

103. Siehe meine Schrift Une interprètation de l'apriori, in „Recherches Philosophiques" 1934/35 [Anders 1934].

104. Daß der Mensch nur in „seiner" Welt „eigentlich" sei, ist die Voraussetzung aller konservativen Ideologie; nur daß eben vom Konservativen seine Welt und die Welt, aus der er herkommt, von vornherein identifiziert wird; und das Heimweh gewissermaßen zur Methode der Eigentlichkeit gemacht wird.

105. Siehe die Anfangsseiten von „Was ist Metaphysik?" und ihre, schon von anderen aufgezeigte, bellachinihafte Verwandlung der Redensart „nichts als" in „Nichts". Ein beträchtlicher Teil des Begriffsbetruges ist allerdings verursacht durch das Selbstmißverständnis, das das ganze Werk durchzieht: nämlich ein Ritual in der Form einer Philosophie, und zwar einer Philosophie des Nichts zu liefern; und die Philosophie des Nichts wiederum in Systemform zu verwandeln, also in jene, der Philosophie als solcher durchaus nicht notwendige Form, die die griechische Philosophie im Nachvollzug ihres Gegenstandes: des geordneten Universums, angenommen hatte. Tatsächlich gehört das Heideggersche Werk zu jenen großartigen Monstren, die in der Geschichte so häufig sind: zu den Erscheinungen, die äußerlich noch als Exemplare jener Gattung auftreten, als deren Widerlegungen sie eigentlich geschaffen wurden. So steht der Wagnersche Pseudokult als Theater da; so präsentiert sich Nietzsches anti-religiöse Aktion als Religion. Wenn solche Phänomene im Kleide einer falschen Gattung herumlaufen, so hat das seinen Grund zumeist darin, daß zu Beginn solcher Unternehmungen keine Klarheit darüber herrschen kann, wie weit sie im Laufe der Entwicklung von den üblichen Gattungen fortgetragen werden. Auch Heidegger, der völlig unritualistisch, wenn auch mit dem Bewußtsein eines Reformators der Philosophie (aber welcher Philosoph hätte dieses Bewußtsein nicht gehabt?) auf das „Sein des Seienden" lossteuert, um dann zur Revision des Begriffes der „Erscheinung" fortzuschreiten, hat ursprünglich offensichtlich nicht gewußt, daß ihm auch im Vormarsch Engelsflügel wachsen würden. – Die Monstrosität solcher Erscheinungen hat außerdem ihren Grund darin, daß nur sozial identifizierbare Objekte von der Gesellschaft akzeptiert und rezipiert werden. Heute zum Beispiel Philosophie oder Religion oder Literatur: jede gehört in eine von der anderen völlig verschiedene soziale Gegend. Die übliche Einstellung zu Nietzsche („Dichterphilosoph") beweist ja, daß zwischen

den Stühlen der Klassifikationen, das heißt zwischen den anerkannten Arbeitsteilungen zu sitzen, ausreicht, um einen Mann für Jahrzehnte lächerlich zu machen. Niemals aber wäre ein *als* Ritual der Eigentlichkeit verfaßtes Ritual im Europa des angehenden zwanzigsten Jahrhunderts von „Gebildeten", für bzw. gegen die Heideggers Buch ja geschrieben worden war, ernst genommen und akzeptiert worden – trotz der alexandrinischen Fülle von rituellen, pseudoreligiösen, magischen, mystischen Mixturen, die den verarmten Mittelstand und die Reste der Aristokratie in Deutschland während des Interregnums zwischen den beiden Kriegen in Deutschland vergiftet hatte. Ohne diese Bereitschaft zu Heil- und Heilslehren hätte freilich Heidegger so wenig Erfolg haben können wie Hitler ... war ja auch die in diesem Interregnum alle akademischen Grenzen überflutende Psychoanalyse eine Heils-Lehre gewesen, wiederum verkleidet oder noch gekleidet in den sozial identifizierbaren Arztkittel.

106. Siehe des Verfassers „Homeless Sculpture" [Anders 1944].

107. Stirner [1844, 50]; Nietzsche, Ecce Homo [1887, 143]

[108. 1929a]

[109. gestrichen:] Daß eine vortheoretische Attitüde immer das „vorgebe", was dann das Philosophieren ausarbeitet, diese These gehört zwar mit zu den ausgeführtesten Heideggers: aber in der Ausführung selbst verändert sich dann der Bereich (wenn diese territoriale Metapher erlaubt ist) zum einzigen Bereich.

Diese vortheoretische Attitüde, die zum ersten Male den „Raum" des Daseins aufschloß, ist das reuige Insichgehen Augustins; seine Suche nach Gott bei sich selbst. Überwältigt ...

110. Confessiones X, 40, 65

111. Ib. X, 8, 14f.[gestrichen:] Daß hier, im Unerschiede zu Descartes, von dem Heidegger sagt, daß er nur das cogito, nicht das sum untersucht habe [1927, 24], das „sum" Thema ist, ist deutlich. Aber sich als „die Welt" vorfinden, bekennt er sogleich, er sei nicht ihr Inventor – das heißt: sein intuitus sei kein intuitus originarius. Und sein Seinsbegriff ist eben der des „creatum esse", das heißt: im Vordergrunde steht das Geschaffensein, das sich selbst nicht gemacht Haben.

[112. Metaphysik 1026a–1028a, 1029 a, 1031a, b; Bonitz übersetzt „das Akzidentelle" (Aristoteles 1966)]

113. S. 229 [gestrichen:] Marx fährt fort, daß diese Herstellung darauf hinauslaufe, daß der Philosoph sich vorfindende Eigenschaften als erfundene einschiebe.

[114. Heidegger 1927, 191]

[115. 1927, 2]

[116. 1929a]

117. Über die vierfache Wurzel des Satzes vom zureichenden Grunde [1813, 32ff.]
118. Diese Erweiterung des Freiheitsbegriffes ist das, was aller nachkantischen, jedenfalls nachfichteschen Philosophie gemeinsam ist: die Schellingsche „Potenz" oder die Hegelsche Darstellung der Geschichte als Verwirklichung der Freiheit sind andere Beweisstücke.
119. Welt als Wille und Vorstellung (I) § 21 [WW II, 130]
120. Ebenda II [WW III] 218ff.
121. Diese Konzeption hat in der Tat das Format eines nihilistischen Schöpfungsmythos. An modernen Konzeptionen ist hier nur diejenige Kafkas an die Seite zu stellen, wo das Leben in der entfremdeten Welt als niemals endendes „zur Welt kommen" im Sinne von Ankommen, aber nicht akzeptiert werden, dargestellt ist. (Siehe in des Verfassers Kafka-Interpretation „Die Ankunft" [Anders 1951, 57].)
122. Daher kann man auch mit Bestimmtheit sagen, daß die Existenzphilosophie keine Variante des Faschismus sei: denn dieser redet den Massen eine *gemeinsame* Wurzel eigentlicher Existenz (Rasse) ein und macht, durch die Herstellung falscher Solidarität, die durch Macht Entrechteten zur Schutzgarde der Machthaber – wobei dieser Vorgang selbst, zum Zwecke der Irreführung, als Revolution dargestellt wird.
123. Es ist bezeichnend, daß in Amerika, das den Nobilitätsbegriff der Herkunft kaum je gekannt hat, die Majorität der Menschen einander einfach bei dem, jede Vergangenheit unsichtbar lassenden, Vornamen nennt.
124. Die extreme Form, in der der Nationalsozialismus den Entwurzelten, nämlich der Masse, einen Ursprung im „Blut" geschenkt hat, gehört, obwohl aus dieser Tradition stammend, bereits einer späteren geschichtlichen Entwicklungsstufe zu: die Entwurzelten sind nun nicht mehr die „Freien", sondern gerade die unfrei Gemachten, denen durch das nachträgliche Geschenk einer Herkunft eine zweifelhafte Ehre zurückgegeben wird. Die Knechte werden zwar alle nobilitiert, aber nun bleiben sie Knechte.

[125. Heidegger 1927, 397ff. (§ 77)]

126. Nachweise siehe Jonas 1934, 108.

127. Deutsche Ideologie, Sankt Max, Seite 369.

[128. gestrichen:] wenn er es durch den Begriff der Revolution auch aufzuheben scheint.

[129. gestrichen:] als exhibitionistische Vereinsamung

[129a. Vgl. Anm. 23]

[130. Heidegger 1927, 89ff.]

[131. Hegel 1807, 140ff.]

[132. Feuerbach 1911, 41]

[133. „Die Vernunft, sowie sie sich auf sich selbst richtet, sich selbst Gegenstand wird, findet in sich das Prius oder, was dasselbe ist, das Subjekt *alles* Seyns, und an diesem hat sie auch das Mittel oder vielmehr das Princip einer apriorischen Erkenntnis alles Seyenden. Nun fragt es sich aber, *was* es ist, das auf diese Weise, nämlich a priori, an allem Seyenden erkannt wird. Ist es das Wesen, die Sache des Seyenden, oder daß es ist? Hier ist nämlich zu bemerken, daß an allem Wirklichen zweierlei zu erkennen ist, es sind zwei ganz verschiedene Sachen, zu wissen, was ein Seyendes ist, quid sit, und daß es ist, quod sit. Jenes – die Antwort auf die Frage: *was* es ist – gewährt mir Einsicht in das *Wesen* des Dings, oder es macht, daß ich das Ding verstehe, daß ich einen Verstand oder einen Begriff von ihm oder es *selbst* im Begriffe habe. Das andere aber, die Einsicht, *daß* es ist, gewährt mir nicht den bloßen Begriff, sondern etwas über den bloßen Begriff Hinausgehendes, welches die Existenz ist." (Schelling 1858, 57f.)]

[134. Vgl. Anm. 23]

[135. 1927, 117ff. (§ 26)]

136. So Bergson (in Nachfolge Weismanns): „… la vie apparaît comme un courant qui va d'un germe à un germe par l'intermédiaire d'un organisme développé" Ev. cr. [1907, 29]. Hier also ist das Individuum bloße Station, bloße Schaltstelle für den Fluß des Genus.

137. Da die Psychoanalyse die Auseinandersetzung des Individuums mit dem Prinzip des Weiterlebens = Sexus behandelt, ist sie eine philosophische Disziplin ersten Ranges. Alle jene Argumentierer, die behaupten, die Psychoanalyse verabsolutiere eine „Seite", die „sexuelle" am Menschen, mißverstehen – zumindest aus Prüderiegründen –, daß es sich gar nicht um eine „Seite" handelt. Geschlechtlich-sein ist keine Seite des Individuums, sondern seine radikale Leugnung. Die Aristophanische Version im *symposion*, nach der Sexus nicht eine Seite des Individuums, sondern vielmehr die *Folge* der Individuiertheit, nämlich der Zerschnittenheit des Allgemeinen ist, sah trotz der mythologischen Fassung tief genug, daß nicht alles, was von einem Subjekt ausgesagt werden kann, dem Subjekt *„gehört"*. Nichts ist läppischer als in Typologien (wie die Rickertsche und Sprangersche) den Sexus als *eine* Seite (ja als ein „Wertgebiet") der „Persönlichkeit" mitzubehandeln. Das mag zwar progressiv aussehen, geht aber von einem völlig „freien" Menschen aus.

138. Die „Einklammerung" der Wirklichkeit (*epochē*), wie sie bei Husserl [1922, 53ff.] auftritt, ist eine ganz legitime Sache. Denn die theoretischen Akte (und nur solche allein untersucht Husserl) sind gerade dadurch ausgezeichnet, daß sie – in Distanz da sind.

[139. Grabbe 1835, 64]

[140. Sternberger 1934; Zitat unaufgefunden, vielleicht ein mündlich mitgeteiltes Aperçu.]

[141. Randnotiz:] *Ausgelassen* von allen Philosophen, daß er *zeugt* und *gebiert*. Siehe Streit des „*Alten und Neuen*". Statt „Konstitution" und Setzen sollte die Philosophie benutzen: *Machen, Zeugen.*

[142. Dieses (Einzelne) und Stoff, Materie]

[143. Vgl. Heidegger 1927, 380]

144. Die Aristotelische Theorie von der Unbewegtheit des vollkommenen ersten Bewegers ist – negativ gewendet – insofern wahr, als die Bewegungen der sterblichen Wesen – d. h. aber primär Nahrungssuche, also Assimilation von Welt – Indices ihrer Mangelhaftigkeit sind.

145. Ein Aufsatz, in dem Bergson sich über dieses Thema in extenso ausläßt, heißt prophetisch „L'idée de Néant" (1906). In ihm sowohl wie in der „Evol. cr." (1907, 299) tauchen die berühmten Heidegger-Fragen, warum es das Sein gebe „plutôt que rien" („und nicht vielmehr Nichts?" Heidegger) bereits wirklich auf. *Seine Nichts-Formulierungen scheint Heidegger nicht aus dem Nichts zu haben.* [Randnotiz:]

Heidegger als Bergson-Plagiator.

(L'évolution créatrice, Paris 1909, 5. édition)

1. Verteidigung des circulus vitiosus als geradezu notwendig 209–211
2. Warum nicht nichts existiert 299 ff.
3. „Nichtung" der Welt, Nichts als zu-nichts-werden 301 ff.
4. „Lichtung des Daseins" („La lueur des êtres vivants". Introduction, p. III.)

146. Ob in Heideggers Buch „Sein und Zeit" Zeit im Sein oder Sein in der Zeit „wurzelt", hat bisher kein Heidegger-Interpret (Heidegger inklusive) ermitteln können.

[147. Randnotiz:] Antizipation

[148. Begehren, Verlangen]

[149. Nietzsche, KSA 4, 357 ff. und öfter.]

150. Ähnlich siehe Dolf Sternberger 1934.

[151. gestrichen:] Zu „Fortdiskutieren": Die Kritik seiner Philosophie ist eo ipso Kritik ihrer Auslassungen. Und das bekannte Argument, der Kritiker habe auf das zu sehen, was der Autor geschrieben habe; nicht auf das, was er nicht geschrieben habe, scheint mir systematisch unmöglich.

[152. 1927, 143]

153. Über die Kompliziertheit dieser „Kategorie", die weder auf Sein noch auf „Bewußthaben" reduziert werden kann, siehe des Verfassers „Über das Haben", [Anders 1928, bes. 71 ff.], und Gabriel Marcel, „Être et Avoir ..." [Marcel 1954, bes. 165 ff.]

154. s. Anders 1934.

155. Der Bereich der „transzendentalen Subjektivität“ ist in Vergleich zur traditionellen Transzendentalphilosophie unermeßlich erweitert. Der gesamte Mensch, sofern er tut oder arbeitet, ist nun ein rein transzendentales Subjekt.

156. Mit der Abschneidung des Jenseits wird gewissermaßen auch der Tod hinfällig. Denn der Tod hatte ja als *Durchgang* zum Jenseits gegolten. Wozu noch den Durchgang anerkennen, wenn er nirgends hin führt!

157. Wer hungert, hängt ab von der Welt; wer seinen Hunger *stillt*, führt ein Stück Welt in sich ein. Wer das nötig hat, ist offenbar nicht frei. Oder erst dann frei, wenn er über die Bedingungen der Stillung verfügt.

[158. gestrichen:] der *ti esti*-Frage [was-Frage]

159. Siehe Fragment IX [Anaximander 68/69].

[160. Schelling 1858, 242]

[161. 1935, 153]

162. Beantwortete er sie, so stünde er mitten in der Theologie. Denn die Antwort hätte das Seiende zu verlassen, das Ontische zu verlassen. Und einen Rechtsgrund des Seins des Seienden anzuführen.

[163. 1927, 11f. (sinngemäß)]

[164. gestrichen:] Die als Besetzen agierende Aktion der Freiheit scheint zwar konkreter als die Fichtesche creatio ex nihilo. Sie gesteht erst die skandalöse *Voraussetzung der geworfenen* Existenz zu, an deren Skandalösheit er sich durch das Wortspiel *Entwurf* des Lebens rächt. D. h. Heideggers Dasein greift gewissermaßen nur dort in die Welt ein, wo sie am Leben selbst noch hängt: in das Faktum der Geburt und das des Todes. An beiden *rächt* er sich; durch Besetzung als *„meiner“*. *Rache am eigenen Zufall und Trotz* gegen den eigenen Zufall sind im Grunde die Verwirklichung der Freiheit bei Heidegger. Im Grunde ist *das die Freiheit des Karrieremachers* und selfemademan: *„von wo ich auch hochkomme – keiner soll mich gemacht haben; was ich bin, habe ich gemacht. Ich setze mich durch“*. – Feine Freiheit, für die die Welt nichts ist.

165. 1929, 246ff.

[166. eingelegtes Blatt, ms:] Ethik zwecks Gemeinwesen nennt Schleiermacher [1803, 342] „Beschränkung auf einen ganz willkürlichen pragmatischen Zweck“. Grundlinien einer Kritik der bisherigen Sittenlehre, 2. Ausgabe 1834, Seite 342
[Rückseite hs:] ad Vorwort. Existenzphilosophie = Terrorsymptom.

167. Fichte [1794, 95f.]

168. Dennoch ist es sehr typisch, daß auch Heidegger in seiner Kant-Interpretation auf die Einbildungskraft als Wurzel der „Stämme" Verstand und Anschauung stößt [1929 a, 128 ff.] und damit, implizite genau wie die Romantik, die „Kritik der Urteilskraft" zum Zentrum des Philosophierens macht. Aber bei ihm wird die Einbildungskraft nunmehr benutzt, um die „Welt" (im Singular) zu konstituieren. Wir sagen „konstituieren"; denn obwohl das Dasein von vornherein als „In-der-Welt-sein" charakterisiert wird – bedeutet ja dieser Titel bei Heidegger nicht die Tatsache, daß der Mensch als Weltstück von der Welt umgeben sei, sondern daß seinem Dasein der Charakter der „In"-Haftigkeit eigne.
169. Die Tatsache, daß die Existenzphilosophie während des Naziinterregnums offiziell nicht sehr beliebt war, beweist wenig. Die existenzielle Höhle, die in der vorhitlerischen Zeit ein Zufluchtsort gewesen war, auf den man sich zurückzog, um Entscheidungen *auszuweichen*, konnte während des Totalitarianismus als ein, von diesem nicht erfaßbarer, also oppositioneller Ort mißverstanden werden. Sollte das der Fall gewesen sein, so war das nicht der Verdienst Heideggers, der ja umgekehrt nichts eiliger gehabt hatte, als sich sofort in pseudophilosophischer Pathetik mit dem Nationalsozialismus gleichzuschalten.

[170. Götzen-Dämmerung, KSA 6, 86]

[171. Hegel 1807, 15]

[172. Heidegger 1927, 41 ff.]

Frömmigkeitsphilosophie

1. [Siehe „Die Scheinkonkretheit ..." in dieser Ausgabe.]

[2. Heidegger 1929 a]

3. Für das Kleinbürgertum nach dem 1. Weltkriege, dessen Intellektuelle, skeptisch geworden, nicht mehr Kirchgänger waren, andererseits Atheismus und Revolution bzw. Proletariat gleichsetzten, mußte eine solche *dritte Dimension* geradezu erfunden werden. Sie entspricht der Zwischenstellung zwischen den Klassen aufs Genaueste. Der N.-S., der sich ja gleichfalls ans Kleinbürgertum wandte, hat ja in vulgärster Form gleichfalls einen tertium terminum gefunden oder dekretiert: er war ebenso weit von der Kirche wie von der Naturwissenschaft entfernt. Sein Naturbegriff (Blut und Boden und Rasse) hat mit „Natur" so wenig zu tun wie H.s Naturbegriff (= Grund oder „Aufgehen").
4. Über die Degeneration, die der Autonomiebegriff von der bürgerlichen Revolution bis zu Heidegger durchgemacht hat, siehe

„Der Homunkuluskomplex“ in „Nihilismus und Existenz“ [Anders 1946; in dieser Ausgabe].

[5. Löwith 1953, bes. 24]

[6. So steht auch, ohne das Wort zu strapazieren, das Programm der „Kehre“ schon in § 5 von „Sein und Zeit“: „Die fundamentale ontologische Aufgabe der Interpretation von Sein als solchem begreift daher in sich die Herausarbeitung der Temporalität des Seins. In der Exposition der Problematik der Temporalität ist allererst die konkrete Antwort auf die Frage nach dem Sinn des Seins gegeben.“ (1927, 19; Hinweis von Michael Benedikt. Siehe auch Benedikt 1991, 23: Heideggers „Umkehr“ und ihr „hermeneutischer Raub“; 224, bes. FN 368.)]

7. [1929c, 55] Wie dieser erstaunliche Eintritt von Natur in ein Existenzial („Welt“) – gewissermaßen die Umkehrung des (von H. abgelehnten) Außenweltproblems – möglich ist, wird von ihm nicht gefragt, obwohl der Vorgang dunkel ist. Denn offenbar handelt es sich doch um ein Hereinstürzen einer Seinsart in die andere (der „Natur“ ins „Dasein“) und um deren Durchdringung oder gegenseitige Beleuchtung. Das bleibt deshalb innerhalb des „Systems“ Heideggers unbegreiflich, weil er ursprünglich die Seinsarten als toto coelo verschiedene „genera“ nebeneinandergestellt hatte, was gegenseitige *„metabasis“* eigentlich so wenig erlaubt, wie etwa die Substanzen im klassischen Sinne.

8. Ebenda

9. Seneca, De otio IV [1909, 28]

10. Mit dem „Zeitigen“ des Daseins beginnt eigentlich die „Geschichte“ bzw. das Geschehen des Auge-werdens *ist* die einzige Geschichte, die es gibt – ein äußerst komplizierter Gedanke: denn einerseits ist die „Allheit des Seienden“ offenbar Vorbedingung des Daseins (um so mehr, als dieses ja grundsätzlich nicht als ewig gilt, also sein Anfang in etwas gründen muß), andererseits bleibt die Position des Idealismus bestehen: denn Seiendes, z. B. Natur, wird erst offenbar, wenn es in Dasein oder Dasein in es eintritt. Die Frage, welchen Sinn bzw. welche *Wahrheit* die Aussage über den geschichtlichen oder vorgeschichtlichen Augenblick, da „Dasein“ gezeitigt wird, haben kann, da ja „Sinn“ und „Wahrheit“ erst in dem Augenblick möglich wird, in dem Dasein da ist, bleibt wieder dunkel.

11. Législation primitive, IV ed., p. 27, 41 [1802, 38, 50]

12. Über den „Humanismus“, S. 13 ff. [1946a, 155]

13. Diese Tatsache legt tatsächlich den – weit über das Heidegger-Problem hinausreichenden – philosophischen Verdacht nahe, daß die logische Figur *„Definition“* ihre theologische Seite hat: daß als „bestimmbar“ nur dasjenige aufgefaßt werden kann, dem eine

bestimmende Instanz eine „Bestimmung" verliehen hat. Wenn etwa im Darwinismus Tierspezies nicht mehr definierbar sind, so steht das in engstem Zusammenhang mit der Tatsache, daß in ihm die Idee der providentiell Rollen verteilenden Schöpfung aufgegeben ist.

14. Siehe Karl Löwith, Heidegger: Denker in dürftiger Zeit, Fischer 1953, S. 50, Anm.

[15]. Bei der „Bestimmung der Menschlichkeit des Menschen als Eksistenz" komme es darauf an, „daß *nicht der Mensch das Wesentliche ist, sondern das Sein als die Dimension des Ekstatischen der Ek-sistenz*" – Brief, S. 22 [1946, 164]. Also Mensch etwas *für* das Sein. Dies sei Sinn. Also Rückverankerung, dadurch Möglichkeit, dem Menschen „Sinn" zu geben. Statt Gott: „Sein".

16. So z. B. Holzwege, S. [278 f.] (Wozu Dichter?)

17. Diderot [1921, 39.]

18. Jenenser Realphilosophie [II. – Hegel 1905/06, S. 161]

19. Wenn Dasein ein „fragendes" Dasein ist, so weil es sich in ständiger Nach-*Frage* nach Weltangebot befindet. Die Urfrage – verkörpert im schnüffelnden Tier – fragt nicht nach Warum, Wozu oder Wie, sondern nach dem *Ob* möglicher Beute (oder möglicher Gefahr). Und das Gegenwärtige ist die Antwort. – Bewußt sage ich: „verkörpert im schnüffelnden Tier", denn was wir mit anderen Seienden teilen, macht uns gewiß mindestens so „aus", wie unsere differentiae specificae, deren klassifikatorische Bedeutungen nicht ohne weiteres als ontologisch entscheidend genommen werden dürfen.

20. Da dieses Fundierungs-Verhältnis bei H. nicht vorkommt, macht sein „Dasein" sehr häufig den Eindruck, eben einfach „Seele" zu sein; und daß H. im Satze des Aristoteles, die Seele sei „gewissermaßen alles", das „Dasein" wiedererkennt, ist kein Zufall. – Nur handelt es sich bei ihm eben um eine höchst merkwürdige Seele; denn da bei ihm die Dimension des Supranaturalen, die mit der Seele stets in Zusammenhang gesehen worden war, nicht vorkommt, da sie anderseits aber auch nicht Seele eines natürlichen Körpers ist, ist sie (darin ihrer Mutter: der Husserlschen „Intentionalität" gleichend) – philosophisch nicht typologisierbar.

21. Brief über den „Humanismus", S. 13 ff. [1946 a, 155 ff.]

22. ib. [1946 a, 157]

23. Näheres siehe im Philosophischen Tagebuch, Kapitel Lieben Heute [Anders 1947–49].

24. 1946 b, 248 ff.

25. 1946 b, 255 ff.

26. Rilkes Duineser Elegien [1930, gemeinsam mit Hannah Arendt].

27. Löwith 1953, 11

[28. 1845/46, 341 (11. These über Feuerbach)]

29. Wenn er im letzten § von „Sein und Zeit" erklärt, er sei „lediglich unterwegs" zu der „Zurüstung" zum „Entfachen des Streits" über Ontologie, so ist das ein komisches Beispiel von „negative bragging".

[30. 1950, 295]

[31. Siehe Thomä, oben S.398]

32. [1946b, 274f.]

33. Ebenda, 294

34. Der Spruch des Anaximander [1946c, 296ff.] – Diese Interpretation darf, wie alle H.schen Interpretationen, als H.s eigene Philosophie gelten, weil er denjenigen Philosophen, die er zu seinen Erzvätern rechnet, seine eigene Philosophie unterschiebt; in seinen Worten: weil er ihre Worte (wie seine eigenen) als das sich aussprechende Sein selbst, also als unterschobenes Diktat des Seins anerkennt.

35. [1946c, 329]

36. Die „Weile", nach der das Jeweilige trachtet, hat hier bereits das Odium des Ewig-sein-Wollens. Und es wird bestraft, als hätte es „vom Baume des Lebens" gegessen.

37. Diese Wortspiele stammen nicht von Heidegger. Aber H.s Wortspiele und der bezweckte orphische Effekt ist ohne Schwierigkeit ad libitum nachahmbar; mehr noch: sie sind, ist man einmal in Schwung, schwer vermeidbar: die Wörter beginnen selbst zu spielen und reden einem Gedanken ein.

[38. 1946a, 162]

[39. 1927, 260f.]

40. Holzwege [1935/36, in: 1980], S. 42, Mitte, das „Versagen", und S. 43 „Zum Wesen der Wahrheit als der Unverborgenheit gehört dieses Verweigern in der Weise eines zwiefachen Verbergens. Die Wahrheit ist in ihrem Wesen Un-wahrheit."

[41. Ebenda, S. 43]

42. Über diesen Vergleich siehe weiter unten.

43. Vom Wesen der Wahrheit [1930–1943, 91ff.]

44. Daß sie zu stellen, bereits eine Verfälschung des Seins-Schrecks, um nicht zu sagen: die raffinierteste Spielart der Seinsvergessenheit ist, siehe S. 341f.

45. Am schroffsten: Rektoratsrede [1933a], S. 10

46. Zweifel, ja Ängste dieser Art sind Heidegger durchaus nicht unvertraut (Einführung in die Metaphysik [1935], S. 51 ff.). Eindeutig aber ist seine Stellung dazu nicht. Denn andererseits ist ja für ihn das Problem des Seins der Frage nach dem Wort inniger verhaftet als andere Probleme [„Das Sein selbst ist in einem ganz anderen und wesentlicheren Sinne auf das Wort angewiesen als

jegliches Seiende“ (ebenda 67)], ja, sogar das Sein durch das Wort (des Dichters) beschwörbar.

[47. 1935, 32]

48. Platons Lehre von der Wahrheit, S. 36ff. [1930/31–1942, 132ff.]

49. Wozu Dichter? [1946b, 249]

50. [1946a, 168f.]

51. Außer vielleicht in U. S. A., wo etwa in der Filmstar-Verehrung so etwas wie vulgäre Vielgötterei im Werden ist. In der Tat wäre es ja nicht widerspruchsvoll, wenn in einer Demokratie (deren Prinzip das monarchische Prinzip des monotheistischen Gottes widerspricht) Ansätze zum Polytheismus sichtbar geworden wären. Bei James [Das Priestertum] gibt es tatsächlich keine („Pluralismus“). Aber eigentlich Vielgötter gibt es nicht, sondern nur eine Vielheit von Religionen, die ausnahmslos monotheistisch sind – in der Tat ist ja der Monotheismus geradezu der Generalnenner der dortigen Religionen und Sekten.

[52. „Dem bist du kind, dem freund./ Ich seh in dir den Gott./ Den schauernd ich erkannt/ Dem meine andacht gilt.“ Stefan George, Kunfttag I. (Erstes Gedicht des Maximin-Zyklus, Mittelstück in: George 1909, 96) – „In der Blüte seiner Schönheit ging (Maximin) in den freiwilligen Tod, von (George) ... vergöttlicht.“ (Franz Lennartz, Die Dichter unserer Zeit, 5. Aufl., Stuttgart 1952)]

53. [1935] 152. Völlig unbegreiflich ist die Stelle nicht. Offensichtlich ist sich Heidegger selbst bereits so sakrosankte Geschichte, daß es Geschichtsfälschung wäre, wenn er sich falsch zitierte.

[54. gestrichen:] *ou gar heni oude to hoion, hotō mēde to ti.* Denn in Bezug auf das hen gibt es keine Beschaffenheit, da es kein etwas ist. Plotin, Enn. V 5, 6/22 [98]

55. Holzwege, S. 340

56. Holzwege, S. 277

[57. An beiden Stellen zitiert Heidegger das *Hen* („das einende Eine“), bezieht sich jedoch, statt auf Plotin, auf Parmenides, der „dasselbe *Hen*“ denke bzw. „das *eon*“ nenne.]

58. Vita, Kap. 3 [Porphyrios, 6/7.]

[59. Geboren in Lykopolis (Ägypten) um 204/5 n. Chr., gestorben 270 in Minturnae (Kampanien).]

60. Enn. V 5, 12/5 [S. 104]

61. Enn. III 8, 10/26 [S. 167]

62. S. 25 [4. Auflage 1943; für die 5. Auflage, 1949, der er noch eine „Einleitung zu: „Was ist Metaphysik?““ voranstellte, hatte Heidegger „den Text des Nachwortes an einigen Stellen überarbeitet“ (vgl. Nachweise in: Wegmarken, S. 397). Der von G. A. unter Anführungszeichen gesetzte Wortlaut findet sich so nicht wörtlich; vielmehr heißt es dort: „Das Sein jedoch ist keine seiende

Beschaffenheit am Seienden. Das Sein läßt sich nicht gleich dem Seienden gegenständlich vor- und herstellen. Dies schlechthin Andere zu allem Seienden ist das Nicht-Seiende. Aber dieses Nichts west als das Sein" (S. 25, Wegmarken 101 f.) und: „... Wissen von jenem Denken, das in der Erfahrung der Wahrheit des Seins, nicht aber in der Betrachtung der Gegenständlichkeit des Seienden, seine Quelle findet." (S. 27 f., Wegmarken 104)]

63. Enn. V 5, 6/5–15 [S. 97]

[64. Enn. V 5, 6/34 (S. 98)]

65. Enn. V 5, 6/28–34 [S. 98]

[66. Enn. III 8, 10/5–12 (S. 166)]

[67. Enn. V 5, 6/22 (S. 98)]

68. [Enn. V 5, 5/23–24 (S. 97).] Eine etwas dunkle Bemerkung, denn eigentlich müßte, da das *on* dem *hen* entstammt, das Ausstoßen der Silbe *hen* im Laut *on* resultieren. Aber gemeint ist – wieder analog zu Heidegger: – wer *on*, „Seiendes" sage, sage im Grunde den Grund, das *Hen*, Sein.

[69. Siehe FN 58]

[70. Enn. V 5, 8/5–7 (S. 100) *hōsper ophthalmos anatolas hēliou perimenei*]

[71. Enn. III 8, 9/29, S. 165) *Ē dei ton noun hoion eis toupisō anachōrein*]

72. Enn. V 5, 8/16–17 [S. 100]

[73. *ichnos* (Spur, Fährte), Enn. V 5, 10/1 (S. 102)]

74. Enn. V 5, 5/16–18 [S. 97]

75. Heidegger 1946c, 328 ff.

[76. Ebenda, 343]

[77. 1930/31–1942]

[78. 1929c, 69]

79. Diese Ableitung der Kontingenz aus der Freiheit siehe d. V. „Die Weltfremdheit des Menschen", Kantgesellschaftsvortrag 1930, 2. Teil, erschienen als „Pathologie de la liberté" [Anders 1936].

80. Brief über den „Humanismus", S. 1 [1967, 145]

81. Siehe die Entstehung des Theoretischen aus dem Besorgen, „Sein und Zeit", [1927] 356 ff.

82. Von diesem Wollen sagt H. in seiner Nietzsche-Interpretation (Holzwege, S. 216) „*Was der Wille will, hat er schon. Denn der Wille will seinen Willen. Der Wille ist sein Gewolltes.*" (Von mir gesperrt.) Diese Kennzeichnung trifft ausschließlich auf jenen Willen zu, der als „Entschlossenheit" und „Verwegenheit" in „Sein und Zeit" vorkommt. Mindestens in der klassischen deutschen Philosophie war der Wille ein Wille zu jener Freiheit, die man *nicht* hatte, und deshalb „Wille"; denn was Kant und Fichte „wollten", war die moralisch-politische Etablierung eines Zu-

standes, in dem Freiheit verbürgt war. Selbst dort, wo der „Wille" als extra-moralisches metaphysisches Prinzip auftauchte, etwa bei Schopenhauer, selbst im späten 19. Jahrhundert, da „Wille" ein Gegenbild des Expansionsdranges der etablierten Macht darstellte, hatte er nicht schon, was er wollte. Das Paradox gilt wirklich ausschließlich für das über sein Geworfensein empörte Dasein Heideggers, der, wo er das 19. Jahrhundert zu bekämpfen meint, ausschließlich sich selbst: die letzte Ausschärfung des Jahrhunderts bekämpft. Die Formalität des Wollens, das nichts will als sich selbst, ist nun aber der Tod des Willens, der sich ebensowenig wie jene Schlange, die sich selbst aufzufressen hoffte, mit sich selbst ernähren kann. Da auch H.s Wille auf „Anderes", auf fremde Inhalte und Ziele angewiesen war, diese aber selbst nicht vorgab, konnte er auf jedes Willensziel, das ihm der Sturm der Zeit zutrug, hereinfallen. Da angeblich „alles Große im Sturm steht" (Die Selbstbehauptung der deutschen Universität [1933 a], Schluß; angebliches Platozitat), konnte H. alles Stürmische, Sturmtruppen inbegriffen, für groß halten. Also war er bereits „willig", und der Unselbständigkeit, ja der Servilität ausgesetzt. Daß er, der magister, ja der vates Germaniae, Inhalte wie etwa die *Mensur* in seinen Willen hineinnahm, beweist, daß sein formaler Wille der *wahllose* Wille war; und macht ihn heute bereits zu einer geschichtlich komischen Figur. – Die „Willigkeit", die er später (z. B. in „Wozu Dichter?" [1946 b], S. 275) dem potenzierten Willen entgegensetzt, ist in diesem bereits enthalten.

83. Dazu siehe d. Verf.: „Nihilismus und Existenz" (Abschnitt „Der Homunkulus-Komplex") und „The Pseudoconcreteness of Heideggers Philosophy" [beide in dieser Ausgabe].
84. Insofern war H.s Hermeneutik des Daseins in der Tat eine (wenn auch solipsistische) Ethik, das heißt: eine Anweisung zum vertrotzt-glückseligen Leben oder eben dessen „Weg". Daher ist es begreiflich, daß er sich den Kierkegaardschen Satz „Die Zeit der Distinktionen ist vorbei" zu eigen machte: die Distinktion zwischen Ontologie und Ethik hatte er hier eben ausgelöscht.
85. Nicht Natur, nicht Supranatural, sondern Dasein. Nicht bloße Intentionalität, noch nicht Hunger, sondern „Sorge".
86. [1946 b, 279; vgl. 1927, 234]
87. Sein und Zeit [1927] S. 325
88. [1946 b] S. 279 (Wozu Dichter?)
89. Ebenda, S. 280
90. Ebenda S. 279
91. [1938] S. 69, Die Zeit der Weltbilder, besonders S. 82
92. Humanismus-Brief [1946 a, 169 ff.]
93. Wozu Dichter? [1946 b] S. 248 ff.

94. ibid. S. 255

[95. Löwith 1953, 9 ff.]

96. Anfangs tat er das als typischer Re-formator: also in der Hoffnung, deren vergessene Seinskenntnis wieder aufzunehmen; dies ursprüngliche Element ist in „Sein und Zeit“ [1927, 2; 28 ff. und öfter] noch nachzuweisen; aber schon dort modifiziert sich sein Verhältnis zu den Früheren, bis er dieses in seinen späten Schriften [1946c, 318 ff.] verklausuliert in die Worte faßt, von den Frühen hätten wir *die Frühe* zu lernen, *nicht ihr Frühes*, also nicht ihr damaliges Seinsverhältnis, da jede Epoche, also auch unsere, ihr eigenes Seinsverhältnis, ihr eigenes Frühes zu beschwören oder zu erwarten habe.

[97. undatierter Zeitungsausschnitt im Nachlaß Anders', Hervorhebungen von G. A.]

[98. 1933 a, 14; die Hervorhebungen von G. A. folgen zum Teil dem Original.]

[99. 1945x]

100. Rektoratsrede, Schluß

[101. 1946 a, 170]

[102. Heidegger 1935, 152]

[103. Patmos (1. Fassung), Hölderlin 1921, 192: „Wo aber Gefahr ist, wächst/ Das Rettende auch.“]

[104. SPIEGEL-Gespräch 1966]

105. In: Holzwege [1950] 271

[106. die rechte Zeit, glücklicher Augenblick]

Ein Vortrags-Konzept

1. Denn „Sichtbarkeit“ ist „Kommunikation“. Und Seiendes ist sowenig *nur* Kommunizierendes, wie es nur Kausiertes ist: durch solche „nurs“ wäre es vernichtet. Über „Sichtbarkeit als Kommunikation“ und den ontologischen Begriff des „Sehens“ siehe d. Verf. „Über das Haben“, Bonn 1928, S. 4 und 20 ff.
2. [1927], 230
3. Z. B. Über den „Humanismus“, S. 23 [1946 a, 165]
4. S. 22 ff. [ebenda, 162 ff.] – Einen verräterischeren Ausdruck als den „Hirten des Seins“ hätte ja kein Antiheideggerianer erfinden können.
5. [1929c, 33 ff., bes. ab 35]
6. In „Sein und Zeit“ ist die Wahrheit sogar stets ein „Raub“ (S. 222).
7. So z. B. in „Nietzsches Wort „Gott ist tot““ [1943 b] 243 ff.
8. u. a. S. 87

9. „Natur pflegt sich versteckt zu halten" (Heraklit 1983, 252/3, Fragment 27, Themistios, Or. 5, 69 B)]
10. 1935/36, 42]
11. [1927] 28
12. [1935] 54
13. Über diese Situation als „Kluft" bzw. spezifischer „Distanz" (des Seienden „Mensch" vom Ganzen des Seienden) siehe den ersten Teil meines Vortrags über „Die Weltfremdheit des Menschen" [Anders 1934 (1929)].
14. Sein und Zeit [1927], 230
15. Dazu s. d. V. „Über das Haben", Bonn 1927
16. Aristoteles, Metaphysik 1026 a–1028 a, 1029 a, 1031 a, b; Bonitz übersetzt „das Akzidentelle" (Aristoteles 1966)]
17. [1927], 230
18. Siehe Günther Anders, Unterschlagene Ahnen, in dieser Ausgabe.]
19. Im Raume menschlicher Produktion gilt heute, im Zeitalter der Massenproduktion, der Platonismus mehr als je. Das Modell einer in Massenproduktion herzustellenden Glühbirne ist in der Tat die „Wahrheit" der wirklichen Glühbirnen. Und die Adaequatio von Ding und Idee ist alles Andere als eine Degeneration der „Unverborgenheit".
20. Vom Wesen des Grundes, S. 15 [1929c, 30f.]
21. siehe d. V. „Kafka – pro und contra", Kapitel „Verschämter Atheismus" [Anders 1951, 97].
22. Heraklit, S. 274. Mansfeld übersetzt: „Des Menschen Verhalten (oder Charakter) ist sein Schicksal" (Fragment 102, Stobaios V, 925,12)]
23. Brief, S. 109 [1946 a, 187].
[24. Ebenda, 193]
25. Der Spruch des Anaximander [1946c], 310ff.

„Denken"

[1. Erste Fassung:] ... ist in der Tat kein syllogistischer Akt. Husserl hatte es in seiner sehr viel nüchterneren Art einfach „meinen", „Intentionalität" genannt und damit gleichfalls schon einen vorsyllogistischen Bezug auf etwas in den Mittelpunkt der Aufmerksamkeit gerückt. Aber Husserl hatte nicht gesehen, was nun bei Heidegger eine entscheidende Rolle spielt, daß nämlich dieser Bezug auf etwas ...: „Denken an ..." sich grundsätzlich auf etwas Abwesendes bezieht und dieses dadurch scheinbar anwesend gemacht wird. Und in der Tat geht das Denken an ..., wie überhaupt jedes Vorstellen, zumeist auf ein solches, ohne dessen Anwesenheit wir eigentlich nicht sein können. So [bezieht sich dieses Denken ...]

[2. Erste Fassung:] Mindestens in der Vorbereitung und Klärung dieser Frage, oder noch richtiger: im ontologischen Exerzitium, das er immer neu, wenn auch immer auf ähnliche Weise, in Gang bringt, um richtig zu antworten, mindestens richtig in die Frage, d. h. ins rechte existentielle Verhältnis zum Erfragten hineinzugelangen. – Und trotzdem kann man die Frage, woran [...]

Editorische Notiz.
Von Gerhard Oberschlick

1. So die Bezeichnung der Mappe im Nachlaß, die den größten Teil der Typo- und Manuskripte zu „Sein und Zeit" enthält.
2. Anders 1948.
3. Seite 72 dieser Ausgabe.
4. Seite 11.
5. Seite 32.
6. Seite 116; das Wort stammt von Anders (Seite 284), wurde aber vom Herausgeber zum Titel dieses Abschnitts genommen, in dem vier Konvolute zusammengefaßt sind: Zwei Durchschläge eines nicht erhaltenen Typoskripts – der erste in einer Mappe mit der handschriftlichen Bezeichnung „1944 Heidegger und Geschichte des Nihilismus" und ca. 212.000 Zeichen ist fast durchgängig handschriftlich verbessert; der zweite in einer Mappe „Heidegger-Auseinandersetzung, getippt" ist weniger umfangreich, teilweise identisch, gleichfalls teilweise handschriftlich, aber anders als der erste korrigiert und enthält ca 60.000 Zeichen, die im ersten Durchschlag nicht enthalten sind. Ferner drei handschriftliche Konvolute mit den Bezeichnungen „36, für Tagebücher? Zu Heidegger. Ungetipptes" (ca 18.000 Zeichen), „Systematisches zu Heidegger und Philosophische Anthropologie I." (ca. 28.000 Zeichen) und „Systematisches zu Heidegger und Philosophische Anthropologie II" (ca. 52. 000 Zeichen).
7. Seite 278 dieser Ausgabe; der Titel ist der selben Stelle wie der vorige (Seite 284) entliehen. Das Konvolut besteht, einschließlich „Ein Vortrags-Konzept" (Seite 367), aus 60 handschriftlichen Kapiteln auf A 5-quer-Blättern, meist mit Titel und Vorspann auf einem angeklammerten kleineren Zettel sowie mehrere Exzerpte.
8. Siehe Thomä 1990.

Gegen Selbsterhitzung und Naturvergessenheit. Nachwort zur Aktualität des Philosophen Günther Anders. Von Dieter Thomä

1. Vgl. E. Schubert (Hg.): Günther Anders antwortet. Interviews und Erklärungen. Berlin 1987, S. 24f.
2. Vgl. zu Schelling M. Frank: Einleitung des Herausgebers, in: F. W. J. Schelling: Philosophie der Offenbarung 1841/42. Frankfurt a. M. 1977, S. 9; zu Kojève V. Descombes: Das Selbe und das Andere. Frankfurt a. M. 1981, S. 18; M. Ragon: Le mystère Kojève. In: Libération, 17. 5. 1990, S. 31. – Übrigens besuchten Arendt und Anders während ihres Pariser Exils sporadisch auch Kojèves Vorlesungen; vgl. E. Young-Bruehl: Hannah Arendt. Frankfurt a. M. 1986, S. 177.
3. Vgl. H. Arendt: Martin Heidegger ist achtzig Jahre alt. In: Menschen in finsteren Zeiten. München/Zürich 1989, S. 172–184, hier S. 172.
4. M. Heidegger/K. Jaspers: Briefwechsel 1920–1963. Frankfurt a. M. /München/Zürich 1990, S. 41 (Brief an Jaspers vom 14. 7. 1923).
5. Ein Überblick wird sich finden in D. Thomä (Hg.): Heidegger-Handbuch. Stuttgart (in Vorb.).
6. M. Horkheimer: Gesammelte Schriften, Bd. 15. Frankfurt a. M. 1995, S. 77 (Brief vom 30. 11. 1921 an Rosa Riekher).
7. M. Merleau-Ponty: Vorlesungen I. Berlin/New York 1973, S. 37.
8. Drei Briefe Martin Heideggers an Löwith. In: D. Papenfuss/ O. Pöggeler (Hg.): Zur philosophischen Aktualität Heideggers, Bd. 2: Im Gespräch der Zeit. Frankfurt a. M. 1990, S. 27–39, hier S. 29.
9. Schubert (Hg.): Günther Anders antwortet, a. a. O., S. 28.
10. Aufgrund einer ähnlichen Einschätzung des Heideggerschen Projektes vertrat Jacob Taubes sogar die These, sowohl Herbert Marcuse und Günther Anders wie auch Theodor W. Adorno und Walter Benjamin seien „Linksheideggerianer"; vgl. F. Rötzer (Hg.): Denken, das an der Zeit ist. Frankfurt a. M. 1987, S. 306f.
11. H.-G. Gadamer: Wahrheit und Methode. In: Gesammelte Werke, Bd. 1. Tübingen 1999, S. 478.
12. Vgl. insgesamt Bd. 8 von K. Löwith: Sämtliche Schriften (Hg. B. Lutz). Stuttgart 1981ff.; ders.: Geschichte einer Versuchung. In: Internationale Zeitschrift für Philosophie 1/1997, S. 136–167.
13. H. Arendt: Was ist Existenz-Philosophie? In: Sechs Essays. Heidelberg 1948, S. 48–80; dies.: Martin Heidegger ist achtzig Jahre

alt, a. a. O.; H. Arendt/M. Heidegger: Briefe 1925 bis 1975 und andere Zeugnisse (Hg. U. Ludz). Frankfurt a. M. 1998; dies.: Concern with Politics in Recent European Philosophical Thought. In: Essays in Understanding 1930–1954 (Hg. J. Kohn). New York u. a. 1994, S. 428–447.

14. H. Marcuse: Hegels Ontologie und die Theorie der Geschichtlichkeit. Frankfurt a. M. 1968^2; zu Marcuses Briefen an Heidegger vgl. B. Martin (Hg.): Martin Heidegger und das ‹Dritte Reich›. Darmstadt 1989, S. 155 ff.
15. H. Jonas: Heidegger und die Theologie. In: G. Noller (Hg.): Heidegger und die Theologie. München 1967, S. 316–340; ders.: Gnosis, Existenzialismus und Nihilismus. In: Zwischen Nichts und Ewigkeit. Göttingen 1963, S. 5–25; H. Jonas: Heideggers Entschlossenheit und Entschluß [Interview mit A. Isenschmid vom 9. 10. 1987]. In: G. Neske/E. Kettering (Hg.): Antwort. Martin Heidegger im Gespräch. Pfullingen 1988, S. 221–229. (Auf subtile Weise diskutiert wird der – ungenannt bleibende – Heidegger in H. Jonas: Wandel und Bestand. Vom Grunde der Verstehbarkeit des Geschichtlichen. In: Durchblicke. Festschrift für Martin Heidegger zum 80. Geburtstag. Frankfurt a. M. 1970, S. 1–26.)
16. Vgl. J. Habermas: Philosophisch-politische Profile. Frankfurt a. M. 1984^2, S. 392 ff.
17. Nachdem Ende der achtziger Jahre eine Debatte einsetzte, die durch die Veröffentlichungen von Hugo Ott und Victor Farías ausgelöst worden war, schien sich die Kontroverse Mitte der neunziger Jahre einigermaßen zu beruhigen. In jüngster Zeit ist das Thema ‹Heidegger und die Politik› in einer ganzen Reihe von Veröffentlichungen erneut aufgegriffen worden; vgl. der kommentierende Überblick über einige von ihnen bei T. Rockmore: Recent Discussion of Heidegger and Politics: Young, Beistegui, Fritsche. In: Graduate Faculty Philosophy Journal 21/2, 1999, S. 47–66.
18. Vgl. als Ausnahme, die die Regel bestätigt, Th. W. Adorno: Negative Dialektik. Frankfurt a. M. 1966, S. 80 f.
19. Verweise auf Heidegger finden sich z. B. noch in Anders: Die Antiquiertheit des Menschen. 2. Bd. München 1980, S. 420; ders.: Mensch ohne Welt. Schriften zur Kunst und Literatur. München 1984, S. XIIff. – Vgl. zur Technikkritik z. B. L. Lütkehaus: Philosophieren nach Hiroshima. Über Günther Anders. Frankfurt a. M. 1992; M. Lohmann: Philosophieren in der Endzeit. Zur Gegenwartsanalyse von Günther Anders. München 1996, bes. S. 205ff., 284ff.; M. Brumlik: Günther Anders. Zur Existenzialontologie der Emigration. In: D. Diner (Hg.): Zivilisationsbruch. Denken nach Auschwitz. Frankfurt a. M. 1988, S. 111–149.

20. Vgl. Schubert (Hg.): Günther Anders antwortet, a. a. O., S. 22.
21. a. a. O., S. 67.
22. Vgl. W. Stern: Person und Sache. System der philosophischen Weltanschauung. Leipzig 1906 (Bd. I), 1918 (Bd. II); die Dilthey-Nähe ist unübersehbar angesichts der Affinität von Sterns Psychologie zu „den sogenannten ‹Geisteswissenschaften›" (a. a. O., Bd. II, S. VIII), dem Ausgang von der „einheitlichen zielstrebigen Selbsttätigkeit" der Person, der „einheitlich ganzen lebensvollen Persönlichkeit" (a. a. O., Bd. I, S. 16, Bd. II, S. 4 f.) und dem Programm zur „Deutung" des Bewußtseinslebens a. a. O., Bd. II, S. 223 f.; der Sohn folgt dem Vater (und indirekt damit Wilhelm Dilthey) in der Betonung der methodischen Sonderrolle des „Deutens", „Verstehens" und „Ausdrucks-Verstehens" beim Umgang mit dem „Lebendigen", dessen „Äußerung" und „Ausdruck" vgl. Anders: Die Antiquiertheit des Menschen, 2. Bd., a. a. O., S. 420 ff. Eine hermeneutische Neigung tritt aber auch auf einem ganz anderen Feld zutage, nämlich in der Entgegensetzung von „Liebe" und „Sexualität" und im Plädoyer für die Kultur der Indirektheit, des „Umwegs", des Spiels der Bedeutungen: „Lieben gestern" (München 1986) ist eines der schönsten Bücher von Günther Anders.
23. Vgl. Schubert (Hg.): Günther Anders antwortet, a. a. O., S. 102; W. Benjamin: Briefe. Frankfurt a. M. 1966, Bd. 1, S. 86 (Brief an Carla Seligson vom 4. 8. 1913); Anders: Die Antiquiertheit des Menschen. 2. Bd., a. a. O., S. 297 f. – Benjamins „Engel der Geschichte" fliegt auch durch Anders' späte Notizen zu Heidegger; s. o. S. 301 f.).
24. Vgl. Young-Bruehl: Hannah Arendt, a. a. O., S. 132.
25. Arendt/Heidegger: Briefe 1925–1975, a. a. O., S. 77.
26. Vgl. H. Arendt/H. Blücher: Briefe 1936–1968. München/Zürich 1996, S. 109.
27. Für die Varianten ihrer Kommentare über Anders vgl. a. a. O., S. 35, 59, 124, 127, 435, 476, 514, 544 f.; H. Arendt/M. McCarthy: Im Vertrauen. Briefwechsel 1949–1975. München/Zürich 1995, S. 195 f.; zur Bewegung gegen den „Atomtod" vgl. Arendt/Blücher: Briefe, a. a. O., S. 473.
28. Vgl. Anders: Mensch ohne Welt, a. a. O., S. XIV. – Arendts Charakterisierung bezieht sich auf Rahel Varnhagen, ihr ‹anderes Ich›; vgl. H. Arendt: Rahel Varnhagen. München/Zürich 1981, S. 54, ähnlich S. 21. Die Weltlosigkeit ihrer eigenen heimlichen Liebe zu Heidegger korrespondiert mit ihrer theoretischen Arbeit, der Dissertation über den Liebesbegriff des Augustinus; vgl. dies.: Der Liebesbegriff bei Augustin. Versuch einer philosophischen Interpretation. Berlin 1929; dies.: Love and Saint Augustine (Hg.

J. V. Scott/J. Ch. Stark). Chicago/London 1996 (mit einem ausführlichen Nachwort der Hg., zu Heidegger-Arendt, S. 173 ff.); dies.: Vita activa, a. a. O., S. 53 f.

29. H. Arendt/G. Stern [G. Anders]: Rilkes ‹Duineser Elegien›. In: U. Fülleborn/M. Engel (Hg.): Rilkes ‹Duineser Elegien›. Zweiter Band: Forschungsgeschichte. Frankfurt a. M. 1982, S. 45–65, hier S. 49 f., 55, 60 f. (Weder Arendt noch Anders haben diesen Text von sich aus wiederveröffentlicht; er wird in dem Sammelband mit einer distanzierenden Vorbemerkung von Anders abgedruckt.) – Eine französische Fassung von Anders' Überlegungen zur „Weltfremdheit" erschien später in zwei Teilen: Une Interprétation de l'A Posteriori. In: Recherches philosophiques IV, 1934–1935, S. 65–80; Pathologie de la Liberté. In: Recherches philosophiques VI, 1936–1937, S. 22–54 (eine deutsche Fassung ist zur Veröffentlichung vorgesehen in dem Band „Philosophische Frühschriften", München [in Vorb.]). Anders selbst sieht in der Einführung dieses Begriffs eine seiner wichtigsten philosophischen Leistungen und beklagt sich darüber, daß Arnold Gehlen dieses Phänomen zwar später, aber wesentlich wirkungsvoller beschrieben habe; vgl. Anders: Mensch ohne Welt, a. a. O., S. XV. Vgl. insgesamt zur Weltfremdheit W. Reimann: Verweigerte Versöhnung. Zur Philosophie von Günther Anders. Wien 1990, S. 20 f., 31, 35, 50.
30. Arendt/Stern: Rilkes ‹Duineser Elegien›, a. a. O., S. 55, 61, 53.
31. Die Zitate stammen aus den zwei Texten „Nicht mehr und noch nicht. Hermann Brochs ‹Der Tod des Vergil›" (1946) und „Hermann Broch und der moderne Roman" (1949), hier zit. nach H. Arendt/H. Broch: Briefwechsel 1946–1951. Frankfurt a. M. 1996, S. 172, 183, 172.
32. Vgl. dies.: Elemente und Ursprünge totalitärer Herrschaft. München/Zürich 1986, S. 676 ff.
33. Anders: Mensch ohne Welt, a. a. O., S. 197. – Das Gegenstück einer im guten Sinne ‹schmucklosen› Dichtung wäre für Anders diejenige Samuel Becketts; vgl. G. Anders: Die Antiquiertheit des Menschen. Erster Band. München 1956, S. 215 ff. Die Distanz zu Rilke wird in Anders' Spätwerk explizit; vgl. in diesem Band S. 290).
34. Arendt: Menschen in finsteren Zeiten, a. a. O., S. 179 ff.
35. G. Stern: Die Rolle der Situationskategorie bei den „Logischen Sätzen", unveröff. Diss., Freiburg 1924, S. 38; vgl. E. Wittulski: Der tanzende Phänomenologe. In: K. P. Liessmann (Hg.): Günther Anders kontrovers. München 1992, S. 23.
36. G. Stern: Über das Haben. Sieben Kapitel zur Ontologie der Erkenntnis. Bonn 1928, S. 83 (i. Or. gesperrt); vgl. Wittulski: Der tanzende Phänomenologe, a. a. O., S. 27.

37. S. o. S. 62 f., 76, 82 f.; Anders: Ketzereien. München 1982, S. 244 („Nötighaben ist ja zugleich ein: *es sich leisten können, nötig zu haben.* Aussein-können auf etwas. Und als solches ist *der Defekt zugleich die Urform der ‹Intentionalität›*“ – Hvhg. orig.); vgl. Wittulski: Der tanzende Phänomenologe, a. a. O., S. 27 f., 30 f.
38. S. o. S. 50 ff., 90; Anders: Die Antiquiertheit des Menschen, 1. Bd., a. a. O., S. 325 f.
39. Anders: Die atomare Drohung. München 1983, S. 176; vgl. Lütkehaus: Philosophieren nach Hiroshima, a. a. O., S. 59.
40. Die wohlwollendste Lesart von Sartres Abweichung von Heidegger wird vertreten von A. Renaut: Sartre, le dernier philosophe. Paris 1993; vgl. dagegen den Beitrag von D. Janicaud in: Thomä (Hg.): Heidegger-Handbuch, a. a. O.
41. Anders: Die Antiquiertheit des Menschen, 1. Bd., a. a. O., S. 308; Schubert (Hg.): Günther Anders antwortet, a. a. O., S. 46.
42. O. Marquard: Schwierigkeiten mit der Geschichtsphilosophie. Frankfurt a. M., 1973, S. 13; Schubert (Hg.): Günther Anders antwortet, a. a. O., S. 46.
43. Vgl. M. Bissinger (Hg.): Günther Anders: Gewalt – ja oder nein. München 1987.
44. Zu Sartre vgl. Anders: Die Antiquiertheit des Menschen, 2. Bd., a. a. O., S. 130; zu Gehlen s. o. Anm. 29.
45. Vgl. Schubert (Hg.): Günther Anders antwortet, a. a. O., S. 38.
46. Anders: Die Antiquiertheit des Menschen, 2. Bd., a. a. O., S. 11, 13.
47. Dies hat dazu geführt, daß Ingeborg Bachmann in ihrer Dissertation aus dem Jahr 1949 Anders, der „mehr als Schriftsteller denn als Philosoph“ hervorgetreten sei, unter der Rubrik „Historischer Materialismus“ anführt; vgl. I. Bachmann: Die kritische Aufnahme der Existentialphilosophie Martin Heideggers. München/Zürich 1985, S. 11 f.
48. E. Levinas: Le Temps et l’Autre [1948]. Paris 1983, S. 45. – Vgl. auch die Empfehlung, „die Welthaltigkeit seiner [d. h. Heideggers; D. Th.] Philosophie nicht allzu hoch ein[zu]schätzen“, von H. Blumenberg: Die Verführbarkeit des Philosophen. Frankfurt a. M. 2000, S. 50.
49. Diese Anekdote wird überliefert von Blumenberg: Die Verführbarkeit des Philosophen, a. a. O., S. 63 f.
50. Aufschlußreich ist hier das Protokoll eines Gesprächs zwischen Adorno, Anders, Brecht, Eisler, Horkheimer, Herbert und Ludwig Marcuse, Pollock, Reichenbach und Berthold Viertel am 25. 8. 1942; vgl. Horkheimer: Gesammelte Schriften, Bd. 12. Frankfurt a. M. 1985, S. 579–586. Vgl. auch Anders’ philosophische Frühschriften; s. o. Anm. 29.

51. Vgl. Arendt: Vita activa, a. a. O., S. 164 ff. – Zu Anders' Hinweis auf Heideggers Geburtsvergessenheit vgl. D. Thomä: Die Zeit des Selbst und die Zeit danach. Zur Kritik der Textgeschichte Martin Heideggers 1910–1976. Frankfurt a. M. 1990, S. 329 f.; zur Kritik an Arendts Deutung der Geburt vgl. ders.: Verantwortung: Heidegger und Arendt. In: W. Bialas/M. Gangl (Hg.): Intellektuelle im Nationalsozialismus. Frankfurt u. a. 2000, S. 176–209, hier S. 203 f.
52. Eine der wenigen Arbeiten, die auf die Grenzen dieser kontextualistischen Positionen hinweist, ist C. Lafont: Sprache und Welterschließung. Zur linguistischen Wende der Hermeneutik Heideggers. Frankfurt a. M. 1994.
53. Für die erste Variante vgl. z. B. F. Olafsson: Heidegger and the Ground of Ethics. Cambridge (Ms.) u. a. 1998; für die zweite Variante vgl. z. B. Ph. Lacoue-Labarthe: Die Fiktion des Politischen. Stuttgart 1990; J.-L. Nancy: La communauté désœuvrée. Paris 1986; R. Esposito: Die ursprüngliche Gemeinschaft. In: Deutsche Zeitschrift für Philosophie 45, 1997, S. 551–558.
54. Vgl. M. Heidegger: Sein und Zeit. Tübingen 1927, S. 32 ff., 212 ff.; ders.: Wegmarken. Frankfurt a. M. 1967, S. 73 ff., 109 ff.
55. So sucht Husserl den Punkt, an dem die „Intention ihre (…) „endgültige und letzte Erfüllung erreicht", und sieht darin die „echte adaequatio rei et intellectus" (vgl. E. Husserl: Logische Untersuchungen, Bd. II/2. Gesammelte Werke [Husserliana], Bd. XIX/2. Den Haag 1984, S. 646 f.). Freilich nimmt er später Abstand von dieser Idee der Adäquation, worauf hier – mit Dank für einen kritischen Hinweis Hans Bernhard Schmids – hingewiesen sei.
56. Vgl. M. Heidegger: Logik als die Frage nach dem Wesen der Sprache. Gesamtausgabe, Bd. 38. Frankfurt a. M. 1998, S. 81, 83.
57. Wenn Anders mit Emmanuel Levinas die Kritik am Fehlen der Bedürfnisse und des Organischen in Heideggers Philosophie gemeinsam hat, so hat er mit ihm auch die Verschiebung von Ontologie zu Ethik gemeinsam; freilich verlaufen ihre Bewegungen in verschiedenen Richtungen; vgl. z. B. E. Levinas: Totalité et Infini. Den Haag 1961, S. 18; ders.: Die Spur des Anderen. Freiburg/München 1983, S. 109 ff.

Bibliographie

Anaximander: [Die Fragmente] in: Die Vorsokratiker I, Griechisch/Deutsch (Jaap Mansfeld), Stuttgart 1983.

Anders 1928: Günther Stern, Über das Haben. Sieben Kapitel zur Ontologie der Erkenntnis, Bonn 1928.

Anders 1929: Günther Stern, Die Weltfremdheit des Menschen, Vortrag vor der Kantgesellschaft 1930, Ms. im Nachlaß; französisch erschienen 1934 (1. Teil) und 1936 (2. Teil).

Anders 1930: Hannah Arendt und Günther Stern, Rilkes „Duineser Elegien", in: Neue Schweizer Rundschau 23 (1930), 855–871; wieder in: Rilkes „Duineser Elegien", Zweiter Band. Forschungsgeschichte, Hrsg. Ulrich Fülleborn und Manfred Engel, Frankfurt am Main 1982, 45–65.

Anders 1934: Günther Stern, Une Interprétation de l'a Posteriori, in: Recherches Philosophiques, Vol. IV, Paris 1934–1935, 65–80 (vid. Anders 1929).

Anders 1935: Unterschlagene Ahnen (in dieser Ausgabe).

Anders 1936: Günther Stern, Pathologie de la Liberté. Essay sur la non-identification, in: Recherches Philosophiques, Vol. VI, Paris 1936–1937, 22–54 (vid. Anders 1929).

Anders 1937: Günther Stern, Rezension von: Fischer 1935, in: Zeitschrift für Sozialforschung 6, Paris 1937, 416f. (in dieser Ausgabe, S. 26).

Anders 1944: Günther Anders, Obdachlose Skulptur. Über Rodin, mit 35 Abbildungen. Hrsg. Gerhard Oberschlick in Verbindung mit dem Übersetzer Werner Reimann, München 1994 (Rückübersetzung von: Günther Stern, Homeless Sculpture, in: Philosophy and Phenomenological Research, Volume V, No. 2, Decembre 1944).

Anders 1946: Günther Anders, Nihilismus und Existenz, in: Die Neue Rundschau, Heft V (Oktober), Stockholm 1946, 48–76; Nachdruck in: Die Stockholmer Neue Rundschau. Auswahl, Berlin und Frankfurt am Main 1949, 96–124 (in dieser Ausgabe, S. 39).

Anders 1947–49: Günther Anders, Lieben heute. Notizen zur Geschichte des Fühlens, dritte Auflage, München 1997

Anders 1948: Guenther Stern (Anders), On the Pseudo-Concreteness of Heidegger's Philosophy, in: Philosophy and Phenomenological Research, Vol. VIII, No. 3 (March), Buffalo, New York 1948, 337–371 (in dieser Ausgabe, S. 72).

Anders 1950: Guenther Stern (Anders), Emotion and Reality, in: Philosophy and Phenomenological Research, Vol X, No. 4, 553–562.

Anders 1951: Kafka pro und contra. Die Prozeßunterlagen, in: Günther Anders, Mensch ohne Welt. Schriften zur Kunst und Literatur (2. Auflage), München 1993.

Aristophanes: Die Komödien des Aristophanes, übers. und erl. von Ludwig Seeger, Erster Band/Text, Berlin o. J. (1844–48).

Aristoteles, Metaphysik: Aristotelis Metaphysica, recognovit brevique adnotatione critica instruxit W. Jaeger, Oxonii 1957.

Aristoteles, Metaphysik, übersetzt von Hermann Bonitz, hrsg. von Héctor Cavallo und Ernesto Grassi, o. O. (Rowohlts Klassiker, Griechische Literatur 10) 1966.

Aristoteles, Nikomachische Ethik, übersetzt von Eugen Rolfes, Leipzig 1933.

Aristoteles, Über die Dichtkunst, übersetzt von Alfred Gudeman, Leipzig 1921.

Augustinus, Confessiones/Bekenntnisse. Lateinisch und deutsch, übersetzt von Joseph Bernhart, München 1955.

Bachofen: Johann Jakob Bachofen, Mutterrecht und Urreligion, Stuttgart 1941.

Bakunin: Michail Bakunin, Philosophie der Tat, Hrsg. Rainer Beer, Köln 1968.

Benedikt 1991: Michael Benedikt, Heideggers Halbwelt, Wien – Berlin 1991.

Bentham 1773: Edward Bentham, An Introduction to Logick, Menston 1967.

Bergson 1906: Henri Bergson, L'Idee de Néant, in: Revue Philosophique, 31. Année, LXII, Paris (Juillet a Décembre) 1906.

Bergson 1907: Henri Bergson, L'Evolution créatrice, 5. édition, Paris 1909; Schöpferische Entwicklung, übers. von Gertrud Kantorowicz, Jena 1930.

Bergson 1932: Henri Bergson, Les Deux Sources de la morale et de la religion, Paris 1932.

Bonald 1802: L. G. A. de Bonald, Législation primitive, Considérée dans les Derniers Temps par les Seules Lumières de la Raison, Suivie de Plusieurs Traités et Discours Politiques, 4. Edition, Paris 1847.

Bréhier: Émile Bréhier, La philosophie de Plotin, Paris 1928.

Byron 1947: Lord Byron, Cain. A Mystery/ Kain. Ein Mysterium (deutsch von Otto Gildemeister), Freiburg im Breisgau 1947.

Cassirer 1902: Ernst Cassirer: Leibniz' System in seinen wissenschaftlichen Grundlagen, Hildesheim 1962.

Cassirer 1927–1932: Ernst Cassirer, Symbol, Technik, Sprache. Aufsätze 1927–1932, Hamburg 1985.

Cassirer 1929: Disputation mit Heidegger in Davos, in: Heidegger 1929a (im Anhang zur 4. Auflage 1973).

Comte 1852: Auguste Comte, Catéchisme Positiviste, Paris 1966.

Darwin 1874: Charles Darwin, Die Abstammung des Menschen, (nach der revidierten 2. Auflage) übersetzt von Heinrich Schmidt, Stuttgart 1966.

Descartes 1632: René Descartes, Über den Menschen, Hrsg. und übersetzt von Karl E. Rothschuh, Heidelberg 1969.

Diderot 1921: Denis Diderot, Entretien entre D'Alembert et Diderot. Rêve de D'Alembert. Suite de l'entretien, Paris 1921.

Dilthey 1949: Grundriß der allgemeinen Geschichte der Philosophie. Hrsg. und erg. von Hans-Georg Gadamer, Wiesbaden 1949.

Eisler: Rudolf Eisler, Wörterbuch der philosophischen Begriffe, vierte Auflage, Berlin 1927.

Epiktet 1948: Epiktet, Teles und Musonius, Wege zu glückseligem Leben. Übertragen und eingeleitet von Wilhelm Capelle, Zürich 1948

Feuerbach 1842: Vorläufige Thesen zur Reform der Philosophie, in: Ludwig Feuerbach, Kleine Schriften, Frankfurt 1966.

Feuerbach 1911: Ludwig Feuerbach, Schriften zur Ethik und nachgelassene Aphorismen, in: Sämmtliche Werke, Hrsg. Wilhelm Bolin und Friedrich Jodl, Zehnter Band, Stuttgart 1911.

Fichte 1794: Johann Gottlieb Fichte, Grundlage der gesamten Wissenschaftslehre, Sämtliche Werke (Sohn), Leipzig 1843–1846, I, 1.

Fichte 1862: Immanuel Hermann Fichte (Hrsg.), Johann Gottlieb Fichte's Leben und literarischer Briefwechsel. Erster Band: Das Leben. Zweite sehr vermehrte und verbesserte Auflage, Leipzig 1862.

Fischer 1935: Alois Fischer, Die Existenzphilosophie Martin Heideggers. Darlegung und Würdigung ihrer Gedanken, Leipzig 1935.

George 1909: Stefan George, Der siebente ring, Berlin 1909.

Grabbe 1835: Christian Dietrich Grabbe, Hannibal. Tragödie, Leipzig o. J. (1924).

Grotius 1625: Hugo Grotius, De Jure Belli ac Pacis Libri Tres/ Drei Bücher vom Recht des Krieges und des Friedens, deutsch von Walter Schätzel, Tübingen 1950.

Hegel 1803/04: G. W. F. Hegel, Jenenser Realphilosophie I. Die Vorlesungen von 1803/04, aus dem Manuskript herausgegeben von Johannes Hoffmeister, Leipzig 1932.

Hegel 1805/06: G. W. F. Hegel, Jenenser Realphilosophie II. Die Vorlesungen von 1805/06, aus dem Manuskript herausgegeben von Johannes Hofmeister, Leipzig 1931.

Hegel WW: Georg Wilhelm Friedrich Hegel, Werke. Vollständige Ausgabe durch einen Verein von Freunden des Verewigten, Berlin 1832–1840.

Hegel 1807: WW 2 (Phänomenologie des Geistes).

Hegel 1833a: WW 8 (Grundlinien der Philosophie des Rechts, oder Naturrecht und Staatswissenschaft im Grundrisse).

Hegel 1833 b: WW 13 (Vorlesungen über die Geschichte der Philosophie, Erster Band).

Hegel 1836: WW 15 (Vorlesungen über die Geschichte der Philosophie, Dritter Band).

Hegel 1837: WW 9 (Vorlesungen über die Philosophie der Geschichte).

Heidegger 1927: Martin Heidegger, Sein und Zeit, Tübingen 1967.

Heidegger 1929 a: Kant und das Problem der Metaphysik, Bonn 1929 (im Anhang der 4. Auflage 1973: Disputation mit Cassirer in Davos).

Heidegger 1929 b: Was ist Metaphysik? In: 1967.

Heidegger 1929c: Vom Wesen des Grundes, in: 1967.

Heidegger 1930–1943: Vom Wesen der Wahrheit, in: 1967.

Heidegger 1930/31–1942: Platons Lehre von der Wahrheit, in: 1967.

Heidegger 1933 a: Die Selbstbehauptung der deutschen Universität [Rektoratsrede], Breslau o. J. [1933]

Heidegger 1935/36: Der Ursprung des Kunstwerks, in: 1950.

Heidegger 1935: Einführung in die Metaphysik [Vorlesung], Tübingen 1953.

Heidegger 1936: Schellings Abhandlung Über das Wesen der menschlichen Freiheit (1908), Hrsg. von Hildegard Feick, Tübingen 1971.

Heidegger 1938: Die Zeit des Weltbildes, in: 1950.

Heidegger 1943 a: Nachwort zu „Was ist Metaphysik?", in: 1967.

Heidegger 1943 b: Nietzsches Wort „Gott ist tot", in: 1950.

Heidegger 1945x: Brief an das Akademische Rektorat der Albert-Ludwigs-Universität, 4. 11. 1945, in: Karl A. Moehling, Martin Heidegger and the Nazi Party. Dissertation Northern Illinois University 1972, 264–268; auch in: Heidegger 2000, 397–404; hier zitiert nach einer Durch-, Gleich- oder Abschrift im Nachlass Günther Anders', welche die Zusätze des Moehling-Exemplars nicht enthält].

Heidegger 1946 a: Brief über den „Humanismus", in: 1967.

Heidegger 1946 b: Wozu Dichter?, in: 1950.

Heidegger 1946c: Der Spruch des Anaximander, in: 1950.

Heidegger 1947: Aus der Erfahrung des Denkens, Pfullingen 1954.

Heidegger 1950: Holzwege, 6., durchgesehene Auflage, Frankfurt am Main 1980 (siehe Randpaginierung).

Heidegger 1951/52: Was heißt Denken? (Vorlesung), Tübingen 1954.

Heidegger 1966: Nur noch ein Gott kann uns retten. SPIEGEL-Gespräch mit Martin Heidegger am 23. September 1966. DER SPIEGEL 1976/23, 193–219.

Heidegger 1967: Wegmarken, Frankfurt am Main 1967.

Heidegger 2000: Reden und andere Zeugnisse eines Lebensweges 1910–1976 (Gesamtausgabe Bd. 16, Hrsg. Hermann Heidegger), Frankfurt am Main 2000.

Heine 1834: Heinrich Heine, Zur Geschichte der Religion und Philosophie in Deutschland, in: Sämtliche Werke, Siebenter Band, Leipzig 1910, 185–354.

Heraklit 1983: [Die Fragmente] in: Die Vorsokratiker I, Griechisch/Deutsch (Jaap Mansfeld), Stuttgart 1983.

Hobbes 1651: Thomas Hobbes, Leviathan oder Wesen, Form und Gestalt des kirchlichen und bürgerlichen Staates, übersetzt von Dorothee Tidow, hrsg. von Peter Cornelius Mayer-Tasch, Reinbek 1965.

Hölderlin 1921: Friedrich Hölderlin, Gesammelte Werke, Erster Band: Gedichte, Potsdam 1921.

Husserl 1901: Edmund Husserl, V.Logische Untersuchung. Nach dem Text der 1. Auflage von 1901 hrsg. von Elisabeth Ströker, Hamburg 1975.

Husserl 1922: Edmund Husserl, Ideen zu einer reinen Phänomenologie und phänomenologischen Philosophie, Tübingen 1980.

Husserl 1935: Edmund Husserl, Die Krisis der europäischen Wissenschaften und die transzendentale Phänomenologie. Eine Einleitung in die phänomenologische Philosophie, Hrsg. von Elisabeth Ströker, Hamburg 1982.

James: E. O. James, Das Priestertum. Wesen und Funktion. Eine vergleichende und anthropologische Studie, Wiesbaden o. J.

Jaspers 1954: Psychologie der Weltanschauungen, Berlin-Göttingen-Heidelberg 1954.

Jonas 1934: Hans Jonas, Gnosis und spätantiker Geist, Göttingen 1934.

Jünger 1932: Ernst Jünger, Der Arbeiter. Herrschaft und Gestalt, Hamburg 1932.

Kant 1781/1787: Immanuel Kant, Kritik der reinen Vernunft, Ausgabe A/B, Hamburg 1956.

Kant 1788: Immanuel Kant, Kritik der praktischen Vernunft, Hrsg. von Karl Vorländer, Leipzig 1922.

Kierkegaard Werke: Sören Kierkegaard, Werke, Übersetzt und hrsg. von Liselotte Richter, fünf Bände, Reinbek 1960–1964

Kierkegaard 1844: Der Begriff Angst, Werke I.

Kierkegaard 1849: Die Krankheit zum Tode, Werke IV.

Klages 1926a: Ludwig Klages, Vom Kosmogonischen Eros, Jena 1926.

Klages 1926b: Ludwig Klages, Zur Ausdruckslehre und Charakterkunde. Gesammelte Abhandlungen, Heidelberg 1926.

de La Mettrie: Der Mensch eine Maschine, übers. von Max Brahn, Leipzig 1909.

Leibniz 1710: Herrn Gottfried Wilhelms, Freyherrn von Leibnitz, Theodicee, fünfte Auflage, deutsch von Johann Christoph Gottscheden, Hannover und Leipzig 1763.

Lessing 1771/72: Gotthold Ephraim Lessing, Emilia Galotti. Ein Trauerspiel in fünf Aufzügen, Wien 1921.

Lessing 1780: Gotthold Ephraim Lessing, Die Erziehung des Menschengeschlechts, Berlin 1780.

Lotze 1841: Hermann Lotze, Metaphysik, Leipzig 1841 (1887).

Lotze 1912: Hermann Lotze, Logik. Drei Bücher vom Denken, vom Untersuchen und vom Erkennen, Hrsg. Georg Misch, Leipzig 1912.

Löwith 1940: Karl Löwith, Mein Leben in Deutschland vor und nach 1933. Ein Bericht, Frankfurt am Main 1989.

Löwith 1953: Karl Löwith, Heidegger. Denker in dürftiger Zeit, Frankfurt am Main 1953.

Luther 1525: Martin Luther, Vom unfreien Willen, in: Ders., Der neue Glaube, Stuttgart und Göttingen 1961.

Marcel 1954: Gabriel Marcel, Sein und Haben, Übers. Ernst Behler, Paderborn 1954.

Marx 1844: Karl Marx, Ökonomisch-philosophische Manuskripte, in: Texte zu Methode und Praxis II, Pariser Manuskripte 1844, Hrsg. Günther Hillmann, Reinbek 1966.

Marx 1844/45: Karl Marx, Die heilige Familie, in: Die Frühschriften.

Marx 1845/46: Karl Marx, Die deutsche Ideologie, in: Die Frühschriften.

Marx 1867: Karl Marx, Das Kapital. Kritik der politischen Ökonomie, Hrsg. Karl Kautsky, Berlin 1928

Marx 1953, Karl Marx, Die Frühschriften, Hrsg. von Karl Landshut, Stuttgart 1953.

Masaryk 1913: Th. G. Masaryk, Zur russischen Geschichts- und Religionsphilosophie. Soziologische Skizzen, Band I und II, in: Rußland und Europa. Studien über die geistigen Strömungen in Rußland. Erste Folge, Jena 1913.

de Maistre: Joseph de Maistre, Textes choisis et présentés par E. M. Cioran, Paris 1957.

Montaigne 1932: Michel de Montaigne, Die Essais und Das Reisetagebuch, hrsg. und verdeutscht von Paul Sakmann, Stuttgart 1932.

Nietzsche KSA: Friedrich Nietzsche, Kritische Studienausgabe in 15 Bänden, zweite Auflage, München 1988.

Nietzsche 1883: Friedrich Nietzsche, Also sprach Zarathustra I, in: Nietzsche's Werke (Hrsg. Peter Gast i. A. der Schwester) I/VI, Leipzig 1902.

Nietzsche 1884: Friedrich Nietzsche, Also sprach Zarathustra IV, in: KSA 4.

Nietzsche 1887: Nachgelassene Fragmente, 2. Teil: November 1887 bis Anfang Januar 1889, in: Friedrich Nietzsche, KSA 13, 9ff.

Nietzsche 1888/1: Begriff „Egoismus“, in: Friedrich Nietzsche, KSA 13.

Nietzsche 1888/2; Nachgelassene Fragmente 14, in: Friedrich Nietzsche, KSA 13.

Nietzsche 1888c: Götzen-Dämmerung, in: KSA 6.

Pascal o. J.: Blaise Pascal, Gedanken. Nach der endgültigen Ausgabe übertragen von Wolfgang Rüttenauer. Mit einer Einführung von Romano Guardini, Leipzig o. J.

Pascal 1947: Deux pièces imparfaites sur la Grâce et le Concile de Trente, Paris 1947.

Pascal 1963: Oevres Complètes, Paris 1963.

Pindar: Siegesgesänge und Fragmente, Griechisch und deutsch hrsg. und übers. von Oskar Werner, München 1967.

Platon: Parmenides, griechisch (mitsamt dem kritischen Apparat J. Burnets Oxforder Platon-Ausgabe, vol. II, 1901, entnommen) und deutsch (von Hans Günther Zekl), Hamburg 1972.

Platon: Sämtliche Werke I–VI, Hrsg. von Ernesto Grassi, deutsch von Friedrich Schleiermacher u. a., Reinbek bei Hamburg 1957–1959

Platon: Philebos, in: Sämtliche Werke V.

Platon: Protagoras, in: Sämtliche Werke I.

Platon: Timaios, in: Sämtliche Werke V.

Plotin: Ennéades, Texte établi et traduit par Émile Bréhier, Paris 1924ff.

Porphyrios: Über Plotins Leben und über die Ordnung seiner Schriften, in: Plotins Schriften (griechisch und deutsch), Text, Übersetzung, Anmerkungen von Richard Harder, Bd. Vc: Anhang, Hamburg 1958.

Radhakrishnan 1953: The Principal Upanishads, ed., transl. and notes by S. Radhakrishnan, London 1953.

Rickert 1931: Heinrich Rickert, Die Heidelberger Tradition in der Deutschen Philosophie, Tübingen 1931.

Ropshin 1909: V. Ropshin (recte: Boris Savinkov), Das fahle Pferd, Kopenhagen 1909.

Rousseau 1712: Jean Jacques Rousseau, Bekenntnisse, Frankfurt am Main 1956.

Sartre 1939: Jean Paul Sartre, Skizze einer Theorie der Emotionen. Deutsch von Traugott König, in: Die Transzendenz des Ego. Philosophische Essays 1931–1939, Reinbek bei Hamburg 1982, 255–321.

Sartre 1952: Jean-Paul Sartre, Das Sein und das Nichts. Versuch einer phänomenologischen Ontologie, hrsg. u. übers. von Justus Streller, Hamburg 1952.

Savinkov: siehe Ropshin.

Scheler 1916: Max Scheler, Der Formalismus in der Ethik und die materiale Wertethik. Neuer Versuch der Grundlegung eines ethischen Personalismus. Sechste, durchgesehene Auflage, Bern und München 1980.

Scheler 1947: Max Scheler, Die Stellung des Menschen im Kosmos, München 1947.

Schelling WW: Friedrich Wilhelm Joseph von Schellings sämmtliche Werke, Stuttgart und Augsburg 1856–1860.

Schelling 1795: Friedrich Wilhelm Joseph Schelling, Vom Ich als Princip der Philosophie, in: WW I/1.

Schelling 1796/97: Neue Deduction des Naturrechts, in: WW I/3.

Schelling 1809: Philosophische Untersuchungen über das Wesen der menschlichen Freiheit und die damit zusammenhängenden Gegenstände, in: WW, VII.

Schelling 1810: Stuttgarter Privatvorlesungen (aus dem handschriftlichen Nachlaß), in: WW VII.

Schelling 1836: Darstellung des philosophischen Empirismus. Aus der Einleitung in die Philosophie (aus dem handschriftlichen Nachlaß), in: WW X, 225–286.

Schelling 1857: Philosophie der Mythologie, in: WW, Zweite Abteilung, II.

Schelling 1858: Philosophie der Offenbarung, in: WW, Zweite Abteilung, III.

Schleiermacher 1803: F[riedrich Daniel Ernst] Schleiermacher, Grundlinien einer Kritik der bisherigen Sittenlehre, zweite Auflage, Berlin 1834.

Schopenhauer WW: Arthur Schopenhauers sämmtliche Werke, Hrsg. Julius Frauenstädt, zweite Auflage, sechs Bände, Leipzig 1891.

Schopenhauer 1813: Über die vierfache Wurzel des Satzes vom zureichenden Grunde, in: WW I.

Schopenhauer 1818: Die Welt als Wille und Vorstellung (I), WW II.; Ergänzungen (= II), WW III.

Seneca 1909: Sénèque, De Otio, édition accompagnée de notes critiques et d'un commentaire explicatif par René Waltz, Paris 1909.

Seneca 1931: L. Annaei Senecae, Ad Lucilium epistulae morales, Achilles Beltrami recensuit, Volumen prius, Rom 1931.

Shaftesbury: Anthony Ashley Cooper, Third Earl of Shaftesbury, Standard Edition. Complete Works etc. Ed. with a German Translation by Benda, Lottes, Uehlein & Wolff, Stuttgart 1993.

Spengler 1923: Oswald Spengler, Der Untergang des Abendlandes. Umrisse einer Morphologie der Weltgeschichte, München 1923.

Spinoza: Baruch Spinoza, Tractatus de intellectus emendatione & Ethica, Darmstadt 1967.

Spranger: Eduard Spranger, Volk–Staat–Erziehung. Gesammelte Reden und Aufsätze, Leipzig 1932.

Sternberger 1934: Adolf Sternberger, Der verstandene Tod. Eine Untersuchung zu Martin Heideggers Existenzialontologie, Leipzig 1934.

Stirner 1844: Max Stirner, Der Einzige und sein Eigenthum, München 1968.

Stirner 1898: Max Stirner's Kleinere Schriften und seine Entgegnungen auf die Kritik seines Werkes „Der Einzige und sein Eigenthum“ aus den Jahren 1842–1847, hrsg. John Henry Mackay, Berlin 1898.

Thomä 1990: Dieter Thomä, Die Zeit des Selbst und die Zeit danach. Zur Kritik der Textgeschichte Martin Heideggers, Frankfurt am Main 1990.

Tschernischewski 1888: Nikolaj Gavrilovic Tschernischewski, Ausgewählte philosophische Schriften, Moskau 1953.

Valéry 1927: Paul Valéry, Die Politik des Geistes, Wien 1937.

Die Vorsokratiker I; Griechisch/Deutsch, Auswahl der Fragmente, Übersetzung und Erläuterungen von Jaap Mansfeld, Stuttgart 1983.

Wagner 1851: Richard Wagner, Sämtliche Briefe, hg. i. A. der R. W.-Stiftung Bayreuth von Gertrud Strobel und Werner Wolf, Bd IV: Briefe 1851–1852, Leipzig 1979.

Weber 1895 ff.: Max Weber, Gesammelte politische Schriften, zweite Auflage, Hrsg. Johannes Winckelmann, Tübingen 1958.

Weininger 1903: Otto Weininger, Geschlecht und Charakter. Eine prinzipielle Untersuchung, München 1980.

Weisse 1835: Christian H. Weisse, Grundzüge der Metaphysik, Hamburg 1835.

Werfel 1967: Franz Werfel, Das lyrische Werk, Hrsg. Adolf D. Klarmann, Frankfurt am Main 1967.

Bibliographie zum Nachwort

Adorno, Theodor W., Negative Dialektik, Frankfurt a. M. 1966.

Anders [Stern], Günther, Die Rolle der Situationskategorie bei den „Logischen Sätzen“, unveröff. Diss., Freiburg 1924.

–, Über das Haben. Sieben Kapitel zur Ontologie der Erkenntnis, Bonn 1928.

–, Une Interprétation de l'A Posteriori, in: Recherches philosophiques IV, 1934–1935, S. 65–80.

–, Pathologie de la Liberté, in: Recherches philosophiques VI, 1936–37, S. 22–54.

Anders, Günther, Die Antiquiertheit des Menschen. München 1956 (Bd. 1), 1980 (Bd. 2).

–, Ketzereien, München 1982.

–, Die atomare Drohung, München 1983.

–, Mensch ohne Welt. Schriften zur Kunst und Literatur, München 1984.

Arendt, Hannah, Der Liebesbegriff bei Augustin. Versuch einer philosophischen Interpretation, Berlin 1929.

–, Sechs Essays, Heidelberg 1948.

–, Rahel Varnhagen, München/Zürich 1981.

–, Elemente und Ursprünge totalitärer Herrschaft, München/Zürich 1986.

–, Menschen in finsteren Zeiten, München/Zürich 1989.

–, Concern with Politics in Recent European Philosophical Thought, in: Essays in Understanding 1930–1954, New York u. a. 1994, S. 428–447.

–, Love and Saint Augustine, Chicago/London 1996.

Arendt, Hannah/Anders [Stern], Günther, Rilkes ‚Duineser Elegien‘, in: U. Fülleborn/M. Engel (Hg.), Rilkes ‚Duineser Elegien‘. Zweiter Band: Forschungsgeschichte, Frankfurt a. M. 1982, S. 45–65.

Arendt, Hannah/Blücher, Heinrich, Briefe 1936–1968, München/Zürich 1996.

Arendt, Hannah/Broch, Hermann, Briefwechsel 1946–1951, Frankfurt a. M. 1996.

Arendt, Hannah/Heidegger, Martin, Briefe 1925 bis 1975 und andere Zeugnisse, Frankfurt a. M. 1998.

Arendt, Hannah/McCarthy, Mary, Im Vertrauen. Briefwechsel 1949–1975, München/Zürich 1995.

Bachmann, Ingeborg, Die kritische Aufnahme der Existentialphilosophie Martin Heideggers, München/Zürich 1985.

Benjamin, Walter, Briefe, Bd. 1 u. 2, Frankfurt a. M. 1966.
Bissinger, Manfred (Hg.), Günther Anders: Gewalt – ja oder nein, München 1987.
Blumenberg, Hans, Die Verführbarkeit des Philosophen, Frankfurt a. M. 2000.
Brumlik, Micha: Günther Anders. Zur Existenzialontologie der Emigration. In: D. Diner (Hg.): Zivilisationsbruch. Denken nach Auschwitz. Frankfurt a. M. 1988, S. 111–149.
Descombes, Vincent, Das Selbe und das Andere, Frankfurt a. M. 1981.
Esposito, Roberto, Die ursprüngliche Gemeinschaft, in: Deutsche Zeitschrift für Philosophie 45, 1997, S. 551–558.
Gadamer, Hans-Georg, Wahrheit und Methode, Gesammelte Werke, Bd. 1, Tübingen 1999.
Habermas, Jürgen, Philosophisch-politische Profile, Frankfurt a. M. 1984[2].
Heidegger, Martin, Sein und Zeit, Tübingen 1927.
–, Wegmarken, Frankfurt a. M. 1967.
– Drei Briefe Martin Heideggers an Löwith, in: D. Papenfuss/O. Pöggeler (Hg.), Zur philosophischen Aktualität Heideggers, Bd. 2, Frankfurt a. M. 1990, S. 27–39.
–, Logik als die Frage nach dem Wesen der Sprache. Gesamtausgabe, Bd. 38. Frankfurt a. M. 1998.
Heidegger, Martin/Jaspers, Karl, Briefwechsel 1920–1963, Frankfurt a. M./München/Zürich 1990.
Horkheimer, Max, Gesammelte Schriften, Frankfurt a. M. 1985 (Bd. 12), 1995 (Bd. 15).
Husserl, Edmund, Logische Untersuchungen, Bd. II/2. Gesammelte Werke (Husserliana), Bd. XIX/2, Den Haag 1984
Jonas, Hans, Gnosis, Existenzialismus und Nihilismus, in: Zwischen Nichts und Ewigkeit, Göttingen 1963, S. 5–25
–, Heidegger und die Theologie, in: G. Noller (Hg.), Heidegger und die Theologie, München 1967, S. 316–340.
–, Wandel und Bestand. Vom Grunde der Verstehbarkeit des Geschichtlichen, in: Durchblicke. Festschrift für Martin Heidegger zum 80. Geburtstag, Frankfurt a. M. 1970, 1–26.
–, Heideggers Entschlossenheit und Entschluß [Interview mit A. Isenschmid vom 9. 10. 1987], in: G. Neske/E. Kettering (Hg.), Antwort. Martin Heidegger im Gespräch, Pfullingen 1988, S. 221–229.
Lacoue-Labarthe, Philippe, Die Fiktion des Politischen, Stuttgart 1990.
Lafont, Cristina, Sprache und Welterschließung. Zur linguistischen Wende der Hermeneutik Heideggers, Frankfurt a. M. 1994.
Levinas, Emmanuel, Totalité et Infini, Den Haag 1961.
– Le Temps et l'Autre [1948], Paris 1983.

–, Die Spur des Anderen. Freiburg/München 1983.
Lohmann, Margret, Philosophieren in der Endzeit. Zur Gegenwartsanalyse von Günther Anders, München 1996
Löwith, Karl, Sämtliche Schriften, Stuttgart 1981 ff.
–, Geschichte einer Versuchung, in: Internationale Zeitschrift für Philosophie 1/1997, S. 136–167.
Lütkehaus, Ludger, Philosophieren nach Hiroshima. Über Günther Anders, Frankfurt a. M. 1992.
Marcuse, Herbert, Hegels Ontologie und die Theorie der Geschichtlichkeit, Frankfurt a. M. 1968²
Marquard, Odo, Schwierigkeiten mit der Geschichtsphilosophie, Frankfurt a. M., 1973.
Martin, Bernd (Hg.), Martin Heidegger und das ‚Dritte Reich', Darmstadt 1989.
Merleau-Ponty, Maurice, Vorlesungen I, Berlin/New York 1973.
Nancy, Jean-Luc, La communauté désœuvrée, Paris 1986.
Olafsson, Frederick, Heidegger and the Ground of Ethics, Cambridge (Mass.) u. a. 1998.
Ragon, M., Le mystère Kojève, in: Libération, 17. 5. 1990, S. 31.
Reimann, Werner, Verweigerte Versöhnung. Zur Philosophie von Günther Anders, Wien 1990.
Renaut, Alain, Sartre, le dernier philosophe, Paris 1993
Rockmore, Tom, Recent Discussion of Heidegger and Politics: Young, Beistegui, Fritsche, in: Graduate Faculty Philosophy Journal 21/2, 1999, S. 47–66.
Rötzer, Florian (Hg.), Denken, das an der Zeit ist, Frankfurt a. M. 1987.
Schelling, Friedrich Wilhelm Joseph, Philosophie der Offenbarung 1841/42, Frankfurt a. M. 1977.
Schubert, Elke (Hg.), Günther Anders antwortet. Interviews und Erklärungen, Berlin 1987.
Stern, William, Person und Sache. System der philosophischen Weltanschauung, Leipzig 1906 (Bd. I), 1918 (Bd. II).
Thomä, Dieter, Die Zeit des Selbst und die Zeit danach. Zur Kritik der Textgeschichte Martin Heideggers 1910–1976, Frankfurt a. M. 1990.
–, Verantwortung: Heidegger und Arendt, in: W. Bialas/M. Gangl (Hg.), Intellektuelle im Nationalsozialismus, Frankfurt u. a. 2000, S. 176–209.
Thomä, Dieter (Hg.), Heidegger-Handbuch, Stuttgart (in Vorb.).
Wittulski, Eckhard, Der tanzende Phänomenologe, in: K. P. Liessmann (Hg.), Günther Anders kontrovers, München 1992, S. 17–33.
Young-Bruehl, Elisabeth, Hannah Arendt, Frankfurt a. M. 1986.